SAP Public Cloud와
Private Cloud Edition 완전 정복

SAP Public Cloud와 Private Cloud Edition 완전 정복

발행일	2025년 10월 20일

지은이	권영근
펴낸이	손형국
펴낸곳	(주)북랩

출판등록	2004. 12. 1(제2012-000051호)
주소	서울특별시 금천구 가산디지털 1로 168, 우림라이온스밸리 B동 B111호, B113~115호
홈페이지	www.book.co.kr
전화번호	(02)2026-5777 　　　　　　　　　　팩스　(02)3159-9637

ISBN	979-11-7224-925-0 13000 (종이책)　　　979-11-7224-926-7 15000 (전자책)

작가 연락처 문의 ▸ ask.book.co.kr

전용 게시판에 문의를 남기시면 저자에게 직접 전달됩니다.

(주)북랩 성공출판의 파트너

북랩 홈페이지와 SNS에서 다양한 출판 솔루션을 만나 보세요!

홈페이지 book.co.kr　　•　**블로그** blog.naver.com/essaybook　　•　**출판문의** text@book.co.kr

카톡채널 북랩

설계·구현·운영을 한 권에 담은 SAP 클라우드 실전 가이드

SAP Public Cloud와 Private Cloud Edition 완전 정복

권영근 지음

머리말

SAP ERP는 수십 년 동안 글로벌 기업의 핵심 운영 시스템으로 자리 잡아 왔다. SAP R/3와 ECC 시절의 전통적 ERP, 인메모리 DB인 HANA를 거쳐 오늘날 S/4HANA 클라우드 전환에 이르기까지 SAP는 항상 기업 운영 방식의 변화를 주도해왔다. 지금, 클라우드 전환은 단순한 인프라 변화가 아니라 기업의 비즈니스 모델, 운영 전략, 지속가능성을 새롭게 정의하는 거대한 변곡점이다.

SAP S/4HANA Public Cloud와 Private Cloud Edition(PCE)은 기업이 선택할 수 있는 대표적인 클라우드 경로다. Public Cloud는 멀티테넌트 SaaS 구조로 신속한 도입과 표준 프로세스 준수가 장점이지만, 커스터마이징과 확장의 제약을 가진다. 반대로 PCE는 싱글테넌트 구조로 온프레미스 수준의 자유도를 유지하며, 산업별 복잡한 요구와 기존 투자를 보호할 수 있다. 따라서 두 모델의 비교는 단순한 배포 차원이 아니라 기업 전략과 미래 운영 방식에 직결되는 중요한 의사결정이다.

이 책은 SAP의 역사와 기술 발전을 배경으로, Public Cloud와 PCE의 아키텍처, 업그레이드 정책, 확장성, 기능 범위, 운영과 비용 모델을 심층적으로 비교 분석한다. 동시에, Greenfield · Brownfield · Selective Data Transition 등 다양한 마이그레이션 전략과 데이터 이관, 테스트 전략을 체계적으로 설명하여 실제 프로젝트 수행 시 고려해야 할 요소를 제공한다. 더 나아가 CDS View와 ABAP RESTful, Event Mesh, BTP Integration Suite, SAP Build 거버넌스, 자동화 테스트, HANA 성능 튜닝, 보안·SoD, 데이터 아카이빙, SAC 모델링, 운영 SRE 모델 같은 심화 기술 주제까지 아우른다. 독자는 이 책 한 권으로 클라우드 ERP의 전 과정 — 전략 수립부터 기술 실행, 운영까지 — 을 종합적으로 이해할 수 있다.

특히 최근 SAP가 강조하는 **Joule AI**와 **지속가능성(ESG) 기능**은 이 책의 중요한 화두이다. Joule AI는 SAP 시스템 내의 자연어 기반 디지털 어시스턴트로, 사용자 경험을 혁신하고, 비즈니스 프로세스를 자동화하며, 데이터 기반 의사결정을 지원한다. 이는 단순한 기능 보강을 넘어, 기업이 SAP 시스템을 **AI 기반 지능형 플랫폼**으로 활용할 수 있는 기회를 의미한다.

또한 **Green Ledger**는 향후 기업의 ESG 의무 보고와 지속가능 경영을 지원하는 SAP의 핵심 기능이다. 아직까지 Green Ledger 개념과 ESG 보고 대응을 SAP 기반으로 어떻게 해야 하는지에 대한 소개 책자는 없는 상태인데, 이 책에서는 재무 데이터와 탄소 배출량, 에너지 사용량 등 환경 데이터를 하나의 통합 원장에 기록하여 **재무적 성과와 환경적 성과를 동시에 관리**할 수 있는 방안도 상세하게 기술하였다. 이는 곧 CSRD(기업 지속가능성 보고 지침) 같은 글로벌 규제 대응뿐 아니라, 장기적인 ESG 전략의 기반이 된다. Public Cloud와 PCE 환경에서 Green Ledger와 관련 모듈을 어떻게 활용할 수 있는지 이해하는 것은, 앞으로 SAP 도입 기업이 반드시 고민해야 할 주제다.

이 책은 IT 전문가, SAP 컨설턴트, 그리고 비즈니스 리더를 모두 독자로 설정한다. IT 전문가와 컨설턴트는 기술적 디테일과 프로젝트 관리 관점을 강화할 수 있고, 비즈니스 리더는 클라우드 ERP 도입과 ESG·AI 전략을 연결하는 인사이트를 얻을 수 있다. 특히 제조, 금융, 공공 등 다양한 산업군에서 SAP 클라우드 도입이 어떻게 전개되고 있는지에 대한 사례와 시사점도 함께 다룬다.

저자는 국내외 다양한 사례를 이 책에 담기 위해 수많은 국내, 국외 사례를 수집하고, SAP Global 영문자료를 모두 찾아 필요 내용을 번역하면서 각 목차별로 상세히 설명하려고 노력하였다.

또한 저자 역시 이 책의 저작 활동을 하면서 동시에 AI DX와 SAP 클라우드 기반 서비스를 현장에서 추진하며, SAP 클라우드 전환을 단편적으로 설명하는 자료는 많지만 아키텍처, 마이그레이션, 운영, 심화 기술, AI · ESG까지 아우르는 참고서는 없다는 점을 절감하였다. 이 책은 그러한 공백을 채우고, 같은 고민을 가진 실무자와 의사결정자들에게 실질적인 도움을 주기 위해 집필되었다.

궁극적으로 이 책은 SAP 클라우드 전환을 단순한 IT 과제가 아닌 **기업 디지털 전환의 핵심 전략**으로 다룬다. Public Cloud와 PCE 중 어떤 길을 선택할지, 선택 이후 어떤 방식으로 마이그레이션과 운영을 설계할지, Joule AI와 Green Ledger 같은 최신 혁신 기능을 어떻게 접목할지, 그 여정 전반을 안내하는 종합 지침서로서 기능할 것이다.

목차

3장. Public Cloud와 PCE 비교

4장. 마이그레이션 전략

5장. 기술 심화 주제

1장

SAP ERP의 역사와
기술 진화

1.1 R/2 시대

- SAP R/2 시스템: 1970~80년대 역사적 맥락과 기술 심층 분석

1970~80년대 IT 시장 동향(IBM, Oracle, Baan 등 비교)

1960~70년대에 기업용 IT 시장은 **메인프레임**을 중심으로 형성되었다. IBM이 개발한 System/360 계열 메인프레임과 운영체제 MVS 등이 업계를 주도했고, 기업들은 자체 개발한 소프트웨어나 IBM의 산출물(예: IMS 계층형 DB 등)에 의존하는 경우가 많았다. 1970년대 후반부터는 **관계형 데이터베이스(RDB)** 개념이 대두되어 1977년에는 Oracle 사가 설립되고 상용 RDBMS를 출시하는 등 변혁이 시작되었다. 1983년 IBM도 자사의 관계형 DB2를 내놓으며 데이터 관리 패러다임 전환을 주도했다.

이 시기 **ERP(Enterprise Resource Planning)** 개념의 통합 소프트웨어는 매우 초기 단계 였는데, 독일의 SAP사가 선구자적 역할을 했다. SAP는 1979년 메인프레임용 **SAP R/2** 를 출시하여 세계 최초의 ERP 패키지를 선보였고, 재무·물류·인사 등 여러 업무를 하나로 통합하는 혁신을 이뤘다. 반면 미국 등에서는 개별 업무별 **베스트 오브 브리드** 소프트웨어가 난립하거나, 기업별로 커스터마이징된 시스템을 사용하던 상황이었다.

한편, 1978년 네덜란드에서 창업한 **Baan** 사도 1980년대 초부터 ERP 유사 솔루션을 개발하기 시작했다. Baan은 유닉스 기반의 개방형 시스템과 자체 개발 언어(Baan-C)를 활용하여 보다 유연한 고객 맞춤형 ERP 패키지를 추구했으며, 1990년대에 들어 SAP 의 강력한 경쟁사로 부상했다. Oracle 역시 1980년대 후반 **Oracle Financials** 등을 출시하며 ERP 애플리케이션 시장에 진입했다. 요약하면, 1970~80년대에는 IBM 메인프레임 생태계를 배경으로 SAP R/2가 통합 ERP의 새 장을 열었고, **Oracle**(데이터베이스 기

술을 바탕)과 **Baan**(클라이언트/서버 개념 도입)이 그 뒤를 쫓는 양상이었다. SAP R/2는 당시 경쟁 제품 대비 메인프레임 실시간 통합이라는 차별점으로 유럽 시장을 석권했고, 이후 1990년대에 들어 다양한 경쟁사와의 본격 경쟁이 펼쳐지게 된다.

독일 및 유럽 기업 환경(화학, 자동차, 제약 산업 중심)

SAP R/2가 탄생하고 성장한 배경에는 **독일 및 유럽 제조업의 특수한 요구**가 자리한다. 1970~80년대 독일을 비롯한 유럽의 주요 기업들은 화학, 자동차, 제약 등의 산업에서 세계적인 경쟁력을 갖추고 있었고, **공장 운영과 관리의 복잡성**이 매우 높았다. 예컨대 **화학회사**는 원료에서 완제품까지 다단계 공정을 관리해야 했고, **자동차 제조사**는 수천 개 부품의 조달·재고와 글로벌 공급망을 운영해야 했으며, **제약회사**는 엄격한 품질관리와 규제 준수를 필요로 했다. 이들 기업은 부서별로 분산된 시스템으로는 효율적인 경영이 어려웠고, **통합 정보 시스템**에 대한 요구가 컸다.

SAP는 이러한 요구에 주목하여 창업 초기부터 고객사 현장에 밀착해 표준 소프트웨어를 개발했다. 1975년까지 SAP는 재무회계(RF)와 재고관리(RM) 모듈을 개발하며 ICI(영국의 화학회사) 오스트리아 Coop 등 제조기업에 솔루션을 공급했고, 이 실시간 통합 시스템은 재고와 회계를 연결해 **야간 배치가 아닌 실시간 처리**를 가능하게 하여 기업 운영 방식을 근본적으로 바꾸었다. 특히 **독일 기업 문화**는 정확한 회계관리와 철저한 생산관리를 중시했는데, R/2의 **데이터 일관성**과 **프로세스 표준화**는 이러한 문화에 잘 부합했다. 그 결과 SAP R/2는 1980년대에 독일/유럽 대기업들 사이에서 빠르게 확산되어, 1982년에는 독일어권 3국(DACH 지역)에서 250여 개 기업이 SAP 소프트웨어를 도입했고, 1988년에는 SAP 고객 수가 1,000곳을 돌파할 정도로 성장했다(당시 1,000번째 고객이 Dow Chemical로 알려짐).

특히 **BASF, 시멘스(Siemens)** 등 독일의 초대형 기업들이 SAP R/2를 도입하여 **업무**

프로세스 혁신을 이룬 사례는 유명하다. BASF의 경우 전사 차원에서 생산, 물류, 재무 데이터를 단일 시스템으로 통합하여 **공장 간 재고 최적화, 재무결산 기간 단축** 등의 효과를 거두었고, Siemens 역시 사업부별로 산재된 시스템을 R/2로 표준화 함으로써 **전사 통합 경영정보**를 실시간으로 파악하는 계기를 마련했다. 이렇듯 1970~80년대 유럽의 제조 중심 기업환경은 SAP R/2의 통합 ERP 개념이 꽃피우는 비옥한 토양이 되었으며, SAP는 해당 산업들의 모범 사례(best practice)를 소프트웨어에 녹여내어 **산업 표준 프로세스**를 제공하는 선순환을 이끌었다. 이러한 경쟁력을 바탕으로 SAP는 1980년대 후반 유럽을 넘어 미국, 아시아 시장으로도 확장하게 된다.

기술 심층 설명: 메인프레임 구조와 당시의 운영체제(MVS, BS2000 등)

SAP R/2는 **메인프레임 기반** 소프트웨어로, 당시 활용되던 주요 메인프레임 OS에서 구동되었다. 공식적으로 R/2는 IBM 대형컴퓨터의 MVS 및 VSE 운영체제뿐만 아니라, 독일 Siemens사의 메인프레임 OS인 **BS2000**까지 지원했다. 이는 SAP가 초기에 IBM 출신들에 의해 설립되었지만, 독일 내 Siemens 하드웨어를 사용하는 고객층까지 포섭하려 노력했음을 보여준다. 실제로 SAP는 1977년에 이미 Siemens 하드웨어를 지원하기 시작했고, Siemens 7,000 시리즈(IBM S/370 아키텍처 호환)의 BS2000에서 R/1 시스템을 운용하였다. BS2000은 IBM의 OS와 구조적으로 달랐으나 기능적으로는 유사한 **다중 사용자 온라인 처리 환경**을 제공하여, SAP R/2가 IBM이 아닌 플랫폼에서도 동작할 수 있었다.

R/2의 **시스템 구조**는 이른바 **2-티어(two-tier) 아키텍처**로 불린다. 즉, 메인프레임 한 대가 **데이터베이스와 애플리케이션 서버** 역할을 통합 수행하고, 다수의 단말기(터미널)들이 이를 접속하여 사용하는 구조이다. IBM 메인프레임의 Time Sharing Option(TSO) 이나 Siemens BS2000의 **시간공유 환경**을 활용하여 여러 사용자가 동시

접속할 수 있었고 이는 R/1 시절의 단일 사용자 시스템을 넘어선 큰 진전이었다. 예를 들어 R/2 출시 당시 SAP는 "여러 사용자가 하나의 메인프레임에서 동시 작업할 수 있는 최초의 솔루션"이라고 강조했다. 이러한 메인프레임 구조 덕분에 R/2는 대용량 트랜잭션 처리와 안정성을 확보할 수 있었지만, 한편으로 모든 처리가 중앙 집중된 구조이기에 **하드웨어 성능 의존도**가 매우 높았다. SAP 본사에 있던 데이터센터의 사례를 보면, 1985년 경 SAP 개발자들은 IBM 메인프레임 3대와 Siemens 메인프레임 1대를 운용했고 총 메모리가 64MB에 불과했는데도 수백명의 사용자 요구를 처리했다. 이는 당시 메인프레임 소프트웨어가 얼마나 **경량화되고 최적화**되어 있었는지를 보여준다.

IBM의 대표 OS였던 **MVS**(Multiple Virtual Storage)는 다중 프로그래밍과 가상메모리 기법으로 높은 안정성을 자랑했고, **VSE**(Virtual Storage Extended)는 중소형 메인프레임용 경량 OS로서 일부 고객에 쓰였다. Siemens **BS2000**은 IBM과 달리 운영체제 자체에 많은 기능을 통합한 "올인원" 스타일로 평가받는데 이질적인 플랫폼임에도 SAP는 R/2를 이식함으로써 다양한 하드웨어에서 구동되는 **이식성**을 확보했다. 요컨대 SAP R/2의 메인프레임 구조는 **중앙집중형 2계층 아키텍처**로 정의되며, 단일 호스트에서 대량의 트랜잭션을 실시간 처리하는 강력함과, 메인프레임 OS 자원을 풀로 활용하는 효율성을 특징으로 한다. 이는 후일 3계층 R/3 구조(프레젠테이션/애플리케이션/DB 분리)와 대비되는데, R/2는 비록 구식 구조였지만 **당시로선 최신 기술의 집합체**였던 셈이다.

데이터베이스 구조(VSAM, ISAM 등 파일 기반 DB)

SAP R/2가 등장한 시기에는 오늘날과 같은 관계형 데이터베이스(RDB)가 보편화되지 않았다. 대신 메인프레임 환경에서는 **파일 시스템 기반** 데이터 관리 기법이 주류였는데, IBM의 VSAM(Virtual Storage Access Method)이나 **ISAM**(Indexed Sequential Access Method) 등이 대표적이다. VSAM은 가상 저장장치에서 키-값 접근을 지원하는 파일 접근 방법으로, 정형화된 테이블 구조보다는 **레코드의 집합**을 조직화하는 방식이었다. R/2 역시 초기에는 이러한 VSAM 파일들을 데이터 저장소로 활용하여 각 모듈의 데이터를 관리했다. 예를 들어 거래처 마스터나 재고 파일 등을 VSAM 클러스터로 두고, 키를 기반으로 조회·수정하는 식이다. 이러한 **파일기반 DB**는 고속처리에는 유리했지만 **복잡한 조인 연산이나 유연한 질의**에는 한계가 있었다.

한편, SAP R/2는 IBM IMS와 같은 계층형 DB 대신, 독일 Software AG가 개발한 **ADABAS**라는 DBMS를 채택한 것으로도 알려져 있다. ADABAS는 1970년대 초 출시된 **계층형/네트워크형 DBMS**로서 IBM 메인프레임에서 동작하며 높은 성능을 발휘했다. SAP R/2는 ADABAS 위에서 구동되도록 설계되어 **고정길이 레코드와 인덱스 구조**를 활용한 초고속 트랜잭션을 구현했다. ADABAS는 완전한 관계형이 아니지만 유연한 데이터 정의와 다중 액세스를 지원했기 때문에, R/2는 이를 통해 **사실상의 중앙 DB**를 실현한 것이다. 즉 R/2 도입 기업들은 부서마다 다른 파일이 아니라, ADABAS 기반의 **단일 통합 데이터베이스**를 가지게 되었고, 이는 사일로화된 데이터 문제를 해결하고 **전사적 일관성**을 제공했다.

또한 R/2의 프로그램들은 **코볼(COBOL) 언어**로 작성되었다. 코볼은 당시 비즈니스 어플리케이션의 표준 언어로, 파일 접근 및 배치처리에 강점이 있었다. SAP R/2도 코볼로 핵심 로직이 구현되었고, 이로써 고객사가 원하면 코볼 개발자를 통해 추가 기능을 구현하거나 수정할 수 있는 여지를 주었다. 다만 SAP는 기본 패키지 자체를 코볼 소스 형태로 제공하지는 않았고, 고객은 설정이나 **ABAP**이라는 별도의 4세대 언어를 활용해 커스터마이징을 했다. ABAP는 원래 "보고서 작성기"로 1980년대에 도입되어 R/2 환경에서 **보고서 및 질의** 용도로 사용되었는데, 이 역시 내부적으로는 VSAM/ADABAS 데이터를 조회하는 역할을 했다.

요약하면, R/2의 데이터베이스 구조는 오늘날처럼 Oracle, SQL Server 같은 **RDBMS** 위가 아니라, **파일 관리 시스템과 전용 DBMS(ADABAS)** 조합으로 이루어졌다. 이러한 구조는 고성능 실시간 처리에는 성공적이었으나, 관계형 모델이 제공하는 **유연한 데이터 활용**에는 제약이 있었고, 대규모 데이터 모델 변경 시에는 파일 구조 자체를 개편해야 하는 **확장성 한계**도 존재했다. 이 같은 한계는 1990년대 R/3로 전환되며 표준 RDBMS를 채택함으로써 극복된다.

온라인 처리(OLTP) 구현 방식과 한계

SAP R/2의 큰 혁신 중 하나는 **OLTP(Online Transaction Processing)** 개념을 현실화했다는 점이다. 1970년대까지만 해도 많은 기업 시스템이 데이터를 **배치 처리**(야간 일괄처리) 방식으로 다뤘고, 소수의 터미널만이 제한적으로 온라인 트랜잭션을 처리했다. SAP R/2는 메인프레임상의 TSO(Time Sharing Option)나 CICS(IBM의 온라인 트랜잭션 처리 모니터) 등을 활용하여 다수 사용자가 **동시에 데이터 입력과 조회**를 할 수 있게 했다. 예컨대 과거에는 재고를 출고한 후, 그 정보가 파일에 기록되고 배치로 회계처리가 되었다면, R/2에서는 **출고 전표 입력과 동시에 재고수량과 회계장부가 실시간 업데이트**되는 식이었다. 이는 기업 운영에 있어 **실시간성**을 도입한 커다란 전환점이었다.

R/2의 온라인 처리 기능 구현을 살펴보면, 사용자는 **그린스크린 터미널**(녹색 문자 단말기)을 통해 R/2 시스템에 접속했다. 화면UI는 문자 기반으로 구성되었으며, 키보드로 명령어(transaction code)나 메뉴코드를 입력하고, 화면 폼에 데이터를 채운 뒤 기능키(PF Key)를 눌러 전송하는 방식이었다. 메인프레임은 이를 받아 COBOL 프로그램을 실행시키고, 필요한 파일을 읽어 갱신한 후 결과를 즉시 화면에 반환했. SAP R/2는 이러한 대화식 처리(dialog processing)를 지원하기 위해 내부적으로 **스크린 제너레이터와 디스패처**를 갖추고 있었다. 다만, 각각의 대화식 트랜잭션은 짧은 시간 내 완료되어야 했고, 오래 걸리는 작업은 **배치 프로세스**로 처리되었다. 예를 들어 대량의 청구서를 일괄 발행하는 작업은 여전히 야간 배치로 돌렸고, 사용자들은 주간에는 단건 트랜잭션 위주로 사용했다.

이러한 OLTP 구현은 당시로서는 최첨단이었지만, **몇 가지 한계**가 분명했다. 첫째, 사용자 인터페이스(UI)의 제약이다. 텍스트 위주의 터미널 화면은 교육을 받지 않은 직원에게는 어려웠고, 기능키 조합이나 명령어 숙지가 필수였다. 화면에 한국어 등 **다국어 처리**도 어려워 국내 도입 시엔 한글 단말기와의 호환 이슈가 있었다. 둘째, 동시 사용자 수가 하드웨어 성능에 직접적으로 제한되었다. 메인프레임 CPU와 메모리가 허용하는 한도 내에서만 세션을 유지할 수 있었고, 만약 동접자 수가 급증하면 응답속도가 저하되었다. 셋째, OLTP와 **배치 작업의 충돌** 문제이다. 주간에 온라인으로 주문/출하가 이루어지더라도 야간에 재고정산, MRP 등의 배치를 수행해야 했고, 이때 온라인 시스템을 일시 중단하거나 리소스를 재분배해야 했다. 넷째, **회복성 및 장애대응** 측면에서 단일 메인프레임에 집중되다 보니 하드웨어 장애 시 전체 시스템 중단 위험이 존재했다. 물론 메인프레임은 안정성이 높았지만, DR(재해복구)이나 이중화 구조가 현대만큼 발전되어 있지 않아 비상시에 대비가 어려웠다.

그럼에도 불구하고 SAP R/2의 OLTP 구현은 많은 기업에 **혁신적인 업무 방식**을 안겨주었다. 판매 오더를 받으면 즉시 생산계획에 반영되고, 재고가 실시간 차감되며, 재무 장부에 매출채권이 자동 기표되는 **전사 프로세스 연계**가 처음 가능해진 것이다. 이는 전통적 방식으로 며칠씩 걸리던 정보 공유를 실시간으로 단축하여, 기업의 **의사결정 속도와 정확성**을 크게 향상시켰다. 결과적으로 R/2는 OLTP를 통해 "**필요한 시점에 필요한 데이터를 처리한다**"는 실시간 경영철학을 구현했고, 이는 이후 모든 ERP 시스템의 기본 전제가 되었다.

모듈별 상세 설명

SAP R/2는 **모듈(Module)** 구조로 설계된 통합 패키지로, 기업의 주요 기능영역을 커버하는 여러 모듈을 포함했다. R/2 출시 당시 모듈명은 독일어 약어를 기반으로 했는데, 예를 들어 재무회계는 RF(**Rechnungswesen, Finanz**)로, 인사관리는 RP(**Personal**)로

칭했다. 각 모듈은 독립적인 기능을 수행하면서도, 같은 중앙 데이터베이스를 공유하여 **유기적으로 연결**되었다. 여기서는 대표적인 모듈인 **FI(재무), MM(자재관리), SD(영업)** 모듈의 세부 기능과 프로세스 흐름을 살펴보겠다.

재무(FI) 모듈 - 회계 분개 처리 흐름

FI(Financial Accounting) 모듈은 기업의 회계 거래를 기록하고 재무제표를 생성하는 핵심 기능을 담당한다. SAP R/2의 FI 모듈은 일반회계(GL), 매입채무(AP), 매출채권(AR) 등으로 구성되어 있었으며, 거래 발생 시 **이중 분개** 원칙에 따라 자동 전표를 생성했다. 예를 들어 **매출 거래**를 생각해보면, SD 모듈에서 고객에게 제품을 출하하고 청구서를 발행하면 SD는 그 정보를 FI로 전달한다. FI 모듈은 이를 받아 **매출액과 매출채권** 계정을 동시에 업데이트하는 전표를 실시간으로 작성한다. 이렇게 생성된 회계 분개는 즉시 **총계정원장**에 반영되어 경영진은 최신 매출 실적과 채권 잔액을 확인할 수 있었다. 과거 분개장에 수기로 기록하고 월말에 집계하던 프로세스가 R/2를 통해 **트랜잭션 발생 순간에 전표화**된 것이다.

또 다른 시나리오로 **구매 및 지출** 흐름을 들 수 있다. 구매부서가 MM 모듈에서 구매오더를 발행하고, 자재가 입고되면 FI 모듈은 **재무적 이벤트**인 구매부채 발생을 포착한다. R/2는 입고와 동시에 "재고자산 증가 대 미지급금 증가" 분개의 전표를 생성하여 재무상태에 반영했다. 이후 매입청구서가 도착하면 FI 모듈의 AP 서브모듈에서 **채무 확정(Invoice Verification)** 처리를 거쳐 미지급금을 확정하고, 지급 시점에 현금출납 분개를 수행한다. 이 모든 과정이 **모듈 간 자동 연동**으로 이뤄져, 사용자는 각 업무 트랜잭션만 입력하면 분개처리는 백엔드에서 알아서 처리되었다. 이러한 **자동분개 기법**은 SAP가 자랑하는 기능으로, 기업마다 회계처리 규칙을 설정해두면 시스템이 이벤트별로 정확한 분개를 일관성 있게 수행했다. 결과적으로 FI 모듈을 통해 경영자는 언제든 **시스템에서 총계정시산표나 손익계산서**를 뽑아볼 수 있었고, 이는 재무보고의 신속성과 정확성을 크게 향상시켰다.

자재관리(MM) 모듈 – 자재 입출고 및 구매 흐름

MM(Materials Management) 모듈은 구매 조달에서 재고 관리까지 **자재 흐름**을 담당하는 모듈이다. 제조업의 경우 MM 모듈이 생산에 필요한 원자재를 적시에 공급하고, 완제품 재고를 관리하는 중추 역할을 한다. R/2의 MM 모듈 세부 기능으로는 **구매관리**(Purchasing), **재고관리**(Inventory Management), **자재소요계획**(MRP) 등이 있었다.

MM 모듈에서의 **입고 프로세스**를 살펴보겠다. 구매 담당자가 발주서를 발행하면(구매오더 생성), 이 정보는 **구매요구**와 **발주현황**으로 시스템에 기록된다. 외주 업체로부터 자재가 납품되면, 창고 담당자는 R/2 화면에서 **입고 등록**(Goods Receipt) 트랜잭션을 실행한다. 이때 MM 모듈은 해당 발주오더와 수량을 매칭하여 **재고 수량 증가**를 기록하고, 동시에 FI 모듈에 **재무 이벤트**를 전달한다. 앞서 설명했듯 FI는 이에 따라 재고자산과 미지급금을 분개 처리한다. 만약 품질검사가 필요한 자재라면 **품질관리**(QM) 서브모듈과 연계되어 입고된 자재를 **검사대기 상태**로 두고 합격 시에만 가용재고로 전환하는 흐름도 지원되었다. 이런 식으로 **입고→검사→가용**의 단계별 상태를 관리하여 생산에 부적합한 자재는 격리시켰다.

반대로 **출고 프로세스**도 중요하다. 생산에 원자재를 사용하거나, 완제품을 고객에게 출하할 때 **자재 출고**(Goods Issue) 트랜잭션을 수행한다. SAP R/2 MM 모듈은 출고 시 해당 **창고의 재고를 실시간 감소**시키고, 만약 출고가 판매오더에 따른 것이라면 SD 모듈과 연계하여 **납품처리** 완료 상태를 SD 쪽에 알려준다. 또한 출고는 재무적으로 재고자산 감소 및 비용인식(또는 매출원가 인식)과 연결되므로 FI 모듈에도 영향을 준다. 예컨대 판매 출하 시 "매출원가 발생" 전표가 자동 생성되어 손익에 반영된다.

구매→입고→출고로 이어지는 자재 흐름은 생산계획과도 맞물려 있다. R/2의 MRP(Material Requirements Planning) 기능은 판매계획과 현재 재고를 조합하여 부족한 원자재의 소요량을 계산하고, 구매요청(PR)을 자동 생성하는 역할을 했다. 이 MRP 런은 주로 야간 배치로 수행되었지만 결과는 MM 모듈 데이터로 떨어져, 구매팀은 이를 보고 발주를 진행했다. 이렇게 MM 모듈은 **공급망의 앞단부터 생산까지 자재 흐름을 관리**하며, FI 및 SD와 연동되어 **물적 흐름과 금전 흐름의 통합**을 실현했다. R/2 도입 기업들은 MM 모듈을 통해 **재고 정확도 향상, 안전재고 최적화, 구매 리드타임 단축** 등의 효과를 얻는 장점이 있었다.

영업(SD) 모듈 - 판매 오더에서 청구/출하까지 프로세스

SD(Sales and Distribution) 모듈은 제품이나 서비스를 고객에게 판매하고 대금을 청구하는 과정을 지원하는 모듈이다. SAP R/2의 SD 모듈(독일어로 **RV**로도 불림)은 **주문관리, 출하물류, 청구** 기능을 포괄하여, 이른바 **Order-to-Cash** 사이클을 책임졌다.

SD 모듈의 프로세스는 **판매 오더(SO) → 배송/출하 → 청구**의 단계로 요약된다. 먼저 영업사원이 고객 주문을 접수하면 R/2 시스템에서 **판매주문 생성** 트랜잭션을 실행한다. 주문에는 고객정보, 제품, 수량, 가격, 인도조건 등이 입력되며, 시스템은 **제품 마스터**와 **가격조건** 데이터를 참조하여 총액을 산출하고 인도가능일을 확인해준다. 이때 재고가 충분한지, 생산 리드타임이 필요한지 등을 **AVA(가용성 체크)** 기능으로 점검하는데, 이는 MM 모듈의 재고정보와 생산일정 정보를 활용한다. 주문이 확정되면 해당 주문은 **미출하 오픈오더**로 시스템에 대기하게 된다.

다음 단계는 출하(Delivery) 이다. 물류팀은 출하지시를 내려 창고에서 제품을 피킹/포장한다. R/2 SD 모듈에서 **출하처리** 트랜잭션을 실행하면, 하나의 판매오더로부터 실제 선적 단위를 구성하여 출하 문서를 만들고, **운송장(Delivery note)** 번호를 부여했다.

출하 완료 시 **재고 차감**이 일어나야 하므로, SD 모듈은 MM 모듈과 연계하여 해당 수량만큼 완제품 재고를 감소시켰다. 이와 동시에 FI 모듈에도 매출원가 발생을 알리고 전표 생성을 유도했다. 이렇게 고객에게 물건이 발송되면 이제 남은 건 대금 청구이다.

청구(Billing) 단계에서는 회계팀이 R/2에서 **청구서 발행** 트랜잭션을 실행한다. 이는 출하 완료된 오더를 불러와 송장(invoice)을 발행하는 과정이다. SAP R/2는 미리 정의된 **조건기반 청구산식**에 따라 제품가격, 할인, 세금 등을 계산하여 청구액을 확정했다. 청구서 발행과 동시에 SD 모듈은 FI 모듈에 **매출채권 생성** 정보를 전달하여 "매출액 대 매출채권" 분개를 자동 기표한다. 따라서 청구가 끝나면 FI의 매출채권 장부에 해당 금액이 등재되고, 재무제표상의 매출도 발생한다. 이후 고객이 입금을 하면 FI의 AR 서브모듈에서 채권을 소멸시켜 결제가 완료된다.

이 일련의 SD 과정은 모두 단일 R/2 시스템 내에서 실시간 처리되므로, 영업부서는 **주문 → 출하 → 청구** 진행 상황을 한눈에 파악할 수 있고, 경영진은 **판매실적과 미수금 현황**을 실시간 모니터링할 수 있었다. 또한 SD 모듈은 **판매 통계와 커미션 계산, 대리점 관리** 등의 부가 기능도 제공하여 영업 관리 전반을 아우르는 솔루션이었다. R/2를 도입한 기업들은 SD 모듈 활용으로 **주문 처리시간 단축, 정확한 매출 데이터 확보, 신용관리 자동화** 등의 효과를 누렸다. 예를 들어, 과거 수작업으로 며칠 걸리던 청구서 발행이 R/2에서는 출하 직후 바로 가능해져 **현금 회수 리드타임이 단축**되었고, 잘못 청구하거나 미청구되는 오류도 크게 감소했다.

이상 설명한 FI, MM, SD 외에도 SAP R/2에는 **인사관리(HR), 생산계획(PP), 원가관리(CO), 설비관리(PM)** 등 다양한 모듈이 있었다. 각 모듈들은 고유의 업무 처리를 담당하면서, **공통 데이터베이스를 통해 밀접히 통합**됨으로써 기업의 전 부문이 하나의 시스템 안에서 움직이도록 설계되었다. 이러한 모듈 통합은 "한 부서의 활동이 곧바로 다른 부서 데이터에 반영된다"는 의미이며, 오늘날 ERP가 지향하는 **전사 프로세스 최적화** 개념을 이미 1980년대에 구현한 것이었다.

기업이 실제로 얻은 효익을 시나리오별로 분석

SAP R/2를 도입한 기업들은 다양한 **업무 시나리오**에서 실질적인 효익을 얻었다고 보고되었다. 여기서는 몇 가지 대표적인 시나리오를 통해 R/2 도입 효과를 분석한다.

- 시나리오 1: 재무 결산의 신속화 – 도입 전, 다국적 제조기업 A사는 각 사업부마다 다른 회계시스템을 써서 월말 결산에 일주일 이상 소요되었다. 그러나 R/2 FI 모듈 도입 후에는 **거래 발생 즉시 중앙 장부 반영**이 이루어져 월말에 추가 작업 없이 바로 통합 재무제표를 산출할 수 있었고, 결산 소요기간이 2~3일로 단축되었다. 이는 현업 부서가 마감 기간에 야근을 해야 하는 부담을 덜고, 경영진이 **조기에 손익 파악**을 하는 이점으로 이어졌다.

- 시나리오 2: 재고 삭감과 자금 효율화 – 화학기업 B사는 원자재 재고를 과다 보유하여 재고금액이 높고, 유휴 재고 폐기로 손실이 발생하곤 했다. R/2 MM 모듈과 MRP 기능을 통해 **적정 재고 수준**을 실시간 계산하고, 구매 리드를 단축하면서 B사는 평균 재고를 20% 줄일 수 있었다. 그 결과 창고 공간이 효율화되고, 재고에 묶여 있던 운영자금이 현금으로 전환되어 **재무 건전성**이 개선되었다. 또한 정확한 재고 데이터로 **생산계획 신뢰도**가 향상되었고, 자재 부족이나 과잉생산의 사례가 감소했다.

- 시나리오 3: 주문처리 리드타임 감소와 매출 증대 – 기계 제조업체 C사는 수주에서 출하까지 걸리는 시간이 길고, 부서 간 정보전달 지연으로 납기 준수율이 낮았다. R/2 SD 모듈 도입 후 영업, 생산, 물류 부서가 **동일 시스템에서 데이터를 공유**하게 되면서, 주문 접수 즉시 생산이 착수되고 재고 확보가 진행되었다. 이에 **납기 준수율**이 크게 향상되어 고객 만족도가 높아졌고, **추가주문 및 매출 증대**로 이어졌다. 또한 영업담당자는 시스템을 통해 고객별 주문 현황과 잔여 한도 등

을 즉시 파악하여 **판매 기회 포착**과 신용관리에도 활용했다.

- 시나리오 4: 내부 통제 및 감사 대응 – 소비재기업 D사는 지점이 많아 매출 및 비용 데이터의 투명성 확보가 과제였다. R/2를 통해 **전 지점의 거래를 본사에서 실시간 모니터링**함으로써 부정이나 오류를 조기에 발견할 수 있었고, 회계감사 시에도 표준화된 전표와 증빙을 중앙에서 바로 제출할 수 있었다. 이는 내부통제 강화와 **컴플라이언스 준수** 측면에서 중요한 효과로, R/2 도입 이후 D사는 감사의견이 개선되고 금융기관 신뢰도가 상승했다.

이 밖에도 R/2 도입 기업들은 공통적으로 **데이터 중복 입력 감소, 업무 프로세스 표준화, IT 비용 절감** 등의 혜택을 누렸다. 예를 들어, 과거 별도 시스템에서 각각 관리되던 생산-재고-판매 데이터를 한 번 입력으로 모두 활용하니 **인력 생산성**이 향상되었고, 부정확한 수작업이 줄어 **데이터 신뢰성**이 높아졌다. 또한 표준 패키지 도입으로 자체 개발/유지보수 인건비가 절감되고, SAP가 제공하는 **업그레이드와 유지보수 서비스**를 활용함으로써 장기적 TCO(total cost of ownership)를 낮추었다.

물론 효과의 정도는 기업 상황마다 달랐으나, 1980년대 다수 도입 사례를 종합하면 SAP R/2는 **운영 효율화와 경영 투명성 제고**라는 공통된 성과를 만들어냈습니다. 이는 ERP 패키지 도입의 정당성을 입증하는 것이었고, 이후 ERP가 전 세계적으로 확산되는 기폭제가 되었습니다.

사례 중심 확장: 독일 BASF, Siemens 등 R/2 도입 기업의 변화(공식 자료 기반)

BASF와 Siemens는 SAP R/2를 비교적 이른 시기에 도입하여 성공적으로 활용한 대표적인 독일 기업들이다. 두 기업 모두 산업계의 거인으로 방대한 조직과 프로세스를 갖고 있었기에, R/2 도입은 단순한 IT 시스템 변경이 아니라 **경영 혁신 프로젝트**에 가까웠다.

- BASF 사례: 세계 최대 화학회사 중 하나인 BASF는 제품과 공정이 매우 다양하고 글로벌 사업을 운영하고 있었다. BASF는 **1980년대 중반** SAP R/2를 도입하여, 이 전에 분산되어 있던 생산 관리, 물류, 회계를 하나로 묶는 작업을 시작했다. 공식 보고에 따르면 BASF는 R/2 도입 후 **통합 생산계획 시스템**을 갖추게 되어 여러 공장에서의 생산 일정과 재고를 중앙에서 최적화할 수 있었다. 예를 들어 한 공장에 재고부족이 발생하면 타 공장의 재고를 즉시 파악하여 내부 이동하거나 추가 생산을 지시하는 식의 **통합** 효과를 냈다. 또한 BASF는 SAP R/2의 재무모듈을 통해 **Profit Center별 수익성 분석**을 체계화하여 사업부별 실적을 정확히 측정하고 부진 사업 정리에 활용했다. 이러한 변화로 BASF는 공급망 효율을 높여 **원가 절감**을 이뤘고, 빠른 회계 마감으로 **의사결정 스피드**를 높이는 등 전반적인 **경쟁력 강화**를 달성했다.

- Siemens 사례: Siemens는 전기전자, 엔지니어링 분야의 복합 기업으로 사업 영역이 매우 폭넓었다. Siemens는 자체 전산팀도 거대했으나, **ERP 표준화의 필요성**을 느껴 1980년대 후반 R/2를 일부 사업부에 도입했다. 초기에는 독일 내 일부 공장과 본사의 재무 시스템에 적용되었는데, 그 결과 **지역별 다른 프로세스가 통합 표준화**되고 데이터 가시성이 향상되는 효과를 보았다. Siemens 경영진은 R/2를 통해 전 세계 지사의 주요 경영 지표를 비교 가능하게 만들고자 했고, 점차 도입 범위를 확대했다. 공식 인터뷰에 따르면 Siemens는 R/2 도입으로 **재고 회전율 개선, 납기 준수율 상승** 등의 운영지표 향상을 달성했고, 특히 **전사 차원의 원가정보 시스템**을 구축하여 설비투자와 프로젝트 수익성을 면밀히 분석할 수 있게 되었다고 한다. 또한 R/2 프로젝트를 추진하며 Siemens는 사내 IT인력에게 SAP 교육을 실시하여 **ERP 전문가 풀**을 형성했고, 이는 이후 R/3 전환에도 큰 자산이 되었다.

이처럼 BASF와 Siemens는 SAP R/2 도입을 통해 **글로벌 경영을 실시간 통제로 전환**하고 **프로세스 혁신**을 달성한 사례로 평가받는다. SAP도 이들 사례를 성공 스토리로 소개하며, 1980년대 후반 국제 시장 진출 시 신뢰를 얻었다. 실제 1988년 SAP가 주식 상장을 할 즈음, Siemens를 비롯한 유럽 굴지 기업들이 고객 목록에 포함되어 있었고, 같은 해 SAP는 미국 Dow Chemical 등을 고객으로 확보하며 총 1,000개 이상의 고객사를 보유하게 되었다. 이러한 **대형 고객의 성공 사례**는 ERP가 특정 산업에 국한되지 않고 범용 경영솔루션으로 자리매김하는 데 크게 기여했다.

국내 기업의 80~90년대 R/2 도입 경험

한국에서는 1980년대까지는 전산환경이 주로 국산 소프트웨어나 해외 제조사의 MRP 패키지에 의존하고 있었다. SAP R/2의 국내 도입은 상대적으로 늦었는데, **1990년대 초반** 몇몇 대기업이 한정적으로 R/2를 도입하거나 시범 운영한 것으로 전해진다. 주로 해외 본사가 SAP를 쓰는 경우 한국 지사에서도 R/2를 연계 구축한 사례가 있었고, 일부 선진 경영기법 도입을 원하는 기업이 R/2를 검토하기도 했다.

다만 한국 기업들 전반의 R/2 도입은 제한적이었다. 그 이유로는 당시 한국에 **SAP 지사 부재**, 한글화 등 **언어 지원 문제**, 메인프레임 도입 비용 등의 장벽이 있었다. 또한 80년대 후반~90년 초에는 국내 IT업체들이 개발한 **국산 ERP(혹은 MRP II)** 솔루션들이 존재했고, 기업들은 외산 패키지보다는 자체 개발이나 국산 패키지를 선호하는 경향도 있었다. 실제 많은 기업이 1997년 외환위기 전까지 자체 시스템을 운용하다가, **ERP 도입 붐**이 일어난 건 1997년 이후 R/3 시대에 들어서였다.

그럼에도 불구하고 R/2를 먼저 도입했던 국내 몇몇 기업의 경험은 후발주자들에게 중요한 참고가 되었다. 예를 들어, **삼성그룹** 계열사 중 하나인 삼성전기는 1996년 경 SAP R/3를 도입하기 전에 SAP R/2를 파일럿으로 검토했고, 그 결과를 토대로 R/3 본격 도입을 결정했다. 또한 R/2를 직접 쓰진 않더라도, SAP의 **비즈니스 베스트 프랙티스**를 벤치마킹하여 자사 시스템을 개선한 사례도 있었다. 요컨대 80~90년대에 국내에서 R/2를 경험한 기업들은 소수였지만, 이들은 **ERP의 효과와 한계**를 미리 체감함으로써 이후 R/3 도입 시 장애요인(예: 조직 저항, 데이터 정비)을 사전에 인지하는 이점을 누렸다.

정리하면, SAP R/2는 국내에서 폭넓게 쓰이진 않았지만 **ERP 개념 전파의 교두보** 역할을 했다고 평가할 수 있다. 국내 기업들은 R/2 도입 기업의 해외 선진제조사들의 성공사례를 접하면서 ERP의 가치를 학습했고, 90년대 후반 R/3 도입 붐이 일어날 때 빠르게 의사결정을 내릴 수 있었다. SAP도 1995년 한국지사를 설립하고 본격 영업을 시작하면서, R/2 경험자를 채용하거나 교육시켜 R/3 프로젝트에 투입하였고, 이는 성공적 정착에 기여했다. 결과적으로 한국 시장에서 SAP R/2의 직접적인 영향력은 제한적이었으나, **ERP 시대 진입을 앞당기는 밑거름**이 되었다고 볼 수 있다.

한계와 혁신 분석: 사용자 경험(UI)과 교육 문제

메인프레임 기반의 SAP R/2 시스템은 강력한 실시간 처리능력을 가졌으나, **사용자 경험(UI)** 측면에서는 현대적인 GUI 환경에 비해 많은 한계가 있었다. R/2의 인터페이스는 **터미널 방식의 문자 UI**로, 화면에 필드와 메뉴가 텍스트로 표시되고 키보드로 조작해야 했다. 예를 들어, 사용자는 화면 하단에 제시된 기능키(F1~F12 등)에 해당하는 명령을 익혀야 했으며, **메뉴 경로도 숫자 코드**로 이루어져 있어서 암기하거나 책자를 참고해야 했다. 자연히 초기 사용자들은 **가파른 학습 곡선**을 겪었다. ERP가 제공하는 방대한 기능을 숙지하고 올바로 활용하려면 전사적인 교육훈련이 필수였는데, 1980년대 당시에는 이런 **교육 인프라**도 충분치 않아 어려움이 있었다. 심지어 SAP R/2의 화면은 기본적으로 영어 또는 독일어로 제공되었고, 현지화를 거치지 않으면 한국어나 다른 언어로 된 UI를 사용할 수 없었다. 국내 도입 시에는 한글 단말기와 한글 출력이 가능한 버전을 별도로 구성해야 했고, 이는 추가 비용과 시간을 요구했다.

또한 UI 특성상 **사용자 친화성**이 떨어져, 잘못된 데이터를 입력하거나 절차를 누락할 위험도 있었다. 예를 들어 필수 입력필드는 ? 표시로 구분하곤 했지만 자칫 놓치면 전체 프로세스가 오류를 내기도 했다. 화면 전환도 현재처럼 마우스로 클릭하여 자유롭게 이동하는 것이 아니라, 정해진 순서대로 **Enter** 키나 *PF* 키를 눌러야 다음 단계로 넘어가는 형태였다. 그러다 보니 신규 사용자는 시스템에 적응하기 전까지 **업무보다 시스템 조작에 신경을 더 쓰는** 현상이 나타나기도 했다.

이런 UI와 사용성 문제를 인식한 SAP는 1980년대 후반에 R/2용 **CUA**(Common User Access) 인터페이스를 도입하려는 시도를 했다. 이는 IBM SAA 가이드라인에 맞춘 표준 UI로, 메뉴와 툴바(버튼)를 도입하여 마치 PC 소프트웨어처럼 R/2를 사용할 수 있게 해주는 것이었다. 일부 고객에게 시범 제공된 이 CUA 인터페이스는 당시로서는 획기적이었지만, 근본적으로 메인프레임 터미널 에뮬레이션에 그래픽 요소를 흉내낸 수준이어서 제한적이었습니다. 결국 SAP는 완전한 GUI 환경을 위해 R/3 개발로 방향을 틀게 된다.

교육 측면에서는, SAP R/2 도입 시 **업무 프로세스 교육 + 시스템 조작 교육**의 이중 과제가 있었다. ERP를 통해 프로세스 자체가 표준화/변경되기 때문에 사용자들은 새로운 업무 절차를 배워야 했고, 동시에 R/2 화면 사용법도 익혀야 했다. 1980년대에 이러한 포괄적 교육을 체계적으로 수행한 기업은 많지 않았고, 결과적으로 **초기 가동시 업무혼선**이 발생하는 사례도 있었다. 특히 베이비붐 세대의 장년 직원들은 컴퓨터 조작 자체에 익숙지 않아 거부감이 있었고, ERP 도입을 **고용불안**과 연결짓는 저항도 존재했다.

하지만 이러한 시행착오를 거치며 기업들은 **전담 조직**(ERP 추진팀)을 꾸려 사용자 교육, 메뉴얼 작성, 도움데스크 운영 등 체계를 잡아갔다. SAP 본사도 고객사 연수를 제공하거나 컨설턴트를 파견하여 교육을 지원했다. 결론적으로 R/2 시대의 UI와 교육 문제는 ERP 도입의 **인적요인 중요성**을 일깨워준 사례로, 이후 R/3에서는 GUI를 채택하고 **사용자 경험 개선**(EnjoySAP 등의 캠페인)을 중요한 목표로 삼는 계기가 되었다.

유지보수, 확장성 부족 문제

SAP R/2는 **메인프레임 환경의 폐쇄성**으로 인해 유지보수와 시스템 확장의 어려움도 존재했다. 첫째, **커스터마이징의 제약**이다. R/2는 표준 패키지로 제공되었지만, 각 기업 고유의 요구사항을 반영하려면 어느 정도 **추가 개발**이 필요했다. 그러나 R/2 코어는 코볼로 작성된 폐쇄 소스였고, 고객이 임의로 핵심 로직을 수정할 수 없었다. 대신 SAP는 User Exit나 **ABAP 보고서** 같은 제한된 확장 포인트를 제공했지만, 이것만으로는 복잡한 커스터마이즈를 하기엔 역부족인 경우가 있었다. 특히 한국처럼 **현지 경영 관행**이 다른 경우(예: 복잡한 명세서 양식, 재무제표 양식 등) 완벽히 맞추기 어려워 추가 수작업이나 보완 프로그램으로 해결하는 일이 많았다.

둘째, **확장성과 통합의 문제**이다. 1980년대 후반부터 IT 환경이 점차 **클라이언트/서버** 구조나 PC 기반으로 변모하면서, 메인프레임 R/2와의 **이기종 간 인터페이스** 필요성이 대두되었다. 예를 들어 공장에서 쓰는 SCADA 시스템이나 PC 기반의 캐드(CAD) 시스템 등과 연결하려 해도 마땅한 표준 인터페이스가 없었다. R/2는 오늘날의 API나 웹서비스 개념이 없고, **일괄 파일 인터페이스**에 의존했기 때문에, 외부 시스템과 실시간 연동이 어렵고 데이터 교환에 번거로움이 있었다. 시스템 용량을 늘리는 문제도, 메인프레임 자체를 업그레이드하거나 추가 구매해야만 해결 가능하여 수평 확장(scale-out)이 사실상 불가능했다.

셋째, **유지보수 인력과 비용** 이슈이다. 메인프레임 전산 인력은 숫자도 한정돼 있고 인건비도 높았다. R/2를 운용하려면 코볼이나 JCL 등에 익숙한 메인프레임 엔지니어가 필요했고, 작은 수정이라도 전문 업체나 SAP에 의뢰해야 하는 경우가 많았다. 게다가 소프트웨어 업데이트도 오늘날처럼 자동화된 패치가 아니어서, 버전 업시마다 재컴파일, 마이그레이션 작업이 크게 수반되었다. 이러한 유지보수상의 부담은 중견기업이 R/2를 도입하는 데 장애요인이 되기도 했다. 실제 SAP가 1987년 IBM 신형 서버 출시에 맞춰 중소형 기업 시장을 노렸다고 하나, 메인프레임 기반이라는 태생적 한계로 **거대 기업 위주**의 솔루션에 머물렀다.

넷째, **성능 및 용량 한계**이다. R/2는 설계상 큰 폭의 성능튜닝을 염두에 두진 않았다. DB와 애플리케이션이 한 몸이라 분산처리 여지가 없고, 오늘날처럼 캐시 서버나 웹서버 증설을 통한 성능 개선도 기대할 수 없었다. 사용자가 늘면 메인프레임를 교체하거나 메모리를 증설하는 **비용 지수적 증가**가 불가피했다. 일부 기업에서는 월말이나 분기말 피크타임에 시스템 응답이 느려져 **업무 차질**을 빚기도 했다. 또한 프로그램 수정 없이 **새로운 비즈니스 프로세스**를 지원하기도 어려웠다. 예컨대 인터넷이 등장하던 무렵, 온라인 쇼핑 주문을 R/2에 직접 연결하려고 해도, 터미널 세션 이외의 접근경로를 제공하기 어렵던 문제가 있었다.

이러한 유지보수 및 확장성 부족 문제는, 1990년대에 들어 기업들의 요구사항이 고도화됨에 따라 점점 더 두드러졌다. SAP 역시 R/2 라이선스 매출의 성장세가 한계에 다다름을 인식하고, 다음 세대 제품으로의 전환을 모색하게 된다. R/2 고객들은 새 요구에 대응하기 위해, **사내 부가 시스템**을 별도로 개발하거나, 일부 영역은 타사 솔루션으로 대체하는 등 임시방편을 쓰기도 했다. 그러나 ERP의 통합 이점이 퇴색될 수밖에 없기에, 보다 유연하고 확장가능한 새로운 기술 플랫폼이 절실해졌다.

결과적으로 R/2의 한계는 **기술 혁신의 필요성**으로 이어졌고, SAP가 과감한 결단을 내려 **클라이언트/서버형 R/3** 개발에 착수하는 배경이 되었다.

이 한계를 극복하기 위한 R/3로의 기술적·시장적 동인

SAP R/3의 탄생은 단순한 제품 업그레이드가 아니라, **기술 패러다임 전환과 시장 전략 변화**의 산물이다. R/2의 한계를 극복하기 위해 어떤 기술적·시장적 동인이 작용했는지 살펴보겠다.

- 기술적 동인: 1980년대 후반 IT업계는 메인프레임 중심에서 **클라이언트/서버 아키**

텍처로의 전이를 목격하고 있었다. IBM이 1987년 SAA(System Application Architecture)를 발표하며 하드웨어에 독립적인 소프트웨어 아키텍처 표준을 내놓았고, UNIX 워크스테이션과 PC 서버들이 성능을 키워가고 있었다. SAP는 이러한 흐름에 발맞춰, 메인프레임에 종속적이었던 소프트웨어를 **플랫폼 독립적**으로 만들 필요를 느꼈다. 또한 GUI 등장으로 사용자의 기대 수준이 높아져, 텍스트 UI로는 미래를 장담하기 어려웠다. 따라서 SAP 내부 연구진은 3계층 구조(프레젠테이션-애플리케이션-데이터베이스 분리)와 새로운 프로그래밍 언어(ABAP/4)를 적용한 R/3 설계를 시작했다. 3계층 구조는 각 계층 확장이 가능해 **성능과 확장성 문제**를 해결하고, 다양한 OS와 DB를 지원할 수 있어 **이식성 문제**도 해결해주었다. 실제 1992년 출시된 R/3는 UNIX 서버와 관계형 DB(Oracle, Informix 등) 위에서 동작하며, PC용 SAP GUI를 통해 그래픽 환경을 제공했다. 이는 R/2에 비해 획기적인 기술 도약으로, R/2 고객들도 기술적 우수성에 공감하여 R/3로의 전환을 가속화했다.

- 시장적 동인: 1980년대 말 SAP는 유럽 시장을 제패했지만, **미국 시장**에서는 입지가 약했다. 메인프레임 위주의 R/2로는 당시 이미 클라이언트/서버 환경을 도입하던 미국 기업들의 마음을 얻기 어려웠다. 또한 R/2는 **초대기업용**이라는 이미지 때문에 중견기업 시장을 놓치고 있었다. SAP 경영진은 시장 확대를 위해 **보다 저렴하고 설치/운영이 쉬운** ERP가 필요하다고 판단했다. R/3는 이러한 전략 하에 개발되어, 비교적 저렴한 Unix 서버 또는 기존 메인프레임 활용으로도 도입 가능했고, 모듈식 설치로 **기업 규모별 유연한 적용**이 가능했다. 또한 SAP는 R/3 출시(1992년) 전후 미국 필라델피아에 연구소를 세우고, 현지 파트너십을 강화하여 **미국 진출**을 적극 모색했다. 그 결과 R/3는 미국 GM, Coca-Cola, P&G 등 대형 고객을 연이어 수주하며 글로벌 표준으로 부상했다. 요컨대 R/3는 SAP가 **세계 시장 공략**을 위해 내놓은 승부수였고, R/2의 기술적 한계를 보완함과 동시에 **시장 요구**에 부응한 제품이었다.

- R/2 고객 유지 동인: SAP로서는 기존 R/2 고객들을 R/3로 **원활히 이행**시키는 것도 중요한 과제였다. 이를 위해 SAP는 1990년대 중반까지 R/2 지원을 지속하면서, 한편으로 **R/2→R/3 마이그레이션 툴과 가이드**를 제공했다. 기술적으로는 ABAP/4 환경을 R/2에도 일부 도입하여 개발자들이 R/3에 미리 익숙해지도록 했고, 데이터 이관 툴을 통해 마스터/거래 데이터를 손쉽게 넘길 수 있게 했다. 또한 라이선스 정책 면에서도 R/2 고객이 R/3로 전환 시 유리한 조건을 주어 전환을 유도했다. 이는 **고객 이탈 방지**와 **새 제품 확산** 두 마리 토끼를 잡는 전략으로, 성공적으로 수행되어 대부분의 R/2 고객이 90년대 후반까지 R/3로 갈아탔다.

이러한 동인들 덕분에 SAP R/3는 1990년대 ERP 시장을 재편하며 **압도적 1위**로 올라섰다. R/3는 R/2의 유산인 통합 프로세스 개념을 계승하면서, 기술적 진화를 통해 대중화에 성공했다. 궁극적으로 R/2에서 R/3로의 이행은 SAP 역사에서 **가장 중요한 전환점**으로 꼽히며, SAP가 메인프레임 시대의 강자에서 클라이언트/서버·인터넷 시대의 강자로 연속성 있게 변모할 수 있었던 원동력이 되었다.

부록 심화: 당시 ERP와 경쟁 제품 비교표

SAP R/2가 활약하던 1970~80년대에 시장에는 여러 기업용 솔루션들이 존재했다. 아래 표는 **SAP R/2와 동시대 경쟁 제품들**을 주요 특징으로 비교한 것이다.

제품명	회사(출시년도)	기술 플랫폼	특징 및 모듈	주요 적용 산업/시장
SAP R/2	SAP (1979년 출시)	IBM/Siemens 메인프레임, 2티어	통합 ERP 모듈(재무, 물류, 인사 등) 실시간 처리	독일/유럽 대기업 (화학, 제조 등)
IBM MAPICS	IBM(1970년대)	IBM AS/400 (미드레인지), 단일티어	제조업용 MRP/회계 통합 패키지	미국 중견 제조기업(기계 등)
Oracle Applications	Oracle (1989년~)	UNIX/미니컴, 클라이언트/서버	재무, 유통 중심 모듈 (Oracle DB 기반)	미국 기업 (다양한 산업)
Baan IV (초기 제품)	Baan(1980년대 중후반)	DEC VAX/Unix, 클라이언트/서버	모듈식 ERP(제조, 재무 등), Baan-C언어	유럽/미국 제조업, 프로젝트 산업
JD Edwards(World)	JD Edwards(1977년~)	IBM 중형기(System/38 등), 단일티어	회계, 유통, 제조 모듈 (그린스크린 UI)	미국 중견기업 (유통, 제조)
PeopleSoft	PeopleSoft(1987년~)	UNIX/Windows, 클라이언트/서버	HRM(인사) 출발, 후에 ERP 확장	미국 대기업 (서비스, 교육 등)

(주: ERP라는 용어 자체가 1990년대에 정립되었기에, 70~80년대 제품들은 MRP-II 등의 용어로 불렸음)

위 표에서 보듯 SAP R/2는 **메인프레임 실시간 통합**이라는 점에서 당시로서는 독보적이었다. IBM의 MAPICS 등은 주로 단일 기능에 초점이었고, Baan이나 JD Edwards는 **미니컴퓨터/중형기** 기반으로 중견기업을 노린 제품이었다. Oracle은 강력한 DB 기술을 무기로 80년대 말부터 ERP 모듈을 내놓기 시작했지만, SAP에 비해 통합완성도는 떨어졌다. 결과적으로 1990년대 중반까지 **SAP, Oracle, Baan, PeopleSoft, JDE** 등이 ERP "빅5"로 불리며 경쟁하게 되는데, 그 출발점에는 1980년대 R/2의 성공이 있었다.

연대표(SAP R/2 관련 주요 연표)

다음은 SAP R/2와 관련된 주요 사건들을 **연도별로 정리**한 연대표이다.

- 1972년 - SAP 설립. 독일에서 IBM 출신 5인이 모여 실시간 경영소프트웨어 회사 창업. 같은 해 SAP R/1(재무회계 시스템) 출시.
- 1975년 - SAP, 스위스 등에 첫 해외 고객 확보. 재무(RF), 재고(RM) 모듈 완성.
- 1978년 - SAP, 첫 자체 메인프레임 컴퓨터(지멘스 7738)를 도입하여 R/2 개발 착수. 프랑스어 버전 개발(John Deere 협업).
- 1979년 - **SAP R/2 정식 출시**. 재무, 물류, 영업 등 통합 패키지로 등장(R/2의 "2"는 2-tier 아키텍처 의미).
- 1981년 - R/2 안정화 버전 달성, **생산관리(PP)** 모듈 추가. 독일 뮌헨 SYSTEMS 박람회 첫 참가.
- 1982년 - SAP 고객사 250곳 돌파(주로 독일/오스트리아/스위스). 직원 100명, 매출 2,400만 DM 달성.
- 1984년 - SAP 최초 해외 자회사 설립(스위스). **인사(RP), 원가(RK)** 모듈 개발 강화 위해 개발자 확충.
- 1985년 - SAP, IBM 메인프레임 3대+Siemens 1대 운영(개발 장비). 직원 250명, 품질보증위원회 조직.
- 1986년 - **HR 인사관리 소프트웨어 정식 릴리스**. 매출 1억 DM 돌파.
- 1987년 - IBM 최신기종 발표로 **중견기업도 SAP 사용 가능**해짐(IBM 9370 등). SAP Consulting 조직 신설, 해외 지사 프랑스 등 확장. IBM SAA 표준 발표, SAP **R/3 개발 착수** 결정.
- 1988년 - SAP 주식회사(SAP AG)로 전환, 프랑크푸르트 증시에 상장. 직원 940명, 매출 2억45백만 DM. **Dow Chemical을 1000번째 고객사로 획득.**
- 1990년 - SAP, 미국 지사 개설 및 미주 시장 본격 진출. R/2 전 세계 누적 설치 1,300여 사이트로 증가.

- 1992년 - **SAP R/3 출시**(3-tier 클라이언트/서버 ERP). R/2에서 R/3로의 세대교체 시작.
- 1990년대 중후반 - R/2 사용 기업 대부분 R/3로 마이그레이션 진행. 1999년 SAP, 인터넷 대응 mySAP.com 전략 발표(R/2 시대 종언).

위의 연대표에서 보듯, 1980년대 **SAP R/2 era** 동안 SAP는 폭발적으로 성장했고, 기술적으로도 차세대 R/3를 착실히 준비했다. 연대표상의 사건들은 SAP R/2가 **ERP의 효시**로서 거둔 성공과 그 한계를 극복하기 위한 노력을 잘 보여준다.

기술 아키텍처 다이어그램(SAP R/2 Architecture 예시)

아래는 SAP R/2 시스템의 개략적인 **기술 아키텍처**를 글로 설명한 다이어그램이다.
- 사용자 계층: **터미널 장치** - 기업 내 사용자들은 IBM 3270 같은 텍스트 터미널이나 PC 터미널 에뮬레이터를 통해 R/2에 접속합니다. 화면은 문자 기반 폼이며 키보드로 조작.
- 네트워크: **메인프레임 통신망** - 터미널은 SNA 프로토콜 등을 통해 메인프레임에 접속하고, 다중 세션을 지원(IBM TSO 세션 등).
- 서버 계층: **메인프레임 서버** - R/2의 핵심이 동작하는 중앙 컴퓨터입니다. 여기에는 두 가지 주요 구성요소가 있음.
  - 애플리케이션 프로그램: 코볼로 작성된 모듈별 프로그램들(FI, MM, SD 등). CICS와 같은 TP모니터 상에서 구동되며, 사용자 요청을 처리.
  - 데이터베이스/파일: 기업 데이터가 저장된 VSAM 파일 집합 혹은 ADABAS DB. 애플리케이션은 해당 파일/DB에 직접 IO하여 데이터 읽기/쓰기 수행.
- 운영체제: 메인프레임 OS(MVS, VSE 또는 BS2000) - 다중 사용자, 다중 작업을 스케

줄링하고 메모리/디스크 자원을 관리. R/2는 OS 상의 하나의 대형 배치처럼 실행되거나 CICS 트랜잭션 코드로 관리.

- 통합 버스: **공통 데이터베이스** - 모든 모듈이 이 중앙 데이터 저장소를 공유하므로, 모듈 간에 별도 인터페이스 없이 데이터 일관성을 유지.
- 배치 처리: **일괄작업 서브시스템** - 실시간 OLTP 외에, 야간에 자동으로 실행되는 배치작업(Job)이 OS JCL로 스케줄링. 예: MRP 런, 대량 리포트 인쇄 등.

이러한 R/2 아키텍처에서 주목할 점은, **프레젠테이션(터미널)과 애플리케이션+데이터베이스(메인프레임)가 2계층** 구조로 존재한다는 것이다. 반면 1990년대 R/3는 클라이언트 PC - 애플리케이션 서버 - DB 서버의 **3계층**으로 발전한다. R/2 다이어그램의 또 다른 특징은 **모든 화살표가 중앙으로 향함**이다. 모든 트랜잭션 로직과 데이터가 한 곳에 있으므로, 중앙집중식 통제가 가능하지만 동시에 중앙에 부하가 집중된다. 또한 R/2 아키텍처 상에서 **System downtime**이 발생하면 터미널들은 더 이상 작업할 수 없다는 취약점도 존재했다.

비록 여기서는 글로 설명했지만, 실제 다이어그램을 그리면 한 가운데 메인프레임 그림이 있고, 주변에 터미널 그림 여러 개가 연결되어 별도의 계층 구분 없이 요청/응답하는 모습으로 표현된다. 이는 오늘날 분산 아키텍처와 크게 대비되는 모습으로, **당시 컴퓨팅이 중앙 서버 중심**이었음을 단적으로 보여준다.

데이터 흐름 예시(주문처리 프로세스)

SAP R/2에서 **주문처리(Order Processing)** 데이터 흐름을 예시로 들어 보겠다. 이는 앞서 SD 모듈 설명을 보완하는 내용으로, 한 건의 고객 주문이 시스템 내에서 어떻게 데이터를 이동시키는지 시나리오로 나타낸 것이다.

- 판매오더 입력 - 영업사원이 고객 주문을 접수하여 터미널을 통해 R/2 SD 모듈에 주문을 입력. 입력 데이터: 고객번호, 제품코드, 수량, 가격 등.

  → 시스템 동작: SD는 입력한 내용을 오더 테이블(VSAM 파일)에 저장하고, 제품코드와 수량을 바탕으로 **재고 확인**을 수행(MM 모듈의 재고파일 참조). 재고 충분 시 배송일 약속, 부족 시 MRP에 요구 전달.

- 출하 지시 및 처리 - 물류부서가 당일 출하할 주문들을 확인하고 출하를 확정. 입력 데이터: 오더 번호, 출하창고, 출하수량(피킹 완료된 수량).

  → 시스템 동작: SD 모듈은 해당 오더의 상태를 "출하완료"로 업데이트. 동시에 MM 모듈의 **재고파일**에서 해당 창고의 제품 재고를 감소시킴. 이 시점에 FI 모듈에 **매출원가**를 인식시키기 위해 재고감소 분개자료를 준비(출고전표 생성).

- 물류 배송 - 제품이 고객에게 운송되는 동안, R/2는 운송장 번호 등 배송정보를 저장할 수 있으나, 핵심 트랜잭션은 없음(외부 택배시스템과 인터페이스 없는 한, 수동 관리)

- 청구서 발행 - 영업/경리부서가 출하 완료건을 대상으로 고객 청구서를 발행. 입력 데이터: 오더 번호(또는 배송문서 번호).

  → 시스템 동작: SD 모듈은 오더에 연결된 출하내역을 읽어 **청구서 문서**를 생성, 청구 금액 계산. 이 정보를 FI 모듈에 넘겨 **매출 및 매출채권 분개**를 기록함. 동시에 SD 모듈의 오더 상태를 "청구됨"으로 표시하고 **매출통계 테이블**에 누적.

- 수금 처리 -(기간 후) 고객사로부터 입금이 확인되면, 경리 직원이 R/2 FI 모듈에서 해당 채권을 클리어(결제처리).

  → 시스템 동작: FI의 **매출채권 서브모듈**은 미결항목에서 해당 채권을 결제완료로 표시하고, 현금 계정 증가와 채권 소멸의 분개를 기록. 이로써 회계적으로 거래 종료.

위 흐름에서 데이터는 **SD → MM → FI**로 연속적으로 흘러간다. 하나의 판매오더에 담긴 데이터가, 출하 단계에서 재고 데이터에 영향을 미치고, 청구 단계에서 재무 데이터로 이어지는 것이다. 이러한 end-to-end 프로세스 통합이 SAP R/2의 강점이며, 별도 시스템 간 인터페이스가 필요 없이 **한 시스템 내 데이터 동기화**가 이루어진다. 만약 중간에 오류가 발생하면(예: 재고 부족) 해당 프로세스는 자동 정지되고 사용자에게 메시지가 표시되어 조치하도록 한다. 이처럼 R/2는 **트랜잭션 단위 ACID 특성**을 보장하여, 부분만 완료되고 끝나버리는 데이터 불일치를 방지했다.

다른 예로 **구매 프로세스**를 들면, 구매요청 → 발주 → 입고 → 검수 → 지급의 단계에 따라 MM과 FI 모듈을 오가며 데이터가 흐른다. 핵심은, **프로세스 단계 전환마다 관련 모듈의 데이터가 즉시 생성/갱신**된다는 점이다. 이러한 데이터흐름 예시는 ERP 시스템의 본질인 **실시간 통합 데이터 관리**를 잘 보여주는 것으로, SAP R/2는 이를 메인프레임 환경에서 전 세계 최초로 구현해냈다.

용어집(주요 용어 해설)

- 메인프레임(Mainframe): 고성능의 중앙 집중식 컴퓨터로, 수백~수천명의 동시 사용자와 대용량 트랜잭션을 처리할 수 있는 시스템을 말한다. IBM, Siemens 등의 메인프레임이 1960년대 이후 기업 전산의 중추로 쓰였다. SAP R/2는 이러한 메인프레임 상에서 동작하는 소프트웨어이다.

- 배치 처리(Batch Processing): 데이터를 실시간으로 처리하지 않고 일정량 또는 일정 기간 누적했다가 한꺼번에 처리하는 방식이다. 예컨대 하루 동안의 거래를 모아 밤에 일괄 계산하는 것이 배치처리이다. R/2 이전엔 회계마감, 급여계산 등이 배치로 이뤄졌으나, R/2는 많은 부분을 온라인화 했다. 그러나 대규모 MRP 계산 등은 여전히 배치 작업으로 수행되었다.

- OLTP(Online Transaction Processing): 사용자 요청을 입력받는 즉시 처리하여 그 결과를 돌려주는 온라인 거래 처리 방식이다. 다중 사용자 환경에서 빠른 응답성과 데이터 일관성이 중요하다다. SAP R/2는 메인프레임에서 OLTP를 구현하여, ERP 기능을 온라인화한 선구적 사례라고 볼 수 있다.

- VSAM/ISAM: IBM 메인프레임의 파일 접근 방법으로,(Index) Sequential Access Method의 약자이다. 레코드를 키 순서로 저장하고 색인을 두어 빠르게 검색하는 방식이다. VSAM은 가상메모리 환경에 최적화된 발전된 형태이다. R/2는 이러한 파일구조를 데이터 저장에 활용했다.

- ADABAS: 1970년대 출시된 Software AG의 비관계형 데이터베이스 관리시스템이다. 트랜잭션 처리에 최적화되어 메인프레임 환경에서 많이 쓰였으며, SAP R/2도 이를 DB엔진으로 활용하여 중앙집중 DB를 구현했다.

- MVS/VSE: IBM 메인프레임용 운영체제 이름이다. MVS는 대형 시스템용, VSE는 소형 시스템용 OS로, 둘 다 SAP R/2가 지원했다. MVS는 훗날 OS/390, z/OS로 진화했다.

- BS2000: Siemens사 메인프레임 운영체제이다. IBM 호환 아키텍처이지만 OS는 독자적이다. SAP R/2가 IBM 외 플랫폼으로 지원한 대표적 OS이다.

- ABAP: SAP 고유의 4세대 프로그래밍 언어로, 원래는 보고서 작성언어로 R/2에 도입되었다. ABAP/4는 이후 R/3의 핵심 개발 언어가 된다(ABAP는 독일어 Allgemeiner Berichts-Aufbereitungs-Prozessor, "일반 보고 처리기"의 약어이다).

- 모듈(Module): ERP에서 특정 업무 기능을 묶어놓은 소프트웨어 구성 단위이다.

예컨대 재무모듈, 영업모듈처럼 나뉜다. SAP R/2는 여러 모듈로 구성되어 각각 RF, RM, RK 등 코드명으로 불렸다. 통합 ERP의 장점은 이 모듈들이 하나의 시스템으로 연결돼 있다는 점이다.

• 2티어/3티어 아키텍처: 소프트웨어 시스템을 구성하는 계층(layer)의 수를 말한다. 2티어는 클라이언트-서버 구조로, R/2처럼 프레젠테이션(터미널)과 백엔드(메인프레임)로만 나뉜 경우이다. 3티어는 여기에 애플리케이션 서버 계층이 별도로 존재하여, 클라이언트(프론트엔드) – 애플리케이션서버 – 데이터베이스서버로 분산된 구조이며 R/3가 이에 해당한다.

• GUI(Graphical User Interface): 그래픽 기반의 사용자 인터페이스로, 윈도우, 아이콘, 메뉴 등을 마우스로 조작할 수 있는 환경이다. R/2는 GUI 이전 세대의 문자기반(CUI) 인터페이스였고, R/3에서 본격 GUI(SAP GUI)가 도입되었다.

• ERP(Enterprise Resource Planning): 기업의 자원(인력, 자재, 자금 등)을 통합적으로 계획하고 관리하기 위한 경영 소프트웨어를 뜻한다. SAP R/2는 세계 최초의 ERP 소프트웨어로 간주되며, 이후 ERP는 기업경영 필수도구로 자리 잡았다. ERP는 재무회계, 생산관리, 인사관리 등 광범위한 모듈을 포함하는 것이 특징이다.

지금까지 SAP R/2에 대한 심층 연구 내용을 모두 정리하였다. R/2는 비록 오래된 시스템이지만, **ERP의 출발점**으로서 역사적 의의와 현대 IT에 남긴 교훈이 크다고 할 수 있다. 1970~80년대의 기술적 한계 속에서도 통합 실시간 시스템을 구현한 SAP의 도전은 현재의 S/4HANA와 클라우드 ERP에까지 면면히 이어지고 있다. 이번 자료가 SAP R/2의 맥락과 상세를 이해하는 데 도움이 되었기를 바란다.

1.2 R/3의 등장

SAP R/3의 등장과 기술적 개요 및 확산

SAP R/3 소개 및 배경

SAP R/3는 독일 SAP사가 1992년 선보인 **차세대 ERP**(Enterprise Resource Planning) 소프트웨어로, 이전 메인프레임 기반 시스템인 R/2의 한계를 극복하고 **클라이언트/서버 환경**을 도입한 제품이다. SAP는 1970~80년대에 메인프레임에서 동작하는 ERP인 R/2로 유럽 대기업 시장을 석권했으나, 1990년대 들어 **분산 컴퓨팅과 PC 보급**이 본격화되면서 새로운 아키텍처로 전환할 필요성이 대두되었다. 이에 SAP는 실시간 처리 (real-time) 개념은 유지하되, **3계층 구조**를 갖춘 R/3를 개발하여 1992년 7월 6일 공식 출시하였다. "R"은 Real-time(실시간)을, "3"은 **3-tier(3계층)** 아키텍처를 의미한다.

3계층(Client/Server) 아키텍처

SAP R/3의 가장 큰 기술적 특징은 **프레젠테이션 계층-애플리케이션 계층-데이터베이스 계층**으로 분리된 3계층 클라이언트/서버 구조라는 점이다. 전통적인 단일 메인프레임에서 모든 처리를 수행하던 R/2와 달리, R/3는 다음과 같은 **3계층 분산처리**를 구현했다.

- 프레젠테이션 계층(Presentation Layer): 사용자 인터페이스가 동작하는 층으로,

PC 등의 클라이언트에서 SAP GUI를 통해 사용자가 시스템에 접속한다. 이전 세대의 터미널 기반 텍스트 화면과 달리 윈도우 GUI 환경을 제공하여 사용자 경험을 향상시켰다.

- 애플리케이션 계층(Application Layer): 비즈니스 로직이 수행되는 층으로, 하나 이상의 애플리케이션 서버가 이 계층을 형성한다. 클라이언트로부터 요청을 받아 처리하고, 데이터베이스와 연계하여 실제 비즈니스 트랜잭션을 실행한다. ABAP/4 언어로 구현된 프로그램들이 이 계층에서 구동되며, 필요한 경우 여러 애플리케이션 서버를 두어 부하분산 및 확장성을 확보한다. 또한 메시지 서버를 통해 다중 애플리케이션 서버 간 통신과 세션 로드 밸런싱을 수행한다.

- 데이터베이스 계층(Database Layer): 기업 데이터가 저장되는 층으로, 관계형 데이터베이스 관리 시스템(RDBMS)을 사용한다. R/3는 다양한 DBMS와 OS를 지원하여 플랫폼 독립성을 확보했는데, 이는 R/2 시절 독자 메인프레임 환경 대비 큰 발전이었다. 데이터베이스 계층에서는 SQL을 통해 데이터 접근이 이뤄지며, 다수의 테이블, 인덱스, 뷰 등이 생성되어 통합 데이터 모델을 구성한다.

이 3계층 구조 덕분에 SAP R/3는 **유연성, 성능 향상, 확장성** 등의 이점을 얻었다. 각 계층을 분리함으로써 하드웨어 자원을 효율적으로 활용하고, 부하가 증가하면 애플리케이션 서버를 증설하는 등 **스케일 아웃(Scale-out)** 전략이 가능 해졌다. 또한 특정 계층의 장애가 다른 계층에 치명적 영향을 주지 않아 **신뢰성**이 높아졌고, Presentation 계층을 교체하거나 애플리케이션 코드를 수정하더라도 DB 구조는 그대로 유지되는 등 **유지보수성과 커스터마이징 용이성**도 향상되었다.

클라이언트/서버 도입 배경

1990년대 초, 기업 IT 환경은 **메인프레임 중심 처리**에서 벗어나 **분산형 클라이언트/서버 모델**로 급속히 이동하고 있었다. PC의 성능 향상과 네트워킹 기술 발달로 중앙집중식 메인프레임보다 유연한 아키텍처에 대한 요구가 커졌고, SAP도 이러한 **기술 패러다임 변화**에 부응해야 했다. SAP R/3는 메인프레임에 종속적이던 R/2와 달리 **UNIX, Windows 등의 다양한 하드웨어/OS 플랫폼에서 구동**될 수 있도록 설계되었다. 실제로 SAP는 R/3 개발 과정에서 IBM 메인프레임뿐 아니라 **HP-UX, Sun Solaris, OS/400, Windows NT** 등 여러 플랫폼에 포팅하여 호환성을 검증했고, 이러한 개방형 전략이 **전 세계 다양한 기업을 고객으로 확보**하는 데 주효했다. R/3가 도입한 일관된 그래픽 사용자 인터페이스(GUI)와 **관계형 데이터베이스** 지원은 중견기업이나 지사 단위에도 매력적으로 다가와 SAP의 시장을 넓혔다. 즉, **R/2 → R/3 전환**은 단순한 기술 업그레이드가 아니라, **메인프레임 시대에서 분산 클라이언트/서버 시대로의 전환**을 의미했고, SAP가 이 변화의 흐름을 선도한 것이다.

R/2 대비 기술적 진보

SAP R/2는 1979년 출시된 메인프레임 기반 2계층 ERP로서, 대형 유럽 기업들의 멀티통화·멀티언어 경영을 실시간으로 지원하며 1980년대에 성공을 거두었다. 그러나 R/2는 전형적인 **2계층(Mainframe + Terminals)** 구조로, 사용자 단은 단순 터미널, 비즈니스 로직과 데이터가 모두 메인프레임 내에서 처리되었다. 반면 R/3는 앞서 설명한 3계층으로 진화함으로써 **사용자 PC에서 GUI 실행**이 가능해졌고, **응용 서버와 DB 서버의 분리**로 성능과 확장성이 크게 향상되었다. 기술적으로 볼 때 R/3는 **ABAP/4**라는 4세대 언어와 **오픈 시스템 환경**을 도입하여 **다중 벤더 HW 호환성**을 확보했고, 관계형 DB를 채택하여 **표준 SQL**을 사용할 수 있게 한 점도 혁신적이다. 이러한 변화는 SAP로 하여금 기존 메인프레임 고객뿐만 아니라 **다양한 규모의 기업**을 공략할 수 있게 만들었다. 실제로 "SAP R/3 도입으로 여러 플랫폼과 OS를 지원하게 되어 SAP는 완전히 새로운 고객 기반을 얻었다"는 평가가 있을 정도로, R/3는 SAP 사업 영역을 대폭 확장시키는 **전략적 전환점**이 되었다.

요약하면, SAP R/3는 **3계층 클라이언트/서버 아키텍처**의 도입을 통해 기술적 혁신을 이루었고, 이는 **ERP 아키텍처의 표준 모델**로 자리 잡았다. R/3 출시 후 1990년대 내내 여러 차례 버전업이 이루어졌으며(1.0A → 2.0B → 3.x → 4.x 등), 1990년대 후반에는 **전 세계 다국적 기업의 표준 시스템으로 확산**되었다(저자가 SAP업계에서 최초로 경험한 버전은 SAP 3.1h 버전이였음) SAP R/3의 등장은 곧 **ERP의 새 시대 개막**을 의미했고, 이는 이후 SAP가 글로벌 ERP 시장을 주도하는 발판이 되었다.

모듈화된 구조와 기능 확장

ERP 모듈의 개념

SAP R/3는 기업의 다양한 업무 기능을 모듈(Module)이라는 형태로 구조화하였다. 하나의 거대한 단일 프로그램이 아닌, 재무, 영업, 생산, 인사 등 **업무 영역별로 전문화된 애플리케이션 모듈**들을 제공함으로써, 기업은 필요한 기능만 선택적으로 사용하거나 확장할 수 있다. R/3의 모듈들은 **단일 통합 시스템** 안에서 상호 유기적으로 연동되며, 공통의 데이터베이스를 공유함으로써 **정보의 일관성**을 유지한다.

주요 모듈 개요

SAP R/3에서 가장 널리 사용되는 핵심 모듈들은 다음과 같다.

- FI(Financial Accounting, 재무회계): 총계정원장, 미수금/미지급금, 고정자산, 자금관리 등 재무 회계업무를 처리한다. 기업의 재무상태와 손익을 기록·보고하며, 다른 모듈에서 발생한 재무 이벤트(예: 매출채권, 구매채무)를 자동 수집한다.

- CO(Controlling, 관리회계): 원가회계, 원가센터, 수익센터, 활동 기준원가계산 등 관리회계 및 원가관리를 담당한다. FI의 재무 데이터와 연계되어 경영진을 위한 내부 손익 분석과 원가통제를 가능하게 한다.

- SD(Sales & Distribution, 영업 및 유통): 영업 주문처리부터 출하, 청구까지의 판매 프로세스를 지원한다. 수주 관리, 가격/할인, 재고 가용성 체크, 출하 및 송장 발행 등 기능을 포함하며, 고객과의 거래를 관리한다.

- MM(Materials Management, 자재관리): 구매, 재고, 자재 소요계획(MRP) 등 구매조달과 재고관리를 다룬다. 구매 오더 발주에서부터 입고, 송장처리, 재고실사 등 물류 프로세스를 담당하며, 공급망 관리의 근간이 된다.

- PP(Production Planning, 생산관리): 제조업의 생산계획 및 공정관리 모듈로, 생산계획 수립, 자재소요계획, 공정오더 관리, 작업장 로드, 생산실적보고 등을 처리한다. MRP를 통해 자재와 생산능력을 효율적으로 계획한다.

- HR(Human Resources, 인사관리): 인력관리, 조직관리, 급여, 인사행정 등 인적자원 관리 기능을 제공한다. 직원의 채용부터 퇴직까지 생애주기 관리, 인사기록, 근태/급여계산, 교육훈련 등 사람에 관한 프로세스를 지원한다.

이 외에도 **QM(품질관리)**, **PM(설비관리)**, **PS(프로젝트시스템)**, **WF(워크플로우)** 등 다양한 모듈이 존재하며, 필요시 추가로 도입할 수 있다. 각 모듈은 고유한 업무 기능을 수행하지만, **동일한 플랫폼과 DB 위에서 유기적으로 통합**되어 작동한다는 점이 SAP R/3의 강점이다. 예를 들어 **영업(SD)** 모듈에서 고객에게 송장을 발행하면 그 데이터가 **재무회계(FI)** 모듈로 실시간 전달되어 매출채권과 매출이 계상되고, **재고관리(MM)** 모듈의 재고 수불이 즉시 반영되는 식이다. 이러한 **프로세스 간 통합**으로 인해 이중입력이나 데이터 불일치가 제거되고, 전사적으로 단일한 데이터 소스(Single Source of Truth)가 확보된다.

모듈 통합 구조와 데이터 흐름

SAP R/3는 모듈별로 업무 기능을 분산시켰지만 **중앙집중적 데이터베이스**를 통해 통합을 유지한다. 각 모듈은 **공통 마스터 데이터**(예: 고객, 공급업체, 자재, 계정과목)를 함께 사용하며, 한 모듈에서 발생한 트랜잭션 데이터는 관련된 다른 모듈에 자동 전파된다. 이러한 통합 구조를 통해 **비즈니스 프로세스 간 End-to-End 흐름**이 가능해진다. 예를 들어, 판매주문이 접수되면(SD) → 재고가 예약되고(MM) → 생산오더가 발행되며(PP) → 제품이 출하되고 물류이동이 일어나고(MM) → 고객에게 송장이 발행되면(SD) 동시에 재무장부에 반영(FI) → 결제가 이루어지면 현금입금 처리(FI)와 함께 수금 실적이 영업 모듈에 피드백된다.

사용자 맞춤 구현과 커스터마이징

SAP R/3의 또 다른 특징은 **높은 수준의 설정 가능성**과 **개발 확장성**이다. 각 기업은 SAP가 제공하는 IMG(Implementation Guide)를 통해 **수천 개에 달하는 세부 설정값**을 조정함으로써 자사 프로세스에 맞게 시스템을 구성할 수 있다. 예를 들어 회계연도 달력, 조세제도, 조직구조, 승인절차, 제품코드체계 등을 설정값만으로 변경 가능하다. 또한 표준 기능만으로 충족되지 않는 요구사항이 있을 경우, **ABAP 언어**를 활용한 사용자 개발(CBO: Customer Bolt On 개발)도 허용된다. SAP는 고객이 **User Exit, Custom-**

er Enhancement, BAdI 등을 통해 표준 코드를 해치지 않는 범위에서 추가 로직을 삽입할 수 있도록 여지를 주었으며, 별도로 고객 영역 네임스페이스를 만들어 **개별 ABAP 프로그램 개발**을 지원했다. 이를 통해 기업은 SAP R/3의 **모듈화된 표준 기능** 위에 **자사만의 특수 프로세스**를 구현할 수 있었다. **유연한 커스터마이징**은 SAP R/3가 다양한 산업과 국가의 개별 요구사항을 수용하고 글로벌로 확산되는 데 핵심적인 역할을 했다(하지만 SAP Cloud 기반으로 변화 하고 있는 현 시점에는 ABAP 언어를 통한 추가 개발을 지양하고 SAP Clean Core 개념 기반 하에 별도 BTP 환경하에서만 개발 가능하도록 변경 된다. 이 부분은 본 저서의 SAP PCE/Public Cloud 부분에서 상세하게 설명한다)

한 보고에 따르면 SAP R/3는 경쟁 제품인 Baan IV에 비해 **데이터 사전과 함수 세트가 5배 가까이 방대**하여 훨씬 폭넓은 업무 시나리오를 포괄한다고도 한다. 이는 SAP의 기능 모듈이 얼마나 풍부하고 통합적인지 보여주는 지표이다.

산업별 솔루션과 기능 확장

SAP는 R/3를 기반으로 다양한 산업 특화 솔루션(IS, Industry Solutions)도 제공했다. 예를 들어 **IS-Retail(유통업)**, **IS-Banking(은행업)**, **IS-Utilities(유틸리티)**, **IS-Oil & Gas(석유가스)** 등 각 업종의 모범 업무관행(Best Practices)이 반영된 추가 모듈/서브모듈을 통해, 일반 범용 ERP로는 커버하기 어려운 업종별 요구사항을 충족시켰다. 이러한 산업별 솔루션은 기본 R/3 모듈에 애드온(add-on) 형태로 탑재되어 해당 산업 고유의 프로세스를 지원하면서도, **코어 모듈과 밀접히 통합**되어 일관성을 유지했다(저자의 경우에는 IS-Retail, IS-Oil, IS-AFS 등의 산업별 솔루션 구축 경험을 했는데, 현재는 산업별 솔루션도 SAP Cloud 내에 IS-산업별 솔루션이 아닌 기본 기능으로 모두 embedded 되어 있다)

SAP의 접근 방식은 특정 고객사에 맞춘 맞춤형 소프트웨어를 일일이 개발해주는 것이 아니라, **그 산업 분야 다수 기업에 공통적인 최적 프로세스**를 미리 솔루션에 내장하고 각 기업이 이를 적용하도록 하는 것이었다. 이는 SAP가 지향한 모범 사례 중심(소위 Best Practice) 접근 방식과도 부합하는데, 다음 장에서 다룰 **BPR 열풍**과 맞물려

1990년대 ERP 확산을 가속한 요인 중 하나였다.

정리하면, SAP R/3의 **모듈화 구조**는 기능 확장과 통합을 모두 만족시키는 균형 잡힌 설계였다. 기업은 필요한 모듈부터 도입하고 추후 단계적으로 확장할 수 있었으며, 모든 모듈이 **단일 통합 플랫폼**에서 움직이므로 추가 도입 시에도 별도 인터페이스 개발 없이 **바로 통합 운영**이 가능했다. 또한 광범위한 커스터마이징 수단을 통해 표준 소프트웨어임에도 **고객별 유연한 구현**이 가능했다. 이러한 특성 덕분에 SAP R/3는 다양한 산업과 규모의 기업에 핵심 업무 시스템으로 채택될 수 있었고, ERP 패키지 시장에서의 경쟁력을 확보할 수 있었다.

BPR과 ERP 확산 배경

1990년대 BPR 열풍

SAP R/3가 확산되던 1990년대 초중반 경영혁신 분야의 화두는 BPR(Business Process Reengineering, 업무프로세스 재설계)였다. 마이클 해머와 제임스 챔피 등이 주창한 BPR은 **기존의 업무방식을 근본적으로 재고하고 프로세스를 혁신**하여 경쟁력을 극대화하자는 전략으로, 1993년 해머의 저서 "Reengineering the Corporation" 출간 이후 전 세계 기업들 사이에 선풍적인 유행을 불러일으켰다. BPR의 핵심은 **업무 프로세스를 백지상태에서 재구성**하여 **품질, 비용, 서비스** 측면에서 획기적 개선을 이루는 것이었는데, 이를 구현하기 위해서는 **기존의 부서별 단절된 시스템을 일신하고, 통합된 IT 시스템을 도입**하는 것이 필수적이라는 인식이 확산되었다.

ERP에 대한 수요 증가

BPR 열풍과 함께 기업들은 엔터프라이즈 시스템(ERP)을 **프로세스 혁신의 수단**으로 주목하게 되었다. 많은 조직에서 오래된 레거시 시스템은 부서별로 파편화되어 BPR을 방해하는 요소로 간주되었고, **ERP 패키지는 베스트 프랙티스가 내장된 통합 시스템**으로서 BPR을 구현하는 효과적 도구로 인식되었다. 실제 연구에서도 ERP에 내재된 '모범 사례'들은 많은 기업들의 기존 프로세스와 상당히 달랐고, 점차 ERP 자체가 BPR을 수행하는 수단이 되었다고 분석한다. 즉, BPR의 개념적 유행이 ERP 도입을 촉진했고, 반대로 ERP 도입이 BPR을 현실화하는 구현 수단이 되는 **상호보완적 관계**가 형성된 것이다. 기업 입장에서는 SAP R/3와 같은 ERP 시스템을 도입하면 **세계적 선진기업들의 프로세스**를 벤치마킹하여 한꺼번에 조직에 녹여낼 수 있었고, 이는 곧 BPR의 성과로 이어질 것이라 기대했다.

SAP의 모범사례 중심 접근

SAP는 이러한 흐름에 발맞추어 R/3 개발 단계부터 "모범 사례(Best Practices) 중심"의 철학을 강조했다. SAP R/3에는 다양한 산업과 기업들의 우수 업무 사례가 표준 프로세스로 구현되어 있었고, 고객은 이를 수용함으로써 자연스럽게 **프로세스 혁신**을 달성하도록 유도되었다. 예를 들어 SAP는 다수 선도기업의 회계 처리 방식, 생산 계획 기법, 구매 승인절차 등을 연구하여 **표준 설정**에 반영했고, 가급적 **소프트웨어에 내장된 프로세스를 따를 것**을 권장하였다. SAP의 이런 접근은 "업계를 대표하는 최적의 프로세스에 기업을 맞춘다"는 개념으로, BPR의 취지와도 일맥상통한다. 이는 ERP 도입 기업들로 하여금 **업무 프로세스를 재설계**하도록 강제하거나 자발적으로 수용하게 했고, **SAP = 혁신 플랫폼**이라는 인식을 심어주어 R/3 확산에 긍정적으로 작용했다.

ERP 수요의 폭발적 증가

BPR 광풍과 함께 **ERP에 대한 수요는 1990년대 중반 폭발적으로 증가**하였다. IT 시장조사 자료에 따르면, 1990년대 중반부터 말까지 전 세계 ERP 소프트웨어 시장은 매년 두 자릿수의 고성장을 기록했다. 특히 북미와 유럽의 대기업들은 경쟁적으로 ERP 도입을 추진했고, 중견기업들까지도 **생존과 경쟁력 제고를 위해 ERP가 필수**라는 인식이 확산되었다. SAP R/3는 이러한 시기에 **가장 포괄적이고 검증된 솔루션**으로 부상하여 시장을 선도했다. SAP 자체 기록에 의하면 1997년까지 SAP 솔루션 사용자가 전 세계 200만 명을 돌파했고, 해마다 수천 개 기업이 R/3를 도입했다고 한다. BPR과 ERP의 **시너지 효과**로 인해, 1990년대 후반에는 "ERP 패키지를 도입하지 않은 기업은 경쟁에서 뒤처진다"는 말이 나올 정도로 ERP는 경영혁신의 필수 요소로 자리매김했다.

컨설팅 산업의 동반 성장

SAP R/3 도입 붐과 함께 성장한 또 하나의 분야가 **ERP 컨설팅 및 시스템통합(SI) 산업**이다. ERP는 단순 설치로 끝나는 제품이 아니라 각 기업의 프로세스에 맞게 설계·구축·개선해야 하는 **프로젝트성 사업**이었기 때문에, 많은 기업이 외부 전문가의 도움을 필요로 했다. 이에 글로벌 경영컨설팅 업체들(Big 5 회계법인 등)과 전문 IT서비스 기업들은 앞다투어 SAP 구현 컨설팅 서비스를 제공하기 시작했다. SAP 역시 **파트너 에코시스템** 전략을 펼쳐, 1992년 R/3 출시 시점부터 독립 컨설팅 회사들(일명 "로고 파트너")을 대거 육성했다. SAP의 연대기 자료에 따르면 "R/3의 강한 수요를 예상하여 SAP는 파트너 전략을 강화했고, 독립 컨설팅 회사('로고 파트너')들이 신규 시스템 구현을 돕도록 했다"고 한다. 이는 SAP 자체 인력만으로 급증하는 프로젝트를 감당하기 어려웠던 현실도 반영하지만, 결과적으로 **전 세계 수만 명의 SAP 컨설턴트**를 탄생시켜 SAP 생태계를 확장시키는 효과를 낳았다.

1990년대 중후반, Accenture(구 Andersen Consulting), Deloitte, KPMG, PwC 등 글로벌 컨설팅펌들은 SAP 전담 조직을 꾸리고 대규모 SAP 프로젝트를 수행하면서 **막대**

한 수익과 인력을 확보했다. 이 시기 SAP 컨설턴트는 높은 급여와 잦은 해외출장으로 "황금 시대"를 누렸다는 평가도 있다. 컨설팅 산업의 성장과 SAP의 확산은 **공생 관계**로서, SAP는 컨설팅 파트너를 통해 시장 지배력을 높였고, 컨설팅 회사들은 SAP 덕분에 새로운 비즈니스 기회를 얻었다. 또한 SAP는 **파트너 교육/인증 제도**를 운영하여 일정 수준 이상의 품질을 가진 파트너 네트워크를 유지했고, 전 세계 수백 개의 **SAP 전문기업들**(시스템통합(SI) 업체 포함)이 SAP 프로젝트에 참여하게 되었다. 요약하면, BPR 유행 → ERP(R/3) 도입 붐 → 컨설팅 산업 성장으로 이어지는 흐름이 1990년대 경영 IT 시장의 큰 줄기였으며, SAP는 이 생태계 중심에서 **모범 사례 기반의 혁신 솔루션 공급자**로 자리 잡았다.

산업별 적용 사례

SAP R/3는 제조, 에너지, 화학, 금융, 공공 등 **거의 모든 산업 분야**에 걸쳐 도입되며 ERP 확산을 주도했다. 아래에서는 대표적인 업종별 적용 사례와 특징을 살펴본다.

제조업 분야

글로벌 통합 시스템 구축: 제조업은 ERP 도입이 가장 활발했던 분야로, 다국적 제조 기업들은 SAP R/3를 통해 **글로벌 표준 프로세스와 단일화된 시스템 플랫폼**을 구축했다. 예를 들어 독일의 대기업 Siemens는 90년대 후반 R/3를 전 사업부에 도입하여 전 세계 지사들의 회계, 물류 시스템을 통합했고, 이를 통해 재무정보를 실시간 집계하며 효율성을 높였다. 또 다른 독일 제조강자인 **Robert Bosch GmbH**는 1990년대 중반부터 단계적으로 SAP R/3를 도입, 250여 개 자회사와 185개 생산공장의 개별 시스템을 하나의 ERP로 표준화하는 대규모 프로젝트를 진행했다. Bosch 사례에서 볼 수 있듯이, 역사적으로 각 법인/공장별로 개발되었던 시스템을 R/3로 조화(Harmonize)함으로써 **회계 및 공급망 데이터의 일관성**을 확보하는 데 주력했다. Bosch는 지역별 요구를 반영해 일부 시스템 설정(customization)을 달리하면서도, **코어 프로세스는 전사적으로 통합**하는 전략을 취했다. 그 결과 재무보고를 비롯한 공통 업무는 R/3 상에서 중앙관리되고, 생산/물류 등에서 필요한 지역 특수 기능은 제한적으로 별도 설정하여 **표준화와 현지화를 균형있게 추진**시켰다. 한편 이러한 대규모 통합에는 **방대한 인터페이스 개발 과제**도 수반되었는데, Bosch의 경우 R/3 도입 시 기존 레거시와의 연계를 위해 약 **300개 이상의 인터페이스 프로그램**이 필요할 것으로 추산되었다고 한다. 이는 제조 대기업들이 R/3 도입을 통해 **레거시 시스템을 정리**하고 **프로세스 표준화**를 이루는 동시에, 기존 유관 시스템과의 연계를 얼마나 신중히 관리해야 했는지 보여준다.

미국의 자동차 제조사 General Motors(GM)도 90년대 말 SAP R/3를 도입하여 여러 분산 시스템을 통합한 대표 사례이다. 또한 자동차 기업 **Daimler-Benz**(현 메르세데스-벤츠 그룹)는 독일 본사와 해외공장의 시스템을 R/3로 통일하여 생산에서 판매까지 글로벌 단일 프로세스를 구축하였다. SAP 연대기에 따르면 1997년 SAP R/3의 대표적인 도입 고객으로 "**Deutsche Post**(독일 우정청), **Daimler-Benz**, **General Motors**" 등이 거론될 만큼 제조·물류 분야에서 R/3 채택이 두드러졌다. 이처럼 제조업에서는 **다각화된 글로벌 운영**을 하나로 묶는 **전사적 자원관리 통합**에 SAP R/3가 핵심 역할을 수행하였다.

에너지/화학 분야

분산 시스템 통합 사례: 석유, 가스, 화학, 정유 업계에서도 SAP R/3 도입이 활발하여 **분산된 사업부 시스템을 통합**하고 프로세스를 표준화한 사례가 많다. 네덜란드-영국계 석유 메이저 **Royal Dutch/Shell**은 1990년대 말부터 대대적인 SAP 프로젝트를 추진하여 전 세계 Shell의 다운스트림(정제·유통) 사업을 하나의 SAP 시스템으로 묶는 "**Downstream One**" 프로그램을 실행했다. 이를 통해 각국에 흩어져 있던 재무, 정산,

재고 시스템을 R/3 기반으로 일원화하고 **글로벌 공통 프로세스**를 정립하였다. 업계에서는 Shell의 SAP 프로젝트를 **당시 세계 최대 규모의 SAP 구축 사업 중 하나**로 언급하기도 했다. Shell 사례는 표준화와 단순화(simplify & standardize)를 슬로건으로 내걸고, ERP를 통해 **지역별 상이한 업무 절차를 베스트 프랙티스로 통합**한 전형적인 사례이다.

독일의 세계적 화학기업 **BASF**도 일찍부터 SAP R/2를 쓰다가 90년대 R/3로 전환하면서, 전사 프로세스를 통합하고 기존에 운영되던 다수의 메인프레임·커스텀 애플리케이션을 단계적으로 SAP로 이관하였다. 2000년대 초 BASF는 SAP 기반의 **글로벌 ERP 시스템**을 완성하여, 생산부터 물류, 판매, 재무에 이르는 데이터를 단일 시스템에서 관리하게 되었다. 이를 통해 생산계획과 영업계획을 긴밀히 연동하고, 여러 사업부 간 **실시간 데이터 공유**가 가능해져 공급망 효율이 향상되었다고 전해진다. 석유화학 분야는 다국적 사업장과 복잡한 제품구성, 대규모 물류망이 특징인데, SAP R/3는 이 부문에서 **공통 데이터 모델**과 **자동화된 프로세스 흐름**을 제공함으로써 분산 시스템의 벽을 허물었다.

또 다른 에너지 사례로, 인도 국영 정유회사 BPCL(Bharat Petroleum)은 영국 Shell과 합작한 Bharat Shell 등과의 협업 속에서 1998~2000년대 SAP R/3를 도입했다는 기록이 있다. BPCL은 ERP 도입 배경으로 **정유 산업의 공급망 최적화와 시장 대응력 제고**를 들었으며, 컨설팅사(Coopers & Lybrand)를 기획단계부터 참여시켜 SAP R/3 기반 **통합 시스템**을 구축하였다. 이처럼 에너지/화학 업계에서는 **규모의 경제 실현과 규제 대응, 안전관리 통합** 등을 목적으로 ERP 도입이 진행되었고, SAP가 글로벌 표준 솔루션으로 선정되는 경우가 많았다.

금융 및 공공 분야(대형 기관의 ERP 도입)

90년대 후반부터는 **은행, 보험, 공공기관** 등 전통적으로 자체 개발 시스템을 고수하던 분야에도 ERP 도입 움직임이 나타났다. 금융업의 경우 PeopleSoft 등 일부 타 벤더 HR 시스템을 쓰는 사례도 있었으나, **재무회계, 인사관리, 조달** 등 백오피스 분야에서는 SAP R/3 도입이 두드러졌다. 예컨대 독일의 대형 은행들은 90년대 후반 SAP를 도입하여 **인사/경영관리 부문**을 전산화했고, 미국의 일부 보험사들도 SAP Financials를 도입해 **회계 및 비용관리 표준화**를 추진했다.

공공 부문에서는 특히 **독일 연방 및 주정부 기관**들이 SAP를 적극 활용했다. SAP의 모국인 독일에서는 우정청(Deutsche Post)과 통신사(Deutsche Telekom)가 90년대 중반 SAP R/3를 도입한 바 있다. Deutsche Telekom의 경우 1995년 약 **3만 명 직원용 SAP R/3 워크스테이션 계약**을 맺어, 당시 SAP 역사상 최대 규모 계약으로 기록되었다. 또한 이 계약과 연계하여 SAP는 통신산업 특화 솔루션 개발에도 협업하였다. 이처럼 공기업을 포함한 공공 부문에서 SAP R/3는 **대규모 인력과 복잡한 회계를 관리하는 도구**로 채택되었다. 북미 지역에서도 연방 및 주정부에서 ERP를 도입하려는 시도가 있었는데, SAP는 **캘리포니아 주정부 일부 부서, 캐나다 온타리오 주** 등에서 회계 시스템으로 도입되어 **정부 회계의 투명성 및 효율성 제고**에 기여했다. 또한 **미국 방위산업체 및 정부 기관**에서도 SAP를 부분 도입하여, 예산 및 프로젝트 관리를 일원화한 사례가 알려져 있다. 가령 미 국방부 산하기관에서 자재 관리에 SAP를 활용하거나, NASA가 인사/재무 통합에 SAP를 도입한 경우 등이 있다.

기타 산업 및 글로벌 기업 사례

SAP R/3의 적용은 이 밖에도 **유통, 식음료, 제약, 서비스** 등 광범위했다. 코카콜라(Coca-Cola)는 1996년 SAP R/3 도입을 결정하여 전 세계 병입공장과 유통망의 재고 및 판매를 관리하고자 했으며, 실제로 이후 코카콜라의 여러 지역 본부에서 SAP가 핵심 플랫폼으로 활용되었다. **IBM**의 경우 흥미롭게도 SAP의 오랜 파트너였지만, 1994년 내부적으로 SAP R/3를 **글로벌 표준 ERP**로 채택하여 자사 운영에 적용함으로써 SAP 역사상 최대 규모의 계약을 체결했다. IBM은 이 프로젝트를 통해 전 세계 자사의 재무 및 물류 프로세스를 SAP로 통합했고, 이후 SAP 컨설팅 서비스 사업에도 적극 나서는 계기가 되었다. **Burger King**과 같은 대형 외식 체인도 90년대 중반 SAP HR 모듈을 도입해 인사관리를 표준화하였고, SAP로서는 이 회사가 **HR 모듈 1000번째 고객**이 되는 이정표를 세우기도 했다. 또한 **Microsoft**도 1995년 자사 재무/인사 시스템으로 SAP R/3를 도입하여 눈길을 끌었는데, 세계 최대의 소프트웨어 기업이 경쟁사 제품(SAP)을 채택했다는 점에서 화제가 되었다.

이러한 사례들은 SAP R/3가 특정 업종에 국한되지 않고 **산업 전반에 걸쳐 광범위하게 활용**되었음을 보여준다. **전사적 통합, 실시간 정보, 글로벌 표준화**라는 ERP의 장점이, 제조업의 공급망부터 금융업의 경영관리, 공공부문의 예산집행까지 두루 요구되었던 것이다. 1990년대 말까지 SAP R/3는 Fortune 500 기업 대다수의 선택이 되었고, 전 세계 **2만여 개 이상 기업**에서 **운영**되고 있었다. 이처럼 다양한 산업별 성공 사례는 다른 기업들의 ERP 도입을 촉진하는 **벤치마크**가 되었고, SAP의 명성을 더욱 높이는 선순환을 가져왔다.

경쟁사 대비 우위 분석

SAP R/3가 1990년대 ERP 시장을 선도할 수 있었던 이유는 **동시대 경쟁 제품들에 비해 기술적, 기능적, 생태계적 우위**를 가졌기 때문이다. 당시 ERP 시장의 주요 경쟁사로는 **Oracle Applications**(오라클 앱스), **Baan IV**(반 IV), **JD Edwards**(제이디에드워즈) 등이 있었으며, PeopleSoft, Siebel 등 특정 영역 강자도 있었다. SAP R/3는 이들과 비교하여 다음과 같은 장점을 내세웠다.

기술 아키텍처 측면

SAP R/3는 업계 최초로 **완전한 3계층 클라이언트/서버 아키텍처**를 구현하여 플랫폼 독립성과 확장성을 확보했다는 점에서 기술 선도적이었다. Oracle의 ERP 제품(Oracle

E-Business Suite의 전신인 Oracle Applications)은 90년대 중반 **클라이언트/서버 환경**을 도입하였지만, 데이터 계층은 오로지 **Oracle DB**에 종속되어 있었다. 반면 SAP R/3는 **DBMS 비종속적 아키텍처**로 설계되어 Oracle, Informix, DB2 등 다양한 데이터베이스를 사용할 수 있었고, 운영체제도 UNIX, Windows, OS/400 등 다수 지원하여 **이기종 환경 호환성**이 뛰어났다. Baan IV 역시 클라이언트/서버 모델을 취하였으나, Baan 자체 4GL과 전용 툴체인을 사용하여 **폐쇄적**이라는 평가를 받았다. JD Edwards는 주로 AS/400 등 중형시스템 기반으로 **중견기업 시장**에 초점을 맞추고 있었고, 아키텍처 유연성 면에서 SAP에 미치지 못했다.

특히 SAP R/3의 **3계층 구조**는 성능 및 트랜잭션 처리량 측면에서 경쟁우위였다. SAP는 대용량 트랜잭션을 처리하기 위해 **애플리케이션 서버 증설**과 **로드 밸런싱** 메커니즘을 지원했고, 1990년대 후반 여러 **벤치마크 테스트**에서 우수한 성능 기록을 공개하며 기술력을 과시했다. 예컨대 Siemens가 SAP와 협력하여 실시한 R/3 벤치마크에서, 이기종 Unix+Windows 혼합 환경에서 업계 최고 성능을 달성했다는 발표가 있었다. 이러한 **확장성 검증**을 통해 대기업들은 SAP가 자신들의 방대한 업무량을 견딜 수 있다고 신뢰하게 되었고, 이는 경쟁사 대비 우위로 작용했다.

기능 통합성과 폭

기능 측면에서 SAP R/3는 **단일 제품으로 기업 경영 전 영역을 포괄**하는 폭넓은 모듈 구성을 갖추었다. Oracle Applications는 초기에 재무(Financials)와 제조(Manufacturing) 모듈 중심이었고 PeopleSoft는 인사/급여(HR)에 강점이 있었듯, 대부분 경쟁사 ERP는 **특정 영역에 강점**을 두고 출발했다. 그러나 SAP R/3는 애초부터 회계, 인사, 물류, 생산 등 **광범위한 기능 모듈을 통합 설계**하여 **엔터프라이즈 전반을 한 시스템에서 처리**하는 비전을 제시했다. 연구에 따르면 SAP R/3의 **기능 세트와 데이터 사전 규모**는 Baan IV 등의 경쟁 제품보다 몇 배나 큰 수준이어서, 커버하는 업무 프로세스의 범위가 월등했다고 한다. 예를 들어 Baan이나 JD Edwards가 주로 제조업 공정과 회계에 집중했던 데 비해, SAP는 그 위에 **인사/급여, 설비관리, 품질관리, 프로젝트관리**까지 제공하여 **엔드투엔드 프로세스 통합**을 실현했다.

또한 **모듈 간 실시간 통합** 측면에서도 SAP가 앞섰다. Oracle 등도 통합제품을 표방했지만, 실제로는 인수합병이나 개발 이력으로 인해 모듈 간 일관성이 부족한 경우가 있었다. SAP R/3는 **단일한 데이터 모델** 하에 모듈들이 긴밀히 연결되어, **영업-재고-생산-회계** 흐름이 매끄럽게 이어졌다. 이는 **회계 중심의** Oracle이나 **제조 중심의** Baan과 차별화되는 SAP만의 강점이었다. 결과적으로, 복합산업에 종사하거나 다기능을 필요로 하는 기업들은 **한 번의 도입으로 전사 기능을 망라**할 수 있는 SAP를 선호하게 되었다.

커스터마이징 유연성

ERP 도입 시 표준 기능만으로는 기업 고유의 요구를 모두 충족하기 어려운데, SAP R/3는 **높은 커스터마이징 가능성**으로 명성을 얻었다. SAP는 ABAP/4 개발 언어와 개발 워크벤치를 공개하여 고객이 **자체 프로그램**을 작성할 수 있게 했고, 표준 프로그램에 손대지 않고 추가 기능을 구현할 수 있는 **사용자 Exit, 수정 가능 객체** 등을 다수 제공했다. 반면 Baan은 자사 4GL 툴로 제한되어 있었고, Oracle Applications는 PL/SQL 및 Oracle Forms 기반으로 수정이 가능했으나 SAP 만큼 **구조화된 고객 개발 프레임워크**를 갖추진 못했다. JD Edwards는 비교적 단순한 구조로 커스터마이징이 용이하다는 평가가 있었지만, 이는 중소규모 환경에 국한된 얘기였다. **결정적으로, SAP는 고객이 광범위한 설정값**(파라미터 테이블)**을 변경하여 프로그래밍 없이도 프로세스를 조정할 수 있는 IMG 환경을 제공**함으로써, 업무 컨설턴트들이 코드 수정 없이 다양한 요구를 반영하도록 했다. 이러한 **설정 중심**(customizing) 접근법은 ERP 구축 기간을 단축하고 유지보수를 용이하게 했는데, 경쟁사들도 이를 벤치마킹하여 점차 설정 기능을 강화해 갔다. 그러나 90년대 당시엔 SAP의 커스터마이징 유연성이 가장 앞선 것으로 평가되었다. 결과적으로 기업 입장에서 SAP R/3는 **표준 기능의 폭도 넓고, 부족한**

부분은 직접 보완할 수 있는 개발환경도 제공하는 만능 플랫폼에 가까웠다.

모듈 통합성 비교

SAP R/3의 통합성은 "단일 벤더, 단일 코드 베이스"로 모든 모듈이 개발되었다는 데 기인한다. Oracle은 90년대 후반까지 재무, 제조, 유통 등 각 모듈이 별도 개발되었다가 차츰 E-Business Suite로 통합되었고, PeopleSoft나 JD Edwards는 후에 Oracle에 인수되며 완전 통합을 이루었다. Baan은 핵심 모듈 간에는 통합이 잘 되어 있었으나, 예컨대 CRM이나 SCM 등 주변 기능과의 통합에서 SAP보다 부족했다. SAP는 아예 90년대 말 "New Dimension" 전략으로 CRM, SCM, BI 등 신기능도 모두 **기존 R/3와 연동되는 제품군**으로 출시했다. 고객은 SAP R/3 하나를 도입한 후 필요에 따라 SAP BW(비즈니스 웨어하우스)나 **CRM** 등을 추가해도 기본 ERP와 자연스럽게 연결되었는데, 이러한 **확장 용이성** 역시 경쟁제품 대비 우수한 점으로 인정받았다.

시장 지위 및 파트너 생태계

90년대 중후반 ERP 시장에서 **SAP의 점유율은 독보적 1위**였고, Oracle, PeopleSoft, JDE, Baan 등이 그 뒤를 이었다. 1998년경 업계 추정으로 SAP의 전 세계 ERP 시장 점유율은 30~40%대에 달했고, 특히 대기업 시장에서는 1위 자리를 지켰다. 이러한 시장 지위는 **풍부한 구현 경험과 레퍼런스, 안정적인 업그레이드 로드맵**으로 이어져 고객들의 신뢰를 높였다. **파트너 및 컨설팅 에코시스템** 측면에서도 SAP는 경쟁사를 압도했다. SAP 컨설팅 파트너는 전 세계 수천 개에 이르렀고, SAP 전문인력(컨설턴트, ABAP 개발자 등)의 풀도 가장 크고 활발했다. 이에 비해 Baan이나 JDE는 파트너 네트워크가 지역적으로 제한적이고 인력 풀도 적었다. Oracle은 자체 컨설팅 조직과 일부 파트너를 통해 지원했지만, SAP 생태계 규모에는 못 미쳤다. 이 **생태계의 차별성**은 고객이 안심하고 SAP를 선택하도록 만드는 요인이었다. 글로벌 프로젝트 수행에 SAP 공인 파트너들이 투입되어 **노하우와 툴킷을 활용**해주는 등, **전문 서비스 지원**이 용이했던 것이다.

또한 SAP는 **SAPPHIRE 등 대규모 사용자 컨퍼런스**와 **SAP Community/동호회**를 통해 사용자 간 정보공유와 네트워크를 활성화했는데, 이는 타 벤더보다 한발 앞선 커뮤니티 구축 전략이었다. 1998년 LA에서 열린 SAPPHIRE 행사에는 전 세계 15,000명 이상의 고객·파트너들이 참석하여 SAP 열기를 보여주었고, 이러한 활발한 커뮤니티는 SAP 제품에 대한 **고객 충성도와 지식 확산**을 높였다. 한편, 1999년 SAP는 **mySAP. com 전략**을 발표하며 웹 기술과 ERP를 결합하고, 파트너들과 전자상거래 마켓플레이스 등을 구축하기 시작했다. 반면 Baan은 1998년경 재무 문제로 어려움에 처했고 결국 2000년대 초 타사에 인수되었고, PeopleSoft와 JDE도 2003년~2004년 Oracle에 인수되며 독립적 생태계가 소멸됐다. **시장 통합의 파고**에서 SAP는 살아남아 오히려 규모를 키웠으며, 이는 R/3의 우수성과 함께 **SAP의 파트너/고객 기반이 견고**했기 때문이라 평가된다.

요약하면, SAP R/3는 **기술 아키텍처의 선진성, 풍부한 모듈과 통합성, 높은 커스터마이징 유연성, 강력한 생태계** 등의 측면에서 동시대 ERP보다 우위를 점했다. 이러한 강점들은 고객들로 하여금 SAP를 "가장 안전한 선택"으로 인식하게 했고, 결과적으로 SAP는 90년대 ERP 시장의 **사실상 표준**이자 **지배적 사업자**로 자리매김하였다.

R/2에서 R/3로의 기술 전환 이슈

SAP의 기존 고객 중 상당수는 1990년대 초반까지 **R/2 시스템**을 사용하고 있었으며, R/3 출시 이후 **구세대 시스템을 최신 R/3로 전환**하는 과제를 안게 되었다. **메인프레임 기반의 R/2에서 클라이언트/서버 R/3로의 전환**은 단순 업그레이드 이상의 **대규모 혁신 프로젝트**로 인식되었다. 이 과정에서 기업들은 **데이터 이행, 사용자 재교육, 인프라 교체, 조직 저항** 등 다양한 도전에 직면했다.

데이터 마이그레이션 과제

R/2에서 R/3로 갈 때 가장 중요한 기술 이슈 중 하나는 기존 데이터의 이전(Migration)이었다. R/2는 메인프레임 환경(일례로 IBM DB/DC 또는 ADABAS 등 DB 사용)에서 동작하며 데이터 구조와 코드페이지 등이 R/3와 상이했다. 따라서 수년~수십 년간 축적된 **거래 데이터와 마스터 데이터**를 새로운 관계형 DB로 변환하고 이식하는 작업이 필요했다. SAP는 이를 위해 전환 도구(Conversion Tools)와 표준 매핑 프로그램을 일부 제공했지만, 실제로는 각 기업 상황에 맞는 맞춤 마이그레이션 스크립트와 검증 절차가 요구됐다. 예를 들어 **계정과 목표** 구조가 R/2와 R/3에서 다르거나, R/2에서 쓰던 사용자 정의 필드가 R/3에는 없을 수 있어 이에 대한 변환 규칙을 세심히 정해야 했다. 또한 과거 데이터를 모두 이관할지, 특정 연도까지만 이관할지 등의 **범위 결정**도 필요했다. 데이터 이전은 ERP 전환의 성패를 좌우할 정도로 중요하여, 많은 기업들이 R/3 전환 프로젝트에서 초기 수개월을 데이터 정비와 이전 시험에 투자했다. 일부 기업은 민감한 과거 데이터는 R/2 시스템을 남겨 별도 조회용으로 유지하고, R/3에는 현재 진행 중인 데이터만 이관하는 **병행 운영** 전략을 취하기도 했다. 어쨌든 R/2 → R/3 이행에서 데이터 마이그레이션은 피할 수 없는 과제였고, SAP 컨설팅 파트너들은 이를 돕기 위한 전문 인력과 툴을 활용하여 고객을 지원했다.

사용자 재교육과 UI 변화

R/2 시스템은 일반적으로 녹색 화면의 터미널 기반 UI(메인프레임 텍스트화면)를 사용했는데, R/3는 **SAP GUI라는 그래픽 인터페이스**로 전면 전환되었다. 이는 사용자 경험에 큰 변화를 주었으며, 기존 R/2 사용자는 **마우스와 윈도우 화면**을 익혀야 했다. 예컨대 R/2에서는 거래코드를 입력하고 Enter 위주로 작업했다면, R/3에서는 버튼, 드롭다운 메뉴, 탐색 트리 등을 활용하게 되었다.

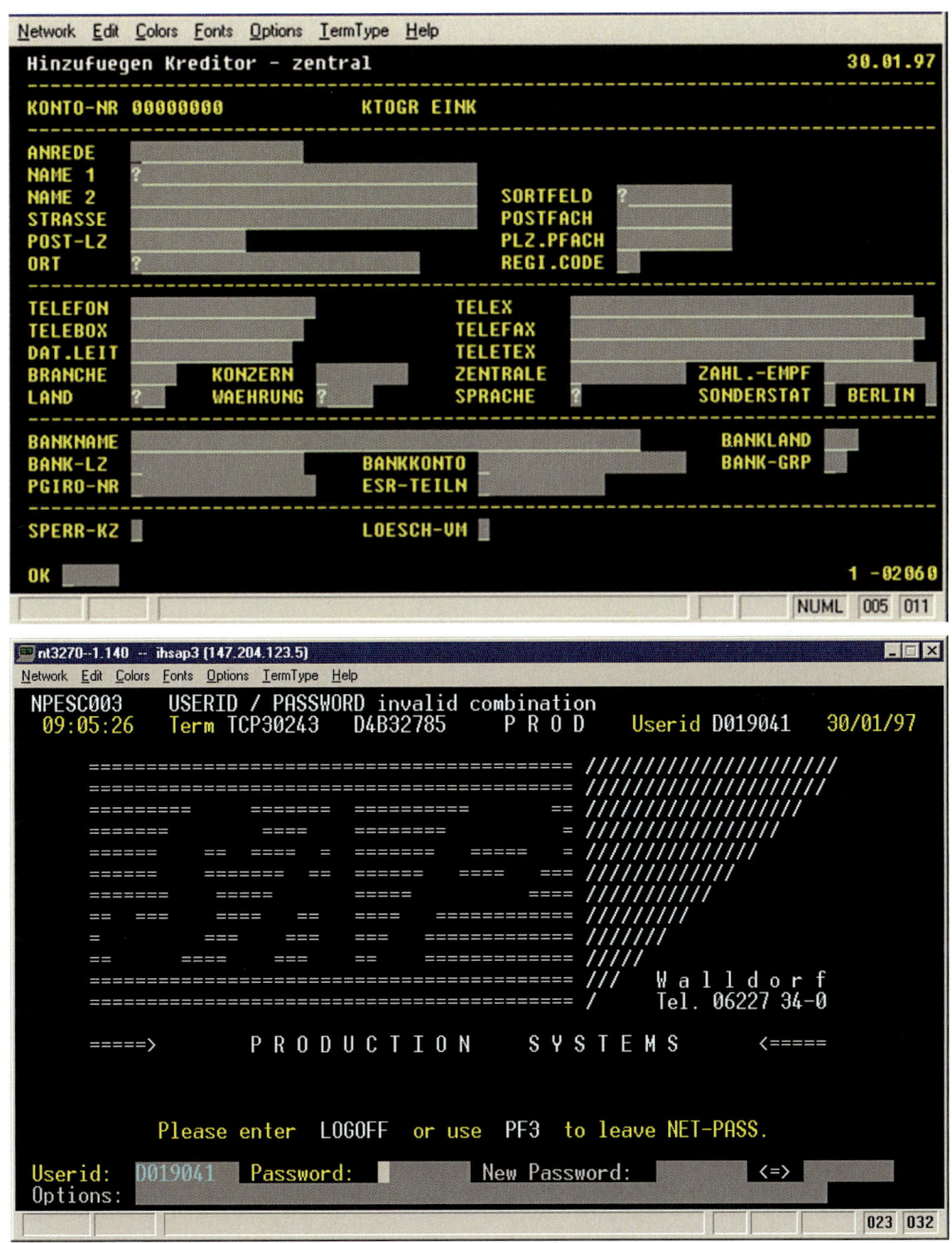

〈SAP R/2 화면 사례, 출처: Wikipedia 독일어판 "SAP R/2" 문서 "Beispiele von R/2-screens" 섹션〉

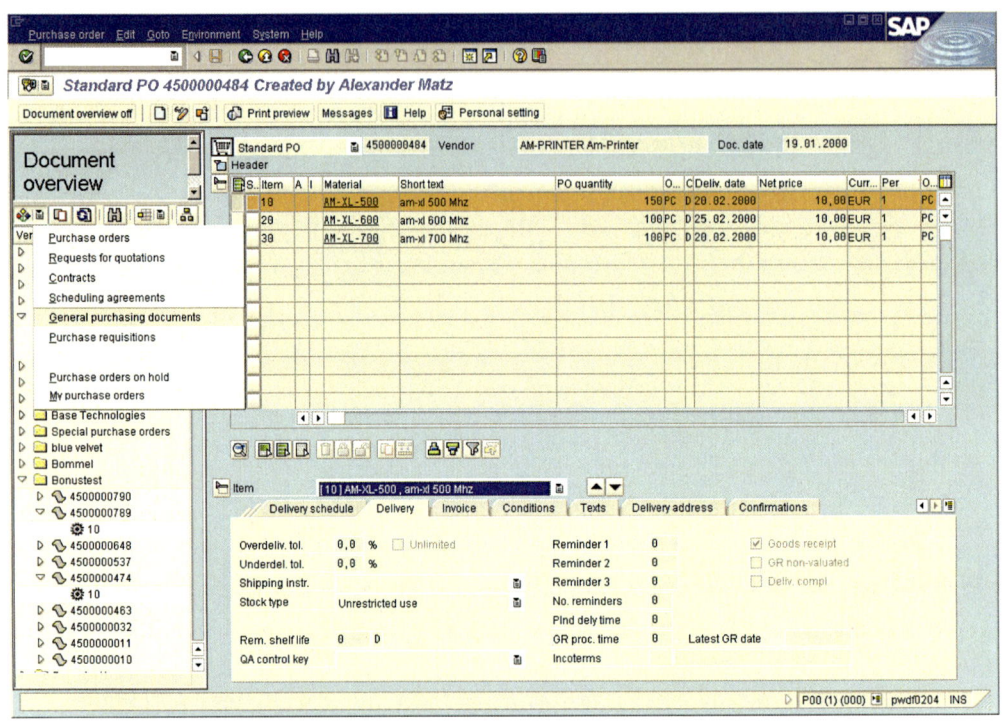

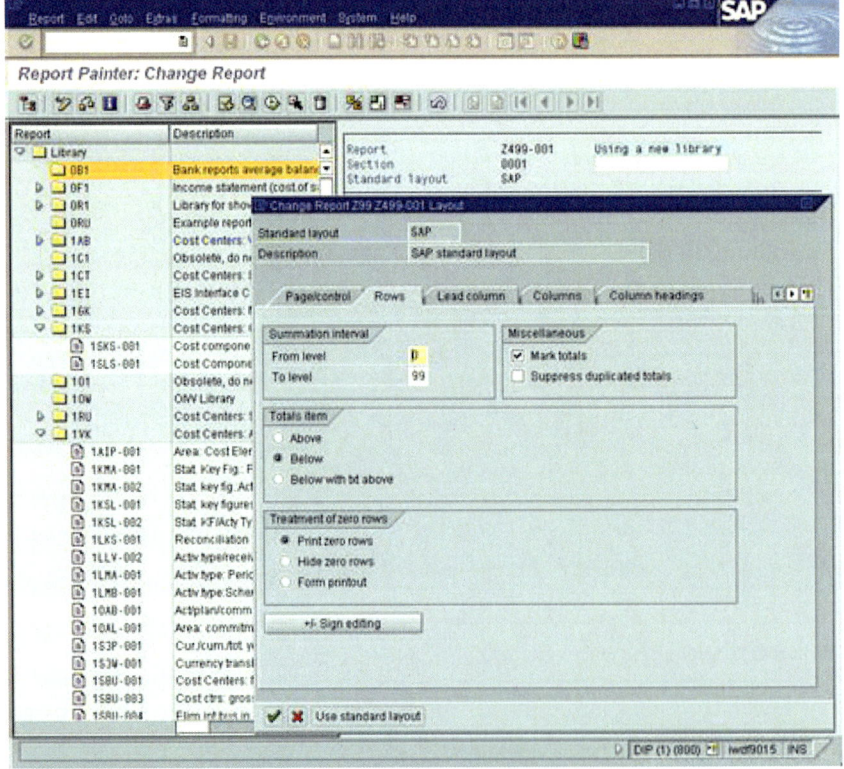

〈R/2 대비 GUI가 변경 된 SAP R/3 화면, 출처: SAP R/3 Overview - TechTarget〉

SAP는 **EnjoySAP** 프로젝트를 통해 R/3의 UI를 점진 개선하였는데, 1999년 발표된 4.6버전 GUI에서는 좌측에 **트리 구조 메뉴**와 개선된 아이콘, 친숙한 화면 구성을 도입하여 사용자 편의성을 높였다. "SAP 사용을 보다 즐겁게(Enjoyable) 만들기 위해 Frog Design과 협업하여 EnjoySAP를 도입했다. 좌측 트리 메뉴, 화면 전환 감소, 비(非) Windows틱한 룩앤필 제거 등이 그 특징이다"라는 설명처럼, SAP는 R/3 초창기 다소 딱딱했던 UI를 점차 개선해나갔다. 하지만 R/2에 익숙한 사용자들에겐 처음에 거부감이 있었고, **광범위한 사용자 교육**이 필수적이었다. 많은 기업들이 R/3 도입 시 모든 임직원을 대상으로 **신규 시스템 교육**을 실시하고, **슈퍼유저**를 각 부서에 지정하여 사용 지원을 하게 했다.

또한 언어 측면에서도 R/2는 주요 거래화면이 독일어 축약코드 기반이었던 반면, R/3는 다국어(영어 포함) 지원을 강화하여 **글로벌 표준용어**를 사용했다. 이로 인해 **용어 변경**에 따른 혼선도 일부 발생하여 사용자들이 **신규 용어 매핑**을 익혀야 했다. 예컨대 R/2의 "Kostenrechnung" 모듈이 R/3에서는 "Controlling(CO)"으로, "Debitorenbuch-haltung"이 "Accounts Receivable"로 바뀌는 식이었다.

운영 인프라 전환

R/2 시스템은 주로 메인프레임에서 운영되었으므로, R/3로 전환하려면 **하드웨어 인프라의 큰 변화**가 필요했다. 많은 기업들이 기존 메인프레임을 철저히 활용해왔는데, R/3는 오픈 시스템인 **유닉스 서버나 고성능 PC 서버** 상에서 동작하므로 새로운 장비 투자가 필요했다. 특히 **서버-클라이언트 네트워크 구축**이 필수여서, 전사 PC에 SAP GUI를 설치하고 LAN/WAN 망을 구성하는 작업이 동반되었다. 일부 본사-지사 구조의 기업은 중앙에 애플리케이션 서버를 두고 지사 사용자는 WAN으로 접속하거나, 지사별로 별도 인스턴스를 운영하는 구조를 취하기도 했다. 이 과정에서 **회선 대역폭 증설, 보안 대책 수립** 등의 고려사항도 있었다. 또한 메인프레임 운영인력은 유닉스/윈도우 서버로 기술스택이 바뀜에 따라 **재교육 또는 조직 개편**이 필요했다. R/2 Basis팀과

R/3 Basis팀으로 인력이 분리되거나, 외부 전문인력을 채용하는 등 인프라 운영 측면 변화도 컸다.

조직 내 저항과 대응

새로운 ERP 도입에는 항상 **조직의 변화 관리**(Change Management) 이슈가 따르는데, R/2 → R/3 전환도 예외가 아니었다. 사용자들은 익숙한 시스템을 바꾸는 것을 부담스러워했고, 특히 **다년간 커스터마이징하여 최적화한 R/2 시스템을 버리고 초기엔 미숙한 R/3로 간다**는 것에 거부감을 표하기도 했다. 또한 경영진 입장에서도 메인프레임 자산과 투자금이 상당한 상황에서 R/3 전환의 ROI를 확신하기 어려워 망설이는 경우가 있었다. 이런 저항을 극복하기 위해, 많은 기업들이 **점진적 전환** 전략을 사용했다. 예를 들어 우선 일부 지사나 선택된 프로세스부터 R/3를 도입(예: 인사/급여부터 적용)하고 성과를 확인한 뒤 전사 확대하는 방식을 취했다. 또는 R/2와 R/3를 **병행 가동**하면서 단계적으로 R/2 기능을 R/3로 넘겨오는 Phased Rollout을 실행하기도 했다. SAP는 이러한 혼합 운영을 지원하기 위해 **ALE**(Application Link Enabling) 같은 미들웨어 기술과 **IDoc**(Intermediate Document) 기반 인터페이스를 제공하여, **R/2와 R/3 간 데이터 동기화**를 돕기도 했다. 이를 활용하면, 예컨대 본사 재무는 R/3로 옮기고 공장 생산은 당분간 R/2를 유지하더라도, 인터페이스를 통해 재고나 원가 데이터가 본사에 전송되도록 할 수 있었다. 이러한 **점진 전략+기술적 인터페이스 활용**으로 위험을 줄이며 전환을 설계한 사례가 많았다.

조직 저항 극복을 위해 **경영진의 강력한 지원**과 **명확한 비전 제시도** 중요했다. 많은 기업에서 최고정보책임자(CIO)나 CEO가 나서서 R/3 전환을 **미래 경쟁력 확보를 위한 필연적 선택**으로 직원들을 설득했다. 교육과 홍보를 통해 새로운 시스템의 장점을 공유하고, **의견 수렴 창구**를 만들어 현장의 불편사항을 개선해 주는 등 커뮤니케이션을 활발히 했다. 또한 전환 과정에서 일시적으로 업무효율이 저하되거나 혼선이 발생할 것을 대비해, **이중 입력, 데이터 검증팀 운영** 등 완충장치를 두어 리스크를 줄였다.

기술적 전환 성과

이런 과정을 거쳐 상당수 SAP R/2 고객들이 1990년대 중~후반 R/3로 성공적으로 전환했다. SAP는 1999년 경 R/2 지원 중단(EOL)을 발표하며 기존 고객들의 R/3 이행을 독려하기도 했다. 결과적으로 대부분의 R/2 사이트는 2000년대 초까지 R/3로 전면 이행을 완료했다. 이 전환 작업을 통해 기업들은 **메인프레임 유산(Legacy)을 청산**하고 **최신 분산 아키텍처로 업그레이드**하여, 향후 IT 혁신(예: 인터넷, 전자상거래 등)에 대응할 기초를 다졌다. 사용자들도 초기 어려움을 극복하고 나서는 R/3의 풍부한 기능과 GUI 환경에 익숙해졌으며, ERP를 활용한 **데이터 분석과 의사결정 지원** 등의 부가가치를 추구하게 되었다. 즉, 단순 시스템 교체를 넘어 **조직의 디지털 트랜스포메이션**이 이뤄진 것이다.

요약하면, R/2에서 R/3로의 전환은 **기술+조직 전반의 변화관리 프로젝트**였다. 데이터, 사용자, 인프라 모든 측면에서 혁신이 필요했고, 각 기업들은 이에 따른 도전들을 계획적으로 극복해야 했다. SAP와 파트너들은 이러한 전환을 도와주기 위해 각종 툴과 방법론(예: ASAP 방법론, 전환 매뉴얼 등)을 제공하였다. 이러한 노력의 결과, R/3는 **대부분의 R/2 고객을 성공적으로 흡수**하며 SAP 역사상 가장 중요한 세대교체를 이루어냈고, SAP가 2000년대에도 **충성도 높은 고객 기반**을 유지하는 원동력이 되었다.

R/3의 유산과 SAP의 글로벌 ERP 리더십 구축

ERP 아키텍처 표준 정립

SAP R/3는 ERP 역사에 길이 남을 **아키텍처 혁신의 아이콘**으로 평가된다. R/3 이전에도 ERP 개념은 존재했지만, **3계층 클라이언트/서버 아키텍처와 완전 통합형 모듈 구조**를 이처럼 대규모로 구현한 사례는 없었다. R/3의 성공 이후 ERP 업계는 SAP가 제시한 3계층 모델을 사실상의 표준으로 받아들였고, Oracle, PeopleSoft 등 경쟁사들도 잇따라 **유사한 아키텍처**로 전환하게 되었다. 또한 기업 내부 프로세스 통합에 대한 개념을 R/3가 널리 전파함으로써, "엔터프라이즈 시스템 = 통합된 실시간 시스템"이라는 인식이 자리 잡았다. 이러한 공로로 SAP는 **IT 업계에서 아키텍처 트렌드를 선도**한 업체로 인정받았으며, R/3는 이후 수십 년간 ERP 시스템 벤치마크의 기준이 되었다.

SAP의 시장 지배력 확대

R/3의 도입 확산을 통해 SAP는 1990년대 후반부터 2000년대에 걸쳐 **글로벌 ERP 시장의 확고한 리더**로 부상했다. 1990년대 초까지 SAP는 주로 유럽 중심이었으나, R/3 출시 후 북미, 아시아 등지에서 고객군이 폭발적으로 증가했다. 1998년 SAP는 뉴욕증권거래소에 상장하며 명실상부한 글로벌 기업이 되었고, 2000년대 초반에는 전 세계 50여 개국에 20,000명 이상의 직원을 거느리는 기업으로 성장했다. "SAP는 1990년대와 2000년대 내내 ERP 헤비급 선수로서 포춘 500 기업들의 최우선 선택이었다"는 분석처럼, 대규모 제조업에서 서비스업, 공공부문에 이르기까지 SAP는 가장 널리 도입된 ERP가 되었다. 2000년대 중반 조사에 따르면 **전 세계 ERP 시장 매출의 50% 이상**을 SAP가 차지하고 있었다는 보고도 있다. **SAP = ERP**라는 등식이 업계에 퍼졌고, 많은 경영진들이 ERP 도입을 논할 때 SAP를 우선 검토하는 것이 당연시되었다.

SAP의 고객 기반도 **대기업 위주에서 중견·중소기업으로 다양화**되었다. 초기 R/3는 주로 대기업 대상이었지만, 90년대 후반 SAP는 중견기업용 템플릿 솔루션(SAP All-in-One 전신)과 채널 파트너를 통해 중형 시장을 공략했다. 그 결과 **SAP 사용 고객사의 80% 이상이 중소기업**이라는 통계가 나올 정도로(후일 기준) 고객층이 넓어졌다. 또한 **전 산업 부문의 커버리지**를 확보하여, IT, 금융, 공공, 유통 등 SAP 사례가 없는 업종을 찾기 어려울 정도였다. 예컨대 2000년 SAP는 식품업체 Nestlé와 사상 최대 규모의 계약을 체결했는데, 이는 SAP가 전통적 제조 외에도 소비재 분야까지 영향력을 넓힌 사례다. 이렇듯 R/3는 SAP로 하여금 특정 업종·지역 편중을 벗어나 **진정한 글로벌 범**

용 솔루션 제공자가 되도록 만든 발판이었다.

ERP의 전략적 경영 도구로의 전환

R/3의 보급은 기업 경영 방식에도 변화를 가져왔다. ERP 시스템이 도입되기 전에는 부서별로 개별 시스템이 존재해 **정보단절**이 발생하고, 경영자가 의사결정을 위해 종합 데이터를 얻는 데 시차가 컸다. SAP R/3 도입 후 기업들은 **단일 통합 데이터베이스에서 실시간 정보**를 얻을 수 있게 되었고, 경영진은 전사 현황을 즉각 파악하여 **신속한 전략 결정**을 내릴 수 있게 되었다. 예컨대 하루 매출 실적, 재고 수준, 현금 흐름을 **하나의 시스템에서 실시간 조회**하여 대응하는 것이 가능해졌다. 이러한 **투명하고 신속한 정보 제공**은 ERP를 단순한 백오피스 시스템이 아니라 **전략적 관리 도구**로 격상시켰다. 일부 문헌에서는 "ERP 시스템이 점차 거래 처리 플랫폼을 넘어 전략적 의사결정 지원 시스템으로 진화하고 있다"고 평가하는데, 이는 R/3로 촉발된 변화라 볼 수 있다. 물론 초기 ERP는 주로 트랜잭션 처리와 리포팅에 중점을 두었고 경영 의사결정 지원에는 한계가 있었지만, 2000년대 들어 SAP는 **BI(Business Intelligence)** 툴과 **경영자 대시보드** 등을 추가하여 ERP를 **전략/성과 관리**와 연결시켰다. 이는 기업들이 ERP 데이터를 활용해 KPI를 관리하고, 시뮬레이션과 계획 수립 등에 활용하도록 함으로써, ERP의 가치를 **운영 효율화 → 경영혁신/전략수립** 단계로 끌어올렸다.

또한 R/3의 확산은 **글로벌 경영 표준화**에도 기여했다. 다국적 기업들은 R/3 도입을 통해 본사와 해외법인의 프로세스를 동기화하고, 전 세계 어디서나 동일한 지표와 프로세스로 사업을 운영할 수 있게 되었다. 이는 곧 **글로벌 거버넌스 강화와 시너지 창출**로 이어졌다. ERP 도입 전에는 지리적으로 분산된 조직의 경영 통제가 어려웠으나, SAP 시스템 안에서 각 법인의 데이터를 비교·분석하고 모니터링 함으로써 **범세계적 관리가** 가능해졌다. R/3 이후 많은 기업들이 지역별로 상이하던 회계기준, 제품코드, 프로세스를 통일하였고, 이것이 **글로벌 기업 재탄생**의 기반이 되었다는 평가가 나온다.

SAP의 지속적 혁신과 리더십

SAP R/3의 유산은 SAP 자체의 기술 진화와도 연결된다. 2000년대 초 SAP는 R/3의 후속으로 mySAP ERP(ECC)를 발표하여 웹기술을 통합하고 아키텍처를 개선했으며, 2010년대에는 혁신적인 인메모리 DB인 **SAP HANA** 위에 차세대 S/4HANA 제품을 출시했다. 하지만 그 근간에는 여전히 **R/3 시절 확립된 비즈니스 프로세스 통합 원칙**과 **모듈 구성**이 이어져 내려온다.

[여기서 잠깐! 흥미로운 이야기]
SAP HANA의 탄생 배경에 대한 대한민국 연관 관계

SAP HANA 버전에 대한 상세 설명은 별도 목차에서 진행하겠으나, SAP HANA 이야기를 조금 한 김에 HANA DB와 우리나라가 관련된 사항을 추가 설명하겠다.

HANA(High-Performance Analytic Appliance)는 인메모리(In-Memory) DBMS로, 전통적인 디스크 기반 DB 대신 모든 데이터를 메모리에 상주시켜 실시간 분석과 트랜잭션을 동시에 처리할 수 있도록 설계되었다.

SAP는 2008~2010년 사이 대규모 R&D 투자를 통해 이 기술을 상용화했는데, 여기서 한국의 인메모리 DB 기술이 중요한 역할을 했다.

2000년대 초반, 서울대 출신 연구진과 국내 벤처들이 초고속 대용량 처리용 메모리 DB를 개발해 교통카드 정산 등 실시간 트랜잭션 환경에 적용했다. 이 경험이 SAP와의 협력의 토대가 되었다. SAP는 2000년대 후반부터 서울대 연구팀과 긴밀히 협력했다. 이 팀은 메모리 기반 데이터 처리, 컬럼 기반 저장(column store), 병렬 처리 등 핵심 알고리즘을 연구했고, SAP의 독일 본사와 공동 프로젝트를 진행했습니다.

흔히 "SAP가 한국 기술을 인수했다"는 표현이 돌지만, 실제로는 SAP와 한국 연구진의 공동 연구·이전 형태가 더 가깝다.

SAP는 독일, 미국, 인도뿐 아니라 SAP Labs Korea를 중심으로 연구를 이어갔고, 여기서 나온 성과가 HANA의 기초가 되었다.

SAP HANA는 독일 SAP 본사가 글로벌 연구팀을 통합해 만든 산물이다.

다만 그 핵심 기술(인메모리 DB, 컬럼 기반 처리, 실시간 트랜잭션/분석 통합)의 상당 부분이 대한민국 연구진의 원천 연구 성과에서 비롯된 것은 사실이다.

그래서 한국 언론에서는 흔히 "SAP HANA, 한국에서 개발된 인메모리 DB 기술을 세계화한 사례"라고 소개하곤 한다.

아무튼 SAP 경영진은 R/3의 성공을 바탕으로 ERP 외에 CRM, SCM 등으로 사업을 확장했고, 클라우드 시대에도 R/3로 시작된 **통합 비즈니스 프로세스 플랫폼** 전략을 지켜나가고 있다. 예컨대 2020년대 SAP 제품군의 많은 부분이 클라우드화가 되었지만, 기업들은 여전히 **SAP 코어 ERP**를 중심에 두고 거기에 분석, AI 기능을 얹는 형식으로 운영한다. 이는 **R/3가 구축한 ERP 코어의 견고함**이 지금까지 유효함을 의미한다.

시장적으로는 2020년대 들어 Oracle 등이 클라우드 ERP로 선전하며 일각에서 SAP의 1위 자리를 위협하고 있으나, **설치 기반**(installed base) 면에서 SAP는 여전히 최대이다. SAP 스스로도 클라우드 전환을 가속화하며 **RISE with SAP**와 같은 프로그램으로 기존 R/3/ECC 고객들을 S/4HANA 클라우드로 이끌고 있다. **전 세계 거래의 77%가 어떤 형태로든 SAP 시스템을 거친다**는 통계치에서 알 수 있듯이, SAP의 ERP는 글로벌 경제의 든든한 인프라로 기능하고 있다. 이러한 성과의 출발점은 단연 SAP R/3의 성공에 있었으며, R/3의 DNA는 현재에도 SAP를 통해 면면히 이어져 내려오고 있다.

ERP 패러다임 전환에 끼친 영향

R/3의 유산 중 하나로, ERP를 바라보는 시각이 **IT 시스템**에서 **비즈니스 전략 도구**로 바뀐 점을 들 수 있다. R/3 도입 초기에는 "재무/물류 통합 전산 시스템" 정도로 이해되었으나, 점차 기업들은 ERP를 **프로세스 혁신, 데이터 기반 경영, 글로벌 경쟁력 확보**의 필수 인프라로 여기게 되었다. 기업의 전략 변화(예: M&A, 구조조정, 신시장 진출) 시에도 ERP가 함께 고려되며, 전략을 지원하는 **Agile한 ERP**에 대한 요구가 생겼다. 이러한 요구에 부응하여 SAP는 모듈식 확장, 유연한 설정, 나아가 최근에는 **클라우드 ERP**를 내놓고 있다. 결국 SAP R/3는 ERP를 기업 경영의 중심으로 격상시킨 역할을 했고, 이는 오늘날 디지털 트랜스포메이션 시대에 **엔터프라이즈 플랫폼** 개념으로 계승되고 있다.

정리하면, SAP R/3는 **ERP 산업의 게임체인저**였고, SAP를 **세계 1위 기업용 소프트웨어 업체**로 만든 일등공신이었다. R/3가 남긴 아키텍처와 모듈 통합 철학은 이후 세대 제품에도 큰 영향을 주었으며, ERP를 도입한 수많은 기업들의 운영 방식과 경영 문화를 바꾸어 놓았다. "세상이 하나의 기업처럼 움직인다"는 말이 있을 정도로, SAP R/3를 통해 많은 글로벌 기업들이 단일 시스템으로 연결되었고, 그로부터 얻은 효율과 투명성은 현대 비즈니스 환경의 토대가 되었다. 이러한 R/3의 유산 위에서 SAP는 이후의 도전(클라우드, AI 통합 등)에도 지속적인 혁신을 거듭하며 여전히 ERP 리더십을 이어가고 있다.

SAP R/3 3계층 아키텍처 도식

SAP R/3의 3계층 클라이언트/서버 아키텍처를 나타낸 그림이다.

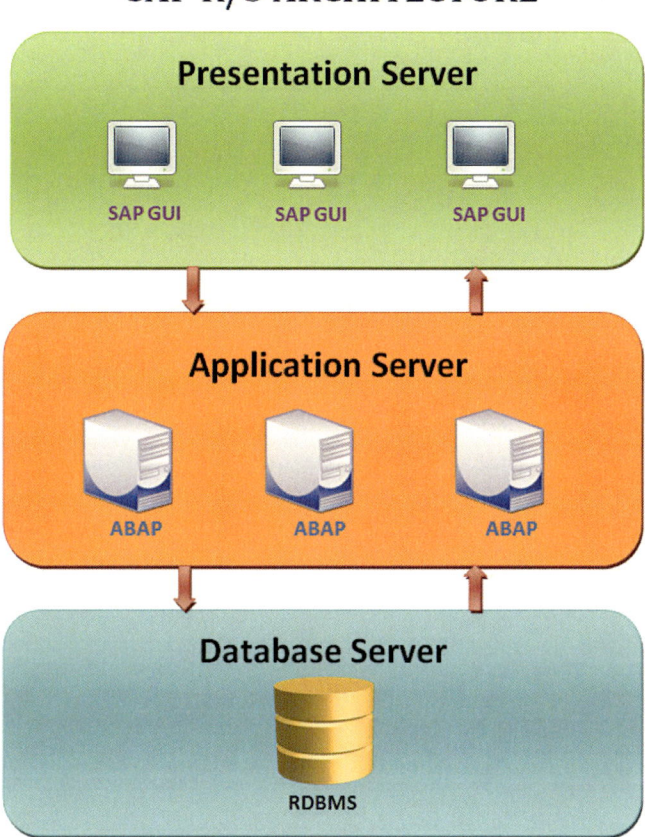

〈SAP R/3 3단계 계층 구조, 출처: SAP ABAP BASICS 블로그〉

최상단 **프레젠테이션 계층**(Presentation Layer)에서는 각 사용자 PC에서 SAP GUI 클라이언트가 실행되어 사용자와 상호작용한다. 가운데 **애플리케이션 계층**(Application Layer)에는 하나 이상의 SAP 애플리케이션 서버가 위치하며, 이 서버들에서 ABAP로 구현된 업무 프로그램들이 구동되고 트랜잭션 처리가 이루어진다. 최하단 **데이터베이**

스 계층(Database Layer)은 중앙의 관계형 데이터베이스로, 모든 모듈의 데이터가 한곳에 저장된다. 각 계층은 **네트워크를 통해 통신**하며, 프레젠테이션 계층은 애플리케이션 계층에 서비스 요청을, 애플리케이션 계층은 데이터베이스에 질의/갱신을 수행한다. 이러한 구조는 **유연한 분산처리, 부하분산, 높은 가용성**을 제공하며, SAP R/3가 대규모 동시사용자 환경을 효과적으로 지원하게 하는 핵심 요소이다(SAP R/3 4.x 기반부터는 웹브라우저를 통한 접속 등 프레젠테이션 계층이 다양화되었으나 기본 원리는 동일하다).

1990년대 주요 ERP 패키지 비교표

SAP R/3 도입 당시 경쟁하던 주요 ERP 제품들과의 특성 비교를 표로 정리한다.

구분	SAP R/3 (SAP AG)	Oracle Applications (Oracle Corp)	Baan IV (Baan Company)	JD Edwards OneWorld(JD Edwards)
출시 시기	1992년 (R/3 1.0 출시)	1989년(Oracle Financials 시작, 1996년 Apps 10.7)	1994년(Baan IV 출시, Baan은 1970s 설립)	1997년(OneWorld 출시, 이전엔 WorldSoftware)
아키 텍처	3-Tier 클라이언트/서버(다중 OS/ DB 지원)	2-Tier → 3-Tier 전환기 (전 제품 Oracle DB 전용)	3-Tier 클라이언트/서버(전용 4GL, 주요 DB 지원)	3-Tier(AS/400 등 IBM i 기반 강점, 클라이언트/서버)
모듈 구성	재무, 관리회계, 영업, 구매/재고, 생산, 인사 등 광범위 (통합 데이터베이스)	재무, 제조, 유통, HR 등 (초기 재무/제조 강점, 이후 확장)	제조 및 회계 모듈 중심(제조업 특화 강점)	재무, 유통, 제조, HR 등(중견 기업 맞춤 모듈 세트)
통합성	단일 코드베이스에 모듈 완전통합(실시간 데이터 연계)	모듈 간 통합 제공하나 DB 수준 연계, 일부 별도 모듈 존재	핵심 모듈 통합 양호, 타 시스템 연계는 별도 개발 필요	모듈 간 기본 연계 제공, 외부 인터페이스 비교적 용이
확장성	대규모 사용자/트랜잭션 확장 탁월 (애플리케이션 서버 추가로 수평확장)	Oracle DB 성능 기반 확장(대규모 시스템 사례 다수)	대형 제조기업 사례 있으나 SAP/Oracle만큼 대규모는 적음	중견기업 규모 적정, 대기업 적용 사례 제한적
커스터 마이징	IMG 설정으로 프로세스 변경 용이, ABAP로 추가개발 가능(유연성 높음)	PL/SQL, Oracle Forms 등으로 커스터마이징(전 문인력 필요)	전용 4GL(Baan Tools)로 수정(전문성 요구, 폐 쇄적)	툴셋으로 수정 가능, 비교적 단순 구조(AS/400 RPG 등)
강점 분야	대기업 종합 ERP, 다국적 통합, 거의 모든 산업 커버	제조업 회계통합, Oracle DB 연계, 자체 DB 강점	복잡 제조공정, 엔지니어링 산업, 빠른 구현주기	유연한 구현(Configurability), AS/400 고객 기반
시장 입지 (90년대)	글로벌 1위 ERP 벤더(1998년 기준 ERP 시장지배적)	ERP 시장 2위권(DB강자로서 ERP 확대, 2000년대 SAP 추격)	한때 4위 정도(유럽 중심으로 시장 존재, 2000년대 초 몰락)	3위~5위권(미국 중견기업 시장 강자, 2003년 PeopleSoft에 인수됨)
파트너 생태계	광범위(Big 5 컨설팅 및 수천개 파트너사, 컨퍼런스 활발)	상대적으로 제한적(Oracle 직접서비스 및 일부 파트너)	제한적(일부 국가 파트너, 규모 작음)	제한적(주로 리셀러 네트워크, 지역 집중)

표: 1990년대 중후반 주요 ERP 패키지 비교(SAP R/3 대비)

SAP R/3 주요 릴리즈별 기능 요약[1]

- 1992년 R/3 1.0 - 첫 출시 버전. FI, MM, SD 등 기본 모듈 제공, Unix/Oracle 등 지원. Pilot 고객 적용 시작. 메인프레임 기반 R/2와 병행 사용 단계.
- 1993년 R/3 2.0 - 성능과 안정성 개선. 다국어 지원 강화. 여러 대형 고객 본격 도입. Windows NT 포팅 진행.
- 1995년 R/3 3.0/3.1 - GUI 개선, 기능 확충. HR 모듈 등 보완. 다수 글로벌 기업 표준 선정. 3.1I(1998년)까지 릴리즈됨.
- 1997년 R/3 4.0 - 릴리즈 4.0B 발표. 대규모 병행사용자 지원 개선. 신규 산업솔루션(IS) 추가(소매, 통신 등).
- 1998년 R/3 4.5B - 인터넷 연계 강화, 사용자 편의 향상. 이 시기 "EnjoySAP" UI 전략 수립.
- 1999년 R/3 4.6B/4.6C - EnjoySAP GUI 도입(4.6A/B). 트리구조 메뉴, 화면 개선으로 학습 곡선 완화. 4.6C는 Y2K 대응, 새로운 Basis 4.6C 포함.
- 2000년 R/3 4.6D(미존재) - 참고: Basis 4.6D는 존재했으나 R/3 코어로 발매되지 않고, mySAP.com 구성 요소로 사용됨.
- 2001년 R/3 Enterprise 4.70 - SAP R/3 Enterprise 명칭 사용. 웹 애플리케이션 서버(Web AS) 도입, Unicode 지원, Enterprise Extension 개념 도입(코어 업그레이드 없이 기능 추가).
- 2004년 이후 - SAP ERP 5.0(ECC 5.0) 출시, R/3 브랜드 종료. 2005년 ECC 6.0 출시로 핵심 ERP 진화. 이후 Enhancement Package 방식으로 업그레이드.

---

[1] R/3 릴리즈 번호와 출시일은 SAP.com 및 Wikipedia 등 참고. 4.6D 관련은 Medium.com 글 참고 및 저자 번역

주요 용어집

- **BPR(Business Process Reengineering, 업무재설계):** 조직의 기존 업무 프로세스를 근본적으로 분석하고 재구성하여 혁신적인 개선을 추구하는 경영 기법. 1990년대 초반 유행했으며 ERP 도입 붐의 사상적 배경이 되었다. SAP R/3에 내재된 **베스트 프랙티스 프로세스**는 기업들이 BPR을 구현하는 수단으로 활용되었다.

- **ABAP(Advanced Business Application Programming):** SAP의 자체 개발 4세대 프로그래밍 언어. R/2 시절 보고서 언어로 시작하여 R/3에서 **주요 응용 프로그램 개발언어**가 되었다. ABAP/4라고도 불리며, SQL과 유사한 구문을 갖고 있어 비즈니스 로직을 구현하는 데 최적화되었다. 고객은 ABAP을 통해 SAP 시스템에 커스터마이징 프로그램을 작성할 수 있었다.

- **IDoc(Intermediate Document):** SAP 시스템 간 또는 SAP와 외부시스템 간 **데이터 교환을 위한 표준 포맷** 및 메커니즘. 주문, 송장 등의 트랜잭션 데이터를 구조화된 전자문서 형태로 교환하며, EDI(Electronic Data Interchange)와 연계하거나 **분산 SAP 환경의 인터페이스**로 자주 사용되었다. 예컨대 본사 SAP와 지사 SAP 사이에 주문 정보를 주고받을 때 IDoc 형태로 송신/수신한다.

- **ALE(Application Link Enabling):** **이기종 또는 분산 SAP 시스템들 간 데이터 동기화**를 위한 SAP의 미들웨어 프레임워크. 논리적인 시스템 간 연결을 정의하고, 배포 모델을 설정하여 마스터 데이터나 트랜잭션 데이터를 실시간 또는 배치 동기화해준다. 예를 들어 그룹 산하 여러 SAP 인스턴스 간 고객마스터를 동일하게 유지하기 위해 ALE를 설정할 수 있다. R/3 도입 초기, 단계적 구현 또는 M&A 후 서로 다른 SAP 시스템 연결 등에 ALE가 활용되었다.

- **mySAP.com:** 1999년 SAP가 발표한 새로운 전략 및 제품군 명칭. 기존 R/3 코어 ERP에 CRM, SCM, BI 등의 **New Dimension** 제품을 통합하고, 웹 기술을 활용한 **포털, 전자상거래 플랫폼**을 포함한 확장 개념이었다. mySAP ERP라는 이름으로 R/3 Enterprise 이후 버전이 불렸으며, 인터넷 시대에 부응한 SAP의 제품 라인업이다.

- **SAP S/4HANA:** 2015년 출시된 SAP의 차세대 ERP 제품. R/3의 후손으로, 기존 ECC를 **SAP HANA 인메모리 DB 전용으로 재구성**하여 성능을 혁신하고 데이터 모델을 단순화한 것이 특징. **Fiori UX**를 도입하여 사용자 경험을 현대화하고 클라우드에도 대응한다. R/3로 시작된 SAP ERP 진화의 최신 단계에 해당한다.

- **ECC(ERP Central Component):** 2004년 SAP가 R/3의 기술 아키텍처를 개량하여 출시한 **SAP ERP 5.0** 및 후속 6.0을 지칭하는 용어. SAP Business Suite의 코어로서 **R/3 후속버전**이지만, R/3 4.6/4.7과 기본 개념 연속성을 가진다. ECC 6.0은 2005년 출시되어 오랜 기간 SAP ERP의 메인스트림으로 활용되었다.

- **Big 5 컨설팅:** ERP 도입 붐 시기에 SAP 등의 프로젝트를 주도한 다섯 대형 컨설팅/회계 법인. Andersen Consulting(Accenture), Deloitte, KPMG, PwC, Ernst & Young을 지칭한다. 이들은 SAP의 **글로벌 파트너**로서 수많은 R/3 구축 프로젝트를 수행했고, 1990년대 SAP 확산의 견인차 역할을 했다.

- **Legacy 시스템:** 기존에 사용되던 과거 세대의 시스템을 의미. SAP 문맥에서는 **SAP 도입 이전의 옛 운영시스템들** 또는 **R/2와 같은 전세대 SAP**를 가리킨다. R/3 도입 과정에서 레거시 시스템과 데이터 마이그레이션, 인터페이스 연동 이슈가 항상 중요한 고려사항이었다.

- **ERP II**: 2000년대 초반 등장한 개념으로, 전통적 ERP를 넘어 **협업과 SCM/CRM 통합까지 포괄하는 확장형 ERP**를 일컫는다. ERP II에서는 기업 내부 통합뿐 아니라 **기업 간(B2B) 프로세스 통합**과 전자상거래 연계 등이 강조되었다. SAP의 mySAP CRM/SCM 등 전략이 ERP II 시대를 열었다.

지금까지 SAP R/3의 등장과 확산에 대해 기술적 개요부터 산업 사례, 경쟁 비교, 전환 이슈, 유산까지 심층적으로 살펴보았다. SAP R/3는 단순한 소프트웨어를 넘어 1990년대 기업 경영의 **디지털 혁신을 상징**하는 시스템으로 기록되며, 그 영향은 현재까지 이어지고 있다.

1.3 ECC 시대(2004~2015)

ECC의 기술적 개요

SAP ERP Central Component(ECC)의 정의와 도입 배경

SAP ECC는 SAP Business Suite의 핵심 ERP 솔루션으로, 기업의 주요 비즈니스 프로세스를 통합 관리하는 온프레미스 ERP 시스템이다. ECC는 본래 SAP R/3의 후속 진화 형태로 2004년 처음 도입되었으며, SAP가 기업용 통합 솔루션인 **mySAP ERP**를 발표하면서 R/3 Enterprise를 대체하였다. ECC라는 명칭은 **ERP Central Component**의 약자로서, 재무회계(FI), 영업(SD), 생산계획(PP), 자재관리(MM), 인사관리(HR) 등 기업 핵심 업무 모듈들을 포함하는 SAP ERP의 코어 모듈 집합을 가리킨다. ECC 도입의 주요 배경은 기업 내 **실시간 데이터 통합**에 대한 요구였다. 하나의 시스템에서 부서 간 데이터가 실시간으로 연계됨으로써, 경영진은 전사적 관점에서 **데이터 기반 의사결정**을 내릴 수 있게 되었다. 이러한 통합 뷰는 생산, 물류, 재무 등 여러 분야의 정보를 연계하여 **프로세스 최적화**를 가능하게 하며, SAP ECC는 제약, 화학, 철강, 소비재 등 **다양한 산업 분야의 중대형 기업**에 폭넓게 도입되었다.

SAP NetWeaver 기반 아키텍처(ABAP/Java Stack, Portal, PI)

ECC 5.0/6.0 세대의 기술적 기반은 **SAP NetWeaver** 플랫폼이다. SAP NetWeaver는 SAP 소프트웨어 스택의 핵심 기반으로서 ABAP 및 Java로 작성된 응용프로그램을 지원하는 통합 기술 플랫폼이다. ECC의 응용 서버(Application Server)는 전통적으로 **ABAP 스택** 위에서 실행되며, ECC의 모든 코어 모듈은 ABAP로 구현된다. 또한 NetWeaver는 **이중 스택(Dual Stack)** 아키텍처를 제공하여, 필요에 따라 Java 기반의 구성요소를 함께 사용할 수 있다. 예를 들어 SAP Process Integration(PI)와 **SAP Enterprise Portal** 등은 NetWeaver의 **Java 스택**을 활용하는 구성요소이다. SAP NetWeaver Portal(EP)은 사용자에게 통합된 웹 포털 환경을 제공하여, ECC 및 기타 SAP 애플리케이션에 대한 접근을 하나의 인터페이스로 통합한다. **SAP PI**(과거 XI로 불리며, NetWeaver 구성요소)는 SAP과 비(非)SAP 시스템 간 **어플리케이션 통합**을 담당하는 미들웨어로, 이질적인 시스템들 사이에 메시지 변환과 라우팅을 수행함으로써 **시스템 간 실시간 인터페이스**를 구현한다. NetWeaver 아키텍처에서 **ABAP 스택**은 ERP 코어 모듈의 비즈니스 로직과 트랜잭션을 처리하고, **Java 스택**은 포털, PI, **SAP CRM/SCM 등의 자바 기반 부가 애플리케이션**을 구동시키는 역할을 한다. ECC 6.0 시기에는 이러한 이중스택 구성의 **Dual Stack** 시스템도 존재했으나, 후에 SAP는 단일스택 전략으로 전환하여 PI 등은 Java-Only로, ECC는 ABAP-Only로 분리되는 방향을 추구하였다. 요약하면, SAP ECC의 기술 아키텍처는 **3계층 구조(데이터베이스, 애플리케이션서버, 프레젠테이션)** 위에 NetWeaver ABAP/Java 스택으로 구현되어 있으며, 포털과 PI 등의 **NetWeaver 구성요소**와 유기적으로 연동되도록 설계되었다.

CRM, SCM, PLM 통합 목적과 구조

SAP ECC는 **SAP Business Suite 7**의 중심에 위치하며, **고객관계관리(CRM), 공급망관리(SCM), 제품수명주기관리(PLM)** 등 별도의 비즈니스 스위트 애플리케이션들과 긴밀히 통합된다. SAP Business Suite는 ECC를 중심으로 이러한 위성 시스템들을 한데 묶은 통합 패키지로서, 기업의 금융, 조달, 공급망, 제품 개발, 고객 관계 전반에 걸친 **엔드투엔드 프로세스** 수행을 목표로 하였다. 예를 들어 **SAP CRM** 시스템에서 영업기회를 관리하면, 이를 ECC의 SD 모듈과 연계하여 수주-출하까지 진행할 수 있고, SAP

SCM(APO 등)에서 수요예측 및 생산계획을 수립하면 ECC의 PP모듈과 연동하여 생산 실행을 관리하게 된다. SAP ECC는 이러한 주변 시스템들과 **단일 통합 플랫폼처럼** 동작하기 위해 공통 기술 기반(NetWeaver)과 **표준 통합 인터페이스**(예: IDoc, BAPI, PI 시나리오)를 제공한다. 또한 ECC 내에도 BI(Business Intelligence, SAP BW)나 **SEM(전략기업관리)** 등 일부 컴포넌트가 통합되었는데, ECC 도입 시 BW, SEM, 인터넷트랜잭션서버 (ITS) 등이 ECC와 하나의 인스턴스로 통합되어 **별도 시스템 없이도 데이터 웨어하우징 과 웹 액세스 기능을 활용**할 수 있었다. 이러한 구조적 통합의 목적은 **프로세스 단절 을 제거**하고 데이터 중복을 최소화하여, CRM의 고객정보, SCM의 공급망 데이터, PLM의 제품정보 등이 **ECC의 중앙 마스터데이터**와 실시간 싱크를 이루게 하는 데 있다. 결과적으로 SAP ECC를 기반으로 한 Business Suite는 **재무-인사-공급망-고객-제품 개발** 프로세스가 유기적으로 연결된 **전사 통합 운영 환경**을 구현하였다. 각 컴포넌트는 필요에 따라 **별도 서버에 설치**되기도 하지만, SAP의 표준 통합 기능으로 **단일 시 스템처럼 데이터 교환**이 가능하며, 이는 기업이 부문별 Best-of-Breed 솔루션을 도입 하지 않고 **SAP 하나의 제품군**으로 전체 비즈니스를 운영할 수 있게 한 강점이다.

기능 구성과 Business Suite 확장

ECC 5.0/6.0 주요 릴리즈 기능 요약

SAP ECC는 두 차례의 주요 버전으로 출시되었다. **ECC 5.0**은 2004년 발표되어 이전 SAP R/3에 비해 모듈 기능의 확장과 새로운 기술 기반(NetWeaver)을 도입한 버전이다. 이어 출시된 **ECC 6.0**은 2005년 말~2006년 초 제공되었으며, 성능 향상과 안정화를 거 친 SAP ERP 2005 버전으로서 ECC 5.0 대비 추가 기능과 개선사항을 포함하였다. 예를 들어 ECC 6.0에서는 재무 모듈에 **New GL(New General Ledger)** 기능이 도입되어 병렬회계 처리와 영역별 손익계산(Segment Reporting)이 용이해졌다.

SAP의 기본 모듈 입장에서 SAP ECC 재무모듈의 변화는 타 모듈 보다는 꽤 많은 변화라고 할 수 있다. SAP ECC의 New GL 기능은 쉽게 이야기 하면 여러 회계기준에 맞도록 동시에 회계장부 처리가 가능하다는 개념인데, 그 당시 우리나라에서는 IFRS(국제회계기준) 프로젝트가 매우 크게 진행되어, 시장의 FI 모듈 인력 품귀현상이 타 모듈대비 매우 심하였다. 저자도 그 당시에는 IFRS 프로젝트를 진행하고 있었는데, 초기 구현전략은 기존의 SAP ECC가 제공해 주었던 SPL(Special Purpose Ledger) 기능을 활용해 이중 원장 회계처리를 고려하거나, 별도의 전면 CBO 기능을 추가하거나 별도의 3rd Party 솔루션을 추가 구축하는 것을 고민하기도 하였다. 이때 SAP가 New GL 기능을 출시하면서 K-GAAP(기존 한국회계기준) 및 K-IFRS(한국의 국제회계기준) 반영에 SAP New GL 기능이 필수적으로 도움이 되었다.

또한 인사관리(HR) 모듈에 인재관리 기능이 보강되고, 물류 영역에서는 **출하시점관리(Global ATP)** 등의 SCM 연계 기능이 추가되는 등 주요 모듈별로 향상된 기능이 제공되었다. ECC 6.0부터 SAP는 **Enhancement Package(EhP)** 개념을 도입하여, 새로운 기능을 점진적 패키지 형태로 업그레이드할 수 있게 하였다. ECC 6.0의 첫 번째 기능팩인 **EhP1**은 2006년 말 출시되었으며 이후 **EhP8**까지 총 8개의 Enhancement Pack이 2016년까지 제공되었다. EhP를 통해 **UI 개선(예: Web Dynpro 기반 화면)**, **SD대시보드**, **추가 비즈니스 기능** 등이 선택적으로 활성화될 수 있었고, 고객은 필요한 기능만 스위치 온하여 적용할 수 있었다. ECC 5.0에서 6.0으로의 버전 업은 플랫폼 변화(NetWeaver 04 → 2004s)와 함께 다수의 신기능이 포함된 큰 폭의 업그레이드였으며, 6.0 이후로는 EhP 방식으로 **코드베이스를 유지하면서 기능 확장**이 이루어졌다는 점이 특징이다.

모듈 구조와 확장(FI, CO, MM, SD, PP, HR 등 통합): SAP ECC의 내부는 과거의 R/3와 마찬가지로 **모듈(Module)** 개념으로 구성되어 기업의 업무 영역별 기능을 제공한다. 주요 모듈로는 재무회계(FI), 관리회계(CO), 자재관리(MM), 영업배출(SD), 생산계획(PP), 품질관리(QM), 플랜트유지보수(PM), 프로젝트시스템(PS), 인사관리(HR/HCM) 등이 있다. 이러한 모듈들은 하나의 ECC 인스턴스 내에서 단일 통합 데이터베이스를 공유하여 실시간 상호 작용한다. 예를 들어 SD 모듈에서 고객 주문을 생성하면 MM 재고가 예약되고, PP 생산계획이 연동되며, 출하 후 FI 회계전표가 자동 생성되는 방식으로 모듈 간 데이터가 자동흐름으로 통합된다. ECC는 이처럼 **기능 모듈 간 긴밀한 결합도**를 가지면서도, 각 모듈은 독립적인 업무 영역의 구성을 반영하고 있어 **분리된 컨피규레이션 가능성**을 제공한다. ECC 코어 모듈 외에도, SAP는 **비즈니스 스위트 확장** 개념으로 **CRM, SCM**(APO 등 고급계획), **SRM**(공급자관계관리), **PLM**(제품수명주기관리), **BI**(비즈니스 인텔리전스) 등을 별도 구성요소로 제공하였다. 이러한 외부 구성요소들은 ECC와 **미들웨어** 또는 **애플리케이션 링크**를 통해 통합된다. 예컨대 **SAP SRM**(조달 솔루션)은 ECC의 MM 모듈과 **XML/IDoc** 인터페이스로 연계되어, SRM에서 생성된 구매오더가 ECC로 전송되어 실행되고, ECC의 재고데이터가 SRM으로 피드백된다. **SAP BW/BI**는 ECC로부터 ETL 방식으로 데이터웨어하우스에 데이터를 추출/적재하여 대용량 분석을 수행하지만, ECC 5.0 이후로는 BW가 **ECC 인스턴스 내에 임베디드**되어 운영될 수도 있었다. 또한 **SAP Solution Manager**와 같은 기술 컴포넌트도 ECC와 연계되어 전체 솔루션의 수명주기 관리, 모니터링 등을 지원하였다. 이러한 모듈 및 부가 구성요소의 확장 전략은 SAP ECC를 **End-to-End 프로세스 실행 플랫폼**으로 자리매김하게 했다. 기업은 필요시 SAP CRM, SCM 등을 ECC와 통합 구축하여 **프론트오피스-백오피스 일원화**를 달성하고, **Business Suite** 전체를 활용하여 영업부터 조달, 생산, 서비스까지 **전사 프로세스의 디지털화**를 구현할 수 있었다.

End-to-End 프로세스 실행을 위한 Business Suite 전략

ECC 기반 Business Suite의 강점은 **전사적 프로세스의 통합 관리**이다. SAP는 Order-to-Cash(수주에서 입금까지), Procure-to-Pay(발주에서 지급까지), Hire-to-Retire(채용부터 퇴직까지) 등의 **E2E 시나리오**를 Business Suite 구성요소들로 완벽히 실행할 수 있도록 설계하였다. 예를 들어 **Order-to-Cash** 프로세스는 SAP CRM의 영업활동으로 시작하여 ECC SD 모듈에서의 주문 → 출하 → 청구로 이어지고, FI 모듈에서 대금 수

납과 회계처리까지 마무리된다(물론 과거의 SAP R/3에서도 Order to Cash 전체 프로세스를 SAP 기본 모듈로도 적용가능하였으나, SEM, CRM, SCM 등의 확장 모듈을 포함한 Order to Cash 가 확장되도록 구현된 상태는 SAP ECC 버전부터 원활하게 가능하게 되었다). **Procure-to-Pay**는 ECC MM 모듈에서의 구매요청/발주와 **SRM**에서의 공급업체 연계, 물류 입고 처리 후 FI 지출결의로 마감되는 흐름으로 구축될 수 있다. **Hire-to-Retire** 인사 프로세스 역시 SAP HCM을 통해 채용, 인사발령, 급여(재무 FI 연계), 인재개발, 퇴직관리까지 한 플랫폼에서 처리 가능하다. SAP Business Suite는 이러한 **엔드투엔드 시나리오**를 지원하기 위해, 모듈 간 **실시간 통합 데이터**와 **프로세스 상호작용**을 표준화하였다. 또한 R/3의 ALE(Application Link Enabling)와 **IDoc(Intermediate Document)** 기반의 애플리케이션 통합 기술을 계속 발전적으로 활용해, 서로 다른 SAP 인스턴스 간에도 마치 하나의 시스템처럼 프로세스를 연계할 수 있었다. 예컨대 대규모 글로벌 기업에서 여러 개의 ECC 시스템을 운영하는 경우, 본사의 ECC에서 생성된 주문 IDoc이 해외 자회사 ECC 로 ALE를 통해 전달되어 현지에서 처리되고, 결과가 본사로 다시 IDoc으로 돌아오는 식의 B2B 연계가 가능하다. 이러한 기술 덕분에 SAP ECC를 도입한 기업들은 전사 프로세스를 표준화하면서도, 필요시 **이종 시스템이나 파트너 시스템과의 인터페이스**를 구축하여 **end-to-end 프로세스의 경계**를 기업 외부까지 확장할 수 있었다. SAP의 Business Suite 전략은 결국 ECC를 디지털 코어(Digital Core)로 삼아, 주변에 전문 솔루션(예: CRM, SCM)을 배치하고 모두 같은 플랫폼(NetWeaver)과 데이터 통합 모델 하에 돌아가게 함으로써 **전체 비즈니스의 통합**을 실현하는 것이었다. 이 전략은 ECC 시대 (2000년대 중~후반)에 SAP가 ERP 시장에서 경쟁우위를 확보하는 원동력이 되었다.

커스터마이징 유연성과 업그레이드 복잡성

기업별 ABAP 커스터마이징과 Z-개발 확대

SAP ECC는 **범용 ERP 패키지**이지만, 도입 기업들은 각자의 비즈니스 요구사항에 맞게 다양한 **커스터마이징**과 추가 개발(Z-개발)을 수행하였다. ECC 시스템은 **SAP 표준 프로그램** 외에도, **ABAP 언어**를 통해 고객이 직접 새로운 프로그램(레포트, 인터페이스, 기능모듈 등)을 개발하여 추가할 수 있는 유연성을 제공한다. 예를 들어 기업은 표준에 없는 특수한 계산 로직이나 보고서를 **Z프로그램** 형태로 구현하고, 표준 화면에 User-Exit이나 BAdI를 통해 후처리 로직을 삽입하거나, 필요시 표준 소스를 수정하는 수정(Modifications)까지 활용해 왔다. 이러한 높은 유연성 덕분에 ECC는 각 기업의 프로세스에 맞춤화되어 운용될 수 있었지만, 반대로 시간이 지남에 따라 기술적 부채(Technical Debt)가 누적되는 경향을 보였다(역설적으로 Z 프로그램을 통해 별도 CBO 개발이 손쉬운 유연성이 SAP의 기본 기능 upgrade 및 확장에 불편함을 발생시키는 요인이 되면서, 다음 목차에서 설명 할 SAP HANA 버전 및 Clean Core 전략의 시발점이 되었다).

수년간 축적된 고객사의 ECC 시스템에는 수백에서 수천 개의 Z프로그램, 확장된 테이블, 고객 트랜잭션이 존재하게 되었고, 이는 시스템을 기업에 최적화하는 동시에 **SAP 표준과 괴리되는 부분**을 만들어냈다. 특히 한국 기업들은 IFRS 대응, 현지 인사/노무 규정 반영, 복잡한 유통구조 등을 이유로 **ABAP 커스터마이징을 대폭 실시**하여 SAP 패키지를 "개발 플랫폼"처럼 활용하는 사례도 많았다. 예컨대 삼성전자 등 대기업의 ECC에는 표준 모듈 위에 **수백 개의 Z-테이블과 업무 앱**이 추가로 개발되어, 사실상 SAP 기반 **자체 ERP 시스템**에 가까운 형태로 운용되기도 했다. 요약하면 ECC는 **표준 프로세스**를 제공하면서도 동시에 개발자 도구(SE80 등)와 확장 포인트를 개방하여, **고객 맞춤형 ERP**로 변형될 수 있는 높은 유연성을 갖추고 있었다. 이는 기업의 경쟁력 있는 프로세스를 시스템에 담아낼 수 있다는 장점이 있지만, 커스터마이징이 과도할 경우 향후 업그레이드 및 유지보수에 어려움을 초래하는 양날의 검이었다.

업그레이드 시 발생한 코드 충돌과 기능 비호환 사례

ECC를 운영하는 많은 기업들이 **정기 업그레이드** 또는 **Enhancement Package 적용** 시에 기존의 커스터마이징과 **충돌**을 경험하였다. 예를 들어 SAP 표준코드에 대한 수정이 있었던 경우, 업그레이드 후 해당 부분이 SAP에 의해 덮어씌워지거나, 새로운 버전의 표준 로직과 **논리 충돌**을 일으키는 문제가 발생했다. 또한 ECC 6.0의 EhP를 적용하여 새로운 비즈니스 함수(Business Function)를 활성화할 때, 기존에 Z개발로 구현했던 유사 기능과 **중복**되거나 동작이 달라져서 혼란이 생기기도 했다. 실제 업그레이드 프로젝트에서 흔했던 이슈는 "시나리오별 기능 비호환"으로, ECC 5.0 → 6.0 전환 시 **New GL 도입에 따른 재무 모듈 구조 변경**으로 인해 고객사의 기존 커스터마이징 자산이 호환되지 않거나, **인사 모듈 PA/OM 구조 변경**으로 custom 인터페이스가 실패하는 사례 등이 보고되었다. 또한 업그레이드 과정에서 SAP 표준 **API, 함수, 테이블 구조** 등이 바뀌면 이를 사용하던 Z프로그램이 오류를 일으켰다. 이러한 문제로 인해 ECC 사용자들은 업그레이드 전에 사전 테스트를 철저히 하고, SAP 권고 도구인 SPDD/SPAU(수정 객체 조정)를 통해 변경된 표준과의 차이를 분석하여 조치하곤 했다. 예를 들어 한 다국적 기업에서는 ECC EhP 업그레이드 후 자체 개발한 수출입 관리 모듈이 동작하지 않아, 나중에 알게 된 원인이 SAP 표준 테이블 확장 필드명이 충돌했던 사례가 있었다는 보고도 있다. 정리하면 ECC는 시스템 변경 시 **고객 개발과 표준 간 충돌 가능성**이 항상 존재했고, 기업들은 이를 관리하기 위해 업그레이드 프로젝트마다 **호환성 점검과 코드 리팩토링** 작업에 상당한 노력과 비용을 들여야 했다. 특히 SAP가 ECC 6.0 이후 **"Clean Core(클린 코어)"** 철학을 강조하면서, 핵심을 건드리지 않고 확장하는 방식을 권장했지만, 이미 많은 ECC 사용자들이 누적된 확장 코드로 인해 이를 실천하기 어려운 상황이었다.

Enhancement Framework와 Switch Framework 개요

SAP는 ECC 6.0 릴리즈에서 Enhancement Framework(ENH-FW)라는 새로운 확장 기법을 도입하여, 기존 수정 방법의 한계를 극복하고 표준 업그레이드와의 양립성을 높이고자 하였다. Enhancement Framework는 한 지붕 아래에 기존의 User Exit, BAdI, Append, Modification 등을 통합하고, **Explicit Enhancement Point**와 같은 새로운 개념을 추가하여 **보다 구조화된 확장**을 가능케 한 것이다. 개발자는 SAP 표준 프로그램에 지정된 Enhancement Point에서 **익스텐션 구현**을 추가하거나, 기존 로직을 대체(Overwrite)하는 방식을 통해 기능을 변경할 수 있었다. 이 접근법은 기존의 코드 수정을 지양하고 추가적인 레이어로 커스터마이징을 적재함으로써, **업그레이드 시 표준 코드와의 충돌을 줄이는 효과**를 의도한 것이다. 또한 SAP는 **Switch Framework**라는 메커니즘을 통해, 특정 기능을 코드 레벨에서 숨기거나 나타나게 할 수 있는 스위치를 제공하였다. Switch Framework는 Enhancement Package에서 도입된 Business Function들을 제어하는 기술로, 스위치를 "ON" 하면 해당 기능과 관련된 레포지토리 객체(프로그램, UI 필드 등)가 활성화되고 "OFF"이면 비활성화된다. 이를 통해 고객은 필요하지 않은 기능은 끈 채 업그레이드하여 영향도를 최소화할 수 있고, 나중에 필요시 스위치를 켜서 기능을 사용할 수 있었다. 예를 들어 ECC 6.0 EhP4에서 도입된 새로운 물류 기능을 사용하지 않으면 관련 UI와 코드는 숨겨둔 채로 둘 수 있었고, 이는 **호환성 유지 및 단계적 기능 채택**을 지원하였다. **Enhancement Framework와 Switch Framework**의 도입은 ECC의 **확장 유연성**을 높이는 동시에 **업그레이드 복잡성**을 낮추려는 SAP의 중요한 기술 전략이었다. 그러나 이미 많은 ECC 시스템들이 전통적 수정 방식으로 커스터마이징되어 있었기 때문에, Enhancement Framework로의 전환은 서서히 진행되었다. 그럼에도 불구하고 이 개념은 이후 S/4HANA 시대의 클린 코어(불필요한 커스터마이징 배제)와 **확장성**(Extension via Switch/BADI) 원칙의 토대가 되었다. 한편, SAP는 ECC 후반기부터 **Modification Adjustment**(Spau/SPDD) 툴과 **Custom Code Analyzer**를 제공하여 업그레이드 복잡성을 낮추는 노력을 계속하였다.

고객 도입 사례

다국적 제조기업 사례(Bosch, Nestlé 등)

SAP ECC는 글로벌 제조 기업들에 의해 **전사 표준화 플랫폼**으로 채택되어, 프로세스 혁신 사례를 다수 창출했다. 예를 들어 독일의 Bosch 그룹은 아시아 지역 법인들의 **신규 제품 개발(NPD) 프로세스**를 표준화하기 위해 SAP ECC 6.0 기반의 통합 템플릿을 도입하였다. Bosch는 ECC의 Project System(PS)과 **PLM(Product Lifecycle Management)** 모듈, 그리고 **SAP PPM(Project & Portfolio Management)** 솔루션을 연계하여, 신제품 개발 과정에서 CAD 설계 데이터부터 제품 구조(BOM), 프로젝트 일정, 비용 산출까지 **엔드투엔드로 통합 관리**하는 체계를 구축했다. 이 프로젝트를 통해 **개발 리드타임 25% 단축, 정보 일관성 향상** 등의 효과를 거두었으며, 특히 여러 CAD 시스템에서 발생하는 설계 데이터를 **SAP ECTR**(Enterprise CAD/PLM 통합도구)를 통해 ECC와 연동함으로써 **중복 데이터 제거와 정확도 향상**을 실현했다. 한편 스위스의 식품 대기업 Nestlé는 일찍부터 SAP를 글로벌 표준 ERP로 도입하여 **전 세계 200여 개 사업체**의 프로세스를 통합했다. Nestlé의 **GLOBE 프로젝트**로 알려진 이 대규모 도입에서는 ECC를 기반으로 **단일 글로벌 인스턴스**를 구축하고, 생산에서 유통까지 일련의 물류 프로세스를 표준화하였다. 그 결과 Nestlé는 **초콜릿 바 한 개까지도 생산에서 소매점 진열까지 추적**할 수 있는 투명성을 확보했으며, 프로세스 효율화와 비용 절감 효과를 거두었다. 실제로 Nestlé는 ECC 도입으로 유통망을 최적화하여 제품 배송 속도를 향상시키고 운영비용을 절감하였는데, 이는 **"잘 윤활된 기계처럼"** 비즈니스가 원활하게 돌아가도록 만들었다고 평가된다. 이러한 Bosch와 Nestlé 사례는 ECC가 제조업의 제품 개발부터 생산, 공급망, 회계에 이르는 가치사슬 전체를 아우르며 프로세스 혁신에 활용되었음을 보여준다. ECC의 모듈 통합과 유연한 커스터마이징 능력 덕분에, 글로벌 제조기업들은 **단일 시스템에서 표준화된 프로세스로 운영**하면서도 각 사업장의 특수 요구를 반영하는 **글로벌-로컬 절충 모델**을 구현할 수 있었다.

한국 기업 사례: 삼성전자, LG화학, 현대자동차 등 ECC 도입 배경과 방식

한국의 대기업들도 2000년대 중반부터 SAP ECC를 핵심 ERP로 적극 도입하였다. **삼성전자**는 국내에서 SAP를 선도적으로 도입한 기업 중 하나로, 1994년 광주공장에 SAP R/3를 처음 적용한 이후 지속적으로 전사 확장을 해왔다(저자가 첫 번째로 진행했던 SAP R/3 프로젝트는 1996년 삼성전자 인도제조 법인 SAP 구축 프로젝트 였는데, 1994년 삼성전자 광주공장(백색가전)의 SAP 첫 프로젝트는 독일 SAP 컨설턴트의 도움을 통해 저자의 선배 세대가 경험을 익혔고, 저자가 신입사원으로 첫 프로젝트를 진행 한 삼성전자 인도 법인 프로젝트는 모두 한국인 SAP 컨설턴트가 직접 진행하였다).

2000년대에는 기존 R/3 시스템을 ECC 5.0/6.0으로 업그레이드하며 **차세대 글로벌 ERP**를 구축했는데, 이를 통해 **전 세계 사업장의 프로세스를 표준화**하고 글로벌 싱글 **인스턴스** 전략을 추진하였다. 삼성전자는 특히 **2010년대 초반까지 13년간 운영한 기존 ERP**를 전면 개편하는 N-ERP 프로젝트를 통해 S/4HANA로 전환하였는데, 이는 ECC 플랫폼에서 최신 플랫폼으로 옮겨가는 국내 최대 규모 사례로 주목받았다. 한편 **LG화학**은 화학 업계 특성에 맞춰 SAP를 일찍부터 도입하여 **2006년 ECC 6.0 업그레이드**를 완료하였다. LG화학은 ECC 6.0을 도입하면서 **본사와 해외사업장의 업무 시스템을 하나로 통합**하고, SAP NetWeaver 기반의 **SOA 아키텍처**를 활용하여 e-비즈니스 인프라를 구축했다. 이를 통해 글로벌 생산, 판매, 재무 정보를 단일 시스템으로 연결하여 **업무혁신과 300억 원 이상의 비용절감** 효과를 기대하였다(디지털타임스 보도). **현대자동차**의 경우, 과거에는 타사 ERP나 자체개발 시스템을 사용하다가 최근 **SAP S/4HANA로의 전환**을 결정한 사례로 알려져 있다(etnews 보도). 현대차는 2020년대에 들어 **Oracle 기반 기존 ERP를 SAP로 교체**하기로 하고 2025~2026년 완료를 목표로 대규모 프로젝트를 추진 중인데, 이는 **ECC 시대를 건너뛰고 S/4HANA로 바로 가는** 전략이다. 그러나 현대차그룹 계열사 중 **현대모비스** 등은 이미 ECC를 사용해왔으며, 2023년 SAP와 협력해 **현대모비스의 ECC 시스템을 S/4HANA로 전환**(라이즈 위드 SAP) 완료하기도 했다(SAP 공식 홈페이지 자료). 이러한 사례들에서 볼 때, 한국 대기업들은 ECC를 통해 **전사 프로세스 표준화와 글로벌 데이터 일원화**를 이루고자 했으며, 삼성과 LG는 비교적 이른 시기에 ECC를 도입해 **ERP 고도화**를 달성한 반면, 현대차는

ECC 없이 곧장 차세대 ERP로 넘어가는 전략을 선택하였다. 다만 자동차 부품 및 물류 계열사들(현대모비스, 현대글로비스 등)은 ECC를 활용하여 **그룹 내 SCM 통합과 경영 투명성 제고**를 추진해 왔던 것으로 알려져 있다.

공공기관/에너지 기업의 ECC 적용 사례

SAP ECC는 제조업뿐만 아니라 **공공 및 에너지 산업**에도 도입되어 대규모 자산 및 인력 관리, 회계 투명성 제고 등에 기여했다. 대표적으로 한국전력공사(KEPCO)는 2006년 SAP ECC 기반의 전사 ERP 시스템을 구축하여, 전국 사업소의 자재/회계/인사 프로세스를 표준화했다. 한전은 ECC 도입을 통해 **중복 투자 절감과 e-프로큐어먼트, 통합 경영정보 제공** 등의 효과를 누렸으며, 2015년까지의 중장기 전략 목표(Kepco 2015)의 일환으로 ERP를 핵심 인프라로 삼았다. 이후 한전은 15년 이상 사용한 ECC 시스템을 2020년대에 S/4HANA로 전환하기 위해 300억 원대 차세대 ERP 사업을 추진 중이며, ECC에 저장된 대용량 데이터(약 30TB)를 클라우드 S/4로 이관하는 **Selective Data Transition** 방식을 검토하고 있다(데일리뉴스 보도자료). 공공 에너지 분야 다른 사례로 **한전KPS** 등이 SAP ERP를 도입하여 **전사 업무절차를 표준화**하고 **경영 관리 수준을 고도화**한 바 있다(ZDNET 보도자료, 이 책의 집필 시점에 저자가 속한 회사도 컨소시엄사 중 하나로 전환 작업에 참여 중이며, 이 책이 발간될 시점에는 아마도 차세대 전환이 완료 된 상태일 것으로 예상한다).

또한 해외에서는 **미국 에너지부** 산하 기관이나 **유럽의 공기업**들이 SAP ECC를 도입한 예가 많다. ECC의 **대규모 자산관리(PM)와 회계 통합** 기능은 발전소, 전력망 등 거대한 설비와 복잡한 재무 구조를 가진 에너지 기업에 특히 유용했기 때문이다. 한편 SAP와 국내 공공기관의 관계에서는 저작권 이슈도 있었는데, SAP가 2010년대 후반 한국전력 등 공기업들의 사용자 추가에 대해 라이선스 소송을 제기했다가 5년 만에 취하한 일이 있어 ERP 업계의 관심을 끌었다(NTNES 보도자료). 전반적으로 공공/에너지 분야의 ECC 도입은 **투명한 경영, 프로세스 혁신, IT 표준화**를 목표로 수행되었으며, 안정성과 기능성이 검증된 SAP ECC는 이러한 목표 달성에 큰 기여를 한 것으로 평가된다.

ECC 통합 환경에서의 B2B 연계(ALE, IDoc, EDI)

기업 간(Business-to-Business) 프로세스에서도 SAP ECC는 **표준 인터페이스**를 통해 데이터 교환을 지원한다. IDoc(Intermediate Document)은 SAP 시스템 간 또는 SAP ↔ 외부시스템 간 데이터 교환을 위한 **표준 파일 포맷**으로, 마스터데이터나 주문, 송장 등의 정보를 구조화하여 담는 그릇 역할을 한다. 예를 들어 구매주문 IDoc(ORDERS)이 발행되어 공급사에 전송되면, 공급사 측 ECC는 이를 받아 판매주문으로 자동 생성할 수 있다. SAP의 **ALE(Application Link Enabling)** 기술은 이러한 **사내 여러 SAP 시스템 간 통합**을 담당하는 프레임워크로서, 논리시스템 정의와 분배모델 설정을 통해 **IDoc 송수신을 관리**한다. 한편 EDI(Electronic Data Interchange)는 SAP IDoc을 기업 외부의 표준 메시지(예: EDIFACT, X12)로 변환하여 **타사 시스템과 교환**하는 방식이다(SAP BTP 로 변경되기 전까지 대표적 사례로는 우리나라 국세청 연동 전자세금계산서가 이러한 방식으로 구현되어 있다).

SAP ECC는 EDI 서브시스템(또는 PI, 솔루션을 통해)과 연계하여 IDoc을 변환기에서 국제표준 메시지로 바꾼 후 VAN이나 직접통신으로 파트너사에 전달한다. 예컨대 자동차부품 회사는 ECC에서 생성된 납품 요청을 EDI로 완성차 업체에 보내 생산계획을 수립하게 하고, 그 답신으로 납품지시를 EDI로 받아 ECC에서 납품오더로 처리한다. 이러한 B2B 연계는 **비동기 방식**으로 이루어지며, ECC 내 **RFC, BAPI** 등의 기술도 활용되어 **실시간 연동**이 가능하다. 요약하면 SAP ECC의 ALE/IDoc/EDI 체계는 **분산 환경의 데이터 통합**을 구현하여, 기업이 거래 파트너나 계열사 간 **프로세스 자동화**를 달성하게 해주는 중요한 역할을 하였다. 이로써 수작업 데이터 입력이 줄고 처리 속도가 개선되어 **공급망 전체 최적화**에 기여했다(SAP BTP 관련 다음 목차에서 상세하게 설명하겠으나, 기존 ECC 상에서는 SAP Odata-Rest API 방식이 아닌 BAPI 통신을 통한 인터페이스가 많이 사용되었는데, 이를 위해서는 JCO와 같은 SAP connector가 반드시 필요하다. SAP BTP 환경상의 Odata 통신에서는 이러한 JCO 커넥터 등이 더 이상 필요 없다).

운영 최적화를 위한 마스터데이터 관리(MDG) 활용

통합 시스템 환경에서 **마스터데이터의 일관성**은 운영 효율의 핵심 요소다. SAP ECC는 자체적으로 고객, 공급업체, 자재, 재무계정 등의 마스터데이터를 관리하지만, 대규모 기업에서는 데이터 품질 관리와 변경 통제에 어려움이 있었다. 이를 해결하기 위해 SAP는 **Master Data Governance(MDG)** 솔루션을 제공하여, 중앙에서 **마스터데이터를 생성/변경하고 ECC 등 운영시스템에 배포**하는 체계를 마련하였다. ECC 시대 후반에 등장한 SAP MDG는 ECC와 같은 NetWeaver 기반으로 작동하며, 예를 들어 새로운 자재코드를 생성하면 MDG에서 승인 워크플로우를 거쳐 ECC의 MM 모듈에 자재마스터가 생성되도록 연계된다. 또한 중복된 고객 데이터를 찾아 통합하거나 주소 형식, 코드 체계 등을 **표준화**함으로써, 전사적으로 단일한 데이터 소스(Single Source of Truth)를 유지하게 해준다. 많은 기업들이 MDG를 통해 **글로벌 데이터 거버넌스**를 시행하여, 지역별로 상이하던 마스터 정보를 정리하고 ECC 시스템 간 데이터 동기화를 이루었다. 특히 운영상 여러 ECC 인스턴스를 가진 글로벌 기업은 MDG를 **허브**로 활용하여 모든 인스턴스에 **동일한 코드를 배포**함으로써, **운영 최적화와 보고 정확성**을 향상시켰다. MDG 도입 전에는 각 시스템에 중복 입력되던 데이터를 MDG 후에는 한 번의 입력으로 끝내므로 **업무생산성 향상** 효과도 얻었다. ECC와 MDG의 결합은 향후 S/4HANA 시대로 넘어가는 과정에서도 중요한 준비 단계가 되었는데, 깨끗한 데이터가 있어야 새로운 시스템에서 **원활한 프로세스 가동**이 가능하기 때문이다. 요컨대 ECC 환경에서 MDG 활용은 **마스터데이터 품질 확보**를 통한 운영 최적화의 핵심 전략으로, ECC로 통합된 환경의 **데이터 기반 의사결정**을 더욱 신뢰성 있게 뒷받침했다.

경쟁사 제품과의 비교

Oracle E-Business Suite와의 비교(구조/유연성)

SAP ECC와 자주 비교되는 경쟁 ERP로는 Oracle E-Business Suite(EBS)가 있다. 두 제품 모두 대기업용 통합 ERP라는 점은 공통이나, 기술적 배경과 강점에 차이가 존재한다. SAP ECC는 **다양한 모듈을 단일 통합된 데이터베이스** 위에 올려놓고 실시간 통합을 강조하는 반면, Oracle EBS는 **재무 모듈 중심의 강점**과 함께 인수된 서드파티 애플리케이션(JD Edwards, PeopleSoft 등)을 포괄하는 **포트폴리오형 ERP**에 가깝다. Oracle EBS는 SAP와 달리 고객에게 필요한 기능을 **하나의 패키지로 일괄 구매하거나 모듈별로 선택 구매**할 수 있는 유연한 구매 옵션을 제공하여, 사용자가 원하는 솔루션만 도입하는 **모듈식 접근**이 가능했다. 또한 Oracle은 **데이터베이스 기술 리더**답게 자사 ERP에 강력한 RDBMS 성능을 통합시켰으며, 대용량 재무 데이터 처리 및 복잡한 분석 면에서 우수하다는 평가가 있다. 반면 SAP ECC는 **프로젝트 관리, 생산, 글로벌 운영** 등의 엔터프라이즈 기능에서 보다 **완성도 높은 프로세스와 다국적 운영 지원**을 제공하여, 여러 국가/문화의 차이(즉 세법처리 등의 나라별 Localization), 적용 기능이 뛰어나다는 평을 받는다. 구현 및 유지보수 측면에서, ECC는 일반적으로 **도입 기간이 길고 비용이 높으며**(SAP는 연매출 1조 이상 기업 대상이라는 이미지) 대규모 SI 프로젝트 형태가 많았던 반면, Oracle EBS는 Oracle DB와 친화성이 높아 **기술 스택 통일성**이 장점이고 비교적 **빠른 구축 사례**도 존재했다. 사용자 관점에서 **UI**는 ECC가 전통적인 SAP GUI로 다소 복잡하고 훈련이 필요한 반면, Oracle EBS는 웹 기반 폼 UI로 제공되어 친숙하다는 의견도 있었다. 그러나 통합성 면에서는 ECC가 **모듈 간 끊김 없는 데이터 흐름**을 일찍이 실현한 반면, Oracle EBS는 동일 Oracle DB를 쓰더라도 모듈 간 통합 프로세스 구성이 SAP만큼 미리 정의되어 있지 않아 커스터마이즈가 더 필요하다는 지적도 있다. 요약하면, **SAP ECC는 폭넓은 산업기능과 글로벌 통합에 강점**이 있고 Oracle **EBS는 재무분석과 유연한 모듈 선택**에 강점이 있었으며, 두 제품 모두 대규모 조직에 적합하지만 접근 철학에 차이가 있었다. 실제 기업들은 자사 상황(예: 제조업=SAP 선호, 금융업=Oracle 선호)에 따라 적합한 솔루션을 선택해왔다.

Microsoft Dynamics AX와의 비교(유연성/확장성)

Microsoft Dynamics AX(NAV/365 FO)는 SAP ECC보다 **중견기업 및 사업부문**을 겨 냥한 ERP로 시장 포지셔닝이 약간 달랐다. Dynamics AX(현 D365 Finance & Opera-tions)는 **UI 친화성과 사용자 편의** 면에서 SAP보다 높은 평가를 받았는데, 브라우저 기 반의 현대적 인터페이스와 Microsoft 계열 제품(Outlook, Excel 등)과의 익숙한 통합 덕 분에 **직관적이고 배우기 쉽다**는 이점이 있었다. 또한 Dynamics는 **유연한 커스터마이 징**이 가능하여, 사용자화 및 추가 개발이 비교적 쉽고 .NET 등의 범용 기술을 활용해 **타 시스템 연계**도 개발자들에게 친숙했다. 반면 SAP ECC는 **설정 가능 범위**는 넓지만 자체 구문과 트랜잭션 코드 기반으로 접근성이 높지 않고, 사용자에게 다소 **복잡한 구 조**로 느껴질 수 있었다. 성능 면에서 SAP ECC는 대규모 트랜잭션을 안정적으로 처리 하고 두절 없는 운영(24x7)에 강한 반면, Dynamics AX는 **엔터프라이즈급 확장성** 면에 서는 한계를 보이는 경우가 있었다. 구현 기간 관련으로는 의외로 **SAP가 더 빠른 구축 도 가능**하다는 분석도 있는데, 평균적으로 Dynamics AX 프로젝트가 소규모임에도 오히려 기간이 SAP보다 길어지는 경우가 있었다. 또한 비용 회수(ROI) 측면에서 SAP 사용기업의 **2년 내 투자회수 비율**이 Dynamics 대비 높다는 조사도 있었다(ERPsoft-wareBlog.COM 자료 발췌). 일반적으로 **대기업 본사 수준 통합**에는 SAP ECC가 선호되 고, **개별 사업부나 중견 기업용**에는 Dynamics가 채택되는 패턴이 있었는데, 이는 곧 **SAP는 복잡하고 큰 조직에, Dynamics는 그 하위 단위에 적합**하다는 시장 평가로 이 어졌다. Dynamics AX의 강점은 **Microsoft 에코시스템**과 연계되어 BI(Power BI) 통합 이 용이하고 다중 조직 간 데이터 공유가 편리하다는 점인데, SAP ECC도 이를 보완하 기 위해 SAP BW/BO, BPC 등의 솔루션을 제공해왔지만 사용자 친화성 측면에서는 MS에 미치지 못했다. 결국 SAP ECC와 Dynamics AX의 비교는 **"고기능 vs 사용편**

의", **"완성된 프로세스 vs 유연한 플랫폼"**의 선택지로 볼 수 있으며, 기업 규모와 요구사항에 따라 서로 다른 가치 제안을 해왔다.

　MS Dyanmics를 중견기업용, SAP ECC를 대기업용으로 본다고 할 경우, 이와 유사한 기업 규모별 경량 SAP ERP를 SAP사도 "SAP Business One ERP"로 별도 보유하고 있다. 기존 SAP All-In-One 대비 약어로 SAP B1 이라고도 부른다. 저자의 경험 상으로 SAP B1에 대한 시장 경쟁 시 대부분 한국의 더존, 영림원 등의 ERP와 많이 경쟁을 하였는데, SAP B1은 SAP사가 SME(Small Medium Market) 시장을 타켓팅 하기위해 이스라엘 업체가 개발한 ERP를 인수하여 사업을 영위하고 있다.　현재 SAP는 SAP Public Cloud ERP가 주력으로 확산하고자 하는 시도 중인데, SAP Public Cloud도 엄밀히 보면 SAP를 신규 구축하고자 하는 SME 고객용도 대상으로 한다. 따라서 SAP 내에서 같은 SAP 제품(소위 SAP A1, B1 간섭이 증가할 것인데, 향후 SAP의 자체 ERP 포트폴리오 전략이 어떻게 변할 것인지를 보는 것도 매우 흥미로울 듯하다. SAP B1에 대한 역사와 기능 및 SAP A1 대비 차이에 대해 좀 더 알고 싶은 경우는 과거 저자가 초판 및 개정판으로 출간했던 『ERP 주변 이야기』 및 『ERP 주변 이야기 외전』이란 책이 도움이 될 것이다).

SAP ECC 모듈 통합의 강점과 단점

　SAP ECC의 최대 강점은 앞서 논한 바와 같이 **모듈 간 심리스한 통합**에 있다. 재무, 물류, 인사, 설비 등 전 영역이 하나의 시스템으로 결합되어 데이터 일관성과 실시간 처리가 보장되므로, **사일로 없는 비즈니스 프로세스**를 구현할 수 있었다. 또한 SAP는 **50여개국 이상의 localization**(현지화)을 지원하여, 다국적 기업이 단일 ERP로 여러 나라에서 법규에 맞는 운영을 할 수 있게 해준 점도 통합상의 강점이다. 그러나 이러한 강력 통합은 시스템이 방대하고 복잡해지는 부작용도 있었다. ECC를 처음 접하는 사용자는 **방대한 메뉴와 트랜잭션 코드**에 압도될 수 있고, 모든 것이 연결된 구조 탓에 **한 부분의 변경이 다른 모듈에 영향**을 줄 수 있어 전문적 관리가 필요했다. 또 하나의 단점은, SAP ECC는 **유연성의 양면성**으로 인해, 막상 너무 많은 커스터마이징이 이뤄지면 오히려 **통합의 이점이 감소**하고 시스템 복잡도만 증가한다는 것이다. 일례로 어떤 기업들은 SAP를 들였지만 기존 프로세스를 포기하지 못하고 과도한 Z개발을 하여 결국 업그레이드도 못 하고 표준 지원도 덜 받는 애매한 상황이 되기도 했다. 이처럼 ECC의 **높은 적응력**은 잘 활용하면 장점이지만 남용하면 단점이었다. 또한 경쟁사 솔루션 대비 **라이선스와 유지보수 비용**이 높고, **전문인력 풀**이 제한적인 점도 언급된다. Oracle이나 MS 솔루션에 비해 SAP는 프로젝트와 운영에 투입되는 컨설턴트/개발자의 **역량 의존도가 높고 인건비가 비싸다**는 것이다. 그럼에도 불구하고 SAP ECC는 **대규모 통합**에 요구되는 견고함과 기능 커버리지를 인정받아 2010년대 중반까지 **글로벌 ERP 시장 점유율 1위**를 유지하였다. 요컨대 ECC의 통합 강점은 "한 군데서 다 된다"는 것이고 단점은 "한 군데서 다 다뤄야 한다"는 것으로, 도입 기업은 그 trade-off를 이해하고 활용할 필요가 있었다.

ECC → S/4HANA 전환 이슈

기술 마이그레이션 과제: 데이터 모델, 코드 클린업, 커스터마이징 정비

SAP ECC에서 **SAP S/4HANA**로의 전환은 단순 업그레이드가 아닌 **대대적 기술 마이그레이션**에 해당한다. 가장 큰 변화 중 하나는 **데이터 모델의 혁신**이다. S/4HANA는 SAP HANA라는 인메모리 DB 위에서 동작하면서 기존 ECC의 많은 합계표(Aggregate Tables)와 지표 테이블을 제거하고 **단순화된 스키마**를 채택했다. 예를 들어 ECC에서 재무모듈의 잔액합계(BSID/BSAD 등)나 CO-PA 합계표 등이 S/4에서는 Universal Journal(ACDOCA)의 단일 테이블로 통합되어 실시간 집계되므로, ECC의 **전통적인 row-based 테이블 구조**를 S/4의 **컬럼 기반 구조**로 변환하는 작업이 필수적이다. 이 과정에서 기존 ECC의 **Index/통계 테이블**들은 S/4에 존재하지 않으므로, 관련 커스터마이징이나 리포트는 모두 재작성하거나 대체되어야 한다. 또한 S/4HANA에서 **물류와 재무의 데이터 모델 통합**(예: 기존Material Ledger 필수화, 새 신용관리 구조 등)이 이루어져 ECC의 해당 영역 커스터마이징에 영향이 크다. 기술 과제 두 번째는 커스텀 ABAP 코드 정비(클린업)이다. ECC 시대에 만들어진 Z프로그램들 중에는 S/4에서 더 이상 지원되지 않는 **레거시 기능 호출**(예: obsoleted FM/BAPI)이나 변경된 테이블 구조를 참조하는 것들이 많다. SAP는 **Custom Code Analyzer**와 **Simplification Database**를 통해 이러한 호환성 문제를 식별하고, **ATC(ABAP Test Cockpit)** 체크를 통해 금지 구문을 검출하도록 지원한다. 전환 프로젝트에서는 수천 개의 Z코드를 일일이 점검해 **호환되지 않는 구문 변경, 대체 API로 전환** 등의 작업이 요구된다. 특히 S/4HANA에서는 **모든 커스터마이징은 "클린 코어" 원칙하에 재검토**되어, 표준에 중복되는 것은 제거하고 꼭 필요한 것은 신규 확장 기법(예: Extensibility Framework)으로 재구현하는 것이 권장된다. 세 번째 과제는 **데이터 정비와 마이그레이션**이다. 수십 년간 ECC에 축적된 데이터 중 불필요하거나 오류가 있는 데이터는 S/4로 넘기기 전에 정제(Cleansing)와 **아카이빙**을 해야 전환 후 시스템 품질을 유지할 수 있다. 많은 기업들이 초기엔 이 노력을 간과했다가, 막상 전환 시 데이터 오류로 프로젝트가 지연되는 경우를 겪었다. 따라서 마스터데이터 중복 제거, open 아이템 정리, 코드 값 표준화 등을 선행하고 넘어가는 것이 중요하다. 마지막으로 **기술 플랫폼 전환**으로 인한 **성능 튜닝과 테스트**도 큰 과제다. S/4HANA는 인메모리 기반이라 ECC와 성능 특성이 달라, 기존 튜닝이 무용지물이 되거나 새로운 병목이 발생할 수 있어, 방대한 테스트(재무결산 시뮬레이션, 대량배치 실행 등)를 통해 성능 및 기능 회귀 검증을 거쳐야 한다. 요컨대 ECC→S/4 전환은 **데이터 모델, 코드, 데이터 품질 등 전 영역에서의 혁신과 정리 작업**이 요구되는 **고난도 프로젝트**라고 할 수 있다.

시스템 컨버전 vs 그린필드 vs 셀렉티브 데이터 전환

ECC에서 S/4HANA로 이행하는 전략에는 크게 **세 가지 경로**가 있다. ECC버전에 대한 SAP S/4 HANA PCE or Public 전환, 즉 마이그레이션 전략은 S/4 HANA 부분에서도 추가 설명하고, 마지막 목차 부분에서는 마이그레이션 상세 방법론을 포함하여 별도 추가 설명한다. 전환 전략에 대한 상세 방법론 및 기술적 고려사항 위주로 궁금 할 경우는 마지막 목차 부분 "4. 마이그레이션 전략" 부분의 내용을 집중적으로 확인하기 바란다.

첫째는 **시스템 컨버전(System Conversion)**, 흔히 Brownfield 접근이라고도 하며, 현재 사용 중인 ECC 시스템을 **직접 변환 업그레이드**하여 S/4HANA로 전환하는 방식이다. 이 방법은 기존 프로세스와 데이터를 최대한 유지하면서 기술적으로만 S/4로 옮기는 것으로, **SAP의 SUM(DMO) 툴**을 사용해 데이터베이스 변환과 업그레이드를 동시 수행한다. 장점은 현행 시스템의 연속성을 살릴 수 있고 전환 후 업무 적응이 비교적 수월하나, 기존 커스터마이징이 많을 경우 그 **기술부채까지 모두 S/4로 옮겨온다**는 단점이 있다.

둘째는 **그린필드(Greenfield)**, 즉 **신규구현(New Implementation)** 방식이다. 새롭게 S/4HANA 시스템을 **백지상태에서 구축**하고, ECC에서는 **마스터/거래 데이터를 이관**하여 마치 신규 도입처럼 진행하는 방법이다. 이 접근은 현재 프로세스를 재설계하고 SAP Best Practice에 맞춰 **클린한 시스템**을 구축할 수 있어 향후 유연성이 높지만, **기존 축적 프로세스/데이터를 버리고** 가야 하므로 조직 변화관리 난이도가 높다.

셋째는 **Selective Data Transition** 또는 **Bluefield** 방식으로 불리는 **혼합형 접근**이다. 이는 Brownfield와 Greenfield의 요소를 조합하여, **특정 법인이나 모듈은 컨버전**하고 다른 부분은 신규구현하거나 **일부 데이터만 이관**하는 등 선택적으로 진행하는 방법이다. 보통 전문 툴이나 파트너를 활용하여 데이터 필터링/변환을 맞춤 수행하며, Legacy 시스템을 병행 운영하면서 단계적으로 S/4로 옮기는 형태도 가능하다. Selective 방식을 통해 **데이터 볼륨을 줄이고 옮길 것만 옮겨** 프로젝트 위험을 완화할 수 있으나, 계획과 도구가 정교해야 하고 부분 전환으로 인해 **일시적인 인터페이스 복잡도**가 증가할 수 있다. 각 접근법마다 요구되는 **인프라 구성과 사전요건**이 다르므로, 기업은 시스템 수, 조직 규모, 혁신 목표 등에 따라 최적 경로를 선택해야 한다. 예를 들어 다국적 기업은 일부 사업부부터 그린필드로 시작해 나머지는 점진 전환하거나, 국내 기업은 Brownfield로 빠르게 따라잡는 등 사례가 다양하다. 중요한 것은, 어떤 경로든 **사전 준비(Pre-Project)** 단계에서 현재 환경 분석과 코드 호환 점검, 데이터 정리 등이 선행되어야 성공 확률이 높아진다는 점이다.

고객 관점에서 전환의 기대효과와 도전과제

SAP S/4HANA로 전환하는 가장 큰 **비즈니스 기대효과**는 **실시간 경영**과 **디지털 혁신 기반 마련**이다. S/4HANA는 인메모리 플랫폼을 바탕으로 ECC에서는 밤샘 배치로 돌리던 대량 집계를 즉시 처리하고, 거래 발생과 동시에 재무장부에 반영하는 실시간 마감(Continuous Close)에 가까운 능력을 제공한다. 또한 **Fiori UX**로 대표되는 사용성 개선과, 시스템 자체에 **AI/머신러닝, RPA, 예측분석** 기능이 내장되어 기업이 최신 IT를 활용한 **지능형 프로세스**를 갖추게 된다. 예를 들어 S/4HANA에서는 머신러닝 기반 **매입청구서 자동매칭**이나 **수요예측** 기능이 제공되어, ECC 시절에 인력에 의존하던 작업을 자동화할 수 있다. 그리고 복잡한 커스터마이징을 정리하고 표준화/모범관행(Best Practice)을 수용함으로써 IT비용 절감과 향후 **클라우드 전환 용이성**도 기대할 수 있다. 그러나 고객 입장에서 이런 이점을 얻기까지 넘어야 할 **도전과제**도 적지 않다. 첫째는 **프로젝트 비용과 리소스** 문제로, S/4 전환은 일반 ECC 업그레이드보다 훨씬 대규모로 **예산과 시간이 소요**된다. 글로벌 설문에 따르면 많은 ECC 고객들이 **ROI 불투명**과 **업무 중단 위험** 때문에 S/4 도입을 망설이는 것으로 나타났다. 둘째는 조직의 변화관리(Change Management)이다. S/4HANA는 UI부터 프로세스까지 변하는 **새로운 시스템**이므로, 오랫동안 ECC 인터페이스에 익숙했던 현업 사용자의 저항과 **학습 곡선** 문제가 발생한다. 실제로 기술적으로는 성공적인 S/4 전환을 하고도 사용자들이 불편함을 느껴 시스템 활용이 저조해지는 경우도 있다. 이러한 위험을 줄이기 위해 기업은 조기 교육, Key User 양성, 멘탈 케어 등 다각도의 변화관리 전략을 병행해야 한다. 셋째 도전은 **복잡한 인터페이스와 생태계 재구축**이다. ECC를 중심으로 얽혀있던 각종 **3rd-party 시스템, 인터페이스, 커스텀 솔루션**들이 S/4로 바뀌면서 상당 부분 재개발이나 재검토가 필요하다. 예를 들어 ECC와 연동되던 기존 레거시 시스템들이 S/4의 **OData/REST API** 방식에 맞지 않을 수 있어, **중간 미들웨어 변경**이나 파트너 소프트웨어 업그레이드가 수반된다. 넷째, **다운타임 및 리스크 관리**도 과제다. 전환 과정에서 데이터 마이그레이션에 걸리는 시간 동안 시스템을 멈춰야 하는데, 글로벌 기업의 경우 이를 최소화하기 위해 **Near-Zero Downtime** 방법을 고려해야 한다. 또한 전환 후 초기에는 예상치 못한 장애나 성능 이슈가 발생할 수 있어 **철저한 테스트와 Hypercare(안정화 기간)** 지원이 중요하다. 마지막으로, 경영진 설득과 비즈니스 케이스 도출도 큰 챌린지이다. 많은 CEO/CIO들이 "ECC로도 잘 돌아가는데 왜 굳이 많은 돈을 들여 S/4로 가야 하냐"라는 질문을 던지며 망설인다. 이에 대해 IT부서는 **2027년 ECC 지원종료 시한**과 **디지털 변혁 파도에 동참**하지 못할 위험을 근거로 S/4 프로젝트를 추진해야 한다. 실제 2025년 현재 ECC 고객 중 37%만이 S/4 라이선스를 확보했을 정도로, 아직 과반이 움직이지 않고 있어 **시간이 촉박**하다는 지적이 나온다. 결론적으로 SAP ECC에서 S/4HANA로의 전환은 **기업의 비즈니스와 IT 전반을 재구성**하는 노력이며, 올바른 전략 선택과 빈틈없는 준비, 변화관리 리더십이 뒷받침될 때 기대효과를 온전히 실현할 수 있을 것이다.

ECC의 유산과 SAP ERP 발전사 내 의미

SAP ERP Business Suite로서 ECC가 남긴 기술적/산업적 영향력

SAP ECC는 2000년대 중반부터 2010년대 중반까지 글로벌 ERP 시장을 주도한 **명실**

상부한 표준 플랫폼으로서, 기업 경영과 IT 양면에 깊은 족적을 남겼다. 기술적으로 ECC는 SAP R/3의 클라이언트-서버 아키텍처를 계승하면서도 **SAP NetWeaver**라는 진보된 통합 플랫폼을 도입하여 엔터프라이즈 애플리케이션의 서비스지향 아키텍처(SOA)를 구현하는 기반을 마련했다. 이는 기업 소프트웨어가 단일 거대 모놀리식에서 벗어나 유연하게 통합되는 **플랫폼 시대로의 전환**을 상징하는 것이었다. 또한 ECC는 **Enhancement Package 전략**을 통해, 버전 업 없이도 기능 확장이 가능한 **패키지 소프트웨어의 진화 모델**을 제시하였다. 산업적으로 SAP ECC의 보급은 전 세계 수만 개 기업들의 **업무 프로세스 표준화**를 이끌었고, ERP를 도입하면 **베스트 프랙티스에 따른 프로세스 혁신**이 가능하다는 인식을 확산시켰다. 제조, 유통, 금융, 공공 등 다양한 업종에서 ECC 사례가 축적되며 ERP는 더 이상 선택이 아닌 필수가 되었고, SAP의 모듈 구조와 프로세스 체계는 많은 경영학 교과서와 컨설턴트 방법론의 **참고모델**이 되었다. ECC 도입을 통해 기업들은 **사일로 조직 문화**를 극복하고 데이터 기반 협업으로 전환하였으며, **실시간 회계결산** 등 투명경영을 실현하고자 노력하였다. 한편 ECC는 **거대한 SAP 에코시스템**을 형성하여, 전 세계 수백만의 ABAP 개발자, 모듈 컨설턴트들이 육성되고 파트너 회사들이 성장하는 기반이 되었다. 2025년 현재 ECC는 SAP의 이전 세대 제품으로 분류되지만 여전히 많은 기업에서 **핵심 운영 시스템**으로 가동 중이며, SAP 스스로도 2027년까지 ECC 지원을 연장하고 2030년까지 선택적 연장 유지보수를 제공할 정도로 그 **탄탄한 레거시**를 인정하고 있다. ECC의 기술적 안정성과 풍부한 기능은 **S/4HANA로의 전환을 위한 기반**이 되고 있으며, ECC에서 검증된 개념(예: 클린 코어, 확장프레임워크 등)은 차세대에도 계승되었다. 요약하면 SAP ECC는 **한 시대를 풍미한 ERP의 금자탑**으로서, 기업 IT와 비즈니스 프로세스 혁신에 지대한 영향을 끼친 유산이다.

S/4HANA를 위한 전환 준비의 발판

ECC의 마지막 버전인 SAP ECC 6.0 EhP8(2016)은 **SAP S/4HANA Business Suite**로 넘어가기 위한 **교두보** 역할을 했다. SAP는 ECC 6.0을 끝으로 새로운 on-premise ERP 기능 개발을 중단하고, EhP8을 S/4로의 마이그레이션을 고려한 **사전 정리 버전**으로 위치지었다. 예컨대 EhP8에는 HANA DB에서 최적 구동을 위한 일부 코드 최적화와 S/4 구조에 대비한 **호환 패키지**들이 포함되었다. ECC 시대에 구축된 마스터데이터 거버넌스(MDG)나 **솔루션 매니저**, **Central Finance** 등 컴포넌트들은 S/4 전환 프로젝트에서 유용한 도구와 접근법을 제공한다. 또한 ECC 고객들은 다년간 ECC를 운영하면서 **표준 프로세스에 길들여진 조직문화, ERP 중심의 IT 거버넌스**를 갖추게 되었는데, 이는 새로운 S/4HANA 환경에서도 지속적으로 발전시켜야 할 자산이다. SAP ECC의 성공 요인 중 하나였던 강력한 산업별 기능(IS 솔루션)들은 S/4에서도 계속 지원 또는 클라우드화되고 있으며, ECC로 축적된 **데이터**는 S/4의 머신러닝 학습 등에 쓰일 귀중한 역사자료가 된다. 나아가 ECC를 통해 형성된 고객 커뮤니티와 사용자 그룹들은 S/4 도입 경험을 서로 공유하고 SAP에 요구사항을 전달하며, 차세대 제품의 방향성에도 영향력을 행사하고 있다. SAP 입장에서는 ECC 고객 기반을 S/4로 전환시키는 것이 최대 과제인데, ECC가 남긴 **신뢰자산**(수십년 운영에 따른 안정성에 대한 신뢰)이 있기에 많은 고객들이 망설임 속에서도 결국 S/4를 향해 움직이고 있다. 궁극적으로 ECC의 시대는 **클라우드 및 지능형 ERP 시대**로 넘어가기 전의 마지막 **온프레미스 통합 ERP 시대**였으며, 이 시기에 달성된 전사 통합과 프로세스 혁신 성과들은 S/4HANA 시대에도 **디지털 기업으로의 진화**에 든든한 발판이 되고 있다. ECC를 "올드 히어로(old hero)"에 비유한다면, 이제는 "뉴 챔피언"인 S/4HANA에게 바통을 넘겨주고 퇴장하는 모습이지만, 그 유산은 앞으로도 SAP ERP 발전사의 밑거름으로 남아 있을 것이다.

ECC 아키텍처 다이어그램(NetWeaver 구성 포함)

SAP ECC의 아키텍처도 기존 R/3와 유사하게 기본적으로 **3-Tier 클라이언트/서버 구조**로 구성된다. 사용자 프레젠테이션 계층(GUI 또는 웹)은 애플리케이션 서버 계층과 연결되고, 애플리케이션 서버는 데이터베이스 계층과 연결된다. ECC 시스템은 SAP NetWeaver Application Server(AS)를 기반으로 **ABAP 스택**과 **Java 스택**을 운용할 수 있다. AS ABAP는 ECC의 코어 모듈들을 구동하며, **DIA(대화), BTC(배치), UPD(업데이터)** 등 다양한 워크프로세스를 통해 트랜잭션을 처리한다. AS Java는 필요시 **Portal, PI** 등 Java 기반 SAP 애플리케이션을 호스팅하며, Dual Stack 구성 시 ABAP와 Java 인스턴스가 함께 존재한다. NetWeaver 기반의 ECC 시스템은 **Message Server, Enqueue Server** 등의 중앙 서비스(ASCS 인스턴스)를 통해 다중 애플리케이션 서버 간 세션 부하분산과 락 관리를 수행한다. 또한 **SAP Web Dispatcher**가 인터넷/인트라넷 요청을 받아 내부 서버로 분배하며, **RFC 게이트웨이**와 ICM(Internet Communication Manager)이 ABAP-Java 통신 및 HTTP 처리를 담당한다. 아래 다이어그램은 SAP ECC(NetWeaver 기반)가 **Database + Central Instance + Dialog Instances**로 구성되고, **ABAP/Java 이중스택** 시 각 스택별 컴포넌트가 함께 배치되는 개념을 나타낸 것이다 (예: 하나의 DB에 ABAP와 Java 스키마가 공존).

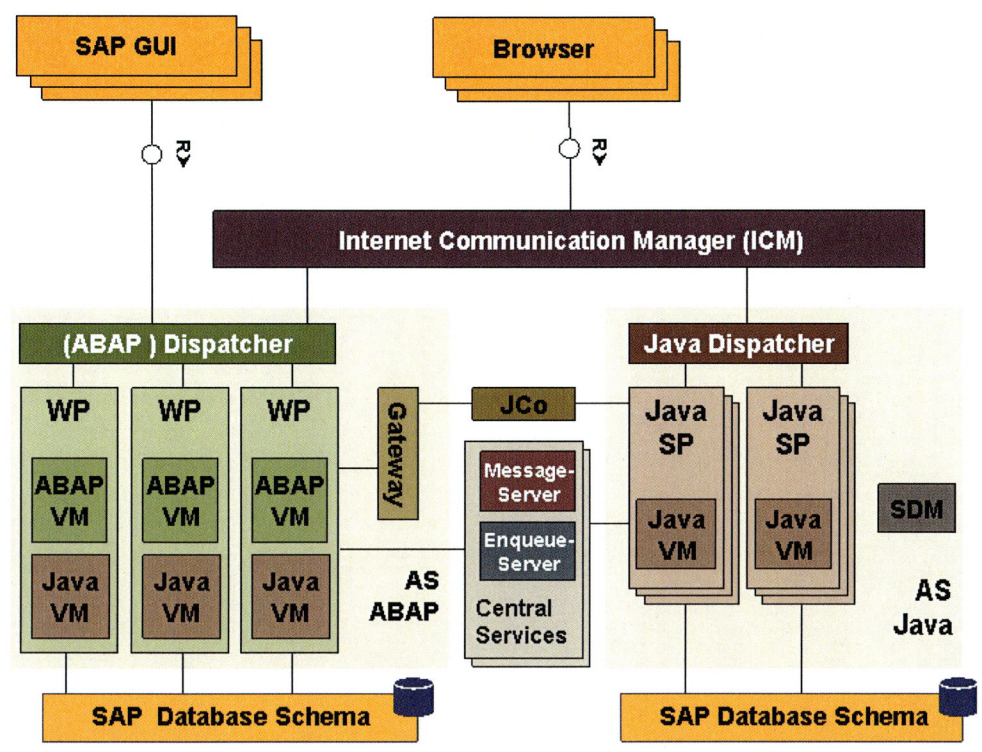

〈 ECC NetWeaver 구성, 출처: SAP Help Portal —
"Architecture of the SAP NetWeaver Application Server〉[2]

---

2 위 그림은 NetWeaver 7.x Dual Stack 아키텍처에서 ABAP+Java 구성의 예. ECC 코어는 ABAP로 실행되고, 필요에 따라 Java 애플리케이션이 연동되는 구조를 보여준다.

ECC 릴리즈 연대표 및 핵심 기능 정리

- **2004년:** SAP ECC 5.0 출시 - SAP R/3의 후속 버전으로 NetWeaver 04 플랫폼 도입. 모듈 전반에 걸쳐 기능 개선(예: 새로운 자재관리 기능, 인사 e-Recruiting 등).
- **2005년:** SAP ECC 6.0 출시 - 성능 및 안정성 향상된 ERP 6.0 버전으로, **신 GL(New G/L)** 등 재무 혁신 기능 포함. 이후 가장 널리 설치된 ECC 버전이 됨.
- **2006년:** Enhancement Package 1(EhP1) 발표 - ECC 6.0 기능팩 개념 도입. GUI 변경 등 일부 UI 개선과 업그레이드 간소화 적용.
- **2007~2009년:** EhP2(2007), EhP3(2008), EhP4(2008) 연이어 출시 - SD, MM 등 모듈별 신규 기능 추가. EhP4에서는 **SAP NetWeaver 7.0 Ehp1** 기반으로 Portal/PI도 함께 진화.
- **2010~2011년:** EhP5(2010), EhP6(2011) - 인사 Talent Management 개선, 물류 모듈 기능 향상, 모바일 인터페이스 지원 등.
- **2013년:** EhP7 출시 - HANA DB를 지원하는 시기. 일부 고객이 ECC를 **Suite on HANA**로 마이그레이션 시작. Fiori 1.0 앱 일부 제공.
- **2016년:** EhP8 출시 - ECC 6.0의 마지막 Enhancement Pack. S/4HANA 전환을 위한 준비 기능 포함(예: Business Partner 개편, CVI 등). 같은 해 SAP S/4HANA 최신 온프레미스 버전(1511/1610)이 ECC 후속으로 자리 잡음.

위 연표에서 보듯 ECC 6.0 이후 약 10년에 걸쳐 EhP를 통해 **점진적 혁신**이 이뤄졌으며, 2010년대 중반부터 SAP의 전략이 S/4HANA로 이동함에 따라 ECC 라인업이 종료되었다. 현재 ECC 6.0 EhP8은 **레거시 ERP**로 분류되며 2027년 표준지원 종료 예정이나, 여전히 상당수 기업에서 사용 중이다.

ECC와 S/4HANA 비교 테이블

비교 항목	SAP ECC 6.0(ERP Central Component)	SAP S/4HANA(Business Suite 4 HANA)
출시 시기	2004년 ECC 5.0, **2006년 ECC 6.0**(최종 EhP8: 2016년)	**2015년** 최초 출시(SAP S/4HANA 1511), 이후 연 1~2회 업그레이드
기술 플랫폼	SAP NetWeaver 기반, ABAP/Java 이중스택 지원. 데이터베이스 **제약 없음**(Oracle, DB2, MSSQL 등 사용 가능)	SAP HANA 전용(인메모리 컬럼 DB). 애플리케이션 서버는 ABAP(및 Embedded Steampunk)
UI/ 사용성	SAP GUI(SAP Logon) 및 Web Dynpro 기반. 전통적 인터페이스로 **교육 필요**, 모바일 접근 제한적	**SAP Fiori** 웹 인터페이스, 타일 기반 직관적 UX. 모바일/태블릿 최적화
모듈 구조	FI, CO, SD, MM, PP, HR 등 **모듈별 구성**, 모듈 간 데이터 통합. CRM/SCM 등 별도 시스템 연계	기본적 모듈 구분 존재하나 **통합 데이터 모델**(예: FI-CO 통합 Universal Journal). CRM, EWM 등 주요 기능 **S/4에 내재화**
데이터 모델	**복잡한 스키마**: 다수의 Index/Aggregate 테이블 존재, 중복 데이터 저장. 예: CO-PA 합계표 등	**단순화된 스키마**: Universal Journal로 회계 통합, 실시간 계산으로 합계테이블 제거. New GL 강제 적용
기능 혁신성	전통적 ERP 기능 중심. 제한적 내장 분석 기능(별도 BW 활용多). **실시간 분석 제한**	**지능형 ERP**: 내장 **AI/머신러닝**, 예측분석, RPA 기능 제공. 실시간 Embedded Analytics 가능
확장/ 개발	ABAP 사용자 Exit/BAdI, Enhancement Framework 등을 통한 확장. 클린코어 제약 **적음**(광범위 Z개발 존재)	**확장성 제한**: 클린코어 원칙 강조. 필요시 **SAP BTP** 등 플랫폼에 확장 개발 권장
배포 옵션	On-Premise 설치형(Unix/Windows 서버). 일부 IaaS 호스팅 가능하나 **클라우드 에디션 없음**	On-Premise, **Cloud**(Public/Private), Hybrid 모두 가능. RISE with SAP로 관리형 서비스 제공
통합/ 인터 페이스	ALE/IDoc, RFC, XI/PI 기반 통합. 외부 시스템 연계에 **파일 or EDI** 방식 주로 사용	**API 퍼스트**: 표준 OData/REST API 대거 제공, SAP Integration Suite 등과 연계. 여전히 IDoc 지원하나 Cloud에서는 메시지/API 선호
운영 및 지원	2027년까지 일반지속지원(Mainstream Maintenance) 제공(EHP<5는 2025년까지)	SAP의 **주력 제품**으로 지속 혁신. 매년 기능 업그레이드, 3개월 단위 클라우드 업데이트. 2040년까지 지원 로드맵
장점 요약	검증된 안정성, 모듈 완결성, 다양한 DB 선택 자유. 수십년간 축적된 산업별 시나리오와 전문인력 풀	혁신 기술 활용(속도, AI), 단순 데이터 모델로 **신속 의사결정**, 향상된 UX로 사용자 효율↑, 클라우드로 TCO 절감 기대
단점 요약	기술적 한계(실시간 분석 미흡), **Legacy UI**, 복잡한 커스터마이징으로 업그레이드 어려움, 2020년대 이후 혁신 감소	전환 비용 부담 큼, 초기 성숙도 낮았으나 개선 중, 기존 ECC 기능 일부 호환 문제, 모든 기업이 **즉시 클라우드** 적응 어려움

용어집

- **SAP NetWeaver:** SAP의 서비스 지향 기술 플랫폼으로, **ABAP와 Java 애플리케이션을 구동**하는 기반 소프트웨어 스택이다. SAP Business Suite(ECC 포함)의 **중앙 기초**를 형성하며, 다양한 이기종 환경에서 정보와 비즈니스 프로세스를 통합하기 위한 인프라를 제공한다. 예를 들어 통합 사용자관리, 애플리케이션 서버, 통합 브로커(PI), 포털 등 기능을 포함한다.

- **IDoc(Intermediate Document):** SAP 시스템 간 또는 SAP와 외부시스템 간 **데이터 교환용 표준 포맷**이다. 구조화된 텍스트 파일로 하나의 사업 객체(예: 주문, 송장 등)에 대한 데이터를 담으며, ALE/EDI 기술을 통해 송수신된다. **마스터데이터, 거래문서, 송장, 배송문서** 등의 교환에 사용되며, SAP 내/외부 시스템 간 **비동기 인터페이스**를 실현한다.

- **PI(Process Integration):** SAP NetWeaver Process Integration의 약어로, **기업 애플리케이션 통합(EAI)** 플랫폼이다. SAP 및 비SAP 애플리케이션 사이에 **실시간 인터페이스**를 구성하기 위한 미들웨어로서, 메시지 변환, 전달, 라우팅, 프로토콜 변환을 수행한다. NetWeaver 구성요소 중 하나로, 이전 명칭은 XI(Exchange Infra-structure)였다. PI를 통해 이질적인 시스템 간 **손쉬운 연결**과 **프로세스 오케스트레이션**이 가능하다.

- **Enhancement Framework:** ECC 6.0에서 도입된 **확장 기능 프레임워크**로, 기존의 User Exit, BAdI, Modification 등을 통합 관리하고 새로운 Explicit Enhancement Point/Section 개념을 제공한다. 이를 통해 개발자는 SAP 표준 코드를 수정하지 않고도 **후처리 로직**이나 **추가 기능**을 삽입할 수 있으며, 필요시 Switch Framework와 연계하여 해당 확장을 활성/비활성 전환할 수 있다. 한 마

디로, SAP 표준 업그레이드와 호환되게 **깔끔한 확장**을 지원하는 체계이다.

- **Switch Framework:** SAP에서 제공하는 **기능 스위칭 메커니즘**으로, 코드 레벨에서 특정 기능(레포지토리 객체)의 **가시성을 On/Off** 제어한다. Enhancement Package로 제공되는 비즈니스 기능들을 스위치로 묶어, **스위치를 켜면 새로운 기능이 나타나고** 끄면 숨겨진다. 이를 활용해 고객은 필요한 기능만 사용함으로써 업그레이드 영향도를 줄일 수 있으며, 개발 시에도 switch로 서로 다른 버전의 코드를 분기 처리할 수 있다.

- **MDG(Master Data Governance): SAP Master Data Governance**는 기업의 주요 마스터데이터(고객, 공급업체, 제품, 재무계정 등)를 중앙에서 관리하고 거버넌스(관리 프로세스)를 적용하기 위한 솔루션이다. ECC 환경에서는 별도 애드온 또는 시스템으로 도입되며, **워크플로우 승인**을 통해 데이터 정확성을 담보하고, 승인된 마스터데이터를 **다수의 ECC 또는 시스템들에 배포**하여 **단일화된 마스터데이터**를 유지한다. 결과적으로 중복/오류 데이터를 줄이고, 전사 프로세스에 걸쳐 **데이터 일관성**을 확보하는 역할을 한다.

1.4 HANA와 S/4HANA 시대

SAP HANA와 S/4HANA 시대의 기술 진화와 전환 전략

SAP HANA 기술 개요: 인메모리 DB 개념과 기존 RDBMS와의 구조/성능 차이

SAP HANA는 **인메모리(In-Memory)** 기반 데이터베이스로, **데이터를 디스크가 아닌 메인 메모리(RAM)에 저장**하여 처리 속도를 혁신적으로 높인 것이 가장 큰 특징이다. 전통적인 RDBMS(Oracle, MS SQL 등)는 디스크에 데이터를 저장하고 필요시 메모리로 불러와 처리하는 **디스크 기반 구조**를 취해왔다. 반면, SAP HANA는 **메모리에 모든 데이터를 상주시킴으로써 디스크 I/O 병목을 제거**하였다. 이로 인해 대규모 데이터에 대한 검색과 트랜잭션 처리의 응답 시간이 밀리초 단위로 단축된다. 실제로 국내 대기업 사례에서 **HANA로 전환 후 ERP 처리 속도가 평균 54% 빨라졌고, 일부 트랜잭션은 100배 이상 성능 향상**을 보였다고 보고되었다.

기존 RDBMS와의 구조적 차이도 뚜렷하다. **HANA는 기본적으로 64비트 다중 코어 CPU와 대용량 메모리를 활용하도록 설계**되었으며, **병렬 처리와 벡터 연산에 최적화**되어 있다. 전통 RDBMS가 튜닝과 인덱싱을 통해 성능 개선을 시도했다면, HANA는 **하드웨어 자원을 극대화하고 데이터 구조를 혁신**하여 근본적인 성능 향상을 달성했다. 예를 들어 Scale-Out 클러스터 구성을 통해 여러 노드에 데이터를 분산하고 대량 병렬 처리(MPP)를 구현함으로써, **한 코어당 초당 350억 레코드 스캔과 1,500만 건의 집계도** 가능하다. 이러한 설계 덕분에 **OLTP(Online Transaction Processing)와 OLAP(Online Analytical Processing)를 한 시스템에서 통합**하여 처리하는 **HTAP**(Hybrid Transaction/ Analytical Processing) 개념이 현실화되었다. 과거에는 운영 트랜잭션과 대규모 분석을 분리된 시스템에서 처리했지만, HANA는 **거래 처리 중 발생한 데이터를 실시간으로 분석**할 수 있게 해준다.

　요약하면, **SAP HANA의 인메모리 구조**는 기존 디스크 기반 DB 대비 **압도적인 성능 우위**를 제공한다. 디스크 I/O 제거, CPU 병렬 처리 최적화, 빠른 메모리 접근으로 **대화식 실시간 분석과 즉각적인 트랜잭션 피드백**이 가능해졌다. 이는 기업에게 **몇 배에서 수십 배까지 빨라진 보고/처리 속도**와 **실시간 의사결정**이라는 이점을 제공하며, 기존 RDBMS로는 어려웠던 **실시간 시뮬레이션, 예측 분석**도 가능하게 만들었다.

컬럼 기반 저장, 병렬 처리, 데이터 압축 기법

　SAP HANA의 또 다른 핵심 기술은 **컬럼(Column) 기반 데이터 저장 구조**이다. 기존 RDBMS는 행(row) 형태로 레코드를 저장하는데, HANA는 동일 컬럼 값을 모아서 저장함으로써 **동일 컬럼에 대한 대량 연산을 가속**한다. 예를 들어 어떤 테이블에서 특정 컬럼 합계를 계산할 때, 행 기반 구조에서는 전체 테이블을 스캔해야 하지만, 컬럼 기반 구조에서는 **해당 컬럼 메모리 영역만 순차적으로 읽어 계산**하면 되므로 훨씬 효율적이다. 또한 컬럼 저장은 **데이터 중복 제거 및 압축에 유리**하여 저장 공간을 크게 절약한다. SAP HANA는 컬럼별로 최적화된 다양한 압축 알고리즘(사전 인코딩, 런랭스 압축 등)을 적용하여 데이터를 저장하는데, 이러한 고압축 기법으로 **메모리 내 데이터 풋프린트를 최소화**한다. 국내 대기업 사례에서는 HANA 도입 후 **8.3TB에 달하던 기존 ERP 데이터가 약 1.2TB 메모리 공간으로 줄어들었다**고 보고되었다. 이는 **컬럼 저장 구조와 압축의 효과로 약 6TB 이상 데이터 용량이 절감**된 결과이다.

　대량 병렬 처리도 HANA의 핵심 능력 중 하나다. HANA는 다중 코어 CPU 환경에서 **한 쿼리를 여러 스레드로 분산 실행**하거나, 여러 쿼리를 병렬로 처리하는 **Massively Parallel Processing(MPP) 아키텍처**를 채택했다. 대규모 테이블에 대한 검색이나 집계도 이러한 병렬 처리 덕분에 신속하게 완료된다. 또한 컬럼 저장과 결합된 벡터화 (Vectorization) 기법으로 CPU 캐시 효율을 극대화함으로써, **CPU 사이클 당 더 많은 데이터를 한꺼번에 처리할 수 있다.** 결과적으로 **고객사는 별도 인덱스나 튜닝 없이도 방대한 트랜잭션 데이터를 실시간 집계할 수 있게 되었고, 야간 배치 작업으로 처리하던 일을 주간에 실시간 처리**하는 등 업무 프로세스 혁신이 가능해졌다.

SAP HANA의 데이터 압축은 단순히 저장 공간 절감뿐만 아니라 **메모리 내 처리 효율도 높인다.** 압축된 데이터는 메모리 대역폭을 덜 사용하면서 CPU 연산 시 해제되어 처리되므로, **디스크가 아닌 메모리에서의 압축**은 성능에 매우 유리하다. SAP HANA 는 **동일 값 중복 제거**(dictionary 압축), **범위 압축**(run-length encoding), **클러스터 인코딩** 등 다양한 방법을 활용한다. 그 결과, **HANA의 데이터는 전통 DB 대비 5~10배 이상 작은 메모리 공간**에 저장될 수 있고, 덕분에 **전체 데이터 세트를 메모리에 적재**할 수 있다. 이는 곧 **더 많은 데이터를 대상으로 한 실시간 분석**을 가능케 하는 기반이 된다. HANA 시스템에서는 **테이블의 전체 스캔 비용이 낮으므로 사전 집계 테이블(aggregate)을 둘 필요가 없고, 복잡한 인덱스 관리가 불필요**하다. 운영 시스템의 데이터 변경만으로 즉시 분석 결과를 얻을 수 있어 **단순화된 데이터 모델**로도 높은 성능을 낼 수 있게 된 것이다.

OLAP+OLTP 융합의 의미와 SAP 시스템에서의 실현

SAP HANA가 등장하기 전까지 기업의 **OLTP(온라인 트랜잭션 처리) 시스템**과 **OLAP(온라인 분석 처리) 시스템**은 분리 운영되는 것이 일반적이었다. ERP 같은 OLTP 시스템은 데이터 입력과 거래 처리에 최적화되었고, 별도의 데이터 웨어하우스나 OLAP DB는 대량의 이력 데이터를 분석하기 위해 설계되었다. 이는 **운영 데이터베이스에 부담을 주지 않으면서 복잡한 분석을 하기 위한 전략**이었지만, 실시간 데이터 분석이 어렵고 **데이터 중복 및 지연**이 발생하는 단점이 있었다.

SAP HANA는 HTAP(Hybrid Transaction/Analytical Processing)을 가능하게 함으로써 이 격차를 해소했다. 즉, **하나의 HANA DB에서 동시에 트랜잭션 처리와 분석 질의를 수행**할 수 있다. 이는 앞서 언급한 인메모리/컬럼 기반 기술로 가능해진 것으로, 트랜잭션이 발생하는 **동일 DB에 즉시 복잡한 집계나 통계 질의를 보내도 성능 저하가 미미**하기 때문이다. **OLAP+OLTP 융합**의 이점은 다음과 같다.

- **실시간 리포팅 및 인사이트**: 별도 배치나 ETL 없이도, ERP에서 발생한 거래 데이터를 즉각적으로 분석하여 현황을 파악할 수 있다. 예를 들어 재고 트랜잭션이 입력되면 곧바로 실시간 재고 대시보드에 반영된다.

- **데이터 중복 제거**: 운영계와 분석계를 따로 두지 않으므로, 동일 데이터를 이중으로 저장하거나 동기화할 필요가 없다. SAP HANA 기반 S/4HANA 시스템은 중복 테이블과 사본 데이터를 제거하여 단일 데이터 트루쓰(single source of truth)를 유지한다.

- **간결한 시스템 아키텍처**: 별도의 BI 전용 DB나 가상화 계층 없이 ERP 코어 시스템만으로도 충분한 분석 기능을 제공할 수 있다. SAP은 이를 활용하여 **임베디드 분석(Embedded Analytics)** 개념을 S/4HANA에 도입했는데, ERP 내부에 통합된 분석 기능을 제공하여 사용자들이 다른 툴로 옮겨가지 않고도 인사이트를 얻도록 했다.

SAP 시스템에서 OLAP+OLTP 융합의 대표적 사례가 Universal Journal(단일 원장)과 **실시간 재무 분석**이다. S/4HANA 이전에는 재무회계, 관리회계, 손익분석이 각기 다른 테이블에 데이터를 쌓고 이들을 별도로 집계하였다. 그러나 S/4HANA에서는 **모든 재무 관련 트랜잭션을 ACDOCA(총계정원장 라인아이템)라는 하나의 테이블에 저장**하고,

필요한 분석은 해당 테이블을 실시간 집계하도록 하였다. HANA의 고속 처리 덕분에 **예전에는 미리 계산해두어야 했던 총계정 잔액, 손익집계 등을 이제는 실시간 계산으**로 대체한 것이다. 또한 예전에는 OLTP ERP의 상세 데이터가 BI로 추출되어 다차원 분석되었지만, 이제는 **S/4HANA 내장 멀티스타(Multidimensional) 엔진과 CDS 뷰로** 동일한 효과를 거둘 수 있다. 결국 SAP HANA는 **운영과 분석의 경계를 허물어**, 기업이 **실시간 데이터 기반 의사결정**을 할 수 있는 토대를 마련하였다.

S/4HANA의 탄생 배경과 기술 구조

ECC의 한계를 극복하기 위한 전략으로서 S/4HANA

SAP S/4HANA는 2015년 출시된 SAP의 차세대 ERP로서, 이전 세대 ERP인 SAP ECC(Enterprise Core Component)의 한계를 극복하기 위해 탄생했다. SAP ECC는 오랫동안 글로벌 기업들의 핵심 시스템으로 쓰였지만, 기술적·비즈니스적 변화에 따라 몇 가지 한계가 부각되었다.

- **실시간 처리 요구**: ECC는 주로 디스크 기반 RDBMS 위에서 동작하여 대용량 실시간 분석에 제약이 있었다. 배치 처리 및 사전 집계 테이블에 의존하는 구조는, 디지털 시대로 접어들며 요구되는 **실시간 인사이트** 제공에 한계가 있었다.

- **복잡한 데이터 모델과 누적되는 커스터마이징**: ECC는 수십 년에 걸쳐 다양한 기능 추가와 고객별 개발로 인해 **데이터 구조가 방대하고 복잡**했다. 같은 정보를 저장하는 중복 테이블(예: 합계표, 지표 테이블)과 다층 인덱스가 존재하여 **운영 및 유지보수 부담**이 컸다.

- **UI/사용성 제약**: ECC의 주 인터페이스는 SAP GUI로, 현대적 UX 트렌드에 비추어 사용자 친화성이 부족했다. 새로운 세대의 사용자들에게는 **모바일/웹 기반의 직관적 UI**에 대한 요구가 증가했다.

- **클라우드 부적합성**: ECC는 온프레미스 중심으로 설계되었고, 유연한 클라우드 배포나 구독 모델에 최적화되지 않았다. 유지보수 측면에서도 업그레이드 주기가 길고 어려워 **민첩한 혁신**에 장애가 됐다.

SAP는 이러한 한계를 **혁신적인 기술과 단순화 전략**으로 돌파하기 위해 S/4HANA를 개발했다. 그 핵심에는 앞서 설명한 **SAP HANA 인메모리 DB를 전제로 한 재설계**가 있었다. S/4HANA는 **오직 HANA DB에서만 동작**하도록 만들어져, 데이터 모델과 코드 구조를 HANA의 성능을 최대 활용하도록 최적화하였다. 이를 통해 ECC 시절 불가피했던 여러 제약(성능 문제로 인한 데이터 복제 등)을 제거하였다.

또한 S/4HANA는 "Run Simple"이라는 기치 아래 비즈니스 프로세스와 데이터 모델의 단순화(Simplification)를 대대적으로 수행했다. **중복 데이터 제거, 불필요 기능 정리, 역할 기반 UI 도입** 등이 이루어졌다. 예컨대 ECC의 배경 처리용 모듈이나 복잡한 합계 테이블, 오래된 트랜잭션 코드 등은 **S/4HANA에서 과감히 정리**되거나 새로운 대체품으로 교체되었다. SAP는 이러한 변화를 **SAP S/4HANA Simplification List** 등으로 정리하여 고객에게 전환 가이드로 제공하고 있다.

S/4HANA 탄생의 **비즈니스적 배경**도 중요하다. 디지털 전환 가속으로 기업들은 **실시간 데이터 기반 의사결정, AI/머신러닝 활용, 클라우드 플랫폼 연계** 등을 요구하게 되었다. SAP는 S/4HANA를 이러한 Intelligent Enterprise로 가는 **토대**로 설계하였다. ECC 한계를 보완하는 수준을 넘어, AI/예측, IoT 통합, RPA, 새로운 비즈니스 모델 지원(구독형 비즈니스 등)까지 염두에 둔 플랫폼으로 진화시킨 것이다. 예를 들어 S/4HANA는 **머신러닝 기반 수요예측** 기능이나 **실시간 이상탐지** 기능을 자체 제공하고, SAP의 다양한 클라우드 솔루션(SuccessFactors 인사, Ariba 구매망 등)과도 **SAP BTP**

를 통해 유기적으로 연결되도록 구성됐다. 한편, **SAP ECC 지원 종료 시점(현재 2027년 예정)으로 인한 고객들의 시스템 전환 수요도** S/4HANA 도입을 재촉하는 요소였다.

단순화된 데이터 모델: Aggregate 제거, 마스터·트랜잭션 통합

S/4HANA의 눈에 띄는 변화 중 하나는 **데이터 모델의 대대적인 단순화**이다. SAP는 **"사실상의 데이터만 저장하고, 파생 정보는 언제든 계산 가능"**하다는 철학으로, ECC 시절 존재하던 다수의 파생 테이블들을 제거했다. **Aggregate(합계) 테이블**과 **중복 저장소**가 대표적이다. 예를 들어 ECC 재무모듈에서는 회계전표 라인아이템 외에 월별/계정별 합계잔액을 보관하는 GLT0 같은 합계테이블이 있었다. S/4HANA에서는 이러한 합계 테이블을 **모두 없애고**, 전표 라인아이템 테이블(ACDOCA) 하나만으로 재무제표를 실시간 집계하도록 설계했다. HANA의 성능 덕분에 총계정잔액, 재무제표, 손익보고서 등을 **실시간 연산으로 처리**해도 충분하므로, 굳이 사전에 결과를 계산해 둘 필요가 없어진 것이다. 마찬가지로 판매문서, 구매문서 등에서도 상태나 집계 관련 테이블(VBUK/VBUP 등)이 사라지고, 필요한 정보는 트랜잭션 테이블에서 조회 시 계산한다. SAP는 이렇게 삭제된 중요 테이블에 대해 기존 프로그램 호환성을 위해 **동일 이름의 CDS 뷰(Compatibility View)를 제공**하는 방식을 썼다. 즉, 과거 커스텀 프로그램이 여전히 GLT0 등을 SELECT 하더라도, 사실은 S/4HANA 시스템에서 해당 뷰를 통해 ACDOCA 데이터를 읽도록 했다. 이는 **데이터 모델을 혁신하면서도 기존 투자 보호**를 병행한 것이다.

마스터·트랜잭션 통합 측면에서는, S/4HANA에서 **데이터 중복과 분리 현상을 완화**하기 위한 통합이 있었다. 예를 들어 ECC에서 **FI 회계와 CO 관리회계가 별도 모듈로 운영**되어 데이터가 전표와 원가표 두 군데에 기록되고 인터페이스로 조정되던 것을, S/4HANA에서는 재무와 관리회계를 통합한 Universal Journal(ACDOCA)으로 일원화하였다. 이를 통해 재무-관리회계 간 차이를 없애고 사용자가 하나의 일관된 재무보기를 갖도록 하였다. 또 하나의 예는 **Business Partner 개념 도입**이다. ECC에서는 고객

(Customer)과 공급업체(Vendor) 마스터 데이터가 별개로 존재했는데, S/4HANA에서는 BP(비즈니스 파트너)라는 공통 마스터로 합쳐 **하나의 대상이 여러 역할(고객/공급업체 등)을 수행**할 수 있게 만들었다. 이 역시 데이터 모델 단순화와 데이터 중복 제거 사례라 할 수 있다.

다른 영역에서도 통합이 진행되었다. **물류 영역**에서는 재고 이동을 나타내는 문서가 ECC에서는 여러 테이블(MKPF/MSEG, 특정 스톡 유형별 테이블 등)에 분산 저장되었는데, S/4HANA에서는 **MATDOC라는 단일 테이블**에 모든 재고 이동 트랜잭션을 기록하도록 하였다. 그리고 재고 가용량, 히스토리 등 여러 재고 관련 보조 테이블도 없애고 MATDOC의 데이터를 필요시 계산하여 얻도록 변경했다. **판매(SD) 모듈**에서도 문서흐름(VBFA) 테이블 등을 경량화하고, 가격조건 테이블(KONV)은 **PRCD_ELEMENTS**라는 새로운 구조로 개선하여 중복 정보를 최소화했다. 이처럼 S/4HANA는 **핵심 트랜잭션과 마스터만 남기고, 나머지는 계산하도록 설계**되었다고 요약할 수 있다. "No redundancies, no aggregates, no indices - only main tables remaining"라는 SAP의 지침이 실제 구현된 셈이다.

이러한 데이터 모델 단순화의 효과는 **IT 부담 감소와 비즈니스 유연성 증가**로 나타난다. 테이블 수가 줄고 구조가 명료해지면서 **개발과 유지보수가 쉬워지고**, 데이터 정합성 문제도 줄었다. 또한 **데이터 변경 시 일관성 유지가 수월**해지고, 실시간 분석 시 데이터 동기화 문제가 사라졌다. SAP 자체 평가에 따르면, S/4HANA에서 **테이블 개수가 ECC 대비 50% 이상 감소**하고, 데이터 중복 저장이 크게 줄었다고 한다. 이는 곧 **시스템 풋프린트 축소와 운영 비용 절감**으로 이어진다. 나아가 기업은 **단일 원장, 단일 재고문서** 등에 기반하여 보다 투명하고 신속한 경영 정보를 확보할 수 있게 되었다.

SAP HANA 전용 DB 설계와 ABAP 플랫폼의 진화

S/4HANA는 **SAP HANA 데이터베이스 전용으로 설계**된 첫 SAP ERP이다. 과거 SAP ECC는 Oracle, IBM DB2, MS SQL 등 다양한 DBMS를 지원했지만, S/4HANA는

HANA 하나만을 지원한다. 이는 양날의 검이었는데, 한편으로는 데이터베이스 선택의 유연성이 사라졌지만, 다른 한편으로는 **애플리케이션이 특정 DB에 최적화될 수 있는 길이 열렸다.** SAP는 HANA에 맞춰 **ERP 코어의 SQL 쿼리, 인덱스 전략, 로직을 대대적으로 재편**했다. 예를 들어, S/4HANA의 ABAP 프로그램들은 가능하면 데이터 처리를 DB 레이어에서 수행(Code Pushdown)하도록 CDS 뷰, AMDP(ABAP Managed DB Procedure) 등을 활용한다. 또한 **Open SQL** 구문이 확장되어, 기존에는 불가능하던 SQL 문법(예: CASE, JOIN on subquery 등)이 ABAP SQL에서 지원되고, HANA의 텍스트 검색, 공간 검색 기능도 바로 사용할 수 있게 변화했다. **ABAP 7.4+** 버전에서 도입된 이러한 **ABAP for HANA** 기능들은, 개발자가 HANA의 기능을 최대한 활용하여 고성능 애플리케이션을 작성하도록 돕는다.

ABAP 플랫폼의 진화도 중요한 부분이다. S/4HANA의 기반이 되는 NetWeaver AS ABAP(현재는 단순히 ABAP Platform으로 불림)은 HANA와의 결합을 위해 최적화되었다. **내장 SQL 엔진 최적화, 컬럼스토어 최적 활용을 위한 투명한 배치 처리, 병렬처리 프레임워크** 등이 개선되었다. 또한 기존에 ABAP 레이어에서 수행되던 많은 연산(예: 집계, 정렬, 필터링 등)을 **DB 레이어로 위임**하는 패턴이 권장되었다. 이를 위해 Core Data Services(CDS)라는 기술이 도입되어, ABAP 개발자가 **ER 모델에 가까운 풍부한 데이터 뷰**를 정의하면, 이는 곧바로 HANA DB에 **원시 SQL View로 생성**되고 최적화된 실행이 가능하게 된다. ABAP는 CDS 뷰를 **투명하게 오픈 SQL에서 테이블처럼 조회**할 수 있어 개발 편의성도 높다. **CDS와 결합한 새 프로그래밍 모델** 덕분에, S/4HANA의 표준 프로그램들도 과거와 상당히 달라졌다. 예를 들어 전통 ABAP 리스트 출력 프로그램 대신, **CDS 뷰 + Fiori UI** 조합으로 **실시간 쿼리와 UI가 연계**되는 방식이 늘었다.

또 하나 주목할 점은 **ABAP 플랫폼의 클라우드화**다. SAP는 S/4HANA를 클라우드에서도 운영하기 위해, **멀티테넌시, 확장 포인트 관리, 클라우드용 라이프사이클 관리** 기능을 ABAP에 추가했다. 이러한 변화의 연장선에서, SAP는 나중에 "Embedded Steampunk"라 불리는 **클린 코어를 지원하는 내장 ABAP 환경**도 S/4HANA에 포함시켰다. 이는 ABAP 개발을 하더라도 표준 코드를 수정하지 않고 **확장 가능 영역에서만**

개발하도록 플랫폼 차원에서 지원하는 것이다.(이 부분은 뒤에 Clean Core 전략에서 재언급한다).

정리하면, **S/4HANA의 ABAP 플랫폼**은 **HANA DB 전용 최적화**와 **현대적 개발 패러다임** 도입으로 ECC 시절에 비해 크게 진화했다. 기존 ECC용으로 작성된 ABAP 코드 중 성능상 문제가 되는 부분(예: DB에서 대량 데이터를 가져와 ABAP 루프로 처리하는 패턴 등)은 S/4 전환 시 **Custom Code Migration** 과정에서 수정이 요구된다. SAP는 이를 위해 **ATC(ABAP Test Cockpit) 검사 툴**로 호환성 체크를 제공하고 있다. S/4HANA에서 금지되거나 바뀐 ABAP 문법(예: 직접 DB 힌트 사용 금지, 특정 SQL 구문 제한 등)도 존재하여, 개발자들은 "ABAP for HANA 가이드라인"에 맞게 코드를 개선해야 한다. 이러한 과정은 S/4HANA로의 기술 전환을 수반하지만, 일단 전환되고 나면 **단순화된 데이터 모델 + 강력한 HANA + 개선된 ABAP** 조합으로, 이전보다 **안정적이면서도 혁신적인 기능을 빠르게 개발**할 수 있는 환경이 제공된다.

Fiori UX와 사용자 경험 혁신

타일 기반 UX, 반응형 UI 설계 원칙

S/4HANA 시대의 또 다른 큰 변화는 **사용자 경험(User Experience, UX)의 혁신**으로, SAP Fiori라는 새로운 UX 패러다임이 도입된 것이다. **SAP Fiori**는 한 마디로 **타일(Tile) 기반의 직관적인 웹 UX**라고 할 수 있다. 사용자는 Fiori Launchpad라고 불리는 대시보드에 로그인하며, 자신의 역할에 맞게 구성된 **타일 모음**을 보게 된다. 각 **타일은 하나의 앱 또는 기능을 대표**하며, 실시간 KPI 숫자나 아이콘을 포함하기도 한다. 사용자는 더 이상 복잡한 메뉴 트리를 탐색하거나 트랜잭션 코드를 외울 필요 없이, **시각적으로 배열된 타일을 클릭하여 업무를 시작**한다. 예컨대 "매출 주문 관리" 타일을 클릭하

면 해당 Fiori 애플리케이션이 실행되는 식이다. 이러한 **타일 기반 UI**는 현대 스마트폰의 앱 아이콘 UX와 유사하여 **직관성과 접근성이 대폭 향상**되었다.

SAP Fiori의 UI는 **반응형 디자인**(Responsive Design) 원칙을 따른다. 즉 PC 모니터, 태블릿, 스마트폰 등 **다양한 기기 해상도에 자동으로 UI가 적용**한다. SAPUI5(오픈소스 버전은 OpenUI5)라는 Web UI 프레임워크를 기반으로 HTML5로 작성된 Fiori 앱들은, 화면 크기에 따라 레이아웃이 유연하게 변하고 터치 조작에도 최적화되어 있다. 이 덕분에 사용자들은 **장소와 디바이스에 구애받지 않고** SAP 업무 처리가 가능해졌다. 예를 들어 영업 담당자가 출근길에 스마트폰으로 Fiori 앱에 접속해 재고를 조회하거나, 관리자가 태블릿으로 구매 승인 업무를 처리하는 것이 자연스러워졌다. 이는 과거 **SAP GUI 시절엔 상상하기 어려웠던 모바일 업무 환경**을 현실화하였다.

Fiori 디자인은 또한 **단순함**(Simple), **일관성**(Consistent), **역할 기반**(Role-based) 원칙을 따른다.

- **한 화면에 한 가지 주요 업무에 집중**하도록 설계되었다. 불필요한 필드나 버튼을 없애고, 사용자가 특정 업무를 수행하는 데 필요한 핵심 정보와 액션만 보여준다.

- 디자인 언어가 공통되어 일관성 있게 동작한다. 버튼 배치, 내비게이션 방식, 아이콘 등이 모든 앱에서 공통적이므로, 하나의 앱에 익숙해지면 다른 앱도 쉽게 배울 수 있다.

- 각 앱은 특정 **비즈니스 역할**을 염두에 두고 만들어져서, 해당 역할 사용자가 자주 수행하는 업무를 편리하게 처리할 수 있다.

이런 철학 덕분에 Fiori 앱은 **전문 교육 없이도 직관적으로 사용할 수 있는 사용자 중심 UI**를 실현했다는 평가를 받는다. 실제로 **SAP GUI를 접해보지 않은 새로운 세대 직원들도 Fiori를 거부감 없이 받아들이는 경우**가 많으며, SAP도 "Consumer-grade

UX"를 지향한다고 강조하고 있다.

Fiori Launchpad와 역할 기반 접근 방식

Fiori Launchpad는 앞서 언급했듯 SAP 시스템의 **신규 웹 포털이자 Fiori UX의 출발점**이다. 사용자는 웹 브라우저로 Launchpad URL에 접속하여 싱글사인온을 통해 시스템에 진입한다. Launchpad 화면에는 **사용자에게 할당된 카탈로그의 타일들이 Home 페이지 또는 Spaces/Pages 구조로 배열**되어 있다. S/4HANA 1909 이후 온프레미스, 또는 S/4HANA Cloud Edition에서는 **Spaces and Pages**라는 개념이 도입되어 타일들을 다중 페이지로 체계화할 수 있게 되었지만, 기본 개념은 동일하다. Launchpad 상에서 사용자는 **타일을 클릭해 앱 실행, 검색(Search), 알림(Notification) 확인, 사용자 설정(Me Area)** 등의 작업을 할 수 있다.

Fiori Launchpad의 가장 큰 특징은 **역할 기반 콘텐츠 제공**이다. SAP 시스템 보안상 **PFCG 역할**과 연결된 **Fiori Catalog**를 통해, 사용자별로 볼 수 있는 앱과 타일이 결정된다. 한마디로 **개인화된 업무 포털**인 셈이다. 예컨대, **영업 담당자**는 판매주문 작성, 출하 확인, 매출현황 대시보드 같은 영업 관련 앱 타일들만 보게 되고, **구매 담당자**는 구매오더 생성, 입고검사 처리 등의 앱을 보게 된다. 이는 과거 SAP GUI 시절에 **모든 트랜잭션 코드가 노출되던 화면**과 대비된다. GUI에서는 사용자에게 필요 없는 메뉴도 함께 보여서 복잡했지만, Fiori Launchpad에서는 **오직 해당 역할에 필요한 앱만 타일로 제시되므로 UI 단순성과 보안성이 향상**된다. 그리고 사용자는 본인 업무에 맞게 **타일 배치를 재배열**하거나 **즐겨찾기 표시**를 할 수 있어 효율을 높인다.

Launchpad는 또한 **크로스 애플리케이션 내비게이션**을 지원하여 사용자가 여러 앱 간에 맥락을 유지하며 이동할 수 있다. 예를 들어 판매오더 목록 앱에서 특정 오더를 클릭하면 그 오더의 상세 앱으로 이동하는 식이다. 이러한 앱 간 Drill-down은 URL 해시 기반으로 수행되어, 브라우저에서 **앞뒤로 가기**로도 쉽게 이동할 수 있다. 또한 Launchpad 내 **엔터프라이즈 검색** 기능을 통해 SAP 객체(예: 주문 번호, 물류센터 등)를 통합 검색하고 관련 앱으로 바로 연결하는 것도 가능하다. **Notification 센터**에서는 워크플로우 승인 등 시스템 알림을 모아서 보여주고, 클릭 시 관련 앱으로 연계시켜준다. 이런 통합된 사용자 경험 덕분에, Fiori Launchpad는 사용자가 업무에 필요한 **모든 SAP 기능에 접근하는 단일 관문**(single entry point) 역할을 수행한다.

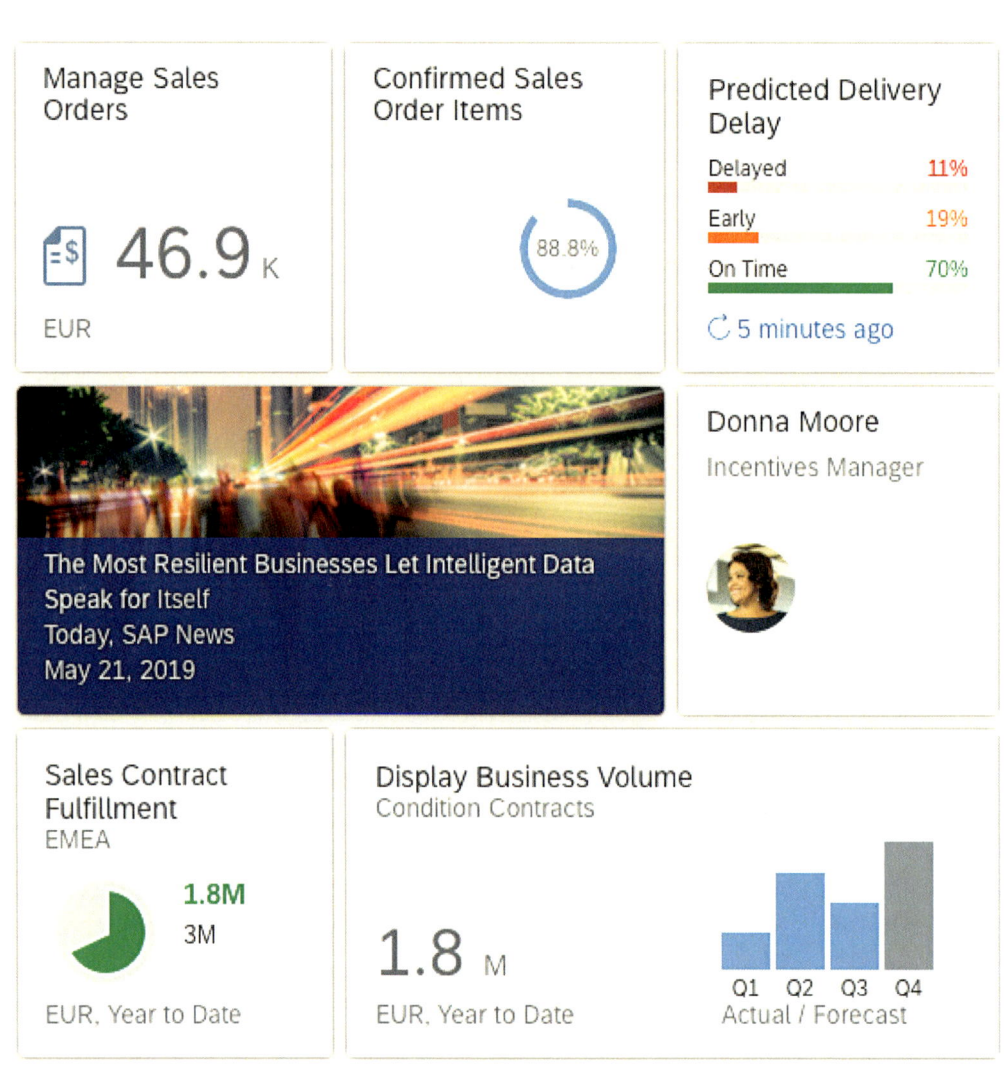

〈SAP Fiori의 타일 화면, 출처: SAP공식 홈페이지〉

기술적으로 Fiori Launchpad는 ABAP 프론트엔드 서버(혹은 S/4 내장)의 UI5 컴포넌트로 구현되어 있으며, Launchpad 자체는 **타일/카탈로그/그룹 정보를 OData 서비스로 받아와 브라우저에 그린다. 타일 하나하나는 정적일 수도, **동적(dynamic) 타일**일 수도 있다. 동적 타일은 백엔드 OData와 연계되어 예컨대 "미결 승인 5건"처럼 **실시간 숫자나 상태를 표시**한다. 이러한 **KPI 타일**은 사용자가 **능동적으로 트랜잭션을 실행하지 않아도 필요한 정보를 눈앞에 보여준다**는 점에서 **프로액티브 UX**를 제공한다. 요컨대 Fiori Launchpad는 **역할 기반 맞춤형 대시보드**로서, SAP GUI 시절에 비해 **시각적이고 사용자 친화적인 업무 시작점**을 제시한다.

SAP GUI for HTML 대비 향상된 사용자 접근성 분석

SAP GUI for HTML은 ECC 시절부터 제공되었던 **웹 GUI**로, SAP GUI 화면을 HTML로 변환하여 브라우저로 접근하게 한 솔루션이다. 그러나 이는 어디까지나 **기존 SAP GUI 트랜잭션을 웹으로 띄워주는 임시방편**이었지, UX 혁신까지 가져오진 못했다. **SAP GUI for HTML**(일명 WebGUI)는 **SAP GUI의 화면 디자인과 상호작용을 그대로 웹에 투영**하기 때문에, 작은 폰트와 조밀한 필드, PC에 최적화된 UI 등이 그대로 나타난다. 모바일 환경에서는 사용이 사실상 불가능하고, 브라우저 호환성 이슈도 종종 있었다. 또한 사용자들은 **여전히 트랜잭션 코드를 알아야** 하며 메뉴 탐색을 해야 했다.

반면 SAP Fiori는 처음부터 **웹과 모바일을 염두**에 두고 설계되었기에, 접근성 측면에서 큰 발전이 있었다. **반응형 웹**으로서 **화면 요소의 크기, 배치가 기기 특성에 맞춰 자동 조정**되고, 터치 인터페이스에서도 쉽게 조작 가능하다. 시각적인 아이콘과 그래픽 요소들은 SAP GUI의 단조로운 그리드형 화면과 달리 **인지부하를 낮추고 가독성을 높였다**. 예컨대 KPI 타일의 색상 변화(녹색/적색)는 사용자가 중요한 경고를 즉각 알아차리게 돕는다. 또한 Fiori 앱들은 필요한 필드만 노출하고 단계별로 마법사처럼 진행되는 UX 패턴을 많이 도입하여, **사용자 입력 오류를 줄이고 작업 완성도를 높였다.**

학습곡선 측면에서도 개선이 크다. SAP GUI는 **전문교육 없이 다루기 어려운 도구**로

악명이 높았지만, Fiori는 웹 애플리케이션에 익숙한 사람이라면 **별 설명 없이도 활용 가능한 직관성**을 갖추었다. 실제 한 Reddit 사용자의 평에 따르면 "**SAP GUI는 오래된 방식이고, 새로운 사용자들은 Fiori를 훨씬 선호한다.** SAP GUI를 한 번도 안 써본 사람들은 Fiori가 훨씬 쓰기 쉽다"는 언급이 있을 정도다. 또한 Fiori는 **다국어, 다문화 지원**에도 신경써서 개발되었고, SAP GUI 대비 Unicode 환경이나 폰트 문제에서도 더 유연해졌다.

접근성(Accessibility) 측면에서도 향상이 있다. 화면 판독기(screen reader) 지원, 고대비 테마 제공, 키보드 내비게이션 최적화 등 **WCAG 표준 준수 기능**이 Fiori에 더 잘 갖춰져 있다. 반면 SAP GUI for HTML은 본질적으로 SAP GUI에 대한 뷰어 수준이라, 이러한 근본적인 접근성 개선이 어렵다.

또한 Fiori Launchpad는 **SAP GUI 트랜잭션까지 통합 제공**할 수 있다. 예를 들어 완전한 Fiori 앱이 아직 없는 일부 기능의 경우, SAP GUI for HTML을 Launchpad 타일에 연결해줄 수 있다. 이 경우 사용자 입장에서는 타일을 클릭하면 SAP GUI 화면이 브라우저 새 탭에 뜨지만, **접근 경로는 여전히 Launchpad라는 일원화된 환경**이다. 이를 통해 **과거와 새로운 UI가 공존**하면서도, 사용자는 혼란 없이 시스템을 이용할 수 있다. SAP는 지속적으로 GUI 트랜잭션들을 Fiori화하고 있으나, 과도기에는 이렇게 Launchpad에서 WebGUI를 호출하는 방식으로 일관된 접속 방식을 제공하고 있다.

전반적으로 평가할 때, **SAP Fiori UX는 SAP GUI 대비 사용자 경험을 현대화하고 접근성을 높여** SAP ERP 사용층을 넓히는 효과를 가져왔다. 기업들은 Fiori 도입으로 **사용자 만족도 향상, 교육 비용 감소, 모바일 업무 활성화** 등의 효과를 얻고 있다. 반면, 초기에는 **모든 기능의 Fiori 앱이 준비된 것이 아니어서** 일부 혼용 사용이 불가피했지만, 현재 S/4HANA 버전들이 거듭되면서 수천 개의 Fiori 앱이 제공되고 있어 핵심 업무는 대부분 커버되고 있다. **SAP GUI는 여전히 백엔드 파워유저나 어드민 용도로 남아있지만**, 일반 비즈니스 유저 업무는 Fiori로 전환되는 추세다. Fiori는 SAP가 **과거 엔터프라이즈 소프트웨어의 복잡함에서 벗어나 사용자 중심 설계로 변모했다**는 신호탄이며, Intelligent Enterprise의 **인간 중심**(Human-Centric) 면모를 상징하는 요소라 할 수 있다.

핵심 기술 요소

CDS View: 분석/트랜잭션 통합 뷰의 정의 방식

CDS(Core Data Services) **뷰**는 S/4HANA의 데이터 모델링과 애플리케이션 개발에 핵심적인 역할을 하는 기술이다. CDS 뷰는 ABAP 개발자가 DDL(Data Definition Language)을 사용해 정의하는 일종의 **가상 뷰**로, 데이터베이스 테이블이나 다른 뷰를 기반으로 원하는 데이터 투영을 만들어낸다. CDS의 강점은 **데이터베이스 독립적인 모델링과 풍부한 주석**(Annotation)**을 통한 의미 부여**에 있다. 예를 들어 단순히 JOIN과 필터로 데이터를 합치는 것을 넘어, 해당 뷰가 어떤 비즈니스 의미(예: "매출오더 집계")를 갖는지, 어떤 필드가 키/텍스트인지, 애널리틱스에서는 어떤 차원/측정값인지 등을 CDS 문법으로 명시할 수 있다.

SAP는 S/4HANA의 표준 데이터 모델을 CDS 기반의 Virtual Data Model(VDM)로 구현했다. 즉, S/4HANA 내부의 많은 표준 테이블들이 **직접 접근되는 것이 아니라** 그 위에 정의된 여러 계층의 CDS 뷰를 통해 접근된다. VDM 계층은 크게 **Basic View**(I_로 시작), **Composite View**(재사용을 위한 복합 뷰), **Consumption View**(C_로 시작) 단계로 구성된다. **Basic View**는 데이터베이스 테이블과 1:1 매핑에 가깝게 핵심 필드를 추출하고 기술명을 업무 의미의 이름으로 alias하는 역할을 한다. 예컨대 테이블 MARA의 MATNR 필드를 Basic CDS에서는 Product 등으로 의미 있는 이름으로 매핑한다. **Composite View**는 둘 이상의 Basic 또는 다른 Composite을 조인하거나 계산필드를 추가하여 특정 용도의 데이터 집합을 만든다. 여기에는 비즈니스 로직(예: Case 문을 이용한 분류)도 포함될 수 있다. 마지막으로 **Consumption View**는 최종적으로 UI나 API

에서 직접 소비되는 뷰로, 주로 하나의 Composite을 기반으로 필요 필드만 노출하고 UI/애널리틱스용 Annotation을 붙인다. 이러한 계층 구조 덕분에 **하위 데이터 변경에도 상위 서비스 인터페이스는 안정적으로 유지**되고, 여러 용도의 소비자(트랜잭션 앱, 분석 쿼리, 외부 API)가 같은 VDM을 활용하므로 **일관된 데이터 해석**이 가능하다.

CDS 뷰는 **OLTP와 OLAP의 통합**에도 큰 기여를 했다. 전통적으로 OLTP용 보고서는 ABAP에서 SELECT로 데이터를 가져와 내부 테이블 처리 후 ALV 등으로 출력했고, OLAP는 별도 BW 큐브를 쿼리했다. 그러나 S/4HANA에서는 **CDS 뷰 하나로 실시간 트랜잭션 조회와 분석 질의**를 모두 충족시킬 수 있다. 예를 들어 **C_SalesOrder-ItemQry**라는 **Consumption View**를 정의해두면, Fiori의 판매오더 리스트 화면과, Analytics에서의 매출 분석 둘 다 이 뷰를 사용하여 **동일한 논리로 데이터 조회**를 수행한다. **@Analytics**나 **@OData.publish** 같은 CDS Annotation을 활용하면, 하나의 뷰 정의로 OData 서비스 노출과 다차원 분석 쿼리 기능을 동시에 활성화할 수 있다. 즉 **개발자가 이중 작업 없이** OLTP/OLAP 통합 서비스를 제공할 수 있다는 의미다. SAP는 이를 두고 "일원화된 데이터 모델"이 S/4HANA의 강점이라고 홍보한다. 또한 CDS는 Access Control(DCL)을 통해 레코드 레벨 보안도 정의 가능하고, Association(관계)를 활용해 프로그램 내에서 Join 논리를 단순화할 수도 있다.

CDS는 ABAP 개발 방식 자체도 변화시켰다. 과거에는 로직 중심으로 프로그래밍하고 화면은 Dynpro/웹딘프로 등으로 구성했다면, 이제는 **데이터 모델**(CDS) → **서비스 노출**(OData, SADL) → **UI 생성**(자동 또는 SAPUI5) 흐름으로 많이 전환되었다. ABAP 개발자는 **로직 일부를 CDS 수준에서 표현**하고(특히 읽기 프로세스의 경우), **상태변경 트랜잭션은 SADL + BOBF 또는 RAP 기반으로 처리**하는 식으로 패턴이 변했다. 이로써 **어플리케이션 구현이 DB centric**하게 최적화되고, **코드 량이 줄며 유지보수가 편해지는 효과**가 있다.

실무적으로, S/4HANA 프로젝트에서는 **Custom CDS 뷰 개발**이 빈번하다. 표준 VDM에서 제공하지 않는 특정 리포트를 만들기 위해 개발자가 **ADF(ABAP Development Tools/Eclipse)를 통해 손쉽게** Custom CDS를 정의한다. 그리고 이를 세그먼트 확장(Extend View)하거나 표준 VDM에 **Custom 필드 추가도** 가능하다. 이러한 유연성 덕분에, S/4HANA에서 고객 맞춤 리포트나 인터페이스 개발은 과거 대비 훨씬 빠르게 완성될 수 있다. 요약하면, **CDS 뷰는 S/4HANA의 데이터 중심 아키텍처의 핵심 툴로서, OLTP와 OLAP의 경계를 허물고 개발 생산성을 높이는 역할**을 수행하고 있다.

AIF(Application Interface Framework): 통합 인터페이스 모니터링

SAP AIF(Application Interface Framework)는 S/4HANA에 내장된 **인터페이스 메시지 모니터링 및 오류 처리 프레임워크**이다. 과거 SAP 시스템 간 또는 SAP-비SAP 간 통합에서, IDoc, RFC, 파일, SOAP 등 다양한 인터페이스 기술이 쓰였고 각 인터페이스별로 모니터 방식도 제각각이었다. AIF는 이러한 인터페이스들을 **단일한 프레임워크로 관리 및 모니터링**하기 위해 설계된 도구이다. S/4HANA 1809 버전부터는 별도 Add-on 설치 없이 **코어에 포함**되어 바로 사용 가능하며, 클라우드 버전(S/4HANA Cloud)에도 유사한 기능이 제공된다.

AIF의 주요 역할은 **인터페이스 메시지에 대한 중앙 모니터링, 오류 처리, 리트라이**이다. 예를 들어 S/4HANA에서 외부 시스템으로 IDoc을 보냈다면, 해당 IDoc의 상태를 AIF 모니터에서 조회할 수 있고, 오류 시 원인을 보고 재처리할 수 있다. AIF는 IDoc뿐만 아니라 **웹서비스, RFC, 큐(queue) 등 다양한 통신 유형**을 지원하며, **통합된 대시보드에서 모든 인터페이스 로그를 한눈에** 볼 수 있게 해준다. 이렇게 **흩어져 있던 모니터링 지점을 하나로 합침으로써**, 인터페이스 운영 업무의 효율성이 높아진다.

또한 AIF는 **기술적 오류와 비즈니스 오류를 분리하여 처리**하는 기능도 제공한다. 인터페이스 메시지에 구조 문제가 있거나 시스템 장애로 실패한 경우와, 데이터 값이 유효하지 않아 비즈니스 검증에 걸린 경우를 다르게 취급한다. 전자의 경우 주로 IT 부서가 대응하지만, 후자의 경우 **업무 담당자가 AIF 화면에서 오류 메시지를 확인하고 직접 데이터를 수정/재처리**할 수도 있다. 이를 가능케 하기 위해 AIF는 **역할 기반 권한 체계와 모니터 UI에서의 데이터 편집 기능**을 제공한다. 예컨대 판매오더 인터페이스 실패 시 영업담당자가 AIF에서 그 메시지만 열람/수정 가능하도록 권한을 줄 수 있다. 이는 **인터페이스 오류 대응 속도를 높이고, IT 부서의 부하를 줄이는 효과**가 있다.

AIF는 **개발 프레임워크**로서도 역할을 한다. 개발자는 AIF Custom Interface를 정의하여, 특정 파일 입력이나 테이블 간 전송 로직 등에 AIF 모니터링을 입힐 수 있다. SAP는 권장 시나리오로 **PI/PO 같은 미들웨어 없이 직접 S/4HANA 내 AIF로 인터페이스 구현**하는 것도 제시한다. AIF 안에 **XSLT, 구조 매핑, 값 매핑** 등의 도구가 있어 **간단한 메시지 변환과 라우팅**도 가능하다. 한편 SAP의 클라우드 통합 솔루션인 SCI(SAP Cloud Integration)와 연계되는 **Integration Monitor**에서도 AIF 메시지를 집계하여 볼 수 있어, **하이브리드 환경 통합 가시성**을 높여준다.

정리하면, **SAP AIF는 S/4HANA** 환경에서 인터페이스 운영을 표준화하고 간소화하는 **핵심 툴**이다. 이를 통해 다수의 인터페이스를 가진 기업도 **한 화면에서 모든 인터페이스 상태를 추적**할 수 있고, **에러를 신속히 처리**할 수 있다. S/4HANA 도입 기업들은 AIF를 활용하여 **인터페이스 가용성 향상, 다운타임 감소, 업무 연속성 확보** 등의 효과를 누리고 있다. 또한 AIF 도입은 **클린 코어** 전략과도 맞닿아 있는데(표준 방식 준수), 기존에 커스터마이징으로 만들었던 인터페이스 로직을 표준 AIF로 재구현함으로써 **코어 수정 없이 확장**이 가능하도록 유도한다. 이는 이어지는 Clean Core 전략의 일환이기도 하다.

BRF+: 업무 규칙 엔진의 표준화와 유연성

BRF+(Business Rule Framework Plus)는 SAP의 **비즈니스 규칙 엔진**으로, S/4HANA에서 **업무 규칙을 중앙에서 관리하고 재사용**하기 위한 프레임워크다. **업무 규칙**이란 시스템 동작을 좌우하는 조건/결정 로직으로, 과거에는 주로 ABAP 코드에 하드코딩되거나 복잡한 커스터마이징 테이블로 관리되었다. BRF+는 이런 규칙을 **코드에서 분리해 비즈니스 사용자도 이해할 수 있는 형태로 정의**하고 운영할 수 있게 해준다.

BRF+의 특징은 **직관적인 룰 모델링과 시뮬레이션 기능**이다. 웹 기반 워크벤치를 통해 **의사결정 테이블**(Decision Table), **조건 스크립트, 수식** 등을 시각적으로 작성할 수 있다. 예를 들어 "고객 등급과 주문금액에 따라 할인율 결정" 같은 규칙을 엑셀표 비슷한 의사결정 테이블 형태로 구현한다. 이렇게 작성된 규칙은 **BRF+ 기능을 통해 실행 시점에 평가**되며, 결과값을 애플리케이션에 넘겨준다. 개발자는 ABAP 코드에서 조건문을 작성하는 대신, **BRF+ 함수를 호출하여 해당 규칙 세트의 결과를 얻는 방식**으로 연계한다. 이는 규칙 변경 시 **개발 없이** BRF+ 테이블만 수정하면 되므로 **유연성과 신속성**이 극대화된다.

BRF+는 **규칙의 버전 관리와 추적성**도 내장하고 있다. 규칙에 변경이 있을 때 이전 버전을 보관하여 언제든 복귀할 수 있고, 누가 언제 어떤 값을 수정했는지 이력도 남는다. 이는 **감사 추적과 검증**에 유용하며, 여러 시나리오를 시험해볼 때도 안전하게 진행할 수 있다. 또 하나의 강점은 **규칙의 재사용**이다. 한 번 정의한 규칙은 여러 애플리케이션이나 프로세스에서 호출하여 사용할 수 있어 **중복 구현을 막고 일관성**을 유지해준다. SAP S/4HANA에서는 특히 **Output Management**(출력 관리), MDG(마스터데이터 거버넌스) 등의 모듈에서 BRF+를 표준으로 활용하고 있다. 예컨대 **출력(예: 견적서 PDF 이메일 발송) 조건 결정** 로직이 과거엔 NAST 테이블 기반이었으나, S/4HANA에서는 **BRF+ 의사결정 테이블**로 구현되어 유연하게 출력 채널, 양식 등을 설정한다.

BRF+의 도입으로 얻는 **표준화 효과**도 크다. 각 고객이 저마다 구현하던 규칙 로직을 BRF+로 구현하면, **SAP 표준 방식**에 따라 관리되므로 유지보수와 업그레이드 시 호환이 수월하다. 또한 업무 사용자와 IT 사이의 간극을 줄여준다. 규칙 정의서를 주고받으며 코딩하던 방식을 넘어, **업무 담당자가 직접 BRF+ 룰 관리 화면에서 논의를 주도**할 수 있다. 실제 많은 프로젝트에서 **복잡한 세금 계산 로직, 승인 경로 결정 로직** 등을 BRF+로 구현하여 **향후 변경 용이성**을 확보하고 있다.

한편 **성능과 확장성** 측면에서 BRF+는 대량 트랜잭션에도 견딜 수 있도록 캐시 및 메모리 내 연산을 제공한다. 또한 클라우드 환경(S/4HANA Cloud)에도 적용 가능하도록 경량화되었다.

요약하면, **BRF+는 ERP 내 비즈니스 규칙을 표준화된 툴로 관리**함으로써, 코드의 복잡도를 낮추고 규칙 변경의 민첩성을 높인 솔루션이다. S/4HANA에서 BRF+ 활용은 **Clean Core 원칙**과도 맞닿아 있는데, 규칙을 별도 엔진으로 빼두면 핵심 로직을 표준 형태로 유지하면서도 요구사항 변화에 대응하기 쉽기 때문이다. 기업 입장에서도 BRF+ 도입으로 **업무부서의 시스템 통제력 강화, 변경 비용 절감, 규칙 일관성 확보**라는 이점을 얻을 수 있다.

ABAP RESTful Programming Model과 RAP 구조

S/4HANA 시대의 ABAP 개발을 논할 때 ABAP RESTful Application Programming Model(RAP)을 빼놓을 수 없다. RAP는 SAP이 제시한 **차세대 ABAP 프로그래밍 모델**로, **RESTful OData 서비스 기반의 엔터프라이즈 어플리케이션**을 효율적으로 개발하기 위한 프레임워크이다. 기존의 SAP Fiori용 ABAP 개발 모델(BOPF + SADL 등)의 복잡함을 개선하고, **Cloud 환경에서 동작하는 확장 가능 앱**을 만들기 위해 설계되었다.

RAP의 기본 구조는 3계층으로 요약된다: **데이터 모델 계층**(CDS), **비즈니스 객체 행위**(Behavior) **계층, 서비스 노출 계층**이다. 먼저 **CDS**로 비즈니스 데이터를 표현하는 모델(엔티티 뷰)을 정의한다. 그리고 해당 엔티티에 어떤 Create/Read/Update/Delete/Action 등의 행위가 가능한지 **Behavior Definition/Implementation**으로 기술한다. 이는 과거 BOPF의 트랜잭션 오브젝트 개념과 유사하지만 훨씬 단순하고 ABAP 언어에 통합된 형태다. 마지막으로 **Service Definition/Binding**을 통해 이 Business Object를 OData 서비스로 외부에 노출한다. 결과적으로 개발자는 **CDS로 데이터와 관계 정의 → Behavior 구현으로 트랜잭션 로직 작성 → Service로 UI/통신 노출**이라는 비교적 명확한 절차로 애플리케이션을 완성할 수 있다. 이 모든 것이 ABAP 내부에서 일관되게 지원되며, OData 프로토콜, Fiori Elements UI 템플릿과 자연스럽게 연동된다.

RAP의 지향점은 **Clean Core와 클라우드 적합성**이다. RAP로 개발된 어플리케이션은 **기존 표준을 수정하지 않고** 확장(Append) 영역에서 동작하며, SAP가 보장하는 안정된 API와 CDS 뷰만을 사용하도록 권장된다. 따라서 S/4HANA 클라우드(멀티테넌트) 환경에서도 릴리스 업그레이드에 영향 없이 커스텀 개발을 운용할 수 있다. 또한 RAP는 SAP BTP의 Steampunk(ABAP Cloud Environment)에서도 동일한 모델로 구동되므로, 개발자는 같은 방식으로 **사이드카(별도 BTP) 확장과 인앱(시스템 내부) 확장**을 모두 커버할 수 있다. SAP는 2020년대 들어 ABAP 확장 정책을 RAP 위주로 재편하였고, 기존 GUI BAdI나 User Exit보다 RAP 기반 확장을 권장하고 있다.

RAP 자체가 제공하는 **생산성 향상**도 주목할 만하다. **Fiori Elements**라는 UI 템플릿과 결합하면, RAP로 정의한 OData 서비스만 가지고도 기본적인 Fiori 애플리케이션이 자동 생성된다. 예를 들어 별도의 UI5 프론트엔드 코딩 없이, RAP 엔티티의 Annotation 설정만으로 **리스트-디테일 화면, 검색, 필터, 액션 버튼** 등이 자동으로 구현된다. 이는 개발자에게 **풀스택 개발의 부담을 덜어주고**, SAP 표준 UX 가이드라인을 자연스럽게 준수하게 한다. 또 RAP는 **테스트와 디버깅, 에러처리** 측면에서도 프레임워크가 정형화를 해주기 때문에, 개발 난이도가 낮아진다.

한편 **성능** 측면에서 RAP는 HANA 최적화를 기본 전제로 한다. CDS 단계에서 이미 **필요한 데이터 필터링과 집계**를 처리하고, **Associations**로 lazy loading을 구현하며, **Transaction Buffer**를 효율적으로 관리한다. 이로써 대량 데이터 처리와 다중 사용자 동시 사용에도 견딜 수 있는 구조를 가진다. SAP 내부 벤치마크에 따르면 RAP 기반 앱이 동등 기능의 전통 ABAP 앱 대비 **더 나은 성능 특성**을 보였다고 한다.

결과적으로, **ABAP RAP 모델**의 도입은 S/4HANA 생태계에서 **ABAP 개발 패러다임의 전환**을 의미한다. 개발자들은 이제 **DB 중심 선언적 개발과 UI자동생성, 클라우드 친화적 확장**에 익숙해져야 한다. SAP도 최신 릴리스의 대부분 신규 기능(예: 상품계약 관리, 일부 S/4 모듈)은 RAP 기반으로 작성하고 있다. RAP는 SAP의 "Cloud-ready ABAP"의 중심으로서, 향후 SAP ERP 환경에서 **지속적인 확장과 업그레이드를 조화시키는 핵심 기술**로 자리 잡았다. 특히 **Public Cloud** 환경에서는 RAP 이외의 확장 기술이 거의 불가피하므로, RAP 숙지는 S/4HANA 개발자의 필수 역량이 되고 있다.

Clean Core 전략과 확장 방식

클린 코어 원칙: 표준 유지, 확장 분리

Clean Core(클린 코어)란 SAP S/4HANA 시대에 강조되는 중요한 원칙으로, 말 그대로 **ERP 코어를 깨끗하게 유지**하자는 전략이다. 전통적인 온프레미스 ERP 도입에서는 기업의 요구사항을 반영하기 위해 코어 모듈에 다양한 **커스터마이징과 Z개발**을 심었고, 이는 시간이 지날수록 **복잡성 증가, 업그레이드 어려움, 기술 부채**로 이어졌다. Clean Core는 이러한 문제를 해결하고자, **ERP 표준 코드를 가급적 변경하지 않고 사용**하며, 불가피한 확장 요구는 **표준이 제공하는 확장 수단**이나 **외부 플랫폼**을 활용해 구현하는 것을 지칭한다.

Clean Core의 중요성이 대두된 배경에는 **클라우드 ERP로의 전환과 지속적 업그레이드 모델**이 있다. SAP S/4HANA Cloud와 같은 제품은 SAP가 정기적으로 분기별 업데이트를 진행하는데, 고객이 코어를 많이 수정해 두면 이러한 업데이트 적용이 힘들어진다. 그래서 **SAP는 S/4HANA(특히 클라우드판)를 설계할 때부터 표준 수정 없이도 맞춤화가 가능하도록 다양한 확장 기법**을 마련하고, 고객에게도 코어를 "깨끗하게" 유지하라고 권고한다. Clean Core를 지키면 얻는 이점은 분명하다: **업그레이드/패치가 신속히 가능**하고, 새로운 기능을 쉽게 받아들일 수 있으며, 시스템 안정성과 성능도 표준 수준으로 유지된다. 반대로 코어를 많이 뜯어고친 시스템은 버전 업 시 매번 호환성 검증/수정이 필요하고, SAP 지원을 받기도 어려워지는 문제가 있다.

Clean Core 원칙의 핵심은 "표준과 확장의 분리"이다. **표준(Standard)** 영역은 SAP가 제공한 코드와 설정을 말하며, **확장(Extension)** 영역은 고객의 고유 요구 구현 부분이다. Clean Core에서는 이 둘을 가능한 한 명확히 구분하고, **표준 영역을 손대지 않도록** 한다. 예를 들어 과거에는 표준 프로그램을 복사(Z*로)해서 수정하거나, 표준 함수에 직접 수정코드를 삽입하는 경우가 많았다. Clean Core 환경에서는 **표준 Enhancement Spot, BAdI만** 활용하거나, **Key User Extensibility**(예: 필드 확장 등) 같은 SAP가 공식 제공한 방법만 활용한다. 결과적으로 **표준 코드는 본연의 상태로 유지**되고, 나중에 패치 적용 시 변경 충돌이 없다. SAP 자체도 Clean Core를 위해 **S/4HANA 기능별 확장 포인트**를 다수 제공하고, 옛날 방식 수정(User Exit 등)을 Deprecated 처리했다.

한편, Clean Core는 단순히 기술적 원칙을 넘어서 **ERP 도입/운영에 대한 철학적 전환**이기도 하다. 즉 "가능한 한 표준 프로세스에 비즈니스를 맞추고, 특이사항은 표준 확장만으로 해결한다"는 것이다. 이는 ERP 도입 초기에 업무 프로세스를 재설계(Fit-to-Standard)하여 소프트웨어 표준을 수용하고, 무분별한 맞춤 개발을 지양하는 것을 의미한다. 물론 100% 표준만으로 운영할 수는 없지만, Clean Core를 지향하면 **개발 건수를 크게 줄이고 핵심적인 것만 남기게** 된다. SAP도 이를 위해 **SAP Best Practices**를 산업별로 제공하고, **RISE with SAP** 프로그램 등을 통해 프로세스 진단과 표준화 컨설팅을 지원하고 있다.

Clean Core를 유지한 상태에서 어떻게 추가 요구를 풀어낼 것인가가 다음 과제인데, SAP는 이를 위해 **다양한 확장 옵션**을 제시한다. 대표적으로 In-App Extension(인앱)과 **Side-by-Side Extension**(사이드-바이-사이드) 방식이 있다. 이는 다음 절에서 상세히 다룬다. 중요한 점은, **Clean Core는 확장을 하지 말라는 것이 아니라, 올바른 방식으로 하라는 것**이다. SAP는 고객에게 **기존 코드를 훼손하지 않는 비침투적(Non-intrusive) 방식의 확장**을 권고하며, 이에 맞는 기술들을 S/4HANA와 BTP 상에 제공하고 있다.

결론적으로 Clean Core 전략은 **ERP 시스템을 장기적으로 민첩하고 견고하게 유지하기 위한 필수 원칙**이다. 이를 준수한 기업은 업그레이드나 디지털 혁신의 **민첩성에서 우위를 갖게 되고, IT 운영 비용과 리스크를 줄일 수 있다.** SAP 스스로도 S/4HANA Cloud와 RISE 프로그램을 통해 Clean Core를 강력히 추진하고 있어, 향후 SAP 에코시스템에서는 Clean Core 준수가 당연한 문화로 자리 잡을 전망이다.

인앱 vs 사이드바이사이드 확장

In-App Extension(인앱 확장)과 Side-by-Side Extension(사이드-바이-사이드 확장)은 Clean Core 원칙 하에서 S/4HANA를 확장하는 두 가지 큰 방법론이다. SAP는 확장의 성격과 영향 범위에 따라 이 둘을 적절히 활용할 것을 권장한다.

인앱 확장(In-App)은 말 그대로 **S/4HANA 시스템 내부에서 표준이 제공하는 기능을 통해 확장하는 방법**이다. 여기에는 **Key User Extensibility**와 **Developer Extensibility**가 모두 포함된다. **Key User Extensibility**는 프로그래밍 지식이 없는 파워유저도 하는 확장으로, **Custom Field 추가, 화면 레이아웃 조정, 간단한 승인 프로세스 구성, 출력양식 조정** 등을 들 수 있다. 예를 들어 표준 화면에 특정 필드가 없으면 **Custom Field & Logic 앱**을 통해 필드를 추가하고(시스템은 자동으로 해당 DB Extension, UI 노출, OData 확장을 처리), 필요하면 **간단한 Validation or Derivation 로직**을 입력할 수 있다. 이러한 인앱 확장은 **SAP가 보장하는 안정적인 수단**으로, 업그레이드 시 해당 확장 내용도 자동 마이그레이션된다.

Developer Extensibility는 전문 개발자가 ABAP(혹은 JavaScript 등)을 활용해 확장하는 것으로, 여전히 S/4 코어 내부에서 실행되지만 Clean Core 원칙에 어긋나지 않도록 제한된 영역에서 수행된다. 예를 들어 **BAdI(Business Add-In)** 구현이 있다. S/4HANA는 표준 프로세스의 확장 지점마다 SAP가 미리 준비한 Enhancement(BAdI)를 제공하며, 고객은 거기에 Z로직을 구현할 수 있다. 과거 User Exit과 달리 BAdI는 **표준 코드의 Hook 지점만 노출**되므로 코어를 덜 침범한다. 또한 **ABAP Cloud** 개념이 도입되며, S/4HANA Cloud(또는 Private Cloud) 환경에서는 SAP가 허용한 공개 API나 CDS View만 사용하고 파일 접근 등은 불가한 엄격한 샌드박스 형태의 ABAP 개발

(Embedded Steampunk)만 가능하다. 이것도 인앱 확장의 일종이다. 이를 통해 고객별 필요한 추가 테이블, 추가 트랜잭션 등을 개발하되, **SAP 표준이 정한 경로 밖으로 나갈 수 없게** 제한함으로써 코어를 보호한다. 정리하면, 인앱 확장은 **S/4HANA가 허용한 틀 안에서 시스템 내부를 확장**하는 것으로, 장점은 **실시간성**(코어와 동일 트랜잭션/데이터 컨텍스트 사용)과 **일관성**이며, 단점은 **제약이 있어 매우 창의적인(?) 확장은 어려울 수 있다**는 점이다.

반면 **사이드-바이-사이드 확장은 S/4HANA 바깥, 외부 플랫폼에서 애플리케이션을 개발해 S/4와 통신**하는 방식을 말한다. 일반적으로 SAP Business Technology Platform(BTP)를 많이 활용하며, 과거로 치면 별도 자체 서버에서 SAP API를 호출하는 솔루션도 이에 속한다. Side-by-Side의 대표적 경우는, **S/4HANA의 핵심 프로세스는 코어에 두고, 부가적인 앱이나 UI를 BTP에 개발**하는 것이다. 예를 들어, 생산현장 작업자를 위한 특별한 UI앱을 모바일로 개발해야 한다면, BTP의 **Cloud Application Runtime**에 SAP CAP 기반으로 애플리케이션을 만들고 S/4HANA OData API를 호출하는 식이다. 이렇게 하면 S/4HANA 코어에는 아무 변화가 없고, 외부 앱만 추가된 것이므로 클린 코어가 유지된다. 또한 **신기술 적용**도 자유로운 편이다. 필요하면 BTP에서 Node.js, Java 등 ABAP이 아닌 언어로 개발하거나, AI 서비스를 붙이거나, SaaS 서비스를 연계하는 등 **개방성이 높다.**

사이드 확장의 단점은 **네트워크 레이턴시와 데이터 동기화 이슈**를 관리해야 한다는 점이다. 코어 밖에서 돌기 때문에 API 호출 시 약간의 지연이 있고, 트랜잭션 일관성을 유지하려면 메시지 큐나 보상 트랜잭션 설계를 해야 한다. 하지만 SAP는 이러한 시나리오를 돕기 위해 **Event Mesh**(이전명 CPI Event, SAP Event Mesh) 등의 **이벤트 브로커 서비스**를 제공한다. S/4HANA에서 이벤트(예: 신규 주문 생성)가 발생하면 **Event Mesh를 통해 BTP 앱이 비동기적으로 이를 수신**하여 자체 로직을 수행하는 구조다. 이는 결합도를 낮춰주어 코어 부하 없이 확장을 실현한다.

사이드-바이-사이드 확장의 사례로는, SAP Cloud Application Programming Model(CAP)로 BTP에 애플리케이션을 개발하거나, **SAP Build Apps**(옛 AppGyver)로

노코드 방식 UI를 만들어 S/4 API에 연동하거나, **SAP Analytics Cloud**로 S/4 데이터를 시각화/분석하거나 하는 것들이 있다. 또는 **Third-party 클라우드 애플리케이션**과 S/4HANA를 통합하는 것도 모두 사이드 확장이다. 이러한 방식은 코어 릴리스와 무관하게 독립적으로 릴리스 관리가 가능하고, 필요시 마이크로서비스처럼 개별 확장기능만 스케일 아웃할 수도 있어 유연하다.

SAP는 일반적으로 **핵심 트랜잭션 논리는 인앱 확장**으로 두되, **사용자 경험(UI)이나 부가 프로세스는 사이드 확장**으로 하는 것을 권장하는 추세다. 예를 들어 S/4HANA 코어에서 커스터마이징한 테이블 계산이 필요한 경우 BAdI로 짜되, 그 결과를 표시하는 특별한 대시보드 앱은 BTP에 만들라는 식이다. 또한 **컨커런트 유저가 많지 않고 일시적일 작업**(예: 연말정산 계산 등)은 사이드에서 처리하고 결과만 S/4로 올리는 것도 방법이다. 이렇게 하면 코어 성능에 영향 없이 부하를 외부로 분산할 수 있다.

정리하면, **인앱 vs 사이드-바이-사이드 확장**은 각자의 장단이 있으므로 상호 배타적이지 않다. **인앱 확장**은 코어와 밀접한 즉시성, 데이터 일관성이 필요한 부분에 유리하고, **사이드 확장**은 독립성, 개방성, 클라우드 네이티브 확장에 유리하다. Clean Core 전략 하에서는 "표준을 해치지 않는 한도 내에서 인앱, 그 외는 사이드"라는 가이드가 적용된다. 중요한 것은 어떤 방식을 쓰든 **표준 Core와 경계를 분명히** 하고, **공식 API나 이벤트 메커니즘**을 통해 통신해야 한다는 점이다.

SAP BTP 기반 확장 사례: CAP, SAP Build Apps, Event Mesh 등

SAP BTP(Business Technology Platform)는 사이드-바이-사이드 확장의 주요 무대다. BTP에는 애플리케이션 개발/통합/데이터 관리에 필요한 다양한 서비스가 있으며, 이를 활용한 사례들이 늘고 있다. 몇 가지 대표적인 확장 기술 사례를 들어본다.

- **SAP CAP**(Cloud Application Programming Model): CAP은 BTP에서 동작하는 Node.js/Java 기반의 어플리케이션 프레임워크로, 엔터프라이즈 서비스를 신속히 개발하도록 돕는다. 예를 들어 한 제조업체가 S/4HANA의 생산 일정 데이터를 활용해 현장 설비 가동률을 모니터링하는 웹앱을 만들고자 할 때, CAP을 사용하여 CDS 형태로 도메인 모델을 정의하고, OData 서비스와 UI를 손쉽게 구성할 수 있다. CAP는 **로컬 테스트 편의성**이나 **일반적인 CRUD 처리 자동화** 등을 제공하므로 개발 생산성이 높다. 이 앱은 S/4HANA의 OData API나 이벤트를 소비하여 데이터를 표시하고, 필요한 경우 S/4HANA에 신규 데이터를 적재하기도 한다. 모든 것이 BTP에서 돌아가기 때문에 코어에는 영향이 없다.

- **SAP Build Apps**: 이전에는 SAP AppGyver로 알려진 로우코드/노코드 앱 개발 도구이다. 개발자가 아닌 **시민 개발자**도 Drag & Drop으로 모바일 또는 웹 애플리케이션을 만들 수 있다. 예컨대 영업사원들이 쓰는 간단한 오더 입력 앱이나 재고 조회 앱을 빠르게 만들어 배포할 수 있다. SAP Build Apps에서 S/4HANA OData/REST API를 연결하면, 버튼 한두 개 클릭만으로 S/4 데이터를 불러와 화면에 바인딩할 수 있다. 이를 통해 고객사 내부에서 필요로 하는 **작은 생산성 앱들**을 IT 부서 과부하 없이도 구현 가능하다. 또한 Build Apps로 만든 어플리케이션은 BTP에서 호스팅되고, S/4와는 API 통신만 하기 때문에 Clean Core 유지에 유리하다.

- **Event Mesh**: 앞서 언급한 **이벤트 브로커 서비스**다. S/4HANA 내에서 어떤 비즈니스 이벤트(예: 새 구매주문 생성됨)가 발생하면, 이를 **메시지 큐 형태로 BTP Event Mesh에 전달**한다. 그러면 구독하고 있던 외부 앱들이 그 메시지를 받아 비동기로 처리한다. 한 글로벌 유통사는 S/4HANA의 납품완료 이벤트를 Event Mesh로 받아 **고객에게 자동 배송완료 문자 전송** 및 **Warehouse 시스템 업데이트**를 BTP extension으로 구현했다. 이 경우 S/4HANA는 본연의 주문 처리에 집중하고, 부

가적인 커뮤니케이션 로직은 BTP에서 처리되므로 시스템 부담이 분산된다. Event Mesh는 최소 일회 전달(at-least-once delivery)을 보장하여 메시지 유실을 막고, 순서 보장 등 다양한 QoS 설정도 가능하다.

- **SAP Integration Suite**(Cloud Integration 등): S/4HANA와 외부 SaaS(예: Salesforce CRM) 또는 타사 시스템을 연결하는 통합 플로우를 BTP의 Integration Suite를 사용해 구현하는 사례도 있다. 이는 주로 A2A/B2B 인터페이스 영역으로, 과거 PI/PO가 하던 역할을 클라우드에서 수행하는 것이다. Integration Suite는 다양한 **커넥터와 어댑터**를 제공하여 S/4 이벤트를 받아 외부로 내보내거나, 반대로 외부 시스템 데이터를 가공해 S/4의 OData/BAPI를 호출해준다. 이 역시 S/4HANA 코어에는 어떠한 커스터마이징도 하지 않고 확장을 가능케 하는 예시다.

- **머신러닝/AI 확장**: S/4HANA의 데이터를 활용해 머신러닝 모델을 만들고 예측결과를 다시 S/4에 반영하는 것도 BTP 확장의 한 유형이다. SAP AI Core/AI Launchpad나 Data Intelligence 같은 BTP 서비스를 이용해 모델을 학습시키고, inference 결과를 API로 S/4에 전달하는 패턴이다. 예를 들어 S/4의 재무 데이터로 자금 흐름을 예측해 그 결과를 S/4 Cash Management에 기록해주는 부가 앱을 BTP에 만들 수 있다. 이러한 고급 분석 확장은 코어를 전혀 건드리지 않고 부가가치를 창출하는 좋은 사례다.

전반적으로, **SAP BTP 기반 확장**은 Clean Core 시대에 **필수적인 요소**로 자리 잡았다. RISE with SAP 구독에는 BTP 크레딧이 포함되어 고객들이 확장을 BTP에서 하도록 유도하고 있으며, SAP Store에는 다양한 파트너들이 BTP 기반의 S/4 확장 앱을 제공하고 있다. 기업 입장에서는 **BTP를 활용하면 표준 S/4를 손상하지 않으면서도 필요한 혁신 기능을 신속히 도입**할 수 있고, 궁극적으로 **인텔리전트 엔터프라이즈**로 가는 여정을 가속화할 수 있다.

요약하면, Clean Core 전략 아래에서는 "무엇이든 코어에 넣지 말고, 적절한 곳(S/4 인앱 또는 BTP)에서 구현하라"는 것이며, SAP는 이를 뒷받침할 기술과 도구들을 제공하고 있다. 고객들은 인앱과 사이드 확장을 조화롭게 사용하여 **업무 요구 사항을 충족시키면서도 시스템의 업그레이드 용이성과 안정성을 확보**해야 할 것이다.

S/4HANA 도입 방식과 전환 전략

Greenfield vs Brownfield vs Selective Data Transition

S/4HANA로 전환하려는 기업들은 세 가지 대표적인 접근 방법을 선택할 수 있다: **Greenfield, Brownfield, Selective Data Transition**(일명 Bluefield라고도 함). 각 방식은 **기존 ECC 시스템을 어떻게 다루느냐**에 따른 전략 차이를 나타낸다. 3가지 방식의 SAP 전환 전략에 대한 상세 방법론 및 기술적 방안은 본 저서의 마지막 목차(4. 마이그레이션 전략)에서 별도 항목으로 마이그레이션 상세 방안을 포함하여 좀더 심도 있게 설명하였으니, 해당 목차 부분을 통해 추가 지식을 습득할 수 있다.

- **Greenfield**(그린필드): 말 그대로 **백지상태에서 새로 구축**하는 방법이다. ECC 등 기존 시스템을 참조만 할 뿐, S/4HANA를 **초기 신규 도입** 프로젝트로 간주한다. 이 접근법에서는 현업 프로세스를 재설계(Fit-to-Standard)하여 가능한 SAP 표준에 맞추고, 옛 시스템의 데이터는 필요한 부분만 이관한다(예: 기준정보마스터, 기초잔액, 미결 건 등). **장점**은 기존 누더기 커스터마이징을 청산하고 **깨끗한 시스템을 구축**할 수 있다는 점이다. 새로운 기능과 베스트프랙티스도 최대한 적용 가능하다. **단점은 프로젝트 비용과 기간이 가장 크다**는 것이다. 사실상 신규 구현이므로, 마이그레이션 및 테스트 노력뿐 아니라 조직의 변혁(change management) 노력도

크다. 또한 과거 여러 해의 이력 데이터를 완전히 이전하지 않을 경우, **옛 시스템을 아카이브로 두고 참조**해야 하는 불편도 있다.

- **Brownfield(브라운필드)**: 현재 운영 중인 ECC 시스템을 직접 변환(Convert)하여 S/4HANA로 업그레이드하는 방식이다. **시스템 컨버전**이라고도 하며, SAP의 SUM(Software Update Manager) 툴과 마이그레이션 가이드를 따라 현 시스템을 S/4HANA로 기술 업그레이드한다. **장점**은 데이터와 프로세스 연속성이 유지되어 **업무 단절이 최소화**되고, 프로젝트 기간이 Greenfield보다 짧을 수 있다는 점이다. **모든 기존 트랜잭션 데이터와 커스터마이징이 변환 후에도 존재**하기 때문에 사용자 입장에서 친숙함도 있다. **단점**은 **기존 시스템의 복잡성이나 비효율도 함께 넘어올 수 있다**는 점이다. 클린 코어와 거리가 먼 상태라면 S/4HANA로 변환한 후에도 코어가 여전히 복잡할 수 있다. 또한 변환 과정에서 **Custom Code 적합성 수정, 데이터 정리, 불용 기능 삭제** 등 사전작업이 상당히 필요하다.

- **Selective Data Transition(선택적 전환)**: 그린필드와 브라운필드의 절충 방식으로, **선택한 데이터만 이관하고 일부는 신규 구축**하는 방법이다. 이 접근법은 종종 **Bluefield**라고도 불리며, 툴 기반 데이터 이관 솔루션(SNP, CBS 등)을 활용하는 경우가 많다. 시나리오 예를 들면, 다중 인스턴스를 운영하던 기업이 S/4로 통합하면서 A 법인은 변환, B 법인은 신규, C 법인은 통폐합하는 식이다. 또는 한 시스템 내에서도 최근 5년치 데이터만 이관하고 나머지는 버리는 등 **데이터 범위를 조절**한다. Selective의 **장점**은 유연성이다. **필요한 것만 골라 S/4로 가져옴으로써 최적의 결과**를 얻을 수 있다. 다운타임도 창의적으로 줄일 수 있다(사전 단계 이관 후 마지막에 동기화 등). **단점**은 접근방식이 복잡하여 **고도의 계획과 전문도구**가 필요하고, SAP 표준 툴이 아닌 경우 벤더 종속성이 생길 수 있다는 점이다. 또한 프로젝트 관리가 어렵고 비용도 높을 수 있다.

각 기업은 **자신의 시스템 현황과 비즈니스 요구**에 따라 최적의 접근을 선택해야 한다. 예를 들어 **오래된 ECC 4.6을 쓰던 회사**라면 Greenfield가 나을 수 있다. **ECC 6.0 최신 EhP에 모범적으로 운영 중인 회사**는 Brownfield로 빠르게 갈 수 있다. **다중 레거시 통합**이 이슈면 Selective가 유용하다. 현실적으로는 세 접근의 혼합도 많다. Brownfield로 1단계 전환 후 모듈별로 리디자인(Greenfield적)하거나, Greenfield로 가되 일부 마스터데이터는 변환툴로 이관하는 식이다. 중요한 것은 **전환 전략 결정 시, 기술적 난이도뿐 아니라 조직 변화관리, 사업 연속성, 다운타임 허용범위, 예산 등을** 총체적으로 고려해야 한다는 점이다.

Conversion readiness 점검 항목: 코드 분석, 커스터마이징 정리, 데이터 정비

만약 Brownfield(시스템 컨버전) 경로를 택했다면, 본격 전환 작업에 앞서 **기존 시스템의 전환 준비도(Readiness)를 철저히 점검**해야 한다. SAP는 이를 위해 **SAP Readiness Check**라는 툴을 제공하는데, 이는 ECC 시스템을 스캔하여 **S/4HANA로 변환 시 이슈가 될 사항들을 리포팅**한다. 주요 점검 항목을 살펴보면 다음과 같다.

- **Custom Code 분석**: 현 시스템의 Z코드가 S/4HANA 환경에서 호환되는지 점검한다. 여기에는 **사용자 정의 프로그램, 함수, 폼 등**이 포함된다. S/4HANA에서는 제거되거나 변경된 SAP 오브젝트(예: 일부 테이블, 트랜잭션 코드)가 많으므로, Z코드에서 이를 참조하고 있으면 수정해야 한다. 예를 들어 MKPF/MSEG 테이블 직접 조회 코드가 있다면 S/4에서는 MATDOC로 바뀌므로 코드를 수정하거나 SAP가 제공하는 호환 CDS 뷰로 전환해야 한다. Readiness Check는 ATC와 통합되어 이러한 호환성 이슈 리스트와 수정 가이드를 제공한다. 또한 사용되지 않는 Z코드(Dead Code)도 식별하여 변환 전에 정리할 것을 권고한다.

- **Addon/Business Function 호환성**: 시스템에 설치된 SAP 또는 써드파티 Add-on

이 S/4HANA에서 지원되는지 확인한다. 어떤 애드온은 S/4용 버전이 필요하며, 지원되지 않는 경우 제거해야 한다. 또한 ECC에서 활성화한 Industry Solution이나 Business Function 중 S/4 코어에 통합된 것은 따로 체크리스트에 따라 처리한다.

- **Simplification Items 검토**: SAP는 S/4HANA에서 바뀌는 사항들을 **Simplification Item** 목록으로 제공하는데, 예컨대 "신용관리 모듈이 FSCM으로 전환됨" 등이 있다. Readiness Check는 현재 시스템 설정이 이에 어떻게 영향 받는지 알려준다. 예를 들어 ECC의 전통 신용관리(CMGP) 기능을 쓰고 있다면, S/4HANA에서는 FSCM으로 전환해야 하므로 사전 준비(마스터 데이터 및 설정 전환)가 필요함을 알려준다. 각 Simplification Item마다 SAP Note와 가이드가 존재하며, 이를 숙지하고 전환 계획에 반영해야 한다.

- **데이터 볼륨 및 아카이빙 권고**: 현 시스템의 테이블 사이즈, 총 데이터 용량 등을 분석하여, 전환 시 예상 소요 시간을 추정하고 **대용량 테이블은 미리 아카이빙을 권고**한다. 예컨대 10년 치 잘 안 쓰는 거래내역은 전환 전에 아카이빙하여, 변환 데이터량을 줄이면 더 빠르고 안정적인 마이그레이션이 가능하다. 또한 S/4HANA는 인메모리 환경이므로 **메모리 용량 산정**을 위해 데이터 볼륨 파악이 중요하다.

- **커스터마이징 사용 분석**: 현 시스템에서 사용 중인 기능과 사용하지 않는 설정을 파악한다. S/4HANA로 옮길 때 복잡성을 줄이기 위해, 사용 안 하는 불필요 customizing이나 조직단위, 모듈을 제거할 수 있다. 또한 S/4HANA에서 새로 도입된 기능(예: New Asset Accounting, Material Ledger mandatory 등)에 대비하여 현 설정을 점검한다.

- **인터페이스 및 주변 시스템 영향**: S/4HANA로 변환되면 일부 인터페이스 파일 포맷이나 API가 변경될 수 있다. 예를 들면 비용센터 코드는 10자리로 늘어났고, 일부 IDoc 구조가 바뀌었다. 이러한 것을 미리 리스트업하여, 연계 시스템 조정이 필요함을 알려준다.

이외에도 **SAP Readiness Check**는 **Fiori 권장앱 매핑**(현재 SAP GUI 사용 내역을 기반으로 S/4에서 대체 Fiori 앱 안내), **라이센스 전환 분석, 테스트 계획 보조** 등의 정보도 준다.

커스터마이징 정리는 특히 강조되는 부분인데, 전환 전에 가능한 **표준화 작업을 선행**하는 것이 바람직하다. 예를 들어 현 시스템에서 복잡하게 개발로 구현했던 부분이 S/4 표준 기능으로 제공된다면, 전환하면서 해당 Z개발을 없애고 표준으로 대체하는 것이 좋다. 또 고객사의 조직 변화로 쓰지 않는 조직단위(회사코드 등)는 전환 전에 과감히 정리해 테이블 수와 데이터량을 줄이면 전환 작업이 단순해진다.

데이터 정비도 전환 성공률을 좌우한다. 오래된 미결자료, 오류 데이터 등을 정리하지 않고 변환하면 후폭풍이 크다. 예컨대 계정과목 매핑이 안 된 전표나 상태 불일치 구매문서 등이 있으면 마이그레이션 시 에러를 낸다. 따라서 **사전 클렌징 프로젝트**를 통해 오류를 최소화하고, 데이터 일관성을 높여야 한다. 필요시 **재고나 재무잔액 리컨실**도 수행하여 S/4로 가져갈 데이터의 신뢰성을 높이는 게 좋다.

SAP Readiness Check 및 SUM 활용 전략

SAP Readiness Check 수행 결과, 전환 가능성이 확인되고 수정 작업이 완료되었다면, 실제 시스템 전환(마이그레이션)을 수행하게 된다. SUM(Software Update Manager)는 SAP가 제공하는 **시스템 업그레이드/마이그레이션 전용 툴**로, ECC에서 S/4HANA로의 전환도 SUM을 통해 이루어진다. SUM은 **S/4HANA 설치 파일**(활용 Maintenance Planner 결과물)을 적용하고 **데이터베이스 변환, XSLT 변환**(데이터 포맷 변경) 등을 자동화한다. Brownfield의 경우 SUM의 Database Migration Option(DMO)을 통해 만약 기존 DB가 HANA가 아니라면 **데이터를 HANA로 옮기면서** S/4 코드를 설치하는 **일괄 작업도** 가능하다.

SUM 활용 전략의 중요한 점 중 하나는 **다운타임 최소화**다. 전환 동안 시스템 가동을 중단해야 하는데, 이 시간을 줄이기 위해 SUM은 **Record & Replay** 메커니즘(전환중 변경분 나중에 반영) 등을 지원한다. 또한 필요시 **Near-Zero Downtime 기술**이나 **Shell Conversion** 기법 등도 병행한다. 예컨대 일부 고객은 **Pre-System**을 미리 변환한 후 Go-live 주말에 마지막 변경분만 이관하여 48시간 다운타임을 6시간으로 줄이기도 했다. 이러한 고급 기법은 프로젝트 초기에 전문조직과 검토하여 적용 여부를 결정해야 한다.

Readiness Check와 SUM 이외에도 SAP는 **Data Migration Cockpit** 등 **이관 전용 도구**를 S/4에 내장하고 있다. Greenfield일 때 주로 쓰이지만, Selective 전환 시에도 개별 마이그레이션에 활용 가능하다. 또한 **SAP Solution Manager**나 **SAP Cloud ALM**을 연계하여 전환 작업 관리를 체계화하는 것도 권장된다.

전환 전략에서 간과하기 쉬운 것이 **테스트와 교육**이다. S/4HANA로 전환은 기술적으로 끝나는 게 아니라 **업무 사용자들이 새 시스템에서 원활히 일하는 것으로 완성**된다. Brownfield의 경우 프로세스 변화는 적지만 UI(Fiori) 변화가 있고, 일부 기능은 다르게 동작한다. Greenfield면 아예 새 프로세스이니 통합테스트, UAT, Key User 교육 등을 거쳐 정착시켜야 한다. SAP는 **Enable Now** 같은 학습 툴도 제공하므로 적극 활용할 만하다.

또한 **프로젝트 단계적 접근도** 고려된다. Big Bang으로 한 번에 모든 모듈/법인을 전환할 것인지, 아니면 **모듈별/법인별 웨이브 기법**으로 나눌 것인지 결정해야 한다. 글로벌 기업이라면 지역별 롤아웃도 검토된다. Brownfield라 해도 먼저 기술 컨버전 후, 추가 Optimizaion 프로젝트를 따로 진행하는 2단계 접근이 일반적이다. 예컨대 1단계는 ECC→S/4 기술이행, 2단계는 6개월 간 Fiori 도입, New Function 활성화 등.

마지막으로, **전환 후 안정화** 기간을 충분히 잡고, SAP MaxAttention 등 지원을 받을 것인지도 계획해야 한다. 전환 직후 1~2개월은 예상 못한 이슈(권한 누락, 인터페이스

미처리 항목 등)이 나타날 수 있어, 프로젝트 팀이 운영을 지원해야 한다.

결론적으로 S/4HANA 전환은 단순 기술 업그레이드 이상으로, **철저한 사전 진단**(Readiness Check) → **준비 작업**(Custom code 수정, 데이터 정리) → **적절한 툴과 전략 활용**(SUM, NZDT 등) → **충분한 테스트와 교육** → **안정화**의 전 과정을 거쳐야 성공할 수 있다. 많은 기업 사례에서 볼 수 있듯이, 이러한 전환을 통해 기업은 최신 ERP 플랫폼으로 업그레이드함으로써 **디지털 혁신의 기반**을 갖추게 된다.

고객 도입 사례

글로벌 기업 사례: Siemens, Lenovo, Bosch

여러 글로벌 선두 기업들이 이미 S/4HANA를 도입하여 성공적으로 활용하고 있다. 몇 가지 사례를 살펴보자.

지멘스(Siemens)는 산업자동화 등 분야의 거대 기업으로, S/4HANA 전환을 일찍부터 추진한 사례다. 특히 Siemens 산하의 LDA(Large Drives Applications) 사업부는 2021년 지멘스 그룹 결정에 따라 기존 ECC 환경에서 **S/4HANA Cloud로의 신속한 전환**을 수행했다. 불과 1년도 안 되는 기간에, 기존 지멘스 본사의 복잡한 ECC 시스템에서 분리되어 S/4HANA Cloud(Private Edition)로 독립하고자 했고, SAP Model Company와 Enterprise Management Layer를 활용하여 프로젝트를 가속화했다. **21개의 주변 시스템과 통합**을 구현하고 재무/공급망 등 핵심 프로세스를 신규 시스템으로 옮겼으며, 정해진 시간 내에 **Siemens 내 최초의 S/4HANA Cloud 성공 사례**를 만들었다. Siemens 본사 차원에서도 디지털 전환 전략의 일환으로 SAP S/4HANA를 핵심 플랫폼으로 삼고 있어, 추후 그룹 전체의 단계적 전환이 예고되어 있다.

레노버(Lenovo)는 세계적인 PC/서버 제조기업으로, 최근 **비즈니스 모델을 하드웨어**

판매에서 As-a-Service(서비스형) 모델로 전환하기 위한 디지털 혁신의 일환으로 S/4HANA를 도입했다. 레노버는 **RISE with SAP**를 통해 S/4HANA Cloud, Private Edition(PCE)을 채택했고, SAP Billing and Revenue Innovation Management(BRIM) 솔루션과 결합하여 **구독형 서비스 과금 체계**를 구축했다. 77,000명 직원 규모의 대기업인 Lenovo가 복잡한 제품/서비스 포트폴리오를 통합 운영하기 위해, S/4HANA를 **디지털 코어**로 삼고 클라우드로 전환한 사례다. 그 결과 Lenovo는 **매 분기 두 자릿수 성장**을 서비스 사업에서 이루고 있으며, 그룹 매출의 40% 이상을 비(非)PC 부문에서 달성하게 되었다(저자가 조사한 자료에서는 이렇게 설명하고 있다고 볼 수 있으나, 저자 개인적으로는 실제 HANA 전환 효과가 매 분기 두 자릿수 성장에 일조했는지 혹은 해당 년도 시장 환경이 좋은지는 독자가 판단할 몫이라고 본다). Lenovo CIO인 Arthur Hu는 "**SAP S/4HANA Cloud는 거대 기업인 우리에게 일상 프로세스를 커버하면서도 유연성을 제공하는 절대적인 ERP**"라 평가하였고, 특히 SAP의 클라우드 ERP가 제공하는 **민첩한 기능 출시와 베스트 프랙티스**가 새로운 서비스 사업 전환에 크게 기여했다고 언급했다. Lenovo 사례는 **제조업 기업이 S/4HANA와 클라우드를 통해 서비스형 비즈니스로 변모한 좋은 예**로 손꼽힌다.

보쉬(Bosch)는 독일의 글로벌 엔지니어링 기업으로, 조기에 S/4HANA 도입을 결정한 대기업이다. Bosch는 **2020년에 이미 전 세계 모든 사업장의 탄소중립 달성**이라는 야심찬 목표를 이루었는데, 이에 필요한 **운영 효율과 실시간 데이터** 지원을 위해 SAP HANA와 S/4HANA로의 전환을 병행했다. Bosch IT 부문은 400개 이상 사업장, 1200개 이상의 SAP 시스템을 운영하는 대규모 환경이었는데, **SAP R/3에서 SAP HANA와 S/4HANA로 옮기는 디지털 트랜스포메이션**을 추진하며 인프라를 IBM Power10 등 최신 하드웨어로 교체했다. 그 결과, **기존 대비 75%의 성능 향상과 20%의 에너지 절감**을 달성하여 친환경 경영 목표에도 부합했다. Bosch는 **IoT와 AI 비즈니스**를 강화하고 있는데, S/4HANA 기반 실시간 데이터 처리가 IoT 플랫폼과 연계되어 혁신 속도를 높이고 있다. Bosch 사례는 **대규모 글로벌 제조사가 S/4HANA로 코어를 재무장하여, 지속가능성과 디지털화 두 마리 토끼를 잡는** 모습을 보여준다. Bosch 관계자는 "**SAP**

HANA와 S/4HANA가 바로 Bosch가 있어야 할 곳"이라며 최신 기술 도입의 중요성을 강조했다.

한국 기업 사례: LG CNS, 현대오토에버, SK 주요 계열사

국내에서도 많은 선도기업들이 S/4HANA 도입을 완료하거나 진행 중이다. 업계 IT서비스 기업의 리드와 대기업 그룹 차원의 전략 추진이 활발하다.

LG CNS는 LG그룹의 IT서비스 전문회사로, **SAP S/4HANA 전환 사업의 선두주자** 역할을 하고 있다. 자체적으로 일찍 S/4HANA를 도입했을 뿐만 아니라, 다수의 제조 기업 프로젝트에서 노하우를 축적했다. 2023년 LG CNS는 SAP와 전략적 파트너십(MOU)을 맺고 한국 기업의 S/4HANA 전환을 가속화하기 위한 협력을 발표했다(데일리뉴스 보도 자료). 또한 **SAP Sapphire 행사** 등에서 LG CNS는 **제조업 S/4HANA 마이그레이션 복잡성 해결 사례**를 공유하며 국내외에서 전문성을 인정받았다. LG CNS는 자체 개발한 "PerfectWin ERP 에디션"이라는 전환 가속 솔루션을 통해, ECC에서 S/4HANA로의 이행 시 **결함발생률을 거의 0에 가깝게** 만들었다고 홍보한다(LG CNS SingleX 홈페이지 자료 발췌). 실제 LG그룹 내 여러 계열사의 차세대 ERP를 S/4HANA로 구축하고 있으며, **LG화학, LG전자 등도 순차적 전환**을 계획하고 있다. LG CNS 사례는 **IT서비스 기업 주도로 그룹사가 S/4HANA로 일제히 전환**하는 전략의 일환으로 볼 수 있다.

현대오토에버는 현대자동차그룹의 IT 계열사로, 그룹 차원의 대형 S/4HANA 프로젝트를 진행 중이다. 현대차그룹은 **2027년까지 해외 법인 전 ERP를 S/4HANA Private Cloud Edition(PCE)로 전환**하기로 하고 1조원 이상을 투자하는 계획을 발표했다 (etnews 보도자료). 이미 2019년부터 현대차 본사의 차세대 ERP를 S/4HANA로 구축하는 초대형 프로젝트에 착수하였고, 이를 위해 SAP와도 긴밀히 협업하고 있다. 현대오토에버는 2025년 현대제철 등 그룹 계열사의 S/4HANA 업그레이드 작업도 수행하고 있는데, 이를 통해 그룹 공통의 **표준 프로세스 정립과 시스템 통합**을 꾀하고 있다. 한편, HMG(Hyundai Motor Group) 싱가포르 및 미국법인 신규 시스템도 S/4HANA로 구축하여, 향후 글로벌 통합을 준비 중이다. 현대차 사례는 **제조/유통 복합 대기업이 S/4HANA PCE를 통해 글로벌 원 ERP를 달성**하려는 사례로, 업계의 큰 관심을 받고 있다. 특히 완성차 산업 특성상 생산, 공급망 모듈 복잡도가 높지만, S/4HANA의 인메모리 성능으로 **실시간 공장 물류 관리** 등 많은 개선을 기대하고 있다.

　SK 그룹에서는 **SK하이닉스**가 국내 대기업 중 비교적 이른 시기에 S/4HANA 전환을 완료한 케이스다. SK하이닉스는 2018년 4월 프로젝트 착수하여 **2019년 2월 말에 온프레미스 S/4HANA로의 전환에 성공**했다. 이는 국내 4대 그룹 계열사 중 최초 사례로 화제를 모았다. SK하이닉스는 기존 ECC 6.0에서 10개월 만에 전환을 마쳤으며, **54% 이상 ERP 처리 성능 개선**과 **어떤 트랜잭션은 수십~100배 속도 향상**을 얻었다고 공개했다. 특히 **반도체 제조라인 24시간 가동**이라는 특수성 때문에 다운타임이 60시간으로 예상되던 것을, 여러 차례 모의시험과 최적화를 거쳐 **핵심 라인 5시간, 기타 10시간 정도로 축소**시켜 생산 차질을 최소화했다. 전환 후 SK하이닉스는 **실시간 수율 분석, 원가 계산 속도 향상, 데이터 압축으로 인한 인프라 효율 증대** 등 다양한 효과를 실감했다고 밝혔다. 예컨대 DB 데이터량이 8.3TB에서 1.2TB로 줄어들어 성능이 개선되고 비용이 절감되었다고 한다. 이 프로젝트에는 SK㈜ C&C와 SAP가 협업하였고, SK C&C는 축적된 SAP ERP 역량을 바탕으로 이후 다른 SK 계열사 전환에도 참여하고 있다. SK하이닉스 성공 이후 **SK이노베이션** 등 다른 SK 계열도 S/4HANA를 고려 중이며, SK텔레콤 등은 이미 일부 업무에 S/4HANA를 도입했다. SK 사례는 **과감한 투자와 철저한 계획으로 단기간에 전환을 이뤄낸 모범 사례**로, SAP Sapphire 등 글로벌 행사에서 자주 소개되고 있다(SK 사례는 SAP Sapphire 행사자료 발췌).

　이외에도 IT관련 언론 상으로 조사한 바에 따르면 **한수원(KHNP), CJ대한통운, 롯데알미늄, 야놀자** 등 국내 기업들이 S/4HANA 도입을 마쳤거나 진행 중으로 알려져 있다. 이들은 각 분야 산업 특성에 맞게 S/4HANA를 활용, 예컨대 CJ대한통운은 물류 프로세스 혁신에, 야놀자는 신규 디지털 비즈니스 플랫폼으로 S/4HANA를 활용하는 등 다양한 변화를 추구하고 있다.

　국내 사례에서 공통적으로 나타나는 효과는 "비즈니스 민첩성 향상"과 "실시간 정보 활용으로 인한 경쟁력 강화"이다. S/4HANA 도입 기업들은 **보고서 생성시간 단축, 프로세스 자동화, 사용자 만족도 증대**를 실감하고 있다. 또한 **클라우드 전략**과 맞물려, ERP를 디지털 플랫폼의 중심으로 삼고 AI, 데이터분석, 모바일 서비스 등을 결합시키는 움직임이 활발하다. 결국 이러한 사례들은 **S/4HANA가 단순히 ERP 업그레이드가 아니라 기업 디지털 전환의 핵심 축임**을 보여준다.

도입 이후 변화된 비즈니스 민첩성과 성능 효과

S/4HANA 도입 기업들의 **도입 후 성과**를 종합해보면, 몇 가지 키워드로 정리할 수 있다.

- **빨라진 경영 속도**: 인메모리 기반의 실시간 처리 덕분에 경영진과 현업은 보다 신속하게 의사결정을 내릴 수 있다. SK하이닉스 사례처럼 일일 마감 속도가 빨라지고, 실시간 KPI 대시보드로 문제를 조기에 발견하여 대응하는 등 **업무 사이클 타임 단축**이 큰 성과다. 또한 과거 며칠 걸리던 대용량 보고서가 수분 내 나오는 등 IT 부서도 개선을 체감한다.

- **향상된 비즈니스 민첩성**: 새로운 프로세스나 조직 변경을 수용하는 능력이 높아졌다. Clean Core 원칙 하에 표준 프로세스를 따르면서 확장 부분은 BTP로 구현하니, 요구사항 변경 시 **영향이 국소화**되고 적용이 쉬워졌다. 또한 RISE 모델 등을 통해 인프라 확장이 탄력적이라, M&A나 사업확장 시 **시스템 확장에 리드타임이 짧다.** Lenovo처럼 비즈니스 모델 자체를 변환하는 큰 변화도 S/4HANA 플랫폼이 있었기에 가능했다.

- **IT 비용 최적화**: 데이터 중복 제거와 압축으로 **인프라 비용 절감** 효과가 있다. 또한 다수의 레거시 시스템을 S/4로 통합하거나 간소화함으로써 **라이선스 및 유지**

관리 비용 절감도 보고된다. Clean Core로 업그레이드가 용이해져, 과거 수년 묵혀뒀던 버전 업을 이제는 정기적으로 수행하며 **최신 기능을 활용**함으로써 별도 개발비용을 줄이는 사례도 있다.

- **사용자 경험과 생산성 향상**: Fiori UX 도입으로 현업 사용자들의 **시스템 활용도와 만족도**가 크게 높아졌다. 모바일 승인, 간편 조회, 알림 등 기능으로 일상 업무 생산성이 개선되었다. 한 금융회사 사례에서는 Fiori 도입 후 사용자 문의(Help Desk) 건수가 현격히 줄었다고 한다. 이는 UX 향상이 교육비용 감소와 업무 오류 감소로 이어진 것이다.

- **데이터 기반 의사결정(Insight to Action)**: S/4HANA의 임베디드 분석과 통합 데이터 모델로 **부서 간 데이터 사일로(Silo)가 해소**되고, 현황을 투명하게 파악하여 협업이 촉진되었다. 예를 들어 영업-생산-재무 부서가 같은 실시간 데이터를 보며 함께 수요계획 회의를 할 수 있다. Intelligent Enterprise를 지향하는 기업들은 S/4HANA 데이터를 기반으로 AI를 학습시키고, 그 결과를 다시 업무에 반영하는 선순환을 만들고 있다. SAP의 머신러닝 기능을 적용한 예로, 수작업 부서분개를 자동화하거나 이상거래를 알람으로 감지하는 등 **업무 효율과 품질**이 한층 올라갔다.

- **글로벌 통합과 내부통제 강화**: 다국적 기업의 경우 S/4HANA로 핵심 시스템을 통합하면서 **전 세계 공통 프로세스와 데이터 표준화**를 달성한 사례가 많다. 이는 법규 준수, 감사 대응, 경영 통제에 큰 이점이다. 삼성전자, 현대차 등도 S/4HANA를 통해 글로벌 단일 인스턴스 구축을 추진/완료하여, Single Source of Truth을 구현하고 있다. 이는 데이터 품질 제고와 내부통제 강화로 이어져 경영 투명성을 높였다.

물론 도입 후 얻는 효과는 기업마다 다르며, 정량화가 어렵기도 하다. 하지만 저자가 언론 상 보도자료와 SAP가 공개한 여러 고객 사례 데이터를 조사한 자료 바탕으로 볼 때엔 **재무 결산시간 단축, 재고 회전율 개선, IT TCO 절감** 등의 KPI 향상에 도입이 되었다고 시장에서는언급된다. 예컨대 SK하이닉스는 S/4 도입 후 **ERP 배치 작업 시간이 크게 줄고, 어떤 세부 프로세스는 90% 이상 속도 향상**되었다고 밝혔다. 또한 **비용절감** 면에서는, 미국의 한 제조사는 S/4HANA 전환 후 연간 IT운영비용을 20% 줄였다고 보고했다(Legacy 여러 시스템 통합 효과). **매출 증대** 같은 직접 KPI는 ERP 혼자만의 성과로 하긴 어려우나, **납기 준수율 향상, 재고 감소** 등 S/4 효과로 인한 간접적 매출/이익 개선 사례도 있다.

요약하면, S/4HANA 도입 기업들은 **실시간성, 단순화, 사용자 중심**이라는 S/4의 강점을 잘 살려 **디지털 시대에 걸맞는 민첩하고 효율적인 운영**을 구현하고 있다. 물론 도입이 끝이 아니고 계속 **최적화와 신규 기능 도입**을 이어나가야 하지만, **한 번 플랫폼을 S/4로 바꾼 기업은 미래 변화를 수용할 수 있는 탄탄한 디지털 코어**를 얻게 되는 셈이다.

S/4HANA와 SAP ERP의 미래 전략

Public Cloud, Private Cloud(PCE), RISE with SAP 전략과의 연결성

SAP는 S/4HANA를 다양한 **클라우드 전략**과 연계하여 제공하고 있다. 현재 S/4HANA는 **배포 모델**에 따라 On-Premise(온프레미스), **Public Cloud**(퍼블릭 멀티테넌트), **Private Cloud**(싱글테넌트) 세 가지로 구분된다. SAP의 미래 전략에서 이 셋의 조합과 **RISE with SAP** 프로그램이 중요한 역할을 한다.

- **Public Cloud Edition(S/4HANA Cloud)**: SAP이 운영하는 멀티테넌트 SaaS 형태의 S/4HANA이다. 고객별로 인스턴스나 테넌트가 분리되어 있긴 하지만 기본적으로 **동일한 코드라인**을 사용하고, SAP가 **분기별 신규 기능 업데이트**를 전 고객에게 일괄 적용한다. 퍼블릭 클라우드 버전은 **기능적인 범위가 온프레미스 대비 다소 제한**되며(특히 산업별 특수기능 등), **확장 역시 In-App 위주로 제한**된다. 하지만 **구독(subscription) 방식**으로 이용하고 **인프라/백업 등을 SAP가 관리**해주므로, 고객은 적은 초기투자와 간편한 운영으로 ERP를 사용할 수 있다. SAP는 중견기업이나 표준 프로세스 수용도가 높은 기업에게 퍼블릭 클라우드를 권장하고 있다. 미래 전략상 SAP는 퍼블릭 클라우드에 **최신 혁신 기능을 우선 투입**하고, **AI 시나리오와 비즈니스 네트워크 연계** 등을 빠르게 제공할 예정이다.

- **Private Cloud Edition(PCE)**: SAP가 클라우드 인프라(주로 Hyperscaler상)에 **고객 전용 싱글테넌트 S/4HANA를 설치**하여 운영하는 모델이다. 기능적으로는 온프레미스와 거의 동일하며(Industry Solution 포함), **개발/확장도 Embedded Steampunk 및 적정 범위 ABAP 개발이 가능**하다. 쉽게 말해 **SAP가 관리해주는 온프레미스**라고 볼 수 있다. 고객은 인프라나 베이시스 인력을 많이 둘 필요 없이, SAP 서비스로 ERP를 이용하며, 시스템 업그레이드나 패치는 SAP와 협의 하에 수행한다. PCE는 **대기업이나 복잡한 요구사항을 가진 고객**에게 현실적인 클라우드 옵션이며, SAP는 이를 RISE with SAP 안에 포함시켜 제공한다. 현대차그룹처럼 대규모로 PCE를 채택하는 경우, **프라이빗 클라우드의 유연성과 퍼블릭 클라우드의 관리 편의**를 동시에 추구하는 사례라 할 수 있다.

- **On-Premise**: 여전히 전통적 온프레미스 방식으로 S/4HANA를 자체 데이터센터나 원하는 인프라에 설치해 운영할 수 있다. SAP도 2023년 현재까지 S/4HANA On-Premise 버전을 매년 릴리스하고 있으며(예: 2022 버전, 2023 버전 등), 기능적으로 가장 범위가 넓다. 다만 **업그레이드 주기나 시스템 관리 책임은 전적으로 고객**

몫이며, RISE 프로그램에서는 이 온프레미스 모델은 다루지 않는다. SAP의 장기 전략은 궁극적으로 클라우드 전환이므로, 신규 혁신 요소는 클라우드 우선으로 출시되고, 온프레미스는 일정 시차 후에 제공되거나 일부 미제공될 수 있다.

RISE with SAP는 SAP가 2021년에 내놓은 **비즈니스 트랜스포메이션 as a Service** 개념의 번들 상품으로, **S/4HANA Cloud**(Public 또는 Private) + **BTP 크레딧** + **비즈니스 네트워크 접근** + **SAP Signavio**(프로세스 마이닝) + **기술지원** 등을 하나로 묶어 구독 형태로 제공한다. RISE의 취지는, 단순히 ERP 소프트웨어를 파는 게 아니라 **고객의 클라우드 전환 여정을 포괄 지원**하고, 결과적으로 **고객을 Intelligent Enterprise로 변모**시키는 데 있다. RISE with SAP 계약을 맺으면, SAP가 지정한 책임 영역에 따라 인프라 운영이나 업그레이드도 SAP가 해주는 **Single SLA** 환경이 된다. 이는 특히 기존에 온프레미스 ECC 사용하던 고객이 클라우드로 전환할 때 매력적인 옵션이다. SAP는 RISE를 통해 **클라우드 매출**을 높이고 고객 락인을 강화하는 전략을 취하고 있으며, **2027 ECC 지원 종료** 시점까지 최대한 많은 고객을 RISE/SaaS로 이동시키려 하고 있다.

이러한 Public/Private Cloud 및 RISE 전략은 SAP ERP의 미래와 궤를 같이 한다. SAP는 2030년대에는 가급적 모든 고객이 클라우드(Public or PCE) 환경에 있기를 바라며, **온프레미스 지원을 점차 축소**할 것이다(현재도 온프레미스 기능 릴리스는 1년에 한 번). Gartner 등은 SAP의 2030년 클라우드화 목표가 다소 도전적이라고 평하지만, 방향성에는 저자도 동의한다. 결국 고객들도 **신규 도입은 클라우드 우선**으로 검토하고, 기존 ECC 고객은 RISE 기반 Private Cloud로 많이 넘어가는 추세다.

SAP의 미래 제품 전략에서도 S/4HANA Cloud를 **AI 기능 내장, 업무 자동화, 사용자 경험 혁신의 시험무대로 활용**하고 있다. 예컨대 2023년 발표된 **SAP Joule**(생성형 AI 기반 디지털 어시스턴트)도 우선 클라우드 환경에서 S/4와 통합되어 제공될 예정이다. 또한 SAP Business Network(Ariba Network 등)과 S/4의 연결도 클라우드 구독 모델에서 매끄럽게 돌아가게 설계 중이다.

정리하면, **Public vs Private Cloud**는 고객 선택지이고 **RISE**는 그를 포장한 패키지이지만, 궁극적으로 SAP ERP의 미래는 **클라우드 중심의 구독형 서비스**로 수렴하고 있다. SAP ERP를 사용하는 기업들도 이에 맞춰 **IT 전략을 클라우드 퍼스트**로 조정하는 추세다. 다만 산업별 규제나 보안, 복잡한 통합 이슈 등으로 일부는 온프레미스/프라이빗 유지가 길어질 수 있으나, SAP의 투자 방향이 클라우드에 있으므로 장기적으론 **Cloud 전환은 불가피한 흐름**이라 할 수 있다.

SAP의 Intelligent Enterprise 비전과 BTP 기반 운영 모델

SAP는 S/4HANA를 중심으로 한 자사 솔루션 포트폴리오를 통해 Intelligent Enterprise(지능형 기업)라는 비전을 제시하고 있다. 이는 ERP를 포함한 **모든 비즈니스 어플리케이션이 유기적으로 연결**되고, 데이터와 프로세스가 통합되어 지능형 기술(AI/머신러닝, IoT, 고급 분석)을 활용함으로써 실시간으로 상황에 대응하고 혁신을 창출하는 기업상을 뜻한다. S/4HANA는 이 중 **디지털 코어**로서, 재무/물류 등 핵심 프로세스 데이터를 신뢰성 있게 제공하고 다른 애플리케이션들과 연계를 주도하는 역할을 한다.

Intelligent Enterprise를 구현하기 위해 SAP는 BTP(Business Technology Platform)를 중요 구성요소로 내세운다. BTP는 SAP의 PaaS 플랫폼으로, **확장(Extensibility), 통합(Integration), 데이터 관리, 분석, AI** 등을 포괄하는 기술 환경이다. 즉, S/4HANA와 같은 **Applications 계층**과, 데이터 레이크/3rd party 시스템 등의 **외부 환경**을 연결하는 **디지털 플랫폼**이다. Intelligent Enterprise에서는 S/4HANA가 BTP를 통해 SAP의 다른 클라우드 솔루션(인사, 구매망, 고객경험 등)과 연결되고, IoT 센서 데이터나 SNS 데이터 같은 외부 데이터와도 결합된다. 이렇게 **BTP가 중추가 되어 이종 시스템 간 통합과 데이터 통합을 담당**하며, 여기에 **AI/ML 서비스**나 로보틱 프로세스 자동화(RPA)를 적용하여 기업 프로세스를 지능화한다.

예를 들어 Intelligent Enterprise 시나리오 중 하나로, **수요예측 → 생산계획 → 공급망 조정 → 실시간 출하** 과정을 보자. S/4HANA는 생산계획 및 실행을 담당하지만, 수요예측은 SAP IBP(Integrated Business Planning) 솔루션이 머신러닝 기반으로 수행할 수 있다. 또 공급업체 협업은 SAP Business Network(Ariba) 통해 이루어진다. 이 모든 솔루션이 **BTP 기반의 One Data Model**과 **메시지 이벤트**로 연결되어, 하나의 유기적 프로세스처럼 동작한다. 경영진은 SAP Analytics Cloud로 이러한 end-to-end 프로세스를 모니터링하며, KPI 이상치 발생 시 BTP의 AI Core가 원인을 분석해주기도 한다. 그리고 Action이 필요하면 S/4의 Fiori 앱이나 MS Teams 통합 등을 통해 바로 실행에 옮긴다. 이는 SAP가 그리는 이상적인 Intelligent Enterprise 그림 중 일부이다.

SAP BTP 기반 운영 모델의 또 다른 측면은 **개발 및 운영의 효율화**다. 과거에는 각 SAP 시스템(ECC, BW, CRM 등)별로 커스터마이징을 하고, 통합 개발은 PI/PO, 분석은 별도 BW/BO를 두는 등 복잡했다. BTP 기반 모델에서는 **확장 개발은 모두 BTP에서 진행**하고(앞서 CAP, Build 등 언급), **통합도 클라우드 Integration Suite에서 처리, 데이터 분석도 Data Warehouse Cloud 등에서 중앙화**하는 식으로 바뀐다. 운영 관점에서도 SAP Cloud ALM이나 Central Monitoring을 통해 전사 프로세스를 모니터링한다. 이는 **IT 아키텍처를 단순화**하고 **중복 투자를 줄이며**, 모든 것이 **클라우드상의 단일 플랫폼**에서 관리되므로 **TCO 절감**과 **관리 용이성**을 제공한다. 또한 SAP BTP는 개방형이라, Non-SAP 시스템(예: Salesforce, AWS ML Services 등)과도 커넥터와 API로 연계되므로, 기업 전체의 heterogeneous한 환경을 포괄하는 **엔터프라이즈 플랫폼** 역할을 한다.

SAP의 Intelligent Enterprise 전략의 최신 화두는 **Generative AI**와 **자동화**다. S/4HANA 클라우드에는 이미 몇 가지 내장 AI(예: 예측 회계, 지능형 품질관리 등)가 포함되어 있지만, SAP는 2023년에 **SAP Business AI**라는 이름으로 자사 솔루션 전반에 AI 기능을 삽입하고 있다. 예를 들어 S/4HANA Cloud의 구매 제안 생성에 AI 알고리즘이 활용되고, 챗GPT 기반의 **Joule**이 SAP UI에서 사용자의 자연어 질문에 답하며 업무를 도와준다. 이 모든 AI 기능 역시 BTP의 AI 서비스(SAP AI Core, AI Launchpad 등)에 의해 관리되고 S/4와 연결된다. 결국 **BTP가 지능형 기능의 허브**가 되는 셈이다. RISE with SAP나 Clean Core 모두 이러한 SAP의 통합+확장 플랫폼 전략(BTP 중심)과 결을 같이 한다.

한편 운영 모델 측면에서, 고객들은 점차 "ERP+플랫폼"의 이중 레이어를 받아들이고 있다. ERP(예: S/4HANA)는 안정적으로 표준 프로세스를 처리하는 시스템 of record로 두고, BTP 같은 플랫폼에서 민첩하게 새로운 것을 시도(system of innovation)한다. 이 때 BTP에서 된 것 중 검증된 건 ERP 표준 기능에 흡수하거나, 계속 분리운영할지를 결정한다. SAP는 이 협업을 쉽게 하기 위해 BTP와 S/4 간 **원클릭 연결, ID 통합, 데이터 이벤트 공유** 등을 지속 개선 중이다.

종합하면, SAP의 Intelligent Enterprise 비전은 **S/4HANA Core + BTP Platform + Cloud Applications**를 삼위일체로 묶어 **고객이 빠르게 변화하고 똑똑하게 운영하는 기업**이 되도록 돕는 것이다. 이는 경쟁사 Oracle, Microsoft 등이 각각의 클라우드 생태계로 추구하는 방향과 유사하면서도, SAP는 자사 강점인 **비즈니스 프로세스 지식**과 **산업별 솔루션**을 녹여 차별화하고 있다. 향후 5~10년 내 SAP ERP 사용 기업들은 대부분 어느 정도 이 **Intelligent + Integrated** 모델로 운영하게 될 것으로 예상된다.

확장성과 유지보수 전략의 변화

S/4HANA 및 클라우드 시대로 접어들면서 **ERP 시스템의 확장(Extensibility)과 유지보수(Maintenance) 방식**도 큰 변화를 겪고 있다. 이는 앞서 Clean Core와 확장 기법에서 자세히 논의했지만, 미래 전략 관점에서 몇 가지 포인트를 요약 정리한다.

우선 **확장성(Extensibility)** 측면에서, **과거에는 ERP 내에 모든 걸 구현**하는 것이 일반적이었으나 이제는 **클린 코어 원칙 아래, 표준을 유지하고 밖에서 확장**하는 것이 추세다. 이로써 ERP 본연의 업그레이드와 성능은 SAP가 책임지고, 개별 기업 특수 로직은 플랫폼 확장으로 빠지게 된다. SAP는 이 경계를 명확히 하기 위해 **공개 API 수 증가, 이벤트 발행 표준화, Extension Point 확충** 등을 지속하고 있다. 미래에는, 고객이 원하는 기능을 먼저 **SAP Store나 파트너 솔루션에서 찾아보고, 없으면 BTP에 개발**하는 흐름이 더욱 굳어질 것이다. SAP도 AppStore화된 **파트너 에코시스템**을 장려하여, 표준 업그레이드와 양립 가능한 확장 옵션을 늘릴 계획이다. 고객은 과거처럼 큰 버전 업때 자체 Z코드 수정에 애먹는 일 없이, **SAP 표준과 확장 부분이 명확히 분리되어 관리**되는 이점을 누릴 것이다.

유지보수(Maintenance) 전략도 클라우드에 맞게 진화 중이다. 온프레미스 ECC 시절에는 한 번 구축하면 **5~10년 긴 기간 유지, 1~2회 대규모 업그레이드**하는 패턴이었지만, S/4HANA 클라우드 시대에는 **연중 수시로 작은 업데이트를 지속 적용**하는 것이 기본 모드다. Public Cloud의 경우 분기별 새로운 기능이 mandatory하게 적용되므로, 고객은 이를 **일정 내 사용자에게 활성화하고 테스트**하는 Continuous Update 체계를 가져야 한다. Private Cloud도 SAP와 협의해 최소 1~2년에 한 번은 버전업을 권장한다. 이에 따라 IT 부서는 **끊임없는 학습과 테스트**가 요구되고, Change Management가 일상화된다. 대신 대형 업그레이드 프로젝트 한 번 하는 것보다 매 분기 조금씩 적용하는 게 리스크와 비용 면에서 나을 수도 있다.

SAP도 유지보수 정책을 개편하여, 온프레미스 S/4HANA는 **2027(메인스트림)~2030(확장) 지원** 후 장기 계획은 아직 내놓지 않고 있다. 이는 대부분 고객이 그 시점쯤엔 클라우드로 가리라는 전제이지만, 현실적으로 2030 이후 온프레미스 연장 지원 논의도 있을 수 있다. 그러나 방향은 분명히 "Cloud only"로 가고 있고, SAP의 R&D 투자도 클라우드 우선이므로, 고객들도 향후 **Upgrade보다는** Conversion to Cloud 쪽으로 가닥을 잡을 가능성이 높다.

보안 및 규정 준수 측면에서도 변화가 있다. 클라우드 ERP에서는 SAP가 인프라 보안, 인증, 규제대응 등을 어느 정도 맡아주므로, 고객은 서비스 수준 협약(SLA)을 통해 요구사항을 전달한다. 예컨대 공공기관이나 제약업의 GxP 요건, 해외 데이터 로컬라이제이션 같은 것은 SAP 클라우드 서비스가 충족시켜야 한다. SAP는 이를 위해 **Government Cloud, Industry Cloud** 등의 개념도 추진하고, 필요시 **Private Edition on customer data center**(고객데이터센터에 설치하되 RISE 모델로 운영) 같은 옵션도 제공하게 될 전망이다. 이는 ERP 운용 방식이 기존 "내가 관리"에서 "SAP가 관리"로 바뀌는 데 따른 조정이다.

마지막으로 **인재와 조직** 관점에서, S/4HANA 및 클라우드 시대의 유지보수 전략은

DevOps 문화를 일부 수용해야 한다. 짧은 릴리스 주기에 맞춰 IT와 비즈니스가 협업하여 기능을 출시/피드백하는 사이클이 빨라진다. 또한 **ABAP 개발자들도 BTP의 Java/JS, 클라우드 아키텍처 지식**을 갖춰야 하고, **Basis 담당자들은 클라우드 서비스 관리**로 역할이 이동한다. SAP 전문가의 역할이 시스템 하우스에서 **서비스 브로커나 프로세스 전문가**로 진화하는 것이다. 기업들은 이를 위해 내부인력 재교육과 파트너 전략도 재편 중이다.

요약하자면, **SAP ERP의 확장과 유지보수 패러다임은 과거의 "한 번 구축, 오랫동안 유지"에서 "지속적 진화"로 이동**했다. Clean Core 원칙 아래 **코어는 안정적으로 유지하고, 확장은 주변부에서 민첩하게 이루어진다. 유지보수는 연속적인 업데이트와 클라우드 SLA 관리**의 개념으로 바뀌고 있다. 이러한 변화는 궁극적으로 기업이 **IT를 유연한 서비스로 활용**하고, **핵심 비즈니스에 더 집중**할 수 있게 해준다. SAP ERP의 미래는 바로 이러한 **민첩하고 지능적인 운영 모델** 위에서 전개될 것이다.

S/4HANA 기술 아키텍처 다이어그램

아래 그림은 **SAP S/4HANA의 기술 아키텍처**를 개략적으로 보여준다.

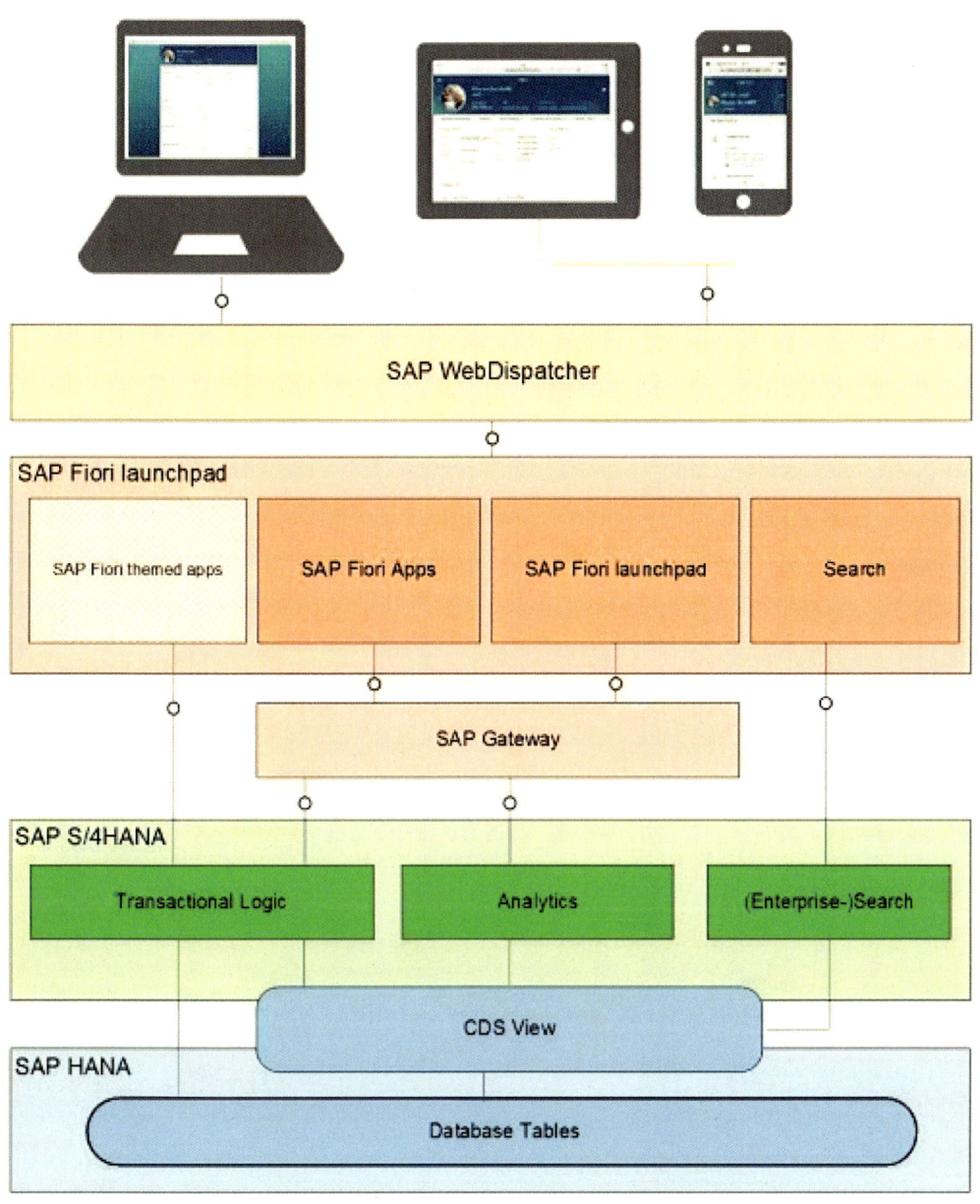

⟨"SAP Fiori Architecture" 공식 문서, 출처: SAP Help Portal⟩

CDS View 계층별 구조도

SAP S/4HANA의 Virtual Data Model(VDM)은 계층화된 CDS 뷰들로 구성된다. 아래 그림은 **CDS VDM의 3계층 구조**를 보여준다. Basic Interface View(I_)가 최하위에 위치하여 데이터베이스 테이블에서 **기본 필드를 추출**하고 의미를 부여한다. 그 위에 Composite/Reuse View(I_ 또는 R_)가 존재하여, 여러 Basic을 조합하거나 집계/계산 로직을 추가한다. 최상위에는 Consumption View(C_)가 있어, 최종적으로 UI나 외부 서비스에 노출될 데이터를 제공한다. 또한 External API용 View(A_*)도 별도 계층으로 존재하여 특정 API에 최적화된 포맷을 제공한다. 계층 간 의존 관계는 **아래 방향으로만** 가능하여 상위 뷰는 하위를 참조하지만, 그 반대는 허용되지 않는다. 이 구조를 통해 데이터 모델의 **모듈화**와 **재사용성**이 극대화되며, 변경 시 영향이 국소화된다.

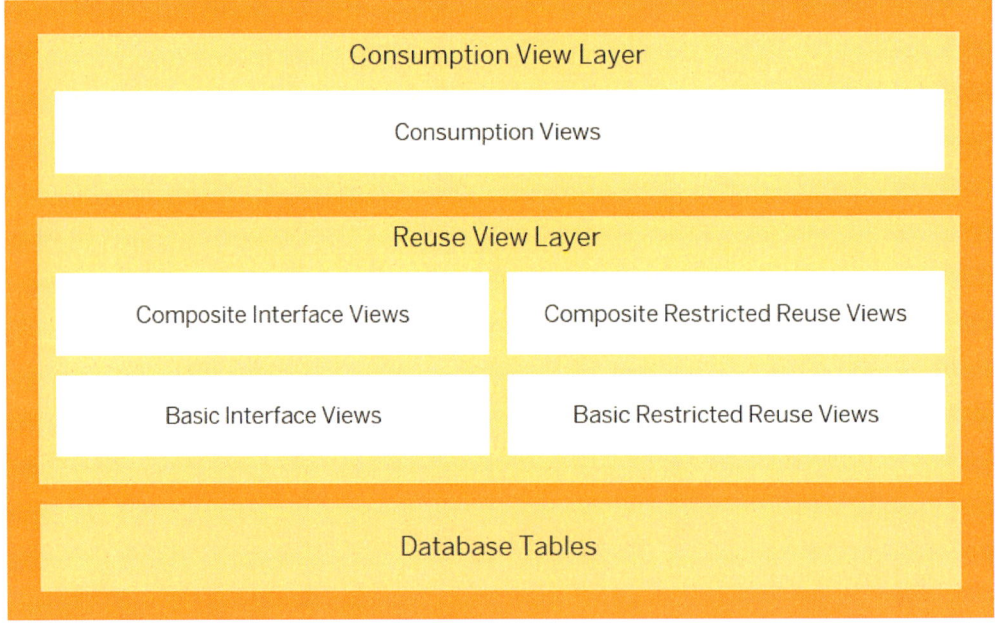

〈SAP S/4 HANA CDS 뷰의 계층별 구조(VDM 레이어링 예시), 출처: SAP-Press.com 페이지〉

Fiori Launchpad UI 예시

다음은 **SAP Fiori Launchpad의 홈 화면 예시**이다.

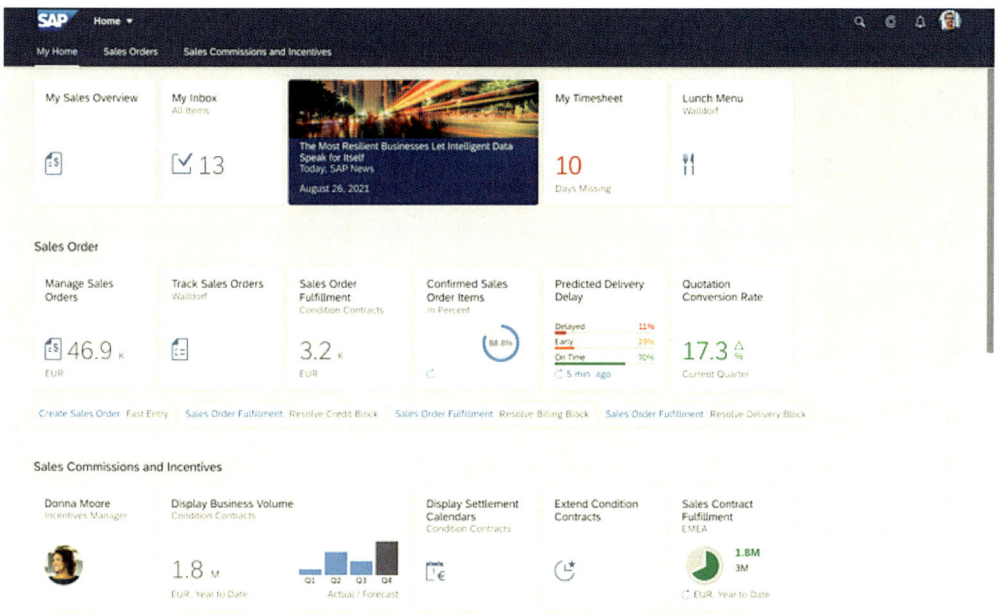

〈SAP Fiori Launchpad 홈 화면의 예시(Horizon 테마 기반), 출처: SAP 공식 홈페이지〉

사용자는 웹 브라우저를 통해 Launchpad에 로그인하며, 화면에는 역할에 따라 할 당된 타일(Tile)들이 보인다. 각 타일은 애플리케이션 또는 기능을 나타내며, **실시간 KPI나 아이콘, 텍스트**를 포함한다. 만약 영업 담당자의 화면이라면 **"Sales Orders"** 타 일에는 미결 주문 건수가 동적으로 표시하고, **"Stock Overview"** 타일에는 창고 재고 수준이 그래프로 요약되도록 사용자 업무에 맞도록 설정할 수 있다. 상단에는 검색 (Search), 알림(Notifications), 사용자메뉴(Me Area) 아이콘이 배치시켜서 글로벌 기능에 접근할 수 있게도 만들 수 있다. Fiori Launchpad는 이러한 홈 화면을 통해 **사용자가 직관적으로 업무 애플리케이션을 선택**할 수 있게 해주며, 모바일에서도 동일한 경험을 제공한다.

용어집(주요 약어 정리)

- HANA: High-performance ANalytic Appliance. SAP의 인메모리 컬럼스토어 DBMS. S/4HANA의 전용 DB로 사용됨.
- CDS: Core Data Services. ABAP에서 사용하는 데이터 정의 언어/뷰 기술. S/4HANA 데이터 모델(VDM) 구현에 사용됨.
- VDM: Virtual Data Model. S/4HANA 표준 비즈니스 데이터 모델을 지칭하며, 일련의 계층적 CDS 뷰들로 구현되어 있음.
- BRF+: Business Rule Framework Plus. SAP의 비즈니스 규칙 관리 시스템. 룰(조건, 결정테이블 등)을 정의/실행하여 ABAP논리에 통합.
- RAP:(ABAP) RESTful Application Programming Model. S/4HANA(특히 클라우드)용 최신 ABAP 개발 모델. CDS + Behaviour + OData로 구성.
- BAdI: Business Add-In. SAP 확장 포인트의 한 종류로, 표준 프로그램에서 호출하는 플러그인 형태의 사용자 구현을 넣을 수 있음.
- BTP: SAP Business Technology Platform. SAP의 클라우드 PaaS로 확장, 통합, 데이터관리, AI 등을 위한 플랫폼(예전의 SCP: SAP Cloud Platform).
- CAP: Cloud Application Programming Model. SAP BTP에서 애플리케이션을 개발하기 위한 프레임워크. Node.js/Java 기반.
- SAP Build Apps: SAP의 로우코드(No-Code/Low-Code) 애플리케이션 개발 도구 (옛 AppGyver 인수 후 SAP Build로 통합).
- Event Mesh: SAP BTP의 메시징 서비스. 이벤트 브로커로서 SAP S/4HANA 등에서 발생한 이벤트를 구독자들에게 비동기 전달(기술적으로 AMQP 기반).

- Greenfield: 새로운 시스템을 백지부터 구축하는 접근 방식(S/4HANA 맥락에서는 신규 구축 전환).
- Brownfield: 기존 ECC 시스템을 업그레이드/변환하여 S/4HANA로 전환하는 방식(시스템 컨버전).
- Selective Data Transition(Bluefield): 전체 신규나 전체 변환이 아닌, 데이터나 시스템 범위를 선별하여 혼합 전환하는 방식.
- RISE with SAP: SAP가 제공하는 구독형 서비스 패키지로, S/4HANA 클라우드 + BTP + 기타 서비스를 묶어 기업의 클라우드 전환을 지원함.
- Intelligent Enterprise: SAP가 제시하는 지능형 기업 비전으로, 데이터 통합, 프로세스 자동화, AI 활용을 통해 민첩하고 통찰력있는 기업 운영을 달성하는 개념.

지금까지 **SAP HANA와 S/4HANA 시대**에 걸맞은 기술 개요, 플랫폼 진화, 사용자 경험 혁신, 핵심 기술 요소, 확장 전략, 도입/전환 방법론, 실제 사례, 미래 전략 등을 종합적으로 살펴보았다. S/4HANA 도입은 단순 시스템 교체가 아니라 **기업 비즈니스 운영 모델의 혁신**이며, 그 성공을 위해서는 기술적 이해는 물론 **업무적 통찰과 변혁 관리**가 수반되어야 한다. 본 자료가 실제 현업과 IT 담당자들에게 S/4HANA로의 여정에 필요한 심층적인 인사이트를 제공하길 바란다.

1.5 2020년대 클라우드 전환

- 2020년대 SAP 클라우드 전환 전략과 Public vs Private Cloud 비교 분석

여기는 SAP History 대목차의 마지막으로, 앞에서 S/4 HANA에 대한 설명에 이어 SAP S/4 HANA의 Cloud 관련 SAP의 접근 전략에 대해 PCE와 Public Cloud 기준으로 상세하게 설명하고자 한다.

클라우드 전환의 시대적 배경

SaaS 모델 확산과 IT 민첩성 요구 증가

전 세계 기업 IT 환경은 2020년대를 맞아 **클라우드 퍼스트**로 급격히 전환되었다. Software as a Service(SaaS)로 대표되는 클라우드 소프트웨어 도입이 일반화되어, 한 조사에서는 전 세계 기업의 92%가 멀티클라우드 전략을 이미 도입했거나 도입 계획을 갖고 있을 정도이다. 클라우드의 장점인 신기술의 신속한 활용, 초기투자(CapEx) 대신 이용량 기반 비용(OpEx) 모델, 탄력적 확장성 등은 기업의 **IT 민첩성(agility)** 확보에 필수 요소가 되었다. 특히 2020년대 초반 코로나19 팬데믹 같은 예기치 못한 환경 변화는 **업무 시스템의 유연성**과 **디지털 전환**의 중요성을 부각시켰다. 기존 온프레미스 시스템만으로는 급변하는 시장 상황에 기민하게 대응하기 어려웠고, 실제로 "오늘날의 불확실한 환경(COVID-19, 기후 변화, 지정학적 갈등 등)에 **빠르게 적응하는 기업만이 승리할**

것"이라는 인식이 경영진 사이에 확산되었다. 이에 따라 많은 기업들이 클라우드 기반 **디지털 혁신**을 생존과 성장의 필수 과제로 여기게 되었다.

ECC/S/4HANA 온프레미스 운영 한계와 전환 압력

SAP ERP를 사용하는 기업들도 예외가 아니었다. SAP의 기존 온프레미스 ERP인 **SAP ECC 6.0**(SAP ERP Central Component) 및 초기 **SAP S/4HANA 온프레미스** 환경은 **높은 커스터마이징과 복잡도, 느린 업그레이드 주기** 등의 한계를 드러냈다. 과거 온프레미스 SAP 시스템은 각 기업별 요구에 맞춰 수많은 개별 개발(Z개발)과 **코드 수정**이 가해져 왔는데, 이러한 **복잡한 커스터마이징은 시스템 업그레이드를 어렵게 하고 운영 비용**(TCO)**을 증가**시켰다. 실제로 전통적인 SAP ERP 환경에서 운영 비용의 50% 가량 이 **기존 수정 프로그램 유지보수와 지원**에 소요된다는 분석도 있다. 또한 온프레미스 방식은 주요 버전 업그레이드가 수년 주기로 이뤄지기 때문에 **신기능 활용이 지연**되고, 급변하는 비즈니스 요구에 **민첩하게 대응하기 어렵다**는 문제가 있었다.

한편 SAP사는 **2027년 말** 이후로 ECC 6.0에 대한 표준 지원을 종료하고(2025년에서 연장됨), 이후로는 SAP S/4HANA로의 전환을 권고하고 있다. 이 지원 종료 시한(2027)은 기존 SAP 고객들에게 클라우드로 전환하거나 최신 S/4HANA로 업그레이드해야 할 압력으로 작용하고 있다. SAP 또한 **기업들의 클라우드 ERP 이전을 적극 유도**하고 있으며, 2020년대 들어 "기술적 클라우드 전환만으로는 진정한 디지털 혁신을 이루기 어렵고, 비즈니스 프로세스 자체의 변화가 수반되어야 한다"고 강조하고 있다. 다시 말해 단순히 인프라를 클라우드로 옮기거나 새로운 기술을 도입하는 것을 넘어, **표준화된 프로세스와 지능형 기술**을 활용한 **업무 방식의 혁신**이 함께 이루어져야 클라우드 전환의 가치를 극대화할 수 있다는 것이다. 이러한 요구에 부응하여 SAP는 **클라우드 기반 SaaS ERP**인 S/4HANA Cloud를 출시하고(2017년), 2020년대 들어 **기존 고객의 클라우드 전환을 가속화하기 위한 프로그램**들을 발표하며 자사의 전략 중심을 클라우드로 대폭 전환하였다.

RISE with SAP 개요: 2021년 발표 배경과 SAP 전략 변화

SAP는 2021년 1월, 자사의 클라우드 중심 전략을 대표하는 혁신적 프로그램인 "RISE with SAP"를 공개하였다. 이는 SAP CEO인 크리스천 클라인(Christian Klein)이 직접 발표한 것으로, "Business Transformation as a Service(BTaaS)", 즉 **서비스형 비즈니스 혁신**을 표방하는 **종합 패키지다.** RISE with SAP 출범의 배경에는 앞서 언급한 시대적 요구 – **고객들의 신속한 디지털 전환 지원** – 이 있었다. SAP는 팬데믹 등으로 불확실성이 커진 환경에서 **"기업이 변화에 빠르게 적응하도록 돕는 신뢰 파트너"** 역할을 자임하며, 단순히 기술만 제공하는 것을 넘어 **기업의 운영 방식과 프로세스 전반의 혁신을 돕는 총체적 서비스를 제공**하고자 했다. 클라인 CEO는 "인프라(IaaS)나 소프트웨어(SaaS)만 제공해서는 충분하지 않으며, 진정한 변혁을 위해서는 **비즈니스 트랜스포메이션 전체를 서비스로 제공**할 필요가 있다"고 강조했다. 이러한 철학 하에 탄생한 RISE with SAP는 **단일 계약**으로 클라우드 인프라부터 소프트웨어, 기술지원, 서비스까지 **모든 요소를 묶어 제공**함으로써, 고객이 **자신의 속도와 방식대로** 안전하게 **클라우드로 전환**할 수 있도록 돕는 것이 목적이다. SAP는 RISE 발표와 함께 프로세스 마이닝 전문기업 시그나비오(Signavio)를 인수하여 비즈니스 프로세스 분석 기능을 강화하는 등, 자사의 전략을 **제품 판매 중심 → 클라우드 구독 및 지속 서비스 제공 중심**으로 크게 전환하였다.

요약하면 **RISE with SAP**는 기존 SAP ECC 고객의 S/4HANA 클라우드 전환을 총체적으로 지원하는 번들 서비스로서, SAP 스스로 "One Offer, One Contract, One Responsible Party", 즉 **하나의 계약과 한 가지 책임 주체**(SAP) 하에 **고객의 디지털 변혁 여정 전반을 지원**하는 것을 목표로 삼았다. 이는 **SAP의 판매 모델**에도 큰 변화를 가져왔는데, 과거 라이선스 판매 + 유지보수 방식에서 벗어나 **구독형 클라우드 ERP 및 부가 서비스를 통합 제공**하는 방향으로의 전환을 의미한다. 2021년 이후 SAP의 주요 마케팅과 영업 전략은 RISE with SAP를 통한 클라우드 전환 지원에 집중되고 있으며, 이를 통해 SAP 역시 **자사의 클라우드 구독 매출 비중**을 크게 높여나가고 있다.

Business Transformation as a Service: RISE with SAP 구성요소

RISE with SAP는 고객이 지능형 기업(Intelligent Enterprise)으로 거듭나기 위해 필요한 핵심 요소들을 하나로 묶은 **솔루션 번들**이다. 주요 **구성요소**는 다음과 같다.

- **지능형 ERP - SAP S/4HANA Cloud**: 차세대 ERP인 **SAP S/4HANA Cloud**를 구독형 클라우드로 제공한다. RISE 고객은 **자신의 표준화 수준과 요구에 따라 퍼블릭 클라우드 또는 프라이빗 클라우드** 배포를 선택할 수 있으며(두 옵션 모두 RISE에 포함), 어떤 형태든 **SAP가 인프라 및 운영을 책임지는** SaaS 모델로 ERP를 이용하게 된다. S/4HANA Cloud 자체는 **AI, RPA, 분석** 기능이 내장된 지능형 ERP로, RISE를 통해 제공되는 S/4HANA Cloud에도 **임베디드 AI/ML, RPA, 고급 분석 기능** 등이 포함된다. RISE 구독에는 SAP S/4HANA 제품 사용권과 클라우드 인프라 비용이 함께 포함되어 있으며, 고객은 **별도 하드웨어 투자 없이** 최신 ERP를 사용할 수 있다.

- **클라우드 인프라(IaaS) 및 관리 서비스**: RISE는 ERP 시스템을 구동할 **클라우드 인프라**를 함께 제공한다. **SAP 자체 데이터센터 또는 하이퍼스케일러**(AWS, Azure, GCP 등) 중에서 인프라를 선택할 수 있으며, 어떤 경우든 **SAP가 단일 책임자로서 SLA 준수 및 운영 관리**를 담당한다. 특히 RISE with SAP 계약하에서는 인프라 제공사가 어디든 **고객은 SAP와만 계약**하면 되어, 복잡한 멀티벤더 관리 부담이 줄어든다. SAP는 **최적화된 운영 비용**을 보장한다고 강조하고 있으며, 실제 **클라우드 전환으로 기존 대비 TCO 절감** 효과도 기대할 수 있다. 또한 RISE에는 **기술적 마이그레이션 서비스**가 포함되어, SAP와 파트너가 함께 **고객사의 기존 ECC 시스템에서 불필요한 수정 코드 제거, 데이터 계층 정비** 등을 지원해 **표준화되고 모듈화된 S/4HANA 환경으로의 원활한 이행**을 돕는다.

- **SAP Business Technology Platform(BTP)**: RISE 번들에 **SAP BTP(비즈니스 기술 플랫폼)** 이용이 포함된다. BTP는 SAP의 PaaS로서 **확장 애플리케이션 개발, 데이터 통합, AI/분석, 자동화 워크플로 등의 기반 플랫폼**을 제공한다. RISE 고객은 BTP를 활용하여 **자사의 특화 요구를 충족하는 확장 앱을 신속히 개발**하거나, SAP 및 비SAP 시스템을 손쉽게 통합할 수 있다. BTP 상에서는 **단일한 데이터 모델과 권한 체계**를 기반으로 **저코드/노코드 도구**까지 활용하여 혁신을 가속화할 수 있으며, 이러한 **확장 플랫폼 제공**을 통해 SAP는 RISE 고객이 ERP 코어를 표준 상태로 최대한 유지(클린 코어)하면서도 필요한 차별화 기능은 **BTP 측에서 확장**하도록 유도하고 있다. 이는 이후 언급할 "클린 코어" 전략의 기술적 기반이기도 하다.

- **비즈니스 프로세스 인텔리전스(BPI)**: RISE with SAP에는 **SAP Business Process Intelligence** 솔루션이 포함되어, 고객이 **자사 업무 프로세스를 계측/분석하고 업계 벤치마크와 비교**할 수 있다. SAP은 2021년 프로세스 마이닝 기업 Signavio(시그나비오)를 인수하여 이 기능을 강화하였으며, RISE 고객은 **SAP Signavio**를 통해 현재 프로세스의 성능을 진단하고 **프로세스 표준화, 자동화, 개선을 위한 맞춤 권고사항**을 얻을 수 있다. 예컨대 **최적화되지 않은 프로세스 식별, 베스트 프랙티스 대비 격차 분석, 프로세스 자동화(RPA) 적용 제안** 등을 BPI 도구가 제공하여, **단순히 시스템만 클라우드로 옮기는 것을 넘어 업무 운영 방식 자체를 개선**하도록 도와준다. 이는 RISE가 표방하는 "비즈니스 변혁 지원"의 핵심 요소 중 하나다.

- **SAP 비즈니스 네트워크 접근**: RISE에는 **SAP Business Network**에 대한 접근 권한이 포함된다. SAP Business Network는 Ariba, Concur, Fieldglass 등으로 구성된 SAP의 비즈니스 거래/협업 네트워크를 의미하는데, RISE 고객은 이를 통해 **공급망 파트너들과 실시간으로 연결**하여 협업할 수 있다. SAP는 개별 기업 경계

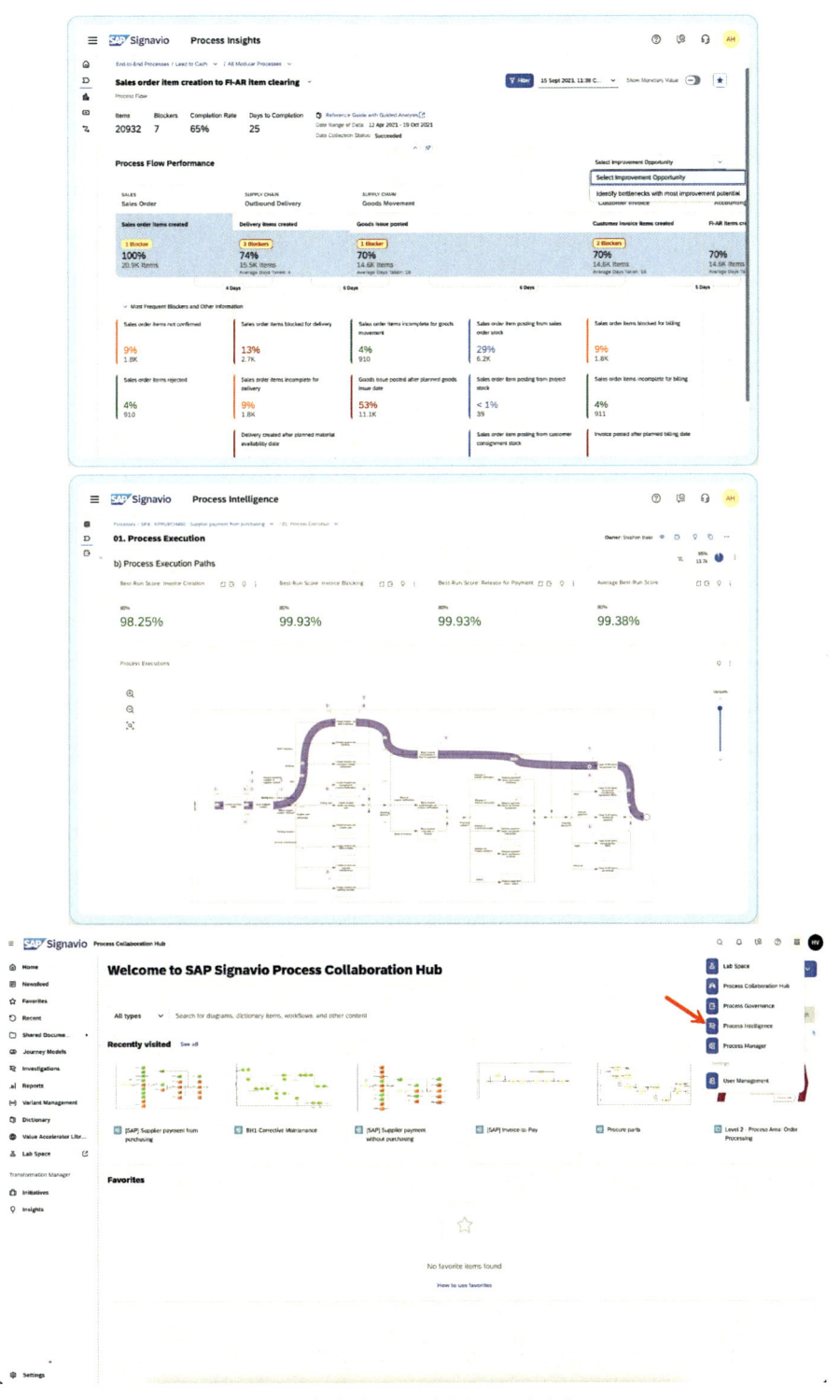

〈SAP Signavio Process Mining 활용 화면, 출처: SAP 개발자 튜토리얼: "AI-driven Process Optimization / SAP Signavio Process Intelligence" 예제 화면 이미지〉

를 넘어 **전체 밸류체인 실시간 관리가** 가능해지는 점을 RISE의 장점으로 내세우며, **조달, 물류, 자재 공급망 상의 참여자들을 하나의 네트워크로 연계해 엔드투엔드 가시성**을 높일 수 있다고 강조한다.

- **기타 프리미엄 서비스 및 툴**: 이 밖에도 RISE with SAP 패키지에는 **전환 프로젝트 가속을 위한 각종 도구와 서비스**가 포함된다. 예를 들어 **맞춤형 러닝 컨텐츠, SAP Activate 방법론 가이드, 커스텀 코드 분석 툴, 리드**(to-be) **프로세스 설계 지원** 등이 제공된다. 또한 SAP 지원하에 **전환 로드맵 수립, 가치 분석**(Value Advisor) **서비스** 등을 받을 수도 있다. 이러한 서비스를 통해 고객은 **클라우드 전환의 비즈니스 케이스 도출부터 기술적 실행까지** SAP와 협업하게 된다.

정리하면, RISE with SAP는 "**S/4HANA 클라우드 + 플랫폼 + 분석 도구 + 서비스**"를 한 데 묶은 종합 패키지이다. 고객 입장에서는 **SAP와 단일 계약**을 맺고, **ERP 시스템, 인프라, 운영, 지원까지 원스톱으로 서비스를 제공받으며** 클라우드로 전환할 수 있다. SAP는 **계약, SLA, 이슈 대응의 단일 책임자**가 되며, 고객은 복잡한 요소를 개별 조합할 필요 없이 **패키지로 제공되는 표준 요소들을 활용하여 자신만의 전환 여정을 계획**하면 된다. RISE with SAP는 이러한 **편의성과 통합된 지원**을 바탕으로 출시 이후 많은 대기업 및 기존 SAP 고객사를 클라우드로 이끄는 견인차 역할을 하고 있다.

GROW with SAP 개요: 중견 기업 대상 Public Cloud 확산 전략(2023)

SAP는 RISE with SAP를 통해 대기업 및 기존 고객의 클라우드 전환을 지원한 데 이어, 2023년에는 중견 기업(SME) 신규 고객층을 겨냥한 별도 프로그램인 "GROW with SAP"을 발표하였다. GROW with SAP는 **2023년 3월** 공개된 전략으로, 핵심은

SAP S/4HANA Cloud, Public Edition의 신속한 보급이다. 중견·중소 규모의 기업들은 대기업에 비해 상대적으로 **표준화된 SaaS ERP**에 대한 수용도가 높고, 초기부터 클라우드로 ERP를 도입하려는 수요가 늘고 있었다. SAP는 이러한 클라우드 신규 고객(Net New **Greenfield**) 확보를 위해 GROW with SAP를 출범시켰다. 이는 한마디로 "중견기업을 위한 RISE"라고도 볼 수 있는데, RISE with SAP가 모든 규모의 기존 고객 대상이라면 GROW with SAP는 특히 **ERP 처음 도입하거나 레거시를 SaaS로 교체하려는 중견 기업**에 **빠른 Public Cloud SAP 도입**을 제시하는 데 초점을 둔다.

GROW with SAP의 배경에는 다음과 같은 전략적 판단이 있었다: **SAP 고객의 80% 이상은 매출 10억 달러 이하 규모의 중견·중소기업들**이며, 이들 상당수는 전통적인 온프레미스 SAP보다는 **초기 구축이 용이하고 TCO가 낮은 SaaS ERP를 선호**한다. 그러나 RISE with SAP 번들들은 Signavio와 같은 툴이나 개별 전환지원 요소 등이 포함되어 **대기업 위주로 설계되었기 때문에, 소규모 고객에게는 과한 면이 있고 가격 진입장벽도 높다**는 지적이 있었다. 실제로 **리소스가 적은 소규모 기업들은 장기간 대규모 프로젝트보다는 빠르게 도입해 점진적으로 확장할 수 있는 경량 솔루션**을 원한다. SAP는 이러한 니즈를 반영하여, "작게 시작해 성장(Grow)하면서 확장"할 수 있는 **순수 Public Cloud SaaS 패키지**를 내놓은 것이다. GROW with SAP는 발표 직후 SAP의 **미드마켓 공략 핵심 전략**으로 부각되었고, SAP 파트너들과 함께 **6개월 내 ERP 클라우드 구현** 등의 슬로건을 내세워 중견기업 시장 공략에 활용되고 있다.

GROW with SAP 구성요소 및 RISE와의 비교

GROW with SAP 프로그램은 SAP S/4HANA Cloud Public Edition 기반의 ERP 패키지에 **신속한 도입을 위한 서비스와 커뮤니티 지원**을 결합한 형태로 구성된다. 주요 내용을 정리하면 다음과 같다.

- **SAP S/4HANA Cloud, Public Edition**(멀티테넌트 SaaS): GROW with SAP의 중심은 **퍼블릭 클라우드 에디션의 S/4HANA**이다. 중견기업 고객이 **즉시 사용 가능한** (out-of-the-box) 클라우드 ERP를 도입하여 **표준화된 최신 베스트프랙티스 프로세스**를 활용할 수 있도록, **산업별 사전구성 템플릿**이 포함된 **준비된 클라우드 ERP**를 제공한다. S/4HANA Cloud Public Edition은 다수 고객이 공용으로 사용하는 SaaS 환경으로, **커스터마이징을 최소화한 표준 프로세스** 채택을 전제로 하지만 지속적 혁신(반년 단위 자동 업그레이드)을 통해 항상 최신 기능과 규제 대응이 가능하다. GROW with SAP에서는 이 Public ERP를 **신규 구축**(Greenfield) 방식으로 빠르게 셋업하여 **몇 주 내 기본 가동**한 후 점진적으로 고도화하는 접근을 취한다.

- **Packaged Activation Services**(신속 구축 서비스): GROW with SAP에는 **SAP 및 파트너사가 제공하는 기본 구현 서비스 패키지**가 포함되어 있다. 이는 프로젝트 범위를 예측 가능하게 정하고 정형화된 방법론에 따라 **짧은 기간 내 클라우드 ERP를 활성화**하기 위한 것이다. **SAP Activate 방법론** 기반의 **Fit-to-Standard 워크숍**을 거쳐 표준 프로세스를 활성화하고, **Data Migration** 등 필수 작업을 신속히 수행하도록 SAP와 파트너가 협업한다. "6개월 내 핵심 ERP 가동"과 같은 빠른 타임라인이 제시되며, 범위와 기간이 고정된 **팩키지형 Implementation**이 특징이다. 이를 통해 중견기업 고객은 예산 초과나 일정 지연 우려 없이 **예상된 비용과 일정으로 ERP를 도입**할 수 있다.

- **SAP BTP 및 확장 옵션**: GROW with SAP에도 **SAP BTP 이용 권한**이 포함되어, 필요한 경우 **클린 코어 원칙으로 확장 개발**을 할 수 있다. 다만 중견기업 대상인 만큼 대규모 개발보다는 **가벼운 사이드-바이-사이드 확장**이나 **파트너 솔루션 활용**을 권장한다. SAP는 GROW 패키지 내에 **필요 최소한의 BTP 리소스와 SAP Build 같은 로우코드 도구**를 포함시켜, 고객이 **별도 시스템 변경 없이도** 추가 기능을 구현할 수 있도록 지원한다. 즉, **SAP 표준 기능으로 커버되지 않는 특수 요**

구는 **BTP 상에서 보완**하고 핵심 ERP 코어는 표준대로 유지하도록 유도한다는 점에서 RISE와 철학을 공유한다.

- **산업별 베스트 프랙티스와 파트너 에코시스템**: SAP는 GROW with SAP를 통해 **특정 산업군에 맞춘 사전 구성 프로세스**를 제공한다. 예를 들어 **소매유통, 전문서비스, 하이테크/스타트업** 등 산업별로 SAP와 파트너들이 준비한 패키지 솔루션 (예: 리테일용 모듈)이 제공되어 **고객사가 추가 개발 없이도 산업 특화 기능**을 활용할 수 있게 한다. 또한 SAP는 **믿을 수 있는 파트너 네트워크**를 GROW 프로그램에 연계하여, 검증된 파트너들이 중견기업의 빠른 도입을 지원하도록 했다. SAP 공식 홈페이지나 마켓플레이스를 통해 **GROW with SAP 인증 파트너**를 소개하고, 이들이 제공하는 **Vertical Solution**이나 컨설팅을 활용해 **짧은 기간에 산업 특화 기능까지 구현**하는 것을 목표로 삼고 있다. 이는 **SAP 에코시스템 차원에서의 미드마켓 공략** 전략으로 볼 수 있다.

- **교육 및 커뮤니티 지원**: GROW with SAP는 **중견 기업 고객들이 SAP를 처음 쓰는 경우가 많음**을 감안하여, **SAP Learning Hub 이용권, 온라인 커뮤니티 접근, 초기 사용자 교육 자료** 등을 제공한다. 이를 통해 고객사가 **자체 역량을 빠르게 키우고** 클라우드 ERP를 활용할 수 있도록 돕는다. SAP 커뮤니티를 통해 **유사 규모 기업들의 모범사례를 공유**하고 SAP 전문가와 소통하며 정보를 얻을 수도 있다. 예를 들어 **SAP Midmarket Growth Summit** 등을 개최하여 GROW with SAP 고객들이 경험을 나누는 장을 마련하고 있다. 이러한 커뮤니티 기반 지원은 **도입 후 지속적인 성공**을 돕기 위한 것으로, 제한된 IT인력을 가진 중견기업 고객에게 큰 가치가 된다.

- GROW with SAP 오퍼링의 구성 요소: 클라우드 ERP와 BTP, 산업별 베스트프랙티스, 신속 구축 서비스, 파트너 생태계, 학습/커뮤니티 지원 등을 포괄한다.

지금까지 설명한 GROW with SAP 구성은 RISE with SAP와 맥을 같이하면서도 **대상 고객과 범위 면에서 차별화**된다. 이제 **RISE와 GROW의 주요 차이점**을 정리해보자.

RISE vs GROW 비교 요약

RISE with SAP는 기존 SAP 사용 기업(특히 대기업/글로벌)을 위한 **전체적인 클라우드 전환 패키지**로, Private Cloud 옵션까지 포함하며 **개별 고객 맞춤 전환**에 무게를 둔다. 반면 GROW with SAP는 SAP 신규 도입을 고려하는 **중견 기업**을 위한 Public Cloud SaaS 패키지로, Greenfield 신속 구축과 표준 기능 활용에 초점을 맞춘다. RISE가 **과거 투자 보호**와 유연성(기존 시스템 유지 + 클라우드 전환)을 강조한다면, GROW는 **처음부터 클라우드 기반 모범 사례로 시작하여 필요한 부분만 확장**하는 접근을 강조한다. 따라서 RISE에는 **Signavio 기반 프로세스 분석**이나 복잡한 전환 도구 등이 포함되지만, GROW에는 그러한 요소 없이 **핵심 ERP와 빠른 구축 서비스**에 집중하고 있다. 두 프로그램 모두 **클린 코어 및 확장(Extensions) 철학**을 따르고 SAP BTP를 활용한다는 공통점이 있으나, RISE가 **대기업의 장기 로드맵 기반 혁신**이라면 GROW는 **중견기업의 단기 실행력과 성장 지원**에 초점을 둔 차이가 있다. 기업 규모와 상황에 따라 **어느 프로그램이 적합한지 선택**하게 되며, SAP는 **상황별 최적 경로**를 제시하고 있다.

Public Cloud vs Private Cloud Edition 비교

SAP S/4HANA Cloud를 도입하려는 기업은 퍼블릭 클라우드(Public Cloud)와 **프라이빗 클라우드 에디션**(Private Cloud Edition, PCE) 중 선택할 수 있다. 두 에디션은 모두 S/4HANA를 기반으로 하지만 **시스템 구성과 운영 모델, 확장성 측면에서 상당한 차이**가 있다. **RISE with SAP** 구독 시에도 두 옵션을 모두 지원하며, 고객의 상황에 따라 적합한 모델을 선택하게 된다. 이하에서는 **Public vs Private Edition의 주요 비교 항목**을 살펴보고, 각 모델 선택 기준을 정리한다.

SAP S/4HANA Cloud **Public Edition**과 **Private Edition**의 차이: *Public*은 멀티테넌트 *SaaS*로 표준화와 낮은 *TCO*에 초점, *Private*은 개별 인스턴스로 유연한 확장과 기존 투자 보호에 초점이 맞춰진다.

멀티테넌트 vs 싱글테넌트(배포 모델 차이)

Public Edition은 **멀티테넌트** 구조의 **SaaS**(Software as a Service) ERP이다. 다수의 고객이 동일한 애플리케이션 인스턴스를 사용하되 논리적으로 데이터가 분리된 형태이며, **SAP가 표준화된 환경을 중앙 운영**한다. 인프라는 SAP가 지정한 퍼블릭 클라우드 리전에서 제공되며(예: AWS, Azure 등의 공용 리소스), 고객이 인프라 레벨을 직접 제어하지 않는다. 멀티테넌트 SaaS의 장점은 **SAP 측에서 성능 및 보안 최적화를 일괄 관리**하고, **여러 고객을 하나의 코드베이스로 지원**함으로써 **규모의 경제를 통한 낮은 운영비용**을 제공할 수 있다는 것이다. Public Edition은 **SAP가 인프라부터 애플리케이션까지 모두 호스팅**하므로, 고객은 **소프트웨어 활용과 데이터 관리에만 집중**하면 된다.

반면 **Private Edition**은 **싱글테넌트**로 각 고객 전용으로 제공되는 S/4HANA 인스턴스이다. 물리적으로는 퍼블릭 클라우드(IaaS) 위에 올라가지만 **각 고객마다 별도 환경(VPC)을 구성**하며, 타 고객과 애플리케이션 레벨을 공유하지 않는다. 인프라는 SAP Data Center 또는 고객이 선택한 특정 하이퍼스케일러(Azure/AWS/GCP 등)에 전용으로 할당되며, 고객은 **자신만의 SAP 시스템을 갖는 형태**가 된다. Private Edition은 **RISE with SAP**를 통해 제공될 때 SAP가 기본 인프라 관리와 애플리케이션 운영을 담당하지만, 멀티테넌트처럼 완전히 동일한 환경을 모든 고객이 쓰는 것이 아니라 **고객별로 커스터마이징된 설정을 유지**할 수 있다는 차이가 있다. **언어, 국가, 산업별 기능 제한이 없으며**, 필요한 경우 고객이 원하는 시점에 개별 증설이나 업그레이드 일정 조율도 가능하다. 한마디로 Private Edition은 **온프레미스와 유사한 전용 환경을 클라우드 형태로 누리는 모델**이다.

두 모델의 선택 기준은 **기업의 시스템 복잡도와 표준화 가능성**에 따라 나뉜다. **업무**

프로세스가 비교적 단순하고 ERP를 처음 도입하거나 표준 프로세스로 충분히 운영 가능한 조직이라면 멀티테넌트 Public Edition이 적합하다. 반면 **기존에 SAP를 깊이 활용해왔고 다수의 커스터마이징/레거시 연계가 존재**하거나 **규제상 별도 환경 격리가 필요한 경우**, 그리고 **전환 시 기존 투자(프로세스/데이터)를 최대한 활용하려는 경우**에는 Private Edition이 선호된다. 예를 들어 **복잡한 생산관리나 다각화된 비즈니스를 가진 대기업**, 엄격한 데이터 관리가 필요한 금융/공공기관 등은 Private Edition을 통해 과거 자산을 유지하며 클라우드로 전환하는 경향이 있다. 반대로 **특별한 커스터마이징이 필요 없고 빠른 가치 실현이 중요한 서비스업, 유통/소비재** 등의 분야는 Public SaaS ERP를 도입해 **짧은 구현 기간과 낮은 초기 비용의 이점**을 취하고 있다. 실제로 SAP도 "SAP S/4HANA Public Edition은 연매출 20억 유로 이하의 중견/신생 기업, 클라우드 퍼스트 전략을 추구하며 복잡도가 낮은 기업에 주로 적합"하다고 밝히고 있다.

보안 및 데이터 규제 대응력보안(Security)과 **컴플라이언스(규제 준수)** 측면에서, **Public Cloud는 SAP가 표준화된 최고 수준의 보안 조치와 준법 프로세스를 관리**한다는 이점이 있다. 멀티테넌트 환경에서는 SAP가 인프라 계층부터 애플리케이션까지 통합 보안을 책임지며, 각종 인증 획득(ISO, SOC 등)과 업계 표준 준수(예: GDPR 데이터 보호)를 일괄 처리한다. 이는 보안 전문 인력이 부족한 중견기업 등에 특히 유용하며, SAP의 글로벌 모범사례를 적용받아 **신뢰성 있는 보안 수준을 확보**할 수 있다. 하지만 **기업별 커스텀 보안 정책 적용이나 특수 규제 대응**에는 한계가 있을 수 있다. 예를 들어 금융업의 특정 보안 솔루션 연계나 국가별 특수한 인프라 통제 요구사항 등은 Public Cloud에서는 **고객이 임의로 구현할 수 없다.** 반면 Private Edition의 경우 **인프라부터 애플리케이션까지 고객 전용으로 격리**되어 있어, 필요하면 **추가적인 보안 장치를 고객이 설계/적용**할 수 있다. 예컨대 **전용 암호화 키 관리, 망 분리 구성, 고객사 보안 솔루션 설치** 등이 가능한 유연성이 있다. **규제 준수** 측면에서도 Private Edition은 **특정 국가법 또는 산업 규제에 맞춰 인프라 위치를 선택**하거나 **데이터 주권을 고려한 운영**이 보다 수월하다. 물론 Private Edition에서도 기본적으로 SAP가 표준 보안을 제공하지만, **추가 커스터마이징 여지가 있다는 점**이 Public Cloud와의 차이이다. 요약하면,

Public Cloud는 SAP의 일관되고 검증된 보안/컴플라이언스 체계를 얻는 대신 고객 맞춤 통제가 어렵고, Private Cloud는 고객이 책임져야 할 부분이 늘어나지만 특수 요구에 부응하는 설계가 가능하다는 트레이드오프가 있다. 각 기업은 **내부 보안 역량, 규제 수준** 등을 고려해 적합한 모델을 선택하게 된다.

커스터마이징 유연성과 확장성

기능 확장성(Customization & Extensibility)은 Public vs Private의 가장 큰 차별화 요인이다. **Public Edition은 ERP 코어에 대한 직접적인 수정이나 수정된 Z코드 반영이 불가**하다. SAP가 제공하는 **표준 Fiori 앱 기반의 In-App Extensibility**(예: 필드 추가, 화면 구성 변경 등 제한적 확장)만 허용되고, 복잡한 기능 확장은 **SAP BTP 상의 Side-by-side 확장**으로 구현해야 한다. 또한 **SAP GUI 접속이나 ABAP 프로그래밍으로의 직접 개발**이 멀티테넌트 환경에서는 원칙적으로 불가능하다. 이는 **ERP 코어를 표준 상태로 유지**하여 향후 업그레이드 시 호환성 문제를 막고자 하는 설계로, 사용자에게는 다소 제약으로 느껴질 수 있다. 그러나 SAP는 이러한 **표준화의 이면에 BTP를 통한 유연한 확장 옵션**을 제공하고 있으며, 결과적으로 "필요한 차별화는 클린하게 확장하고, 코어는 깨끗이 유지"하는 이점이 있다고 강조한다. 사실 대부분의 일반 기업은 SAP Public Edition에 내장된 **수백개의 베스트 프랙티스 프로세스**로 업무 처리가 가능하며, 이는 **개발/유지 비용 절감과 향후 업그레이드 용이성**이라는 장점을 가져온다. 실제 분석에 따르면 Public Edition + BTP 조합으로도 Private 대비 거의 대부분의 통합·확장이 가능하며, 오히려 **불필요한 과잉개발을 억제**하는 긍정적 효과를 낼 수 있다고 한다.

한편 Private Edition은 SAP S/4HANA 온프레미스와 동일한 수준의 **커스터마이징 자유도**를 갖는다. **ABAP 확장, SAP GUI 접근, 기존 Z코드 마이그레이션** 등이 허용되며, SAP 공식 파트너 애드온이나 Industry Solution도 적용할 수 있다. 필요하면 SAP 소스코드 수정(Modifications)도 가능하나, 이는 **권장되지 않는 방법**으로 분류된다(향후 업그레이드 호환성 문제). Private Edition의 궁극적 목적도 과도한 커스터마이징을 지양하고 표준사용을 장려하는 것이지만, **어쩔 수 없는 경우 고객이 책임 하에 코어 코드를 수정할 수 있는 여지를 두는 것이다.** 예컨데 **30년간 ECC를 커스터마이징해온 복잡한 시스템**을 가진 기업이라면, Private Edition으로 전환 시 **기존 수백개의 Z프로그램을 일부 유지**하면서 단계적 혁신을 도모할 수 있다. 또한 **SAP와 오랫동안 함께해온 대기업들의 자체 ABAP 개발 역량**을 활용할 수 있다는 것도 Private Edition의 이점이다. 요약하면 **Public**은 **"가능한 한 표준 유지 + 확장은 BTP 활용"**, **Private**은 **"기존 코드 자산 활용 허용 + 필요한 경우 ABAP 개발"**로 구분된다. 다만 SAP도 **클린 코어(Clean Core)** 철학을 강력히 추진 중이어서, Private Edition 고객에게도 가능하면 ABAP Cloud(클린 확장 모델)와 **BTP 사이드바이사이드 확장**을 권고하고 있다. 실제 **SAP Build 같은 저코드 도구를 Private 고객에게 번들**로 제공하여, 과거에 ABAP으로 만들던 것을 이제는 **BTP에서 손쉽게 개발**하도록 유도하고 있다. 결국 Private Edition을 선택하더라도 "개발은 되도록 코어 밖에서"라는 원칙은 유지된다고 볼 수 있다.

업그레이드/릴리즈 주기와 운영 책임

릴리즈 주기 측면에서 Public Cloud Edition은 SAP가 정기적인 업데이트를 강제로 수행하는 모델이다. 현재 SAP S/4HANA Cloud Public은 **연 2회(2월, 8월) 메이저 릴리즈 업그레이드**가 이뤄지며, 그 사이에 월간 패치(Hotfix 및 Legal change)가 자동 적용된다. Public Edition 고객은 SAP가 정한 일정에 따라 업그레이드가 진행되므로, **항상 최신 버전을 사용**하게 된다. 이는 **최신 기능 활용과 법규 준수(예: 세법 개정 반영)** 측면에서 이점이며, 고객 측 **IT인력의 업그레이드 작업 부담이 거의 없다.** 대신 **고객은 SAP의 릴리즈 노트에 맞춰 내부 프로세스나 확장 앱을 점검해야** 하며, 6개월마다 달라지는 기능에 사용자들이 적응할 수 있도록 변경관리(Change Management)가 필요하다. SAP는 이러한 **Continuous Innovation** 모델을 통해 공통적으로 개선된 기능을 모든 고객에게 빠르게 전파하고, 고객은 **업그레이드 테스트 비용 감소와 자원 계획 용이** 등의 효과를 얻는다고 강조한다. 실제 Public Edition의 규격화된 반기 업그레이드 방식은 **기업 IT의 운영 부담을 줄이고 혁신 주기를 단축**시켰다는 평가를 받는다.

　Private Edition의 경우 **업그레이드 일정과 버전 선택에 비교적 유연성**이 있다. Private Edition은 기본적으로 SAP S/4HANA의 연간 온프레미스 릴리즈(예: 2022, 2023 버전 등)를 기반으로 하며, 고객은 **자사 환경에 맞춰 업그레이드 시간을 조정**할 수 있다. 예컨대 새 버전이 나오면 즉시 올릴 수도 있고, 내부 검증을 거쳐 **몇 개월 늦게 적용**할 수도 있다(다만 너무 오래 미룰 수는 없으며, SAP 유지보수 정책 내에서 일정 조율). 또한 필요한 경우 **한 번 건너뛰고 다음 버전으로 업그레이드**하는 것도 온프레미스와 유사하게 가능하다. **운영 책임** 면에서도, RISE 계약 하에서는 SAP가 업그레이드 작업을 기술적으로 지원하지만 **최종 승인과 일정 결정 권한은 고객에 더 많이 부여**된다. 이는 제조업 등 **업무 비수기에 맞춰 업그레이드 창을 선택**해야 하는 기업이나, **ERP와 연계된 주변 시스템 호환성 테스트에 시간이 필요한 경우** 등에 유리하다. 대신 업그레이드 수행에 있어 **고객 측 Basis/IT 팀의 참여와 테스트 부담이 Public보다는 크다.** Private Edition은 한마디로 "SAP 주도 자동 업그레이드"가 아닌 "고객 주도 계획 업그레이드"라 할 수 있다. 이로써 얻는 이점은 **업무 영향 최소화와 변경 통제력**이지만, 반대로 **혁신 속도가 더뎌질 가능성**도 있다. SAP는 모든 Private 고객도 결국 최신 릴리즈를 따라잡도록 장려하며, **클라우드 혁신 혜택을 놓치지 말 것**을 권고하고 있다. 결국 선택은 **빈번한 자동혁신을 선호하는가 vs 안정적인 통제와 호흡을 중요시하는가**의 차이로 요약된다.

　운영 측면에서 Public과 Private 모두 **RISE with SAP** 계약 시에는 **SAP가 기본 운영을 관리**하지만, 멀티테넌트 Public은 **완전한 SaaS로서 SAP가 애플리케이션 레벨까지 관리**하는 반면 Private은 **전용 시스템 운영에 고객의 역할 일부가 남아있을 수 있다.** 예를 들어 Public Cloud에서는 **백업/DR, 모니터링, 튜닝 등이 SAP 공통 프로세스로 수행**되어 고객이 관여할 부분이 거의 없다. 반면 Private Cloud는 **고객 전용 Lanscape**이므로 **고객과 SAP 운영팀이 협업하여 시스템 설정을 최적화**하고, 필요시 **고객이 특정 운영 정책**(예: 일정 시간대 배치작업) 등을 SAP팀에 요청하는 식으로 진행된다. 또한 Public은 **SAP가 성능을 글로벌 최적화**하여 제공하지만, Private은 **고객이 원하는**

경우 자체 성능튜닝을 시도할 여지도 있다. **비용 구조도 약간 다를 수 있는데**, Public 은 **순수 구독형 OPEX로 사용량 기반 비용**인 반면, Private은 **RISE 구독형일 경우에 도 고객 전용자원 때문에 상대적으로 고정비 비중이 높고** 초기 세팅 비용이 클 수 있 다. 그러나 **워크로드가 매우 예측 가능하고 일정한 대기업**이라면, Private 전용 환경이 오히려 장기적으로 비용 효율적일 수 있다는 분석도 있다.

정리하면, Public Cloud Edition은 SAP가 표준화된 운영을 100% 책임지고, 고객은 **빠른 혁신과 낮은 TCO를 얻는 대신 변경에 유연하게 적응**해야 한다. Private Edition 은 **온프레미스에 준하는 유연성과 기존자산 활용, 통계력을 보유**하나 **표준화 수준이 낮아 고객의 노력과 비용 부담이 상대적으로 크다.** 각 기업은 **자신의 IT전략, 규제 요 건, 프로세스 복잡도**를 고려해 두 옵션 중 최적의 경로를 선택하게 된다. 경우에 따라 **하이브리드 2-Tier 모델**(본사는 Private, 지사는 Public 같이)을 택하는 사례도 있으며, SAP 는 **어떤 조합이든 BTP와 통합하여 일관된 플랫폼**을 제공함으로써 고객 선택을 지원하 고 있다.

SAP 클라우드 전환 방식(이행 옵션)

SAP S/4HANA로의 전환에는 Greenfield(신규구축), Brownfield(시스템 변환), Selec-tive Data Transition(선택적 전환) 세 가지 대표 시나리오가 있다. 앞의 목차에서도 잠 깐 설명했지만 이번 장에서는 좀더 상세하게 전환 방식에 대한 차이를 설명하겠다.

클라우드 환경에서도 이 세 접근법이 모두 적용 가능하며, 각 방식은 장단점과 적용 조건이 다르다. 또한 SAP는 성공적 전환을 위해 **SAP Activate 방법론**과 **Fit-to-Stand-ard 원칙**을 제시하고 있다. 이를 통해 **표준에 부합하는 최적의 전환 경로**를 따를 것을 권고한다. 아래에서는 각 전환 방식과 특징, 그리고 Activate 방법론에 기반한 클라우 드 전환 접근을 살펴본다.

Greenfield(신규 구축)

Greenfield 방식은 말 그대로 백지 상태에서 새롭게 S/4HANA 시스템을 구축하는 것이다. 과거 ECC 또는 타 시스템에서 **기존 프로세스나 데이터를 가져오지 않고, SAP가 제공하는 표준 프로세스를 기반으로 새로운 설계**를 한다. 이를 흔히 **신규 구현**(New Implementation) 또는 **Reengineering 방식**이라고도 한다. Greenfield의 장점은 **과거 시스템의 복잡성과 기술 부채를 청산하고, 최신 모범사례에 따라 비즈니스 프로세스를 재설계**할 수 있다는 점이다. **온프레미스 ECC 사용 기업들이 수십년에 걸쳐 누적시킨 커스터마이징과 데이터 정리를 한 번에 할 수 있는 기회**가 되며, 기능적으로도 **불필요한 것들을 걷어내고 표준에 집중**함으로써 **단순하고 모던한 시스템**을 구축할 수 있다. SAP S/4HANA Cloud Public Edition 도입은 기본적으로 Greenfield 접근을 전제로 하며, **기존 ERP의 프로세스를 그대로 옮기지 않고 표준 프로세스를 채택**하도록 유도한다. Greenfield의 단점은 **실행에 시간과 노력, 조직 변화가 많이 필요**하다는 것이다. **기존에 쌓인 모든 설정과 데이터를 버리고 새로 시작**해야 하므로, **프로젝트 기간이 길어지고**(보통 수년) 비용도 많이 소요될 수 있다. 또한 사용자들도 익숙한 환경을 버리고 새로운 프로세스를 학습해야 하므로 **Change Management** 난이도가 높다. 현실적으로 대기업의 경우 Greenfield 전환은 **업무 중단을 최소화하기 위해 단계적으로 롤아웃**하거나, 일부 법인부터 시작해 확산하는 전략이 요구된다. 요약하면 **Greenfield = 높은 혁신 + 높은 투자**인 접근이며, **프로세스를 근본부터 혁신하려는 의지가 강하고 시간/비용을 투입할 용의**가 있을 때 선택된다. 예컨대 **구글, 유니레버** 등 일부 글로벌 기업들이 Greenfield로 S/4HANA를 새로 구축한 사례가 있으며, **새로운 비즈니스 모델 구현이나 대대적 프로세스 표준화**를 목표로 하는 경우가 많다.

Brownfield(시스템 변환)

Brownfield 방식은 기존 ECC 시스템을 **현황 유지를 최대한 활용**하면서 S/4HANA로 **기술적 업그레이드**하는 접근이다. 이를 시스템 컨버전(System Conversion)이라고도 부르며, 흔히 "리프트 앤 시프트(lift & shift)" 방식으로 비유된다. Brownfield에서는 기존 ERP의 프로세스와 데이터, 커스터마이징을 가능한 한 그대로 S/4HANA로 옮기는 것이 목표다. 우선 기존 ECC 시스템을 HANA DB로 마이그레이션하고, S/4HANA 호환성 체크와 코드 리팩토링 작업을 거친 후, S/4HANA로 업그레이드하는 식의 절차를 밟는다. 기존 테이블 구조와 트랜잭션 중 단종된 것은 표준 변환 도구가 자동 조정해주고, 일부 ZFiori로 대체된 GUI 트랜잭션 등은 신규 기능으로 전환해준다. Brownfield의 이점은 기존에 잘 동작하던 프로세스와 데이터를 버리지 않고 계속 활용할 수 있다는 점이다. 따라서 업무 사용자 입장에서도 변화 충격이 적고, 전환 후 곧 안정적인 가동이 가능하다. 또한 프로젝트 기간이 Greenfield보다 짧고(일반적으로 12~18개월 정도), 데이터 이관 범위도 전사 모든 데이터에 대해 일괄 이루어지므로 과거 이력도 온전히 보존된다. 한편 단점으로는 기존 시스템의 문제점까지 함께 가져갈 우려가 있다는 점이 꼽힌다. 비표준 커스터마이징이나 비효율적 프로세스가 있었다면 S/4HANA로 그대로 옮겨지는 셈이며, 이 경우 새로운 시스템에서도 본질적 개선은 이루어지지 않는다. 실제 Brownfield 전환 프로젝트에서는 구버전에서 삭제되거나 변경된 기능으로 인해 변환 실패가 일어나거나, 방대한 Z코드 수정 작업으로 어려움을 겪는 사례도 보고된다. SAP 자체 분석으로도 Brownfield 시 4회 이상의 샌드박스 컨버전 시도(테스트 변환)를 예상하고 있으며, 불확실한 리스크 요인으로 인한 다수 차수의 재시도를 각오해야 한다고 언급된다. 예컨대 어느 기업은 10차례 넘는 컨버전 시도 끝에 성공했다는 극단적 사례도 있다. 따라서 Brownfield를 택할 경우, 사전에 커스터마이징 정리, 데이터 정합성 확보, 인터페이스 호환성 점검 등을 철저히 해야 한다. Brownfield는 현 상태에 큰 불만이 없고, 전환 시 리스크를 줄이고 싶어하는 기업에서 주로 선택하며, 제한된 시간 내 전환해야 하는 경우(예: 지원 종료 시한 임박)에도 현실적인 대안이 된다. SAP는 Brownfield를 고려하는 고객에게도 전환 과정에서 표준 프로세스로 최대한 전환(Fit-to-Standard)하고, 향후 Clean Core 유지를 권고하고 있다.

Selective Data Transition(하이브리드 전환)

Selective Data Transition(SDT)은 일종의 **하이브리드 접근**으로, **Greenfield와 Brownfield의 중간 지점**에 위치한다. 종종 **Bluefield**라고도 불리는데(특정 컨설팅사 용어), SAP 공식적으로는 SDT라는 용어를 쓴다. 이 방식에서는 **기존 시스템의 일부 요소는 재사용하고 일부는 신규 구축**한다는 철학을 취한다. 구체적으로, **조직단위별 혹은 프로세스별로 상이한 전환 전략을 적용**하거나, **한 시스템의 일부 데이터만 새로운 S/4 시스템으로 이동**시키는 등의 기법이 활용된다. 예를 들어 **멤버사 통합**을 추진하는 그룹이라면, 각 계열사 ECC에서 **선택된 마스터/트랜잭션 데이터만 추출하여** 새로운 통합 S/4 시스템에 적재하고, 공통화된 프로세스만 새로 구축하는 식으로 진행할 수 있다. 또는 한 기업 내에서도 재무모듈은 클린하게 재구축(Greenfield)하되 생산모듈은 기존 로직을 상당 부분 이관(Brownfield)하는 식의 혼합도 가능하다. **Selective**이라는 명칭대로 **필요한 데이터/프로세스만 골라서 옮기는 유연성**이 특징이다.

SDT의 장점은 **리스크와 비용을 절충**하면서도 **필요한 혁신을 부분적으로 구현**할 수 있다는 것이다. **전체 Greenfield는 부담되지만 Brownfield로는 아쉬운 기업**에 맞춤형 솔루션이 된다. 예컨대 **중요한 기존 데이터(최근 몇년치)를 유지하되 오래된 데이터는 폐기**하여 데이터 볼륨을 줄이고 품질을 높일 수 있고, **핵심 모듈은 재설계하면서 비핵심 영역은 이관**해 프로젝트 노력을 분산할 수도 있다. 또한 **다중 SAP 인스턴스를 운영하던 기업의 통합**에도 유용한데, 여러 시스템에서 선택된 요소를 모아 단일 S/4HANA로 컨솔리데이션(통합)하는 시나리오가 가능하다. 이러한 융통성 덕분에 SDT는 최근 **M&A, 기업분할, 글로벌 ERP 통합** 등 케이스에서 각광받고 있다. SAP는 2018년 Selective Data Transition Engagement라는 전담 협의체를 만들어, 주요 파트너들과 함께 SDT 방법론을 정립하고 지원하고 있다. 이 협의체를 통해 **표준화된 SDT 접근법, 툴, 품질 게이트** 등을 공유하여 프로젝트 성공률을 높이고 있다.

하지만 SDT는 **가장 높은 수준의 전문성과 계획수립이 필요한 방식**이기도 하다. **적용 시나리오가 천차만별**이어서 **각 기업에 맞춤 구성**해야 하고, 사용할 툴도 여러 가지(SAP 표준 툴 + 파트너 도구 조합)가 동원된다. 프로젝트 관리도 복잡하여 **테스트 사이클**

을 여러 번 거치고, **데이터 정제 및 매핑 작업도** 방대하다. 일반적으로 **Brownfield 프로젝트 리더는 "단 몇 주" 단위로 생각하지만, SDT 리더는 "수개월", Greenfield 리더는 "수년" 단위로 생각한다**는 업계 속담이 있을 정도로 SDT는 중간 난이도에 속한다는 언급도 있다. 따라서 기업 상황에 SDT가 반드시 필요한 경우에만 채택하고, 그렇지 않다면 Green이나 Brown 중 하나를 명확히 선택하는 것이 효율적일 수 있다. 그럼에도 불구하고 SDT는 **복잡한 환경의 현실적인 해결책**으로 자리 잡고 있으며, SAP도 향후 **고객사별 Hybrid 전환 수요가 늘어날 것**으로 보고 이 영역 지원을 강화하고 있다.

SAP Activate와 Fit-to-Standard 접근

SAP는 성공적인 S/4HANA 전환을 위해 **SAP Activate**라는 표준 방법론을 제시하고 있다. Activate는 **탐색(Discover) → 준비(Prepare) → 탐구(Explore) → 실행(Realize) → 배포(Deploy) → 실행 후 운용**의 6단계로 구성된 Agile 기반 방법론으로, 특히 **클라우드 구현에 특화된 Best Practice 콘텐츠와 가이드**를 포함한다. Activate 방법론의 핵심 철학은 **"Fit-to-Standard", 즉 고객의 업무 프로세스를 SAP 표준 프로세스에 최대한 맞추는 방식으로 구현**하는 것이다. 이는 과거 온프레미스 시대의 "애즈-이즈/투-비 분석 후 갭에 따라 커스터마이징"하던 BluePrint 접근과 달리, SAP가 제공하는 선진 프로세스를 먼저 보여주고 고객이 이에 피트(Fit)**하는지 판단**하도록 한다. Activate의 **Explore 단계**에서 **Fit-to-Standard 워크숍**을 진행하는데, **SAP Best Practice 시나리오**(시연용 시스템)**들을 가지고 고객의 각 업무 시나리오를 검토**한다. 대다수 경우 SAP 표준기능으로 요구사항을 충족할 수 있으며, 불가피하게 맞지 않는 부분만 **백로그로 식별**하여 **추가 확장개발 또는 프로세스 변경**을 결정한다. 이러한 접근 덕분에 **불필요한 맞춤개발을 대폭 줄이고**(최소화), **SAP 표준기능을 최대한 활용**함으로써 **구현 속도를 높이고 향후 업그레이드 용이성**을 확보할 수 있다. 실제 Fit-to-Standard를 따르면 **내부 개발 감소, 프로젝트 기간 단축, 운영 리스크 경감, 업데이트 대응 용이성** 등 여러 이점을 얻을 수 있음이 확인되었다. 특히 클라우드 환경에서는 고객이 소스코드에 손댈 수 없으므로, Fit-to-Standard는 **사실상 필수 원칙**이라 할 수 있다. SAP도 "대부분의 경우 SAP S/4HANA의 표준 프로세스가 고객의 요구를 충분히 지원한다"며, 개별 개발에 집착하기보다 표준 활용을 통해 **슬림하고 향후 확장가능한 구현**을 할 것을 강조한다.

Activate 방법론은 프로젝트 진행을 **에자일(스프린트) 방식**으로 나누어 관리하고, **각 단계별 산출물 템플릿과 가이드**를 제공함으로써, 처음 SAP를 도입하는 조직도 따라하기 쉽게 설계되었다. 솔루션 매니저(Solution Manager)나 **Cloud ALM** 같은 툴과 연계하여 요구사항부터 테스트, 커스텀 개발 관리까지 전체 사이클을 추적하는 모범사례도 제시한다. 또한 SAP는 Activate 지침 내에 **Selective Data Transition 시나리오별 콘텐츠**도 포함시켜, 앞서 언급한 SDT 프로젝트들도 이 방법론 틀 안에서 진행될 수 있게 했다.

요약하면, SAP 클라우드 전환 프로젝트는 **자사 상황에 맞는 이행 접근 방법(그린/브라운/하이브리드)을 선택**하되, **구현 과정에서는 Activate 방법론을 따라 Fit-to-Standard 원칙으로 진행**하는 것이 권장된다. 이를 통해 **프로젝트 성공률을 높이고, 전환 이후에도 표준 기반의 안정적 운영과 신속한 혁신 사이클**을 유지할 수 있다. 실제 많은 SAP 파트너사들이 **Activate + Fit-to-Standard**를 전환 프로젝트의 기본 철학으로 삼고 있으며, 고객 조직 내 변화관리(조직원들의 표준 수용 마인드셋 함양)까지 포함하여 클라우드 전환의 완성도를 높이고 있다.

주요 도입 사례

SAP의 클라우드 전환 전략은 이미 전 세계 여러 기업에서 진행되고 있다. 이하에 **RISE with SAP를 활용한 글로벌 사례**와 **국내 주요 도입 사례**를 소개하고, **Public Cloud vs Private Cloud 선택 경향**을 산업별로 살펴본다. 해외 사례는 기존 각 SAP버전별 사례와 유사한 글로벌 업체가 결국 선도적으로 구현 한 사례이며, SAP Global 홈페이지의 내용으로 조사하였으며, 국내 주요 사례는 언론 상에 보도 된 내용을 바탕으로 정리를 하였다.

글로벌 사례: Siemens, Maersk, Moderna의 RISE 적용

- **Siemens Healthineers 사례**: 지멘스 헬시니어즈(Siemens Healthineers)는 글로벌 의료기술 선도기업으로, 2023년 자사의 디지털 전환을 가속화하기 위해 **RISE with SAP를 도입**하였다. 헬시니어즈는 **SAP S/4HANA Cloud, Private Edition**을 선택하여 핵심 ERP를 클라우드로 전환하고, 동시에 **SAP BTP와 SAP Signavio** 솔루션을 함께 활용하기로 했다. 이는 RISE 패키지를 **전방위로 활용**한 사례로, 헬시니어즈는 RISE 도입 전 **파일럿 프로젝트**를 통해 **표준화된 운영과 프로세스 거버넌스 향상** 등의 효과를 직접 검증하였다. CIO인 Stefan Henkel은 "SAP 기술 도입으로 **복잡성을 줄이고 프로세스를 고도로 표준화**하여 헬스케어 혁신을 가속화할 것"이라고 밝혔으며, SAP는 이 프로젝트를 통해 헬시니어즈가 **클라우드의 혁신 잠재력을 활용**하고 **비용을 절감하며 민첩성을 높일 것**으로 기대했다. 헬시니어즈 사례는 **대규모 제조·의료 기업이 RISE를 통해 Private Cloud로 전환한 대표적 케이스**로, 기존 ECC 자산을 가져가면서도 **표준화/클린코어 전략**을 병행한 성공 사례로 평가된다(지멘스 그룹 전체도 수년간 S/4HANA로 전환 중이며, 헬시니어즈 외에 지멘스 AG 산하 여러 부문에서 단계적으로 RISE 적용이 이뤄지고 있다).

- **A.P. Moller-Maersk 사례**: 세계 최대 해운물류기업인 머스크(Maersk)는 **엔드투엔드 공급망 서비스 기업**으로 변모하고자 하는 전략에 따라 **SAP S/4HANA Cloud ERP**를 도입했다. Maersk는 "표준 SAP S/4HANA 코어를 실행하고, 혁신은 SAP BTP로 구현한다"는 **클린 코어 전략**을 명확히 밝혔다. 실제로 Maersk는 내부 IT 인력을 2019년 35명에서 2022년 300명 이상으로 늘리고, 그 중 많은 인원이 **SAP BTP를 활용한 애플리케이션 개발과 프로세스 자동화**에 집중하도록 했다. 예를 들어 **고객 신용관리, 벤더 계정 조정, 보증서 발급, 선적 화물 릴리스** 등의 프로세

스에 SAP BTP 기반의 맞춤 애플리케이션과 iRPA(지능형 프로세스 자동화)를 적용하여 업무 효율화를 이뤘다. Maersk 사례의 핵심은 **대규모 기업도 Public Cloud 기반 표준 ERP를 채택하고, 개별 요구사항은 BTP로 해결**할 수 있음을 보여준 것이다. Maersk의 엔지니어링 이사는 "SAP BTP를 혁신 플랫폼으로 활용함으로써 IT랜드스케이프를 단순화하고 애자일하게 만들었다"고 언급했고, 이는 SAP가 주창하는 **"핵심은 클린하게, 차별화는 클라우드 플랫폼으로"** 전략과 정확히 일치한다. 머스크는 현재 재무, 물류 등 핵심 영역에서 SAP S/4HANA Cloud 및 SAP Analytics Cloud를 전사적으로 확산 중이며, **RISE with SAP 계약을 통해 이 프로젝트를 진행**하고 있는 것으로 알려졌다. 머스크 사례는 **전통 산업기업도 SaaS ERP + PaaS 확장으로 성공적 디지털 전환**을 이룰 수 있음을 잘 보여준다.

- **Moderna 사례**: mRNA 백신으로 유명한 모더나(Moderna)는 급격한 기업 성장에 발맞춰 **SAP S/4HANA 클라우드**를 도입한 사례다. 모더나는 COVID-19 백신 개발의 성공 이후 파이프라인 확장을 위해 **40여개의 신약/백신 파이프라인을 운영**하게 되었고, 이 성장을 뒷받침할 유연한 백엔드 시스템이 필요했다. 이에 2022년, 모더나는 **RISE with SAP를 통해 자사 ERP를 S/4HANA로 업그레이드**하기로 결정했다. 핵심 목표는 **급증하는 데이터와 프로세스를 클라우드로 스케일링**하고, **유연한 확장성으로 향후 수요 증가에 대비**하는 것이었다. RISE 계약에는 **기존 ERP 업그레이드 및 SAP BTP 기반 커스터마이징 앱 개발**이 포함되었고, SAP는 모더나에 **엔드투엔드 표준 프로세스**(연구개발, 조달, 유통, 규제, 재무 등)을 제공함으로써 모더나가 **신속히 글로벌 바이오기업으로서의 운영 역량**을 갖추도록 지원했다. SAP 발표에 따르면 모더나는 RISE를 통해 **새 ERP 시스템을 기반으로 연구개발부터 상업 생산, 회계까지 자동화**하고 프로세스를 **스케일러블하고 투명하게** 만들 수 있었다. **기존 중소형 시스템에서 대기업형 프로세스로 도약**한 모더나 사례는, **클라우드 ERP가 고속성장 기업의 발목을 잡지 않고 오히려 성장을 촉진하는 인프라가 될 수 있음**을 보여준다. 모더나는 현재도 SAP와 긴밀히 협력하여 새로

운 기능(예: 공급망 추적, 품질관리 등)을 지속적으로 클라우드에 추가하고 있다.

이외에도 GlobalFoundries(반도체 제조), Siemens Energy, Nestlé, Microsoft 자사 재무부문 등 수많은 글로벌 기업들이 RISE with SAP를 통해 클라우드 전환을 진행 중이다. 이들 사례의 공통점은 **대규모 기업들도 하나같이 클린 코어 유지와 표준 프로세스 수용을 원칙으로 삼고 있다**는 점이다. 그리고 **SAP BTP, Signavio 등을 적극 활용**하여, 단순한 기술 업그레이드가 아닌 **업무혁신 관점의 전환을 꾀하고 있다**는 것이다.

한국 사례: LG CNS, 포스코 DX, 카카오엔터프라이즈 등

- **LG CNS**: LG CNS는 국내 대표 IT서비스 기업이자 SAP 파트너로서, **SAP 클라우드 전환을 선도적으로 추진**하고 있다. LG CNS는 자체적으로 일찍이 **차세대 ERP로 SAP S/4HANA를 도입**하고 이를 클라우드에서 운영해 왔다. 특히 2023년 SAP로부터 **APJ지역 최초의 SAP 전략 서비스 파트너(RSSP)** 지위를 획득하여, **국내 기업의 RISE with SAP 프로젝트**를 다수 수행하고 있다. LG CNS는 **자체 개발한 퍼펙트윈(PerfecTwin) ERP 전환 자동화 도구**를 통해 SAP ECC → S/4HANA 전환 시 **테스트 자동화와 데이터 정합성 확보**를 돕고 있으며, 이를 활용해 **전환 기간을 단축하고 오류를 최소화**하는 혁신을 이루었다고 발표했다. LG CNS 사례는 **IT서비스 기업이자 SAP 고객**으로서 자사 전환 경험을 살려 **다른 기업의 클라우드 전환 지원 비즈니스로 확장**한 케이스라 할 수 있다. 실제 LG CNS는 LG계열뿐 아니라 **다수의 국내 제조사, 공공기관의 RISE 프로젝트**를 수주하며 SAP 클라우드 전환 생태계의 핵심 플레이어로 활동 중이다. LG CNS 관계자는 "과거 복잡한 커스터마이징을 클린 코어로 정리하고, SAP의 AI 기반 새로운 기능들을 활용함으로써 ERP를 디지털 전환 플랫폼으로 거듭나게 한다"고 전했다(LG CNS가 도입 지원한 한 사례에서 **재무데이터 실시간 분석, 클라우드 데이터 통합 등으로 의사결정 속도가 향상**되었다고 한다). LG CNS는 **SAP와의 협력 강화**를 통해 향후 **클라우드 ERP에 AI와**

빅데이터를 접목한 신규 서비스도 개발 중이다.

- 포스코 DX: 철강기업 포스코의 IT자회사인 **포스코 DX**(구 포스코ICT)는 **그룹 차원의 대규모 ERP 통합 및 클라우드 전환**을 주도하고 있다. 2023년 포스코 그룹은 "One IT 프로젝트"를 가동하여 **계열사별 분산된 핵심 시스템들을 통합**하기로 했는데, 여기에는 연결결산, 인사, ESG, 물류 등 공통 업무의 표준화가 포함되었다. 포스코DX는 이 프로젝트에서 **프라이빗 클라우드로의 통합**을 추진하고 있는데, 자체 데이터센터(충주)를 활용하되 필요시 일부 퍼블릭 클라우드도 병행 검토한다고 밝혔다. 이는 **사내 프라이빗 클라우드 기반의 Private Edition 운영**을 의미하며, 높은 보안 요구와 그룹 특화 프로세스를 고려한 결정으로 보인다. 해당 프로젝트에서 **표준 IT 시스템 구축**과 **실시간 물류 추적 고도화** 등이 언급되는데, 이는 기존 시스템(아마도 ECC 기반)을 S/4HANA로 통합하면서 **스마트팩토리, AI물류 등 신기술과 연계**하려는 시도로 풀이된다. 포스코DX의 사례는 **제조 대기업이 그룹 전반을 Private Cloud로 일원화**하는 과정에서 **IT자회사가 중심이 되어 클라우드 전환**을 이끌고 있는 모습이다. 특히 철강업처럼 **커스터마이징이 많은 산업에서 PCE 전략을 택해 점진적 혁신**을 추구하는 전형적인 사례라 할 수 있다. 향후 포스코DX는 축적된 전환 경험을 활용해 외부 고객 대상 SAP 전환 사업도 모색하고 있다.

- 카카오엔터프라이즈: 국내 IT플랫폼 기업인 카카오의 엔터프라이즈 부문은 **SAP와의 협력으로 주목**받는 사례다. 카카오엔터프라이즈는 자체 협업메신저 카카오워크(Kakao Work)를 통해 기업용 솔루션 사업을 전개하고 있는데, 2021년 SAP 코리아와 파트너십을 맺어 **카카오워크와 SAP ERP를 연계한 업무 자동화 봇**을 선보였다. 예를 들어 **카카오워크 상에서 SAP ERP의 결재·구매·영업관리 업무를 처리**할 수 있는 챗봇 기능을 개발하여, ERP 사용자가 별도 SAP 접속 없이 메신저 상에서 승인과 정보 조회를 할 수 있도록 한 것이다. 이 솔루션은 SAP Business

Technology Platform(BTP)의 표준 기술을 활용해 구현되었으며, SAP ERP, S/4HANA, SuccessFactors(인사), Ariba(구매) 등과 연동된다. 즉 **SAP BTP의 API 및 이벤트를 카카오워크 봇과 연결**하여, **실시간 알림과 승인처리**를 가능케 한 것이다. 2021년 8월 공개된 이 사례에서 카카오엔터프라이즈는 **SAP 구매요청 승인 봇** 등을 개발해 **카카오워크 기반 전자결재로 SAP 구매오더 생성까지 자동화**했다고 밝혔다. 이 사례의 의의는 **국내 IT기업이 SAP의 클린코어/확장 전략을 활용하여, 친숙한 UX 플랫폼(메신저)과 SAP 백엔드를 통합**한 것이다. 이를 통해 **사용자 경험을 개선하고 업무 효율을 높이는 새로운 접근**을 제시하였다. 카카오엔터프라이즈는 이후로도 SAP와 협력을 강화해 **AI 기반 번역, 문서분석 등 카카오의 AI 기술을 SAP 환경에 접목**하는 방안을 모색 중인 것으로 알려졌다. 카카오 사례는 **클라우드 시대에 SAP가 지향하는 개방형 협력**의 한 단면으로, **SAP의 확장성 (BTP)을 활용하면 타사의 혁신 서비스와 손쉽게 결합**할 수 있음을 보여준다. 이는 SAP 자체뿐 아니라 고객사에도 새로운 가치 창출 기회가 된다(카카오 계열사 중 **카카오스타일** 등이 SAP S/4HANA를 도입하여 재무를 혁신한 사례도 있는데, 이는 SAP ERP 도입으로 **실시간 회계 및 데이터 기반 의사결정**이 가능해진 예시로 소개되고 있다).

이 외에도 국내에서는 **LG화학, 한화그룹, 삼성전기** 등 대기업들이 S/4HANA로의 전환을 진행 중이며, 상당수가 Private Cloud Edition(RISE) 형태를 취하고 있다. 반면 **DB손해보험, 아주캐피탈** 등 금융권에서는 **퍼블릭 클라우드 Edition**으로 S/4HANA를 도입하는 움직임도 있다(주로 인사/경영관리 영역). 산업별로 살펴보면, **서비스업·유통업** 등은 표준화에 비교적 우호적이어서 Public Cloud 채택 비율이 높고, 제조업·공공부문 등은 커스터마이징과 규제 이슈로 Private Cloud 선호 경향이 뚜렷하다. 다만 국내 규제상 완전한 퍼블릭 SaaS ERP가 어려운 일부 공공기관은 **프라이빗 클라우드(정부인증 DC)에 SAP를 설치**하는 형태로 클라우드 전환을 모색하고 있다. 결국 **국내 사례들도 글로벌 추세와 마찬가지로**, 기업 규모가 크고 요구사항이 복잡할수록 Private Cloud(RISE)를, 민첩성과 비용효율을 중시하는 중견기업은 Public Cloud(GROW)를 선택하는 양상이 확인된다.

성공 요인 및 전환 리스크

많은 기업들이 **SAP 클라우드 전환 프로젝트**를 추진하면서 **성공을 좌우하는 요인과 유의해야 할 리스크**에 대한 인사이트를 공유하고 있다. 다음은 그러한 **성공 요소와 실패 위험**을 정리한 것이다.

성공 요인(Critical Success Factors)

- **표준 수용과 클린 코어 유지**: SAP 클라우드 전환의 최우선 성공 요인은 **기존 커스터마이징을 과감히 줄이고 SAP 표준 프로세스를 수용하려는 조직의 의지**이다. Cloud ERP에서는 빈번한 업그레이드가 이뤄지므로, 과도한 커스터마이징은 곧 기술부채로 전락한다. 따라서 "가능한 한 표준대로, 부득이한 경우에만 확장"하는 **Clean Core 철학**을 프로젝트 시작 단계부터 명확히 해야 한다. 이를 위해 경영진이 "업무를 시스템에 맞춘다"는 메시지를 구성원에게 전달하고, 실제 워크숍에서 **SAP 권장 프로세스를 먼저 검토**하는 문화가 중요하다. 표준 수용이 잘되면 **개발/테스트 부담이 크게 감소**하여 프로젝트가 순조롭고, 전환 후에도 **업그레이드 안정성과 낮은 TCO**라는 클라우드 혜택을 온전히 누릴 수 있다. 실제 프로젝트 경험자들은 "과거 우리가 수년간 구축한 복잡한 프로세스도, 막상 표준 솔루션으로 충분히 처리되는 경우가 많았다"고 언급한다. 반면 **기존 방식을 고집하여 수많은 Z개발을 이어간다면** 클라우드로 가도 얻을 수 있는 이점이 제한적이다.

- **조직적인 변화관리(OCM)와 인력 역량 강화**: 클라우드 ERP 도입은 **단순한 시스템**

교체가 아니라 사람들의 일하는 방식 변화를 수반한다. 따라서 Organizational Change Management(OCM)가 성공의 열쇠다. 첫째, **조기에 주요 사용자(Key User)를 참여**시켜 변화에 대한 거부감을 줄이고 **테스트·훈련을 통해 시스템 이해도를 제고**해야 한다. 예컨대 Fit-to-Standard 단계부터 현업 키유저들이 함께 시나리오 검토를 하고, 통합테스트에 실사용자들이 적극 참여하여 **Go-Live 시점에 놀랄 것이 없도록** 만드는 것이다. 둘째, **내부 IT인력의 기술 스킬 업그레이드**가 필요하다. 클라우드 ERP에서는 **Fiori UI, ABAP Cloud, SAP BTP, 보안/인터페이스 클라우드 환경** 등에 대한 새로운 지식이 요구된다. 기존 ABAP 인력도 **Fiori UI 개발이나 BTP 기반 확장** 역량을 키워야 하며, **클라우드 인프라 아키텍처**를 이해하는 인력도 필요하다. 교육과 외부 전문가 협업을 통해 이러한 스킬 전환(Skillset shift)을 지원해야 한다. 셋째, "클라우드 마인드셋"을 조직 전반에 심어야 한다. 이는 **민첩한 실행, 지속 개선에 대한 열린 자세**를 의미한다. 과거 1~2년에 걸친 대형 프로젝트를 지양하고, **짧은 주기의 기능 추가와 빈번한 업데이트 수용**을 문화로 받아들이는 것이 중요하다. 또한 **핵심 시스템은 표준화하고, 차별화는 외부 플랫폼에서** 한다는 사고 전환(기존 "무조건 커스터마이징" 문화의 탈피)도 포함된다. 이러한 변화관리 노력은 기술적 전환 못지않게 프로젝트 성패를 좌우한다. 한 컨설턴트는 "클라우드 ERP 성공은 50%가 기술, 50%가 사람 문제"라고 할 정도로 OCM을 강조했다.

- **체계적 프로젝트 관리와 단계별 성과 달성**: SAP 클라우드 전환은 복잡한 대형 프로젝트인 경우가 많기에, **엄격한 프로젝트 관리 기법**이 요구된다. Activate 방법론을 준수하면서도 **애자일 기법**을 접목해 **단계별로 가치 산출물을 도출**하는 전략이 좋다. 예를 들어 **Sprint 단위로 기능을 완성하고 검증**하여 진행 상황을 투명하게 공유하고, 위험요소를 조기에 식별/해결한다. 품질 게이트(Q-Gate)를 두어 각 단계 종료 시 산출물 완성도를 점검하는 것도 필요하다. 또한 **데이터 마이그레이션, 인터페이스, 권한설계** 등 병행 트랙을 잘 통합관리 해야 한다. 특히 데이터 전

환은 전사 비즈니스에 영향이 크므로 **파일럿 변환 테스트**를 통해 **다운타임 예측과 정합성 검증**을 충분히 거쳐야 한다. 프로젝트 관리 측면에서 SAP의 RISE처럼 **원팀(One Team)** 조직을 구성해 SAP, 파트너, 고객 담당자가 긴밀히 협업하는 것이 효과적이다. 각 분야(**자문, 기능설계, 기술, 인프라, 테스트**)별로 전담 조직(워크스트림)을 꾸리고, **전체 PMO에서 통합 일정/이슈 관리**를 수행해야 한다. 또한 프로젝트 초기에 **명확한 목표 설정과 KPI 정의**가 중요하다. 단순히 "S/4로 전환"이 아니라 "**프로세스 처리시간 30% 단축**", "**운영비 연 20% 절감**" 등 **정량적 목표**를 수립하면 구성원들의 동기 부여와 후속 가치 측정이 용이하다. 마지막으로, **탑 매니지먼트의 지원과 의사결정 신속화** 역시 성공 요소이다. 전환 과정에서 다양한 이슈(조직 간 표준화 충돌, 추가 비용 승인 등)가 발생하는데, 경영진의 이해와 적시 의사결정이 뒷받침되어야 난관을 돌파할 수 있다.

- **파트너 활용과 전문역량 확보**: 클라우드 전환 여정에서는 혼자 모든 것을 하기 어렵다. **경험 많은 SAP 파트너 및 전문가와의 협업**이 성공을 좌우한다. 예컨대 대규모 전환의 경우 SAP 본사의 MaxAttention 지원이나 **전문 컨설팅 파트너**를 활용해 **Custom Code 분석, 성능 튜닝, SDT 도구 적용** 등을 진행하는 것이 효과적이다. **SI 파트너 선정** 시에는 단순 기술역량뿐 아니라 **산업 도메인 지식과 클라우드 프로젝트 경험**을 중시해야 한다. 실제로 많은 프로젝트에서 **파트너 인력 부족이나 경험 미숙**으로 어려움을 겪는 사례가 있다. 최근 컨설팅 업계 인력 이동이 활발해 SI사들도 **리소스 부족**을 겪고 있으므로, **핵심 인력 확보와 유지**가 중요한 성공 요소다. 이를 보완하기 위해 고객사 자체적으로 프로젝트 지원 인력(내부 TF)을 충원하거나 **3rd-party 품질검증 파트너**를 두기도 한다. 또한 테스트 단계에서는 **테스트 자동화 도구**(예: Tricentis, Worksoft)나 **SAP의 솔루션 매니저 기능**을 활용하여 수작업 테스트 부담을 줄이는 것도 성공포인트다. 마지막으로, 전환 후에도 **지속적 혁신을 위해 SAP와 파트너의 생태계 활용**이 중요하다. 클라우드 환경에서는 SAP 로드맵에 따라 새로운 기능이 계속 추가되므로, 이를 **적시에 학습하고 비**

즈니스에 적용하는 체계를 갖춰야 **클라우드 전환의 ROI**가 극대화된다. 예컨대 SAP 업그레이드마다 **새 기능 웨비나**에 참여하고, User Group 활동을 통해 다른 기업 사례를 참조하는 노력이 필요하다.

전환 리스크 및 실패 사례 교훈

한편, 주목해야 할 **전환 리스크 요소**들도 있다. 아래는 공통적으로 지적되는 위험과 실패 요인들이다.

- **과도한 커스터마이징 지속**: 앞서 성공 요인으로 표준 수용을 들었듯이, 반대로 **기존 레거시 방식을 고수하여 코어 커스터마이징을 줄이지 못하면** 전환 효과가 반감된다. 실제 몇몇 기업은 클라우드 전환 후에도 **여전히 다수의 Z코드와 내부 프로그램을 유지하여 업그레이드 때마다 장애를 겪거나 기능 혁신에 제약**을 받았다. 한 글로벌 사례에서 **필수적이지 않은 내부 개발들을 제거하지 않고 Brownfield 전환**을 했다가, **업그레이드 테스트에 과도한 노력**이 들어 결국 Public Cloud로 **재전환**하는 웃지 못할 일도 있었다고 한다. **교훈**: "클라우드에 올라탈 때 짐은 가볍게"라는 점이다. 클린 코어로 가지 못하면 언젠가 그 부채를 청산해야 하는 순간이 온다.

- **데이터 품질 및 이관 실패**: ERP 전환에서 **Data Migration**은 가장 난이도 높은 작업 중 하나다. **정확한 데이터 매핑, 정합성 검증 부족**은 전환 실패의 주요 원인이다. 예를 들어 마스터 데이터에 중복이나 오류가 많았는데 정제 없이 옮겼다가 **새 시스템에서 트랜잭션 오류 속출** 사례가 있다. 또 **대용량 이관 시 성능 이슈로 계획된 다운타임을 넘겨** Go-Live를 연기한 경우도 있다. **교훈**: **전환 전에 반드시 데이터 클렌징 작업**을 하고, **여러 차례 모의 이관 리허설**을 수행해야 한다. 또한 모든 데이터 다 가져갈 필요가 있는지 고민하여 필요 데이터만 선별 이관(SDT)하거

나, **이관하지 않는 데이터는 별도 아카이브 전략**을 준비해야 한다. 데이터는 전환의 성패를 가르므로, **"쓰레기 In - 쓰레기 Out"이 되지 않도록** 해야 한다.

- **인터페이스/주변시스템 미비**: ERP는 주변 타 시스템들과 수많은 인터페이스로 연결돼 있다. 클라우드 전환 시 이 인터페이스들을 간과하면, 새 ERP는 도입했지만 **다른 시스템과 연계 오류로 업무가 마비될 수 있다.** 예를 들어 생산현장 IoT 시스템과 실시간 연동이 안되어 데이터 누락이 발생하거나, 타사 시스템과 EDI 연계가 SSL 인증 등 클라우드 특성으로 끊어진 사례 등이 보고된다. **교훈: 전체 IT 아키텍처 관점에서 전환 영향도를 분석**하고, **인터페이스를 사전에 재개발/테스트**해야 한다. SAP BTP의 Integration Suite 등을 활용해 **기존 인터페이스를 재조정**하는 것이 바람직하다. 특히 퍼블릭 클라우드는 **온프레미스와 네트워크 구조가 달라** VPN 등 보안연결 이슈가 있을 수 있으므로, **기술적 접속 경로 사전 검증**이 필요하다.

- **프로젝트 범위 크립(Scope Creep)**: 전환 프로젝트 도중 **범위가 계속 추가/변경되는** 것도 위험하다. 초기엔 코어 모듈만 전환하기로 했는데 중간에 특정 부서 요구로 추가 기능을 넣는다든지, 계획에 없던 레거시 시스템 통합을 얹는 식이다. 이는 일정 지연과 비용 초과의 주범이다.

- **교훈: 범위를 엄격히 통제**하고, 새로운 요구는 **2단계 이후로 유보**하는 결단이 필요하다. Activate 방법론상 **백로그 관리**를 잘하여 Must와 Nice-to-have를 구분하고, 핵심 목표를 우선 달성해야 한다.

- **인력 부족과 지식 손실**: SAP 전환에는 경험 많은 인력이 필요한데, 최근 IT인력 시장에서 **경험자 채용이 어렵거나 이직으로 유실되는** 문제가 크다. 프로젝트 도중 핵심팀장이 교체되거나, 파트너사 컨설턴트가 잦은 로테이션으로 프로젝트 지

식을 잃는 일이 있다. **교훈: 핵심 인력에 대한 인센티브와 지식 공유 체계가 중요하다.** 또한 문서화를 철저히 하고, SAP의 지원(예: SAP ActiveAttention)을 활용해 **지식공백을 메우는 전략**도 필요하다.

- **사업적 가치 미흡:** 마지막으로, 클라우드 전환이 **IT 부서 프로젝트로만 머물고 사업 부서의 체감 가치가 낮으면** 실패한 것이나 다름없다. 투자 대비 명확한 **비즈니스 KPI 개선**이 안 보이면 경영진 지지도 사라지고 후속 프로젝트도 어려워진다. **교훈:** 애초에 **전환의 비즈니스 케이스를 명확히** 하고, 전환 후 **실제 성과**(재무속보 개선, 재고감소 등)를 측정/홍보해야 한다. 이를 위해 프로젝트 초반에 **ROI 모델링과 기대효과 정의**를 해두고, 사후 실적을 리뷰하는 것이 바람직하다.

요컨대 SAP 클라우드 전환은 전사적 혁신 노력이 요구되는 도전적인 과제다. 그러나 **위의 성공 요소들을 충족하고 리스크를 선제 관리**한다면, **새로운 ERP 플랫폼 위에서 향후 비즈니스 혁신을 가속화**하는 발판을 마련할 수 있다. 반대로 안이한 준비나 과거 방식 답습은 프로젝트를 좌초시킬 위험이 있다. "기술보다 중요한 것은 조직 문화와 의지"라는 말처럼, 기술적 난관은 SAP와 파트너의 도움으로 극복할 수 있으나 **조직의 변화 대응력이 부족하면 성공하기 어렵다.** 결국 사람, 프로세스, 기술 모든 측면에서 **혁신에 대한 공감대와 실행력**을 갖추는 것이 클라우드 전환 성공의 열쇠라고 하겠다.

클라우드 시대의 SAP ERP 전략 변화

SAP 클라우드 전환은 단순히 인프라 변화에 그치지 않고 **SAP 자체의 제품 전략과 권고 아키텍처도 큰 변화**를 가져왔다. 클라우드 시대 SAP ERP 전략의 키워드는 "Clean Core", "확장 앱(Extensions)", "지속적 혁신(Continuous Innovation)", "하이퍼스케일러 협력" 등으로 요약된다. 이를 하나씩 살펴본다.

Clean Core와 확장 앱 전략(BTP, CAP, SAP Build)

Clean Core란 SAP ERP 코어(S/4HANA 본체)를 **표준 상태로 깨끗하게 유지**하고, 필요한 특화 기능은 **코어 밖에서 확장**하는 전략을 말한다. 이는 앞서 여러번 언급된 **클린 코어 철학**으로서, SAP가 클라우드 시대에 강력히 추구하는 방향이다. 과거 ECC 시절에는 고객별로 코어를 많이 뜯어고쳤지만, 이제는 **코어를 "신성불가침" 영역으로 두고 업그레이드 안전성을 확보**하는 대신 **혁신은 그 옆에서 전개**하도록 하겠다는 것이다. SAP는 Clean Core 전략의 효과로 **업그레이드 지연 없이 혁신 가속, 기술부채 최소화, 시스템 유지보수 단순화** 등을 강조한다. Clean Core를 구현하기 위한 수단이 바로 SAP Business Technology Platform(BTP)과 **새로운 확장 기술들**이다. SAP는 고객이 **BTP를 활용한 사이드바이사이드 확장**이나 S/4HANA 내의 ABAP Cloud(On-stack 확장)만으로 요구사항을 달성할 수 있도록 **Extensibility Framework**를 제공한다. CAP(Cloud Application Programming Model)은 BTP 상에서 이러한 확장 앱을 쉽게 개발하도록 만든 프레임워크로, 표준화된 방식으로 데이터모델-서비스-UI를 개발해 **SAP와 원활히 통합되는 확장 애플리케이션**을 구축할 수 있다. CAP를 활용하면 Node.js나 Java 언어로 짧은 기간에 클라우드 확장앱을 만들고, OData 등 표준 프로토콜로 S/4와 연동할 수 있다.

SAP Build는 최근 SAP가 선보인 **로우코드/노코드 개발 도구 세트**로, **프로코드 개발자와 현업 사용자 모두** 쉽게 앱과 프로세스 자동화를 만들 수 있는 **통합 플랫폼**이다. SAP Build에는 **Build Apps(옛 AppGyver), Build Process Automation, Build Work Zone** 등이 포함되어 **UI 애플리케이션 개발, RPA/워크플로 구현, 사용자 포털 구축** 등을 코드 최소화로 가능케 한다. SAP는 Build를 클린 코어 전략의 주요 수단으로 삼아, **고객이 ERP 코드를 수정하지 않고도 필요한 기능을 부가**하도록 지원한다. 실제 2022년 TechEd에서 SAP는 **SAP Build를 S/4HANA Cloud, Private Edition 구독에 기본 포함**시켜, Private Edition 고객들도 손쉽게 **Clean Core 확장**을 할 수 있도록 조치했다. 이는 SAP가 자사의 **저코드 도구를 통해 확장 개발 패러다임을 바꾸고자 하는 의지**를 보여준다. 즉, "ABAP Z개발 대신 SAP Build로 확장하라"는 메시지다. 또한 SAP는 2023년 말 발표한 "유어 SAP 코파일럿 Joule(줄)을 통해 개발자 생산성을 높이는 AI 비서도 제공한다면서, **여러 언어(ABAP, 자바, 자바스크립트, 저코드)로 Clean Code를 생성해주는 AI 도구**를 선보였다. 이처럼 SAP는 **BTP + ABAP Cloud + 로우코드 + AI**를 아우르는 **토털 확장 플랫폼** 전략을 추진함으로써, 고객들이 코어를 수정하지 않으면서도 "무한한 확장 가능성"을 얻도록 지원하고 있다.

Clean Core 전략은 이미 여러 고객 사례에서 효과를 발휘하고 있다. 앞서 언급한 Maersk가 **"코어는 표준, 새 요구는 BTP 개발"** 원칙으로 프로젝트를 진행한 것이나, Siemens Healthineers가 **구매 프로세스 혁신을 코어 아닌 BTP Workflow로 구현**한 사례 등이 그렇다. SAP도 RISE with SAP 대시보드 등에 **클린 코어 지표**를 제공하여, 고객이 얼마나 표준을 지키고 있는지 모니터링하게 하는 등 이 문화 정착에 힘쓰고 있다. 결국 **클라우드 시대 SAP ERP의 경쟁력은 표준 베스트프랙티스로 견고한 코어 + BTP를 통한 민첩한 확장 혁신**의 조합이라고 할 수 있다. 이러한 전략을 잘 활용하면 고객은 **업그레이드로 인한 서비스 중단 없이도 필요한 기능을 계속 추가**해나갈 수 있고, **SAP도 다수 고객이 공유하는 클린 코어 환경 덕분에 제품 혁신 속도를 높일 수 있**는 선순환 구조가 된다.

지속적 혁신 모델: 반기 릴리즈와 기능 로드맵

과거 SAP ERP 도입 후에는 **대형 업그레이드가 5~7년 주기로** 이뤄지고 그 사이에는 큰 변화가 없는 것이 일반적이었다. 그러나 클라우드 시대에는 지속적 혁신(Continuous Innovation)이 새로운 정상(New Normal)이다. SAP S/4HANA Cloud Public Edition은 앞서 언급했듯 **6개월마다 기능 업그레이드**가 나오고 매달 보완 기능이 추가된다. **Private Edition** 역시 온프레미스 연간 릴리즈와 FP 업데이트 등이 정기 제공된다. SAP는 이러한 빠른 주기의 혁신을 **모든 고객이 동시에 누리도록** 정책을 바꾸었으며, 이는 **SAP와 고객**

모두에게 이득이 된다. 고객은 최신 기술(AI, 예측분석, 신 UI 등)을 기다릴 필요 없이 즉시 활용 가능하고, SAP는 단일 최신버전에 대한 지원에 집중할 수 있어 리소스를 R&D에 더 투입할 수 있다. 실제 SAP S/4HANA Cloud 릴리즈 노트를 보면 매 버전마다 **수백개의 개선 기능과 수십개의 신규 기능**이 포함되는데, 예를 들어 2023년 업데이트에서는 **세일즈 프로세스용 챗GPT 연계 기능, 환경 ESG 데이터 관리 기능, 세관신고 자동화 기능** 등 다양한 혁신이 추가되었다. SAP는 이러한 기능들을 **로드맵 사이트**를 통해 투명하게 공개하여, 고객들이 미리 어떤 개선이 언제 나올지 확인하고 대비할 수 있게 하고 있다.

　기능 로드맵 관리는 클라우드 시대 ERP 운영의 한 축으로 떠올랐다. 예전에는 한번 구축하면 기능 변화가 크지 않아 **기능관리보다는 안정적 운영에 초점**이었지만, 이제는 **새 기능을 어떻게 활용할지 지속적으로 검토**해야 한다. SAP는 매 릴리즈 직전 **What's New 세션**을 열어 어떤 변화가 오는지 고객에게 교육하며, **공개 로드맵 포털**에서 향후 1~2년간 예정된 기능들을 미리 예고한다. 예컨대 **2025년 말 S/4HANA Cloud에 적용될 Generative AI 내장 기능들**이나 **신규 산업별 시나리오** 등을 미리 발표하여 고객이 전략을 수립하게 한다. 고객 측에서는 **IT와 현업이 함께 로드맵 검토 프로세스**를 가지는 것이 권장된다. 분기마다 "어떤 신규 기능이 우리 비즈니스에 유용한가?"를 검토하여, 유용한 것은 **즉시 활성화**하고 관련 **사용자 교육**을 시행하며, 필요 없거나 리스크 있는 변경은 기능 토글(비활성 옵션)을 활용해 영향도를 제어하는 식이다. SAP는 클린 코어 환경에서는 **신규 기능 적용이 어렵지 않다**고 강조하는데, 대부분 표준 프로세스에 영향을 주는 변경이므로 **커스터마이징만 많이 안했다면 큰 추가개발 없이** 활용 가능하다는 것이다. 예를 들어 예전엔 별도 개발해야 했던 것들이 이제 표준으로 제공되면(Z개발 대체), 고객은 오히려 **기존 개발을 걷어내고 표준기능으로 전환**하여 기술부채를 줄일 기회로 삼을 수 있다. 이런 식으로 **지속적 혁신 사이클에 능동적으로 참여**하는 기업이 클라우드 전환의 효과를 최대화할 것이다.

　나아가 SAP는 "현업의 기능 개선 아이디어 → SAP 제품 반영"의 피드백 루프도 강화하고 있다. SAP Influence Program 등을 통해 고객이 필요한 기능을 제안하고, 많은 고객이 원하면 단기간 내 클라우드 업데이트에 포함시키는 식이다. 과거 온프레미스 시절에는 새 기능 요청이 제품에 반영되기까지 수년이 걸렸다면, 이제는 **몇 달 내 클라우드 패치로 나오는** 사례도 늘었다. 이러한 **빠른 제품 개선 사이클은 SAP를 SaaS 혁신 기업으로 탈바꿈**시키고 있으며, 고객들도 이를 체감하고 있다. 한 SAP 고객 임원은 "분기에 한 번씩 새로운 기능이 추가되어 업무팀이 놀란다. 하지만 곧 우리의 표준 프로세스 일부로 받아들이고 있다"고 전했다. 다시 말해 ERP도 이제 **고정된 백엔드 시스템이 아닌, 끊임없이 진화하는 비즈니스 플랫폼**으로 자리 잡고 있다.

SAP와 하이퍼스케일러 협력 모델(Azure, AWS, GCP)

SAP의 클라우드 전략에서 빼놓을 수 없는 부분이 하이퍼스케일러(Hyperscaler)와의 협력이다. SAP는 자사 클라우드 서비스를 **글로벌 초대형 클라우드 인프라 업체**들과 제휴하여 제공하는 방식을 취하고 있다. 2019년 SAP는 **Microsoft Azure**와 우선 협력하는 **Project Embrace**를 발표하며, 대형 고객들의 ECC→Azure 상 S/4HANA 전환을 공동 지원했다. 이후 AWS, Google Cloud와도 파트너십을 강화하여, 현재 RISE with SAP 고객은 **Azure, AWS, GCP, AliCloud(중국)** 중 선택해 인프라를 호스팅할 수 있다. SAP는 **자사 소프트웨어 전문성 + 하이퍼스케일러의 인프라 혁신**을 결합해 고객에게 최고의 클라우드 환경을 제공한다는 방침이다. 실제로 RISE 계약 하의 Private Edition 의 경우, **전체 고객 중 상당수가 Azure를 택했고 AWS, GCP가 그 뒤를 잇는** 것으로 알려졌다(Azure는 MS-SAP 오랜 동맹관계, AWS는 SAP 가장 큰 고객이기도 함). SAP는 각 하이퍼스케일러와 **공동 Go-to-market**을 전개하여, 예컨대 **RISE with SAP on AWS** 캠페인을 통해 AWS가 SAP 고객 전환을 기술지원하는 식의 협업을 하고 있다.

하이퍼스케일러 협력 모델의 장점은 고객 입장에서 **선호하는 클라우드 생태계를 활용할 수 있다는 것이다. MS 플랫폼 친화적 기업은 Azure에서 RISE를, AWS 노하우 있는 기업은 AWS에서 RISE**를 운영하길 원한다. SAP는 이를 수용하여 고객 선택지를 넓힘과 동시에, **각 플랫폼의 특화 서비스와 SAP를 통합**하는 시너지도 추구한다. 예를 들어 **Azure의 데이터서비스, AWS의 IoT/머신러닝 서비스, GCP의 BigQuery** 등을 SAP

BTP와 연결해 부가가치를 창출하는 아키텍처가 가능하다. 또한 SAP는 2022년부터 **핵심 서비스 일부를 하이퍼스케일러 마켓플레이스에 등재**하고 있다. **GROW with SAP**도 AWS 마켓플레이스에서 구매할 수 있게 하여, 중소기업이 AWS 크레딧으로 SAP 구독을 시작하는 식의 편의도 도입했다.

향후 SAP와 하이퍼스케일러의 협력 방향은 더욱 긴밀해질 전망이다. SAP S/4HANA를 **하이퍼스케일러의 에지(Edge) 클라우드에 탑재**하여 제조 현장과 밀접하게 두는 시나리오나, **SAP 데이터센터를 주요 퍼블릭 클라우드 리전과 연동**해 고성능/저지연 요건을 맞추는 방안도 논의 중이다. 또한 SAP는 자체적으로 **분산 클라우드(SAP Sovereign Cloud)** 전략을 통해 **하이퍼스케일러 인프라 위에 규제 대응 전용 클라우드**를 구축하는 등 다양한 협업 모델을 출시하고 있다. 궁극적으로 SAP는 "Infrastructure Agnostic"을 지향하여, 고객이 어떤 인프라를 쓰든 SAP 서비스는 동일하게 제공되게 하겠다는 입장이다. 이는 **멀티클라우드 시대**에 SAP 시스템이 특정 플랫폼에 락인되지 않고 유연하게 운영됨을 의미한다.

한편, 이러한 협력은 경쟁 측면도 있다. 하이퍼스케일러들도 자체 ERP 솔루션을 가지고 있거나(MS의 Dynamics 365 등) SAP 고객을 자사 클라우드로 유치하려는 영업 전략을 갖고 있다. SAP는 **동맹과 경쟁이 공존**하는 상황에서 **고객 이익을 극대화하는 협업**을 택한 셈이다. 현재까지는 SAP 클라우드 서비스의 성장에 하이퍼스케일러 협력이 긍정적으로 기여하고 있고, SAP도 **인프라 레벨 투자를 최소화하며 글로벌 서비스를 확장**하는 이점을 얻었다. 특히 Microsoft와는 애저뿐 아니라 **MS Teams와 S/4HANA 통합**(회의에서 바로 SAP 데이터 조회 등) 같은 애플리케이션 통합 협업도 진행하여 상호 시너지를 강화하고 있다.

정리하면, 클라우드 시대 SAP ERP 전략은 "열린 협력(Open Ecosystem)"에 기반한다. 고객은 SAP의 클라우드 ERP를 **원하는 하이퍼스케일러에서 사용**하고, SAP는 어떤 인프라든 **일관된 성능과 지원을 제공**한다. 또한 SAP와 클라우드사들은 **AI, 데이터, IoT 등 영역에서 기술결합을 통해 새로운 솔루션**을 만들어내고 있다. 이러한 협력 모델은 고객에게 **더 많은 선택권과 더 빠른 혁신**을 제공한다는 점에서 긍정적으로 평가된다.

부록

RISE와 GROW 구성요소 비교표

항목	RISE with SAP(BTaaS 패키지)	GROW with SAP(SME 클라우드 패키지)
대상 고객군	기존 SAP 고객(대기업·글로벌 중심), ECC/S4 온프레미스 사용 기업	신규 SAP 도입 고객(중견·중소 기업 중심), 첫 ERP 도입/교체 기업
ERP 제공 방식	S/4HANA Cloud(Public 또는 Private 선택) + 온프레미스 전환 지원 모두 포함	S/4HANA Cloud **Public Edition 전용**(멀티테넌트 SaaS)
포함 주요 솔루션	S/4HANA Cloud, SAP BTP, SAP Business Network, SAP Signavio(BPI), etc.	S/4HANA Cloud Public, SAP BTP(기본 사용권), Best Practices(산업별)
포함 서비스	기술적 마이그레이션 서비스(Custom Code 정리 등), 고객별 전환 로드맵/지원	패키지형 빠른 구축 서비스(Activate 기반), 파트너 제공 산업 Add-on
확장/개발 모델	ABAP 확장 가능(Private의 경우), Side-by-side 확장(BTP) 권장	ABAP 개발 불가(Public), Side-by-side 확장(BTP) 사용
업그레이드	Private: 고객 일정에 따라(연 1회 이상 권장), Public: 반년 단위 자동	Public: 반년 단위 자동 업그레이드
주요 혜택	기존 투자 보호, 개별화된 전환 경로, 일괄 책임(SAP)	저렴한 구독비용, 신속한 Time-to-Value, 검증된 모범사례 즉시 활용
주요 타겟 산업	제조, 에너지, 통신, 금융 등 대규모/복잡 프로세스 산업, 규제산업	전문서비스, 유통, 중견제조 등 표준화 가능 산업, 디지털 친화 기업
확장/추가 옵션	선택에 따라 Private 또는 Public Cloud, 필요시 추가 SAP 모듈(SF, Ariba 등) 포함 가능	기본적으로 ERP 코어에 집중, 추가 LoB 솔루션은 별도(원하면 연계)
계약 구조	SAP와 1계약(RISE 번들), **단일 SLA 관리**	파트너 또는 SAP와 계약(주로 파트너 통해 판매), **구독형**

표: RISE with SAP와 GROW with SAP 비교

Public Cloud vs Private Cloud Edition 비교 매트릭스

비교 항목	Public Cloud Edition(S/4HANA Cloud, Public)	Private Cloud Edition(S/4HANA Cloud, Private)
인프라 및 환경	멀티테넌트 SaaS(공용 인스턴스, SAP 표준 운영)	싱글테넌트 전용 환경(각 고객별 별도 인스턴스)
운영 책임	SAP가 애플리케이션까지 완전 관리(One SAP 운영)	SAP(또는 파트너)가 기본 운영하나 고객 요구에 따라 세부조정 가능
커스터 마이징	제한적 인앱 확장만 허용, Z코드 불가 (Clean Core)	ABAP/Z커스터마이징 허용(권장되지 않으나 가능)
확장 방법	SAP BTP 사이드바이사이드 확장 필수	ABAP(On-stack) + BTP 확장 병행 가능
릴리즈 주기	연 2회 메이저 업그레이드(강제 적용) + 월간 업데이트	온프레미스 연간 릴리즈 기반(고객이 일정 선택, 자율 적용)
산업 기능 커버	일부 산업/프로세스 제한(주요 범용 산업 위주 지원)	온프레미스 동등(25개 산업, 전 모듈 커버)
언어/로캘	SAP가 지원하는 언어/국가만 가능(제약 있을 수 있음)	온프레미스 동일(다국어, 다법인, 로컬 요구 모두 지원)
보안/규제	SAP 표준 보안/컴플라이언스 적용(고객 특수통제 불가)	고객별 추가보안 설정 가능(네트워크 분리 등 구현 여지)
업무 표준화	높은 표준화 전제(프로세스 변경 여지 적음)	기존 프로세스 상당 부분 유지 가능(표준화는 권장 사항)
TCO/비용	멀티테넌트 효율로 단위당 TCO 가장 낮음	전용환경 유지로 비용 높을 수 있으나 워크로드 큰 경우 유리하기도
적합 고객	중견/신생 기업, 프로세스 단순·표준화 가능한 조직	대기업/글로벌, 레거시 자산 활용 원하는 조직, 복잡 프로세스 기업

표: SAP S/4HANA Public Cloud와 Private Cloud Edition 비교(주요 특성)

클라우드 전환 전략 도식화

- **기능 맵/아키텍처 그림**

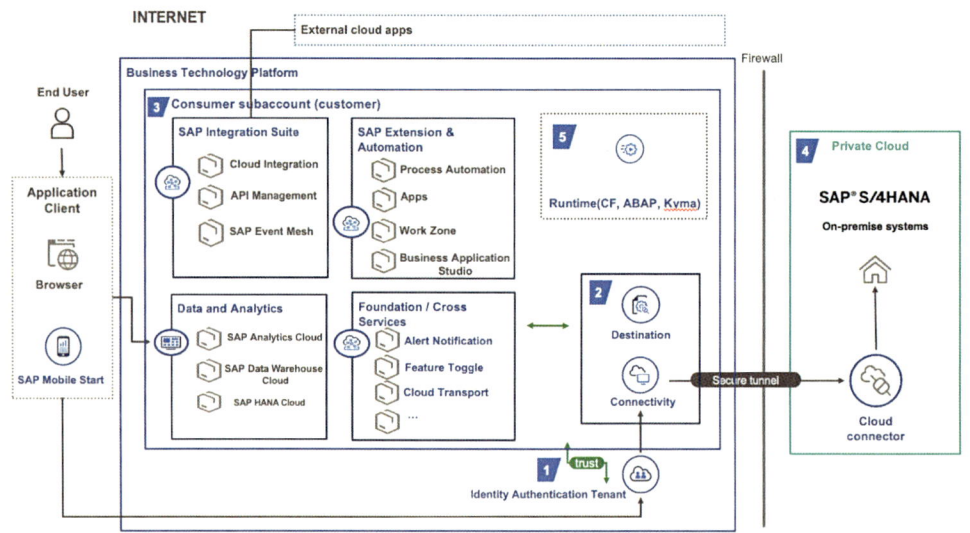

〈BTP 기준 기능 Map, 출처: SAP Community Homepage〉

SAP 클라우드 전환 후의 시스템 구성도는 **Clean Core S/4HANA + SAP BTP + Surrounding Cloud Services**로 그려볼 수 있다. 예를 들어 중핵(Core)에는 S/4HANA Cloud(재무, 물류, 생산 등 모듈)이 있고, **바깥**에는 SuccessFactors(인사), Ariba(조달) 같은 **SAP SaaS 제품**들이 API로 연계되며, **확장 영역**에는 BTP 기반의 확장앱(예: 고객사 고유의 가격계산 엔진)이 자리한다. 또한 **통합 계층**으로 SAP Integration Suite가 여러 시스템(온프레미스 잔존 시스템 포함)을 연결하고, **데이터/분석 계층**에 Data Warehouse Cloud나 Analytics Cloud가 위치한다. 이렇게 **모듈러화된 클라우드 아키텍처**를 통해 기업은 필요한 기능을 조합하고 확장할 수 있다. 과거 올인원 ERP와 달리 **유연한 조합과 분산**이 가능해진 모습이다. SAP는 이를 "Composed ERP"라 부르며, **API-first**로 설계된 각 구성요소가 하나의 지능형 스위트를 이룬다.

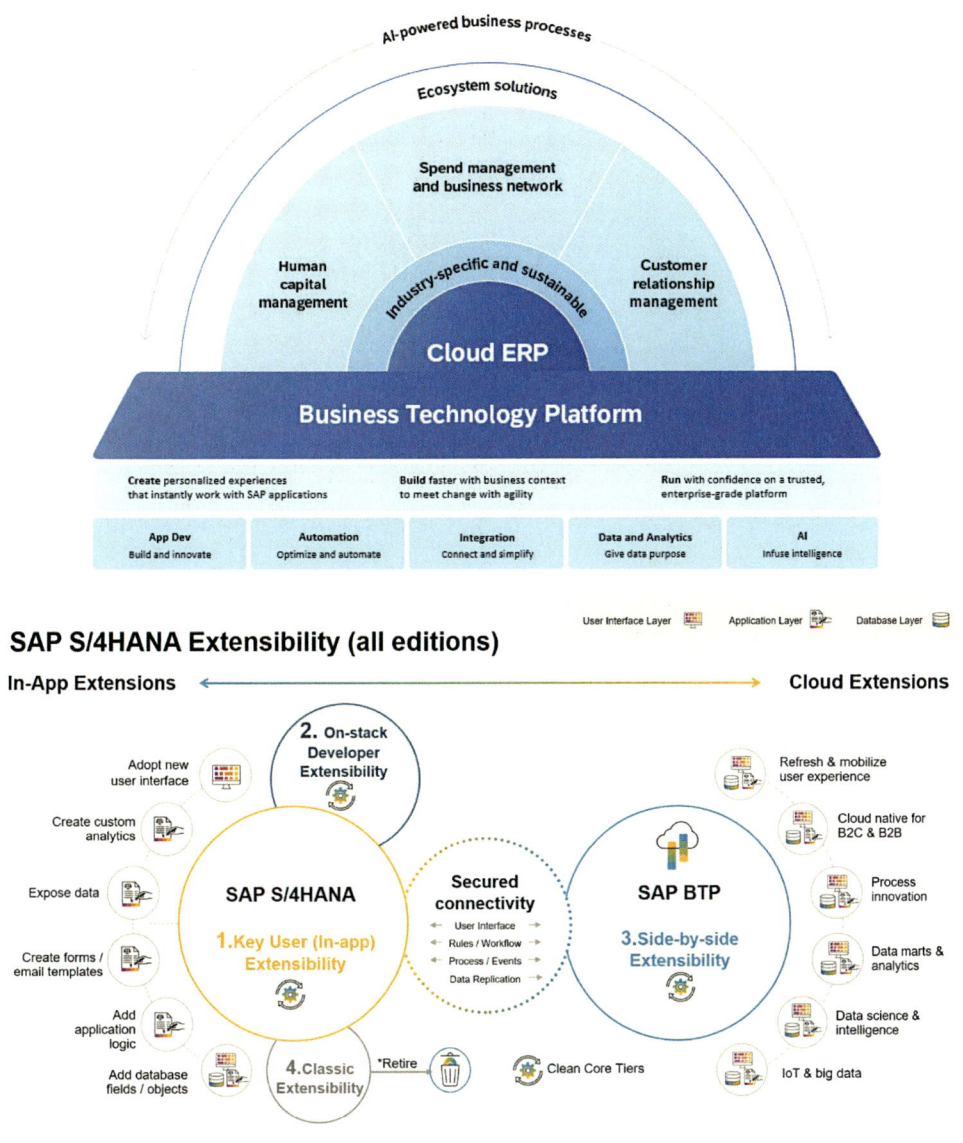

〈SAP Clean Core & BTP 기반 도식도, 출처: SAP 공식 홈페이지 및 파트너 배포자료〉

- **확장/개발 모델 도식**: Clean Core를 유지하면서 확장하는 모델을 그림으로 나타
  내면, **SAP S/4HANA Core**는 **불변 영역**으로 두고, **SAP BTP**에 Extension
  App(CAP 기반), Integration Flow, Fiori UX 등이 위치한다. 그리고 S/4HANA와
  BTP는 **공통 인증(Identity)과 라이브 데이터 연결**을 통해 긴밀히 통합된다. BTP상

SAP Build 로우코드 앱, **AI Business Service 활용** 등이 Core와 나란히 동작하며, 필요시 **ABAP Cloud**로 Core 내부 확장을 하지만 이는 엄격히 검증된 Public API만 사용한다. 이 전체 구조를 SAP는 "Clean Core 3-Tier 모델"로 설명하며, extension의 독립성을 강조한다.

용어집

- SaaS(Software as a Service): 클라우드 상에서 소프트웨어를 **구독형 서비스**로 제공하는 모델. 사용자는 설치나 인프라 관리 없이 인터넷을 통해 애플리케이션을 사용. SAP S/4HANA Cloud는 ERP의 SaaS화된 형태임.

- BTP(SAP Business Technology Platform): **SAP의 PaaS 플랫폼**으로 애플리케이션 확장, 통합, 데이터 관리, 분석, AI 등을 위한 **클라우드 기술 기반**을 제공. 이전의 SAP Cloud Platform이 발전한 것으로, 확장개발(Extensions)과 통합(Integration)의 중심.

- Fit-to-Standard: SAP Activate 방법론의 핵심 개념으로, **고객 요구사항을 SAP 표준 기능에 맞추어 보는 접근**. 별도 맞춤개발보다는 **SAP Best Practice**를 활용하여 프로세스를 구현하고, 모자란 부분만 추가하는 방식. 표준 적합 분석 워크숍(F2S Workshop)을 통해 수행.

- Clean Core: ERP 코어에 **불필요한 커스터마이징을 가하지 않아 깨끗한 상태로 유지**하는 전략. 핵심은 **코어 코드의 변경/확장을 최소화**하고, 필요한 확장은 코어 바깥(BTP 등)에서 수행하여 코어 업그레이드에 영향 없게 하는 것. **업그레이드 안**

정성, TCO 절감 등의 효과를 가져옴. SAP의 클라우드 권장 아키텍처 원칙.

- RISE with SAP: 2021년 출시된 SAP의 **Business Transformation as a Service** 패키지. SAP S/4HANA Cloud + BTP + 분석툴 + 서비스 등을 **단일 계약**으로 제공. 기존 고객의 클라우드 전환 지원을 목표로 함.

- GROW with SAP: 2023년 발표된 **중견기업 대상 SAP 클라우드 ERP 패키지**. SAP S/4HANA Public Edition을 신속 구축할 수 있도록 구성요소와 서비스를 묶은 상품. RISE와 달리 신규 고객/중소규모에 초점.

- Public Edition vs Private Edition: SAP S/4HANA Cloud의 두 가지 배포 형태. **Public**은 멀티테넌트 SaaS(다수 고객이 하나의 표준 시스템 공유), **Private**는 싱글테넌트(개별 고객 전용 인스턴스). 전자는 표준화/낮은 TCO, 후자는 유연성/기존자산 활용에 중점.

- Greenfield/Brownfield/Selective Data Transition: S/4HANA로의 전환 방식. **Greenfield**는 신규 구축(프로세스 재설계), **Brownfield**는 기존 시스템 변환(기술 업그레이드), **Selective Data Transition**은 두 방식 혼합(필요 데이터/프로세스만 선택 전환).

- SAP Activate: S/4HANA 도입을 위한 SAP의 **표준 방법론. 여섯 단계의 프레임워크와 Best Practice 콘텐츠, 도구**를 제공. Agile 접근과 Fit-to-Standard 개념을 포함.

- CAP(Cloud Application Programming Model): SAP BTP에서 **클라우드 애플리케이션을 효율적으로 개발**하기 위한 프레임워크. Node.js/Java 기반, DB-서비스-UI 모델링을 지원. **Clean Core 확장앱 개발**을 용이하게 함.

- SAP Build: SAP의 **Low-Code/No-Code 개발 툴 세트**. 프로코드 개발자와 현업을 위한 통합 플랫폼으로 **앱 개발**(Build Apps), **프로세스 자동화**(Build Process Automation), **디지털 워크플로/포털**(Build Work Zone) 등을 포함. **클라우드 확장 및 사용자 경험 개선**에 활용.

이상으로, 2020년대 SAP 클라우드 전환 전략에 대해 시대적 배경부터 RISE/GROW 프로그램, 클라우드 배포 옵션 비교, 전환 방법과 사례, 성공요인, 최신 전략 변화까지 심층적으로 살펴보았다. **SAP 클라우드 ERP**는 이제 단순한 IT 시스템이 아니라 **기업의 디지털 트랜스포메이션을 견인하는 핵심 플랫폼**으로 부상하고 있다. "표준을 따르되 유연성을 잃지 않고, 기술을 바꾸되 비즈니스 가치를 최우선으로"라는 원칙 하에, SAP 클라우드 전환을 추진하는 기업들은 향후 **민첩하고 지능적인 운영**을 통해 업계 경쟁을 주도하게 될 것이다.

2장

SAP 글로벌
로드맵

2.1 비즈니스 모델 전환

- SAP의 Industry Cloud와 GROW 기반 접근 및 SAP의 산업별 향후 Roadmap 전략 심층 분석

산업별 전략 개요

SAP는 2020년대 들어 **"Fit-to-Standard" 전략**을 통해 ERP 도입 방식을 혁신하고 있다. Fit-to-Standard란 기업의 비즈니스 프로세스를 SAP가 제시하는 표준 모범 사례 (best practice)에 최대한 맞추고 커스터마이징을 최소화하는 접근이다. 이를 통해 **표준 기능과 설정만으로 요구사항을 충족하도록 유도**하여, 구현 시간과 비용을 절감하고 향후 유지보수 부담을 낮출 수 있다. 실제로 표준 프로세스에 업무를 정렬하고 개발을 억제하면 구현 및 향후 지원에 드는 시간과 비용을 크게 줄일 수 있으며, 업계 최고 관행을 자연스럽게 도입하여 업무 효율도 향상된다. 과거처럼 **고객사의 "특화"에 맞춰 ERP를 크게 커스터마이즈하지 않고**, SAP가 검증한 **표준 프로세스에 비즈니스를 맞추는 방식**으로 전환하고 있는 것이다.

이러한 Fit-to-Standard 전략의 배경에는 **클라우드 SaaS 환경에서의 빠른 도입과 업그레이드 용이성**이 있다. SAP S/4HANA Cloud와 같은 SaaS ERP는 SAP의 **산업별 모범 프로세스와 사전 구성된 콘텐츠**를 내장하고 있어, 기업들은 이를 기반으로 **업종 공통의 베스트 프랙티스**를 빠르게 활용할 수 있다. 예컨대 SAP는 산업군별 **모델 컴퍼니 (Model Company)** 콘텐츠와 **베스트 프랙티스 패키지**를 제공하여, 새로운 클라우드 ERP를 **미리 구성된 상태**로 시작할 수 있게 한다. SAP 모델 컴퍼니는 단순 템플릿 모음이 아니라 업종별 비즈니스 프로세스와 기술 설정이 **사전에 구성된 베이스라인 시스**

템으로서, 기업들은 이를 활용해 초기 구축 단계를 대폭 단축하고 빠르게 가치 실현을 할 수 있다. 이렇게 **산업별 모범 프로세스를 SaaS로 제공**함으로써, 고객은 과거처럼 처음부터 프로세스를 설계하기보다는 **SAP가 축적한 베스트 프랙티스를 채택**하고 필요시 최소한의 추가 요구사항(delta)만 반영하는 방향으로 구현이 이루어진다. 이러한 접근은 도입 속도를 높이고, 과도한 맞춤개발로 인해 업그레이드가 어려워지는 문제(technical debt)도 예방한다.

즉 "표준에 맞추어(Fit-to-Standard) 사용하는 ERP"라는 개념이 SAP 2020년대 전략의 출발점이며, 이를 통해 **산업별로 검증된 프로세스를 클라우드 상에서 즉시 활용**하도록 함으로써 **고객의 디지털 전환을 가속화**하고 있는 것이다. 물론 각 기업마다 고유한 요구가 있지만, SAP는 핵심 경쟁력과 직접적인 차별화 요소가 아닌 부분은 가급적 **SAP가 제시하는 표준 프로세스에 따르고** 핵심적인 차별화 분야만 별도로 확장하도록 권장한다. 이러한 철학이 뒤에서 설명할 Industry Cloud 및 확장형 아키텍처 전략과도 맞물려 있다. 결과적으로 SAP의 산업별 전략 개요는 "**기본은 표준에 맞춰 빠르게 도입하고, 부족한 부분은 검증된 산업 클라우드 솔루션으로 확장한다**"라고 요약할 수 있다.

Industry Cloud의 개념 및 기술 아키텍처

Industry Cloud의 정의와 구성 요소

SAP Industry Cloud는 SAP가 2020년대에 강조하는 **산업 특화 클라우드 솔루션 포트폴리오**이다. 이는 각 산업 분야의 고유한 요구사항을 충족하기 위해 SAP 본사와 파트너들이 개발한 **모듈형 클라우드 애플리케이션**들의 모음으로, SAP S/4HANA와 같은 **코어 ERP를 보완**하는 역할을 한다. SAP 산업 클라우드는 "**SAP와 고객, 파트너들이** Business Technology Platform을 활용해 산업 클라우드 솔루션과 앱을 개발·구동하는 혁신 플랫폼"이라고 SAP 산업부문 대표인 피터 마이어(Peter Maier)는 설명하고 있다. 핵심 아이디어는 **모든 산업에 공통적인 코어 ERP는 SAP S/4HANA로 표준화**하고, **산업별로 추가 필요한 기능은 클라우드 상의 모듈**(마이크로서비스나 SaaS 애플리케이션)로 제공하여 **조립형으로 확장**하는 것이다. 과거에는 업종 고유 요구를 충족하려면 ERP 본판을 크게 수정(Customizing)했지만, Industry Cloud를 통해 이제는 **클라우드 상에 미리 만들어진 산업별 앱**을 구독하여 필요한 기능을 추가하는 **하이브리드 방식**으로 전환되었다. 즉 Industry Cloud는 "산업 특화 기능을 제공하는 클라우드 앱 생태계"로 정의할 수 있으며, **SAP의 Core ERP와 원활히 연동되는 SaaS 애플리케이션들**로 구성된다.

Industry Cloud 솔루션의 **구성 요소**를 살펴보면, 우선 SAP Business Technology Platform(BTP)이 기반을 이룬다. BTP는 SAP의 PaaS로서 Industry Cloud 애플리케이션을 개발, 확장, 통합하는 **기반 플랫폼 역할**을 한다. Industry Cloud에 포함된 모든 애플리케이션은 BTP 상에서 구동되며, **SAP Integration Suite와 SAP Extension Suite**와 같은 BTP의 핵심 서비스를 활용해 **SAP S/4HANA 등 백엔드 시스템과 통합**되고 필요시 확장 개발이 이루어진다. 다시 말해, **SAP BTP가 Industry Cloud 애플리케이션들의 접착제 역할**를 하여, SAP의 인텔리전트 스위트(ERP, CRM 등)와 원활히 연결하고 기업이 추가 요구사항에 맞춰 확장하도록 돕는다.

Industry Cloud 애플리케이션 자체는 **클라우드 네이티브 아키텍처**로 개발된 **마이크로서비스** 형태가 많다. 하나의 거대한 모놀리식 어플리케이션이 아니라, 특정 산업 업무 기능을 수행하는 **작고 독립적인 서비스들**로 구성되어 있어 **필요한 조합으로 유연하게 활용**될 수 있다. 이러한 **모듈화** 설계 덕분에, 기업은 자신이 속한 산업의 요구에 맞는 기능만 선택적으로 도입할 수 있고, 특정 기능이 개선되거나 업그레이드되어도 **전체 시스템에 영향 없이 해당 마이크로서비스만 교체/업데이트**할 수 있다. 예를 들어 제조 산업용 Industry Cloud에서는 **생산 현장 설비모니터링**을 위한 서비스, 예방정비(PM)를 위한 서비스, **품질이력 추적**을 위한 서비스 등이 개별 제공되는데, 기업은 이 중 필요한 것만 취사선택하여 ERP와 연계하면 되는 식이다. 이러한 **작은 서비스들의**

조합으로 산업 솔루션을 구성하는 방식은 **확장성과 유지보수성** 면에서 큰 장점을 주며, ERP 코어와 **분리되어 동작**하므로 ERP **업그레이드도 간소화**된다. SAP는 이러한 Industry Cloud의 아키텍처 원칙을 "**Clean Core(클린 코어)**" 전략과 연계하는데, 핵심 ERP는 가능한 한 손대지 않고 표준 상태를 유지하며(클린 코어), 대신 BTP 위에 산업별 앱들을 별도로 운영함으로써 **표준과 혁신을 양립**시키는 것이다.

또 하나의 구성 요소는 **풍부한 API와 이벤트**이다. SAP Industry Cloud의 모든 기능은 **API-퍼스트 전략**으로 설계되어, SAP나 서드파티 시스템과 **표준화된 API**로 통신한다. SAP는 이를 위해 SAP Business Accelerator Hub(구 SAP API Business Hub)라는 포털을 운영하며, 여기서 각종 **산업용 API 카탈로그**를 공개하고 있다. 개발자나 파트너는 이 허브에서 예컨대 "**제조업용 장비센서 데이터 API**", "**소매업용 실시간 재고조회 API**" 등의 인터페이스를 검색하고 활용하여, Industry Cloud 앱과 기존 시스템을 신속히 통합할 수 있다. API 중심의 설계는 기업들이 **기존 레가시나 타 시스템과도 쉽게 연계**하도록 해주어 Industry Cloud 도입의 진입장벽을 낮추고 있다. 아울러 Event-Driven Architecture(EDA)도 Industry Cloud 기술 구조의 핵심이다. SAP BTP의 **SAP Event Mesh** 서비스는 기업 전체의 이벤트 허브로서, ERP나 각종 Industry Cloud 마이크로서비스가 주고받는 이벤트를 **비동기 메시징 방식으로 중개**한다. 이를 활용하면, **컴포넌트 간 느슨한 연결과 실시간 반응형 프로세스** 구현이 가능하다. 예를 들어 제조 현장에서 "**설비 장애 발생**" **이벤트**가 발생하면 ERP를 직접 호출하지 않고 Event Mesh에 이벤트가 게시되고, 이를 **설비 유지보수 앱, 생산계획 앱, 품질관리 앱** 등이 구독하여 각자 필요한 조치를 동시에 수행하는 식이다. 이렇게 하면 한 이벤트로 **여러 프로세스가 자동 트리거**되어 부서 간 실시간 대응이 가능해지고, 각 애플리케이션은 서로 직접 호출하지 않아 **확장성과 복원력**이 높아진다. 또한 SAP BTP의 **Workflow 서비스**를 통해 이벤트들을 엮어 **엔드투엔드 프로세스 오케스트레이션**도 구현한다. 예컨데 소매업에서 "**온라인 주문 발생**" **이벤트**가 오면 이를 트리거로 **재고 확인 → 물류 출하 → 고객 알림**에 이르는 일련의 프로세스를 워크플로우로 자동화할 수 있다. Workflow 서비스는 **사람의 승인이나 의사결정이 필요한 단계**도 포함하여 프로세스를 시각적으로 설계·실행하게 해주며, Industry Cloud 환경에서 **복잡한 다단계 업무를 표준화하고 투명하게 관리**하도록 돕는다. Event Mesh의 **비동기 이벤트 처리**와 Workflow의 프로세스 **자동화**를 결합하면, 기업은 **유연하면서도 표준화된 산업별 업무 시나리오**를 빠르게 구축할 수 있다.

Industry Cloud의 유통 구조 및 생태계

SAP Industry Cloud 솔루션들은 **SAP Store**를 통해 제공된다. SAP Store는 SAP와 파트너들이 만든 클라우드 애플리케이션을 고객이 검색하고 구독할 수 있는 **온라인 마켓플레이스**이다. 2022년 기준으로 SAP Store에는 **약 202개의 Industry Cloud 제품**이 게시되어 있었으며, 자동차, 소비재, 건설·엔지니어링, 산업기계, 전문서비스, 유통, 공공유틸리티 등 **7대 산업군 카테고리**로 분류되어 제공되었다(또한 운송/물류, 교육/연구 등 일부 별도 분야 솔루션도 존재한다). 고객은 SAP Store에서 자기 산업에 맞는 솔루션을 찾아보고 데모나 트라이얼을 신청하거나 구매까지 할 수 있다. **SAP Business Accelerator Hub**(위에서 언급한 API 허브)는 이러한 솔루션의 기술 세부정보(API, 이벤트, 테크니컬 가이드 등)를 제공하여 구현을 지원한다. Distribution 측면에서 SAP는 Industry Cloud를 **자사 alone 개발이 아닌 생태계 협업** 모델로 추진하고 있다. SAP 자체도 Industry Cloud 앱을 개발하지만 상당수 솔루션은 글로벌 파트너사(SI, 컨설팅펌 등)의 IP로 공동개발(co-innovated)된다. 실제 SAP 발표에 따르면 Industry Cloud 전체 솔루션 포트폴리오 중 **80%의 지식재산(IP)을 파트너 생태계가 제공**할 것으로 예상되며, SAP는 이를 통해 "파트너 에코시스템 주도형 비즈니스"로 전환을 꾀하고 있다.

Industry Cloud의 이러한 개방형 생태계는 **고객 입장**에서도 이점이 크다. SAP와 다양한 전문 분야 파트너들이 지속적으로 신규 산업 솔루션을 개발하여 추가하므로, 고객은 **필요한 앱을 선택하여 조립**함으로써 **최신 혁신을 빠르게 흡수**할 수 있다. 또한 SAP의 **엄격한 검증과 협업**을 거친 솔루션이므로 **기존 SAP 시스템과의 호환성**이나 **품질을 신뢰**할 수 있다. Industry Cloud는 결과적으로 **각 산업의 디지털 전환을 가속화**

하는 **앱스토어 역할**을 하며, SAP는 이러한 방식을 통해 고객에게 끊임없는 혁신 제공 (continuous innovation)을 약속하고 있다.

파트너 생태계

파트너 생태계는 SAP 산업 전략의 핵심 축으로 부상했다. 앞서 언급했듯 SAP는 Industry Cloud를 **파트너들과의 공동 혁신(co-innovation)** 형태로 추진하고 있는데, 이는 SAP 솔루션 포트폴리오 중 과거 대비 파트너 기여도가 크게 높아졌음을 의미한다. 실제 SAP는 "Industry Cloud 솔루션의 IP의 80%를 파트너가 제공하고, 장기적으로 90%까지 높아질 것"이라고 언급하면서 **자사 비즈니스를 파트너 에코시스템 주도로 전환**하고 있음을 밝혔다. 이러한 변화는 **SAP의 수익모델도 라이센스 판매에서 구독 및 리셀러 모델로 다변화**하는 전략과 맞물려 있다.

우선 글로벌 **전략적 파트너들**의 역할이 두드러진다. Accenture, Deloitte, PwC, EY 와 같은 대형 컨설팅/시스템통합(SI) 회사들은 SAP와의 전방위 협력을 통해 각 산업 분야의 클라우드 솔루션을 공동 개발하거나, SAP 제품군을 묶은 **패키지 서비스를 출시**하고 있다. 예를 들어 EY는 SAP와 협업하여 **보험업계를 위한 Industry Cloud 솔루션**을 개발하고, 2022년 Sapphire 행사에서 "EY Insurance Industry Cloud"를 선보였다. 이 솔루션은 보험사의 재무(Finance), 리스크, 계리(Actuarial) 데이터를 통합 분석할 수 있는 플랫폼으로, SAP 데이터웨어하우스클라우드와 BTP를 기반으로 구축되어 **보험사들의 규제 보고 및 재무 현대화를 지원**한다. 또한 GAAP/IFRS/Stat 등 회계 기준에 맞춘 **사전 구성 보고서 세트와 ESG 공시 대응 모듈**도 포함하여 보험업의 주요 과제를 해결하도록 설계되었다. EY는 동시에 **EY Energy Industry Cloud**도 발표하여 에너지/유틸리티 산업 특화 클라우드 솔루션(예: TOTEX 분석 및 보고 솔루션)을 공개하기도 했다. 이처럼 글로벌 컨설팅사들은 자신들의 **산업 전문성**과 SAP 기술을 결합한 클라우드 제품을 만들어 SAP Store에 올리고, **컨설팅+솔루션**을 묶은 형태로 고객에게 제공하고 있다. Accenture의 경우 SAP RISE 프로그램과 연계한 "SOAR with Accenture"라는 패키지를 출시했는데, 이는 클라우드 전환 서비스에 **SAP Industry Cloud 구현**까지 포함한 종합 패키지로서, 대형 SI가 SAP의 Industry Cloud를 고객사에 확산시키는 한 사례이다. 이러한 전략 파트너들은 단순 구현 벤더를 넘어 **공동 개발자, IP 제공자**로서 SAP 에코시스템에서 위상이 격상되었다. SAP 입장에서도 파트너를 통해 각 산업의 세부 분야까지 솔루션 범위를 넓히고 "수요가 있는 곳에 즉각 솔루션 공급"이 가능해졌으며, 공동 판매를 통해 매출의 예측가능성(구독 매출 확대)을 높이는 효과를 보고 있다.

지역별 파트너들도 중요한 역할을 맡고 있다. SAP는 전 세계 각 지역의 **골드 파트너**들을 통해 Industry Cloud 솔루션의 **현지화, 판매 및 2차 개발**을 장려한다. 한국에서도 삼성SDS, LG CNS, 포스코DX(옛 포스코ICT), 카카오엔터프라이즈 등 다양한 IT 기업들이 SAP와 협력하여 산업 솔루션을 공동 기획하거나, SAP 클라우드 ERP를 기반으로 한 **패키지형 서비스**를 출시하고 있다. 예를 들어 **삼성SDS**는 SAP 코리아와 협력하여 국내 최초로 RISE with SAP의 프리미엄 공급자(Premium Supplier)로 선정되었고, 삼성SDS의 클라우드 인프라와 결합한 **SAP ERP 클라우드 전환 서비스**를 제공하기 시작했다. 이를 통해 삼성SDS는 자사 SCP(Samsung Cloud Platform) 상에 SAP S/4HANA 클라우드를 구축하고 운영하며, 업종별 베스트프랙티스 컨설팅까지 원스톱으로 제공하는 모델을 선보였다. **포스코DX**의 경우 SAP와 소프트웨어 사업 협력을 위한 MOU를 체결하고(2010년대), 자사 제조 노하우를 살려 **철강산업 특화 SAP 솔루션** 개발에 참여하거나 SAP 구축사업을 공동 수행해왔다. 이러한 지역 파트너들은 **해당 산업 도메인 지식과 현지 요구사항**을 SAP 솔루션에 반영하여 산업별 완성도를 높여주는 역할을 한다. 또한 SAP PartnerEdge 프로그램 등을 통해 **마이크로서비스 개발 툴킷, 기술지원, 마케팅 채널** 등을 제공받아 **산업 앱 구축을 활발히** 하고 있다.

SAP 파트너 생태계에 대한 SAP의 요구 수준도 높아졌다. SAP 글로벌 파트너 책임자 칼 파버박(Karl Fahrbach)은 "이제 파트너들에게 **더 높은 전문성, 인증, 산업 지식을 갖**

쳐 새로운 **가치 제공**을 해줄 것을 기대한다. 과거 단순 리셀러 관계를 넘어, 이제 파트너도 고객 성공에 대한 **공동 책임**을 진다."고 언급했다. 실제 SAP는 **파트너 솔루션의 품질**을 보증하고 고객에게 **엔드투엔드 지원**을 제공하기 위해, Endorsed App 프로그램 등을 통해 엄격히 검증된 솔루션만 선별하여 홍보하고, 공동 고객 지원 체계를 마련하고 있다. 그 결과 고객사는 SAP 및 파트너로 구성된 **ONE Team**으로부터 컨설팅~솔루션~운영까지 지원을 받아 **디지털 전환 리스크를 줄일 수 있게** 되었다.

요약하면, SAP의 2020년대 산업 전략은 "파트너와 함께 간다"로 정리된다. **산업별 깊이 있는 솔루션은 해당 분야 전문기업과 공동개발**하고, SAP는 플랫폼과 통합을 제공하며, **파트너는 지식과 IP를 제공**하는 형태다. 이를 통해 SAP는 고객에게 **더 풍부한 산업 솔루션 포트폴리오**를 제시하고, 파트너들은 자신들의 IP를 글로벌 시장에 펼쳐 **새로운 수익원을 창출**하며, 고객은 SAP 단일 벤더의 한계를 넘어 **다양한 혁신을 원스톱으로 얻는** 선순환 구조가 만들어지고 있다.

주요 산업군별 전략

SAP의 산업 전략은 산업군마다 **특화된 비즈니스 프로세스와 기술 요구**를 반영하여 구체화된다. 앞서 설명한 Industry Cloud와 BTP 확장 개념이 각 업종별로 어떻게 적용되는지, 대표 산업군을 중심으로 살펴본다.

제조 산업(Discrete / Process Manufacturing)

제조업은 SAP가 전통적으로 강점을 가져온 영역으로, 2020년대에는 **스마트팩토리와 디지털 공급망**을 핵심 테마로 전략을 전개하고 있다. SAP S/4HANA Manufacturing과 더불어 **SAP Digital Manufacturing Cloud**(DMC), **SAP Digital Supply Chain** 등의

Industry Cloud 솔루션이 제공되고 있으며, 이를 통해 **End-to-End 생산 모니터링, IoT 기반 실시간 데이터 수집, 예측 유지보수,** MES 통합 등을 구현한다. 예를 들어 **SAP Digital Manufacturing Cloud**는 **클라우드 기반 MES**로서, 설비에 부착된 IoT 센서로부터 **실시간 운영 데이터를 수집**하고 이상치를 감지하여 **예방정비를 예측**하는 기능을 제공한다. 이를 통해 생산 현장의 다운타임을 최소화하고 에너지 사용을 최적화할 수 있다. 또한 제조 Industry Cloud 솔루션에는 **블록체인** 기술도 접목되어, 공급망 내 부품의 출처를 추적하고 품질이력을 투명하게 관리함으로써 **제품의 지속가능성 준수 여부를 입증**하도록 돕는다. SAP는 자동차 등 **개별제조(Discrete)** 업종과 화학/제약 등 **공정제조(Process)** 업종의 차이를 고려하여, 각각의 **Model Company 베스트프랙티스**와 특화 기능을 갖춘 클라우드 솔루션을 제공한다. 예를 들어 공정산업을 위해서는 **레시피 관리, 배치추적, 품질규격 준수** 등의 프로세스가 포함된 SAP Best Practice가 제공되고, 개별산업에는 **BOM관리, 일정계획, PLM 통합** 등이 중점 기능으로 제공된다. SAP와 지멘스(Siemens)의 협업 사례는 제조업 디지털 스레드 전략을 단적으로 보여준다. SAP와 Siemens는 2020년 전략적 파트너십을 맺고, Siemens의 PLM 소프트웨어(Teamcenter)와 **SAP의 자산관리/프로젝트관리**를 상호 연동하여 **제품 기획부터 생산, 서비스에 이르는 통합 솔루션**을 제공하기로 했다. 이를 통해 기업들은 **엔지니어링(설계) 세계와 비즈니스(ERP) 세계를 연결하는 진정한 디지털 스레드**를 구축하고, 기존에 단절되었던 제품 데이터와 실시간 비즈니스 정보를 하나로 엮어 **산업혁명 4.0 수준의 운영 최적화**를 달성할 수 있게 된다. 요컨대 제조 산업에서는 **스마트팩토리 구현을 위한 실시간 데이터 기반 운영과, IT(정보기술)-OT(운영기술) 융합**을 SAP 솔루션으로 지원하는 것이 전략의 핵심이다. SAP의 Industry 4.0 이니셔티브 역시 이러한 맥락에서, 생산 라인의 센서 데이터, 로봇 공정, AGV 물류 등을 SAP BTP와 연계하여 **자율적이고 유연한 생산 프로세스**를 만들도록 돕고 있다.

유통/소매 산업(Retail & Wholesale)

유통 및 소매업에서는 **Omnichannel(옴니채널) 경험 구축**과 **실시간 수요 대응**이 SAP 전략의 초점이다. 오늘날 소비자는 온·오프라인 여러 경로를 통해 구매하므로, SAP는 **전자상거래, POS, 콜센터, 소셜미디어** 등의 데이터를 통합하여 **일관된 고객경험**을 제 공하는 솔루션을 제시한다. 예를 들어 SAP Commerce Cloud, SAP Customer Activity Repository(CAR), SAP Omnichannel Promotion Pricing 등으로 구성된 옴니채널 패키지는 **온라인과 오프라인 매장의 재고, 주문, 고객정보를 통합**하여 어디서나 일관된 가격/프로모션과 서비스를 제공하도록 한다. 또한 **Industry Cloud for Retail** 영역에서는 **지능형 수요예측**과 **재고 최적화** 솔루션이 강조된다. SAP Analytics Cloud와 통합된 예측 모델을 통해 **실시간으로 판매 데이터를 분석**하고 머신러닝으로 향후 수요를 예측하여, 적정 재고를 유지하고 품절이나 과잉재고를 최소화할 수 있다. 실제 SAP는 소매업을 위해 **Unified Demand Forecast**와 같은 고도화된 예측 시나리오를 제공하여, **프로모션, 계절성, 지역별 특성을 반영한 수요예측**을 가능케 하고 있다. 이를 통해 유통사는 **빠르게 변하는 소비 트렌드**에 기민하게 대응하고, 공급망을 조율하여 **상품을 필요한 시점에 필요한 채널에 배치**할 수 있다.

소비자 행동 분석 역시 SAP가 소매 Industry Cloud에서 제공하는 중요한 기능이다. 다양한 채널에서 수집된 고객 데이터(매장 구매 이력, 온라인 클릭스트림, 리뷰, CS 문의 등)를 SAP의 고객 데이터 플랫폼(CDP)이나 **예측 분석 도구**로 통합 분석하여, **개별 소비자의 취향과 패턴**을 파악한다. 이를 바탕으로 **개인화된 마케팅 캠페인**을 전개하거나 **추천 상품을 제안**하여 매출을 높이고 고객 충성도를 제고한다. SAP 솔루션은 이러한 **고객 360도 뷰**와 인사이트를 실시간 제공하여, 소매 기업이 **데이터 기반 의사결정**을 하도록 돕는다. 예컨대 한 고객이 온라인 장바구니에 담았다가 구매하지 않은 상품이 있을 경우, 오프라인 매장에서 결제 시점에 해당 상품의 할인 쿠폰을 POS에서 자동 제시하는 등의 시나리오도 구현할 수 있다. 이처럼 **온·오프라인 경계를 허무는 옴니채널 경험, AI 기반 실시간 수요예측, 데이터에 기반한 고객행동 분석**이 SAP의 유통업 전략의 핵심 축이다. 이를 통해 유통사는 **재고 회전율 개선, 고객만족도 향상, 매출 극대**

화라는 성과를 얻도록 SAP는 지원하고 있다.

공공 산업(Public Sector)

공공 부문에서는 **예산의 효율적 집행, 엄격한 회계/규제 준수, 데이터 보안** 등이 주요 과제이며, SAP는 이를 위한 특화 기능과 클라우드 환경을 제공한다. SAP S/4HANA Public Sector 솔루션은 **예산 편성부터 집행, 결산까지 전 과정을 통합 관리**하며, 정부/공공기관이 **예산 대비 집행실적을 실시간 모니터링**하고 통제를 강화하도록 돕는다. 예를 들어 Fund Management(재원관리) 기능을 통해 예산이 특정 용도로만 쓰이도록 하고, 집행 내역을 프로그램/프로젝트 단위로 추적하여 **예산 낭비나 이월을 방지**하는 등의 시나리오를 지원한다. 또한 **조달, 인사, 자산관리** 등 공공 분야 공통 프로세스에 대해서 SAP는 정부업무 모범 사례에 기반한 **Best Practice 패키지**를 제공하여, 국내의 경우 정부회계 기준(KICS 등)이나 **재정관리 규정**을 충족하는 구성을 미리 내장하고 있다. 이를 통해 공공기관은 ERP를 도입하면서 **법령 준수와 프로세스 혁신을 동시에 달성**할 수 있다.

규제 대응 및 감사 투명성 측면에서 SAP는 강력한 GRC(Governance, Risk & Compliance) 솔루션을 제공한다. 예를 들어 **SAP Financial Compliance Management**는 **내부통제 활동**을 자동화하고 감사 자료를 손쉽게 준비하도록 돕는다. 또한 **SAP Risk Management** 모듈은 기관의 위험사항 식별 및 평가를 지원하여, 공공부문의 리스크 관리 거버넌스를 강화한다. 공공 산업 Cloud 전략에서 중요한 부분은 데이터 보안과 주권(sovereignty)이다. SAP는 미국 정부기관용으로 **SAP NS2**라는 별도 법인을 통해 **FedRAMP 인증 클라우드**를 제공하듯이, 각국 정부의 보안요구에 맞는 **퍼블릭섹터 전용 클라우드 환경**을 갖추고 있다. 이를 통해 정부 고객은 **민감한 국민 데이터**를 안전하게 다룰 수 있고, 클라우드 상에서도 **국가정보보호 규정**을 준수할 수 있다. 예컨대 미국의 경우 SAP NS2가 제공하는 GovCloud는 **미 국방성 수준의 보안**과 **데이터 지역성**을 보장해주어, 연방기관들이 안심하고 SAP 클라우드를 쓰도록 한다. 한국 역시 SAP

가 정부합동인증 등을 획득하여 공공클라우드 진출을 모색 중이며, 향후 **행정/국방 분야 클라우드 전환**에도 대응할 것으로 보인다.

또 다른 공공 분야 특징은 **시민 서비스를 위한 데이터 활용**이다. SAP는 **SAP Analytics Cloud** 등을 통해 정부 기관들이 보유한 방대한 데이터를 분석하여 **정책결정에 인사이트**를 얻도록 지원한다. 예를 들어 **예산 사용 내역을 시각화**하여 의회 보고에 활용하거나, **시민 민원 데이터를 분석**해 행정서비스 개선에 활용하는 식이다. 이처럼 효율성 제고(Operational Efficiency)와 투명성/신뢰 확보(Transparency)를 동시에 달성하도록 하는 것이 SAP 공공 산업 전략의 방향이다. **사이버 보안** 측면에서는 SAP 솔루션이 **정부 전자서명, 데이터 암호화, 접근통제** 등을 기본 제공하고, 주요 국제 표준(GDPR 등)에 부합하도록 지속 업데이트되어 공공기관의 **데이터 보호 책임**을 지원한다.

금융/보험 산업(Financial Services)

금융 및 보험 업계에서는 SAP가 전통적으로 코어뱅킹이나 ERP보다는 회계, 리스크, 성과관리 영역에서 강점을 발휘해왔다. 2020년대 SAP 전략은 **금융권의 규제 대응과 ESG 경영 및 실시간 분석**에 초점을 맞추고 있다. 우선 **리스크 관리 및 규제 보고 자동화** 측면에서, SAP와 파트너들은 전문화된 Industry Cloud 솔루션을 내놓고 있다. 앞서 사례로 든 EY의 **FRAC(Finance, Risk and Actuarial) 플랫폼**은 보험사의 방대한 재무·위험 데이터를 하나로 모아 **다차원 분석 및 신속한 보고**를 가능케 한다. 이는 SAP BTP상에 구축되어 **SAP S/4HANA 데이터와 쉽게 연계**되며, **보험업계 고유의 데이터 모델**을 내장하여 **재무제표, 위험계산, 책임준비금 산출** 등을 지원한다. 또한 SAP 자체적으로도 **Banking Services**나 **Insurance Analyzer** 등 금융 규제 대응 솔루션을 제공하여, Basel 규제(은행)나 **IFRS17**(보험) 같은 새 국제기준을 자동 충족하도록 돕는다. 이러한 솔루션들은 **사전 정의된 준법 보고서와 계산로직**을 포함하고 있어, 금융사가 별도 개발 없이 표준 규제 요구를 만족시키는 **리포트를 생성**할 수 있다. 예컨대 **SAP Accounting for Insurance** 솔루션은 보험 계약서비스마진(CSM) 계산 등을 자동화하여 IFRS17 재무제표 작성을 지원하고, **SAP Disclosure Management**는 여러 출처의 데이터를 모아 규제 보고서를 신속히 작성·공시하도록 돕는다.

ESG 통합 관리는 금융권의 새로운 화두로, SAP는 이 분야에서도 발빠르게 솔루션을 내놓았다. **SAP Sustainability Control Tower**가 그 예로, 기업 전체의 ESG 데이터를 모으고 성과를 관리하는 플랫폼이다. Mercedes-Benz 사례에서 보았듯 이 솔루션은 **환경·사회·거버넌스 지표들을 중앙 집계**하고, 각종 ESG KPI를 계산하여 규제 양식에 맞게 리포팅할 수 있게 해준다. 금융기관의 경우 투자/대출 포트폴리오의 탄소배출량 산출, 녹색투자 비율 등의 KPI 추적이 중요한데, SAP와 파트너(SAP Fioneer 등)가 제공하는 **ESG KPI 엔진**은 외부 ESG 데이터 프로바이더와 연계하여 이러한 **지속가능경영 지표를 자동 계산·분석**해준다. 이를 통해 은행이나 보험사는 투자 의사결정에 ESG 정보를 반영하고, **규제당국 및 투자자에게 ESG 실적을 투명하게 보고**할 수 있다.

또 하나 SAP 금융 전략의 축은 **실시간 데이터 통합과 분석**이다. 전통적으로 은행의 코어뱅킹 시스템과 ERP/성과관리 시스템은 분리되어 있어 정보가 단절되기 쉬웠는데, SAP는 **SAP Financial Products Subledger**(FPSL) 등의 제품을 통해 **거래원장과 회계원장을 실시간 연결**하는 접근을 제시한다. 이로써 대량 거래데이터를 저비용으로 관리하면서도, 금융계리 계산과 회계처리를 빠르게 수행한다. 또한 SAP HANA 기반의 인메모리 파워를 활용해 방대한 트랜잭션을 실시간으로 마감/결산하여, 경영진에게 **신속한 손익 현황**을 제공한다. 예컨대 **하나의 통합 원장**에 금융상품별 캐쉬플로우를 저장하고 필요시 즉각 집계함으로써, **일 단위 마감이나 시뮬레이션도** 가능해진다. SAP는 이를 통해 금융사가 **리스크-수익 관점을 실시간으로 파악**하고, 새로운 비즈니스 모델(예: 뱅킹-aaS)에도 대응할 수 있게 돕는다.

보험 산업의 경우 SAP는 정책관리 등 코어 시스템보다는 **재무·성과** 영역에 집중한다. 그러나 최근에는 SAP 인슈어런스 솔루션(SAP for Insurance)도 Industry Cloud 전략에 편입되어, **인텔리전트 클레임 관리**, **고객경험(CX)** 등에 AI를 접목한 SaaS를 내놓고 있다. 예를 들어 **보험금 청구 자동화** 솔루션은 과거 사고데이터를 학습해 사기가능성을 점수화하고, 간단한 청구는 자동 승인하는 등 **AI 기반 업무 자동화**를 구현한다.

이러한 첨단 기능들은 SAP BTP의 AI 서비스(Journey AI 등)와 연계되어 Industry Cloud 형태로 제공된다. 금융업의 경우 클라우드 전환이 보수적이었으나, SAP는 **금융 특화 클라우드**(Regulatory compliant cloud) 환경을 마련하고 핵심 업역을 제외한 주변 기능부터 클라우드로 이전시키는 하이브리드 전략을 제안하고 있다. 이를 통해 점진적으로 **백오피스 ERP, 인사, 조달, CRM** 등을 클라우드 SaaS로 전환하고, 코어뱅킹/보험코어도 장기적으로 Cloud API로 연계하는 **Composable Architecture**로 진화하도록 로드맵을 제시 중이다.

헬스케어 산업

의료 및 제약 분야에서도 SAP는 **산업 클라우드**를 통해 특화된 지원을 제공한다. 병원, 제약사, 의료기기 업체 등은 엄격한 규제와 복잡한 공급망을 갖고 있는데, SAP의 헬스케어 솔루션은 **환자관리, 공급망, 규제준수**에 중점을 두고 있다. 예를 들어 병원정보시스템(HIS)과 ERP를 연계하여 **환자의 예약·진료·청구 프로세스**를 통합 관리하고, **의료 자원**(수술실, 의료진, 장비) **스케줄링**을 최적화하는 기능을 제공한다. 이를 통해 환자 대기시간을 줄이고 운영 효율을 높일 수 있다. **의료장비 및 의약품 공급망** 측면에서는 SAP Ariba 및 물류 네트워크를 활용해 **의약품 조달에서 재고관리까지 실시간 추적**을 지원한다. 특히 **백신 유통** 등과 같이 품질이 중요한 경우 블록체인으로 **콜드체인 모니터링 이력**을 관리하거나, IoT 센서로 **온도 데이터를 SAP 시스템에 수집**하여 기준 이탈 시 경고하는 시나리오도 구현된다.

규제 준수(Compliance)는 헬스케어 산업의 필수 요소다. SAP 솔루션은 **HIPAA, GDPR** 등의 의료정보 보호 규정에 부합하도록 데이터 접근을 통제하고 익명화 기능을 제공한다. 제약사의 경우 FDA 요건(21 CFR Part 11)을 충족하는 **전자기록/서명 관리**도 SAP Document Management로 지원한다. 또한 **임상시험 관리** 분야에서 SAP는 파트너(예: Tenthpin 등)와 함께 **임상시험 공급망 관리(ICSM)** 솔루션을 Industry Cloud로 제공하여, 임상시험용 의약품의 생산·배송 일정을 최적화하고 환자 모집, 규제 제출 등에 필요한 데이터를 통합하고 있다. 나아가 Gene & Cell Therapy와 같은 최신 분야를 지원하기 위해, SAP는 업계 컨소시엄에 참여하여 **개별 환자별 맞춤 생산 프로세스**를 관리하는 솔루션도 모색 중이다. 이는 향후 정밀의료 시대에 대비한 선행 작업으로 볼 수 있다.

요약하면, 헬스케어 산업에서 SAP의 전략은 **의료 서비스의 운영 효율을 높이면서도 안전성과 규제준수를 보장**하는 것이다. Industry Cloud 앱들을 통해 **의료기관-공급업체-환자** 간 협업을 강화하고(예: 의료 소모품 자동발주, 환자 포털 연계 등), 축적된 의료 데이터를 분석하여 **의료 품질과 경영지표를 동시에 개선**하도록 돕는다. 병원의 핵심 KPI인 **병상 회전율, 환자만족도, 재입원율** 등을 추적할 수 있는 대시보드를 제공하고, 제약사의 **R&D 파이프라인 분석, 생산 수율** 등의 KPI 모니터링도 지원하여, 의약산업 전반의 **데이터 기반 경영**을 실현하는 것이 궁극적인 목표다.

에너지/유틸리티 산업

에너지 및 유틸리티 분야는 최근 **탈탄소화, 분산형 에너지, 전기차 확대** 등으로 큰 변혁을 맞고 있다. SAP는 유틸리티 기업들의 에너지 전환(Energy Transition)을 돕기 위해 **발전 자산 관리, 스마트 그리드 데이터 처리, 수요 예측** 등에 초점을 맞춘 솔루션 전략을 전개한다. **SAP for Utilities** 산업 클라우드 포트폴리오는 **스마트미터 수집 데이터 관리, 사용량 검침 및 과금**(billing), 그리고 **배전망 자산 관리** 등을 포함한다. 예를 들어 **SAP Cloud for Energy**는 스마트 미터로부터 대량의 에너지 사용 데이터를 수집·보관·분석하는 **클라우드 플랫폼**으로, 기존 계량 인프라(IS-U)와 연계하여 **실시간 과금**이나 **시간대별 요금제** 등을 구현할 수 있게 한다. 또한 **SAP Asset Performance Management**(APM) 솔루션은 발전소 터빈, 송배전 설비 등의 상태 데이터를 분석하여 **예지 정비**를 가능케 함으로써, **정전이나 설비 고장으로 인한 서비스 중단을 최소화**한다. 이를 통해 전력/가스 회사는 **설비 신뢰도를 높이고 유지보수 비용을 절감**할 수 있다.

지속가능성 측면도 에너지 산업의 중요한 이슈다. SAP는 유틸리티 기업들이 **탄소배출을 모니터링**하고 **재생에너지 사용 비율** 등을 관리하도록 지원한다. 예컨대 SAP Sustainability Control Tower를 통해 발전소별 탄소배출 데이터를 집계하고, 국제 기준(GHG Protocol 등)에 따라 배출량 리포트를 생성하여 규제당국에 제출할 수 있다. 또한 전력 판매 기업을 위해 **재생에너지 인증서(REC) 트래킹** 및 **전력 소싱 최적화** 등의 솔루션도 제공하여, 유틸리티가 친환경 경영목표를 달성하도록 돕는다.

고객 경험도 유틸리티 산업의 새로운 경쟁포인트로 부상하였다. SAP는 **SAP C/4HANA Utilities**를 통해 전기/가스 고객에게 **옴니채널 서비스**를 제공할 수 있게 한다. 예를 들어 **챗봇을 통한 요금문의 응대, 모바일 앱을 통한 사용량 실시간 조회, 프로액티브한 누진요금 알림** 등의 시나리오를 지원하여, 과거 관공서식 일방향 서비스에서 벗어나 **고객 중심의 편의성을 제공**하도록 한다. Tokyo Electric Power 등의 해외 사례를 보면, 노후화된 고객정보시스템(CIS)을 SAP 기반 클라우드로 옮기고 웹포털/모바일로 연동하여 **옴니채널 플랫폼**을 구축함으로써 **고객만족도와 운영 효율을 동시에 개선**하고 있다. 또한 EY 등 파트너사는 SAP BTP 위에 **TOTEX(총투자비용) 관리 솔루션**을 개발하여, 전력회사가 투자 및 운영비용을 장기적으로 계획·분석하는 것을 돕고 있는데, 이 역시 SAP 산업 클라우드 생태계가 에너지 산업에 가져다주는 새로운 툴이라 할 수 있다.

정리하면, 에너지/유틸리티 산업에서 SAP의 전략은 **스마트한 자산 및 수요 관리**와 **지속가능성 달성 지원**으로 요약된다. 전통적인 발전/송배전 회사를 **데이터 기반의 효율적 에너지 기업**으로 바꿔줄 수 있는 도구들 - 실시간 모니터링, AI 예측, 프로세스 자동화 - 을 SAP 클라우드로 제공하고, 파트너와 협업하여 신사업 모델(예: 프로슈머 거래, 마이크로그리드 등)도 지원할 수 있는 확장성까지 갖추는 방향이다.

GROW with SAP의 산업별 적용 방식

SAP는 2023년 중소·중견기업(SMB) 대상의 클라우드 ERP 확산을 위해 "GROW with SAP" 프로그램을 발표하였다. 이는 일종의 **S/4HANA Cloud Public Edition의 신속 도입 패키지**로서, 중견 규모의 신규 고객이 **짧은 기간 내에 SAP를 구축**하고 사용할 수 있도록 돕는 표준화된 여정(framework)이다. GROW with SAP의 특징은 "Predictable and Rapid"이라는 두 단어로 요약되며, **업종별로 사전 구성된 베스트 프랙티스와 도구/가이드**를 제공하여 **짧은 기간 안에 예측 가능한 범위로 ERP를 라이브**시키는 데 초점을 둔다.

GROW with SAP의 구성 요소

GROW with SAP 프로그램은 **주요 산업 및 업무 영역별**로 미리 패키지화된 콘텐츠와 서비스를 포함한다. SAP Activate 방법론에 따라 **디스커버리(Discovery)** 단계에서부터 **디자인-구현-고라이브**까지 전 단계에 걸쳐 **표준화된 템플릿과 툴킷**이 제공된다. 구체적으로, GROW with SAP에는 다음과 같은 **핵심 구성 요소**가 있다.

- **Cloud ERP 본제품**: SAP S/4HANA Cloud, Public Edition이 기본으로 제공된다. 최신 UX와 AI, 분석 기능이 내장된 차세대 모듈형 ERP로서, 중소중견 기업이 필요로 하는 재무, 공급망, 영업, 생산 등의 기능을 폭넓게 커버한다. 분기별 자동 업데이트를 통해 항상 최신 기능이 제공되며, 기업은 복잡한 인프라 관리 없이 SaaS 형태로 ERP를 이용하게 된다.

- **Rapid Deployment(신속 구축) 툴**: 사전 구성된 산업별 베스트 프랙티스와 **가이드 프로세스**가 제공되어 구현을 크게 단축한다. 예를 들어 **Professional Services 산업용 GROW** 패키지를 선택하면 **프로젝트 관리, 용역청구, 자원관리** 등에 대한 모

범 프로세스와 설정값이 미리 시스템에 반영되어 출하된다. **Consumer Products 산업용 GROW**에는 **수요예측, 유통경로 관리, 소매영업**에 필요한 설정과 마스터데이터 구조가 포함되는 식이다. 이러한 Industry-specific Template들은 SAP Best Practice Explorer 카탈로그의 콘텐츠를 기반으로 하며, 다수의 성공적 도입 사례를 통해 검증된 프로세스만을 담고 있다. 또한 구현 시에는 Baseline Activation Service라는 도구를 통해 선택한 산업/국가에 맞는 **기본 설정을 자동 활성화**함으로써, 몇 주 내에 시스템 골격을 세팅해준다. 그 결과 고객과 파트너는 **설계보다는 검증에 더 많은 시간**을 투입할 수 있고, 이는 전체 프로젝트 기간을 단축하면서도 품질은 높이는 효과가 있다. GROW with SAP에서는 이러한 프리컨피그(best practice) 활용과 함께 **정형화된 워크숍**(Fit-to-Standard workshop) 진행을 권장하는데, 이를 통해 고객은 SAP가 제시한 프로세스를 직접 시연 보고 **자사에 적용 여부를 즉석에서 판단**하며, 꼭 필요한 추가 요구만 선별하게 된다. 이러한 접근 덕분에 **대부분의 신규 고객이 불과 몇 달 내에 클라우드 ERP를 가동**할 수 있게 되었으며, 실제 많은 사례에서 **몇 주 단위의 짧은 구현기간**이 보고되고 있다.

- **예측 가능한 서비스 및 비용 모델**: GROW with SAP는 **구독형 클라우드 ERP**이므로, 고객은 **사용한 만큼만 요금**을 내는 유연한 모델을 취한다. 초기 막대한 하드웨어/라이선스 투자 없이 월 구독료로 시작할 수 있고, 사용자 수나 사용 모듈에 따라 조정된다. 또한 SAP와 파트너가 제공하는 **패키지형 서비스**(예: 8주 구현, 3개 모듈 고정 범위 등)를 선택함으로써 **프로젝트 기간과 비용을 예측 가능**하게 만들었다. 이는 중견기업들이 ERP 도입 시 흔히 우려하는 **비용 초과나 일정 지연 리스크**를 줄여준다.

- **지원 및 지속 혁신**: GROW with SAP 고객에게는 SAP의 **Onboarding 지원, 러닝 리소스** 등이 제공되어 빠른 정착을 돕는다. 또한 도입 후에도 **분기별 업그레이드 교육, 사용자 포럼** 등을 통해 **계속적인 기능 활용도를 높이는 프로그램**이 따라온

다. SAP는 GROW 고객들이 **스스로 업계 베스트프랙티스에 대한 이해도를 높이고**, 향후 성장 시 추가 모듈이나 Industry Cloud 솔루션을 도입하기 쉽도록 **성장 로드맵**도 함께 제시한다. 아울러 **SAP Build** 등의 로우코드 도구도 사용할 수 있어, IT 인력이 적은 중소기업도 **노코드로 간단한 추가 앱이나 양식**을 만들어 쓸수 있다. 이처럼 **GROW with SAP는 제품+서비스+지원+에코시스템이 결합된 패키지**로 SMB 시장을 공략하고 있다.

산업별 GROW 패키지와 베스트 프랙티스 카탈로그

GROW with SAP의 중요한 특징은 **산업별 패키지화**이다. SAP는 GROW 프로그램 하에 산업 및 LoB별 "SAP-Qualified Partner-Packaged Solution"들을 다수 보유하고 있는데, 이는 검증된 파트너들이 특정 산업에 특화하여 GROW를 재포장한 것이다. 예를 들어 **"GROW with SAP for Professional Services"** 패키지는 컨설팅/서비스 업종에 최적화된 템플릿으로, 프로젝트 관리, 경비정산, 인력배치 등 서비스 업종 핵심 프로세스를 포함한다. "GROW with SAP for Consumer Products"는 소비재 제조/유통사를 위한 것으로, 수요예측부터 생산, 유통경로 관리, 리베이트 정산까지 해당 업종 빈발 프로세스를 담고 있다. 이처럼 **업종별 사전 설정된 베스트 프랙티스**와 **마이그레이션 툴**을 제공함으로써, **중견기업들이 대기업 수준의 모범 프로세스**를 바로 활용하도록 돕는다. SAP Best Practice 카탈로그에는 각 산업별 수십 개의 프로세스 시나리오가 정의되어 있고, 프로세스 흐름도, 업무 설명서, 시험 시나리오 등이 함께 제공된다. 예컨대 **제조업 Best Practice**에는 MTS/ETO 등 생산유형별 프로세스, 품질검사, MRP 등이 포함되며, **유통업 Best Practice**에는 견적-주문-출고-청구 시나리오, 구매조달 시나리오 등이 포함된다. 이러한 **표준 프로세스 카탈로그**는 GROW 패키지의 설계 기반이 되며, 프로젝트에서 **설계 대신 학습과 차이 분석(Fit-Gap)에 시간을 쓰도록** 만들어 준다.

Best Practice Catalog를 활용한 구현의 이점은, **프로젝트 착수와 동시에 구체적인 모습**을 볼 수 있다는 점이다. 과거처럼 백지 상태에서 요구사항을 수집하고 개발하는 것이 아니라, **SAP의 모범 프로세스를 "Show & Tell" 데모로 보여주며** 고객이 직접 자사 프로세스와 비교하게 함으로써, 사용자들은 새로운 시스템의 동작을 조기에 이해하고 변화에 대비할 수 있다. 이는 **변화관리(체인지 관리)** 측면에서도 유리하여, 사용자 승인을 얻고 교육하는 데도 큰 도움이 된다.

중견·중소기업의 신속한 산업 특화 도입

GROW with SAP가 노리는 핵심 효과 중 하나는 중견기업의 "Fast Time-to-Value"이다. 제한된 인력과 자원으로 혁신이 필요한 중소/중견기업들이 **몇 달 안에 ERP를 가동하여 업무혁신 효과를 누리도록** 하는 것이다. 실제 사례를 보면, **미국의 중견 화학기업 Calca Solutions**는 GROW with SAP를 통해 **100일 만에 SAP S/4HANA Cloud로 전면 전환**하였다. 이 기간 동안 회계, 영업, 공급망 프로세스를 표준 템플릿으로 세팅했고, 주요 데이터 마이그레이션을 완료했으며, 전 직원 교육까지 마쳐 신속히 운영에 들어갔다. 그 결과 Calca사는 실시간 경영정보를 확보하여 의사결정 속도가 빨라지고, 프로세스 자동화로 **재무보고에 소요되는 시간이 단축**되는 등 빠른 ROI를 실현했다. 이처럼 **짧은 구축 기간과 빠른 가치 실현**은 전통적으로 대규모 투자로 인식됐던 ERP 분야에서 중소기업들에게 매력적인 제안이며, SAP는 GROW 프로그램으로 **클라우드 ERP의 대중화**를 꾀하고 있다.

또한 GROW with SAP는 **SAP 파트너 생태계와의 협력을 통해 현지화와 산업화를 강화**한다. 각 지역 유능한 파트너들이 자사의 경험을 녹여 GROW 패키지를 현지 산업 환경에 맞게 조정하여 제공하므로, 고객 입장에서는 **국내 상황에 맞는 베스트 프랙티스**를 적용받는 효과가 있다. 예컨대 국내 카카오엔터프라이즈는 GROW 프로그램을 활용해 **영업 프로세스 혁신**을 단기간에 이뤄냈다. 이 회사는 **SAP 세일즈 클라우드와 CPQ(견적관리)** 솔루션을 도입하면서 자사 업무플랫폼 **카카오워크**와 연동하여 **영업 전체 프로세스를 3개월 만에 재정립**하였다. 견적부터 수주, 계약, 매출인식까지 SAP 클라우드로 일원화하고, 영업직원들은 친숙한 카카오워크 챗봇 인터페이스를 통해 SAP

데이터를 조회·승인하는 형태로 **UI/UX를 개선**했다. 이렇듯 **산업별 특화 클라우드와 협업툴을 결합**한 혁신도 GROW의 유연한 확장성 덕에 가능했다. 중소기업들은 GROW의 **예측 가능한 구독료와 신속 구축** 덕분에 ERP 도입 장벽을 크게 낮추고 있으며, SAP는 이를 통해 **과거 on-premise SAP를 쓰지 않던 미들마켓 고객층**을 새로 확보하고 있다.

정리하면, GROW with SAP의 산업별 적용 방식은 "각 산업에 꼭 맞는 미리 준비된 ERP를, 짧은 기간 안에, 예측 가능한 비용으로 제공"하는 것이다. SAP의 50년 업계 경험이 녹아든 베스트 프랙티스 카탈로그와 자동화된 구축 툴을 통해 **ERP 도입의 복잡성을 크게 줄였고**, 산업별 특화 기능을 템플릿화하여 **SMB들도 대기업 수준의 프로세스**를 활용하게 만들었다. 이는 **SAP의 클라우드 전환 전략의 일환**으로, 결국 더 많은 기업을 SAP 생태계로 편입시켜 함께 성장하도록 하는 win-win 전략이라 볼 수 있다.

사례 분석

글로벌 사례: Siemens, Mercedes-Benz 등

- **지멘스(Siemens)** – 디지털 스레드 구축(제조업): 지멘스는 SAP와의 협력을 통해 **PLM-ERP 통합을 선도**하고 있다. 2020년 양사는 전략적 파트너십을 맺고, 지멘스의 제품수명주기관리(PLM) 소프트웨어인 Teamcenter와 SAP의 **S/4HANA 및 자산관리**를 통합하는 솔루션을 발표했다. SAP는 Teamcenter를 **제품 데이터 관리의 핵심**으로 제공하고, 지멘스는 SAP의 **Intelligent Asset Management**와 프로젝트포트폴리오관리(PPM)를 자사 포트폴리오에 포함하는 형태이다. 이를 통해 고객사는 제품 설계 단계의 디지털 데이터와 제조 운영 데이터, 현장 자산 정보를 **하나의 디지털 스레드**로 연결할 수 있게 되었다. 기존에는 CAD/PLM 시스템에서

설계된 내용과 ERP의 생산·정비 데이터가 분절되어 있었으나, Siemens-SAP 솔루션 도입 후에는 **부서 간 데이터 사일로를 제거**하고 **전사 통합 프로세스**(설계-계획-생산-서비스 연계)를 구현할 수 있었다. 예를 들어 Teamcenter에서 변경된 제품 사양이 SAP 생산계획과 연동되고, 현장에서 수집된 품질/고장 데이터가 다시 Teamcenter로 피드백됨으로써 **제품 개선 사이클을 단축**시키는 효과를 얻었다. Siemens 사례는 **Industry 4.0 실현을 위한 양대 솔루션 기업의 협력**이라는 점에서 상징적이며, 제조업체들이 **신속한 시장 출시**(Time-to-Market)**와 유연한 제품개발**을 달성하는데 큰 기여를 하고 있다. IDC 애널리스트는 "사전에 통합된 PLM-ERP-자산관리 솔루션이 제공하는 IT 편익과 비즈니스 편익(시장변화 민첩성)은 디지털 시대의 경쟁우위를 좌우할 것"이라고 평가했다.

- **메르세데스-벤츠**(Mercedes-Benz) – ESG 데이터 플랫폼 구축(자동차 제조): 독일 자동차 제조사인 Mercedes-Benz는 2024년 EU에서 시행되는 **CSRD(기업 지속가능성 보고 지침)** 대응을 위해 SAP 솔루션을 활용한 ESG 데이터 플랫폼을 구축하였다. 이 회사는 전 세계 그룹 차원의 방대한 지속가능성 데이터를 정확히 수집·분석하여 공시해야 하는 과제에 직면했는데, 이에 **SAP Sustainability Control Tower**를 도입했다. 그 결과, 흩어져 있던 환경·사회·거버넌스(ESG) 관련 데이터가 **클라우드 상의 통합 플랫폼**으로 중앙집약되었고, **단일한 KPI 체계로 표준화된 보고**가 가능해졌다. 예컨대 유럽 공장의 에너지 소모량, 해외 지사들의 탄소배출량, 공급망의 인권 리스크 지표 등이 한 곳에 모여 **약 70개의 핵심 ESG KPI**로 관리되며, 데이터 계통을 추적할 수 있는 감사가능한 워크플로우로 **95% 이상의 필요한 데이터 포인트를 자동 수집**하게 되었다. Mercedes-Benz는 이 플랫폼을 통해 CSRD 첫 보고연도에 요구되는 방대한 공시자료를 정확히 기한 내 제출했고, 데이터의 **라인리지**(lineage) **투명성**을 확보하여 감사 대응도 수월해졌다. 담당 프로젝트 매니저는 "SAP 솔루션으로 그룹 전체의 KPI와 데이터 포인트를 하나의 소스로 관리함으로써, 데이터 신뢰성과 추적성이 확보되었다"고 밝혔다. 이 사례는 **제조기**

업이 재무 이외의 ESG 영역까지 SAP 플랫폼으로 관리한 모범으로 꼽힌다. 특히 자동차 산업처럼 밸류체인이 긴 업종에서 **Scope 3 탄소배출** 등 데이터를 모으는 일은 어려운데, Mercedes는 SAP와 협력하여 이를 달성함으로써 탄소중립 전략 (Ambition 2039)에도 한 발 다가섰다. 현재 Mercedes는 해당 플랫폼을 **지속가능경영 성과 관리**에도 활용하여, ESG 노력을 비즈니스 의사결정과 연계하고 있다.

- Tokyo Electric Power(TEPCO) - 옴니채널 고객 플랫폼 및 클라우드 전환(유틸리티): 일본의 도쿄전력은 전력소매 시장 개방과 에너지 전환에 대응하기 위해 **고객 시스템을 클라우드 기반으로 혁신**하였다. TEPCO의 소매사업부(TEPCO Energy Partner)는 종전의 메인프레임 기반 고객정보/청구 시스템을 교체하고, **SAP S/4HANA를 중심으로 한 옴니채널 플랫폼**을 구축했다. 이 프로젝트에서 핵심은 **옴니채널 고객경험**과 **운영효율 향상**이었다. 새로운 시스템은 **인터넷, 모바일 앱, 콜센터, 대리점** 등 모든 채널에서 고객 데이터가 실시간 동기화되게 하여, 고객이 어떤 경로로 접촉하든 일관된 응대를 받도록 했다. 예를 들어 고객이 웹에서 전기 사용량을 확인하고 요금 이의신청을 올리면, 콜센터 직원 화면에도 즉시 그 내역이 보여 신속히 처리하는 식이다. 또한 SAP 기반 **과금/청구 모듈** 도입으로 복잡한 요금제 계산이 자동화되고, 청구서 출력 프로세스가 간소화되어 **월간 청구 마감 소요시간이 크게 감소**했다. 도쿄전력은 자체 데이터센터 대신 퍼블릭 클라우드(IaaS) 위에 SAP를 올리는 전략을 취하여 시스템 가용성 99.99%를 달성했고, 유연한 확장성도 확보했다. 이를 통해 계절적 피크나 신규 사업 확장 시에도 인프라 제약 없이 고객 서비스를 운영할 수 있게 되었다. 이 사례는 **대형 공기업의 핵심 시스템을 클라우드로 전환**한 선도 사례로 평가받으며, TEPCO는 전사 SAP 플랫폼 위에 향후 **스마트홈, 전기차 충전 서비스** 등도 연결할 계획이다. 또한 TEPCO는 SAP 프로젝트를 계기로 업무 프로세스도 표준화하여, **복수 지역 지사의 운영을 단일 인스턴스에서 커버**하고 관리비용을 절감하는 성과를 거두었다.

국내 적용 사례: 삼성SDS, 포스코DX, 카카오엔터프라이즈

- **삼성SDS** - 클라우드 ERP 프리미엄 파트너십: 삼성SDS는 SAP와의 오랜 협력관계를 바탕으로, 2022년 **국내 최초 RISE with SAP 프리미엄 서플라이어**로 선정되었다. 이를 통해 삼성SDS는 자사 클라우드 플랫폼(SCP)에서 SAP S/4HANA를 제공할 수 있는 자격을 얻었고, **SAP 컨설팅-구축-운영을 통합 제공**하는 End-to-End 서비스를 출시했다. 특히 삼성SDS는 제조, 금융 등 국내 주요 업종의 SAP 구축 경험을 살려, **업종별 특화된 RISE 패키지**를 선보였는데, 예를 들어 전자업종 고객에겐 삼성전자 등 그룹사 프로젝트를 통해 축적된 베스트 프랙티스를 적용해주고, 금융업 고객에겐 금융 특화 컨트롤과 보안 기준을 추가적으로 제공하는 식이다. 또한 RISE with SAP의 일환으로 **기존 ECC 시스템을 클라우드로 Conversion**하는 프로젝트들을 다수 수행하여, 국내 SAP 고객들의 디지털 전환을 리드하고 있다. 이처럼 **국내 대표 SI인 삼성SDS와 SAP의 협업**은 SAP 코리아 입장에서도 중요한 성과로, 양사는 정기적인 **Industry Day 행사**를 공동 개최하며 업종 동향과 적용사례를 공유하고 있다. 삼성SDS 사례는 SAP 파트너십을 통해 **새로운 비즈니스 기회를 창출**한 경우로, SAP 솔루션 판매뿐 아니라 자체 클라우드 인프라 활용, 부가 서비스 연계 등을 통해 **부가가치 극대화**에 성공했다는 평가다.

- **포스코DX(구 포스코ICT)** - 제조 IoT와 SAP의 융합: 포스코DX는 철강 제조 현장의 스마트화 프로젝트에서 SAP와 협력하여 **MES-ERP 통합** 및 **생산 데이터의 실시간 연계**를 실현했다. 포스코 제철소에는 수많은 설비와 IoT 센서가 존재하는데, 그 데이터들을 SAP BTP로 수집·분석하고 이를 SAP S/4HANA의 생산계획 및 품질 모듈과 연동하는 구조를 만들었다. 예컨대 용광로 온도, 압력 등의 센서 데이터가 임계치 이탈 시 SAP 품질관리(QM) 프로세스를 자동 트리거하여 불량 발생을 사전에 탐지하고 라인에 경고를 주는 식이다. 또한 SAP와 포스코DX는 공동으로 **설비 예지보전** 알고리즘을 개발하여, 수백만 건의 설비 이력 데이터를 SAP HANA에서 머신러닝으로 학습하고 고장 징후를 조기에 파악하는 모델을 구

축했다. 이 결과를 SAP PM(Plant Maintenance) 모듈과 연결하여, 정비오더가 자동 발행되고 예비부품 조달도 선제적으로 이루어지게 했다. 이러한 사례는 철강업의 Industry 4.0 구현에 SAP 플랫폼이 활용된 모범으로, 포스코DX는 그 성과를 바탕으로 SAP 코리아와 **솔루션 사업 협력 MOU**를 체결해 소프트웨어 사업을 강화하기도 했다. 즉 포스코DX는 국내외 유사 제조기업에 해당 솔루션(포스코 사례에 사용된 IoT-ERP 통합 시나리오)을 패키지로 제공하는 비즈니스를 모색, SAP와 공동 마케팅/판매를 진행하였다. 이는 전통 제조업의 IT자회사에서 **솔루션 프로바이더**로 변모하려는 포스코DX 전략과도 일치하며, SAP 입장에서도 해당 산업 레퍼런스를 확산하는 계기가 되었다.

- **카카오엔터프라이즈** – 업무플랫폼과 SAP Industry Cloud의 결합: 카카오엔터프라이즈는 카카오톡 기반의 기업용 협업플랫폼 "카카오워크"를 개발한 IT기업으로, SAP와의 전략적 제휴를 통해 **업무 시스템의 사용자 경험 혁신**을 추진했다. 이 회사는 **SAP Sales Cloud 및 CPQ**(Configure-Price-Quote) 솔루션을 도입하여 자사의 영업관리 시스템을 구축하면서, 영업 사원들이 **카카오워크 상에서 SAP 업무를 볼 수 있도록** 연동하였다. 예를 들어 견적서를 생성하거나 판매 오더 상태를 조회하는 일을 카카오워크 대화창에서 챗봇과 대화하듯 수행하면, 백엔드에서는 SAP Sales Cloud에서 해당 작업이 처리되는 구조이다. 이를 통해 영업 현업들은 별도 SAP 화면에 로그인하지 않고도 **친숙한 카톡 인터페이스로 업무**를 처리할 수 있게 되어 사용자 만족도가 높아졌다. 이 프로젝트를 불과 **3개월 만에 완료**하여 **End-to-End 영업 프로세스 혁신**을 달성한 것은 업계에 큰 화제가 되었다. 카카오엔터프라이즈의 사례는 **SAP SaaS 솔루션의 민첩한 도입**과 **국내 IT기업의 AI 기술 결합**이 만들어낸 시너지로 평가된다. 카카오엔터프라이즈는 이어서 **SAP Concur 기반의 경비 처리 챗봇**도 개발하여, 직원들이 영수증 사진을 찍어 카카오워크에 올리면 자동으로 경비처리가 완료되도록 구현했다. 이처럼 **SAP BTP 위에 카카오의 AI엔진(자연어처리 등)을 결합**하는 공동 혁신도 진행되어, 향후 **한글 기반**

의 대화형 SAP 업무봇 등 새로운 시도가 이어질 예정이다. 카카오엔터프라이즈 사례는 SAP 산업솔루션을 도입한 고객사가 다시 SAP와 기술 협력을 하여 **부가가 치 서비스를 창출**한 경우로, SAP 생태계 확장의 또 다른 모습을 보여준다. 특히 국내 사용자가 익숙한 메신저 UX를 SAP와 접목함으로써 기업 IT의 Consumerization(소비재화)이라는 흐름을 잘 구현한 사례라 할 수 있다.

차별화 포인트 및 시사점

SAP의 2020년대 산업별 전략은 전통적인 고객맞춤형 솔루션 접근과 대비되는 몇 가 지 **차별화 포인트**를 지닌다. 이를 통해 얻을 수 있는 **비즈니스 시사점**을 정리하면 다음 과 같다.

- **표준화된 Industry Cloud vs. 개별 커스텀 개발**: 과거 기업들은 업종 특화 요구를 충족하기 위해 ERP를 크게 커스터마이즈하거나 별도 개발 시스템을 구축하곤 했 다. 그러나 SAP Industry Cloud는 **이미 준비된 산업별 모듈식 앱**을 사용함으로 써 이러한 필요를 상당 부분 대체한다. **SAP 산업 클라우드 솔루션은 SAP BTP 기반으로 개발되어 SAP 코어와 원활히 통합**되면서도, 업종 고유의 기능을 제공하 므로 **별도의 커스텀 개발 없이도** 상당수 요구를 충족시킨다. 이는 **신뢰성과 업그 레이드 용이성** 측면에서 큰 이점인데, 표준 솔루션이므로 SAP의 정기 업그레이드 를 통해 최신 규격/기능이 자동 적용되고, 핵심 ERP 업그레이드에도 영향을 주지 않는다. 반면 Custom 솔루션은 처음 구축 시에는 정확히 원하는 기능을 제공할 수 있으나, 유지보수 인력 의존도가 높고 환경 변화에 빠르게 대응하기 어려우며, ERP 본판 업그레이드 시 **적지 않은 수정 비용**이 든다. SAP Industry Cloud 전략 은 이러한 딜레마를 "표준화된 커스터마이제이션"이라는 개념으로 풀어낸다 - 즉 **커스터마이징 자체를 표준 플랫폼(BTP) 위에서 진행하도록 구조화**하여, 결과적으 로 **개별 확장의 표준화**를 달성한 것이다. 기업 입장에서는 SAP가 제공하는

Industry Cloud 앱과 필요시 자체 개발한 BTP 앱의 조합으로 해결책을 마련하고, **코어 ERP는 Clean 상태로 유지할 수 있으므로 양쪽 장점(표준화와 현장적합성)을 모두 취할 수 있다.** 이 차별점은 SAP가 타 경쟁사 대비 **보다 낮은 TCO와 빠른 가치실현**을 주장하는 근거가 되며, 향후 기업의 IT 아키텍처 방향도 "코어 vs. 플랫폼 확장"이라는 이원화 구조가 대세가 될 것으로 보인다.

- **BTP 기반 확장성과 파트너 에코시스템 참여**: SAP 전략의 또 다른 차별화 요소는 **자사 PaaS인 SAP BTP를 통한 확장성 제공**이다. BTP는 단순 인프라가 아니라 **수백 개의 서비스(API, AI, 통합 등) 카탈로그를 포함한 완숙한 기업용 플랫폼**이며, 이를 활용해 파트너와 고객이 **자유롭게 확장 앱을 개발**할 수 있다. 이는 경쟁사들이 자사 솔루션에 폐쇄적으로 기능을 추가하는 것과 달리, SAP는 **개방형 플랫폼을 통해 외부 혁신을 흡수**하는 방식을 취한 것으로 볼 수 있다. SAP Cloud Application Programming Model(CAP)이나 **SAP Integration Suite**는 개발자들이 신속히 부가 어플리케이션을 만들고 ERP와 연결할 수 있게 해주며, **Event Mesh, Workflow** 등 이벤트 드리븐 도구는 시스템 간 **실시간 연계**를 용이하게 한다. 이런 플랫폼 역량 덕분에 수많은 파트너들이 SAP 환경에서 **첨단 기술 적용 솔루션**을 내놓고 있다. 예컨대 SAP Industry Cloud 앱들에는 **AI/머신러닝 기반 예측, IoT 데이터 처리, 블록체인 추적, RPA 자동화** 등이 광범위하게 활용되고 있는데, 이는 SAP BTP가 **AI, IoT, 블록체인 서비스를 기본 제공**하여 쉽게 앱에 탑재할 수 있기 때문이다. 따라서 SAP 고객은 SAP 솔루션을 도입함과 동시에 **BTP 생태계의 풍부한 혁신 기술도 함께 활용**할 수 있다. 나아가 SAP는 **파트너主導 솔루션 개발**을 적극 장려함으로써, 특정 벤더 한 곳이 감당하기 어려운 분야까지 커버하고 있다. 현업에 밀착한 파트너들이 자신들의 IP와 노하우를 살려 SAP BTP 위에 솔루션을 만들면, SAP는 그것을 글로벌 Scale로 배포하는 상생 구조다. 이 전략은 SAP를 **단일 회사의 역량에 한정되지 않는 개방형 플랫폼 사업자**로 포지셔닝하게 만들었고, 고객에게는 **항상 누군가에 의해 혁신되고 있는 솔루션**을 쓰

는 혜택이 돌아간다. 기업 입장에서 SAP 에코시스템에 참여한다는 것은, SAP 본사 뿐 아니라 전 세계 수천 개 파트너들의 집단지성을 함께 활용한다는 의미와 같다. 이는 타 ERP 대비 SAP의 중요한 차별화 포인트로, "One-Size-Fits-All ERP"에서 "Multi-Size-Fits-All Platform"으로 진화한 모습이라 할 수 있다.

- **ERP 코어와 산업 앱의 분리 운영 모델 장점**: SAP가 추구하는 **Clean Core + Industry Cloud** 이원 운영모델은 기술적·운영적으로 여러 이점을 준다. 첫째, **ERP 코어의 안정성과 업그레이드 민첩성**이 극대화된다. ERP 본판은 표준 프로세스만 담고 있으므로 업데이트나 기능 추가 시 **테스트 범위가 제한적**이고, 장애 가능성이 줄어든다. 확장 기능들은 별도 앱으로 분리돼 있으므로, ERP 업그레이드 시 해당 앱들과 **API 호환성만 유지**되면 된다. 이는 과거처럼 ERP를 커스터마이즈한 경우 일일이 수정사항을 반영해야 했던 것과 대조적이다. 실제 SAP 고객사들이 S/4HANA 클라우드 업그레이드를 분기별로 따라가면서도, Industry Cloud 앱을 통해 요구사항을 충족하는 사례가 늘고 있다. 둘째, **신기술 도입 속도 가속**이다. 기업이 새로운 기술(AI/빅데이터 등)을 활용한 기능을 원할 때, 코어 ERP를 건드리지 않고 BTP 앱으로 개발할 수 있으므로 **PoC나 개발 사이클이 빨라진다**. 필요하면 특정 부서나 공장에만 해당 앱을 배포해 시범 적용해보고, 성과가 좋으면 전사 확대하는 식의 **기민한 혁신**이 가능해진다. 셋째, **유연한 운영과 스케일링**이다. Industry Cloud 앱들은 마이크로서비스 아키텍처이므로 필요한 부분만 독립적으로 확장 배포(Scaling)할 수 있다. 예컨대 어떤 캠페인으로 일시적으로 주문량이 폭증하면 **오더처리 마이크로서비스**만 추가 인스턴스를 띄워 처리량을 늘리고, 캠페인 종료 후에는 리소스를 축소하는 식으로 **탄력적 운영**이 가능하다. ERP 모듈만으로 구성된 경우 전체 시스템 스케일아웃이 필요했던 것에 비해 **효율적 인프라 운용**이 가능해 비용도 절감된다. 마지막으로, **오류 격리와 신뢰성 향상**을 들 수 있다. 한 Industry Cloud 구성요소에 문제가 생겨도 ERP 코어나 다른 마이크로서비스에 영향이 파급되지 않아 **장애 전파를 막을 수 있고**, 개별 서비스의 장애는

해당 부분만 재기동하거나 패치하면 되어 MTTR(복구시간)이 단축된다. 이처럼 **분리된 구조**는 대규모 시스템 운영의 복잡도를 줄이고 전체 신뢰성을 높이는 효과가 있다. 이러한 장점들 때문에 SAP뿐 아니라 업계 전반에서 **Composable ERP** 개념이 떠오르고 있으며, SAP는 이를 선도적으로 구현한 사례라 할 수 있다.

이상의 차별화 포인트들을 통해 얻을 수 있는 **시사점**은 분명하다. 기업 입장에서 SAP의 산업 전략을 채택하면, "표준화된 코어 + 모듈화된 확장"이라는 현대적 IT운영 모델로 전환할 수 있고, 이를 통해 **디지털 혁신의 속도와 유연성**을 크게 높일 수 있다. 또한 SAP 에코시스템을 지렛대로 삼아 **광범위한 산업 지식과 솔루션 자산**을 활용함으로써, 자체 개발이나 개별 벤더 솔루션에 의존할 때보다 **낮은 비용과 리스크로 혁신**을 달성할 수 있다. 요약하면 SAP의 2020년대 산업별 접근은, **클라우드 기반의 개방형 표준 플랫폼 전략**으로서 고객에게 **혁신 가속, 운영 효율, 규제 대응, 생태계 활용**이라는 다방면의 가치를 제공하고 있다. 이는 향후 기업들이 IT 전략을 수립함에 있어 "내재화 vs 표준화 vs 개방형 확장"의 균형을 어떻게 가져가야 하는지 하나의 방향성을 제시해 준다.

기술적 특징 추가 설명

- **SAP Industry Cloud 제품 카탈로그 개요**: SAP Store에 공개된 Industry Cloud 솔루션은 다양한 산업군별로 나누어져 있다. 예를 들어 자동차산업(Automotive) 분야에는 **EV 배터리 수명추적** 앱, **딜러관리 개선** 앱 등이 있고, 소비재(Consumer Products) 분야에는 **지능형 수요예측** 솔루션, **프로모션 관리** 솔루션 등이 있다. **산업별 주요 카테고리**로는 자동차, 소비재, **건설/엔지니어링/건축**(EC&O), **산업기계/부품**(IM&C), **전문서비스**(Professional Services), **소매/유통**(Retail), **공공/유틸리티**(Utilities) 등이 있으며, 2022년 기준 이들 카테고리에 약 202개의 솔루션이 등재되어 있었다. 이 밖에 **고등교육, 교통/물류, 부동산** 등을 위한 별도 솔루션도 존재한

다(예: **SAP Cloud for Real Estate** - 부동산 자산관리 솔루션). SAP 공식 Industry Cloud 포털이나 SAP 솔루션 포트폴리오 사이트에서 각 산업군별 사용 가능한 제품 목록과 상세 설명을 확인할 수 있다.

- **산업별 핵심 KPI 예시 및 측정 방식**: SAP 솔루션 도입 시 기업들은 성과를 측정하기 위한 KPI를 정의하게 된다. 산업별로 흔히 중점 관리되는 KPI의 예시는 다음과 같다:

○ 제조업
  - **OEE(설비종합효율)** - 설비 가동시간, 성능, 품질률을 곱산하여 계산. SAP 디지털 제조 솔루션은 설비별 OEE를 자동 산출하고 실시간 대시보드로 표시한다.
  - **리드타임** - 생산주문 생성부터 완성까지 걸리는 시간. SAP MES와 ERP 데이터를 결합해 제품별 리드타임을 모니터링한다.
  - **불량률/FPY(First Pass Yield)** - 품질 모듈에서 검사 결과를 토대로 계산하며, 공정단계별로 집계 가능.

○ 유통/소매업
  - **재고회전율** - 기간 내 판매된 재고량/평균 재고로 산출. SAP 재고관리 모듈에서 실시간 계산하여 재고 효율성을 관리.
  - **고객장바구니 규모(UPT, ATV)** - 1회 거래당 상품 개수나 금액. SAP CX 솔루션이 POS/EC 데이터를 분석해 평균값을 제공.
  - **배송정시율** - 고객 약속일 대비 제때 배송된 비율. SAP 물류 시스템이 출고일자와 배송완료일자를 비교 산출.

○ 공공 부문

- **예산집행률** - 누적 지출액/배정 예산으로 계산. SAP 공공관리 솔루션이 실시간 집행률을 보여줘 불용액 최소화 유도.

- **프로젝트 납기준수율** - 정부 프로젝트들의 계획 대비 준수 현황. SAP PPM 이 일정 대비 진척도를 집계.

- **민원처리기간** - 접수부터 완료까지 평균 소요시간. SAP CRM for Public Sector 등이 해당 데이터를 기록해 평균 산출.

○ 금융업

- **NIM(순이자마진)** - (이자수익-이자비용)/운용자산. SAP Bank Analyzer 등이 금융 데이터를 집계해 계산.

- **위험가중자산비율(RWA 비율)** - 위험가중자산/자기자본(바젤비율)로, SAP Risk Management가 규제공식에 따라 산출.

- **ESG 점수** - ESG KPI(예: 탄소배출/대출포트폴리오)를 점수화. SAP Sustainability Control Tower로 관리.

- 제약/헬스케어

- **임상시험 완료율** - 계획 대비 완료된 임상시험 비율. SAP Clinical Supply Management 등으로 추적.

- **처방적중률** - 환자에게 올바른 처방/투약이 이루어진 비율. 병원정보시스템과 연계해 오류 케이스 분석.

- **재입원율** - 퇴원환자의 30일 내 재입원 비율. SAP 분석솔루션으로 EMR데이터에서 산출.

각 산업 KPI는 **SAP Analytics Cloud(SAC)** 대시보드를 통해 실시간 모니터링 및 시각화가 가능하며, 머신러닝 예측을 적용해 향후 지표 추이를 전망하기도 한다. 또한 SAP는 "**Value Advisor**" 등의 도구를 제공하여, 고객 산업별로 어떤 KPI 개선 효과가 기대되는지 측정하고 벤치마크와 비교할 수 있게 돕는다.

- **SAP BTP 상의 산업용 서비스 예시**: SAP Business Technology Platform에는 산업별 시나리오에 활용되는 여러 클라우드 서비스들이 있다. 예를 들어 **SAP IoT 서비스**는 제조/유틸리티 산업에서 센서 데이터를 수집·처리하는데 쓰이며, 장비 온도/진동 등의 스트리밍 데이터를 SAP 솔루션과 연결해준다. **SAP Edge Services**는 공장 현장에 설치되어 실시간 데이터 필터링/응답을 수행, 클라우드와 연계된 하이브리드 시나리오를 구현한다. **SAP Logistics Business Network**는 운송업/유통업에서 쓰이는 물류 협업 서비스로, 운송사-화주 간 실시간 화물 추적과 정산을 지원한다. **SAP Ariba Supply Chain Collaboration**은 제조업 공급망에서 OEM과 부품사가 납기, 주문량 정보를 공유하여 JIT 생산을 돕는다. **SAP Event Mesh**와 **SAP Integration Suite**는 거의 모든 산업에 공통되게 쓰이지만, 특히 이기종 시스템이 많은 제조, 금융권에서 활용도가 높다(메인프레임, 타사 앱과의 연결). **SAP AI Business Services** 중 **서비스 티켓 분류, 제품 추천, 문서인식** 등은 유통, 공공 분야에서 고객문의 자동분류, 주민서류 자동처리 등에 응용된다. **SAP Blockchain service**는 물류/유통 산업의 원산지 추적이나 식품 이력관리 등에 활용된 사례가 있고, **SAP HANA Cloud**는 방대한 산업 데이터(예: 스마트미터 데이터 수십억 건)를 저장/분석하는 핵심 DB로 쓰인다. 이러한 BTP 서비스들은 필요에 따라 조합되어 산업 클라우드 솔루션의 **기능적 구성 요소**가 되며, SAP Discovery Center를 통해 각 서비스의 산업 활용 사례를 찾아볼 수 있다.

- **주요 용어 정리**
  - **Fit-to-Standard**: SAP Activate 방법론의 일환으로, **고객의 비즈니스 프로세스를 SAP 표준 프로세스에 맞추는 접근**을 의미. 별도 맞춤개발보다는 **SAP Best Practice 구성옵션을 최대한 활용**하여 구현하며, 결과적으로 **신속한 도입과 낮은 TCO**를 달성한다. "Out of the box" 표준을 우선 적용하고 부족분만 추가

하는 방식이라 요약된다.

○ **Industry Cloud: 산업별 클라우드 솔루션 포트폴리오**를 지칭. SAP와 파트너들이 SAP BTP 위에 개발한 **산업 특화 모듈형 애플리케이션 모음**으로, 코어 ERP의 기능공백을 메우거나 새로운 산업 혁신을 지원한다. ERP와 긴밀히 통합되면서도 독립적으로 배포/확장 가능한 **마이크로서비스 형태**이며, SAP Store를 통해 제공된다.

○ **GROW with SAP: 중소·중견기업 대상 클라우드 ERP 도입 패키지.** SAP S/4HANA Cloud 공공에디션을 **짧은 구현기간 내에 예측 가능한 범위로** 도입할 수 있도록 설계된 프로그램이다. 산업별 사전구성 템플릿, Activate 기반 서비스, 구독형 가격모델 등을 포함하며, 신규 SAP 고객의 **디지털 혁신 여정을 가속화**하는 것이 목적이다. RISE with SAP가 기존 고객의 변환에 초점이라면, GROW는 **새로운 고객의 빠른 클라우드 ERP 채택**에 초점을 둔다.

○ **Clean Core: ERP 코어를 표준 상태로 깨끗하게 유지**하는 전략을 뜻한다. 고객별 수정이나 Z개발 없이 표준기능으로 ERP를 구성하고, 추가 요구사항은 **Side-by-Side 확장**(BTP 등)으로 구현함으로써, ERP 본연의 업그레이드 용이성과 안정성을 확보하는 개념이다. Clean Core를 지키면 클라우드 환경에서 **빈번한 업데이트를 문제없이 수용**할 수 있고, 전체 시스템 복잡도를 줄여 장기 유지보수 비용을 절감한다. SAP의 모든 클라우드 혁신 전략은 이 Clean Core 철학을 기반에 두고 있다.

○ **SAP BTP: SAP Business Technology Platform**의 약자. SAP의 통합 기술 플랫폼으로, **애플리케이션 개발, 통합, 데이터베이스, 분석, 인공지능** 등 다양한 서비스를 하나의 플랫폼으로 제공한다. SAP의 클라우드 확장 및 Industry Cloud 솔루션은 모두 BTP 상에서 구현되며, SAP 시스템 간뿐 아니라 비SAP 시스템과의 연결도 지원한다. PaaS로서 고객·파트너에게 **자유로운 확장 개발 환경**을 제공하며, SAP의 Intelligent Enterprise를 구성하는 기술적 토대이다.

○ **Model Company:** SAP가 과거 제공한 **산업별 사전 구성 레퍼런스 시스템.** 현

재 Best Practice 콘텐츠로 통합되었으나, 개념적으로는 특정 산업에 특화된 **SAP 시스템 샘플**을 의미한다. 여기에는 해당 산업의 표준 프로세스 설정, 마스터데이터 예시, 시나리오별 시연 스크립트 등이 포함되어, 프로젝트 초기에 이를 참고하거나 초기설정으로 활용할 수 있다. 지금은 SAP Activate의 일부분으로 흡수되어 Best Practice로 제공된다.

이번 리서치를 통해 살펴본 SAP의 산업별 전략은 "표준화된 코어 + 산업별 모듈화 + 파트너 에코시스템"으로 요약되며, 이는 빠르게 변모하는 비즈니스 환경에서 기업들이 **디지털 혁신을 신속하고 탄력적으로 추진할 수 있는 구조**를 제시한다. SAP 솔루션과 전략을 활용하면 기업은 **베스트 프랙티스로 프로세스를 향상**시키고, **필요한 곳에 최신 기술을 추가**하며, **파트너·고객·SAP가 함께 만드는 혁신의 혜택**을 공유할 수 있다. 이러한 SAP의 접근법은 산업 디지털전환의 실무에 많은 **통찰**을 제공하며, 기업 IT 전략 수립에 있어 **클라우드 시대의 모범답안** 중 하나로 참고될 가치가 있다고 하겠다.

2.2 기술 혁신

SAP Joule, BTP, 실시간 통합 아키텍처 심층 분석

SAP는 **생성형 AI 코파일럿 Joule**을 통해 ERP 전반에 인공지능 기능을 내재화하고 있으며, 이를 뒷받침하는 플랫폼으로 SAP Business Technology Platform(BTP)을 중심에 두고 있다. SAP BTP는 클라우드 확장성, 이기종 시스템 통합, 데이터 기반 분석을 위한 핵심 플랫폼으로 자리매김하고 있으며, **API 우선(API-first)** 원칙과 이벤트 기반 아키텍처(Event-Driven Architecture, EDA)를 설계 기준으로 삼아 애플리케이션 간 유기적 연동을 지원한다. 특히 **SAP Integration Suite**와 Advanced Event Mesh(AEM)를 통해 실시간 및 비동기 통합을 구현하여, 기업 비즈니스 프로세스 전반에 **신속성**과 **유연성, 안정성**을 확보하는 전략을 전개하고 있다.

SAP Joule의 출현 배경과 발전 흐름

Joule의 발표 시기와 비전

SAP는 2023년 자사의 클라우드 제품군 전반에 걸쳐 적용할 AI 코파일럿 "Joule"의 출시를 발표하였다. Joule은 급변하는 기술 환경에서 **직관적인 AI 기반 사용자 경험**에 대한 수요 증대에 대응하기 위한 SAP의 해답으로서 등장하였다. SAP는 이 생성형 AI

도우미를 자사 **전 클라우드 포트폴리오에 걸쳐** 통합함으로써, 일상적인 업무 방식을 혁신하고 **"자율형(autonomous) ERP"** 비전을 실현하고자 하는 전략적 목표를 제시하였다. Joule의 비전은 단순한 챗봇 수준을 넘어, **맥락 인지형 디지털 비서**로서 사용자의 비즈니스 데이터를 깊이 이해하고 선제적으로 인사이트를 제공하며 복잡한 업무까지 자동화하는 데 있다. 예컨대 SAP는 Joule을 통해 전체 클라우드 서비스 및 서드파티 시스템에서 **맥락화된 인사이트**를 사전에 제공하고, 직원들이 **프롬프트를 입력하기도 전에** 필요한 도움을 제시하는 **프로액티브 AI 어시스턴트**로 설계하였다고 강조하였다. 이는 SAP가 **업무 프로세스 내재형 AI**로서 Joule을 포지셔닝하여, AI를 기업 소프트웨어 전반에 녹여내겠다는 전략적 의도를 보여준다.

초기 적용 분야와 구체적 기능

Joule은 첫 도입 단계에서 **SAP S/4HANA Cloud Public Edition** 및 **SAP Success-Factors** 등 일부 핵심 클라우드 제품에 우선적으로 통합되었다. 예를 들어, **S/4HANA Cloud 퍼블릭 에디션**에서는 Joule이 ERP 사용자의 작업 흐름을 지원하기 위한 **세 가지 핵심 기능**을 제공한다. 첫째, **자연어 질의에 따른 빠른 내비게이션** 기능으로, 사용자가 Joule에게 필요한 앱이나 모듈을 요청하면 해당 애플리케이션으로 즉시 이동하여 접근성을 높인다(blog.nbs-us.com). 둘째, **비즈니스 데이터에 대한 즉각적인 인사이트** 제공으로, ERP 내 거래 데이터나 객체 정보를 요약하여 보여주거나 이상치를 감지하여 알려주는 등 데이터를 실시간으로 해석해준다. 셋째, **맥락에 맞는 가이드와 도움말 제공** 기능으로, 사용자가 보고 있는 화면이나 진행 중인 프로세스에 맞추어 관련 문서나 가이드를 제시하여 업무 진행을 원활히 돕는다. 이러한 기능을 통해 초기 도입 고객들은 "Joule 덕분에 필요한 앱과 문서를 쉽게 찾아 업무 흐름이 한결 빨라졌다"고 평가하고 있는데, 실제 초기 도입사인 AGILITA AG는 Joule이 필요한 애플리케이션과 문서 접근을 단순화하여 **업무 프로세스가 대폭 간소화**되었다고 보고하였다.

또 다른 초기 적용 분야인 **SuccessFactors HXM**에서는 HR 담당자와 직원들의 경험 향상에 초점을 맞추어 Joule이 활용되었다. 예를 들어 **인재 채용**에서는 **자연어로 원하는 인재 조건을 묻는 것만으로** Joule이 여러 후보자의 이력서를 요약·비교하고 **최적의 후보를 추천**해줄 수 있다. 또한 **인사관리** 영역에서 Joule은 업무 자동화를 지원하는데, 관리자가 "다음 주에 휴가자가 누구인지 알려줘"와 같이 질문하면 인사 데이터베이스를 검색하여 **상황에 맞는 정보를 즉시 제공**해준다. **학습 관리** 측면에서도 Joule은 직원의 역할과 성과 데이터를 토대로 **맞춤형 학습 콘텐츠**를 추천하거나, 직원 참여 설문 결과를 요약하여 **조직 분위기 파악에 도움이 되는 통찰**을 생성하는 기능이 시범 적용되었다. 이처럼 초기의 Joule은 **ERP와 HCM 분야를 시작으로** 생성형 AI가 제공할 수 있는 **정보 조회, 요약 및 추천, 콘텐츠 생성** 등의 기능을 선보였으며, 점차 다른 모듈로 그 활용 범위를 넓혀가고 있다.

발전 과정과 도입 시나리오 확대 전략

SAP는 Joule을 출시한 이후 **단계적으로 적용 시나리오를 확대해 나가는 전략**을 취하고 있다. 2024년에는 Joule의 지원 영역을 **조달**(Ariba), **고객경험**(CX), **재무**(SAP Concur 등) 등으로 넓혀, SAP 클라우드 포트폴리오 전반에 걸쳐 Joule이 보편화되도록 추진하였다. 실제 로드맵에 따르면 2024년 말까지 **SAP HANA Cloud, SAP LeanIX, SAP Sales Cloud, SAP Signavio, S/4HANA Cloud Public Edition** 등에 Joule이 내장되며, 2025년 초까지 **SAP Service Cloud와 SAP Concur**로 범위가 확대될 예정이다. 이를 통해 모든 주요 업무 영역에 AI 보조 기능을 심어, **전사 차원의 AI 경험 일관성**을 제공하려는 것이다. SAP는 "모든 직원이 쓰는 모든 클라우드 애플리케이션에 Joule을 동행시킨다"는 포부를 밝히며, 궁극적으로 **사일로화된 부서 업무를 초월하여** AI가 업무 흐름을 연결해주는 **통합된 사용자 경험**을 이루고자 한다.

Joule의 기능도 발전 과정에서 고도화되고 있다. 초기에 정보 제공과 간단한 작업 자동화에 머물렀다면, SAP는 2024년 하반기부터 **Joule에 복수의 AI 에이전트들을 결합한 "협업형 에이전트"** 개념을 도입하였다. 예를 들어 예전에 Joule이 단순히 "어느 공급업체의 위험도가 높은지 알려줘"라는 질문에 답변하는 수준이었다면, 이제는 **구매 담당 AI 에이전트, 재무 회계 AI 에이전트, 고객 지원 AI 에이전트** 등이 **상호 협력하여** 납품 지연이나 결제 분쟁과 같은 **종단간 프로세스**를 자동으로 처리하는 시나리오로 발전하고 있다. SAP는 이러한 **멀티에이전트 협업 시나리오**를 통해, 단일 업무뿐 아니라 **다부서에 걸친 복잡한 업무도 AI가 알아서 조율**하는 **자율성**을 점차 높여갈 계획이다. 예컨대 **대금 청구 분쟁**이 발생한 경우, Joule이 자동으로 관련 부서의 여러 AI 에이전트를 가동하여 **채권 회수, 송장 수정, 고객 커뮤니케이션**을 병렬로 진행하게 하고, 사람에게는 최종 의사결정만 요청하는 식이다. 이러한 발전 전략은 궁극적으로 SAP가 지향하는 "자율형 기업(autonomous enterprise)"의 토대를 마련하는 것으로, 반복적인 업무는 AI에 맡기고 사람이 더 전략적인 역할에 집중하도록 지원하려는 것이다. 이 과정에서 SAP는 **AI 윤리와 신뢰성**을 강조하며, AI 도입 시 사용자 교육(체인지 매니지먼트)과 **데이터 거버넌스** 확립의 중요성도 함께 언급하고 있다. 특히 데이터 품질이 담보되어야 AI 정확도가 높아지고, HR·재무 분야에서는 **투명성과 편향 제거** 등 규제 준수도 필수적이라는 점을 강조한다. 요약하면, SAP Joule은 2023년 발표 이후 **점진적 확산과 고도화**를 거쳐, SAP 고객의 **일하는 방식 전반을 AI로 혁신**하려는 로드맵을 따라 발전하고 있다.

Joule의 아키텍처와 기능 구성

Joule 코파일럿의 작동 방식과 ERP 내 역할

SAP Joule은 **사용자와 SAP 시스템 간 상호작용 계층**으로 동작하는 **AI 코파일럿**이다. Joule의 아키텍처는 대화형 AI(LLM 기반)에 **비즈니스 맥락 엔진**을 결합한 형태로 구성되어, 단순한 질의응답을 넘어 **업무 실행**까지 지원하는 것이 특징이다. 우선 Joule

은 **SAP의 보안 엔터프라이즈 환경 내에 네이티브로 구축**되어 있어, ChatGPT와 같은 범용 AI와 달리 **SAP 비즈니스 데이터 모델과 워크플로우를 이해**하는 전문성을 지닌다. 즉, 일반적인 언어 모델에 **ERP 맥락 정보**가 결합된 구조로 볼 수 있다. 사용자가 자연어로 질문이나 요청을 하면, Joule은 **SAP의 내부 API**를 통해 관련 데이터를 검색하거나 트랜잭션을 실행하며, 그 결과를 대화 형태로 전달한다. 예를 들어 사용자가 "지난달 매출 추이를 알려줘"라고 물으면, Joule은 S/4HANA의 매출 데이터에 대한 쿼리를 수행해 결과를 요약한 뒤 자연어 답변을 생성한다. **한 번의 메시지 교환**(ask-response) 단위로 이러한 작업이 이뤄지며, Joule은 **ERP 전반에 걸쳐 이동하며**(트래버스) 어디서든 동일한 AI 지원을 제공하도록 설계되었다. 이는 Joule이 단일 애플리케이션에 국한되지 않고 **SAP 앱 전체를 가로지르는 통합 경험**을 주는 핵심 원리이다. 또한 Joule은 **사용자의 맥락을 인지**하여, 사용자가 보고 있는 화면이나 직무, 최근 작업 이력 등에 맞추어 **선제적으로 관련 정보를 제시**하는데, 예컨대 재무 모듈을 사용 중인 경우 "이번 분기 미수금 현황을 요약해 드릴까요?"와 같이 **프롬프트 없이도** 필요해 보이는 인사이트를 추천해준다. 이러한 작동 방식 덕분에 Joule은 **언제 어디서나 상시 대기하는 비서**처럼 직원들의 생산성을 높이고, **데이터에 근거한 신속한 의사결정**을 돕는 역할을 수행한다.

Joule 코파일럿은 **SAP BTP의 AI 인프라**와도 연계되어 동작한다. SAP는 Joule의 핵심 엔진에 자체 개발 모델뿐 아니라 **Microsoft Azure OpenAI, Google Cloud Vertex AI, IBM 왓슨** 등 **하이퍼스케일러의 LLM 서비스**를 통합하여 활용한다. SAP가 직접 대형언어모델을 운영하기보다, 이러한 파트너십을 통해 검증된 모델의 성능을 끌어오면서도 **SAP 고유의 거버넌스 레이어**를 씌워 기업용으로 안전하게 활용하는 접근을 취한 것이다. Joule이 생성형 AI 응답을 만들 때는 SAP AI Foundation(AI 코어)의 **Generative AI Hub**에서 이러한 외부 모델을 호출하되, 요청에 앞서 **SAP 지식그래프**나 **벡터 DB**를 통해 사용자 질의를 기업 데이터에 연결(grounding)하고 관련 맥락을 추가 제공함으로써 **정확도와 일관성**을 높인다. SAP Datasphere 기반의 **Knowledge Graph**는 ERP의 각종 객체(인보이스, 주문, 고객 등) 간 관계와 문맥을 모델링한 것으로, Joule이 답변 생성 시 **비즈니스 맥락을 풍부하게 이해**하도록 지원한다. 이를 통해 Joule은 일반적인 AI 비서와 달리 **"회사 내부 정보를 꿰뚫고 있는 조언자"** 수준의 인사이트를 제공할 수 있다. 이러한 아키텍처 하에서 Joule은 단순 FAQ 답변을 넘어 **업무 자동화**까지 수행하는데, 그 핵심이 되는 것이 다음에 설명할 AI 에이전트(Agent)들이다.

AI 에이전트의 정의 및 프로세스 자동화 활용 사례

SAP Joule에 탑재된 **AI 에이전트**는 특정 업무 영역에 특화된 **자율적인 소프트웨어 에이전트**를 뜻한다. Joule은 이러한 다수의 에이전트를 **오케스트레이션**하여 복잡한 업무를 처리하는 **지휘자(conductor)** 역할을 한다. 쉽게 말해, **Joule 코파일럿 = AI 에이전트들의 총집합체**라고 볼 수 있다. 각각의 에이전트는 **정해진 역할과 도메인 지식**을 갖추고, 독립적으로 의사결정과 작업 수행이 가능하다. 예를 들어 **"매출채권 추심 에이전트"**, **"송장 처리 에이전트"**, **"고객지원 에이전트"** 등이 있으며, 이들은 필요시 서로 **협업하여 멀티스텝 워크플로우**를 진행한다. 사용자가 Joule에게 복잡한 요청을 하면 Joule은 관련된 여러 에이전트를 **동시에 활성화**하여 문제를 분담 해결하도록 한다. 이를테면 "이 고객의 미지급 송장 문제를 해결해줘"라고 하면, **채권 회수 에이전트**는 미지급 금액과 연체 일수를 파악하고, **송장 에이전트**는 누락되거나 잘못된 송장 정보를 탐색하여 수정하며, **고객지원 에이전트**는 고객에게 보낼 공지문을 작성하는 식으로 **분업 실행**된다. 최종적으로 Joule은 이들의 결과를 취합하여 **하나의 해결책**으로 사용자에게 제시하거나, 필요한 경우 **사용자 승인을 요청**한 뒤 후속조치를 자동화한다.

SAP는 이러한 AI 에이전트를 **"Agentic AI"** 전략의 핵심으로 보고 있으며, Joule을 통해 **ERP의 프로세스 자동화 수준**을 한 단계 끌어올리고자 한다고 밝혔다. 전통적인 RPA나 워크플로 자동화가 사람이 미리 정의한 경로만 따라갔다면, Joule의 AI 에이전트들은 **대규모 AI 모델**의 힘을 빌어 **자율적으로 계획을 수립**하고 필요시 **새로운 경로를 개척**할 수 있다. 예를 들어 공급업체 선정 업무에서 사용자가 "우리 회사 우선순위에 가장 부합하는 공급업체를 찾아줘"라고 하면, 에이전트는 정해진 규칙만 따르는 것이 아니라 **회사 정책**(비용 효율성 등)을 **파악**하고 **필요한 정보를 웹과 문서에서 수집**하며, 여러 대안을 비교 평가한 뒤 가장 적합한 공급업체를 **새로운 워크플로우를 구성**하여 추천할 수 있다. 이런 **능동적 문제해결** 능력이 AI 에이전트의 특징이다. 또한 에이전트들은 다양한 소프트웨어 도구(API, 검색엔진, 계산기 등)를 활용하여 작업을 수행하는데, 예를 들어 앞의 공급업체 사례에서 에이전트는 **기업 이메일, PDF, 데이터베이스, 웹사이트** 등을 통합 검색하고, 코딩 도구와 계산기를 활용해 각 업체의 조건을 비교 분석하며, 최종적으로 **종합 보고서**를 작성해낸다. 이는 인간 전문가가 할 일을 AI 에이전트들이 협업하여 해내는 모습으로, **멀티에이전트 시스템**의 강점이라 할 수 있다. 특히 SAP Joule에서는 **여러 전문 에이전트들**이 한 팀을 이루는 형태로, 예컨대 **조달 분야**에서는 **구매담당 에이전트**와 **계약검토 에이전트**로 역할을 나누어 각각 전문성을 극대화하고 협업함으로써 업무 정확성과 효율을 높인다. SAP는 2025년부터는 고객이 **직접 자신만의 AI 에이전트**를 Joule에 추가 개발하여 특수한 업무 요구사항에 대응할 수 있도록, **Joule Studio** 등의 툴도 제공하고 있다. 이를 통해 회사별로 AI 에이전트들을 **맞춤화**하여, 범용 SAP 기능이 다루지 못하는 **고유한 프로세스도 AI로 자동화**할 수 있게 길을 열었다.

이러한 AI 에이전트 기반 자동화는 이미 **다양한 활용 사례**로 구체화되고 있다. 앞서 언급한 **결제 분쟁 처리** 시나리오 이외에도, **재무 분야**에서 에이전트들은 결산 보고서 코멘트를 자동 작성하거나, 전표 이상치를 감지해 수정 제안하는 데 활용될 수 있다. **인적자원 관리**에서는 AI 에이전트가 **채용 공고문 작성**, **교육 콘텐츠 추천**, **직원 만족도 조사 결과 요약** 등을 수행하여 HR 업무를 지원한다. **고객 서비스** 영역에서도 에이전트가 고객 이메일 응답 초안을 작성하거나, 문의 내용에 맞는 지식베이스 문서를 찾아 제공하여 서비스 품질과 응대 속도를 높이고 있다. 이러한 사례들은 AI 에이전트들이 **단순 반복업무를 줄이고 사람의 의사결정을 보조함으로써 업무 효율성과 정확성을 향상**시키는 효과를 보여준다. 나아가 SAP는 장기적으로 AI 에이전트들이 **사람의 개입 없이도 상당수 업무를 알아서 처리**하는 "자율경영"에 가까운 상태를 염두에 두고 있다. 다만 현재 단계에서는 "**휴먼 인 더 루프**(human-in-the-loop)", 즉 **인간의 최종 감독과 통**

제하에 에이전트들이 작동하도록 설계되어 있다. SAP는 이를 비유하여, 사용자가 작곡가(작업 목표 제시)이고 Joule은 지휘자(에이전트 조율)이며 **여러 AI 에이전트들은 연주자**가 되어 협연한다고 설명한다. 결국 책임과 통제는 인간에게 있고, AI는 능숙한 조력자로 기능하는 셈이다. 이러한 구조는 **기업이 AI를 도입할 때 가장 우려하는 통제 상실 문제를 최소화**하고, **필요시 언제든 사람이 介入하여 방향을 수정**할 수 있는 유연성을 제공한다.

AI 에이전트들이 협업하여 비즈니스 프로세스를 처리하는 예시를 도식화한 그림이다. **SAP Joule**은 여러 전문 분야별 AI 에이전트(예: 징수 에이전트, 이메일 생성 에이전트, 지원 에이전트, 송장 에이전트)를 **서로 연결**하여 멀티스텝 업무를 수행한다. 예를 들어 **결제 분쟁 해결** 시나리오에서, 각 에이전트들은 **이벤트 기반으로 상호 작용**하면서 필요한 데이터를 수집·분석하고, 담당자 승인 필요한 사항을 식별하여 조치함으로써 문제를 신속히 해결한다. 이처럼 Joule은 단일 LLM 챗봇 이상의 **멀티에이전트 프레임워크**로 설계되어 ERP 업무 자동화의 **지능화된 오케스트레이션**을 구현한다.

Joule 기반 업무 시나리오 예시

Joule이 ERP에 내재화됨으로써 등장한 **새로운 업무 수행 방식**을 몇 가지 예로 들수 있다. 첫째, **내비게이션 시나리오**이다. 전통적으로 사용자가 ERP 내 특정 앱이나 기능을 찾기 위해 메뉴를 일일이 탐색해야 했다면, 이제는 Joule에 자연어로 요청하여 **즉시 해당 기능으로 이동**할 수 있다. 예를 들어 재무 담당자가 "올해 고정자산 추가 취득 목록을 보고 싶어"라고 Joule에 말하면, Joule은 관련 애플리케이션을 찾아 열고 해당 리스트를 화면에 띄워준다. 사용자는 마치 **비서를 통해 원하는 서류를 즉각 받아보듯** ERP 내 정보를 손쉽게 획득할 수 있게 된다. 둘째, **인사이트 생성 시나리오**이다. 과거에는 사용자가 데이터에서 의미를 발견하려면 보고서를 직접 작성하거나 분석해야 했지만, Joule은 방대한 **실시간 데이터**를 바탕으로 맥락에 맞는 통찰(insight)을 곧바로 제공한다. 예컨대 영업 관리자가 "지난달에 납기 지연이 가장 많았던 제품은 무엇이고,

원인은?"이라고 질문하면, Joule은 판매 데이터와 물류 데이터를 종합 분석하여 **지연이 잦았던 제품, 그리고 그 원인이 특정 부품 수급 지연 때문임을 발견**하고 이를 한눈에 볼 수 있게 요약해준다. 이는 사용자가 미처 인지하지 못했던 **업무 상의 문제나 기회 요인**을 AI가 선제적으로 알려주는 형태로, **데이터 기반 의사결정**을 촉진한다. 셋째, **자동화 요청 시나리오**이다. 사용자가 Joule에게 **명령형으로 작업을 지시**하면, Joule이 해당 작업을 끝까지 수행하거나 상당 부분 자동화해주는 것이다. 가령 물류 담당자가 "주문 번호 4711번 배송이 지연된 이유를 파악하고 해결책을 알려줘"라고 요청하면, Joule은 **물류 지연 원인을 추적**하고 **가능한 대응책**을 도출하여 제시한다. 실제 SAP가 데모로 소개한 시나리오에서, Joule은 배송 지연 원인이 **폭설로 인한 운송 지연**임을 파악하고, **대체 항공 운송안**과 **경유지 변경안** 두 가지 옵션을 계산하여 각각 예상 비용과 고객 인도 시점 영향을 비교 제공하였다. 사용자가 그 중 하나를 선택하자 Joule의 AI 에이전트는 자동으로 **운송 경로를 변경 확정하고 고객에게 공지**하는 후속 작업까지 처리했다. 이 사례에서 보듯이 Joule은 단순 답변을 넘어 **업무 처리의 일부를 직접 수행**함으로써, 사람이 여러 시스템을 오가며 수작업하던 일을 대폭 줄여준다. 이러한 **Joule 기반 업무 시나리오**들은 궁극적으로 직원들이 반복적이고 부가가치 낮은 일에 소모하는 시간을 절약하고, **더 전략적이고 창의적인 업무에 집중**할 수 있게 하는 데 목적이 있다. 실제 SAP는 HR 분야에서 Joule 도입 시 **일상 HR 업무 처리에 소요되는 시간을 최대 90%까지 단축**할 수 있다고 발표했는데, 이는 직원들이 AI의 도움으로 루틴 작업을 거의 자동화하고 핵심 업무에만 관여하게 되는 **업무 효율 혁신**을 의미한다.

Joule 사용 라이선스 및 과금 모델

SAP는 Joule을 도입함에 있어 기본(Base)과 **프리미엄(Premium)** 기능을 구분하는 **상용 모델**을 적용하고 있다. **기본 Joule 기능**은 클라우드 제품의 표준 라이선스에 포함(entitlement)되어 제공되는 부분으로, 일반적으로 **간단한 대화형 Q&A, 내비게이션, 기**

본 인사이트 제공 등 **경량 수준의 AI 지원**을 의미한다. 예컨대 SuccessFactors를 기준으로 보면, 기본적으로 제공되는 AI 기능들은 머신러닝 기반의 **러닝 추천, 경력 경로 예측** 등이며, Joule을 통한 **간단한 정보 조회나 FAQ형 응답** 등은 추가 비용 없이 사용할 수 있다. 반면 **프리미엄 AI 기능**은 생성형 AI와 대형언어모델(LLM)의 능력을 활용한 고급 기능으로, **별도 과금 대상**이다. 여기에는 **목표 KPI 자동 생성, 잡 프로필 작성, 이력서에서 스킬 추출**, 그리고 Joule을 통한 대화형 업무 처리 등 **고도화된 생성형 AI 시나리오**들이 포함된다. 이러한 프리미엄 기능들은 기본 라이선스에 자동 포함되지 않으며, SAP AI 유닛(AI Units)을 통해 언락(unlock)해야 사용 가능하다. 쉽게 말해 **Joule 자체는 모든 클라우드 고객이 활성화할 수 있지만**, 고급 생성 AI 기능을 풀가동하려면 **별도의 AI 사용량 크레딧**이 필요하다는 뜻이다.

SAP가 이렇게 **Premium 기능 분리 전략**을 취한 이유는, 생성형 AI의 사용량과 부하가 고객별로 상이하기 때문에 **사용 기반 요금제**로 유연하게 대처하려는 것으로 풀이된다. 또한 기본적으로는 **RISE with SAP**와 같은 주요 클라우드 구독 고객들에게 **일정 수준의 Joule 경험을 무료 제공**하여 AI 도입 장벽을 낮추면서, 고급 활용으로 확대시 수익화를 도모하는 구조다. 실제 2024년 7월 SAP 발표에 따르면, RISE with SAP의 Private Cloud Edition 중 **Premium 및 Premium Plus** 등급에는 Joule 기반 **생성 AI 기능에 대한 기본 할당량**이 포함되어 일부 AI 사용이 가능하나, 정확히 어떤 기능이 어느 정도 제공되는지는 투명하게 공개되지 않았다. ASUG(미국 SAP 사용자 그룹) 등은 이러한 "기본 AI 혜택 포함"을 환영하면서도, 구체적인 혜택 범위와 추후 초과 사용 시 비용이 명확치 않다는 점을 지적하기도 했다. 요약하면, SAP Joule은 **일반적인 생산성 향상 기능**은 기본 제공하되, **도메인 특화 및 에이전트 활용 등 고급 AI 기능**은 프리미엄으로 구분하여 **과금 근거를 마련**한 상태라고 볼 수 있다.

AI Units 기반 과금 방식의 구조

SAP AI Units는 SAP의 새로운 **AI 서비스 과금 단위**로, 쉽게 말해 **프리미엄 AI 기능**

을 사용하기 위한 토큰 혹은 **가상 화폐** 개념이다. 기업 고객은 필요에 따라 AI Units를 **패키지로 구매**하며, 각 AI 서비스나 Joule의 특정 기능 사용 시 **정해진 단위만큼 차감**되는 방식으로 운영된다. SAP는 AI Units를 **일괄 선구매** 형태로 제공하는데, **최소 구매 단위는 연간 100 Units**이며 단가를 약 **7유로/Unit** 수준으로 책정하였다. 즉 최소 약 €700(한화 약 100만원 상당)으로 100 AI Units을 구입하여 시작할 수 있고, 이후 더 필요한 경우 추가 구매하거나, 반대로 사용이 적으면 다음 갱신 시 줄이는 식의 **유연한 조정**이 가능하다. AI Units의 소비는 **사용되는 AI 기능의 유형과 빈도**에 따라 결정된다. 예를 들어 "목표 100개 자동 생성"과 같은 작업은 일정 수의 AI Unit을 소모하는 식으로 SAP가 과금 기준을 정의해 놓았다. SuccessFactors 사례에서, 예컨대 **이력서 100건에서 스킬 추출** 기능은 X Units, **100개 목표 자동생성**은 Y Units 이런 식의 산정표가 있고, SAP는 **AI Unit Estimator 툴**을 제공하여 고객이 자사 사용 시나리오에 필요한 Units를 미리 가늠할 수 있도록 지원한다. 또한 **Joule 대화 메시지** 자체도 일정량 이상의 사용 시에는 AI Units로 환산되어 과금된다. SAP 학습자료에 따르면, Joule에는 제품별로 **기본 제공되는 연간 메시지 수량**이 정해져 있고, 이를 초과하면 **10,000건당 7 AI Units**의 비율로 추가 요금이 부과된다(1 Unit에 7유로이므로 10,000 메시지당 약 €49, 즉 **메시지 한 건당 약 €0.005 미만**의 매우 저렴한 비용이다). 예컨대 어떤 기업의 Suc-

cessFactors 사용자 1인당 연간 1,000건의 Joule 메시지가 기본 포함되어 있는데, 실제로 2,000건을 사용했다면 초과 1,000건에 대해 0.7 AI Units 정도가 소진되는 식이다. 이때 **Document Grounding**과 같이 대용량 문서 임베딩을 수반하는 생성 AI 기능은 별도의 AI Unit 소모 기준이 적용되어, 이런 작업이 수행될 경우에도 자동으로 단위 차감된다.

SAP는 AI Units 모델을 통해 **고객들이 필요에 따라 AI 사용량을 제어**할 수 있고, 작은 파일럿으로 시작하여 성과에 따라 **점진적으로 확장**할 수 있다고 강조한다. 실제 많은 조직이 처음에는 적은 양의 AI Units로 시작해 Joule의 효과를 검증한 뒤, **사용 사례가 늘면 추가 구매**하는 방식을 취하고 있다. AI Units 모델의 또 하나의 장점은 **여러**

AI 서비스 간에 크레딧을 공유할 수 있다는 것이다. SAP AI 서비스 포트폴리오(예: **SAP Cash Application**이나 **SAP Conversational AI** 등)에서 공통적으로 AI Units를 사용하므로, 특정 서비스에 할당된 Units를 다른 서비스로 돌려쓰는 등 **유연한 활용**이 가능하다. 다만 SAP는 고객이 **Joule 전용 AI Units**를 확보하도록 권장하고 있으며, SuccessFactors의 Joule 생성AI 기능 활성화를 위해서는 0원짜리 Joule SKU(제품 코드 8017178)를 발행받아 SAP과 약관을 체결해야 한다고 안내하고 있다. 이 SKU는 Joule 기본 사용 권한을 부여하는 동시에 AI Units 기반 과금 조건에 동의한다는 의미로, 고객이 SAP AE(고객담당 임원)를 통해 계약 서명을 완료해야 Joule이 시스템에 활성화된다. 이러한 절차를 거쳐 Joule를 켠 다음에는, 앞서 설명한 대로 정해진 범위 내에서는 자유롭게 쓰되 **추가 기능이나 초과 사용은 AI Units 차감**으로 관리된다.

요약하자면 SAP의 Joule 과금 체계는 "기본 제공 + 초과분 과금"의 혼합 모델로 볼 수 있다. **일정 수준의 AI 기능과 사용량은 라이선스에 포함**되어 고객이 추가 비용 없이 활용할 수 있지만, **고급 생성형 AI 기능이나 대량 사용에 대해서는 AI Units를 통해 선불제에 가까운 방식으로 비용을 지불**하게 된다. 이러한 구조는 고객 입장에서 **예측 가능한 비용 관리**를 가능케 하고, SAP 입장에서는 AI 서비스 운영 비용을 회수할 수 있는 균형을 맞춘 것으로 평가된다. 기업은 AI Units 소비 현황을 **SAP BTP Cockpit의 AI 대시보드** 등으로 모니터링할 수 있으며, 필요시 추가 구매나 활용 패턴 변경 등의 의사결정을 하게 된다.

제품별 Joule 제공 범위 및 기능 차이

Joule은 SAP의 여러 제품군에 걸쳐 적용되지만, **제품별로 세부 제공 기능에 차이가** 있을 수 있다. 우선 **SAP SuccessFactors**의 경우 Joule이 HR 도메인에 특화된 언어 모델과 기능을 갖추고 있어, **채용, 인재육성, 학습, 성과관리** 등 HCM 프로세스에 맞춘 AI 기능들이 포함된다. 반면 **SAP S/4HANA Cloud**에서 Joule은 **재무, 공급망, 제조, 영업** 등 ERP 전반을 커버하도록 설계되어, 보다 광범위한 비즈니스 객체와 트랜잭션을 다룬다. 예컨대 SuccessFactors Joule은 **이력서 파싱**이나 **직무기술서 생성**과 같은 HR 특화 기능을 제공하지만, 이는 ERP Joule에서는 해당되지 않는다. 대신 ERP Joule은 **재고 최적화**나 **예측 분석** 등 운영 쪽 인사이트 제공에 초점을 맞춘다. 또한 **SAP Ariba**(조달)나 **SAP Customer Experience(CX)** 솔루션들에도 Joule이 순차 도입되고 있는데, 여기서는 각 도메인에 맞는 프롬프트와 답변이 준비된다. 예를 들어 Ariba Joule은 **공급업체 추천, 계약서 요약** 등을 할 수 있고, CX Joule은 **마케팅 캠페인 카피라이트 생성, 고객 응대 지원** 등에 강점을 보이는 식이다.

　Public Cloud vs Private Cloud 환경에 따른 차이도 있다. Public Cloud 제품(SaaS)에는 Joule이 빠르게 통합되고 있는 반면, **온프레미스 혹은 프라이빗 클라우드 고객**은 Joule 활용에 제약이 있다. SAP는 사실상 **클라우드 전용 서비스**로 Joule을 내세우고 있어, 기존 ECC 등 온프레미스 시스템에는 Joule을 직접 사용할 수 없다. Private Cloud Edition(S/4HANA PCE)의 경우 RISE 프리미엄 구독에 Joule가 포함되긴 하지만, **데이터 주권 및 규제** 등의 이유로 적용이 늦어지거나 기능에 일부 제한이 있을 수 있다. 실제로 RISE Private Edition 고객에게 Joule를 제공한다고 발표하면서도, 구체적으로 **어느 기능이 활성화되고 어떤 추가절차가 필요한지에 대해 SAP가 명확히 밝히지 않아** 혼란이 있었다. 이는 아마도 Private Cloud의 경우도 **BTP 기반으로 Joule를 연계**해야 하므로, BTP 구독 및 구성 여부에 따라 차이가 발생하기 때문으로 추정된다. 한편, SAP Build 같은 **로우코드 개발 환경**에서도 Joule이 제공되는데, 2024년 말 "Joule for SAP Build"가 소개되어 개발자나 파워유저가 Build 안에서 AI 보조를 받을 수 있게 되었다. 이처럼 제품별, 에디션별로 Joule 적용 범위가 다를 수 있으므로, SAP은 고객들에게 **각 제품의 Joule 제공 기능 매트릭스**를 제시하고 자신들의 사용 시나리오에 맞게 라이선스 계약 시 명시적으로 확인할 것을 권고하고 있다(본 문서 부록의 Joule 기능 매트릭스 참고).

Joule 확장 시 고려할 라이선스/계약 요소

기업이 초기 PoC나 일부 부서 단위로 Joule를 시범 도입한 후, 전사 확장이나 추가 기능 활용을 고려할 때는 **몇 가지 라이선스 및 계약 사항**을 유념해야 한다. 첫째, **SAP Joule Embedded Entitlement**의 확보이다. 앞서 언급한 SKU 8017178(Joule 0원 SKU)를 통해 Joule를 활성화하려면 SAP와의 **약관 서명**이 선행되어야 하며, 이는 **데이터 사용 동의 및 책임 한계** 등에 대한 조건을 포함한다. 예를 들어 고객사의 데이터가 SAP의 AI 모델 학습이나 추론에 사용되지만, 그 데이터의 프라이버시와 보안은 SAP가 보장하며, AI 출력에 대한 최종 책임은 사용자가 진다는 등의 조항이 명시된다. 기업은 이러한 **AI 이용 약관**을 법무 검토하고 서명해야만 Joule 기능을 on-premise 시스템과 연계하거나, BTP 상에서 활성화할 수 있다. 둘째, **SAP BTP 구독 상황** 점검이다. Joule은 **BTP 환경**에서 동작하므로, 고객이 BTP 글로벌 계정과 서브계정을 보유하고 있어야 하며, 특히 Identity Authentication(IAS/IPS), SAP Build Work Zone 등의 관련 서비스가 준비되어야 한다. 만약 기존에 BTP를 사용하지 않고 있었다면, Joule 확장을 위해 최소한의 BTP 구독(예: CPEA 또는 Pay-as-you-go 형태)을 고려해야 한다. 셋째, **AI Units의 충분한 확보**이다. 소규모 도입 단계에서는 기본 제공량으로 충분할 수 있으나, 전사 확장 시에는 예상 질의량과 시나리오별 소모 Units를 합산하여 **적정량의 AI Units 패키지**를 선구매하는 것이 경제적이다. SAP는 연간 100, 1,000, 10,000 Units 등의 **티어별 패키지**를 제공할 가능성이 높으며, 대량 구매 시 약간의 할인이나 프로모션을 제공할 수도 있다. 따라서 확장 전에 **SAP 담당자와 협의하여 예상 사용량에 맞는 AI Units 계약**을 맺는 것이 중요하다. 넷째, **기존 계약에 포함된 AI 혜택** 검토이다. 만약 고객이 RISE with SAP 등을 통해 **기본 AI Units 할당**을 이미 받고 있다면, 이를 최대한 활용하는 것이 좋다. 예컨대 RISE Premium Plus 구독자는 SAP Datasphere, SAC 등과 함께 일정량의 AI Credits가 주어지는데, 이를 Joule에 쓸 수 있는지 SAP와 논의해볼 수 있다. 마지막으로, **거버넌스 및 접근 통제**에 대한 명시이다. Joule 도입 계약 시 **데이터 거버넌스, 보안, 규정준수**(GxP 등) 요구사항을 충족하는지 확인해야 하며, 필요시 SAP에 **추가적인 감사**(Audit) **권한**이나 **온디맨드 모니터링** 요구를 계약서에 포함시킬 수 있다. 또한 Joule의 **사용자 권한 세분화**(예: 어떤 직무는 조회만 가능하고 실행은 불가 등)를 지원하는지 확인하여, 추후 내부통제에 문제가 없도록 해야 한다. 이러한 라이선스/계약 요소들을 면밀히 검토함으로써, 기업은 SAP Joule을 **투명하고 예측 가능한 비용 구조** 하에 도입하고, **보안과 규제 준수**를 담보하면서 **AI 활용 최대 효과**를 누릴 수 있을 것이다.

SAP Business Technology Platform(BTP)

BTP의 핵심 구성 요소

SAP Business Technology Platform(BTP)는 SAP의 클라우드 기반 기술 플랫폼으로, 기업의 **확장**(Extensibility), **통합**(Integration), **데이터/분석**(Analytics), 그리고 최근에는 **AI 기능 구현**을 위한 모든 도구와 서비스를 아우른다. BTP는 크게 몇 가지 핵심 구성 요소로 나눠볼 수 있다.

- **어플리케이션 개발 및 확장**: SAP BTP에는 Cloud Application Programming Model(CAP)과 **SAP Build, Kyma 런타임, ABAP Cloud 환경** 등이 있어, SAP 표준 어플리케이션을 **개조하지 않고도** 클라우드 상에서 필요한 애플리케이션을 개발하거나 기존 SAP 시스템을 확장할 수 있다. CAP은 Node.js 또는 Java 기반으로 SAP HANA 등 DB와 연계한 서비스를 빠르게 개발할 수 있는 프레임워크로, 개발자 생산성을 높여준다. **ABAP Cloud**는 SAP의 전통 언어 ABAP을 클라우드에서 구동할 수 있게 한 환경으로, 기존 ABAP 자산을 가진 고객들이 **클린 코어** 전략 하에 확장을 개발하는 데 활용된다. **SAP Build**는 프로코딩 없이 **로우코드/노코드**로 앱을 만들 수 있는 도구 모음으로, 일반 현업 사용자도 간단한 업무용

앱이나 프로세스 자동화를 구축할 수 있게 해준다. 예컨대 Build를 통해 승인 프로세스를 만드는 등 확장 기능을 신속히 구현하고, 필요시 CAP/ABAP 등으로 복잡한 로직을 개발하는 식으로 **다양한 수준의 개발 요구**를 BTP가 포괄한다.

- **통합 서비스**: BTP의 또 다른 축은 **SAP Integration Suite**라는 이름으로 제공되는 통합 플랫폼(Integration Platform as a Service, iPaaS)이다. Integration Suite에는 **Cloud Integration(CPI), API 관리(API Management), Open Connectors, Integration Advisor** 등 여러 컴포넌트가 포함되어 기업 내/외 시스템 연결을 돕는다. Cloud Integration은 이기종 시스템 간 데이터 흐름(예: SAP ⟷ Non-SAP)을 실시간/배치로 구현하는 **중재 통합** 도구로, 다양한 어댑터와 변환(mapping) 기능을 제공한다. API Management는 SAP 및 서드파티 시스템의 API를 **카탈로그화하고 보안 적용, 모니터링**할 수 있게 해주며, **SAP Business Accelerator Hub**와 연계되어 수백 개의 표준 API를 활용할 수 있게 한다. Open Connectors는 Salesforce, ServiceNow 등 **외부 클라우드 애플리케이션** 3rd-party 연결을 위한 **표준 커넥터**를 제공하여 통합 개발을 크게 단순화한다. 이러한 통합 서비스들을 통해 BTP는 ERP와 CRM, IoT, 온프레미스 레거시 등 **모든 시스템을 하나로 묶는 연결 허브** 역할을 한다. 특히 **이벤트 통합**을 담당하는 **SAP Event Mesh**(Advanced Event Mesh 포함)는 후술하겠지만, 실시간 이벤트 주고받음을 통해 기존의 동기식 통합을 보완하는 핵심 기능이다.

- **데이터 관리 및 분석**: BTP의 세 번째 중요한 구성요소는 **데이터와 애널리틱스** 관련 서비스이다. SAP의 클라우드 데이터베이스인 **SAP HANA Cloud**와, 그 위에서 데이터웨어하우징/모델링을 하는 **SAP Datasphere**(구 SAP Data Warehouse Cloud)가 BTP에 포함된다. Datasphere는 다양한 데이터 소스를 가상 통합하고 비즈니스 친화적 데이터 모델을 제공하여 **기업 전반의 데이터 기반 의사결정**을 지원한다. 또한 **SAP Analytics Cloud**(SAC) 역시 BTP의 일부분으로, 클라우드 기반 **시**

각화/대시보드/플래닝 도구로서 Datasphere나 S/4 등에서 데이터를 끌어와 인사이트를 도출한다. 최근 SAP는 Datasphere 내에 **지식그래프**(Knowledge Graph) 기능을 도입하여, 기업 데이터 간 관계를 그래프 형태로 이해하고 이것이 AI에 활용될 수 있도록 발전시키고 있다. BTP의 데이터 영역에는 이 밖에 **SAP Master Data Governance** 등 마스터데이터 관리, **SAP Data Intelligence** 같은 데이터 파이프라인/머신러닝Ops 도구도 포함된다. 즉, BTP는 **데이터 수집-저장-모델링-분석**에 이르는 전 과정을 클라우드에서 처리할 수 있는 통합 플랫폼인 셈이다.

- **AI와 머신러닝**: SAP BTP는 **SAP Business AI**라는 슬로건 하에 AI 관련 기술들도 제공한다. 그 중심에는 **SAP AI Core**와 **SAP AI Launchpad**가 있다. **SAP AI Core**는 BTP 상에서 머신러닝/딥러닝 모델을 학습(Training)하고 배포(Deployment)할 수 있는 **머신러닝 플랫폼**이다. 개발자들은 AI Core를 이용해 파이썬 등으로 작성한 ML 파이프라인을 실행하거나, 오픈소스 ML 프레임워크를 활용해 모델을 훈련시키고, 결과 모델을 REST API 형태로 서비스화할 수 있다. **SAP AI Launchpad**는 이러한 AI 자산을 관리하고 모니터링하는 콘솔로, 기업이 여러 AI 모델을 일관되게 운영할 수 있도록 해준다. 특히 **Generative AI Hub**는 AI Core의 일부로, SAP가 파트너십 맺은 오픈AI, Anthropic 등의 최신 대형언어모델(LLM)을 **API 형태로 호출**하여 사용할 수 있게 해준다. 이를 통해 SAP 고객은 BTP 내에서 손쉽게 ChatGPT나 Stable Diffusion 같은 모델을 자신의 애플리케이션 논리에 통합할 수 있다. SAP는 이러한 AI 플랫폼을 **기존 비즈니스 프로세스와 밀결합**시키고자 하는데, 예컨대 AI Core에서 훈련한 예측 모델을 SAP S/4의 인바운드 물류 프로세스에 내재화하거나, 타사 LLM을 Joule이 호출하여 응답에 활용하는 식으로 **AI를 비즈니스에 임베딩**하고 있다. 뿐만 아니라 SAP는 **Business AI**란 이름으로 자사 애플리케이션에 내장된 AI 기능(수요예측, 이상탐지 등 ML 시나리오)을 BTP와 연결하여 확장 가능하게 만들고 있다. 예를 들어 SAP Cash Application의 AI는 BTP의 AI Core로 미세조정하거나 데이터셋을 업데이트하여 더욱 정확도를 높이

는 식이다. 이렇듯 BTP는 **AI 혁신을 실현하는 토대 플랫폼**으로 진화하고 있으며, SAP 스스로도 "SAP BTP를 **SAP 중심적 환경의 신뢰할 수 있는 비즈니스 AI 플랫폼**으로 발전시킬 것"이라고 천명한 바 있다.

요약하면, SAP BTP는 **확장 개발**(CAP/ABAP/Build), **통합**(Integration Suite), **데이터 관리**(Datasphere/HANA), **분석**(SAC), **AI**(AI Core) 등의 **모든 기술 구성요소를 한데 모아** 제공하는 **종합 플랫폼**이다. 이를 통해 SAP 고객은 개별 시스템 수준을 넘어, **플랫폼 차원에서 디지털 혁신을 추진**할 수 있는 기반을 얻는다.

확장(Extension), 통합(Integration), 분석(Analytics) 플랫폼으로서의 역할

SAP BTP는 앞서 나열한 구성 요소들을 통해, **기업 IT 전반의 혁신을 주도하는 플랫폼** 역할을 수행한다. **확장 측면**에서 BTP는, 과거에는 SAP ERP를 수정하여 개발했던 것을 이제는 **핵심 ERP "클린 코어"를 유지한 채 BTP에서 확장**하도록 해준다. 이는 업그레이드와 유지보수 용이성을 높여 **혁신의 속도**를 가속화한다. 예를 들어 한 제조업체가 SAP S/4HANA를 쓰면서 특수한 생산스케줄링 기능이 필요할 때, 예전이면 SAP 표준을 에텝터(ABAP 수정)해야 했지만 이제는 BTP에 별도 모듈을 개발하여 S/4와 API로 연동하면 된다. 이 방식은 **SAP 핵심 시스템을 변경하지 않으므로 업그레이드 시 충돌이 없고**, 확장 모듈만 별도로 관리하면 되기에 **전체 시스템의 안정성과 민첩성을 동시에 확보**해준다. 또한 필요 없는 경우 해당 확장을 끄거나 수정하기도 용이해, **비즈니스 변화에 기민하게 대응**할 수 있다. 이러한 BTP 기반 확장 전략은 SAP가 강조하는 Clean Core의 실천 수단이며, 고객에게 **장기적인 TCO 절감과 업데이트 용이성**이라는 가치를 제공한다.

통합 측면에서 BTP는, 이질적인 시스템 간 **데이터 단절**(Silo) 문제를 해결하고 **엔드**

투엔드 프로세스를 구현하는데 필수적인 허브가 된다. SAP 시스템과 타 시스템이 실시간으로 연결되어 **프로세스 수준의 자동화**를 이루려면, 중간에 들어가는 Integration Suite의 **중계, 변환, 이벤트 브로커링** 기능이 핵심이다. 예를 들어 어떤 회사가 온라인 주문 시스템(웹 포털)과 백엔드 ERP를 연계한다고 할 때, BTP Integration Suite가 **주문 발생 이벤트**를 받아 ERP의 **주문 생성 API**를 호출하고, 결과를 다시 **배송시스템 큐로 전달**하는 흐름을 구성할 수 있다. 이는 BTP 없이 직접 연결하면 각 시스템 변화 시 통합 로직이 깨지기 쉬운 **Point-to-Point 통합의 함정**에 빠지지만, BTP가 중재자 역할을 함으로써 느슨한 결합(loose coupling)과 **통합 거버넌스**를 가능케 한다. 특히 **Advanced Event Mesh**를 통한 **이벤트 기반 통합**은 대용량 트랜잭션과 엣지 디바이스가 실시간 데이터를 쏟아낼 때도 **스케일에 맞게 확장**되며, **네트워크 분산 환경**에서도 신뢰성 있게 메시지를 전달해준다. 이를 통해 기업은 **비동기 이벤트 기반 아키텍처**로 전환하여, 한 시스템의 이벤트를 다수가 구독해 활용하고, 배치로 하던 작업을 실시간화하며, **전체 프로세스의 민첩성**을 높일 수 있다. 또한 Integration Suite에 포함된 **API 관리 기능**은 기업이 보유한 API를 일원 관리하여 **내부 개발자나 외부 파트너에게 안전하게 개방**할 수 있게 도와, **API 이코노미**를 실현하는 기반이 된다. 이러한 통합 역량 덕분에 SAP BTP는 기업의 IT 환경을 **하나로 연결하는 중추 신경망** 역할을 하며, M&A나 신규 시스템 도입 시에도 BTP를 매개로 빠르게 통합하는 사례가 늘고 있다.

분석 측면에서 BTP는 데이터가치를 극대화하는 플랫폼이다. SAP Datasphere는 여러 출처의 데이터를 **일관된 비즈니스 의미**로 통합하여 단일 진실의 원천(Single Source of Truth)을 제공한다. 이를 기반으로 SAP Analytics Cloud를 사용하면 경영진 대시보드, 예측 시뮬레이션, 계획 수립 등 **데이터 기반 인사이트 도출**이 가능해진다. 과거에는 운영 시스템과 분석 시스템이 분리되고 데이터 동기화에 시간 지연이 있었지만, BTP 상에서 Datasphere와 실시간 데이터 연계가 이루어지면 **운영 데이터의 거의 실시간 분석**이 가능해져 **신속한 의사결정**을 지원한다. 더 나아가 SAP는 BTP 데이터 계층과 AI를 접목하여 **증강분석(augmented analytics), 예측 및 처방 분석**을 제공하고 있는데, 예를 들어 매출 예측모델을 AI Core에서 만들어 Datasphere 데이터에 적용하거나, SAPjoule을 통해 "다음 분기 매출 예측은?"이라고 묻는 것만으로 SAC의 예측결과를 조회하는 식이다. BTP는 이렇게 **운영-분석-예측**의 경계를 허물고 **인텔리전트 엔터프라이즈** 구현을 돕는다. 또한 BTP 위에서는 비SAP 데이터(예: IoT 센서, 소셜 미디어)와 SAP 데이터를 결합한 분석도 수월하여, 기업의 **데이터 통찰 범위**를 넓혀준다.

결론적으로, SAP BTP는 **확장의 플랫폼, 통합의 플랫폼, 그리고 분석과 AI의 플랫폼**이라는 세 가지 모습으로 SAP 고객에게 가치를 준다. 이를 통해 고객은 SAP ERP 등을 **단일 응용프로그램**으로 보는 대신, BTP를 중심으로 그 위에 **유기적으로 얽힌 디지털 운영 환경**을 구축하게 된다. SAP BTP는 안정적인 엔터프라이즈급 보안과 거버넌스를 갖추면서도 오픈 표준을 지원하여 다른 클라우드(예: AWS, Azure)와도 연계 가능하기에, **하이브리드/멀티클라우드 전략** 속에서도 핵심적인 역할을 수행한다. SAP 경영진은 "BTP는 우리의 **혁신 엔진**이며, 2025년까지 전 세계 더 많은 지역에 BTP 데이터센터를 확장하여 더 많은 고객이 이 엔진을 활용하도록 할 것"이라고 밝혔다. 이렇듯 BTP는 SAP 기술 혁신 전략의 기반으로서, 기업의 **미래지향적 IT 아키텍처**를 이끄는 중추 플랫폼이다.

SAP Business AI 및 AI Core와의 통합 방식

SAP의 **Business AI** 개념은, SAP 애플리케이션에 내재된 각종 AI 기능과 BTP의 AI 서비스들이 **긴밀히 통합**됨을 의미한다. 예컨대 SAP S/4HANA의 **예측 회계 기능**이나 SuccessFactors의 **AI 추천 기능** 등은 이미 SAP 제품에 내장된 AI 시나리오인데, 이러한 기능들은 **BTP의 AI 백엔드**와 연결되어 있다. SAP AI Core는 해당 AI 모델들을 학습/재학습하거나 버전관리를 할 수 있는 통로를 제공하고, SAP AI Launchpad를 통해 **중앙에서 모니터링 및 배포 제어**를 가능케 한다. 또한 SAP는 Business AI를 외부 AI와도 확장하고 있는데, Microsoft와의 협업을 통해 **Microsoft 365 Copilot**과 SAP Joule을 연동하는 것이 대표적 사례다. 이 통합으로 Office 사용 중에도 SAP Joule에게 SAP 데이터에 대한 질문을 하고 답변을 얻을 수 있는데, 이는 SAP BTP 상의 **API 및 신뢰 계층**이 이 연동을 중재한다. BTP의 API 관리와 신원관리 서비스(IAS)는

Microsoft Copilot이 SAP에 접근할 때 필요한 **인증/권한 검증**을 수행하고, SAP 측 AI Core는 필요한 **프롬프트 처리를 거쳐** Joule이 응답을 생성하도록 한다.

한편 **AI Core** 자체는 BTP 내에서 **멀티 클라우드** 지원과 **오픈소스 호환**을 통해 유연성을 제공한다. 예를 들어 고객이 HuggingFace의 특정 언어모델을 쓰고자 하면, AI Core에 해당 컨테이너를 배포하여 SAP 데이터와 연계된 맞춤 AI 서비스를 만들 수 있다. 이 모델을 SAP 애플리케이션과 통합할 때도 BTP Event Mesh나 Cloud Integration을 사용해 **실시간 추론 호출**을 구현할 수 있다. SAP Business AI는 이런 식으로 **AI 기능이 기존 앱과 동떨어진 실험이 아니라, 실제 비즈니스 프로세스에 녹아들게** 하는 것을 목표로 한다. SAP는 "우리는 AI를 그저 부가기능으로 붙이는 것이 아니라, **각 제품의 코어에 지능을 직접 심는다**"고 강조하며, Joule 에이전트들이 SAP 모듈 곳곳에 놓여 **각 모듈의 고유 문맥을 이해하는 AI**로 작동함을 언급했다.

BTP와 SAP Business AI 통합의 또 다른 측면은 **AI 거버넌스**다. SAP는 BTP Trust Center 등을 통해 AI 서비스의 **투명성, 공정성, 개인정보보호**를 관리하며, AI Core를 통한 모델 관리는 모델의 **출처와 학습 데이터 lineage**를 추적 가능케 한다. 또한 SAP가 제시한 **AI 윤리 원칙**에 따라, Business AI 기능들은 **책임있는 AI(RAI)** 체크리스트를 충족하도록 개발된다. 예컨대 Joule 응답이 중요한 비즈니스 결정을 내릴 때 **근거 데이터 링크**를 제공하거나, AI 추천에 사용된 속성들을 설명하는 **XAI(eXplainable AI)** 요소를 포함한다. 이런 부분까지 통합적으로 고려하는 것이 BTP 기반 AI 통합의 강점이다.

마지막으로, SAP는 BTP를 통해 **파트너 생태계 AI 통합**도 촉진하고 있다. SAP Store 등을 통해 파트너들이 개발한 AI 솔루션(예: 산업 특화 이미지 인식 AI 등)을 BTP와 연결하여, SAP 시스템 사용 중 필요시 그 파트너 AI를 호출하는 시나리오도 가능하다. 이처럼 BTP는 SAP Business AI와 AI Core의 기술적 토대일 뿐 아니라, **외부 AI와 내부 비즈니스의 가교** 역할을 수행하며 SAP의 AI 전략을 전방위로 뒷받침하고 있다.

API-first 및 이벤트 기반 아키텍처

SAP의 API 정책과 Business Accelerator Hub 활용

SAP는 클라우드 전환과 함께 "**API-first**" 원칙을 자사 소프트웨어 설계의 핵심에 두고 있다. 이는 새로운 기능이나 모듈을 개발할 때, UI 기능뿐 아니라 **동일한 기능을 호출할 수 있는 API를 반드시 함께 제공**한다는 철학이다. 그 결과 SAP S/4HANA Cloud를 비롯한 주요 클라우드 제품에는 수천 개의 **표준 공개 API**가 존재하며, 이러한 API들은 모두 **SAP Business Accelerator Hub**(구 명칭: SAP API Business Hub)에 문서화되어 공개된다. SAP Business Accelerator Hub는 개발자나 아키텍트가 **SAP 및 파트너 솔루션의 API, 이벤트, 통합 패키지 등을 검색하고 시험해볼 수 있는 중앙 저장소** 역할을 한다. 예를 들어 S/4HANA Cloud의 **매출주문 생성 API, 재고 조회 API**, SuccessFactors의 **직원정보 API** 등 다양한 API의 사용법, 파라미터, 샘플 코드를 Accelerator Hub에서 확인하고, 필요한 경우 바로 API 호출을 테스트할 수도 있다. 이를 통해 고객과 파트너는 **SAP 기능을 확장하거나 외부 시스템과 연동할 때** 일일이 커스텀 개발을 하지 않고, **이미 준비된 API**를 활용함으로써 **개발 효율**과 **안정성**을 크게 높일 수 있다.

SAP의 API 정책은 또한 Backward Compatibility(하위호환)와 **Lifecycle 관리**를 중요시한다. SAP는 API를 일단 공개하면 최대한 호환성을 유지하며, 만약 폐기할 경우 Deprecated로 지정하고 충분한 유예 기간을 준 후 제거한다. 따라서 기업은 **표준 API를 활용해 확장**하면 SAP 업그레이드 시 비교적 영향이 적고, **지속적 지원**을 받을 수 있다. 반면 과거처럼 DB를 직접 읽는 등 비표준 방식은 버전 변경에 취약할 수 있다. 이런 이유로 SAP는 고객들에게 "가능한 한 **표준 API와 이벤트를 사용**하여 통합/확장을 구현하라"는 지침을 주고 있다. SAP Business Accelerator Hub에는 API 외에도 **사전 구축된 통합 시나리오**(SAP Integration Suite용 패키지), **OData 서비스, 이벤트 목록** 등이 함께 제공되어, 고객이 필요한 연결을 최대한 **재사용 가능한 컴포넌트로 신속히**

구성할 수 있게 돕는다.

실제로 SAP의 API 우선 전략은 **SAP S/4HANA Cloud Public Edition**에서 극대화되고 있는데, SAP는 클라우드 퍼블릭의 경우 고객이 표준 API와 BTP를 통해서만 확장하도록 아키텍처를 설계하였다. 이를 "Clean Core"의 전제조건으로 삼아, 핵심에 손대지 않고도 모든 필요한 작업을 API로 수행하도록 API를 지속 확충하고 있다. 가령 예전 ECC시절 사용되던 BAPI, IDoc 인터페이스들도 현대화된 RESTful API나 SOAP API로 대체되어, 이제는 개발자가 **REST API 호출로 거의 모든 SAP 트랜잭션을 실행**할 수 있다. 또한 SAP Fiori UI도 내부적으로는 OData API 호출을 하는 것이어서, 고객이 동일 API를 사용해 자체 앱을 만들어도 동일한 비즈니스 로직이 적용된다. 이처럼 **API 레벨에서의 표준화**는 SAP 생태계 전반의 **개발 경험 통일**을 가져오고 있으며, 나아가 SAP와 **타 소프트웨어 간 상호운용성**도 높이고 있다. SAP는 API Hub를 통해 **파트너사들의 API와 컨텐츠**도 공유하여, 예컨대 타 시스템을 SAP와 연결하기 위한 모범 사례를 제공한다. 그 결과 고객은 Accelerator Hub에서 필요한 레고블럭을 골라 **마이크로서비스 통합 아키텍처**를 비교적 수월하게 구현할 수 있다.

SAP Business Accelerator Hub의 활용 예로, 한 기업이 SAP S/4HANA와 Salesforce CRM을 연동하려 할 때, Accelerator Hub에서 SAP측 **비즈니스 파트너 API**와 Salesforce용 커넥터 정보를 찾아 쓸 수 있다. 또 **공급망 이벤트 통합**이 필요하면 Hub에서 SAP Event 목록(예: 발주서 생성됨 이벤트 등)과 Solace 기반 이벤트 브로커 설정 가이드를 얻을 수 있다. 이렇게 **API-first 플랫폼**과 **중앙 허브**의 결합은 SAP가 지향하는 **개방형 혁신**을 가능케 하고, 고객으로서는 **개발 시간 단축과 안정성 확보**라는 실질 이익을 얻는다.

Event-driven Architecture(EDA)의 정의와 BTP에서의 구현 방식

이벤트 기반 아키텍처(EDA)란 **시스템 간 통신을 이벤트(발생 사실의 알림) 형태로 수행**하는 설계를 말한다. 전통적으로 시스템들은 요청/응답 방식의 API 통신으로 연결되어 왔는데, EDA에서는 한 시스템에서 무언가 상태 변화(이벤트)가 일어나면 이를 메시지로 발행(publish)하고, 관심 있는 다른 시스템들이 그 메시지를 비동기로 수신(subscribe)하여 처리한다. 핵심은 이벤트가 **발생한 순간에 비동기 전달**되므로 **실시간성**을 확보하고, 또한 발행자와 구독자가 느슨하게 결합되어 **확장성과 유연성**이 높다는 점이다. 예를 들어 온라인 쇼핑몰에서 **재고수량 변경 이벤트**가 발행되면, 이를 **판매채널 시스템, 창고관리 시스템, 경보 서비스** 등이 각자 받아 필요한 동작(상품 표시 업데이트, 재보충 주문, 관리자 알림 등)을 수행한다. 이때 발행자(재고 시스템)는 누가 그 이벤트를 듣는지 몰라도 되고, 각 수신자는 자기 로직만 처리하면 되므로 시스템 간 의존성이 줄어든다.

SAP는 이러한 EDA 패러다임을 기업 통합에 적극 도입하고 있으며, BTP를 기반으로 EDA 구현을 지원한다. **SAP Integration Suite의 Advanced Event Mesh**는 이벤트들을 **중앙 메시징 허브**로 라우팅해주는 역할을 한다. 이벤트 브로커(Event Broker)란 이벤트 메시지를 받아 저장하고, 구독자에게 전달하는 미들웨어인데, SAP의 Event Mesh는 분산된 여러 이벤트 브로커들이 **메시 네트워크**를 형성하여 대량의 이벤트를 실시간 전달할 수 있게 해준다. **Event Mesh**를 이용하면, **SAP S/4HANA, SuccessFactors, Ariba** 등에서 발생하는 비즈니스 이벤트(예: 신규 주문 생성, 직원 정보 변경, 조달 RFQ 발행 등)를 **SAP BTP 상의 메시지 버스**로 보내고, 여기서 **다른 구독 애플리케이션**들이 이를 받아 동작하도록 할 수 있다.

SAP EDA의 **구현 방식**을 간단히 예를 들면 다음과 같다: SAP S/4HANA Cloud에서 **"고객주문 생성됨" 이벤트**를 발생시키면, S/4는 이를 SAP Event Mesh 토픽(topic)으로 게시한다. Event Mesh는 이 토픽을 관리하고 있다가, 해당 토픽을 구독(subscribe)한 시스템들(예: SAP Warehouse Management, 혹은 커스텀 배송앱 등)에 **비동기로 메시지를 push**한다. 구독 시스템들은 이벤트 메시지를 받아 필요한 작업(재고 감소 처리, 운송지시 등)을 자기 페이스대로 수행한다. 이 과정 전체에 **동기 호출이 없으므로**, 주문 발생 시스템은 후속 처리를 기다리지 않고 즉시 다음 업무로 넘어갈 수 있고, 각 소비자는 처리 속도를 스스로 조절할 수 있어 **부하 급증 시에도 유연한 완충**이 가능하다. 또한 하나의 이벤트를 N개의 시스템이 병렬 활용할 수 있으므로 **기능 확장이 용이**하며, 새로운 시스템이 추가 구독해도 기존 발행자는 수정이 필요 없다. SAP는 이러한 EDA 장점을 강조하며 "상황인지 애플리케이션(situationally aware applications)"을 구현하자고 하는데, 이는 **중요 비즈니스 데이터의 변화가 발생하는 즉시 관련자에게 전파되어** 상황에 맞는 대응을 빠르게 할 수 있는 시스템을 뜻한다. 예컨대 중요 고객이 주문을 취소하면 즉시 영업팀과 생산팀에 그 정보가 전달되어 대응하는 식이다.

BTP에서의 EDA 구현에는 **고급 이벤트 메시징 기술**이 활용된다. SAP의 Advanced Event Mesh는 **Solace PubSub+ 플랫폼** 기술을 바탕으로 구축되어 있어, 고가용성(HA)과 **다중 클라우드/온프레미스 연결**을 지원한다. 고객은 필요에 따라 **다수의 이벤트 브로커 노드**를 전 세계에 분산 배치하여 메시 전달 지연을 최소화하고, 한 노드 장애 시 다른 노드가 인계하는 **Active/Standby 구성**으로 안정성을 높일 수 있다. 또한 메시지 퍼시스턴스(persistence)와 **큐잉(queueing)** 기능이 있어, 일시적으로 수신자가 다운되거나 느려도 **메시지를 유실없이 보관**했다가 전달해준다. 이러한 구조 덕에 SAP EDA는 **스파이크 트래픽**에도 견디고, **이벤트 소비자의 처리량과 관계없이** 발행 측 시스템의 성능에 영향 주지 않아 **전체 시스템의 안정성**이 향상된다. 한편 SAP CAP(Cloud Application Programming Model)이나 ABAP RESTful 프로그래밍 모델 등에도 **이벤트 핸들링 프레임워크**가 제공되어, 개발자들이 EDA를 손쉽게 구현하도록 돕는다. 예를 들어 CAP 애플리케이션은 on(《event》) 구문으로 특정 이벤트 수신 시 동작을 정의할 수 있고, CAP가 자동으로 Event Mesh와 연결해준다.

SAP는 2025년 이후로도 EDA 지원을 강화할 계획이다. **SAP Event Hub**라는 클라우드 이벤트 엔터프라이즈 서비스가 도입되어, 개별 SaaS 애플리케이션의 모든 이벤트를 한 곳으로 모아 **AEM으로 흘려보내는 기능**이 개발 중이다. 이는 현재 각 제품별로 분리된 이벤트 통로를 일원화하여 **통합 이벤트 레이어**를 만들려는 움직임이다. 또한 **SAP Integration Suite 로드맵**에는 AI를 활용한 **스마트 매핑, 이벤트 추천** 등의 기능이 추가되어, Integration Suite가 이벤트 패턴을 학습해 **새 통합 시 적절한 이벤트와 구독 매커니즘을 제안**하는 식의 **AI 보조 통합**도 전망되고 있다. 이러한 지속적 진화 속에서,

이벤트 기반 아키텍처는 SAP 환경에서 **점점 표준적인 통합 양식**이 될 것으로 보인다. 과거 배치 파일이나 동기 RFC에 의존하던 것에 비해, EDA는 현대적 애플리케이션 요구(실시간, 탈중앙화, 느슨한결합)에 부응하기 때문에 SAP 고객들에게 **유연성과 확장성 면에서 큰 가치**를 준다.

Event Mesh와 이벤트 메시징의 구조적 개념

SAP Event Mesh는 앞서 언급한 이벤트 브로커들이 모여 **메시 네트워크**를 구성한 형태를 일컫는다. **이벤트 메시징**의 구조를 이해하기 위해 몇 가지 개념을 정리하면 다음과 같다.

- **이벤트(Event)**: 비즈니스에서 벌어진 중요한 사건의 발생을 나타내는 메시지이다. 예: "고객주문 12345 생성됨", "재고 100개 이하로 감소함" 등이 이벤트다. 이벤트 메시지에는 일반적으로 이벤트 타입(주문생성)과 관련 데이터(주문 ID, 시간 등)가 포함된다.
- **이벤트 생산자(Producer)**: 이벤트를 발생시켜 메시지로 브로커에 발행(Publish)하는 역할을 하는 애플리케이션이다. SAP S/4HANA나 SuccessFactors 같은 애플리케이션이 자체 로직에서 이벤트를 정의하고 발생시키면, 이것이 생산자가 된다.
- **이벤트 소비자(Consumer)**: 특정 이벤트를 구독(Subscribe)하여 발생 시 처리하는 애플리케이션이다. 예컨대 CRM 시스템이 "주문 생성" 이벤트를 구독하고 있다면, 주문 이벤트가 올 때 고객 정보 업데이트를 수행한다.
- **토픽(Topic)**: 이벤트 메시지들의 분류 체계로, 생산자는 이벤트를 특정 토픽으로 발행하고 소비자는 원하는 토픽을 구독한다. 토픽은 "제품/이벤트유형" 식으로 계층적 이름을 갖기도 한다. 예: S4HANA/Order/Created.
- **이벤트 브로커(Event Broker)**: 앞서 설명했듯이, 이벤트 메시지를 받아 저장하고 구독자에게 전달하는 중간 매개체다. SAP Event Mesh는 **Managed Event Bro-**

ker 서비스로서, SAP가 클라우드에서 브로커를 관리해준다.

- **큐(Queue):** 브로커 내에 메시지를 담아놓는 버퍼로, 소비자가 일시적으로 오프라인이거나 처리 속도가 느릴 때 메시지를 여기에 쌓아둔다. SAP Event Mesh에서는 특정 구독자에 대해 큐를 구성해 **메시지 유실 방지**를 할 수 있다.
- **퍼시스턴스(Persistence):** 이벤트 메시지를 디스크 등에 영구 저장하여 브로커 재시작 시에도 사라지지 않도록 하는 기능이다. 중요한 이벤트는 퍼시스턴트하게 다뤄 트랜잭션 로그처럼 신뢰성을 높인다.

이런 요소들이 합쳐진 **Event Mesh 구조**에서는, 여러 이벤트 브로커가 서로 연결(Channel)되어 메시지를 주고받는다. 이를 통해 전사적으로 분산된 애플리케이션들이 위치한 곳(온프레미스, 클라우드 지역)에 가까운 브로커를 사용하면서도, 전체는 하나의 논리적 이벤트 버스처럼 동작한다. **Mesh**라는 용어는 이러한 네트워크 구성을 강조한 것이다. 예를 들어 독일 데이터센터에 있는 S/4HANA의 이벤트를 싱가포르 클라우드에 있는 소비자가 필요로 한다면, 독일의 브로커 노드가 이벤트를 받아 싱가포르 노드로 전달하고, 싱가포르 노드가 그 지역의 소비자에게 다시 전달해주는 식이다. 이것을 **메시 패브릭**이라고도 부른다. Solace 기반의 AEM은 이러한 **글로벌 라우팅**을 자동으로 최적화하며, 관리자는 중앙에서 어떤 노드들이 연결되고 토픽을 공유할지 설정만 하면 된다.

SAP Event Mesh의 아키텍처 특징으로는 **Pub/Sub 패턴**과 **Point-to-Point 큐잉** 두 가지를 모두 지원한다는 점이다. **Pub/Sub**(발행-구독)에서는 다수 구독자가 하나의 이벤트를 받을 수 있어 **팬아웃(Fan-out)** 효과를 낸다. **Point-to-Point** 큐잉은 이벤트를 오직 한 소비자에게만 전달하고 처리 완료 시 제거함으로써 **작업 분산**이나 **부하 분담**에 쓰인다. 예를 들어 10개의 동일한 소비자 인스턴스를 두고 하나의 큐를 공유하면, 들어온 이벤트를 10개가 나눠 처리해 병렬처리량을 높일 수 있다. SAP의 AEM은 이러한 시나리오로 **수평 확장성**을 지원한다. 또한 **메시지 필터링**이나 **주제 패턴 매칭** 기능도 제공되어, 소비자가 S4HANA/Order/*처럼 특정 패턴의 토픽만 구독할 수도 있다.

이벤트 메시징의 구조적 개념을 이해하면, 왜 SAP가 이를 강조하는지 분명해진다. 이벤트 메시징을 활용하면 **시스템 간 의존도가 구조적으로 낮아져** 한쪽 시스템 장애가 다른 쪽에 바로 영향주지 않고, **재시도 로직이나 에러 처리를 브로커 단**에서 수행함으로써 통합의 안정성이 높아진다. 또한 새로운 이벤트 소비자를 추가해도 기존 발행자에 영향 없으므로 **아키텍처의 모듈성**이 향상된다. SAP는 특히 **Clean Core + 이벤트 확장** 패턴을 장려하는데, 이는 ERP 본연의 기능 변경 없이 이벤트를 발생시켜 **확장 앱이 이를 받아 기능을 확장**하는 방식이다. 이렇게 하면 ERP 업그레이드 시 확장앱만 조정하면 되고 핵심은 건드리지 않으므로 매우 유리하다. 예컨대 SAP S/4HANA에서 표준에 없는 특정 알림 기능을 원하면, S/4가 해당 이벤트를 내보내도록 하고 BTP 상 확장앱이 그 이벤트를 구독해 알림 이메일 발송을 처리하면 된다. S/4 코드는 손대지 않고도 원하는 기능을 얻는 셈이다.

정리하면, **Event Mesh**는 SAP 통합 전략에서 **실시간성, 확장성, 유연성을 뒷받침하는 척추**라 할 수 있다. SAP는 앞으로도 더 많은 표준 **비즈니스 이벤트**를 제품에 내장하고 Accelerator Hub에 등록하고 있는데, 현재 이미 수백 개의 이벤트가 공개되어 있으며, 고객은 이를 활용해 **반응형(reactive) 애플리케이션**을 구축할 수 있다. 이는 궁극적으로 **이벤트 중심 기업**을 향한 움직임으로, 데이터가 생기는 즉시 흐르고 그에 맞게 비즈니스 프로세스가 자동 조율되는 **민첩한 구조**를 의미한다. SAP 기술 혁신의 큰 축인 API-first와 함께 Event-driven Architecture는, **SAP 고객들의 디지털 전환을 지원하는 쌍두마차**로서 자리 잡고 있다.

Integration Suite 및 Advanced Event Mesh 상세 설명

Integration Suite 구성 요소:
Cloud Integration, API Management, Open Connectors

앞서 간략히 소개한 **SAP Integration Suite**는 SAP BTP 상에서 제공되는 **통합 서비스 묶음**으로, 이질적인 애플리케이션과 데이터 소스를 연결하고 통합 솔루션을 개발·운영하는 데 필요한 도구들을 일괄 제공한다. 주요 구성 요소를 하나씩 살펴보면 다음과 같다.

- **Cloud Integration**(CI): 이전 명칭으로는 SAP CPI(Cloud Platform Integration)로 알려졌던 서비스로, **프로세스 통합**의 중심적인 역할을 한다. Cloud Integration은 **그래픽 디자이너**를 통해 시스템 간 메시지 흐름(integration flow)을 디자인하고, 데이터 맵핑, 변환(예: XML ↔ JSON), 프로토콜 중계(예: HTTPS → IDoc) 등을 설정할 수 있다. 개발자는 CI 상에서 트리거(이벤트나 폴링), 소스 시스템 연결, 변환 로직, 타겟 시스템 연결 등을 **파이프라인 형태**로 정의하며, 이러한 통합 시나리오가 BTP 클라우드에서 **런타임으로 실행**되어 메시지를 처리한다. 예컨대 Oracle DB에서 읽은 데이터를 SuccessFactors OData API로 올리는 통합이나, 전자세금계산서 발행 파일을 정부 시스템에 전송하는 시나리오 등을 Cloud Integration에서 구성할 수 있다. SAP는 미리 제작된 수백 개의 통합 패키지(Integration Package)를 제공하여, SAP 표준 통합(예: SuccessFactors ↔ S/4 인사데이터 동기화)을 손쉽게 구독·사용할 수 있게 해 놓았다. Cloud Integration은 멀티노드로 확장 가능하며, 오류 재시도, 트랜잭션 관리 등의 기능도 갖추어 **엔터프라이즈급 EAI** 도구로 손색이 없다.

- **API Management**: SAP Integration Suite의 API Management는 **API 게이트웨**

이 + API 포털 기능을 담당한다. 기업이 보유한 여러 API(SAP 혹은 비SAP 모두 포함)를 한 곳에서 **보안정책(OAuth2, SAML 등)**, **유량제한(Throttle)**, **API 키 관리**, **사용 통계** 등을 관리하여 **API 거버넌스**를 실현한다. 또한 API Portal을 통해 개발자 커뮤니티나 외부 파트너에게 **API 카탈로그**를 제공하고, Swagger와 같은 표준 사양 문서를 공유하며, 시범 호출을 해볼 수 있는 **API 테스트 콘솔**도 제공한다. 이를 통해 기업은 내부적으로는 어떤 서비스가 어디서 어떻게 호출되는지 **통제 및 모니터링**하고, 대외적으로는 API를 상품화하여 **디지털 생태계**를 구축할 수 있다. SAP API Management는 SAP Gateway나 SAP S/4HANA의 OData 서비스, Cloud Integration에서 만든 통합 API 등 다양한 소스를 등록 가능하며, **Business Accelerator Hub**와 연동되어 SAP가 제공하는 표준 API 명세를 바로 임포트할 수도 있다. 결과적으로 API Management는 **API-first 전략의 실행 도구**로서, API 수명주기(설계 → 테스트 → 게시 → 버전업 → 폐기) 전반을 지원한다.

- **Open Connectors**: 이는 Salesforce, Amazon S3, ServiceNow, Google Sheets 등 **타사 애플리케이션에 표준화된 방식으로 접속**할 수 있게 하는 연결 허브다. Open Connectors는 160개 이상의 SaaS/클라우드 애플리케이션에 대한 커넥터를 제공하며, 각각의 API 차이를 추상화하여 **통일된 REST API와 이벤트** 인터페이스로 노출한다. 예를 들어 Salesforce의 객체 조회, Dynamics 365의 데이터 CRUD 등을 Open Connectors가 **중립화된 API 규격**으로 제공하므로, 개발자는 여러 시스템마다 다른 API를 배울 필요 없이 한 번의 표준 호출로 다양한 시스템에 명령을 보낼 수 있다. 또한 Open Connectors는 연결에 필요한 **인증(OAuth 등)**과 **토큰관리** 등을 중앙 처리해주고, 연결 상태 모니터링, 재시도, 오류 처리도 지원한다. 이를 사용하면 흔히 필요한 CRM, 전자상거래, SNS, ERP 등 외부연계 작업을 **Low-code** 형태로 신속히 구현할 수 있어 통합 생산성이 올라간다.

- **Integration Advisor**: 통합 메시지 매핑에서 자주 쓰이는 패턴과 업계 표준을

SAP이 축적한 **머신러닝 기반 추천 서비스**이다. 예를 들어 EDI 메시지를 IDoc으로 변환하는 작업을 할 때, Integration Advisor는 유사 사례의 매핑 규칙을 추천하여 개발자가 쉽게 맵핑을 완성하도록 돕는다. 이는 **AI 보조 통합개발**의 초기 형태로, SAP는 Integration Suite에 점진적으로 AI 기능을 넣고 있다.

이외에도 **Workflow 서비스, Business Process Management, IoT 서비스** 등도 BTP Integration 카테고리에 속하지만, Integration Suite라는 이름으로 묶이는 핵심은 위 네 가지이다. SAP은 Integration Suite가 "엔드투엔드 통합을 위한 원스톱(iPaaS)"임을 강조하며, 과거 PI/PO(On-prem 통합 미들웨어)에서 클라우드 Integration Suite로의 전환을 유도하고 있다. 2025년 이후 SAP PI 7.X 버전들의 메인스트림 지원이 끝나기 때문에, 많은 고객들이 BTP Integration Suite로 마이그레이션할 것으로 예상된다. SAP도 이를 지원하기 위해 **Cloud Integration과 PI간 호환 패키지, 테스트 도구** 등을 제공하고 있다.

Advanced Event Mesh의 역할과 이벤트 메시 브로커링 구조

SAP Integration Suite, Advanced Event Mesh(AEM)는 Integration Suite의 선택적 구성요소로서, 이전 섹션에서 상세히 설명한 **이벤트 브로커링 플랫폼**이다. AEM의 역할은 간단히 말해 "이벤트들이 기업 내 어디든 흐를 수 있게 하는 신경망"을 제공하는 것이다. 특히 SAP AEM는 앞서 언급했듯이 **Solace**사의 **PubSub+** 기술을 기반으로 SAP BTP에 매니지드 서비스 형태로 제공된다. 이는 SAP가 자체 개발한 것이 아니라 이벤트 분야 선도기술을 채택하여 서비스화한 것으로, 신뢰성과 성능 면에서 업계 검증을 받은 솔루션이다.

AEM의 구조는 **브로커 서비스 인스턴스**를 BTP 위에서 생성하고 관리하는 것으로 시작된다. 고객은 BTP Cockpit에서 필요에 따라 브로커 크기(소형-대형), 클러스터 구성(싱글/이중/삼중화), 연결 클라이언트 수 등 옵션을 지정하여 **Advanced Event Mesh**

인스턴스를 만든다. 그러면 SAP가 해당 리전에 Solace 브로커를 프로비저닝하고 접속 엔드포인트 URL, 인증 정보를 발급해준다. 개발자는 S/4HANA 등 SAP 시스템의 **Enterprise Event Enablement**를 통해 이벤트를 이 URL로 발행하도록 설정하거나, CAP 애플리케이션에서 Solace 클라이언트 라이브러리(SAP API)를 사용해 이벤트를 Publish하도록 코딩한다. 반대로 소비 측에서는 CAP나 Node.js, Java 등에서 같은 Solace API로 구독을 구현한다. 이 때 **브로커 주소와 토픽명, 인증 토큰** 등을 맞게 설정하면, AEM가 중계 역할을 수행하게 된다.

이벤트 메시 브로커링 구조는 내부적으로 **토픽 라우팅**과 **큐 관리**, **프로토콜 변환** 등을 처리한다. Solace 기반 AEM는 **다양한 프로토콜**(AMQP, MQTT, REST 등)을 지원하여 IoT 장치나 웹앱 등 여러 소스의 이벤트를 흡수할 수 있다. 특히 MQTT 지원 덕에 수많은 IoT 센서들의 telemetry 데이터를 SAP AEM로 모아 실시간 처리하는 IoT 시나리오도 가능하다. AEM는 수신한 이벤트를 **Topic Hierarchy**에 따라 분류하고, 해당 토픽을 구독하는 클라이언트 리스트를 조회하여 메시지를 팬아웃한다. 만약 해당 토픽에 **Durable Queue**가 설정되어 있으면, 일단 큐에 저장하고 소비자가 읽어갈 때까지 보존한다. 이 과정에서 AEM는 **QoS(Quality of Service)** 레벨을 지원하는데, 중요한 메시지는 **일단배달**(At-least-once), 일반 메시지는 **최대일회**(At-most-once) 모드 등으로 설정해 네트워크 상황에 맞게 조절 가능하다. 또한 **메시지 순서보장**(Ordering) 설정도 있어, 특정 키(key) 기준으로 순서가 어긋나지 않게 전달할 수도 있다.

Advanced Event Mesh는 **엔터프라이즈급 모니터링과 관리 기능**도 제공한다. BTP에서 AEM 대시보드를 열면 현재 브로커 연결 수, 토픽별 메시지 처리량, 큐 깊이, 지연 시간 등을 모니터링 가능하고, 임계치 초과 시 경보도 발송된다. 또한 관리자는 브로커의 **토픽 규칙**(특정 패턴 토픽 허용/차단), **ACL**(어느 클라이언트가 어떤 토픽 게시/구독 가능 여부), **네트워크 링크 상태** 등을 설정해 **거버넌스**를 유지한다. 이처럼 AEM는 단순 이벤트 트래픽 전달뿐 아니라, **이벤트 흐름의 질서와 통제**를 제공하여 기업이 안심하고 EDA를 운용할 수 있도록 해준다.

한편 **이벤트 메시 브로커링**의 구조적 장점은 솔루션 사례에서 잘 드러난다. 예를 들어 **벨기에의 상수도 기업 Farys**는 AEM를 도입해 스마트 수도계량 인프라를 구축했는데, 과거 1년에 한 번 검침하던 것이 이제 **매일 200만 건 이상 이벤트가 실시간 공유**되어 누수 탐지나 수요예측을 일별로 수행하게 되었다. 이 사례에서 AEM는 전국의 IoT 미터기 이벤트를 받아 여러 분석 애플리케이션과 ERP에 전달함으로써 **연간 → 일간 업무사이클 단축**을 이뤄냈다. 또 다른 글로벌 기업 JDE Peet's(커피 유통사)의 경우, 주문/배송 데이터 통합을 AEM로 전환하여, **기존 배치처리로는 피크 시 지연되던 문서 전달을 항상 준실시간으로 완료**함으로써 물류 대응 속도를 높였다. 이러한 기업 사례들은 AEM 기반 이벤트 브로커링이 **대용량, 분산 환경에서도 안정적이고 빠른 데이터 전달**을 가능케 해 **비즈니스 프로세스 효율화**에 크게 기여함을 보여준다.

기술적으로 볼 때, SAP AEM는 2025년 이후 **Solace PubSub+의 신기능**을 지속 통합하고, SAP 자체 이벤트 생태계와도 더 통합될 전망이다. 예컨대 Solace가 제공하는 **이벤트 포탈(Event Portal)** 기능이 추가되어 기업 이벤트 모델링 및 카탈로그화가 BTP에서 가능해질 수 있고, SAP Solution Manager나 Integration Suite 툴들과 연계되어 **이벤트 흐름을 가시화**하고 추적하는 기능도 고려되고 있다. 또한 SAP은 AEM의 **가격모델**도 현재의 용량 기반에서 **사용량 기반**으로 더 탄력적으로 바꿔 갈 것으로 예상된다 (예: 데이터 출력량 GB당 과금 등). 기술 진화 방향으로는, SAP AEM가 **클라우드 간 이벤트 브릿지**로서 Azure Event Grid나 AWS EventBridge와 페더레이션을 지원하거나, Kafka와 연동을 쉽게 해주는 커넥터를 내장할 가능성도 있다. 이미 SAP은 ABAP 환경에서 **Event Mesh Kafka 어댑터** 등을 제공하고 있으며, 고객 수요에 따라 멀티기술 이벤트 허브로 발전시킬 수 있다.

정리하면, Advanced Event Mesh는 **실시간 이벤트 통합의 중추**로서 SAP 통합 전략에 편입되었고, 그 **브로커링 구조**는 높은 성능과 안정성을 보여준다. 이는 기업들에게 **이벤트 중심 아키텍처**를 구현할 수 있는 신뢰성 있는 수단을 제공하고, 결과적으로 **시장의 빠른 변화에 실시간 대응**할 수 있는 **민첩한 시스템**을 구축하게 해준다.

이벤트 기반 통합 패턴:

Pub/Sub, 큐잉, 메시 브로커 아키텍처, 비동기 처리를 통한 통합 안정성 향상

이벤트 기반 통합에서 자주 활용되는 패턴과 그 효과를 정리하면 다음과 같다.

- **Pub/Sub 패턴**: Publisher/Subscriber 패턴은 앞서 언급한 **한 이벤트 다중 소비** 모델이다. 한 시스템에서 이벤트를 발행하면 관련된 여러 시스템이 이를 구독하여 각자 작업을 수행한다. 이 패턴은 **비즈니스 프로세스의 병렬화**를 가능케 한다. 예컨대 주문 하나 발생했을 때 생산부서는 생산 계획 조정, 물류부서는 배송 일정 수립, 재무부서는 매출 예상 업데이트를 동시에 할 수 있다. Pub/Sub은 또한 **확장에 용이**하여, 나중에 새로운 부서(예: 마케팅팀에서 주문 이벤트로 구매 트렌드 분석)를 추가해도 기존 흐름에 지장 없다. 이러한 유연성 때문에 현대 애플리케이션 통합의 80% 이상 시나리오가 Pub/Sub으로 구현된다고 해도 과언이 아니다. SAP Event Mesh는 이 Pub/Sub을 네이티브로 지원하며, 토픽에 다수 구독자 연결이 가능하다.

- **큐잉 패턴**: Queue를 이용한 패턴은 **작업 부하 분산** 또는 **순서 보장**이 필요할 때 유용하다. 예를 들어 ERP 시스템이 너무 빠른 속도로 이벤트를 발생시키면 다운스트림 시스템이 소화 못할 수 있다. 이때 이벤트를 큐에 쌓아 두고 소비자가 처리 가능한 속도로 읽게 하면, **백프레셔(Back-pressure)** 없이 안전하게 통합이 된다. 또한 큐는 **트랜잭션 처리**와 결합되어, 소비자가 이벤트를 처리 완료했다고 명시적으로 ack(확인)할 때까지 메시지를 큐에서 제거하지 않는 **at-least-once 처리**로 **데이터 손실이나 중복**을 방지한다. SAP AEM의 Durable Queue는 이러한 **보장 전달** 시나리오에 사용되어, 금융 거래같이 중요한 이벤트를 안전하게 전달한다. 한편 **워크로드 분산** 측면에서, 큐에 여러 소비자를 붙여 라운드로빈으로 분배하면 **멀티 인스턴스 병렬 처리**가 된다. 이는 이벤트를 병렬 처리하되 **한 이벤트는 오직 한 인스턴스만 처리**하도록 할 때 적합하다(예: 동일한 데이터 업데이트 이벤트를 동시에

두 번 처리하면 안 되는 경우).

- **메시 브로커 아키텍처**: 이벤트 브로커가 **중앙 허브**가 되는 아키텍처는, 모든 이벤트 통신이 브로커를 거치도록 함으로써 **모니터링과 관리 용이성**을 극대화한다. 브로커를 통하면 각 시스템은 브로커만 상대하면 되므로 **연결 수가 선형적으로 줄어드는** 효과도 있다(N대 시스템 간 풀메시는 N*(N-1)/2 연결이지만, 중앙 브로커 허브 방식은 N개의 연결만 있으면 된다). 이는 **토폴로지 단순화**와 **운용 편의성** 면에서 장점이다. 또한 메시 브로커 아키텍처는 브로커의 내장 기능(재시도, 순서제어, 필터링)을 활용할 수 있어, 통합 로직이 분산 시스템에 퍼져있는 대신 브로커에 집중된다. SAP AEM는 통합 메시 브로커로서 각종 관리 툴과 모니터링을 제공하므로, 운영팀이 **이벤트 흐름을 한 눈에 파악하고 이상 상황에 빠르게 대응**할 수 있다.

- **비동기 처리와 통합 안정성**: 이벤트 기반 통합의 근본적인 이점은 **비동기적 처리**를 통해 시스템 간 의존을 줄여 **안정성**을 높인다는 것이다. 동기 연동의 경우, 하나의 시스템이 느려지거나 다운되면 연쇄적으로 다른 시스템도 대기 상태에 빠지거나 오류를 일으킨다. 그러나 이벤트 비동기 연동에서는, 이벤트를 던진 후 수신자가 나중에 처리하므로 **발행 측 시스템은 즉시 해방**되어 영향권에서 벗어난다. 예를 들어 주문 처리 시스템이 일시적으로 정지해도, 주문 생성 이벤트는 브로커에 안전히 쌓였다가 나중에 해당 시스템 재가동 시 처리되므로 전체 프로세스가 완전히 멈추지 않는다. 또한 비동기 통합은 **일부 컴포넌트가 실패해도 나머지 컴포넌트는 자기 할 일 수행**하게 해줌으로써 우아한 성능 저하(Graceful Degradation)를 구현한다. 이로써 시스템 전체가 한 부분 문제로 셧다운되는 것을 막을 수 있다. SAP Event Mesh는 고가용 브로커 구성 등을 통해 브로커 장애 가능성도 낮추고 있으므로, **싱글 포인트 장애(SPOF)** 없이 24/7 통합을 지원한다.

나아가 이벤트 기반 통합은 **성능 측면 최적화**에도 기여한다. 필요한 시점에만 데이터 전달이 이루어지므로 폴링 등에 비해 **불필요 트래픽이 감소**하고, 이벤트가 없으면 시스템이 쉬므로 **자원 효율성**이 높다. 이렇듯 Pub/Sub, Queue, Broker 등의 패턴 활용과 **비동기화**로 인한 이득이 결합되어, 통합 시스템은 전체적으로 **더 견고하고 확장가능하며 실시간적인** 특성을 갖게 된다. SAP의 통합 레퍼런스 아키텍처에서도 핵심 원칙으로 "Async integration wherever possible"를 들고 있으며, 실제 사례에서도 **이벤트 기반 전환 후 시스템 부하 감소와 안정성 증가**를 보고하는 기업이 많다.

종합하면, **Integration Suite의 Advanced Event Mesh**를 중심으로 한 이벤트 기반 통합 패턴은 SAP 환경에서 **현대적이고 권장되는 통합 방식**으로 자리 잡았으며, **실시간 이벤트 스트리밍 + 비동기처리**를 통해 디지털 시대 비즈니스의 **신뢰성과 민첩성**을 크게 향상시킨다.

2025년 이후의 AEM 릴리즈 정책 및 기술 진화 방향

SAP Integration Suite, Advanced Event Mesh(AEM)의 향후 로드맵과 기술 진화는 몇 가지 관점에서 기대되고 있다. 우선 **릴리즈/업데이트 정책** 측면에서, 현재 AEM는 SAP BTP의 Cloud Foundry 환경 서비스로 제공되고 있으나 SAP는 이를 **Kubernetes 기반 Kyma 환경**으로도 확장할 가능성을 모색 중이다. 이는 BTP의 내부 아키텍처 변화에 따른 것이며, 고객 입장에서는 큰 차이는 없겠으나 **서비스 배포 유연성**이 향상될 수 있다. SAP는 AEM의 새로운 기능을 분기별 혹은 반기별로 릴리즈 노트를 통해 공개하며, 고객은 **Discovery Center**와 **SAP Help Portal**의 AEM 릴리즈 히스토리를 통해 새로운 개선사항을 추적할 수 있다. 예컨대 2023년에는 AEM에 **고가용성 아키텍처 지원(Active/Standby), REST 관리 API 추가, Kafka 연동 어댑터** 등의 기능이 추가되었다. 2024~2025년 로드맵에는 **BTP의 Alert Notification 서비스와 연계한 이벤트 모니터링, Integration Suite 파이프라인과 AEM 간 시각적 통합 설계 툴, SAP Solution Manager와 연계한 이벤트 흐름 추적** 등이 검토되고 있다.

기술적인 진화 방향으로는, **에지 컴퓨팅 및 IoT** 시나리오 대응이 강조되고 있다. 2025년 이후 SAP은 AEM를 **엣지 배포 모델**로도 제공하여, 제조 공장 등 로컬망에서도 AEM 브로커를 운영하면서 중앙 BTP와 연결하는 **하이브리드 이벤트 메시**를 가능케 할 전망이다. 이는 Solace 기술이 이미 Edge 지원을 하기 때문에 가능한 시나리오로, 중앙 클라우드에 모든 이벤트를 보내지 않고 필요한 범위 내에서 국소 처리 후 요약 이벤트만 올리는 형태 등으로 **이벤트 트래픽 최적화**를 도모할 수 있다. 또한 Event Mesh와 **SAP Edge Services**의 통합을 통해, IIoT(산업용 IoT) 이벤트와 ERP 이벤트를 동일 메커니즘으로 다룰 수 있을 것으로 기대된다.

다음으로, **AI와 이벤트의 결합**이 트렌드다. SAP은 Integration Suite 전체에 AI를 접목하는 "**AI-augmented Integration**" 계획을 가지고 있으며, AEM에도 **이벤트 패턴 자동인식 및 예측** 기능이 고려되고 있다. 예컨대 머신러닝을 활용해 이벤트 트래픽 패턴을 분석하여 이상치 탐지(예: 이벤트 폭주 경고)나 **예측적 스케일링**(피크 예상시 자동 브로커 확장) 기능을 제공할 수 있다. 또 이벤트 내용 분석을 통해 **비즈니스 이상 상황**(예: 특정 거래 이벤트 급증)도 감지해 알림주는 서비스도 가능하다. 이러한 AI 보강 기능은 2025년 이후 순차 도입될 가능성이 있으며, SAP가 BTP를 **비즈니스 AI 플랫폼**으로 발전시키는 전략과도 부합한다.

SAP AEM의 릴리즈 방향에서 또한 중요한 것은 **더 많은 SAP 표준 이벤트 지원**이다. 현재 수백여 개인 이벤트 종류를 SAP는 계속 확대하고 있는데, **SAP ERP, CRM 등 주요 모듈의 거의 모든 중요한 상태 변화에 이벤트를 발행**하도록 바꾸어갈 것이다. 궁극적으로 "모든 데이터 생성은 이벤트를 동반한다"는 식으로, 데이터 Replication이나 Batch 없이 이벤트로 연동하는 체계를 지향한다. 2025년 즈음에는 S/4HANA Cloud의 이벤트 종류가 수천 개에 달할 것으로 예상되며, SAP는 이러한 이벤트를 Solution Manager의 Process Graph 등과 연결해 기업 프로세스 가시화를 지원할 계획이다.

또 하나 눈여겨볼 흐름은 **표준 이벤트 모델 표준화**다. SAP는 AsyncAPI 등의 업계 표준을 준수하며 이벤트 정의를 공개하고 있는데, 2025년 이후로는 **OpenAPI나 OData처럼 이벤트도 표준 문서로써 관리**하여 타 시스템과 양방향 이벤트 통신을 용이하게 만들려 한다. 이를 위해 **Event Modeler 툴**(Solace Event Portal 기반)을 제공해 기업이 자체 이벤트를 정의하고 문서화하는 것을 지원할 예정이다. 고객들은 이를 통해 **기업 전사 이벤트 카탈로그**를 구축, 이벤트 드리븐 설계를 체계화할 수 있다.

마지막으로 비용 측면에서도 변화 가능성이 있다. 현재 AEM는 Integration Suite의 **부가 옵션**으로 비교적 고가에 속하지만, SAP는 **RISE with SAP 구독에 일정량 포함**시키거나 **패키지 가격 인하**를 통해 보다 널리 보급할 수 있다. 실제로 SAP는 RISE 프리미엄에 AEM 사용권을 추가하는 방안을 발표하기도 했다. 이는 SAP가 고객들에게 event-driven 통합을 적극 권장하는 움직임의 일환이다.

정리하면, 2025년 이후 SAP Advanced Event Mesh는 **더 지능화**(AI), **더 분산화** (Edge), **더 표준화**(Standard Events), **더 긴밀한 툴 통합**(Integration Suite 전체와) 방향으로 발전할 것이다. SAP 기술 혁신 전략에서 이벤트 기반 통합은 이미 필수 요소로 자리 잡았으며, SAP는 계속해서 이를 강화함으로써 고객들이 **실시간 지능형 기업**(Real-time Intelligent Enterprise)을 구현하도록 도울 것으로 전망된다.

실제 도입 사례 및 기업 적용 전략

SAP S/4HANA Public Edition에서의 Joule 시나리오 구현 사례

SAP Joule의 실제 도입 사례로, **SAP S/4HANA Cloud Public Edition** 환경에서 Joule을 활용한 시나리오를 살펴보자. 앞서 언급한 SAP 파트너사 **AGILITA AG**는 S/4HANA Public에 Joule을 조기에 적용한 케이스로, 사내 사용자들의 ERP 활용도가 크게 향상되었다고 전한다. AGILITA의 재무 담당자들은 이제 ERP 내 메뉴를 뒤지는 대신, Joule에 간단히 "7월 분의 미결제 인보이스 보여줘"라고 물어 즉각 해당 리스트를 받아볼 수 있게 되었고, 관련 문서를 찾거나 보고서를 만드는 시간도 줄었다.

AGILITA는 특히 Joule이 제공하는 **맥락 기반 가이드** 기능에 주목했는데, 새로운 직원을 교육할 때 Joule이 화면별 사용법이나 모범 사례를 실시간 제공해주어 **학습 곡선을 줄이는 효과**를 얻었다고 한다. 또한 AGILITA는 S/4HANA의 공급망 모듈에서 Joule을 활용하여 **수요 예측 시뮬레이션**을 수행하는 개념검증을 했다. 수요계획 담당자가 Joule에게 특정 제품군의 향후 수요를 전망해달라고 하자, Joule은 SAP Integrated Business Planning(IBP)의 예측 알고리즘 결과를 가져와 **자연어로 "다음 4주간 수요 증가 추세가 예상되며, 특히 주간 평균 5% 상승"** 등으로 설명해주었다고 한다. 이는 전문 플래너가 아닌 사람도 AI의 도움으로 고급 예측 결과를 이해하고 조치에 반영할 수 있게 된 예시다.

또 다른 사례로, **Bosch**에서는 고객 서비스 분야에 Joule 에이전트를 적용하여 **수천 시간의 작업 시간을 절감**한 것으로 보고되었다. Bosch는 자체 고객지원 센터에 Joule을 연결했는데, 고객 문의가 들어오면 Joule이 우선 **문제 유형별로 분류하고 과거 해결 사례를 찾아** 상담 직원에게 요약 제공한다. 이에 따라 직원이 일일이 지식베이스를 찾거나 관련 부서에 문의하던 시간을 크게 줄였고, **응대 품질도 향상**되었다고 한다. Bosch의 파일럿에 따르면 **약 60%의 단순 문의는 Joule이 거의 자동 처리**하여 답변 초안을 생성했고, 담당자는 검토 후 전송만 하면 되었으며, 20% 정도 복잡한 케이스도 Joule의 추천 솔루션을 참고해 해결 시간을 절반 이하로 단축할 수 있었다. Bosch는 이러한 성과에 힘입어 **Joule 에이전트를 현장 서비스 관리(FSM)** 영역에도 확장 적용을 고려 중인데, 예컨대 현장 기술자가 모바일 기기로 "Joule, 이 기계의 최근 센서 로그 이상 있나?" 물으면 Joule이 IoT 데이터에서 이상 패턴을 찾아 **"지난 24시간 내 진동 센서 수치가 임계치 초과 3회 발생"** 등을 알려주고, 바로 서비스 티켓을 생성하는 등의 지원을 목표로 하고 있다.

SA Power Networks라는 호주 전력회사에서는 HR 부서에 Joule을 도입해, 직원들의 반복 질문에 AI가 답변하도록 함으로써 HR팀이 보다 전략적 업무에 집중하게 된 사례를 공유했다. 직원들이 연차 휴가정책이나 복리후생 같은 질문을 사내 포털 Joule 챗에 입력하면, Joule이 사전 업로드된 회사 정책 문서를 **기반으로 정확한 답변**을 주었고, HR 담당자는 그동안 쏟아지던 단순 질의 대응에서 해방되어 인재 개발 프로그램 설계 등의 업무에 시간을 쓸 수 있게 되었다. 이처럼 **Joule을 일종의 셀프서비스 헬프데스크**로 활용하는 전략은, 많은 기업이 검토 중인 유망 시나리오다.

마지막으로 **KPMG와 SAP의** 협업으로 개발된 **"SAP Joule for Consultants"** 사례도 있다. KPMG 컨설턴트들이 프로젝트 수행 시 SAP S/4HANA 지식이나 베스트프랙티스가 필요할 때 Joule에게 물어보면, 방대한 SAP 자료(설명서, SAP Press 서적 등)을 기반으로 **권위있는 답변**을 제공하도록 한 것이다. KPMG는 이를 통해 신입 컨설턴트들도 **마치 10년 경력 선임처럼** 빠르게 솔루션 정보를 찾아 고객 응대에 활용할 수 있게 되어, **SAP 프로젝트 납기 단축(최대 14% 단축)** 효과를 거두었다고 발표했다. 이는 Joule이 **컨설턴트 업무 지식관리**에도 활용될 수 있음을 보여준다.

이상의 사례들에서 공통적으로 발견되는 주제는 **Joule이 업무상 반복되고 시간 걸리는 부분을 자동화/간소화하여 생산성을 높인다**는 점과, **사용자는 더 가치있는 일에 집중**하게 된다는 점이다. 기업들은 초기에는 Joule을 한두 개 부서에 도입해 **빠른 성과**를 내고, 이후 **전사 확산**을 모색하는 전략을 취하고 있다. SAP도 이러한 고객 사례를 공유하며 Joule의 실효성을 강조하고 있으며, 계속해서 다양한 산업별 시나리오 발굴을 지원하고 있다.

AI Units 활용이 포함된 계약 구조 예시

SAP의 AI Units 기반 라이선스 모델이 실제 계약에 어떻게 반영되는지 예를 들어본다. 가상의 시나리오로, **A사**는 직원 5,000명 규모로 SAP SuccessFactors와 S/4HANA Cloud를 사용 중이며, Joule을 도입하려 한다고 가정하자. A사는 우선 SAP로부터 Joule Embedded Entitlement(SKU 8017178)를 발급받아 0원 계약 조항을 추가하고, **연 100 AI Units 패키지**를 €700에 구매하기로 계약에 포함시켰다. 계약서에는 이 100 Units로 **SuccessFactors의 Premium AI 기능** 예컨대 **"목표 자동 생성 10만회, 잡디스크립션 생성 1만회, 인사이트 질문응답 5만회"** 등을 커버할 수 있다는 SAP의 추정이 첨부되었다. 또한 S/4HANA 쪽 Joule 메시지는 RISE 구독에 포함된 **기본 연 50만 메시지**를 넘길 경우 초과분은 AI Units에서 차감하는 조항도 명시되었다. SAP와 A사는 **분기별 AI Units 사용 리포트**를 공유하고, 만약 연말에 Units 소진이 예상되면 미리 통보하여 추가 구매를 협의하기로 하였다. 계약에는 **향후 AI Unit 단가 인상 시 사전 3개월 통지** 및 **미사용 Units 이월 불가** 등의 조건도 포함되었다.

도입 첫 해, A사는 실제로 SuccessFactors Joule을 통해 **목표 80,000건 자동생성, 이력서 5,000건 스킬추출, Joule Q&A 30만건** 등을 사용했고 SAP 보고에 따르면 약 85 Units를 소비하였다. 이에 따라 남은 15 Units는 타 AI 서비스(SAP Cash App ML 시나리오)에 일부 활용하고 만료되었다. 2년차에 들어서 A사는 Joule 활용을 늘릴 계획이어서, SAP와 200 Units/년 패키지(€1,400)로 업그레이드 계약을 체결하였다. 대신 SAP는 A사가 RISE Premium Plus로 전환한 것을 감안하여, 200 Units 중 50 Units는 RISE 번들에서 무료 제공하고 150 Units만 과금하는 조건을 제시했다. 또한 A사는 **Joule Document Grounding** 기능(사내 정책 PDF에서 답변 추출)을 쓰려 했는데, SAP는 이 기능이 **1000페이지당 1 Unit** 과금임을 안내해 주었다. 이에 따라 A사는 정책 문서 사용량을 감안해 약 10 Units 추가 소요를 예상하고, 필요시 Unit 추가 구매권한을 현 CIO에게 위임하는 내용도 내부 승인받았다.

이러한 계약 구조에서 중요한 포인트는, **AI Units 소비는 고객이 통제 가능**하다는 점이다. A사는 Joule 관리자 대시보드에서 어떤 기능이 몇 Units를 쓰고 있는지 모니터링하며, 불필요하거나 과도한 사용(예: 직원들이 재미로 AI 질의 남발 등)을 줄이기 위해 **일부 사용자 그룹별 Joule 사용 제한** 정책도 수립했다. 예컨대 일반 직원들은 하루 10회까지만 Joule Q&A를 쓰게 하고, 이상 사용자는 리포트로 확인해 교육시키는 식이다. SAP도 계약 상 **AI Units 이용내역 세부 보고 의무**를 지며, A사는 이를 감사 목적으로 보관한다. 또한 계약에는 **AI 윤리 및 데이터 이용에 관한 부속합의**도 첨부되어, SAP가 A사의 데이터를 AI 모델 학습목적으로 쓰지 않으며, A사가 AI 결과로 인해 법적 문제 발생 시 상호협의로 해결한다는 조항 등이 포함됐다.

이처럼 AI Units가 포함된 계약 구조는 다소 복잡하지만, **클라우드 리소스 사용량**

계약과 유사한 성격을 띤다. 기업은 향후 AI 사용량 증가에 대비해 **단가 할인 조건**(예: 500 Units 이상 구매 시 단가 5% 인하)을 미리 따내거나, **미사용분 환급 조건**을 협상하기도 한다. 반대로 SAP는 고객이 AI Units를 충분히 구매하도록 **번들 제공**(RISE 포함)이나 **한시적 추가 Units 프로모션** 등을 제공해 AI 도입을 장려한다. 실제 계약 사례에서는 일부 고객들이 AI Units 사용량을 과소 추정해 중간에 부족해지는 일이 있어 SAP와 수시 보완계약을 맺기도 했다.

요약하면, AI Units 활용 계약은 **선불 크레딧** 개념으로 SAP AI를 이용하는 것으로, 고객은 **유연성**(필요한 서비스에 자유 사용)과 **예측 가능 비용**의 장점을 얻고, SAP는 **AI 운영원가 회수**와 **서비스 가치 기반 과금**을 실현한다. 각 기업은 자사 AI 전략과 예산에 맞춰 AI Units 패키지를 조정해가며 SAP의 AI 기능을 활용하면 된다.

API 및 이벤트 기반 통합을 실현한 기업의 아키텍처 예시

기업들이 SAP의 API-first와 Event-driven 아키텍처를 어떻게 실무에 적용하고 있는지 한 **Reference Architecture** 예시를 들어본다. **글로벌 물류기업 X사**는 SAP S/4HANA를 코어 ERP로, Salesforce를 CRM으로, 자체 물류관리시스템(TMS), 그리고 여러 IoT 센서 네트워크를 운영하고 있었다. X사는 SAP BTP를 도입하여 **API 및 이벤트 중심 통합** 아키텍처로 전환함으로써 **종합 물류 가시성 플랫폼**을 구축했다.

아키텍처 상으로, X사는 **SAP Integration Suite**를 활용하여 S/4HANA와 Salesforce 간 고객/주문 데이터 인터페이스를 구현했다. 기존에는 배치로 CSV를 교환하던 것을 **API 호출로 실시간화**하기 위해, S/4HANA의 공개 API인 "Business Partner API"를 사용해 Salesforce에서 고객 생성시 S/4에도 즉각 생성되도록 했다. 반대 방향으로는 **SAP Event Mesh**를 사용했다. S/4HANA에서 **"주문 생성됨"** 이벤트를 발행하면 Integration Suite의 **Cloud Integration** 플로우가 이를 구독하여 Salesforce의 Order 객체 API를 호출, 영업사원도 동시에 주문정보를 보도록 했다. 이때 Event Mesh는 **주문 이벤트를 TMS 시스템에도 전달**하도록 구성되어, TMS는 주문 이벤트 수신 즉시 운송일정을 할당하는 자동화가 이루어졌다. 과거에는 주문 등록 후 수작업으로 TMS에 입력하던 것을 이벤트로 **완전 실시간** 통합한 것이다.

또한 X사는 **IoT 센서 데이터**(트럭의 GPS/온도 센서 등)를 SAP Event Mesh로 수집했다. 수백대 트럭에서 MQTT 프로토콜로 보내온 위치/온도 이벤트를 AEM이 받아, 이를 **SAP Datasphere + Analytics Cloud** 쪽으로 이벤트 스트림 파이프라인으로 연결했다. 구체적으로, AEM의 이벤트를 **CAP 애플리케이션**이 구독하여 HANA Cloud에 실시간 적재하고, Analytics Cloud 대시보드에 표시하여 물류 관리자들이 **지도 상에서 모든 운송차량의 현재 위치와 온도 상태를 모니터링**하게 했다. 그리고 만약 온도 센서가 임계치를 벗어나면 **AEM의 규칙**에 따라 경고 이벤트를 생성하여, **알림 마이크로서비스**가 이를 받아 해당 트럭 담당자에게 SMS를 보내는 자동화도 구현했다. 이 전반적인 흐름은 **이벤트 중심**으로 설계되어, 사람 개입 없이 시스템들 간 **즉각적이고 다각적인 반응**이 일어나도록 했다.

X사의 사례에서 API와 이벤트는 적재적소에 함께 쓰였다. **마스터데이터 동기화나 단발성 트랜잭션**에는 요청/응답형 API 통합을 써서 **데이터 정확성**을 확보했고, **상시 발생하는 상태 변경과 알림**에는 이벤트를 써서 **실시간성과 느슨한 결합**을 달성했다. Integration Suite의 API Management는 Salesforce와 SAP API를 한데 모아 보안 관리하였고, 외부 파트너(하청 운송사)에게는 특정 API를 열어줘 **API 이코노미**에도 활용했다(운송사가 API로 운송완료 보고하면 S/4 배송완결 이벤트 발생 등). 또한 이벤트 Mesh를 통해 **여러 시스템의 병행 처리**가 가능해져, 주문 이벤트 하나가 CRM, TMS, Data 분석 3군데로 동시에 흘러들어가 3개 업무가 병렬로 진행되었다. 과거 순차적으로 30분~수시간 걸리던 일이 이제 수초 내 이루어진 것이다.

이러한 아키텍처를 구현하며 X사는 **Clean Core**도 지킬 수 있었다. S/4HANA나 Salesforce를 커스터마이징하지 않고, BTP 측에서 CAP, Cloud Integration, AEM 조합으로 필요한 로직을 모두 처리했기에, 추후 업그레이드에도 영향이 최소화된다. X사는 이 통합 플랫폼을 기반으로 향후 **머신러닝 예측**(예: 배송지연 예측 AI)도 손쉽게 추가할 계획인데, IoT 이벤트를 AI Core 모델에 입력해 예측 결과를 이벤트로 다시 방출하면, S/4나 앱에 이를 표시하는 것도 가능하다.

X사의 사례는 **모던한 이벤트 드리븐 + API 통합** 아키텍처의 청사진을 보여준다. 핵심은 SAP BTP Integration Suite가 **중앙 허브**로 동작하여, 기업의 다양한 시스템과 데이터 흐름을 한데 관리하고 **확장 가능**하게 만들었다는 점이다. 이 접근을 통해 X사는 고객 서비스 수준을 높이고 물류 비용을 절감했으며, 무엇보다 **IT 민첩성**을 크게 향상시켰다. 새로운 요구가 생겨도 API나 이벤트를 몇 개 추가 구독하는 것으로 대응할 수 있기 때문이다.

많은 SAP 고객들이 이와 유사한 Reference Architecture를 채택하고 있으며, SAP도 **API + Event 기반 통합**을 "미래 지향적 아키텍처"로 적극 권장하고 있다. 이러한 혁신 아키텍처를 뒷받침하는 기술들이 앞서 살펴본 SAP의 **API-first, Advanced Event Mesh, Integration Suite** 등이다.

기술 혁신이 SAP 고객에게 주는 전략적 가치

SAP Joule이 제공하는 업무 효율성 향상 요소

SAP Joule의 도입은 SAP 고객들에게 **업무 효율성 측면에서 커다란 향상**을 가져다준다. 우선 가장 직접적인 효과는 **사용자 생산성 증대**이다. Joule은 직원들이 일상적으로 수행하는 **정보 검색, 보고서 작성, 데이터 입력 등의 반복 작업**을 자동화하거나 간소화해준다. 예를 들어, 재무 부서에서 결산 코멘트를 작성할 때 Joule이 미리 금융데이터를 분석해 코멘트 초안을 제공함으로써, 회계사들은 편집만 하면 되는 식으로 **업무 시간이 단축**된다. HR 부서에서는 인사질의 처리를 Joule이 도와줘, 단순 문의 대응에 소요되는 시간이 대폭 줄어든다. 실제 SAP가 공개한 바에 따르면 **Joule을 활용하면 HR 업무 처리 속도가 최대 90% 빨라질 수 있다고** 한다. 이처럼 개별 태스크 단위의 시간 절감이 누적되면, 전체 조직의 생산성 지표에 유의미한 개선이 나타난다.

두 번째로, Joule은 **의사결정의 신속성과 품질 향상**에 기여한다. 조직 내 의사결정자들은 Joule이 제공하는 **즉각적이고 컨텍스트에 기반한 인사이트** 덕분에, 더 빠르고 정확한 결정을 내릴 수 있다. 예를 들어 과거에는 의사결정을 위해 리포트를 의뢰하고 며칠을 기다려야 했지만, 이제는 Joule에게 자연어로 질문하여 **즉시 현황 데이터와 추세를 파악**하고 결정을 내릴 수 있다. 또한 Joule은 방대한 내부 데이터와 외부 데이터(시장 정보 등)를 결합해 통찰을 도출함으로써, 사람이 놓칠 수 있는 **패턴과 이상치**를 알려준다. 그 결과 의사결정의 근거가 풍부해지고 **리스크는 감소**하며, **기회 포착은 제고**된다. 한 예로, 영업관리자가 Joule의 분석을 보고 특정 제품군의 수요 증가 추이를 빨리 알아채면, 경쟁사보다 한발 앞서 생산을 늘려 시장 기회를 잡을 수 있다. 이처럼 **데이터 기반 의사결정 문화**가 Joule을 통해 뒷받침된다.

세 번째로, Joule은 **협업 효율**을 높인다. SAP Joule의 **협업형 AI 에이전트**들은 부서 간 경계를 넘어 여러 업무를 연결하고 조율하는데, 이는 조직 내 **사일로(silo) 현상 극복**에 도움이 된다. 예를 들어, 판매팀, 물류팀, 재무팀이 얽힌 크로스펑셔널 프로세스(예: 클레임 처리)를 Joule 에이전트들이 자동으로 조정해주면, 각 부서는 따로 커뮤니케이션에 시간을 들이지 않고도 일이 처리된다. 또한 Joule이 문서를 자동 요약/공유하거나, 회의 전 필요한 데이터를 모아주는 등으로 **팀 협업에 필요한 준비작업을 지원**한다. KPMG 사례처럼 전문 서비스 조직에서도, 시니어의 지식을 Joule이 전달해줘 주니어들이 더 빨리 따라잡게 하는 등 **암묵지의 공유**를 촉진하기도 한다. 요컨대 Joule은 **모든 직원이 AI 코파일럿을 곁에 둠으로써** 협업 시 생기는 정보 격차와 커뮤니케이션 비용을 낮추고, **전체 팀의 퍼포먼스**를 향상시키는 효과가 있다.

네 번째로, SAP Joule은 **직원 경험(Employee Experience)** 향상을 통한 **간접적 효율 증가** 효과도 있다. 반복 업무가 줄고 자기주도적 문제해결이 가능해지면서, 직원들은 더 높은 **업무 만족도**를 느끼고 창의적 업무에 집중할 수 있다. 이는 곧 **이직률 감소나 몰입도 증가**로 이어져, 조직의 생산성을 근본적으로 높이는 요소다. 특히 MZ세대 직원들은 이러한 AI 도구 활용을 당연시하기 때문에, Joule을 제공하는 기업은 **디지털**

친화적 문화로 인식되어 우수인재 유치에도 도움을 받을 수 있다.

마지막으로, Joule이 가진 **맥락 인지와 규칙 준수** 기능은 효율뿐 아니라 **업무 품질과 컴플라이언스도** 높인다. Joule은 **기업 정책과 규정**을 염두에 두고 답변/조치를 하기 때문에, 사용자가 실수로 규정을 어길 가능성을 줄여준다. 예를 들어, "이 계약서에 이상이 있나?"라고 물으면 Joule이 IFRS 16 등 회계기준을 근거로 "리스 분류가 틀렸다" 식으로 알려줘 **오류를 사전에 방지**한다. 이는 재작업이나 감사 지적을 감소시켜 결과적으로 효율을 높이는 효과가 있다. 또한 Joule의 **24시간 가용성**은, 야간이나 주말에도 AI가 돌아가며 요청을 처리하므로 **업무 지연을 줄이고 연속성**을 높여준다.

이런 다양한 측면에서 SAP Joule은 SAP 고객 조직의 **업무 수행 방정식**을 변화시킨다. 단순히 **빨라진다**를 넘어, **일하는 방식 자체가 최적화**되며, **데이터와 지능에 기반한 업무문화**가 자리 잡게 된다. 이는 곧 시장 대응력 향상과 비용 절감으로 이어져 **비즈니스 성과**의 개선으로까지 귀결될 수 있다. 그러므로 SAP Joule이 제공하는 효율성 향상 요소는, 디지털 시대 기업 경쟁력의 핵심 축으로 부상하고 있다고 평가할 수 있다.

BTP 기반 아키텍처가 통합과 확장의 비용·속도에 주는 영향

SAP BTP 기반 아키텍처로 전환한 기업들은 **IT 통합 및 확장 프로젝트의 비용과 속도 면에서 큰 이점을 획득**하고 있다. 첫째, **개발 속도와 민첩성 향상**이다. BTP의 각종 서비스(CAP, Integration Suite, Build 등)는 고급 추상화와 선제작된 컴포넌트를 제공하기 때문에, 신규 요구사항에 대한 솔루션을 **코드 작성 최소화로 빠르게 구축**할 수 있다. 예를 들어, 전통적으로 3달 걸리던 시스템 통합을 Integration Suite의 **프리패키지 콘텐츠와 그래픽 매퍼**를 활용해 몇 주 만에 끝내거나, 간단한 승인 애플리케이션을 SAP Build로 며칠 만에 만들어 배포하는 식이다. 이는 개발인력 투입 비용을 줄이고, 비즈니스 요구 충족 시간을 단축하여 **기회비용 절감** 효과를 낳는다. 실제 SAP는 BTP 기반 프로젝트가 과거 온프레미스 방식 대비 **개발 생산성 30% 이상 향상**을 이룰 수 있다고 주장한다. 특히 **Joule Studio** 같은 도구로 AI 기능까지 로우코드로 확장하게 되면,

앞으로 **개발 사이클 타임이 더욱 짧아질** 전망이다.

둘째, **시스템 통합 유지보수 비용 절감**이다. BTP 이전에 기업들은 복잡한 포인트 투 포인트 인터페이스, 커스텀 코드에 의존했는데, BTP Integration Suite로 통합을 일원화하면 **중복 인터페이스 제거, 중앙 모니터링** 등으로 운영 효율이 높아진다. 문제가 생겨도 한 곳에서 로그를 보고 해결하니 MTTR(평균복구시간)이 단축된다. 그리고 **이벤트 기반 통합**으로 전환하면, 배치나 폴링으로 인한 불필요 리소스 사용이 줄고 실시간 처리로 **업무 지연에 따른 비용**(재고비용 등)도 감소한다. 또한 앞서 언급한 **Clean Core 전략** 덕에, SAP 본판 업그레이드시 커스텀 코드 수정/재개발 비용이 거의 들지 않는다. 과거엔 ECC → S/4 업그레이드에 막대한 예산이 소요됐지만, BTP에 확장을 떼어놓으면 SAP 표준을 비교적 쉽게 업그레이드하면서 확장앱만 조정하면 되므로 **장기적 유지보수 비용 곡선이 완만**해진다.

셋째, **인프라 최적화 및 라이선스 비용 절감**이다. BTP는 클라우드 기반이어서 사용한 만큼만 과금되는 측면이 있고(특히 Pay-go나 CPEA 모델), 기존 온프레미스 통합 서버(예: PI/PO)의 인프라+라이선스 유지비를 대체하여 비용을 줄일 수 있다. 어떤 고객은 PI/PO를 BTP로 옮겨 **TCO 20~30% 절감**을 달성했다는 보고도 있다. 또한 BTP상 다양한 서비스들이 한데 통합된 계약(CPEA)이어서, 개별 솔루션 여러 개 쓸 때보다 볼륨 디스카운트 효과가 있다. 데이터 연동, 분석, AI 등을 각각 다른 벤더 솔루션으로 구성하면 라이선스 중복과 통합비용이 크게 드는데, BTP로 **플랫폼 단일화**하면 그만큼 효율화된다. 더불어 BTP 글로벌 인프라를 활용함으로써, 지역별 서버 운영 비용이나 보안규제 준수 비용 등을 SAP에 맡겨 **비용 전가**하는 이점도 있다.

넷째, **확장(Extension) 비용**에 관해서, BTP 방식은 **베스트 프랙티스 재사용**과 **표준화**로 비용을 줄인다. CAP나 ABAP Cloud는 표준 아키텍처 가이드에 따라 개발하므로, 개발자 온보딩이 쉽고 실수 여지가 적다. 또한 클라우드 상 DevOps 툴 체인을 통해 **CI/CD 자동화**가 가능해 개발/테스트/배포 비용을 절감한다. 한 대기업은 과거 ABAP로 기능 개발시 3~4명팀 2개월 걸리던 걸, CAP로 동일기능 개발시 1~2명 2주 만에 끝낸 사례를 공유했는데, 이는 BTP의 생산성 도구와 Node.js 모듈 생태계를 활용해 엄청난 **인건비 절감**을 이뤘다고 평가된다.

다섯째, **비즈니스 확장의 속도** 측면에서도 BTP는 유리하다. 새로운 사업 인수 시, BTP Integration을 활용해 인수 회사 시스템을 빠르게 본사 SAP와 연결하거나, 신규 제품 출시 시 필요한 앱을 BTP로 신속히 만들어 **Time-to-Market**을 앞당길 수 있다. 이처럼 **IT 민첩성은 곧 비즈니스 민첩성**으로 이어져 **기회 포착 및 경쟁 대응 비용**을 절감한다.

결과적으로 SAP BTP 기반 아키텍처는 통합/확장에 수반되는 **개발비, 유지비, 기회 비용** 등을 줄이고 **속도와 유연성**을 높임으로써, 기업의 디지털 전환 ROI(Return on Investment)를 극대화시킨다. 이러한 전략적 가치는 SAP가 강조하는 Intelligent Enterprise의 근간이며, 고객들은 BTP 도입으로 "더 적은 비용으로 더 빠르게 혁신"하는 경험을 축적하고 있다.

AI 도입 시 고려해야 할 거버넌스, 감사, 권한 분리 전략

SAP Joule과 같은 AI 기술을 도입할 때, 기업은 **거버넌스**(Governance), **감사**(Auditability), **권한 분리**(Separation of Duties) 측면에서 충분한 고려와 대비책을 마련해야 한다. 첫째, **AI 거버넌스 프레임워크**의 수립이 필수적이다. 이는 AI 사용에 대한 **원칙과 정책**을 정의하고, AI의 의사결정 과정에 대한 **책임소재**를 명확히 하는 것을 포함한다. 예컨대 기업은 "AI를 **의사결정 보조**로 사용하되 최종 책임은 담당자가 진다"거나 "AI가 제안한 내용은 검증 과정을 거쳐야 실행한다" 등의 지침을 내부적으로 정해야 한다. SAP Joule의 도입에도 이런 원칙이 적용되어, Joule의 출력이 자동으로 업무를 수행하도록 허용할 경우와 인간 승인 후 진행할 경우를 구분해야 한다. 또한 **AI 윤리 준칙**(편향 방지, 프라이버시 보호 등)을 수립하여 Joule이 이를 준수하도록 SAP와 협력해야 한다. SAP는 Joule 자체에 **Responsible AI** 원칙을 적용하였다고 하지만, 최종적인 맥락과 영향은 고객사가 통제해야 하기 때문이다. 이를 위해 기업 내 **AI 거버넌스 위원회**나 **데이터 윤리 담당자**를 지정해 AI 사용 전반을 감독하도록 하는 것이 권장된다.

둘째, **감사 가능성(Auditability)** 확보이다. AI가 의사결정이나 업무 처리에 관여할 경우, 추후 문제가 발생하면 **무엇을 근거로 그런 결과가 나왔는지** 살펴볼 수 있어야 한다. SAP Joule의 경우 다행히 **모든 실행을 거버넌스 레이어에서 로깅**하고 있어, 누가 언제 어떤 프롬프트를 입력했고 Joule이 어떤 데이터에 접근해 어떤 답변을 했는지 **추적 로그**가 남는다. 기업은 이러한 로그를 주기적으로 저장·분석하고, 필요시 내부감사나 외부감사에 증빙으로 제출할 수 있게 체계를 잡아야 한다. 예를 들어 금융회사라면 Joule이 생성한 재무 보고 코멘트를 **내부통제시스템**에 자동 기록하고, 감사인이 그 생성근거(참조한 데이터 등)를 검토할 수 있게 해야 신뢰성이 확보된다. SAP는 Joule Studio 등을 통해 "AI 행동의 완전 추적성(full traceability)"을 지원한다고 강조하며, **역할기반 접근제어, 데이터 마스킹, 콘텐츠 필터링, 로그 기록이 기본 활성**되어 있다고 안내한다. 기업은 이 기본 기능들이 제대로 작동하는지 검증하고, 로그 보관 주기나 방식(예: 1년간 보관, 중요 로그 별도 백업 등)을 정해야 한다. 또한 **AI 모델 자체 변경 이력**도 관리 대상인데, SAP AI Core를 사용해 만약 자체 모델을 튜닝했다면 그 시점과 버전을 기록해 결과 차이를 설명 가능하게 해야 한다.

셋째, **권한 분리(Segregation of Duties, SoD)** 및 보안통제이다. AI가 광범위한 데이터에 접근하고 여러 시스템을 오케스트레이션하기 때문에, **권한 관리**가 중요하다. SAP Joule은 SAP Cloud Identity와 연계돼 **사용자 권한에 따라** 답변이나 실행 범위를 제한한다. 예를 들어 일반 직원은 자기 부서 데이터만 조회 가능하지만, 관리자에겐 전사 데이터 접근 답변을 준다거나, 어떤 사용자는 Joule에게 트랜잭션 실행 권한이 없도록 설정하는 식이다. 기업은 이러한 **역할별 Joule 권한 매트릭스**를 정의해야 한다. 특히 AI 에이전트가 업무 자동화를 수행할 때 **업무분장 원칙**을 어기지 않도록 주의해야 한다. 예를 들어, "출납 에이전트"가 자동으로 결제를 실행하고 "회계 에이전트"가 이를 승인하는 식이면 AI끼리 짝짜꿍으로 SoD 규칙을 우회할 수 있다. 이를 막으려면 **AI 에이전트에도 사람과 동일한 권한 체계**를 적용하고, 중요 프로세스에는 반드시 **인간 승인 절차**를 넣어야 한다. SAP Joule은 현재 단계에선 대부분 인간 요청에 의한 보조 역할이지만, 에이전트 간 자율 협업이 늘어나면 SoD 문제가 대두될 수 있으므로, 미리 시나리오별 통제를 설계해야 한다.

또한 **데이터 보안과 프라이버시** 측면에서, Joule이 접근하는 데이터 중 민감정보가 있다면 **마스킹/익명화** 규칙을 설정해야 한다. SAP Joule은 기본적으로 개인정보 등의 **민감 필드 마스킹** 기능이 있으므로, 예컨대 "직원 명단 보여줘"라고 해도 이름은 이니셜 처리되게 할 수 있다. 기업은 자사 규정(GDPR 등)에 따라 이런 기능을 활성화하고 필요한 경우 추가 필터링 규칙을 Joule에 구성해야 한다. AI 모델에 입력되는 데이터 또한 최소한으로 하고, **AI 응답에 불필요한 민감정보가 포함되지 않도록** 튜닝해야 한다.

넷째, **사용자 훈련 및 AI 운영 프로세스** 수립이다. 직원들이 AI Joule을 올바르게 활용하도록 **사용자 교육**을 진행해, 기밀 정보 입력 금지, AI 한계 인지 등 유의사항을 숙지시켜야 한다. 또한 AI가 오작동하거나 이상한 결과를 낼 때 대응하는 **AI Incident Response 절차**도 마련하면 좋다. 예컨대 Joule이 잘못된 판단을 내렸을 경우 이를 보고하는 채널과 수정 프로세스(모델 재학습 요청 등)를 정의하는 것이다.

마지막으로, **규제 대응**도 고려해야 한다. 일부 산업(의료, 금융)에서는 AI 사용에 대한 규제가 늘어나는 추세다. 기업은 Joule 사용이 해당 규정을 준수하는지 확인하고, 필요한 경우 검증절차(V&V)나 **승인**을 받아야 할 수 있다. SAP는 Joule이 **기업 데이터 레지던시 준수**(데이터가 특정 지역 넘나들지 않음)나 **Audit log** 등으로 기업 컴플라이언스를 지원한다고 말하지만, 실제 책임은 기업에 있으므로 면밀히 살펴야 한다.

요약하면, SAP 기술 혁신(특히 AI 도입)은 **기술적 혜택만큼이나 관리적 측면**을 간과해서는 안 된다. 거버넌스, 감사, 권한 분리 전략을 선제적으로 세우고 실행해야만, AI를 **안전하고 신뢰성 있게 활용**하여 최대의 비즈니스 가치를 얻을 수 있다. SAP도 이러한 부분을 지원하는 툴과 지침을 제공하고 있으므로, 고객들은 이를 참고해 **AI 시대의 IT 관리체계**를 정립해 나가야 할 것이다.

기능적 추가 설명

Joule 기능 매트릭스(기본 포함 vs 프리미엄)
SAP Joule **기본 기능**과 **프리미엄 기능**의 비교를 표로 요약하면 다음과 같다.

- **Joule 기본**(포함)
  - ○ **내비게이션 지원** - 자연어 애플리케이션 탐색
  - ○ **정보 조회 Q&A** - 단순 비즈니스 정보 질의 및 응답(예: 상태 조회)
  - ○ **간단 인사이트** - KPI나 리포트 요약 등 기본 분석 제공
  - ○ **가이드 & 도움말** - 화면 맥락 기반 튜토리얼/도움말 제시
  - ○ **표준 임베디드 AI** - 기존 ML 기반 추천(러닝추천 등, SF 기준)
  - ○ **엔터프라이즈 통합** - S/4, SF, Ariba 등 주요 클라우드 앱 연동
- **Joule 프리미엄**(AI Units 필요)
  - ○ **생성형 문서 작성** - 목표, 직무기술서, 이메일 답변 등 생성
  - ○ **대화형 트랜잭션** - 자연어로 복합 트랜잭션 실행(멀티스텝)
  - ○ **고급 분석 질의** - 복합 조건 질의, 예측 질문 처리(LLM 활용)
  - ○ **AI 에이전트 실행** - 멀티 에이전트 협업 통한 프로세스 자동화
  - ○ **문서 기반 QA** - 사내 PDF/지식기반에 근거한 Q&A(Document Grounding)
  - ○ **확장 스킬/에이전트** - Joule Studio로 제작한 커스텀 에이전트 실행

위 설명에서 알 수 있듯이, **기본 Joule**은 **정보 소비 및 경량 상호작용**에 초점을 두고, **프리미엄 Joule**은 **콘텐츠 생성과 복잡한 업무 실행**을 아우른다. 기업은 자사 필요에 따라 프리미엄 기능 활성화를 결정하게 된다. 대부분 초기에는 기본만으로 파일럿하고, 점차 **프리미엄 기능 연락**을 고려하는 단계적 접근을 취한다.

AI Units 계산 시나리오

SAP AI Units 소비 계산을 몇 가지 시나리오로 예시하면 아래와 같다.

- **시나리오 A: 목표설정 지원**(SuccessFactors) - 100명의 매니저가 AI로 목표 문구 5개씩 생성 요청. 1회 요청당 0.1 Unit 가정 시, 총 100*5*0.1 = **50 Units** 소모.
- **시나리오 B: 이력서 분석**(SuccessFactors) - 한 채용공고에 200명의 이력서. AI로 스킬 추출+평점 산출 1건당 0.05 Unit 시, 200*0.05 = **10 Units**.
- **시나리오 C: ERP 데이터 Q&A**(S/4HANA) - 재무팀 10명이 하루 5회 Joule 질의, 연 220영업일. 1,100건/인 연간, 10인 = 11,000건/년. 기본 포함 10만 건 내라 별도 Unit X(초과 시 10k당 7 Units).
- **시나리오 D: 문서 기반 답변** - 정책 매뉴얼(500쪽) 기반 질의 월 100건. 문서 임베딩 초기 500쪽 → 0.5 Unit, 질의응답 100건 ⇒ 2 Units(0.02 Unit/건) ⇒ 월 **~2.5 Units**.
- **시나리오 E: 멀티에이전트 프로세스** - 월 1,000건의 분쟁케이스를 AI 에이전트들이 자동 처리. 케이스당 에이전트 3개 호출, 호출당 0.1 Unit ⇒ 1,000*3*0.1 = **300 Units/월**.

이런 계산은 가정치에 따라 다르며, SAP는 **AI Unit Estimator** 툴을 통해 실제 값에 근거한 시뮬레이션을 제공한다. 고객은 시나리오별 Unit 소모를 예측하여 적절한 **패키지 구매 전략**을 수립해야 한다.

BTP 서비스별 구성 다이어그램

(가상의 도식 설명) 다음 다이어그램은 SAP BTP의 주요 서비스 구성과 관계를 나타낸다.

- **상단**에 **애플리케이션 계층**: S/4HANA Cloud, SuccessFactors, Ariba, Concur 등 SaaS 애플리케이션이 위치.
- **중간**에 **SAP BTP** 계층: 왼쪽에 확장 개발(Cloud Foundry, Kyma, ABAP), 중앙에 Integration Suite(Cloud Integration, Event Mesh, API Mgmt, Open Connectors), 오른쪽에 데이터/AI(HANA Cloud, Datasphere, AI Core, Analytics Cloud).
- **하단**에 **인프라**: SAP BTP가 여러 Region의 IaaS(Azure, AWS, GCP) 위에 구축됨을 아이콘으로 표시.

화살표로 S/4HANA 등이 Integration Suite와 API/Event로 연결되고, BTP에서 확장앱(CAP/Build 등)이 API로 S/4HANA 호출하거나 Event Mesh 통해 이벤트 받는 흐름을 그림. 또한 Datasphere는 S/4에서 데이터 복제받고 SAC로 시각화. AI Core는 확장앱이나 Joule과 연계. Joule은 BTP AI Foundation 통해 각 앱에 걸쳐진 모습.

이 다이어그램은 BTP가 **중앙 허브 및 확장 플랫폼**으로 동작하고 각 구성요소가 유기적으로 연결됨을 보여준다.

Integration Suite 연동 예시

Integration Suite 기반 **하이브리드 통합** 예시

- **클라우드 쪽**: SAP SuccessFactors, SAP S/4HANA Cloud, SAP Ariba - 이들에서 나오는 이벤트와 API 콜이 **SAP Integration Suite**로 모임.
- **온프레미스 쪽**: SAP S/4HANA On-prem, Third-party DB, Legacy 시스템 - CPI의 온프레미스 에이전트나 Cloud Connector 통해 Integration Suite와 연결.
- **Integration Suite 중앙**: Cloud Integration이 온프레-클라우드 간 메시지 맵핑, Orchestration. Event Mesh가 실시간 이벤트 브로커링. API Mgmt가 일관된 API 엔드포인트 제공.

- **외부**: 파트너 시스템, 모바일앱, IoT - Open Connectors나 Event Mesh로 연결되어 Integration Suite 참여.

이 설명은 **Integration Suite**가 다양한 환경(클라우드, 온프레, 외부)을 아우르며 **엔터프라이즈 서비스 버스 역할**을 하는 것을 강조한다.

용어 정리

- **Joule**: SAP의 생성형 AI 코파일럿 이름. ERP 등 SAP 클라우드앱에 내장돼 자연어로 질의응답, 인사이트 제공, 업무 자동화를 지원.
- **AI Agents(SAP 문맥)**: Joule 내에 포함된 자율 에이전트들. 특정 업무 기능을 맡아 여러 에이전트가 협업하여 멀티스텝 작업 수행. 예: 회계 에이전트, 구매 에이전트 등.
- **AI Units**: SAP가 정의한 AI 서비스 소비 단위(크레딧). Joule 등 SAP Business AI의 프리미엄 기능 사용 시 소모되며, 1 Unit ~ €7.0 정도. 일정 블록으로 선구매하여 사용.
- **API-first**: 모든 기능을 API로 제공하는 설계 철학. SAP는 신기능 개발 시 UI뿐 아니라 API를 함께 공개하여, 확장/통합이 용이하게 함. SAP Business Accelerator Hub에 API 목록 제공.
- **Event Mesh**: 이벤트 브로커들이 연결된 메시징 네트워크. SAP Event Mesh/Advanced Event Mesh는 클라우드 서비스로 이벤트를 발행-구독하여 비동기 실시간 통합을 가능케 함.
- **Event-driven Architecture(EDA)**: 이벤트를 매개로 시스템들이 느슨히 연결되는 아키텍처. 한 시스템의 상태변화 이벤트를 여러 시스템이 구독 처리. 실시간성, 확

장성, 장애격리에 강점.

- **SAP BTP(Business Technology Platform)**: SAP의 클라우드 기술 플랫폼. 애플리케이션 확장, 통합, 데이터관리, AI 등을 위한 PaaS 환경. 핵심 구성: CAP, ABAP env, Integration Suite, Datasphere, AI Core 등.

- **Integration Suite**: SAP BTP의 통합 서비스 집합 명칭. Cloud Integration(프로세스 통합), API Mgmt, Open Connectors, Event Mesh 등을 포함. 이기종 시스템 연결 및 프로세스 조율 담당.

- **Advanced Event Mesh(AEM)**: SAP Integration Suite의 이벤트 브로커링 서비스 (Solace PubSub+ 기반). 글로벌 이벤트 분산, 고가용성, 대용량 스트리밍 지원.

- **Clean Core**: SAP 핵심 시스템을 커스터마이징하지 않고 표준 유지하며, 필요한 확장은 BTP 등 외부에서 수행하는 전략. 업그레이드 용이성과 민첩성 향상 목적.

- **Generative AI**: 방대한 데이터 학습으로 새 콘텐츠(텍스트, 이미지 등)를 생성하는 AI기술. SAP Joule은 OpenAI GPT 등 LLM 활용하여 비즈니스 답변/콘텐츠 생성.

- **Knowledge Graph(SAP)**: SAP Datasphere 등에 구현된, 기업 데이터 간 관계와 의미를 표현한 그래프. Joule 등 AI가 맥락있는 답변을 위해 활용.

- **Separation of Duties(SoD)**: 직무분리 원칙. 기업 통제상 한 사람(혹은 AI)이 처음부터 끝까지 프로세스 장악하지 못하게 역할 분리. AI 도입 시도 이 개념 적용 필요.

- **Audit Trail**: 시스템 사용, 데이터 변경 등의 기록. Joule의 모든 활동 로그는 Audit Trail로 남으며 규제 준수, 문제 분석에 활용.

지금까지 SAP의 기술 혁신(생성형 AI, BTP, 이벤트 아키텍처 등)이 가져오는 구조적 변화를 상세히 살펴보았다. SAP Joule을 통한 **지능형 ERP**의 구현과, SAP BTP를 축으로 한 **유연한 클라우드 아키텍처**는, 전통적 ERP 운영 모델을 혁신하여 기업들에게 **민첩성, 효율성, 실시간 인텔리전스**라는 새로운 가치를 제공한다. 그러나 이러한 신기술 도입은 적절한 거버넌스와 전략적 계획하에 이루어져야 하며, SAP 역시 **신뢰성 있는 엔터프라이즈 AI**와 **안정적 클라우드 플랫폼**을 통해 고객의 여정을 지원하고 있다. 앞으로도 SAP의 기술 혁신은 **API-first, AI-first** 기조 하에 지속될 것이며, 이는 ERP 및 클라우드 기반 기업 운영에 **근본적인 패러다임 전환**을 이끌 것으로 전망된다.

2.3 지속가능성 로드맵

- SAP Green Ledger와 SCT를 통한 ESG 규제 대응(SAP의 지속가능성 전략 심층 분석)

지속가능성의 글로벌 규제 배경

ESG 공시 강화 추세

최근 전 세계적으로 기업의 ESG(환경·사회·거버넌스) 정보 공시를 의무화하려는 움직임이 강화되고 있다. 유럽연합(EU)은 기업 지속가능성 보고 지침(CSRD)을 도입하여 대기업과 상장기업을 대상으로 포괄적인 지속가능성 정보를 정기 보고하도록 요구하고 있다. CSRD는 기존 비재무정보공시지침(NFRD)을 한층 발전시킨 규제로서, 기업 활동이 환경과 사회에 미치는 영향(materiality)뿐 아니라 이러한 지속가능성 이슈가 기업의 재무적 성과에 미치는 위험(materiality)까지 동시에 고려하는 이중(material)중대성(double materiality) 개념을 핵심에 두고 있다. 구체적으로, 기업은 단순한 온실가스 배출량뿐 아니라 단기·중기·장기 관점에서 기후변화가 기업전략과 재무상태에 미치는 영향, 기업의 사업모델이 파리협정의 1.5℃ 목표와 부합하는지 여부 등을 상세히 공시해야 한다. CSRD 하에서 탄소배출의 경우 Scope 1, 2, 3 모든 범위의 온실가스(GHG) 배출량을 보고하도록 명시되어 있으며, 이러한 보고는 유럽지속가능성보고기준(ESRS)에 따라 표준화된 형식으로 이루어진다. 또한 공시된 지속가능성 정보에 대해 제3자 검증(감사)을 받도록 의무화하여, 2028년까지 재무제표 수준의 합리적 검증(reasonable assurance)을 단계적으로 도입할 계획이다. CSRD의 적용 범위는 EU 역내 대기업뿐 아니라 일정 규모 이상의 EU 진출 기업(자회사/지사 보유 등)까지 확대되어, 2028년경에는 약 5

만 개에 이르는 기업이 대상이 될 전망이다. 한편 국제회계기준(IFRS) 재단 산하 국제지속가능성기준위원회(ISSB)는 2023년 IFRS S1(지속가능성 공시 일반요건)과 IFRS S2(기후 관련 공시기준)를 발표하여 글로벌 공시기준의 통일을 시도하고 있다. ISSB 기준은 앞서 언급한 이중중대성과 달리 재무적 중대성(single materiality), 즉 투자자 관점에서 기업 가치에 미치는 영향에 초점을 맞추고 있으며, 기업이 기후변화로 인한 위험과 기회, 탄소 배출량(Scope 1, 2 및 가치사슬상의 Scope 3) 등을 재무보고와 연계하여 공개하도록 요구한다. 이러한 ISSB 기준은 권고 성격이지만 각국 규제당국(예: 영국, 일본 등)이 채택을 고려 중이고, 글로벌 투자자들도 공시기준으로 활용할 가능성이 높다. 미국에서는 증권거래위원회(SEC)가 2022년 기후공시 규정안을 발표한 이후 2024년 3월 최종 Climate Disclosure 규정을 확정하여 상장사들의 기후관련 위험과 온실가스 배출량 공개를 의무화할 채비를 하고 있다. SEC 규정은 기업의 재무보고서 내에 기후변화가 사업에 미치는 중대한 리스크와 이에 대한 거버넌스·대응전략, Scope 1·2 배출량(및 Scope 3 배출량은 대상 기업에 한해) 등을 공시하도록 요구하는데, 이는 투자자들에게 비교가능한 정보를 제공하고 기후변수에 대한 투명성을 높이려는 목적이다. 다만 SEC 규정은 현재 법적 소송 등으로 발효가 지연되어 2025년 이후 단계적으로 적용될 전망이며, 그간 기업들은 이에 대비해 TCFD(Task Force on Climate-related Financial Disclosures) 기반의 자발적 보고나 기후리스크 관리체계를 정비하고 있다. 이처럼 EU의 CSRD, 국제 ISSB 표준, 미국 SEC 규정 등으로 대표되는 글로벌 규제환경은 선택적·자발적 공개에서 의무적·표준화된 공개로 빠르게 전환 중이며, ESG 정보공개의 신뢰성과 비교가능성을 높여 투자자와 이해관계자들이 의사결정에 활용하도록 유도하고 있다. 특히 기존의 분산되고 임의적인 보고체계로는 이해관계자 요구를 충족하지 못했던 만큼, 이러한 규제들은 기업의 지속가능성 데이터를 재무정보와 동등한 엄격성으로 관리하도록 압박하고 있다.

탄소국경조정제도(CBAM)의 도입

한편 EU 탄소국경조정제도(CBAM)는 기후변화 대응을 위한 무역규제의 대표적 사례로 등장하였다. CBAM은 EU 역외에서 생산되어 EU로 수출되는 특정 탄소집약적 제품에 대해, EU 내에서의 탄소비용과 동등한 비용을 부과하는 메커니즘이다. 2023년 10월 발효된 CBAM 규정은 EU 탄소배출권 거래제(ETS)와 보조를 맞추어, **시멘트, 철강, 알루미늄, 비료, 전력, 수소** 등 탄소집약 업종에서 생산된 수입품의 생산 과정에서 발생한 **온실가스 배출량에 가격을 매기도록** 하고 있다. 이는 이른바 탄소누출(carbon leakage) — 엄격한 탄소규제가 없는 지역으로 생산을 이전하여 글로벌 총배출량 감축 효과가 반감되는 현상 — 을 방지하고 EU 기업과 비EU 기업 간 "동등한 경기장(level playing field)"을 조성하려는 취지이다. CBAM은 2023~2025년까지는 **과도기**로서 수입업자들이 분기별로 수입물품의 **탄소배출량 보고**만 제출하고(실제 비용부담은 없음), 2026년부터는 보고된 배출량에 상응하는 **CBAM 인증서**를 구매·제출하여 실질적인 비용을 부담하게 된다. CBAM 인증서 가격은 EU-ETS 탄소가격에 연동되므로, EU 역내 생산자와 동등한 탄소비용이 부과되는 효과가 있다. 이에 따라 **2024년부터는 분기별 보고 의무**가 시작되어 2025년 말까지 수입제품에 내재된 배출량 데이터를 제출해야 하고, 2026년 이후부터는 연간 단위로 인증서 정산을 하게 된다. 중요한 점은, CBAM 규정상 **2024년 7월까지**는 수입업자들이 **신뢰할 수 있는 제품별 내재탄소(emissions embedded in products) 데이터를 확보**해야 한다는 것이다. 수입기업(승인 CBAM 신고자)은 공급망을 통해 각 제품의 제조과정 배출량을 **제품 단위로 상세히 파악**해야 하며, 그렇지 못할 경우 규정에서 제공하는 디폴트 값(default value)을 적용받는데 이 값은 실제 평균보다 높게 책정되어 추가 비용부담을 야기한다. 실제로 CBAM 신고 시 최소 80% 이상의 배출량을 공급업체로부터 제공받은 실측데이터(Primary data)로 보고해야 하고, 나머지에 한해 제한적으로 디폴트값을 사용할 수 있도록 하고 있어, 기업들은 **공급망 협력을 통해 정확한 탄소데이터를 수집**해야만 불필요한 비용을 피할 수 있다. CBAM 규정은 기업 재무에도 직접적인 영향을 미치므로 CFO의 관심사로 떠올랐다. EU 수입업자는 제품 수입 시 발생하는 CBAM 비용(탄소인증서 구매)을 재무제표상 **부**

채 및 비용으로 인식하고 관리해야 하며, 인증서의 구매·예치 타이밍, 탄소가격 변동 등의 요소를 고려한 재무 전략 수립이 필요하다. 또한 탄소배출량 감축을 통한 CBAM 비용 저감이 곧 **경쟁우위**로 직결되므로, 공급망 차원의 탈탄소화 노력이 필수가 되었다. 정리하면, CBAM은 **공급망 전반의 탄소투명성**을 강제함으로써 유럽 시장과 연계된 기업들에게 제품별 탄소발자국 데이터를 정확히 추적·관리할 것을 요구하고 있다. 이는 단순 규제 대응을 넘어, 글로벌 제조·공급 네트워크 전반에 걸쳐 **탄소배출 데이터를 표준화하고 교환**하는 시스템 구축의 필요성을 부각시키고 있다. 이러한 배경에서 SAP와 같은 글로벌 ERP 기업들은 **기업 내부의 ESG 데이터 관리 뿐만 아니라, 공급망 파트너 간의 탄소데이터 공유와 검증을 지원하는 솔루션**을 개발·제공하게 된 것이다.

SAP Green Ledger

Green Ledger의 개념과 특징

SAP 그린 레저(Green Ledger)는 SAP가 새롭게 제시한 개념으로, 기업의 재무회계 시스템에 탄소회계(carbon accounting)를 통합함으로써 **재무 데이터와 탄소 데이터를 이중 장부(Double Ledger)** 형태로 연결해 관리하는 솔루션이다. 쉽게 말해, 기업 경영활동에서 발생하는 이산화탄소 배출량 등의 환경 영향을 **ERP 트랜잭션 수준에서 수치화**하여 기록하고, 이를 전통적인 재무회계 데이터와 나란히 취급할 수 있도록 하는 **탄소회계 원장**이라고 볼 수 있다. 기존에는 기업의 탄소배출 정보가 주로 연간 단위의 집계치로 별도 시스템이나 스프레드시트에서 관리되어 재무의사결정과 분리되는 경향이 있었다. Green Ledger는 이러한 방식을 혁신하여 각각의 개별 거래(transaction)에 연관된 탄소배출량을 포착하고, 그 데이터를 **재무 데이터와 동일한 정확성과 추적가능성**으로 관리한다. 예를 들어 제품을 생산하고 판매하는 과정에서 원재료 구매, 제조 공정, 물류 등 각 단계별로 탄소배출량을 측정하여, 해당 거래의 원가 또는 매출 데이터와 함께 **동시에 기록**함으로써 "1건의 거래 = 재무영향 + 탄소영향"의 형태로 남긴다. 이를 통해 기업은 **개별 제품, 사업장, 부서 수준까지 세분화된 탄소발자국**을 파악할 수 있고, 나아가 탄소배출을 원가요소처럼 배부(allocation)하여 사업부문별 손익에 연동시킬 수도 있다. SAP Green Ledger의 핵심 목표는 **탄소관리의 정교함을 재무관리 수준으로 끌어올리는 것**이다. 즉, 모든 탄소 데이터에 대해 **재무회계에 준하는 내부통제와 이중부기**(double-entry) 원리를 적용하여 투명하고 감사가능한 데이터로 만들고, 이를 기반으로 기업의 의사결정과 보고를 지원한다. SAP는 이를 "탄소를 현금처럼 관리(Manage carbon like cash)"한다는 비유로 설명하며, 실제로 Green Ledger를 통해 **탄소흐름을 현금흐름처럼 추적**하고 탄소 "부채"와 "자산"을 파악함으로써, **재무적 성과와 환경적 성과를 동시에 고려한 경영**을 가능케 한다고 강조한다.

Green Ledger는 SAP 비즈니스 테크놀로지 플랫폼(BTP) 상에서 동작하는 애플리케이션으로, SAP S/4HANA(차세대 ERP)의 재무회계 모듈과 긴밀히 통합되도록 설계되었다. 특히 SAP S/4HANA Cloud 퍼블릭 에디션 환경과 연결되어, 재무 거래 발생 시 해당 데이터와 연결된 탄소데이터를 **실시간 동기화**한다. 이 솔루션은 SAP의 기존 제품 탄소발자국 관리(Product Footprint Management)나 **SAP Analytics Cloud(분석 플랫폼)** 등과도 연계되어, 기업 활동 전반에서 발생하는 탄소량을 집계·계산하는 엔진의 역할을 한다. 즉, SAP Sustainability Footprint Management에서 산출된 제품별/공정별 탄소배출량 정보를 받아와 ERP 거래와 매칭하고, 이를 Green Ledger의 **탄소 원장**에 기표(entry)하는 식이다. 이렇게 모인 데이터는 S/4HANA의 수익센터, 원가센터, 계정과목 등 재무 구조와 연동되어 관리되며, 필요시 SAP Analytics Cloud 등을 통해 대시보드로 시각화하거나 추가 분석에 활용된다.

요약하면 SAP Green Ledger는 **ERP 내에 탄소 회계차원을 신설**함으로써, ESG 경영을 핵심 ERP 프로세스에 내재화하는 접근이다. 이를 통해 기업 CFO 조직은 재무성과와 탄소성과를 **동일한 플랫폼에서 관리·보고**할 수 있고, 환경비용의 **투명한 측정과 감사**가 가능해진다. 특히 각 거래에 배정된 탄소데이터는 **항목별 상세추적**(drill-down)

및 이력관리도 가능하여 규제 대응이나 투자자 요구에 맞춰 **증빙자료로 활용**할 수 있다. SAP 교육자료에 따르면, Green Ledger 도입으로 기존 **데이터 웨어하우스 중심의 평균치 기반 탄소관리**에서 **ERP 트랜잭션 중심의 실제치 기반 관리**로 전환함으로써, 탄소데이터의 신뢰성과 정합성이 크게 향상된다고 한다. 또한 CFO 관점에서는 새로운 회계 책임영역으로 **탄소 "부채/비용"을 관리**하게 되어, 투자 의사결정 시 탄소가격 반영, 탈탄소 투자수익률 계산 등 **재무전략에 탄소를 통합**할 수 있게 된다.

구조 및 기술적 아키텍처

SAP Green Ledger의 기술 구조는 SAP BTP(클라우드 플랫폼)와 **SAP S/4HANA ERP**의 결합을 통해 구현된다. Green Ledger는 BTP 상의 클라우드 애플리케이션으로서, S/4HANA의 **재무회계(FI) 모듈**과 **마스터 데이터**를 실시간으로 연계하여 동작한다. 구체적으로, S/4HANA ERP에서 재무 거래(예: 매입, 생산, 판매 등)가 발생하면 해당 **트랜잭션 ID, 금액, 조직단위 등** 정보가 Green Ledger로 전송되고, Green Ledger는 여기에 대응하는 탄소 배출량(quantity)을 계산하여 별도의 탄소원장에 기재한다. 이때 탄소배출량 계산에는 앞서 언급한 SAP Sustainability Footprint Management로부터 제공된 배출인자(emission factor)와 **제품별/활동별 탄소산정 결괏값**이 사용된다. 예를 들어 원자재 구매 트랜잭션의 경우 해당 자재의 공급망 탄소발자국(1kg당 CO_2 배출량)을 곱하여 탄소원장에 입력하고, 제품 생산 트랜잭션의 경우 BOM(자재명세서) 및 에너지 사용량 기반으로 해당 배치(batch) 생산에 수반된 탄소량을 계산해 기록하는 식이다. 이처럼 Green Ledger는 **SAP의 여러 지속가능성 관리툴과 ERP 데이터의 허브** 역할을 하여, 기업 활동에서 발생하는 탄소데이터가 재무데이터와 동기화된 흐름(flow)으로 흘러가도록 한다.

기술적으로 SAP Green Ledger는 **마이크로서비스 아키텍처**로 개발되어 유연성을 갖췄다. SAP에 의하면 Green Ledger 애플리케이션 자체가 여러 모듈로 구성되어 있어, 탄소데이터 수집/계산, 이중부기 처리, 데이터 동기화, 보고서 생성 등의 기능이 모듈 단위로 이루어진다. 이러한 모듈들은 SAP BTP의 이벤트 메시징이나 API를 통해 S/4HANA와 통신하면서 **마스터 데이터**(제품, 원료, 설비 등)와 **트랜잭션 데이터**를 가져오고 탄소결과를 다시 ERP로 피드백한다. 예를 들어, Green Ledger에서 계산된 탄소배출량은 S/4HANA의 특정 테이블(예: 확장 원장)에도 기록되어 재무팀이 ERP 화면상에서 바로 조회하거나 전표와 연결해 볼 수 있도록 하는 식이다. 또한 SAP BTP의 장점을 활용해, Green Ledger는 SAP 이외의 외부 데이터 소스와도 통합이 가능하다. REST API나 OData 인터페이스를 통해 공급업체 시스템 또는 IoT 센서 데이터 등에서 탄소 관련 데이터를 수집하거나, 반대로 Green Ledger 데이터를 *데이터 웨어하우스(SAP Datasphere 등)*로 전송해 추가 분석하는 것도 가능하다.

  Green Ledger에서 관리되는 탄소원장 데이터는 **재무회계의 연장선**에 위치한다. 실제 구현에서는 SAP S/4HANA의 **병행원장**(parallel ledger) 기능 또는 **확장회계 테이블**을 활용하여, 재무회계의 자회계(sub-ledger)처럼 운용될 것으로 보인다. 예컨대 SAP는 Green Ledger가 S/4HANA 내 **서브레저** 형태로 존재하며 다중사업부의 탄소 데이터를 포괄한다고 설명하고 있는데, 이는 그룹 차원에서 **탄소 회계 보고서**를 손쉽게 생성할 수 있게 해준다. 여러 사업장이 연관된 밸류체인 탄소배출을 집계하거나, 재무제표에 탄소배출에 따른 **충당부채**나 **비용항목**을 인식할 때 Green Ledger 데이터를 활용하는 식이다. SAP Green Ledger의 아키텍처에는 또한 **AI/머신러닝** 기술이 일부 접목되어 있다. Deloitte 분석에 따르면, 방대한 트랜잭션별 탄소배출량을 수동으로 매핑하기 어려우므로 Green Ledger는 AI를 이용해 **배출량 자동산정** 및 **패턴 인사이트**를 제공할 수 있다. 예를 들어 수많은 자재의 탄소배출 계수를 자동 추천하거나, 특정 공정의 비정상치(anomaly)를 감지해주는 기능 등이다. 이는 SAP Business AI와의 연계를 통해 발전될 영역으로, 향후 AI가 탄소데이터 정합성 검증이나 시뮬레이션(감축 시나리오 효과 분석)까지 돕는 방향으로 로드맵이 제시되고 있다.

  정리하면 Green Ledger의 기술적 구조는 **SAP ERP 재무코어 + BTP 기반 확장 애플리케이션** 형태이며, ERP의 강력한 트랜잭션 관리능력을 탄소 데이터에까지 확장시킨 것이다. 이를 통해 기존 ERP 내장 기능만으로는 어려웠던 **실시간 탄소회계**와 **다차원**

분석이 가능해지고, 기업은 하나의 통합된 시스템에서 재무와 지속가능성 데이터를 함께 운용할 수 있게 된다.

Green Ledger의 활용 목적 및 기능

SAP Green Ledger를 도입하는 주요 목적은 **탄소 데이터의 신뢰성과 유용성 제고**라고 할 수 있다. 첫째로, Green Ledger는 **재무원장 수준의 데이터 정확도와 내부통제**를 탄소데이터에 적용함으로써, ESG 보고의 투명성과 신뢰성을 높여준다. 최근 지속가능성 공시에 대한 이해관계자 신뢰를 확보하기 위해 감사(O실사)를 받는 추세인데, Green Ledger의 **이중부기(double-entry)** 방식과 **감사추적(audit trail)** 기능은 탄소수치의 출처와 계산근거를 명확히 해준다. 예컨대, Scope 1 직접배출량의 경우 연료소비량 등의 근거 데이터를, Scope 3 공급망 배출량의 경우 공급업체 제공 데이터와 배출계수 등을 링크로 연결하여, 나중에 검증 시 각 수치의 산출 내역을 추적할 수 있다. 이는 **EU CSRD 및 ISSB 공시**에서 요구되는 높은 수준의 데이터 투명성에 부합하며, **합리적 검증** 단계까지 대비할 수 있는 기반을 제공한다. Deloitte는 Green Ledger의 도입이 앞으로 강화될 **합리적 보증(assurance)** 요구에 선제적으로 대응하는 수단이 될 것으로 보고 있으며, 기존의 탄소데이터 그린워싱이나 오류 리스크를 줄여 **규제위반 벌금, 소송 위험**을 낮춰줄 것으로 분석한다.

둘째로, Green Ledger는 **탄소정보와 재무정보의 융합을 통한 경영 의사결정 지원**을 목적으로 한다. 전통적으로 기업은 재무적 성과(이익, 비용)와 비재무적 성과(탄소배출, 에너지 사용 등)를 별개로 관리하여, 이 둘의 상호작용을 고려한 의사결정이 어려웠다. Green Ledger 도입 시 경영진은 **한 눈에 사업의 수익성과 탄소효율을 동시에 판단**할 수 있다. 예를 들어, Green Ledger를 통해 제품별 **탄소원가**를 계산하면, 단순 이익률 외에 탄소배출당 이익(Carbon Intensity of Profit) 같은 새로운 지표로 제품 포트폴리오를 재평가할 수 있다. 수익은 높지만 탄소집약도가 과도한 제품은 미래 규제비용(CBAM 등)을 고려할 때 위험자산으로 간주하여 전략을 수정할 수 있고, 반대로 저탄소 제품은 **녹색 프리미엄**을 붙여 마케팅하거나 투자 우선순위를 높일 수 있다. 또한 **탄소 버짓**(carbon budget) 개념을 도입하여 각 부서나 공장에 연간 탄소배출 할당량을 부여하고, Green Ledger로 모니터링하면서 **재무 예산과 탄소 예산을 조율**할 수도 있다. 이렇게 되면 기업의 **탄소감축 전략**이 재무계획 프로세스와 통합되어, 감축을 위한 투자나 설비개선에 대한 의사결정이 **재무 ROI와 탄소 ROI**를 모두 고려하여 이루어지게 된다. 요컨대 Green Ledger는 기업이 **이윤과 환경 모두를 극대화하는 최적점을 찾도록 돕는 도구**로 기능한다.

셋째로, Green Ledger는 **규제 준수와 보고 효율화** 측면의 이점이 있다. 앞서 언급한 CSRD나 SEC 기후공시, 그리고 탄소세/배출권과 관련된 회계처리(예: CBAM 인증서 회계) 등을 기업이 대응하려면 재무 시스템과 ESG 데이터의 연결이 필수적이다. Green Ledger는 **CSRD/ISSB 공시 요건에 맞춰 재무 및 환경 정보를 통합하는 기반**을 제공하여, 규제가 요구하는 다양한 지표(KPI)를 **즉시 산출**하고 보고서 작성을 자동화하는 데 도움을 준다. 예를 들어 CSRD에서는 재무제표에 일정 탄소관련 정보를 기재하거나 EU 택소노미 준수여부 등을 보고하도록 하는데, Green Ledger 데이터는 이러한 보고를 위해 바로 활용될 수 있다. 또한 SEC 규정에 따른 온실가스배출량 공시나, TCFD 보고를 위한 탄소위험 노출도 등의 계산도 Green Ledger 데이터로 지원 가능하다. SAP는 Green Ledger가 **CSRD와 ISSB 기준 충족**을 위한 기반이 된다고 명시적으로 언급하며, 실제 Green Ledger 기능 중에는 **규제 프레임워크 맵핑**이 포함되어 있어 필요한 공시항목들을 자동 산출·매핑할 수 있을 것으로 기대된다. 동시에 **CBAM 대응** 측면에서 Green Ledger는 CBAM 인증서의 구매·보유·상환 내역을 회계처리하고 추적하는 기능을 제공한다. 즉, 수입 기업이 매년 구매한 CBAM 인증서를 **자산**으로, 사용분은 **비용**으로 계상하고 남은 의무량은 **부채**로 인식하는 복잡한 작업을 Green Ledger가 지원하여, 재무팀이 CBAM을 별도 스프레드시트로 관리하지 않고 ERP 내에서 처리하게 한다. 이는 CBAM 규제 준수의 **정합성**을 높이고, 인증서 포트폴리오 관리를 통해 비용 최적화 전략(예: 인증서 가격 변동에 따른 구매시점 조정 등)까지 수립할 수 있게 해준다.

넷째로, **조직 문화와 투자자 신뢰 측면**에서 Green Ledger 도입 효과를 들 수 있다. CFO를 비롯한 경영진이 탄소수치를 **정량적 경영지표**로 활용하기 시작하면, 조직 전반에 걸쳐 탄소감축에 대한 책임의식(accountability)이 재무목표와 나란히 자리 잡게 된다. 직원들 역시 부서 KPI에 탄소지표가 포함되면 의사결정시 자연스럽게 환경 영향을 고려하게 되고, 이는 지속가능경영이 기업 DNA로 스며드는 효과를 낼 것이다. 투자자 관점에서도, Green Ledger를 통해 ESG 데이터를 투명하게 공개하고 신뢰성을 담보하면 **ESG 등급 개선, 녹색금융 조달 용이** 등의 긍정적 효과가 기대된다. 실제로 녹색채권 발행이나 지속가능연계대출(SLL) 등에서는 신뢰성있는 탄소감축 데이터가 필수이므로, Green Ledger 기반 보고체계는 이러한 **지속가능금융**(Sustainable finance) 기회 활용에도 도움을 준다.

실제 활용 기업 사례

SAP Green Ledger는 비교적 최근에 발표된 솔루션으로, 현재 여러 선도기업들이 시범 도입 및 활용을 시작하고 있다. SAP에 따르면, Deloitte 등의 컨설팅 파트너와 함께 "선견지명이 있는 조직들(forward-thinking organisations)"이 Green Ledger를 **정식 출시 전에 파일럿**으로 도입해 통합 재무·탄소회계에 도전하고 있다고 한다. 구체적인 기업 이름은 언급되지 않았으나, 2025년 9월 개최된 SAP 금융 컨퍼런스에서 **BMW, ExxonMobil, IKEA** 등이 Green Ledger 관련 세션과 사례 발표에 참여한 것으로 알려져 있다. 이는 자동차, 에너지, 소매 등 다양한 업종의 글로벌 기업들이 Green Ledger에 큰 관심을 갖고 있음을 보여준다.

예를 들어 **BMW**는 복잡한 글로벌 공급망을 가진 자동차 제조사로서 제품별 탄소발자국 관리와 친환경 전략에 앞장서 왔다. BMW는 SAP와 협력하여 부품별 CO2 정보를 공급망에서 수집하고 제품 단위로 집계하는 시스템을 구축 중인데, Green Ledger를 통해 이러한 데이터를 재무 프로세스와 연결함으로써 **탄소비용을 차량 원가와 함께 고려**하는 방식을 모색하고 있다. **IKEA** 또한 다국적 유통망을 가진 가구기업으로

Scope3 배출이 상당 부분을 차지하며, SAP 솔루션을 활용해 공급업체들의 소재 생산 단계 탄소데이터를 추적·관리하고 있다. Green Ledger 파일럿을 통해 제품별 탄소 가격 내재화 시나리오를 테스트하여, 향후 **탄소세 도입이나 소비자 투명성 제고**에 대비하는 것으로 알려졌다. **ExxonMobil**과 같은 에너지 대기업의 참여도 주목할 만하다. 정유·석유화학 분야는 탄소배출이 막대하지만 전통적으로 재무지표만을 중시해온 산업이다. 이러한 기업이 Green Ledger를 도입한다는 것은, 향후 **탄소비용을 사업결정에 반영하고 탈탄소 전환 속도를 높이려는 전략적 움직임**으로 풀이된다. SAP 컨퍼런스에서 ExxonMobil은 Green Ledger를 통해 **사업장별 탄소효율을 세밀하게 모니터링**하고, 설비 투자 우선순위를 결정하거나, 탄소세 시나리오 하에서의 재무영향을 분석한다고 소개하였다.

한편 SAP 자체도 Green Ledger를 "自社 솔루션(SAP runs SAP)"의 하나로 내부 도입하여 활용을 시작했다. SAP는 2030년 자체 넷제로 달성을 목표로 하는데, Green Ledger를 통해 자사 운영에서 배출되는 탄소를 재무장부처럼 관리하면서 의사결정에 반영하고 있다. 예를 들어, SAP의 데이터센터 운영팀은 Green Ledger 데이터를 바탕으로 **전력소비에 따른 탄소배출비용**을 실시간 모니터링하여, 재생에너지 전환의 경제적 효과를 수치화하고 경영진에 보고한다. 이처럼 SAP는 자사 사례를 통해 고객들에게 솔루션의 효과를 입증하고 있다.

아시아 기업 중에서는 **일본의 Matsumoto Precision**이 SAP Sustainability Footprint Management와 연계하여 SAP Green Ledger 개념을 적용한 사례로 소개되고 있다. 이 회사는 자동차 부품을 생산하는 중견 제조업체로, 제품별 CO2 배출량을 **SAP 시스템으로 산정**하여 고객사에 제공하고 있다. Matsumoto사는 기존에는 매년 수작업으로 공급망 탄소배출을 계산했으나 SAP 솔루션 도입 후 **제품별 실시간 탄소계산 및 보고 자동화**를 이룬 케이스다. 현재 Green Ledger를 통해 각 생산 라인의 공정별 배출을 원가와 함께 분석하여 **"The Sustainable Factory"** 구현에 나서고 있다. 또 다른 사례로 **독일의 Witte Automotive**는 SAP Sustainability Footprint Management와 **SAP Sustainability Data Exchange**를 활용해 공급망 탄소데이터를 공유·집계함으로써, Green Ledger 기반의 **탄소원장**을 구축한 선두주자다. 이 회사는 13,000개에 달하는 소재의 CO_2 배출 데이터를 자동으로 수집·계산하여 "원클릭"으로 상세한 제품 탄소계산서가 나오도록 시스템을 만들었다고 한다. 이러한 데이터는 Green Ledger 개념으로 ERP와 결합되어, **제품 개발, 원가관리, 공급업체 평가 등에 바로 활용**되고 있다.

전반적으로 유럽의 글로벌 기업들이 규제 대응과 전략적 관리 차원에서 Green Ledger를 가장 적극적으로 시험 중이며, 국내를 포함한 아시아 기업들도 일부 선도기업을 중심으로 개념 검증에 착수한 단계이다. 국내에서는 아직 공식 도입사례 발표는 없지만, **대기업 제조사들을 중심으로 Green Ledger 적용 가능성**을 평가하는 움직임이 있다. 예컨대 철강이나 석유화학 업종의 기업들은 EU CBAM 대응을 위해 **SAP 기반 탄소회계 시스템 구축**을 검토하고 있으며, SAP Korea도 Green Ledger의 국내 적용 시나리오 및 효과 분석을 여러 기업과 진행하고 있다. **ROI 측면**에서는 Green Ledger 도입이 초기에는 시스템 구축 비용이 들지만, **ESG 규제 미준수로 인한 리스크 비용 절감, 탄소세/배출권 비용 최적화, 녹색투자 유치 등 재무효과**를 고려하면 장기적으로 높은 편익을 줄 것으로 예상된다. 한 컨설팅 보고서에 따르면, 탄소배출량이 많은 제조기업 A사의 경우 Green Ledger 도입으로 향후 5년간 CBAM 비용 15% 절감, 내부 에너지효율 개선에 따른 비용절감 효과, ESG 등급 향상에 따른 주가 프리미엄 등 정량·정성 편익을 합쳐 **투자대비 3배 이상의 가치**를 기대할 수 있다는 분석도 있다. 물론 이런 수치는 기업 상황별로 다르겠지만, 적어도 **규제 리스크 관리와 경쟁력 유지** 차원에서 Green Ledger를 통한 **ESG 내재화는 피할 수 없는 흐름**임을 기업들도 인식하기 시작했다고 볼 수 있다.

SAP Sustainability Control Tower(SCT)

개요 및 기능

SAP 지속가능성 컨트롤타워(Sustainability Control Tower, SCT)는 기업의 **ESG 경영성과를 전사적으로 모니터링하고 관리**하기 위한 클라우드 솔루션이다. 마치 기업의 재무상태를 한눈에 보는 경영계기판(dashboard)처럼, ESG 관련 다양한 지표들을 실시간으로 집계·시각화하여 보여주고, 나아가 **규제 보고서 작성 및 시나리오 분석**까지 지원하는 것이 SCT의 기본 목적이다. SAP는 2022년 초 SCT를 첫 출시하면서 "데이터 평균값과 추정치에 의존하던 ESG 관리를 실제 데이터 기반으로 전환하는 도구"라고 소개했다. 실제로 많은 기업들이 **ESG 데이터를 스프레드시트나 개별 시스템에 산재**시켜 두고 재무, 공급망, 인사 시스템과 분리하여 관리하고 있었는데, SCT는 이러한 단절된 데이터를 **한 곳에 모아** 기업의 지속가능성 현황을 홀리스틱(holistic)하게 파악할 수 있게 한다. SCT의 주요 기능을 살펴보면 다음과 같다.

- **데이터 수집 및 통합**(Data Sourcing): SCT는 기업 내부/외부 **어느 소스의 데이터든 가져와서 통합**할 수 있다. SAP S/4HANA, SuccessFactors(인사), Ariba(조달) 등 **SAP 시스템들의 데이터**를 바로 불러올 수 있고, 또한 IoT 센서 데이터, 엑셀 파일, 타사 시스템 API 등을 통해 **비SAP 데이터도 수집**할 수 있다. 수집된 원천데이터는 SCT 내에서 **정제 및 검증**(validation) 단계를 거치는데, 데이터의 **정합성 체크**(누락/중복 확인), **기간 마감절차**(Closing workflows), **승인 프로세스** 등이 내장되어 있어 보고에 앞서 데이터 품질을 담보한다. 이렇게 모인 ESG 데이터는 **통합 데이터 레이크**에 저장되며, 서로 다른 형식의 데이터를 하모나이즈(표준화)하는 기능도 제공된다. 예를 들어 어떤 사업부는 kWh로 전력사용 데이터를 보내고 다른 부서는 GJ 단위로 보낸다면 SCT에서 이를 환산 통일해주는 식이다. 이러한 데이터 통합 능력 덕분에, 기존에는 여러 부서에서 별도로 관리하던 ESG 지표들이 **한 플랫**

폼에서 일관된 형식으로 **취합**된다.

- **지표 산출 및 관리**(Metric Management): SCT는 수집된 데이터를 바탕으로 **여러 ESG KPI를 계산**한다. 대표적으로 **탄소배출량**(GHG Protocol 기준), **에너지 소비량, 물 사용량, 폐기물 재활용률, 직원 다양성 지수** 등 환경·사회·거버넌스 각 분야의 핵심 지표들을 자동 산출한다. 이를 위해 SCT에는 **미리 정의된 데이터 모델과 계산식**이 포함되어 있는데, 예를 들어 탄소배출량 계산의 경우 배출계수 DB와 활동데이터를 결합해 Scope 1, 2, 3 각 범주의 배출량을 산출하는 로직이 탑재되어 있다. 특히 Scope 3(가치사슬 배출)의 경우 구매금액 기반의 **Spend 분석법**이나 물류거리 기반의 **Activity 분석법** 등 다양한 방식을 지원하여, 기업이 데이터 가용성에 맞게 선택할 수 있다. 또한 SCT는 **선택된 표준 프레임워크**(예: GHG 프로토콜)의 권고에 따라 지표를 분류·표현해주는데, 이는 기업이 자체적으로 계산할 경우 놓칠 수 있는 세부범주까지 체계적으로 포함하게 돕는다. 계산된 지표들은 SCT 내 **메트릭 저장소**에 보관되며, 각 지표마다 목표치(target) 대비 실적, 기간별 추이 등이 함께 관리된다. 이로써 기업은 ESG 성과를 정량화하여 **재무성과와 유사한 방식으로 추적 관리**할 수 있게 된다.

- **규제 및 표준 대응**(Compliance Reporting): SCT의 차별화된 기능 중 하나는 **주요 지속가능성 보고 프레임워크에 대한 대응**이다. SCT에는 **CSRD**(ESRS), **ISSB**(IFRS S2), **TCFD, SEC, GRI, WEF IBC, EU 택소노미** 등 글로벌 공시 표준의 요구사항이 미리 맵핑되어 있다. 기업은 해당 규제/표준을 체크박스로 선택만 하면, SCT가 그에 필요한 지표 목록과 계산식을 활성화하고, 데이터를 적재해준다. 예를 들어 CSRD+ESRS를 선택하면 Scope1,2,3 배출량, 에너지소비, 친환경투자 비중, 다양성 지표 등 ESRS에 요구되는 항목들이 자동으로 대시보드에 추가된다. ISSB(기후공시)를 선택하면 TCFD 구조에 따른 리스크/기회 관련 정성항목 입력 인터페이스가 제공되고, 또한 필요한 정량지표(배출량, 감축목표 등)가 표시된다. **미국 SEC**

규정의 경우, 재무제표 주석에 요구되는 기후위험 정보까지 고려하여, SCT에서 해당 정보를 요약 정리해주는 기능도 있다. SAP에 따르면 SCT는 **다양한 ESG 프레임워크를 한 시스템에서 관리**함으로써, 기업이 **여러 규제에 중복 대응**하는 부담을 크게 줄여준다. 실제로 다국적 기업들은 EU 기준과 미국 기준을 모두 따르는 경우가 많은데, SCT가 각 기준별 보고서를 **버튼 클릭 몇 번으로 생성**하게 해줘서 보고팀의 수고를 경감시킨다. 더 나아가, SCT는 **API를 통해** 기업이 원하는 추가 지표나 산업별 맞춤 지표도 시스템에 확장할 수 있게 한다. 이를테면 해운업의 EEOI(에너지효율운항지수)처럼 특수 지표도 추가하여 관리할 수 있다.

- **성과 대시보드 및 분석(Performance Insights):** SCT 이름에 "Control Tower"가 붙은 이유는 바로 **경영진용 Cockpit(계기판)** 역할을 하기 때문이다. SCT는 ESG 데이터를 다양한 차트와 그래프로 시각화하여 **실시간 모니터링 화면**을 제공한다. 예컨데, 총 GHG 배출량 추이, 사업부별 배출량 비교, 에너지 사용 원단위, 직원 다양성 추세 등을 한눈에 볼 수 있는 **종합 대시보드**가 존재한다. 사용자는 필요에 따라 **커스텀 대시보드**도 만들 수 있어, 환경담당 임원은 환경지표 위주로, 인사담당 임원은 사회지표 위주로 화면을 구성할 수 있다. 또한 드릴다운(drill-down) 기능이 있어, 차트에서 한 지표를 클릭하면 **사업장/지역/기간별 세부내역**으로 즉시 분해해 보여준다. 예를 들어 그룹 총배출량 그래프에서 특정 연도 값을 클릭하면 국가별 배출량 또는 Scope1/2/3 구성비로 세분해서 볼 수 있다. 이런 기능은 **이상치 탐지**나 **패턴 분석**에 유용하여, 경영진이 문제가 되는 영역을 빨리 파악하도록 돕는다. SCT는 또한 **다차원 분석**을 지원하여, 여러 지표 간 상관관계나 KPI 결합분석을 할 수 있다. 예컨대 매출 대비 탄소배출량(탄소집약도)이나 직원 1인당 교육시간 대비 생산성 등 기업이 관심을 갖는 복합지표를 계산해 보여주는 기능이다. 이러한 분석 기능에는 SAP의 BI툴인 **Analytics Cloud**와의 연계가 활용되며, AI 기반 **인사이트 추천(Smart Insights)** 기능도 포함되어 있어 데이터 속 의미있는 움직임을 자동 포착해주기도 한다. 예를 들어 특정 기간에 배출량 급등이

있었을 때 해당 원인을 AI가 분석해 알려준다거나, 미래 트렌드를 예측하는 **시계열 예측** 그래프를 제시하는 식이다.

- **액션 및 목표 관리(Action & Goals):** SCT는 단순 모니터링에 그치지 않고 **액션플랜 수립과 실행 추적** 기능도 제공한다. 기업은 SCT 상에서 중장기 ESG 목표치(Ambitions)를 설정하고 각 지표별 단기 타겟(Target)을 입력할 수 있다. 그러면 SCT는 현재 실적과 목표 대비 갭을 보여주고, 목표 달성을 위해 필요한 개선율 등을 산출해준다. 또한 사업부/현장 별로 **벤치마크 비교**를 할 수 있어, 상대적으로 성과가 부진한 부분을 식별하고 개선조치를 촉발한다. 예컨대, 각 공장의 에너지 효율을 비교하여 최하위 공장에 에너지 감축 프로젝트를 할당하는 식이다. SCT에서는 이러한 **액션 항목**을 등록하고 담당자 지정, 마일스톤 관리까지 할 수 있어서, ESG 목표 달성을 위한 프로젝트 관리도 지원된다. 특히 **시나리오 분석** 기능이 있어 "만약 ~한다면" 형태로 미래의 ESG 지표 변화를 가정해볼 수 있다. 예를 들면 "재생에너지 50%로 전환 시 2030년 탄소배출량"이나 "협력사 A를 탈탄소 공급업체로 교체 시 연간 CBAM 비용 감소" 등을 시뮬레이션하여, 의사결정에 활용한다. 이러한 기능은 단순 수치 모니터링을 넘어 **실제 경영개선 행동**을 끌어내는 데 초점을 맞춘 것으로, 이름 그대로 "Control Tower" 역할을 수행하는 것이다.

- **ESG 보고서 자동화(Report Generation):** SCT의 마지막 핵심기능은 **ESG 보고서 작성의 자동화**이다. 기업들은 연례 지속가능경영보고서, 분기 ESG 현황 보고 등 다양한 형태의 문서를 작성해야 하는데, SCT는 축적된 데이터를 기반으로 **보고서 초안을 AI로 생성**해준다. SAP가 제공하는 **표준 보고서 템플릿**(예: GRI 표준 기준 지속가능성보고서 양식 등)을 불러와서, 거기에 SCT 데이터가 자동 채워져 **초안 문장과 표/그래프**가 완성되는 식이다. 예를 들면 "당사의 2024년 총 온실가스 배출량은 전년 대비 5% 감소하여 ○○톤 CO2e를 기록했습니다"와 같은 문장을 SCT가 생성하고, 사용자는 이를 검토·편집하여 최종 보고서에 실을 수 있다. 이 기

능에는 **자연어 생성(AI)** 기술이 활용되어, 단순히 숫자 나열이 아니라 사람 읽기 좋은 보고서 문단을 만들어낸다. 또한 각종 표준 지표에 대한 설명이나 그래프 주석 등도 자동으로 추가되어, 보고서 작성 시간을 크게 줄여준다. SAP는 이 기능으로 **보고서 작성에 소요되는 노력의 획기적 감소**를 기대하고 있으며, 특히 매년 업데이트되는 규제 양식에 대해 즉각 대응할 수 있는 유연성을 강조한다.

이상과 같이 SCT는 **데이터 수집 → 지표계산 → 시각화 → 목표관리 → 보고서 작성**의 지속가능성 관리 **엔드투엔드 프로세스**를 하나의 플랫폼에서 제공한다. 이를 통해 기업은 ESG 경영을 위한 단일 진실 공급원(Single Source of Truth)을 확보하게 되며, 각 부문에서 따로 관리하던 데이터를 **중앙집중적으로 통제**할 수 있다. SAP CSO(Chief Strategy Officer)인 Steinhaeuser는 "대부분 기업의 90% 탄소발자국이 공급망에 있는데, 실시간 데이터를 통합하지 못하면 ESG 노력이 무력화된다"고 지적하며, SCT가 **전사 데이터 투명성**을 제공하는 중요성을 강조했다. 또한 SAP는 Fortune 2000 기업의 90%가 자사 소프트웨어를 쓰는 만큼, "SAP 시스템 내에 지속가능성 데이터가 이미 상당 부분 존재하며, 이를 **Green Line**으로 활용해야 한다"고 언급했다. 바로 이 **Green Line**, 즉 재무상의 매출(Top line)·이익(Bottom line)에 이은 **지속가능성 성과라인**을 관리하는 도구로 SCT가 자리매김하고 있는 것이다.

지원 규제 프레임워크 및 표준

앞서 간략히 언급했듯이 SAP SCT는 출시 초기부터 **다양한 지속가능성 보고 프레임워크**를 지원하는 것을 큰 강점으로 내세웠다. 이는 현재 글로벌 기업들이 직면한 **ESG 공시표준 난립 문제**를 해결하려는 의도로 볼 수 있다. 주요 지원 프레임워크와 SCT에서의 대응을 정리하면 다음과 같다.

- **CSRD / ESRS(EU 지속가능성보고기준):** SCT는 CSRD의 세부기준인 ESRS에 맞춰 환경(E), 사회(S), 거버넌스(G) 각 분야 12개 주제에 대한 공시항목을 망라한다. 예컨대 **환경 부문**에서는 기후변화 완화·적응, 수자원, 순환경제, 오염, 생물다양성 6대 목표별 지표 (온실가스 Scope1/2/3, 기후전략, 수자원 취수량 등)를 모두 포함하고, **사회 부문**에서는 다양성, 근로조건, 인권, 커뮤니티 영향 등의 지표(성별 임금격차, 산업안전사고율, 인권실사 결과 등)를, **거버넌스 부문**에서는 이사회 지속가능성 감독, 반부패, 세금투명성 등의 항목을 다룬다. SCT는 이러한 방대한 CSRD 요구사항을 충족하기 위해 **사전 정의된 데이터모델**과 **계산로직**을 제공하며, 기업이 관련 데이터를 입력하기만 하면 각 항목별 값을 산출한다. 또한 **이중중대성**(Double Materiality) 원칙에 따라 영향(materiality)과 재무적 관련성(materiality)을 구분해 입력할 수 있는 템플릿을 갖추고, 중대성 평가 프로세스를 워크플로우로 지원한다. 이는 기업이 CSRD 보고서 작성 시 요구되는 중대성 판단 근거를 체계적으로 제시할 수 있게 해준다. 한편 CSRD는 보고내용에 대해 감사(Assurance)를 요구하므로, SCT는 감사추적과 데이터 변경이력 등을 저장하여 감사인이 검토할 수 있도록 기능을 마련했다.

- **ISSB(IFRS S1/S2):** SCT는 국제지속가능성기준(ISSB)의 IFRS S1(지속가능성 관련 재무공시)과 S2(기후 관련 공시)에 대응하는 모드를 갖추고 있다. ISSB는 단일중대성(재무중요도)에 초점을 맞추므로 SCT에서는 기업의 기후관련 리스크와 기회가 재무에 미치는 영향을 기술하는 TCFD 형태의 입력 양식을 제공한다. 구체적으로 **거버넌스, 전략, 위험관리, 지표 및 목표**의 4기둥으로 구성된 공시를 지원하며, 사용자는 SCT 인터페이스에 각 항목별 서술형 정보를 입력하고 관련 정량데이터(예: 기후리스크로 인한 손익 영향, 탄소가격 시나리오 등)는 시스템이 계산해 보여준다. 또한 ISSB S2는 **Scope 1,2,3 배출량 공시**를 요구하므로, SCT는 앞서 계산한 GHG 데이터를 여기에 자동 매핑한다. ISSB 표준에는 **시나리오 분석** 활용이 권장되는데, SCT는 다양한 기후 시나리오(예: 1.5℃, 2℃ 경로)를 내장해 기업이 사업전략의

기후탄력성(resilience)을 분석하도록 지원한다. 이로써 기업은 ISSB 공시서식에 따라 **재무에 중요한 지속가능성 정보**만 발췌하여 보고할 수 있고, 이는 투자자 관점의 공시 요구에 대응하는 데 활용된다. 향후 ISSB가 기후 외 주제로 영역을 확장할 경우(예: 인력, 자연자본 등), SCT도 이에 맞춘 업데이트를 통해 관련 지표와 양식을 제공할 예정이다.

- **미국 SEC 기후공시:** SCT는 미국 증권거래위원회(SEC)의 기후공시 규정(2024년 최종 확정)에 대비한 기능도 갖추고 있다. SEC 규정은 기업이 10-K 등 연례보고서에 **기후관련 리스크, 온실가스 배출량(Scope1,2, 일부는 Scope3), 기후목표, 기후영향 재무계수** 등을 공시하도록 요구한다. SCT는 이에 맞추어 **SEC 보고 모드**를 제공하며, 특히 SEC 요구사항 중 독특한 항목인 "기후로 인한 재무계정 영향"(예: 극한기후로 인한 자산손상, 감축목표 관련 CAPEX 등)을 별도로 계산·표시한다. 예를 들어 SCT는 ERP 재무데이터와 연결하여 **기후 관련 지출(CAPEX/OPEX) 총액, 기후위험으로 식별된 자산가치** 등을 산출해주며, 이는 SEC 공시의 정량테이블에 활용된다. 또한 SCT는 SEC 규정의 온실가스 배출 검증(대형기업의 Scope1,2 데이터는 외부검증 필수)에 대비해 검증 보고서에 필요한 데이터 추출 기능도 지원한다. SEC 모드에서는 배출량 데이터에 대해 감사확인서식(Assurance Statement)을 생성하거나, 검증자가 볼 수 있도록 **원시데이터 접근 권한**을 부여하는 기능 등이 포함된다. 이러한 세심한 대응으로 미국상장사인 다국적 기업들이 본사 차원에서 SCT를 통해 미국 규제도 함께 만족시키는 전략을 취하고 있다.

- **GRI / SASB / WEF 등 기타 프레임워크:** SCT는 글로벌 지속가능성 보고 표준인 GRI(Global Reporting Initiative), SASB(산업별 지속가능성 회계기준), WEF-IBC(세계경제포럼 공통지표) 등에 대해서도 **콘텐츠 팩**을 제공한다. 예컨대 GRI 기준을 적용하면 인권침해건수, 반부패 교육시간 등 GRI에서 요구하는 항목들이 추가되고, SASB를 적용하면 해당 기업 산업에 맞는 특정 지표(예: 식음료업의 물사용 효율 등)

가 추가되는 식이다. 기업은 필요에 따라 이러한 표준들을 복수로 선택해 관리할 수 있고, SCT는 각 표준별로 **중복되는 데이터는 한번 입력으로 여러 보고 활용**이 가능하도록 설계되었다. 결과적으로 SCT는 **다중 프레임워크 대응의 플랫폼화**를 구현하여, 오늘날 기업들이 직면한 "어느 기준으로 보고할 것인가"의 복잡성을 크게 줄여준다. 기업은 **SCT 한 곳에 데이터만 입력**하면, 버튼 클릭으로 **다양한 기준의 보고서를 뽑아낼** 수 있으므로, 보고서별로 별도 데이터 수집·가공하던 비효율이 해소된다. 예를 들어 한 다국적 기업의 경우 SCT 도입 후 1년에 3~4회 내던 서로 다른 ESG 보고서를 **단일 시스템에서 생성**하게 되어, **보고 준비 시간 50% 이상 단축**과 **데이터 일관성 향상** 효과를 봤다고 전해진다.

- **EU Taxonomy(EU 녹색분류체계)**: SCT는 EU Taxonomy 규정에 따른 기업의 **친환경 매출/투자 비중 공시**도 지원한다. EU Taxonomy는 기업활동의 환경적 지속가능성을 판정하는 기준으로, 기업은 연간 매출 중 **녹색분류에 부합하는 비율(그린매출 비중)**, CapEx/OpEx 중 녹색활동 관련 비율 등을 공시해야 한다. SCT는 ERP 재무데이터(매출, 자본지출 등)를 가져와 EU Taxonomy 기술기준과 매핑함으로써, 기업의 각 사업/제품이 6대 환경목표(기후완화, 기후적응, 수자원, 순환경제, 오염방지, 생물다양성) 중 어디에 기여하는지 분류한다. 그런 다음 분류기준을 충족하는 매출과 지출 항목을 계산하여 보고서 형태로 제공한다. 이 과정은 SAP의 프로세스 분석툴(Signavio)와 연계되어, 기업의 제품 카탈로그나 프로젝트 분류를 자동화하는 기능이 있다. 예를 들어, SAP Signavio의 프로세스 마이닝을 통해 기업 매출 항목을 EU Taxonomy 분류에 따라 태깅(tagging)하고, SCT가 그 결과를 받아와 비율을 산출하는 방식이다. 이를 활용하면 기업은 연말에 복잡한 분류작업을 수작업할 필요 없이 **상시적으로 녹색활동 비중을 추적**할 수 있으며, 투자자들에게 투명하게 공개할 수 있다.

요약하면 SAP SCT는 현존하는 거의 모든 주요 ESG 프레임워크 요구사항을 망라하고 있고, 계속 추가 업데이트 중이다. 기업 입장에서는 **단일 시스템으로 글로벌 규제 대응**을 할 수 있으므로, 새로운 규정이 나와도 SAP 업데이트만 따라가면 되어 **규제 리스크 관리 비용이 감소**한다. 이는 SAP가 **파트너 에코시스템**을 통해 각국 규제 동향을 면밀히 분석하여 SCT에 반영하기에 가능하다. SAP는 2023년 이후 미국(캘리포니아 기후공시법 등)이나 아시아(일본 프라임시장 기후공시 등)의 지역 규정도 SCT에 추가할 계획이라고 밝혔다. 이러한 선제적 대응은 SAP SCT를 **글로벌 ESG 표준 플랫폼**으로 자리매김시키고 있으며, 기업들이 ESG 공시 불확실성을 줄이고 본연의 **지속가능경영 개선 활동**에 집중하도록 도와주는 기반이 되고 있다.

통합 아키텍처(Datasphere, Signavio, BTP 등)

SAP Sustainability Control Tower는 SAP의 클라우드 기술 스택을 활용하여 유연한 **통합 아키텍처**를 구현하고 있다. SCT는 기본적으로 **SAP BTP(비즈니스 테크놀로지 플랫폼)** 위에서 동작하는 SaaS 애플리케이션이며, SAP BTP의 다양한 서비스들과 연결되어 확장성과 연동성을 확보한다.

우선 **데이터 통합 계층**으로 SAP는 **Datasphere**(구 SAP Data Warehouse Cloud)와 SCT를 연계한다. SAP Datasphere는 기업의 이종 데이터들을 통합관리하는 클라우드 데이터 웨어하우스로, SCT 전용 **콘텐츠 패키지**가 제공된다. 이를 통해 기업은 SAP Datasphere에 분산 데이터들을 연결하고, Datasphere에 준비된 ESG 뷰(Views)를 SCT에 인풋으로 제공할 수 있다. 예컨대, ERP의 재무데이터, 생산설비 IoT 데이터, 외부 탄소배출계수 DB 등을 Datasphere에서 통합 모델링하고 그 결과를 SCT로 로딩하는 방식이다. SAP Datasphere는 또한 대용량 데이터의 집계연산을 맡아주므로, SCT는 **핵심 지표 계산 로직**에 집중할 수 있게 된다. SAP 공식 문서에 따르면, Datasphere와 SCT 간 사전정의된 연결자(connector)가 있어 설정만으로 연동되며, 이를 통해 ESG 데이터 수집 프로세스가 간소화된다. 특히 **SAP ERP on-premise**를 사용하는 기업의 경우 SAP Cloud Connector를 통해 온프레미스 데이터를 Datasphere/SCT로 안전하게 전송할 수 있어, 클라우드-온프레미스 통합 문제가 해결된다. 결과적으로 SAP Datasphere는 SCT의 "데이터 백본" 역할을 하며, 필요시 기업이 SQL 쿼리나 고급 데이터변환을 수행해 SCT로 보내는 등 커스터마이징 여지도 제공한다.

다음으로 **프로세스 및 시뮬레이션 계층**에 **SAP Signavio** 솔루션과의 연계가 눈에 띈다. 앞서 EU Taxonomy 사례에서 본 것처럼, Signavio의 프로세스 분석 기능은 기업 활동 데이터를 ESG 맥락에서 분류하거나 최적화 포인트를 찾는 데 활용된다. SCT는 Signavio와 연계하여 **비용, 탄소, 프로세스 흐름**을 종합적으로 분석하는 **시나리오 모델링**을 지원한다. 예를 들어, Signavio로 현재 생산공정 프로세스를 진단하여 **과도한 탄소발생 공정 스텝**을 식별하고, 그 개선안을 모의실험해본 뒤 SCT 대시보드에 개선 후 탄소/비용 절감을 보여주는 식이다. 또한 Signavio의 워크플로우 기능을 활용해 **ESG 데이터 수집 프로세스**를 자동화할 수 있다. 많은 기업들이 ESG 데이터 수집을 위해 각 부서 담당자에게 요청-취합하는 수작업을 하는데, Signavio와 SCT를 연동하면 이 과정을 **디지털 워크플로우**로 구현하여 데이터 제출, 검증, 승인까지 추적할 수 있다. 이는 특히 지사/공장이 많은 대기업에 유용하여, ESG 데이터 거버넌스를 강화하는 효과가 있다.

SAP BTP 자체도 SCT의 통합에 핵심적인 기반이다. SCT는 BTP의 **확장성**을 통해 기업 맞춤형 추가 기능을 구현할 수 있다. 예를 들어, 어떤 기업이 자체 개발한 탄소원단위 계산 알고리즘이 있다면 BTP에 Cloud Foundry 등으로 해당 마이크로서비스를 배포하고 SCT와 API로 연계할 수 있다. 또 BTP의 **Integration Suite**를 활용하면, SCT와 외부 시스템(Salesforce, Oracle 등) 간 데이터 인터페이스를 쉽게 설정 가능하다. BTP의 권한관리(XSUAA)와 **SAP Identity Services**를 통해 SCT 사용자 접근제어가 SAP Single Sign-On과 통합되는 것도 기업 IT 거버넌스에 유리하다. 또한 BTP상에 위치한 SCT는 SAP의 다른 클라우드 솔루션들과 네이티브 연동된다. SAP의 **클라우드 ERP(S/4HANA Cloud)**, **인사(SuccessFactors)**, **조달(Ariba)**, **물류(Transportation Management)** 등에서 BTP 이벤트를 발행하면 SCT가 이를 받아 ESG 영향을 즉시 계산하는 구조다. 예를 들어 조달팀이 Ariba 상에서 친환경 인증 공급업체로 전환했다는 정보를 업데이트하면 BTP 이벤트가 발생하고, SCT는 해당 공급업체 관련 Scope3 배출량 전망치를 자동 조정하는 식이다. 이러한 **이벤트 기반 통합**은 ESG 관리의 실시간성을 높여준다.

　온프레미스-클라우드 데이터 통합 및 보안 역시 SCT 아키텍처에서 중요한 고려사항이다. 많은 전통적 기업들이 주요 ERP 데이터를 자체 데이터센터에 두고 있어, 이를 클라우드 SCT로 보내는 데 보안 우려가 있을 수 있다. SAP는 이를 위해 **하이브리드 통합 시나리오**를 지원한다. 앞서 언급한 SAP Cloud Connector를 통해 온프레미스 시스템과 BTP 간 **SSL 암호화 통신**을 설정하고, 특정 테이블이나 뷰만 노출하여 필요한 최소 데이터만 SCT로 복제한다. 또한 **PI/PO** 같은 기존 통합미들웨어를 이용해 DMZ 내에서 데이터를 중계하여 안전하게 업로드하는 방법도 안내하고 있다. 데이터가 클라우드로 넘어간 후에는 **SAP Trust Center**의 기준에 따라 암호화 및 액세스통제가 적용된다. 특히 탄소배출량 같은 데이터는 기업 기밀일 수 있어, SCT에서는 **테넌트 별 완전한 데이터 격리**와 역할기반 접근제어(RBAC)를 통해 보안을 유지한다. 컴플라이언스 측면에서는 유럽 기업의 경우 데이터 위치를 EU 내로 제한하는 옵션도 제공해 GDPR 등 준수를 지원한다.

　통합 아키텍처 다이어그램으로 개념을 요약하면, 중앙에 SAP BTP상 **Sustainability Control Tower**가 있고, 아래로 **SAP Datasphere** 및 통합도구를 통해 **SAP S/4HANA**(FI/CO 데이터, 물류데이터), **SuccessFactors**(사회지표 데이터), **Ariba & 공급망 시스템**(Scope3 데이터), **SAP EHS**(Environment, Health & Safety 환경안전 데이터), **SAP Sustainability Footprint Management**(탄소계산 결과) 등에서 데이터를 받아온다. 그리고 SCT는 이 데이터를 처리/시각화하여 위쪽으로 **경영진 대시보드**, **규제 보고서 출력**을 내보낸다. 측면으로는 **Signavio**와 연계되어 프로세스 개선 인사이트를 주고, **SAP Analytics Cloud**와 연결되어 고급분석/AI 인사이트를 더한다. 그리고 Green Ledger 등 **다른 SAP 지속가능성 제품군**과도 양방향으로 데이터 교환을 한다(예: SCT가 Green Ledger의 탄소회계 데이터를 받아오고, 반대로 SCT에서 설정한 탄소감축 목표를 Green Ledger에 전달하여 재무 시뮬레이션에 반영). 이처럼 SCT는 SAP의 여러 지속가능성 제품들을 **관통**

하는 중추(hub) 역할을 하며, BTP 기반으로 모듈화되어 있어 기업 필요에 따라 부분 도입이나 점진적 확장이 가능하다.

결론적으로 SAP SCT의 통합 아키텍처는 **데이터 → 프로세스 → 분석**의 각 계층이 유기적으로 연결된 형태로, 기업으로 하여금 기존 IT 자산과 ESG 관리를 자연스럽게 결합하도록 해준다. SAP는 파트너사들과 함께 이 표준 아키텍처에 기반해 각 기업별 시나리오에 맞춤구현을 지원하고 있으며, 이러한 **확장형 플랫폼 접근법**이 단순 단일 기능 솔루션보다 지속가능경영에 더 효과적이라고 강조한다.

경영 가시성 향상 및 보고 기능

SAP SCT를 도입한 기업들은 **ESG 가시성(visibility)** 측면에서 큰 향상을 체감하고 있다고 보고하고 있다. 앞서 설명한 대시보드와 KPI 모니터링 기능 덕분에, 최고경영진은 이제 **ESG 현황을 재무제표 보듯** 일목요연하게 파악할 수 있다. 예컨대 한 다국적 제조기업의 CEO는 "SCT 도입 후 분기 경영회의에서 매출·이익 지표와 함께 **탄소배출, 에너지효율, 안전사고율** 등을 같은 화면에 놓고 논의하게 되었다"며, 이것이 **ESG를 경영의제 중심에 두는 문화**를 정착시켰다고 밝혔다. 특히 SCT의 **경고(Alerts) 기능**으로 임계치를 벗어나는 ESG 지표가 발생하면 실시간 알림을 받게 되어, 경영층이 놓치기 쉬운 이슈를 빠르게 인지하게 된다. 예를 들어 어느 공장의 온실가스 배출이 월 목표 대비 10%를 초과하면 SCT가 경고를 띄우고 원인을 함께 제시해주므로, 즉각적인 조치가 가능해졌다.

또한 SCT는 **이사회 및 외부공시 보고**를 위한 자료 준비를 자동화하여, 경영진 보고 프로세스를 개선했다. 많은 기업들이 이사회에 분기별 ESG 성과를 보고하거나 연례 지속가능성 보고서를 내는데, SCT가 생성한 **시각자료와 분석내용**을 그대로 활용할 수 있게 된 것이다. 경영보고 담당자는 SCT 대시보드의 그래프와 표를 가져와 간단히 설명만 덧붙이면 되고, 수치 일관성도 보장되니 검증 작업도 줄었다. SAP는 SCT의 이러한 **"원스톱 보고"** 기능이 특히 CFO 조직에 유용하다고 강조한다. CFO는 이제 ESG

를 재무처럼 측정·보고할 수 있게 되었고, 투자자 대상 컨퍼런스콜이나 주주총회에서 **객관적 데이터에 기반한 ESG 성과 발표**를 할 수 있어 신뢰도가 높아졌다. 실제로 한 유럽 소매기업은 SCT 도입 후 투자자들의 ESG 질의에 데이터로 답변함으로써, 애널리스트 평가 개선과 주가 상승에 기여했다고 밝혔다.

보고서 자동생성 기능 역시 경영 보고에 효율성을 가져왔다. 예전에는 지속가능경영 보고서 초안을 작성하는 데 수주가 걸렸지만, SCT의 AI 보고서 초안을 활용하면 담당자가 해야 할 작업은 정보 보완과 편집 정도로 크게 줄어든다(sap.com). 특히 글로벌 기업들의 경우 자회사별로 다른 양식의 보고서를 작성해왔는데 SCT는 이를 표준화시켜 그룹 차원의 일관된 보고를 내게 해준다. 예컨대 본사에서 SCT 기반 템플릿을 설정해두면 각 나라 지사가 그 템플릿으로 자체 보고서를 생성하므로, 이후 본사는 이들을 종합하여 그룹 전체 보고서를 쉽게 완성할 수 있다. 이러한 중앙집중적 ESG 데이터 관리와 보고체계는 **감사 대응 및 평판 관리에도 이점**을 준다. ESG 데이터에 대해 질의나 검증 요청이 오면 SCT에서 관련 내역을 즉시 추출하여 제출할 수 있으므로, 응답시간이 빨라지고 오류 가능성은 낮아진다. 또한 이해관계자들에게 필요한 ESG 정보를 적시에 제공함으로써 **신뢰 구축**에도 기여한다.

마지막으로 SAP SCT의 경영 가치 중 하나는 **전사적 협업 촉진**이다. Control Tower 대시보드를 경영진뿐 아니라 **각 부문 실무책임자들과 공유**함으로써, 모두가 같은 데이터를 보며 협의하는 문화가 자리 잡는다. 예컨대 생산부서, 구매부서, 재무부서가 함께 SCT를 보면서 공급망 탄소감축 방안을 논의하면, 각 부서 성과지표 간 연관성을 이해하고 공동 목표를 수립하는 데 도움이 된다. SAP는 이를 "함께 달성하는 지속가능경영"이라고 표현하며, SCT가 조직 내 **사일로(Silo)를 허무는 역할**을 한다고 강조했다. 기업의 지속가능성 전략은 장기 마라톤이자 전사 변혁인데, SCT가 그 여정에서 **가시적 지표와 피드백 루프**를 제공하여, 조직원들의 동기부여와 지속적인 개선을 가능케 한다는 평가이다.

요약하면, SAP Sustainability Control Tower는 **ESG 경영의 조종석**으로서, 실시간 정보와 통찰을 제공하고, 규제 대응과 보고까지 아우르며, 기업의 지속가능성 성과를 극대화할 수 있도록 돕는다. SAP 자체가 이 SCT를 사내 도입하여 **경제적·사회적·환경적 영향을 통합 관리**하고 있는 것도 모범 사례로 언급할 수 있다. SCT는 SAP의 **Cloud for Sustainable Enterprises** 제품군 내에서도 **중추 솔루션**으로서, Carbon Footprint Management, Product Compliance, Responsible Design 등 기타 지속가능성 솔루션들과 연계되어 전체적인 **지속가능기업**(Sustainable Enterprise) 구현을 뒷받침하고 있다.

공급망 탄소 추적 및 CBAM 대응

공급망 내 탄소배출 데이터 수집·검증·감사 체계

기업의 **가치사슬 전반**(Scope 3) **탄소추적**은 지속가능경영에서 가장 어려운 과제 중 하나다. 왜냐하면 전체 탄소발자국에서 **직접 통제 가능한 Scope 1,2는 일부에 불과하고 평균 70~90%가 공급망 상·하류**(Scope 3)**에 존재**하기 때문이다. 특히 제조업의 경우 원재료 생산, 물류, 제품 사용/폐기 등 광범위한 영역의 데이터가 필요하다. SAP의 지속가능성 솔루션들은 이 난제를 해결하기 위해 **공급망 탄소데이터 수집과 표준화** 기능을 제공하고 있다.

먼저 **공급업체별 탄소배출량 데이터 수집** 측면을 보면, SAP **Product/Sustainability Footprint Management**가 핵심 역할을 한다. 이 솔루션은 기업이 자사 제품의 **Cradle-to-gate**(원재료 채취부터 공장 출하까지) 탄소배출량을 계산하는데, 여기에는 **공급업체들이 제공한 원재료별 탄소배출 인자**가 필수로 들어간다. 기업은 SAP 시스템을 통해 각 공급업체에게 **제품 탄소발자국 데이터 제출 요청**을 할 수 있고, 공급업체는 SAP Business Network 등의 채널을 통해 자기 생산품 1단위당 CO_2 배출량 등의 정보를 입력한다. SAP는 최근 Sustainability Data Exchange(SDX)라는 네트워크 서비스를 공개했는데, 이것은 **기업 간 표준화된 탄소데이터 교환**을 지원하는 플랫폼이다. 예를 들어 자동차업체가 부품 공급사들에게 SDX를 통해 탄소데이터를 요구하면, 공급사는 SAP 혹은 비SAP 시스템에서 자신의 배출정보를 업로드하고, SDX는 그것을 구매사 SAP 시스템(예: Footprint Management)으로 전달해준다. 중요한 것은 이때 데이터가 공인된 표준(예: ISO 14067 제품탄소발자국 표준)에 부합하는지 검증하고 디지털 서명(토큰)으로 신뢰성을 확보한다는 점이다.

SAP가 인수한 **GreenToken** 기술도 공급망 탄소추적에 활용된다. GreenToken은 **블록체인 기반**으로 소재의 출처나 인증 정보를 추적하는 솔루션인데, 여기에 탄소배출량 정보를 연계하여 **원료 생산부터 최종제품까지의 탄소흐름을 토큰화**한다. 예컨대 철광석 100톤 채굴 시 발생 탄소X톤을 하나의 "토큰"에 기록하고, 이 토큰을 제철소-부품사-완성차사로 전달하며 각 단계에서 가공에 추가된 탄소를 누적하는 방식이다. 이렇게 하면 최종 완성차에 **내재된 탄소량**을 원료 레벨까지 투명하게 추적할 수 있다. GreenToken은 특히 **혼합원료(Mass balance) 추적**을 지원하여, 여러 공급선에서 온 원료가 섞이더라도 탄소배출 기여도를 산출한다. 이 기술은 **이중장부**의 개념과 유사하게 디지털 토큰 상에 실물흐름과 탄소흐름을 동시에 기록하므로, 감사 시 **변조 불가능한 원장**으로 활용된다. SAP는 GreenToken을 통해 "탄소추적의 **투명성과 신뢰성을 확보**"할 수 있다고 언급한다.

공급망 탄소데이터의 검증과 감사(audit)는 수집만큼 중요하다. SAP 솔루션은 이를 위해 **데이터 완전성 체크리스트, 감사 로그** 등을 제공한다. 예컨대 공급업체가 제출한 데이터에 대해 SAP Footprint Management는 **신뢰도 점수**를 매긴다. 공급사가 ISO 14064/67 인증을 받았거나, 제3자 검증서를 첨부하면 신뢰도 높음으로 표시하고, 그렇지 않을 경우 불확실성 범위를 추가로 가산한다. 그리고 이러한 메타정보(누가 언제 데이터를 제출했고 어떤 기준을 따랐는지)를 **Green Ledger**나 SCT의 데이터 라인 아이템에 연결해 둔다. 향후 감사인이 특정 공급업체의 배출 수치를 확인하고자 하면, SCT에서 해당 데이터의 **출처, 검증여부, 인증서 링크** 등을 바로 보여줄 수 있다. 또한 SAP는 **파트너사들과 협업**하여, 각 산업별 주요 공급품목에 대한 벤치마크 배출계수 DB도 제공한다. 이는 **공급업체 제출치 검증**에 활용되어, 만약 어떤 공급업체 수치가 통상 범위를 벗어나면 플래그를 달아 확인을 요구한다. 이런 체계를 통해 기업은 공급망 탄소데이터의 **정확성과 신뢰도**를 높일 수 있다.

감사 대응에서는, SAP SCT와 Green Ledger가 **탄소데이터의 감사 추적성**을 크게 향상한다. 모든 공급망 탄소데이터는 시스템에 **변경 이력과 증빙 파일**과 함께 저장되고, 필요시 보고서 한 장으로 어떤 데이터가 언제 누구에 의해 입력/수정되었는지 보여준다. 기업 내부 감사부서나 외부 감사인은 SAP **Audit Management** 기능을 통해 ESG 데이터 로그를 점검할 수 있다. 특히 CSRD와 같이 외부 검증의무가 있는 경우 SAP 시스템 로그를 제출함으로써 효율적으로 검증을 받게 된다. 한편 SAP는 파트너 생태계를 통해 **공급망 탄소검증 서비스**도 제공한다. 예컨대 PwC나 DNV 같은 기관과 협력해 SAP 플랫폼 상의 데이터를 샘플링 검증하고, 결과를 다시 시스템에 피드백하는 식이다. 이러한 **디지털 검증** 프로세스는 수주씩 걸리던 현장검증을 보완하여, 기업이 **실시간 감사준비**(Always Audit-Ready) 상태를 유지하도록 한다.

결국 SAP의 공급망 탄소추적 체계는 **데이터 수집 - 표준화 - 검증 - 감사**의 전 과정을 지원하며, 이는 기업이 **Scope 3 관리**를 강력하게 추진할 수 있는 기반이 된다. CBAM이나 Scope3 공시처럼 공급망 데이터를 강제하는 규제가 늘어나면서, 이러한 체계의 중요성은 더욱 부각되고 있다.

공급업체 데이터 표준화 및 통합 방식

공급망 탄소 데이터를 다루는 데 큰 문제 중 하나는 **공급업체마다 산정방식, 단위, 범위가 제각각**이라는 점이다. 이를 해결하려면 데이터 표준화(Standardization)가 필수인데, SAP 솔루션들은 **국제 표준 및 프로토콜 준수**를 기반으로 통합을 꾀하고 있다.

우선 SAP Sustainability Footprint Management에서 요구하는 공급망 탄소데이터는 **GHG 프로토콜 Scope3 표준** 및 ISO 14067(제품 탄소발자국)에 준거한 형식이다. 예를 들어, 공급업체는 자사 제품 1단위(예: 1kg 소재)의 탄소배출량(제품 탄소발자국)을

Well-to-gate 범위로 계산하여 제출하게 한다. 또한 전력사용으로 인한 간접배출은 지역별 전력배출계수(예: IEA 데이터)를 적용하고, 원자재는 환경성 선언(EPD)이 있으면 그 수치를 쓰도록 안내한다. 이렇게 함으로써 기업은 여러 공급업체의 데이터라도 **동일한 기준선**에서 비교하고 합산할 수 있다. SAP는 공급업체에 배포하는 **데이터 입력 템플릿**도 제공하는데, 여기에 단위(kgCO2e), 경계조건(예: cradle-to-gate), 포함항목(원재료, 에너지 등) 등이 명시되어 있어, 비전문 공급사도 쉽게 따라 입력할 수 있다.

데이터 통합 측면에서, SAP는 **마스터데이터 상호매핑** 방식을 쓴다. 공급업체가 제출하는 품목 코드는 구매사의 자재코드와 다를 수 있는데, SAP Business Network나 Ariba를 통해 **공급 품목과 구매사 품목을 연결**시켜 둔다. 이를테면 공급업체 A의 "폴리에틸렌 수지"와 구매사 B의 자재코드 "ABC-1234"를 매핑하여, 공급사가 탄소데이터를 입력하면 B사의 그 자재로 자동 귀속되게 한다. 또 **조달 카테고리**별로 요구 데이터 범위를 구분한다. 예를 들어 직접원자재의 경우 생산단계 배출량을 받고, 물류서비스의 경우 거리당 배출량(예: tCO2e per 톤-킬로미터)을 받으며, 여행서비스는 항공/철도 별로 탄소계산을 다르게 적용하는 식이다. SAP는 이러한 **범주별 데이터 청사진**을 Ariba 서베이 형태로 제공하여, 공급사들이 해당하는 질문에 답하면 자연스럽게 필요한 데이터를 제출하게 된다.

SAP의 **데이터 품질 관리 기능**도 통합에 한몫한다. 앞서 말한 검증 절차 외에도, 시스템은 **자동 보정**을 지원한다. 만약 일부 소규모 공급사는 정확한 데이터를 못 주고 산업 평균치만 준다면, SAP Footprint Management는 해당 산업 배출계수를 자동으로 대입하여 공백을 채운다. 그리고 향후 실제 데이터가 들어오면 갱신하는 식으로 동작한다. 이를 통해 **데이터 누락 시 영향 최소화**가 가능하다. 또한 공급업체 변경이나 신규 추가 시에도, 기존 유사 품목의 탄소데이터를 참조하여 임시 값을 배정함으로써 **데이터 연속성**을 유지한다.

기업 내부적으로도 **Scope3 데이터 통합 프로세스**를 정립해야 하는데, SAP는 이를 돕기 위해 **Scope3 관리용 모듈**을 마련했다. 이 모듈에서는 기업의 구매카테고리/협력사 리스트를 불러와, 각 항목에 데이터 수급상태(수집됨/요청됨/미적용)를 표시한다. 예컨대 100개 주요 공급품목 중 60개는 데이터 수집 완료, 20개는 진행 중, 20개는 미수집 등 상태를 한눈에 볼 수 있다. 그리고 이 화면에서 미수집 항목에 대해 바로 공급사에 리마인더를 보내는 등의 액션을 취할 수 있다. 이는 Scope3 데이터 수집이 단발 이벤트가 아니라 지속적 프로세스임을 반영한 것으로, 기업이 주기적으로 갱신되는 공급망 탄소정보를 체계적으로 업데이트하도록 유도한다.

데이터 표준화 사례로, 독일 HARTING 테크놀로지 그룹 사례를 들 수 있다. 이 기업은 전자부품 제조에 수천 종의 소재를 쓰는데 SAP Footprint Management로 **13,000개 자재의 탄소발자국 계산**을 진행했다. 여기에는 100여 개 공급업체의 데이터가 투입되었는데, SAP 시스템이 이들을 ISO 14067 및 ecoinvent DB 기준으로 교정하여 일관된 결과를 도출했다. 그 결과, HARTING은 제품별 CO2를 정확히 계산하는 "원클릭" 솔루션을 확보했고, 공급사들과 **데이터 기반의 감축협의**를 시작할 수 있었다.

결론적으로, SAP의 접근은 **표준화된 데이터 틀 제공 + 통합 플랫폼에서 품목별 연결 + 품질보정**으로 요약된다. 이를 통해 기업은 방대한 공급망 탄소데이터를 **일관성 있게 취합**하고 **ERP와 통합**하여 활용할 수 있다. 이 과정이 순조롭게 이뤄지면, 기업은 Scope1,2뿐 아니라 Scope3까지 **완전한 탄소전과정 계량화**를 달성하게 되며, 이는 **과학기반 감축목표(SBTi)** 달성 모니터링이나 **제품별 탄소라벨링** 등에도 응용될 수 있다.

CBAM 대응을 위한 ERP-SCT/Green Ledger 통합 시나리오

EU CBAM 규제가 본격 시행됨에 따라, SAP는 자사 솔루션들을 활용한 **CBAM 대응 시나리오**를 제시하고 있다. 핵심은 **ERP 시스템과 지속가능성 솔루션(SCT, Green Ledger 등)의 긴밀한 통합**을 통해 CBAM 요구사항을 자동화하고 최적화하는 것이다.

CBAM 대응에서 가장 중요한 것은 **수입 제품별 내재탄소량 산정 및 보고**이다. SAP Sustainability Control Tower와 Footprint Management는 앞서 살펴본 공급망 탄소데이터 통합을 통해, **각 제품(또는 HS코드 품목) 단위로 정확한 탄소배출량을 계산**해낼 수 있다. 이때 SAP는 CBAM 규정에서 제시한 물품별 표준양식(Quarterly report format)에 맞춰 SCT에서 데이터를 추출할 수 있게 했다. 즉, SCT에 누적된 제품별 배출량 데이터를 바탕으로 **분기별 CBAM 보고서**(제품명, 수량, 직접배출, 간접배출 등) 초안을 생성하고, 담당자가 검토 후 제출만 하면 되도록 프로세스를 단순화한다. 특히 SAP **GreenToken**과 연계된 경우, 공급망에서 수집된 데이터가 이미 **CBAM 표준**에 따라 구조화되어 있기 때문에, 추가 가공 없이 보고서 작성이 가능하다. CFO들은 이러한 자동화가 없으면 각국 공급사들로부터 데이터를 수작업 취합해야 하는 막대한 노력이 들 것을 우려하고 있는데, SAP 솔루션은 이를 **ERP 흐름 안에서 자연스럽게 해결**해준다.

또 하나의 핵심은 **CBAM 인증서 회계 및 비용관리**이다. SAP Green Ledger는 앞서 설명한 대로 **CBAM 인증서 의무를 재무와 연동**해 관리한다. 구체적으로, SAP는 **CBAM 관리용 서브원장** 개념을 도입하여, 수입 시 발생하는 CBAM 부채(탄소량 x 인증서 가격)를 계상하고 인증서 구매/사용 시 이를 상계하며, 기말에 미이행 부채를 표시하는 과정을 자동화한다. 이는 S/4HANA의 **재무회계** 모듈과 Green Ledger의 **탄소회계** 모듈 간 통합으로 구현된다. 예를 들어 S/4HANA에서 특정 달에 철강 100톤을 수입하는 구매오더가 들어오면, Green Ledger는 그 철강의 탄소내재량(예: 200톤 CO2)을 인식하여 **CBAM 부채 200톤**을 장부에 기록한다. 그리고 ERP 재무에 동시 분개로 **CBAM 충당부채** 항목에 금액(200톤 × 현재 인증서가격)을 반영한다. 이후 분기말에 해당 200톤을 인증서로 정산하면 Green Ledger에서 **탄소부채 200톤 소멸** 처리가 되고, ERP 재무에서는 충당부채 감소와 비용확정이 일어난다. SAP Green Ledger는 이 모든 흐름을 두 쌍의 분개(Double entries)로 관리하므로, 재무팀은 복잡한 회계를 일일이 할 필요 없이 시스템이 계산한 금액만 검증하면 된다. 이 과정에서 SAP는 **인증서 가격관리** 기능도 제공하는데, EU-ETS 시장가격 연동을 위해 최신 EUA 가격을 BTP를 통해 받아와 적용한다. 또한 Omnibus 법안 등으로 변경될 가능성 있는 의무이행 비율(80%/50%)도 파라미터로 설정해놓아, 규정 변경 시 쉽게 반영 가능하다.

시나리오 분석 측면에서, SAP SCT는 CBAM의 재무 영향을 예측하고 전략 수립을 돕는다. CFO는 SCT의 **CBAM 비용 모델**을 활용해 향후 몇 년간 인증서 구매비용을 시뮬레이션할 수 있다. 예컨대 현재 수입물량과 EU 탄소가격 트렌드(2024년 €65/t, 2030

년 €150/t 예상 등)를 넣으면, 2030년에 연 €X억 원의 CBAM 비용이 들 것이라는 전망치를 산출한다. 또한 SCT는 **최대/최소 시나리오**로 탄소가격 변동성, 감축 노력에 따른 배출량 변화 등을 조합하여 **Worst-Case vs Best-Case** 비용을 계산해준다. CFO는 이를 기반으로 **탄소비용 내재화 전략**을 세울 수 있다. 예를 들어 최악 시나리오에서도 영업이익이 크게 훼손되지 않도록 **탄소비용 헷지(hedge)**, 즉 조달원가 + CBAM 비용을 판매가격에 전가하거나, 미리 저탄소 공급원 전환 투자 등을 계획한다. 또한 SCT의 **Hotspot 분석**으로 어떤 제품/공정이 가장 큰 CBAM 비용 요인인지 파악하여, **우선 감축 타겟**을 지정할 수 있다. 이를테면 수입 원자재 중 특정 소재가 전체 CBAM 비용의 50%를 차지한다면, 그 소재의 공급망을 친환경화하거나 대체하는 전략이 도출된다.

프로세스 측면에서, SAP는 CBAM 대응을 위해 **크로스펑셔널 팀 협업**을 강조한다. SAP SCT를 플랫폼으로 **재무(CFO), 조달(CPO), 운영(COO), 지속가능성(CSO)** 조직이 공용 데이터를 보며 같이 대응하는데, CFO Dive 기사에서 SAP는 이를 "CBAM 태스크포스" 구성의 필수로 언급한다. 예를 들어 CPO는 SCT로 수입품 목록과 배출 데이터를 확인해 **CBAM 영향 큰 공급품 식별 및 공급사 접촉**을 하고, CFO는 Green Ledger로 재무영향을 모니터링하며, CSO는 감축 계획을 조율하는 식이다. 이때 SAP 시스템은 각자 필요한 정보를 제공하여 부서 협업을 원활히 한다. CPO 화면에서는 **공급사별 실제 배출량 vs 디폴트값 비교**를 보여줘서, 어떤 공급사가 데이터 제출이 미흡해 불리한 디폴트가 적용되고 있는지 알 수 있고, CFO 화면에서는 **인증서 확보 진행상황**(이미 구매한 인증서량, 추가 필요량 등)을 표시하여 유동성 관리에 참고하도록 한다.

마지막으로 **Green Ledger - SCT - ERP 통합 리포트**가 CBAM 대응의 완결을 짓는다. SAP는 CBAM 규정 준수를 위해 필요한 각종 기록(보고서 제출 내역, 인증서 거래 내역 등)을 한 곳에 모아 **감사패키지**로 제공한다. Green Ledger는 연말에 **CBAM 회계노트**를 생성하는데, 여기에는 당해 수입품별 배출량, 제출된 인증서 수량, 잔여부채 등이 요약된다. 이는 재무제표 주석 공시에 활용될 수 있다. SCT는 **규제기관 제출용 보고서**(분기/연간 보고)를 보관하고 추세 분석을 한다. ERP는 **비용계정**에 누적된 CBAM 비용을 재무상 KPI로 모니터링한다. 이런 식으로 3대 시스템이 협업하여 CBAM 전주기를 관리하면, **규정준수 누락이나 오류 위험을 최소화**할 수 있다. 실제로 SAP 솔루션 도입 기업들은 첫 CBAM 보고(2024년 Q1) 준비 과정이 훨씬 수월했다고 전하며, 자동화되지 않은 경쟁사에 비해 **시장대응 속도**에서 우위를 가질 것으로 기대하고 있다. SAP도 "ERP 솔루션으로 CBAM 프로세스를 간소화하는 것이 경쟁력 확보의 열쇠"라고 강조 하며, GreenToken, Green Ledger 도입을 통한 **선제적 CBAM 준비**를 권고하고 있다.

결론적으로, SAP의 ERP-지속가능성 솔루션 통합은 CBAM이라는 새로운 규제환경 에서 기업들에게 **필수 무기**가 되고 있다. 이는 단순 대응을 넘어 **비용 최적화와 전략 수립**까지 가능케 함으로써, 규제를 **경쟁우위 기회**로 바꾸는 잠재력을 제공한다. 기업 입장에서는 CBAM 대응 과정에서 구축한 공급망 탄소투명성, 내부 탄소회계 역량이 앞으로 등장할 유사 규제(미국 국경탄소세 등)에도 큰 자산이 될 것이므로, SAP 기반 시 스템 투자에 대한 **ROI는 더욱 커질 전망**이다.

SAP Sustainability Footprint Management의 **제품 탄소발자국 대시보드** 화면 예 시. 다크 초콜릿 제품(60% 함량)의 제조 과정에서 투입되는 원료별 탄소배출량을 시각 화하고 있다. 원료 공급망부터 공장 가공까지 **제품당 총 1.64789톤 CO_2e가** 배출되며, 각 원료(코코아매스, 설탕, 우유 등)가 차지하는 비중을 표시한다. 이러한 툴을 통해 기업 은 제품 단위의 Scope3 배출량을 추적하고, **공급망 단계별 탄소 Hotspot**을 식별하여 감축 노력을 집중할 수 있다. 기업 간 **탄소데이터 공유 표준**이 정착되면, 이처럼 상세 한 제품 탄소정보를 거래 파트너와 실시간 교환하여 **CBAM 신고**나 **제품 탄소라벨링**에 활용하는 것도 가능해진다.

기술적 구조와 플랫폼 통합

ERP FI + SCT + Green Ledger 통합 구조

SAP의 지속가능성 로드맵 솔루션들은 서로 유기적으로 연결되어, 기업의 기존 **ERP 시스템**과 밀착 통합되는 아키텍처를 형성한다. 이를 **계층별로** 설명하면 다음과 같다.

- **거버넌스 및 사용자계층:** 최상단에는 **경영진, ESG 책임자, 재무 관리자, 데이터 관리자** 등 다양한 사용자들이 있다. 이들은 SAP Sustainability Control Tower(SCT)의 웹 인터페이스나 **SAP Analytics Cloud 대시보드**를 통해 ESG 데이터를 조회·분석하고 의사결정을 내린다. 예컨대 CFO는 Green Ledger 데이터를 ERP Fiori 화면에서 검토하고, CSO는 SCT 대시보드에서 ESG KPI를 모니터링한다.

- **애플리케이션 계층:** 가운데 핵심을 이루는 것이 **SAP SCT**와 **SAP Green Ledger** 및 **SAP Sustainability Footprint Management**이다. SCT는 ESG 데이터의 집합적 관제 역할, Green Ledger는 **탄소 재무 데이터베이스** 역할, Footprint Management는 **탄소배출계산 엔진** 역할을 한다. 이들 사이에는 **데이터 동기화**가 지속적으로 이루어진다. 예를 들어 Footprint Management에서 계산된 제품 탄소발자국이 Green Ledger로 넘어가 탄소원장에 기록되고, 동시에 SCT에 전달되어 Scope3 배출 KPI에 반영된다. Green Ledger에서 처리된 탄소회계 이벤트는 S/4HANA ERP의 **Universal Journal** 확장테이블에도 반영되어 재무와 동기화된다. 이 애플리케이션 계층은 SAP BTP 클라우드상에 위치하며, **API와 이벤트**로 서로 통신한다. 또한 SAP Signavio(Process Intelligence)는 이 계층에 연결되어 ESG 프로세스 관련 인사이트를 제공한다.

- **데이터 계층:** 애플리케이션 계층 아래에는 **SAP Datasphere**와 **Master Data Ser-**

vices가 있다. Datasphere는 다양한 원천의 ESG 관련 데이터를 수집·저장·변환하는 **클라우드 데이터 허브**로서, ERP에서 추출된 재무/운영 데이터, 공급망에서 수집된 탄소데이터, 외부 배출계수DB 등이 모두 이 계층에 일시 집결된다. SAP Master Data Governance/Repository는 기업의 제품, 소재, 사업장 등 **마스터데이터**를 관리하며, ESG 데이터들과 매핑 포인트를 제공한다. 이 데이터 계층은 SCT/Green Ledger에 필요한 데이터를 전처리하고, 반대로 SCT에서 산출된 결과를 저장/전달하는 허브 역할을 한다.

- **원천 시스템 계층:** 맨 하단에는 기업이 운영 중인 여러 **트랜잭션 시스템**들이 있다. 핵심은 **SAP S/4HANA(혹은 ECC)** ERP로, 여기서 재무회계(FI), 원가관리(CO), 물류(SD/MM) 등 프로세스 데이터가 발생한다. 또한 **SAP SuccessFactors(인사)**, **SAP Ariba(구매)**, **SAP EHS(환경안전)**, **생산설비 IoT 시스템**, **타사 LCA 툴** 등 ESG 관련 데이터를 생성하는 시스템들도 위치한다. 그리고 기업이 사용중인 **기타 외부 시스템**(예: 비SAP ERP나 DB)도 포함된다. 이 원천 레이어에서 발생하는 데이터들이 **SAP Cloud Integration** 또는 Cloud Connector 등을 통해 상위 데이터 계층으로 흘러간다.

- **보안/관리 계층:** 모든 계층을 관통하여 **Identity & Access Management**, **데이터 보안(암호화)**, **모니터링 & 로그** 등의 관리 기능이 적용된다. SAP의 클라우드 보안 정책에 따라 ESG 민감정보를 보호하고, 거버넌스 요구에 따라 접근 제어 및 로그 감사를 수행한다.

이러한 구조에서 **ERP-FI + SCT + Green Ledger**의 통합을 하나의 시나리오로 설명하면: 제조기업 A가 SAP S/4HANA ERP를 사용하고 있고 SAP SCT 및 Green Ledger를 도입한 상황이다. 공장에서 제품 생산이 일어나면 ERP는 생산오더를 확정하고 자재 소모량을 기록한다. 동시에 Footprint Management는 해당 제품 한 단위 생산에 따른 탄소배출량 X kgCO2를 계산한다(전달받은 공급망 데이터와 자체 배출계수 기반). 계산 결과 X는 Green Ledger로 전송되어 ERP 재무계정(예: "탄소배출부채 계정")에 X를 이중부기한다. 그리고 SCT는 이 트랜잭션을 감지하여 기업 총 배출량 지표에 X를 추가 반영하고, 생산 라인 KPI에도 업데이트한다. 경영진은 SCT 대시보드에서 실시간으로 "오늘 탄소배출량(목표 대비 ○○%)"를 확인할 수 있다. 분기말 CFO는 Green Ledger의 데이터를 이용해 **탄소원가분석 리포트**를 ERP 내 생성한다(어느 제품이 부여된 탄소비용이 가장 큰지 등). 그리고 ESG 보고팀은 SCT에서 EU CSRD 보고용 데이터를 추출해 연차보고서를 작성한다. 이 모든 과정이 하나의 통합 환경에서 돌아가며, 데이터 불일치 없이 **재무 숫자와 ESG 숫자가 연결**되어 일관성을 가진다.

SAP는 이러한 통합 구조를 "하나의 지속가능성 데이터 파운데이션"이라고 부른다. 그림상 여러 구성요소가 있으나, 사용자 관점에서는 한 몸처럼 작동하여 ERP안에 녹아든 ESG 기능처럼 느껴진다. 결국 SAP의 기술적 통합은 기업들이 ESG 경영을 기존 경영시스템에 심는 내재화(embedding)를 실현시켜, 지속가능성 노력을 **비일상적 특별활동이 아닌 일상 경영활동**으로 만들고 있다.

BTP 기반 데이터 흐름: 외부 데이터 소스와 SAP ESG 기능 연결

SAP 지속가능성 솔루션들의 통합에서 SAP BTP(Business Technology Platform)의 역할은 매우 중요하다. BTP는 다양한 시스템과 데이터의 연결을 돕는 일종의 **디지털 중추**로, 이를 통해 SAP 내부뿐 아니라 **외부 데이터 소스**들도 ESG 관리 체계에 편입할 수 있다.

BTP의 **Integration Suite**는 200여 종의 커넥터와 어댑터를 제공하여, 타 시스템의 API, DB, 파일 등에 접근해 데이터를 주고받는다. 예를 들어, 기업이 내부적으로 SQL 데이터베이스에 에너지 사용량을 기록하고 있다면, Integration Suite의 JDBC 어댑터로 해당 DB에서 일별 에너지 데이터를 읽어와 SCT에 전달할 수 있다. 또 Salesforce 같은 CRM 시스템에 Scope3 관련 고객데이터가 있으면 REST API 커넥터로 불러올 수 있다. 이러한 BTP 통합시나리오는 **SAP가 아닌 외부 데이터도 SCT에 수용**함으로써 기업의 ESG 데이터 커버리지를 넓혀준다. 특히 공급망 데이터의 경우 SAP를 사용하지 않는 협력사들도 많기에, BTP는 **표준이 아닌 데이터 형식도** 처리하여 Footprint Management나 SCT로 변환 입력할 수 있게 한다. CSV/Excel 업로드 포맷, EDI 메시지, 웹서비스 등 다양한 방식으로 공급사 데이터를 받는 흐름을 BTP가 책임진다.

또 BTP 상에서 **데이터 변환/품질 작업**이 가능하다. 예컨대 외부로부터 수집된 데이터에 이상치가 있거나 단위 변환이 필요하면, SAP Data Intelligence나 Python 스크립트를 BTP에 올려 정제 과정을 거친 뒤 SCT에 넣는다. BTP의 장점은 이러한 작업을 **자동화된 파이프라인**으로 구성할 수 있다는 것이다. 매일 밤 12시에 Integration Flow가 작동해 외부 시스템 A에서 데이터 추출 → 포맷 변환 → SCT API로 로드까지 일련의 작업이 수행된다. 관리자는 BTP 운용화면에서 이 **데이터 파이프라인 로그**를 모니터링하고 에러시 재시도 등 조치를 취할 수 있다. 이로써 ESG 데이터 수집이 단발 이벤트가 아닌 **지속적 프로세스**로 안정화된다.

SAP BTP는 또한 **오픈 데이터**나 **3rd-party API**와의 연계를 통해 **보조 데이터 공급** 역할도 한다. 지속가능성 관점에서 기업들이 많이 활용하는 외부 데이터로, 예를 들어 각국 전력망 배출계수(국제에너지기구 IEA 제공), 탄소배출권 가격(거래소 API), 기상이변 통계(기후 데이터 API) 등이 있다. BTP를 통해 SAP 솔루션에 이러한 데이터피드를 연결해두면, 자동으로 최신 값이 시스템에 반영된다. 실제로 SAP는 **배출계수 관리 서비스**를 BTP 기반으로 운영하여, 매년 국가별 전력/연료 배출계수를 업데이트하고 Footprint Management에서 이를 참조하도록 하고 있다. 또한 기후 리스크 분석을 위해, 지리정보시스템(GIS)이나 NOAA(미국 해양대기청) API 등에서 폭염, 홍수 등 위험 데이터를 받아와 SCT의 TCFD 시나리오 분석 모듈에 연계하기도 한다. 이렇듯 BTP는 SAP 제품 경계를 넘어 다양한 데이터 소스들을 연결함으로써, **ESG 데이터 생태계** 전체를 기업이 활용할 수 있게 해준다.

BTP 기반 데이터 흐름의 또 다른 예로 SAP Sustainability Data Exchange(SDX)도 들 수 있다. 앞서 언급한 SDX는 BTP 위에서 동작하며, 기업 간 탄소데이터를 중계하는 허브이다. 한 기업이 BTP SDX 서비스를 통해 공급사에게 탄소데이터 요청을 보내면, 공급사는 링크를 통해 데이터를 올리고, SDX는 그걸 SAP Footprint Management 테넌트로 전달해준다. 이 과정은 BTP상 **Event Mesh** 등을 활용해 실시간에 가깝게 이루어진다. 즉, 기업A에서 "공급사B, 제품X의 CO2/kg 알려달라" 이벤트를 SDX에 발행하면, 공급사B가 응답 이벤트로 "제품X=Y kgCO2/kg"을 보내고, A사 BTP는 이벤트 수신 후 Footprint Mgt에 기록하는 식이다. BTP 이벤트 mesh는 교환데이터 표준(CO2 Token 등)에 따라 데이터 포맷을 강제하여, 서로 다른 ERP 간에도 호환성 있게 ESG 데이터를 교환할 수 있도록 한다. 이는 향후 **업계 컨소시엄**(예: **Catena-X**) 등에서 SAP BTP 기반 데이터 교환을 채택할 경우, 모든 참여사들이 실시간으로 가치사슬 탄소정보를 공유하는 미래를 열어줄 것이다.

마지막으로 BTP는 **확장개발 및 파트너 솔루션 통합** 플랫폼 역할을 한다. 기업이 특별한 ESG 계산 모형이나 데이터과학 분석을 수행하려면, BTP에 자체 애플리케이션(예: Python 기반)이나 파트너의 인증 솔루션을 올려 SCT/Green Ledger와 연결할 수 있다. SAP의 지속가능성 로드맵에는 BTP 기반 **에코시스템 확장**이 포함되어, 서드파티사들이 BTP 상에 구축한 탄소회계보조도구, ESG 리스크평가도구 등을 SAP 솔루션과 원활히 통합하도록 장려하고 있다. 이미 몇몇 파트너가 BTP용 **플러그인**을 제공하는데, 예를 들어 EcoVadis사의 공급망 ESG 평가지표를 BTP 통합을 통해 SCT 대시보드에서 함께 볼 수 있도록 하는 솔루션 등이 있다. 이런 유연한 확장은 기업이 원하는 어떤 외부 정보라도 SAP 지속가능성 플랫폼에 녹여낼 수 있게 함으로써, **미래 변화에 대응 가능한 개방형 구조**를 보장한다.

온프레미스와 클라우드 간 데이터 통합 및 컴플라이언스 고려

SAP 지속가능성 솔루션의 주요 구성은 클라우드 서비스 형태이지만, 현실적으로 많은 기업들이 **온프레미스 시스템**을 주력으로 사용 중이다. 따라서 **온프레미스-클라우드 환경의 공존**과 그에 따른 **데이터 통합, 보안, 컴플라이언스** 이슈를 꼼꼼히 관리하는 것이 중요하다.

- **데이터 통합:** SAP는 온프레미스 ERP(ECC나 S/4HANA On-prem) 고객도 SCT/ Green Ledger 등을 활용할 수 있도록 다양한 통합 방식을 제공한다. 대표적인 것이 **SAP Cloud Connector**와 **ODP/SDI**(Operational Data Provisioning / Smart Data Integration) 방식이다. Cloud Connector는 온프레미스 시스템과 SAP BTP 간에 **보안 터널**을 만들어주는 툴로, 이를 통해 내부시스템의 특정 RFC/BAPI, OData 서비스만 클라우드에서 호출 가능하게 설정할 수 있다. 기업은 이를 활용해, 예컨대 ECC에서 재무 테이블 데이터를 OData로 노출하고 SCT가 주기적으로 호출하여 가져가도록 할 수 있다. ODP/SDI는 SAP BW 등에서 쓰이는 대량데이터 복제 프레임워크로, ERP의 대용량 테이블(수백만건)도 SDI 이젠트를 통해 SAP Datasphere로 복제하여 SCT에서 이용 가능하다. 이러한 기술들을 조합하여, 온프레미스 ERP 데이터(재무실적, 생산실적, 마스터데이터 등)를 **끊김없이 클라우드 SCT/FootprintMgt**로 올릴 수 있다. 중요한 것은, 기업이 통합할 데이터 범위와 빈도를 자율 설정할 수 있다는 점이다. 실시간 동기화가 필요한 핵심 지표는 OData API로 수시 전송하고, 방대한 로그성 데이터는 야간에 배치로 복제하는 등 최적화할 수 있다.

- **보안 고려:** 온프레미스-클라우드 연동 시 가장 큰 우려는 **데이터 보안과 접근권한**이다. SAP Cloud Connector는 방화벽 내에서 동작하며 **아웃바운드 통신만** 사용, SAP BTP 특정 IP만 허용, 데이터 암호화 등 기업의 보안정책을 준수한다. 또한 Connector 상에서 어떤 자원을 노출할지 화이트리스트로 지정하기 때문에, 불필요한 데이터가 외부로 나갈 위험을 최소화했다. SAP BTP 자체도 **다중 인증, 역할기반 권한** 체계를 적용하므로, 클라우드로 올라온 데이터에 접근할 수 있는 사람/시스템을 엄격히 통제할 수 있다. 예컨대 SCT에 업로드된 Scope3 공급망 데이터는 ESG 관리자만 조회권한이 있고, 재무사용자는 집계본만 볼 수 있게 설정

가능하다. 이러한 권한설정은 SAP Identity Authentication과 연동되어, 기업의 AD 계정정책과도 연계된다. 데이터 전송 중에는 TLS 암호화, 전송 후 저장 시 AES256 암호화 등의 **엔드투엔드 암호화**가 적용되어, 클라우드 서버 관리자가 보더라도 알 수 없게 된다.

- **컴플라이언스:** 특히 환경/사회 데이터는 국가별 법규나 개인정보, 기밀 등 이슈와 관련될 수 있다. SAP는 자사 클라우드가 글로벌 각 지역의 개인정보보호법, 사이버보안법, 데이터주권 규정을 준수하도록 여러 **Region 옵션**을 제공한다. EU 소재 기업은 SCT를 EU 데이터센터에 호스팅하여 GDPR 준수에 활용하고, 중국에 민감 데이터가 있으면 China Mainland 옵션으로 현지화된 BTP를 사용하도록 한다. 또한 SAP는 **탄소데이터 기밀성**도 고려하여, 필요한 경우 특정 민감 정보(예: 개별 공급사명과 배출량 매핑 등)를 SCT 대시보드에서 **익명·집계 처리**한 후 보는 설정도 지원한다. 이는 협력사와 공동 사용 시 기밀유지 필요성을 반영한 기능이다.
- 온프레미스-클라우드 병행 전략으로는, **초기엔 하이브리드**로 운영하다가 점차 클라우드 비중을 늘리는 방법이 일반적이다. SAP는 "클라우드 환경에서만 제공되는 혁신(예: AI 보고서작성, 실시간 협업 등)을 고려하여 점진적 전환을 권장"하고 있다. 그러나 규제나 내부정책으로 온프레미스 중심을 유지해야 하는 경우, **SAP Sustainability for R3/ECC**와 같은 on-prem 대안 패키지도 일부 기능 제공한다. 예컨대 SAP BW/Analytical Engine을 활용한 기본 ESG 대시보드나 SAP BPC 기반 CSR 보고서 작성 템플릿 등을 제공하지만, 클라우드 SCT만큼 강력하진 않다. 그래서 결국 많은 기업들이 **보안 통제 하에 클라우드 기능을 활용**하는 절충안을 택하고 있고, SAP도 이 부분에 대한 Best Practice 축적에 힘쓰고 있다.

예를 들어 한국의 한 대기업 사례에서, 초기에는 국내 중요데이터의 외부 반출을 우려해 Scope1,2 데이터만 온프레미스 SAP BW에서 관리하며 Scope3만 클라우드 SCT로 처리했다. 이후 SAP와 협의하여 Cloud Connector 기반의 안전한 전송을 검증한

후, 현재는 모든 ESG 데이터를 SCT로 이전해 통합관리하면서, 일부 데이터는 **클라우드 내 암호화 후 조회**하는 프로세스를 마련했다. 이는 한글 데이터나 민감값 등은 Masking 처리하여 올리고 필요시 On-prem 레포팅과 합쳐보는 방식이었다. 이런 식으로 기업 상황에 맞는 **유연한 온프레-클라우드 통합 시나리오**를 구성할 수 있다.

결론적으로, SAP의 플랫폼 통합 전략은 기존 시스템을 폐기하거나 대체하기보다 **함께 엮어서 가치**를 창출하는 데 초점을 맞춘다. 온프레미스 ERP는 수십년간 쌓아온 트랜잭션 안정성과 커스터마이징이 강점인데, SAP는 이를 보존하면서 클라우드 신기능을 추가해주는 **증강(augmentation)** 접근을 취하는 것이다. 따라서 기업들은 현재 IT 자산을 활용하면서도 SAP의 클라우드 혁신(Green Ledger, SCT 등)을 손쉽게 접목하여 **최적의 하이브리드 ESG 관리체계**를 구축할 수 있다. 이러한 접근은 특히 **대규모 복잡계 IT 환경**을 가진 기업에 현실적인 솔루션이며, 컴플라이언스 요구도 충족시키면서 지속가능성 전환을 기술적으로 뒷받침하는 역할을 하고 있다.

실제 기업 사례 및 도입 전략

유럽 기업들의 SAP 지속가능성 기능 활용 사례

유럽은 ESG 규제가 가장 앞서 있어, 많은 유럽 기업들이 SAP의 지속가능성 솔루션을 발 빠르게 도입하고 있다. **BASF, Siemens, BMW** 같은 업계 리더들은 이미 SAP와의 협업을 통해 ESG 데이터 관리를 고도화하고 있다.

- **BASF(화학):** BASF는 글로벌 화학업체로 탄소배출량이 막대하지만 동시에 지속가능성 선도 전략을 표방하고 있다. 이 회사는 SAP S/4HANA Cloud로 핵심 ERP를 디지털전환하면서, **SAP Product/Sustainability Footprint Management**도 함

께 도입했다. 이를 통해 BASF는 모든 제품의 탄소발자국(PCF)을 계산하여 고객에 제공하는 'PCF 퍼블리셔' 역할을 하고 있다. 2021년 BASF는 SAP와 공동 프로젝트로 **수백 개 제품의 PCF 산출 시간**을 기존 8주에서 1시간 내로 단축하는 성과를 냈다. 이는 SAP 솔루션이 BASF의 복잡한 생산공정, 설비데이터와 통합되어 자동 계산 덕분이었다. BASF는 특히 자사 **엔지니어링 플라스틱 Ultramid** 제품에 대해 탄소중립 제품(PCF=0)을 세계 최초 출시했는데, 이때 SAP 시스템을 통해 원료부터 생산까지 모든 데이터를 투명히 관리하여 **탄소저감 인증**을 받았다. BASF는 향후 SAP Green Ledger를 도입해 내부碳가격을 재무에 연결하고, 투자 의사 결정에 CO_2 비용을 반영할 계획이라고 발표했다.

- **Siemens(제조):** 독일 Siemens는 **Green Digital Twin** 개념을 추진하며, SAP와 Siemens소프트웨어 통합으로 제품 설계단계부터 탄소를 고려하는 시스템을 만들고 있다. Siemens Energy 부문은 SAP Digital Manufacturing Cloud 등을 통해 **현장 설비의 에너지/탄소 실시간 모니터링**을 구현했고, 그 데이터를 SAP SCT로 집계하여 전 공장 KPI로 관리한다. 또한 Siemens는 SAP과 파트너십으로 **탄소회계와 산업 IoT 연계**를 시연한 바 있는데, 터빈 제조라인에서 전력사용 정보를 실시간으로 Green Ledger에 기록하여, 제품단위 CO_2e를 실시간 누적 표시하는 데 성공했다. Siemens는 이를 통해 **제품별 탄소원가**를 계산, 향후 고객에게 **제품 CO_2 데이터시트**를 제공하여 CBAM 등 규제에 대비케 할 예정이다.

- **BMW(자동차):** BMW는 2030년까지 공급망 포함 CO_2 40% 감축을 목표로 삼고, SAP와 함께 **탄소투명성 프로젝트**를 진행했다. SAP Product Footprint Management를 이용해 차량 1대당 생산/물류 배출량을 상세 계산하고, 부품 공급사들에게 **탄소요구조건**을 부과하기 시작했다. BMW는 SAP Ariba 네트워크를 통해 250여 개 주요 부품사로부터 매년 탄소데이터를 제출받고 있으며, SAP SCT로 이를 통합 관리한다. 또한 BMW는 2025년부터 EU에 판매하는 차량에 **탄소발자국 라**

벨을 붙일 준비를 하고 있는데, SAP 시스템이 이 데이터를 ERP 품목마스터와 연계해 제공함으로써, 각 차량 출고 시 CO_2값이 자동 기입된 CO_2 라벨을 출력하도록 할 예정이다. BMW 경영진은 SAP 지속가능성 솔루션 도입으로 "공급망 탈탄소화 진행률을 정확히 측정하고, 탄소감축 목표를 달성할 수 있을 것"이라고 평가했다.

- **Unilever(소비재):** Unilever는 SAP와 오랜 파트너로, 2020년대 ESG 선도기업 중 하나다. 이 회사는 SAP SCT와 GreenToken 등을 활용해 **팜유, 종이 펄프 등의 원재료 공급망 지속가능성 추적**을 하고 있다. SAP GreenToken으로 팜유 공급체인의 생산지를 토큰화하고, 산림파괴 없는(No Deforestation) 원료만 구매되도록 관리한다는 것이다. 또한 각 제품군별로 탄소/물발자국을 SAP Footprint Mgt로 모니터링하여, 자사 70,000개 제품에 **탄소라벨 부착**을 추진 중이다. Unilever는 SAP SCT 도입 후 여러 지역산으로 분산되었던 ESG 데이터를 글로벌 본부에서 한눈에 파악할 수 있게 되어, 400개 브랜드의 지속가능성 성과를 비교·평가하는 체계를 구축했다. 이를 통해 *지속가능 브랜드(Sustainable Living Brands)*에 투자 집중 및 마케팅 전략 수립에 활용하고 있다.

이 밖에도 Grupo Energía de Bogotá(콜롬비아 에너지기업)는 SAP SCT(RISE with SAP 상에서 구동)를 도입해 남미 여러 자회사들의 ESG 데이터를 통합했고, 보고서 자동화로 수작업을 크게 줄인 사례다. Ambipar(브라질 환경서비스)는 SAP 솔루션을 이용해 "Net Zero as a Service" 플랫폼을 개발, 고객사들에게 탄소관리 서비스를 제공하고 있다. BlueTriton Brands(미국 생수기업)도 SAP 지속가능성 솔루션으로 수자원 보전 KPI와 탄소관리를 ERP와 연계하여 ESG 경영 혁신을 이룬 사례로 소개되었다.

이러한 유수 기업 사례들은 공통적으로 **SAP 지속가능성 기능을 조기에 도입**하여 규제 대응뿐만 아니라 **경쟁력 강화**에 활용하고 있다는 점이 특징이다. 그들은 SAP 도구를 통해 **데이터 기반 ESG 관리**를 선도함으로써, 투자자와 고객들로부터 높은 평판을 얻고 있으며 실제 **비용 절감과 효율 개선** 효과도 달성하고 있다. 예컨대 BASF는 SAP 솔루션으로 에너지사용 최적화 프로젝트를 진행해 수백만 유로의 비용절감을 이루었고, Unilever는 지속가능 브랜드 매출이 다른 브랜드 대비 30% 빠르게 성장하는 성과를 거두었다고 한다. 이는 **ESG와 재무 성과의 선순환**을 보여주는 사례로, SAP 기술이 이를 뒷받침했다는 점에서 시사하는 바가 크다.

한국 및 아시아 기업들의 초기 도입 전략과 ROI

아시아 기업들은 상대적으로 ESG 전환이 늦은 편이지만, 최근 들어 유럽/미국 시장 및 규제의 영향을 크게 느끼며 발 빠르게 대응을 시작하고 있다. 특히 한국, 일본 등 제조업 비중이 높은 국가의 기업들이 SAP 지속가능성 솔루션 도입을 모색 중이다.

한국의 상황

한국 대기업들은 이미 **SAP ERP**를 광범위하게 사용 중이어서, SAP의 ESG 기능 추가 도입에 관심이 높다. 2023년 한국도 K-택소노미, 기후공시 가이드라인 등 도입을 발표하며 ESG 공시 의무화를 예고하고 있어, 선두 기업들은 **사전 준비**에 착수했다. 예컨대 **삼성전자**는 제품 LCA(Life Cycle Assessment) 계산에 SAP Footprint Management 개념을 파일럿 적용하고 있으며, **포스코**는 철강 부문의 CBAM 대응으로 SAP GreenToken을 통해 원료탄소추적을 시험하고 있다. **현대차**는 Scope3 관리 강화를 위해 SAP SCT 도입 검토에 들어갔고, 협력사 1차~3차까지 탄소정보 수집체계 설계를 SAP 코리아와 협업 중이다. **LG화학**은 BASF 사례를 벤치마킹하여 SAP 기반 제품 탄소라벨 발행 시스템 개발을 추진하고 있다. 이렇듯 한국 기업들은 **유럽 경쟁사 사례**를 주시하며 빠르게 따라가는 전략을 취하고 있다.

도입 전략 측면

아시아 기업들은 보수적 성향이 있어 한번에 대규모 도입보다는 **점진적 파일럿**을 선호한다. 예를 들어, 먼저 한 두 개 사업부나 제품라인에서 SAP Footprint Management로 Scope1,2,3 탄소계산을 시범 실시하고, 효과 검증 후 전체 확산하는 식이다. SAP Korea는 이러한 기업들을 위해 "탄소 회계 시범(Pilot) 패키지"를 제공, 3~6개월 내에 주요 기능을 체험하도록 지원하고 있다. 또한 아시아 기업들은 본사 외 다국적 자회사 연계 이슈가 있어, **Regional Rollout 전략**을 세워야 한다. 보통 한국/일본 본사부터 시작해 동남아, 중국 생산법인 등으로 확대하는 순서를 고려한다. SAP SCT는 멀티-엔터프라이즈 데이터를 한데 모을 수 있으므로, 본사가 SCT 글로벌 인스턴스를 운영하고 각 법인은 데이터 제출자/조회자로 참여하는 모델이 유효하다. 예컨대 혼다(일본)는 본사에 SCT 구축 후 북미,유럽 지사 Sustainability팀을 사용자로 초대하여 함께 글로벌 ESG 현황을 관리하고 있다.

ROI 관점

아시아 기업들이 이사회와 경영진 설득을 위해 투자 대비 효과(ROI)를 중시하는데, SAP 솔루션 도입의 ROI는 정량·정성 모두 고려해야 한다. 정량효과로는 우선 **규제비용 절감**이 있다. CBAM만 해도, 앞서 CFO Dive 언급처럼 정확한 데이터로 신고하면 디폴트보다 낮은 배출량을 인정받아 인증서 비용을 줄일 수 있다. 한 철강사 추산에 따르면 SAP 기반 CBAM 대응으로 **연 5% 인증서 비용 절감**(수백만 달러 규모)이 가능하다. 또한 **에너지 효율 개선** 효과가 있다. SCT 데이터로 공정별 에너지/탄소 hotspot을 파악해 개선하면, 직접 에너지비용 절감이 나오는데, 일본 한 화학사는 SAP 데이터 분석으로 공정 최적화해 연 2억엔 절감했다고 보고했다. **생산성 향상**도 ROI 요소다. 예전엔 ESG 보고서 준비에 팀 단위로 달라붙어 수주 걸리던 것을 SCT 자동화로 70% 시간 단축했고, 그 인력을 다른 가치 창출 업무에 투입 가능해졌다.

정성적 ROI로는 **대외평판 개선, ESG 평가등급 향상, 투자유치 용이** 등이 있다. 아시아 기업들은 글로벌 공급망에서 **낮은 탄소발자국**을 증명하면 해외 발주에서 유리해진 다고 본다. 실제로 한국 자동차부품사 A는 SAP 기반 탄소데이터를 완성차 메이커에 제공하여, 경쟁사보다 높은 그린 서플라이어 점수를 받았다. 또 **ESG 등급**이 MSCI나 DJSI 등에서 개선되어, 글로벌 연기금 투자 유치에 성공한 사례도 있다(일본 전자기업 B 는 SAP 솔루션으로 데이터 신뢰도를 높여 MSCI 등급이 B → A로 상향). **리스크 회피**도 큰 가 치다. 데이터 오류나 보고 누락으로 규제벌금, 브랜드 타격을 입는 사태를 막는 것은 일종의 보험효과라 할 수 있다.

조기 착수의 이점

ROI를 높게 확보하려면 **먼저 시작**하는 것이 중요하다. 싱가포르 DBS은행 분석에 따 르면, 공급망 탈탄소 조치를 선제 도입한 아시아 제조기업들은 동종업 대비 주가가 프 리미엄을 보이고 있다고 한다. 이는 시장이 미래 리스크를 덜 반영하기 때문인데, SAP 지속가능성 솔루션 도입 역시 이런 선제조치로 평가받을 수 있다. 한국과 아시아에서 도 **퍼스트 무버**들이 속속 등장하면, 후발주자들은 뒤늦게 따라가기 위해 비용과 시간 이 더 들 가능성이 높다.

변화관리와 인재 양성

한편 ROI 실현에는 기술뿐 아니라 **조직 문화 변화**가 병행되어야 한다. SAP 솔루션 도입 시 직원들의 ESG 데이터 인식 제고, 새로운 프로세스 학습 등이 필요하다. 아시 아 기업들은 이를 위해 전담조직(ESG 데이터관리팀)을 신설하고, SAP와 함께 지속적인 교육, 팝업 세션을 운영하기도 한다. 예를 들어 인도네시아의 국영 석유사는 SAP 도입 과 함께 사내 **탄소회계사** 양성 프로그램을 운영하여, 각 부서당 1명씩 교육을 받게 했 다. 이렇게 해야 시스템이 정착되고 ROI가 극대화된다.

종합하면, 한국/아시아 기업들의 SAP 지속가능성 솔루션 도입은 이제 초기 단계지만, 선도 사례들이 나타나고 있으며 **선제적 도입 시 큰 이익**이 예상되는 상황이다. 특히 글로벌 밸류체인에 속한 기업들은 "고객사/투자자가 요구하기 전에 갖춰놓자"는 전략으로 움직이고 있다. 초기 ROI는 당장 크지 않을 수 있어도, **ESG 역량 내재화**라는 장기 관점에서 본다면 충분히 투자할 가치가 있다는 인식이 확산되고 있다. SAP의 로드맵을 따르면 새로운 규제나 기준이 나와도 시스템 업데이트로 대응 가능하므로, **미래 비용 절감 효과**까지 고려한 ROI는 상당히 높아질 전망이다.

전략적 시사점

ESG 회계 및 리스크 관리 측면에서의 의미

SAP의 지속가능성 전략은 단순 소프트웨어 기능 도입을 넘어, 기업 경영 패러다임 전환에 기여하는 **전략적 의미**를 갖는다. 우선 **ESG 회계**(ESG Accounting) 개념 정립에 선도적 역할을 하고 있다. 과거 ESG 성과는 재무와 별개로 질적 설명에 머물렀다면, 이제 SAP Green Ledger 등을 통해 **ESG도 재무제표처럼 수치화, 등식화**하는 시도가 현실화되었다. 이는 기업들이 환경·사회 활동의 성과를 명확히 측정·관리·보고할 수 있게 해주며, ESG 경영을 **책임성과 객관성** 위에 올려놓는다. 특히 탄소중립(Net Zero) 공약에 대해서, "숫자로 증명하라"는 투자자 요구에 기업이 답할 수 있는 기반을 마련한다. 예컨대 SAP 솔루션을 도입한 기업은 "올해 탄소배출 X톤, 1년 전 대비 Y% 감축, 이는 ERP 데이터 기반 검증됨"이라고 투명하게 공개하여 **그린워싱 논란**을 불식시킬 수 있다. 이렇게 ESG 회계가 자리 잡으면, 기업 내에서도 ESG 목표에 대한 **내부 통제와 성과평가**가 강화되어 ESG 추진이 일회성 캠페인이 아닌 **지속적 개선 사이클**이 된다.

또한 SAP의 접근은 ESG를 **리스크 관리체계에 편입**시킨다는 의미가 있다. 기후변화나 규제는 기업에 실질 재무위험으로 대두되는데, SAP SCT/Green Ledger는 이 위험을 정량화하고 시나리오별 영향을 분석하는 도구를 제공한다. CFO, CRO(Chief Risk Officer) 등은 SAP 데이터를 통해 기후리스크를 다른 기업리스크와 **동일 프레임**에서 관리할 수 있다. 예컨대 신용리스크, 시장리스크처럼 **탄소비용 리스크**를 모델링해 대응전략을 세우고, 분기별로 리스크 한도와 추이를 점검한다. 이는 기업이 ESG를 "비재무적 리스크"로 따로 보는 게 아니라, 통합 리스크관리(ERM)의 일부로 취급함을 의미한다. 이는 특히 금융기관들이 기후관련 금융리스크 스트레스테스트 의무 대응에 SAP 솔루션을 활용하고 있는 부분에서 잘 나타난다. 실제 HSBC, BBVA 등 은행들은 SAP Analytics를 활용한 대출포트폴리오의 기후리스크 분석을 도입하고 있다. 기업 측면에서도, 공급망 리스크 중 **탄소 리스크**를 SAP 데이터로 관리하면 갑작스런 탄소가격 폭등, 규제비용 발생 등에 선제 대응할 수 있다.

한편 **지속가능경영과 재무경영의 융합**이라는 거시적 변화도 시사된다. SAP 솔루션 도입 기업들의 공통된 피드백은 "지속가능성 부서와 재무/전략 부서 간 협업이 늘었다"는 것이다. Green Ledger 데이터는 CFO 조직이 다루지만, 그 내용은 CSO 조직의 환경전략과 직결된다. SCT 대시는 전략, 생산, 마케팅, 인사 등 여러 부서가 함께 본다. 이는 ESG와 비ESG 조직간 **사일로를 허물고 목표를 공유**하게 만들었는데, 이는 기업 내부에 **ESG-재무 융합인재**를 요구하는 흐름으로 이어진다. CFO들이 환경을 이해하고, 환경전문가들이 재무를 이해하는 **CFO+CSO 역할 통합**이 일어날 수 있다는 전망도 있다. 사실 SAP 학습자료에서도 "CFO 역할의 진화"를 강조하며 지속가능성 대응을 CFO책임 아래 두는 흐름을 설명했다. 이는 궁극적으로 기업 경영진이 Triple Bottom Line(경제·환경·사회)을 모두 의사결정에 고려하는 체계를 갖추는 데 기여할 것이다.

마지막으로 **투명성과 신뢰 구축** 측면에서 SAP 지속가능성 전략의 의미가 크다. ESG 정보 불투명은 투자자 신뢰 저하로 이어지고 자본비용을 높인다. SAP 시스템은 ESG 데이터를 **투명하게 생성-관리-보고**하게 해주어, 기업 외부 이해관계자들에게 신뢰를 준다. 감사가능 데이터를 제공하고, 국제표준 호환성을 보장하므로, 투자자나 규제당국이 믿고 활용할 수 있다. 이것은 **시장의 정보 비대칭 해소**로 연결되어, ESG 우수기업이 정당한 평가와 혜택(낮은 이자율의 채권 발행 등)을 받을 기반이 된다. 또한 공급망 파트너 간에도 투명 데이터 공유로 **신뢰관계**가 강화된다. 큰 기업이 작은 공급사에 "우리 SAP 플랫폼에 배출량 올려달라"고 하면 협력사 입장에선 부담일 수 있으나, 장기적으로는 **공동의 탈탄소 목표**를 향해 데이터를 공유함으로써 파트너십이 견고해질 수 있다. 유럽 OEM과 한국 부품사 간에 이런 데이터협력 사례가 늘고 있는데, SAP 같은 글로벌 플랫폼은 **공통언어** 역할을 한다. 이처럼 SAP 전략은 **신뢰에 기반한 ESG 생태계** 구축에 한 축을 담당하고 있다.

데이터 신뢰성과 파트너 협업의 중요성

SAP 지속가능성 로드맵에서 거듭 강조되는 것은 "데이터의 신뢰성(Reliability)"이다. 아무리 좋은 분석툴과 보고체계가 있어도, 입력 데이터가 부정확하거나 부실하면 결과 역시 무의미하다. 따라서 **Garbage In, Garbage Out**을 피하기 위해, SAP는 **엄격한 데이터 관리** 기능을 솔루션 전반에 심었다.

우선 **기본 원칙**은 ESG 데이터도 재무데이터처럼 **신뢰도 기준**을 적용하라는 것이다. 재무회계에서는 숫자 하나하나가 내부통제와 외부감사로 담보되듯, ESG 수치도 근거와 검증을 거쳐야 한다. SAP Green Ledger의 이중부기, SCT의 데이터 검증 워크플로우, 공급망 데이터의 인증서 첨부 기능 등은 모두 이 철학에 기반한다. 기업들은 이러한 기능을 십분 활용해 **데이터 거버넌스 정책**을 수립해야 한다. 예컨대, "모든 Scope1/2 데이터는 설비미터기 검침값에 근거하고, 환경팀 승인 후 확정한다"라든지 "공급망 데이터는 2년마다 협력사 확인서를 받는다" 등의 내부 룰을 정하고, SAP 시스템상에서 이행을 관리하면 좋다. 데이터 신뢰성이 쌓이면 ESG 보고서에 대한 외부 신뢰도 올라가고, 이는 앞서 언급한 금융상 혜택으로 이어질 수 있다.

데이터 신뢰성과 직결되는 **파트너십**도 중요하다. 공급망에서 **파트너 협업** 없이 Scope3 정복은 불가능하다. SAP Sustainability Data Exchange 등의 시도는 결국 업계 파트너들이 **데이터 공유라는 협력**에 동참해야 성공한다. SAP CSO는 "지속가능경영은 협력 없이는 달성 못한다. SAP도 파트너들과 함께 진화한다"고 강조했다. 기업들은 SAP 플랫폼을 **공동 협업장**으로 활용해, 협력사/고객사와 데이터를 주고받고 함께 개선해야 한다. 예를 들어 한 완성차 업체는 SAP SCT 대시보드를 주요 부품사들에게 일정부분 공개해, 자기 성과를 확인하고 개선토록 유도했다. 부품사도 이 데이터를 기반으로 다른 경쟁사와 벤치마크하며 개선 아이디어를 얻었다. 이런 협업적 접근이 **전체 가치사슬의 ESG 수준을 동반 향상**시킨다는 점에서 중요하다.

또 하나의 협업은 **산업 표준화 노력**이다. SAP는 WBCSD PACT, Catena-X 등 여러 산업 연합과 협력하여 **ESG 데이터 표준**을 수립하고 있다. 기업들도 적극 참여해 자기 의견을 반영하고, 결과 표준을 자사 SAP 시스템에 빠르게 구현하도록 해야 한다. 예컨대 PACT 프로젝트에서 제품 탄소데이터 표준(OCT)이나 배출인자 공유방식 등을 논의하는데, 여기에 참여한 기업은 SAP 업데이트나 업계 요구에 미리 대비해 경쟁우위에설 수 있다. 표준화가 잘 되면 **업종 전체의 투명성**이 높아져, 선도 기업에게 유리한 판이 형성되므로, 이 부분도 협업의 연장이라 할 수 있다.

인적 협업도 간과할 수 없다. SAP 솔루션 도입 과정은 IT부서-ESG부서-재무부서 등 **사내 부서 협업**을 필수로 한다. 성공 사례들은 부서간 경계를 허물고 하나의 팀처럼 움직였다. 예컨대 BASF는 CFO 산하에 ESG 데이터팀을 두고, IT/환경안전/재무 인력을 혼성 구성하여 SAP 프로젝트를 수행했다. 이는 데이터 신뢰성 향상에 매우 효과적이었다. 왜냐하면 IT는 데이터 흐름을, 환경팀은 수치 의미를, 재무팀은 통제절차를 각각 잘 알아, 함께 설계해야 완성도 높은 시스템이 나오기 때문이다. 기업들이 SAP 지속가능성 프로젝트를 추진할 때, 반드시 **크로스펑셔널 태스크포스**를 꾸리고, 정기적 협업으로 데이터 품질을 담보해야 한다.

마지막으로, **지속적인 개선 문화** 정착도 신뢰성/협업과 관련된다. SAP 시스템 도입은 끝이 아니라 시작이다. 기업은 데이터를 보면서 새로운 인사이트를 얻고, 그걸 토대로 프로세스를 개선하고, 개선된 프로세스에서 새로운 데이터를 얻는 Continuous Improvement 사이클을 돌아가게 해야 한다. SAP SCT 등은 이를 위한 툴을 제공하나, 궁극적으로 이는 **사람과 조직의 노력**으로 이루어진다. 데이터 신뢰성 유지도 매년 입력값 업데이트와 검증 노력을 동반해야 한다. 협력사 교육과 지원도 주기적으로 해야 한다. 이러한 **끊임없는 관리와 협력**이 시스템이 의도한 바를 100% 실현하게 할 것이다.

향후 지속가능성 확장을 위한 SAP 로드맵 전망

SAP의 지속가능성 로드맵은 현재의 탄소·ESG 관리에서 더 넓고 깊게 확장될 것으로 예상된다. 몇 가지 주요 전망을 살펴보자.

- **ESG 영역 확대:** 현재 SAP 솔루션은 환경(E)과 일부 사회(S) 지표에 중점을 두고 있지만, 앞으로 **사회 및 거버넌스 분야**로 기능이 넓어질 것이다. 예컨대 **인적자본 회계**(Human Capital Accounting) 개념이 도입되어, 직원 교육, 다양성 등의 가치를 재무와 연결하는 시도가 있을 수 있다. SAP는 SuccessFactors 인사데이터와 SCT를 연계하여 **인적자산의 측정 및 보고**를 지원할 가능성이 있다. 또 **거버넌스 지표**로 윤리경영 수준이나 이사회 구조 등을 정량 관리하는 지표 개발도 이뤄질 수 있다. IFRS ISSB가 장기적으로 기후 외 영역으로 확대할 계획이므로, SAP도 그에 맞춰 솔루션 업데이트를 할 것이다.

- **전략/의사결정 도구화:** SAP 지속가능성 솔루션은 점점 **시뮬레이션과 최적화** 기능을 강화할 전망이다. 현재도 시나리오 분석이 있지만, 미래에는 AI를 활용한 **의사결정 추천 시스템**으로 발전할 수 있다. 예컨대 Green Ledger 데이터를 머신러닝으로 분석해 "탄소당 이익률"이 낮은 사업을 추천해서 축소 권고하거나, SCT가 공급망 최적화(거리 vs 탄소) 방안을 계산해주는 식이다. SAP는 Business AI와 GPT 기술을 지속가능성 영역에도 접목 중인데, 경영진이 자연어로 "2050 탄소중립 달성 경로"를 물으면 SCT/Green Ledger 데이터로 시뮬레이션하여 경로 옵션을 제시할 수도 있다. 이는 **지속가능성 의사결정의 자동화/지원화**로, 경영 효율성 향상을 가져올 것이다.

- **산업 특화 솔루션:** SAP는 각 산업별 특성에 맞는 지속가능성 기능을 내놓을 전망이다. 예컨대 **유틸리티 산업**은 Scope3보다 Scope1(발전) 감축이 핵심이므로, 재생에너지 포트폴리오 관리, 탄소포집 비용계산 등이 중요하다. SAP는 Utilities용 탄소옵션 평가 모듈 등을 추가할 수 있다. **물류 산업**엔 운송경로 최적화, 연료전환 시나리오 등이 필요하다. SAP TM(Transportation Management)와 SCT 연계를 강화해, 운송계획 수립시 탄소도 함께 고려하는 기능을 넣을 것이다. **식품 업계**는 Scope3 농축산물이 가장 큰 배출원이라, SAP는 농업 데이터 플랫폼과 연계하거나 위성데이터로 토지이용 정보 등을 수집하는 방안도 연구 중이다. 이러한 산업별 세분화는 SAP BTP 기반의 마이크로서비스로 제공되어, 필요 기업이 플러그인처럼 붙일 수 있을 것으로 보인다.

- **생태계 및 규제 연동 강화:** SAP는 국제기구, 정부와 협업하여 규제 대응 기능을 계속 선도할 것이다. IFRS, EU, SEC 등과도 협력 중이지만, 향후 국가별 로컬 규제에도 대응 솔루션이 나올 가능성이 높다. 예컨대 **한국 K-ESG 가이드라인, 일본 프라임시장 ESG 공시, 중국 ESG 표준** 등에 SAP 솔루션 업데이트가 따라붙을 수 있다. 또한 **탄소세, 배출권거래 등 재무영향 규제**를 ERP와 연계하는 기능도 확대될 것이다. Green Ledger가 CBAM 뿐 아니라 EU-ETS 회계나 미국 IRA세액공제 관리까지 다룰 가능성이 있다.

- **IoT 및 실시간 모니터링:** ESG 데이터는 과거 수집-보고 형태였지만, 기술 발전으로 **실시간 추적**이 중요해지고 있다. SAP는 IoT와 Edge 기술을 접목해 공장 설비, 차량, 빌딩 등에서 실시간 탄소/환경 데이터를 받아 SCT/Green Ledger에 반영할 것이다. 이미 SAP Digital Manufacturing Cloud 등과 일부 연결했지만 더 속도를 낼 것이다. 이는 곧 "탄소계산은 나중에"가 아니라 "생산과 동시에 탄소계산"이 이루어지는 상태로 진화함을 뜻한다. 이는 신속한 대응과 효율개선에 더욱 기여할 것이다.

- **제품 및 서비스 비즈니스 모델:** SAP는 지속가능성 기능을 통해 새로운 비즈니스 기회도 창출 중이다. 예를 들어 기업이 SAP 플랫폼상에 자사 탄소감축 노력을 서비스로 제공하는 **XaaS 모델**(앞서 Ambipar 사례처럼)이 늘 수 있다. SAP는 이를 지원하기 위해 탄소거래 플랫폼, 인증 마켓플레이스 같은 기능도 구상 중이다. 기업들 간에 탄소여력(Allowance)을 사고파는 시장이 열리면, SAP 시스템이 안전한 거래와 정산을 도와줄 수 있다. Green Ledger에 탄소크레딧을 자산으로 등재하고, 블록체인 기반 거래소 연결 같은 시나리오다.

결국 SAP의 지속가능성 로드맵은 "Sustainability embedded in every business process"라는 비전에 수렴한다. 미래에는 기업 경영의 모든 의사결정이 ESG 요소를 자동으로 고려하게 될 것이며, SAP는 그 밑단에서 데이터를 흐르게 하고 분석·회계 처리하는 **인프라**가 될 것이다. 예컨대 과거 ERP가 재무 흐름의 인프라였다면, 이제 SAP 시스템은 **재무 + ESG 흐름의 인프라**가 되는 것이다. 이는 SAP 자신에게도 중요한 전략이다. SAP는 2030 자사 넷제로, 2023 플라스틱제로 등 강력한 지속가능성 목표를 발표했고, 자사 운영에 솔루션을 적용하며 새로운 모듈을 시험하고 있다. 향후 2025년, 2030년으로 갈수록 SAP는 **AI, Cloud, ESG**의 융합된 혁신을 지속 출시하여, 고객들이 "지능형 지속가능기업(intelligent sustainable enterprise)"이 되도록 지원할 것으로 기대된다.

SAP 제품별 기능 정리표: Green Ledger, SCT, Datasphere, Sustainability Footprint Manager

제품명	주요 기능	역할/위치	특징
SAP Green Ledger (탄소 회계 원장)	ERP와 통합된 탄소회계 관리. - 기업 활동의 **탄소배출량을 이중부기로** 기록 - Scope1,2,3 **탄소데이터**를 재무 차원(원가센터, 계정 등)별로 집계 - **탄소원장**(Carbon Ledger) 보관, 재무원장과 연결 분석 - **탄소예산 관리**(탄소 CAPEX, 인증서 등 회계처리)	SAP BTP 앱 (SaaS), SAP S/4HA-NA와 연동	- SAP S/4HANA Cloud 전용 앱(On-prem 연계 가능) - **거래레벨 탄소추적**: 전표와 연결된 CO2량 기록 - **Double Entry 원칙**: 탄소데이터 정확성/감사성 확보 - CSRD/ISSB 등 **규제 맞춤 대응**(재무-환경 통합공시 지원) - SAP Central Finance와 연계 시 그룹 전사 통합 가능 - 2023년 SAP 자체와 Pilot 고객들 활용, 2024년 GA(예정)
SAP Sustainability Control Tower(SCT) (ESG 경영 제어탑)	ESG 데이터 통합 관리 및 대시보드. - **다원화 데이터 수집**(SAP/Non-SAP, 파일, API) - **ESG 지표 계산/관리**(탄소, 에너지, HR, 공급망 등) - **실시간 모니터링/시각화** (Dashboard, Drill-down) - **목표 및 시나리오 관리**(타겟설정, 예측분석) - **보고서 생성**(규제별 템플릿, AI 보고서)	SAP BTP 앱 (SaaS), Supply Chain 영역 제품군	- **Holistic ESG Platform**: E/S/G 전반 통합 관리 - **표준 프레임워크 지원**: CSRD(ESRS), TCFD, GRI 등 다수 - **유연 확장**: SAP Datasphere content로 커스텀지표 추가 가능 - **BTP 기반 개방성**: 파트너 솔루션/외부데이터 연계 용이 - RISE with SAP 구독에 포함 가능(클라우드 번들)
SAP Datasphere (구 Data Warehouse Cloud)	데이터 통합 및 뷰 레이어. - **다중 소스 데이터 연계**(DB, ERP, API 등) - **ESG 전용 Data Model/Views**(SCT content) - **대량데이터 처리/변환**(SQL, Calc views) - **권한별 가시성 관리**(데이터 거버넌스)	SAP BTP 서비스(PaaS)	- ESG 데이터의 **중앙 저장소/전처리**로 사용 - SCT, Green Ledger 등에 실시간 제공되는 **데이터층** - **온프레 연동**: SDI/ODP 통해 ECC 등과 연결, 대량추출 - **엔터프라이즈 DWH** 기능, ESG 외에도 확장 활용 가능

제품명	주요 기능	역할/위치	특징
SAP Sustainability Footprint Management (탄소발자국 관리자)	탄소/환경 발자국 산정 엔진. - **제품 Carbon Footprint** 계산(LCA 기반 - **기업(조직) Carbon Footprint** 계산(Scope1,2,3 - **Emission Factor 관리**(DB매핑, AI추천) - **ERP 연계**: 마스터/트랜잭션 데이터 활용 계산 - **결과 내재화**: 계산결과를 ERP 프로세스에 embed(ex: CO2 as cost)	SAP BTP 앱 (SaaS), Supply Chain 제품군	- 2022년 출시(기존 SAP Product Carbon Footprint의 진화판) - **ERP 중심 탄소계산**: SAP 프로세스 데이터 활용 granular 계산 - **AI보조**: 배출계수 자동매핑, 데이터보정 제안 - **대규모 계산**: 다수 제품/원료 동시 산정(Harting 13k 품목 사례) - **Data Exchange 연계**: 협력사로부터 PCF 수집 및 공유

용어 해설집

- **SAP Green Ledger:** SAP가 제공하는 **탄소 회계 원장** 솔루션. 기업의 재무회계 시스템에 탄소배출 정보를 **이중장부** 방식으로 통합하여, 거래별 탄소량을 기록/관리한다. 재무데이터와 환경데이터를 연결함으로써 **통합 ESG 회계**를 구현한다.

- **SAP Sustainability Control Tower(SCT):** 기업의 **ESG 경영 상황**을 총괄 모니터링/분석하는 SAP의 클라우드 플랫폼. 여러 출처의 ESG 데이터를 수집해 핵심지표(KPI)를 계산하고, 대시보드로 시각화하며, 목표관리·보고서생성 등을 지원한다. **ESG 종합 통제실** 역할을 한다.

- **SAP Datasphere:** SAP의 클라우드 **데이터 통합/관리 플랫폼.** 과거 Data Warehouse Cloud로 불렸으며, SAP 및 비SAP 데이터를 연결·모델링하여, SCT 등에서 사용할 수 있게 **하나의 ESG 데이터 뷰**를 제공한다. 대용량 데이터 처리와 **엔터프라이즈 데이터 거버넌스** 기능을 갖춘다.

- **SAP Sustainability Footprint Management:** 기업의 탄소발자국(footprint)을 계

산·관리하는 SAP 솔루션. 제품별 **전과정 라이프사이클 탄소배출량** 및 기업의 Scope1,2,3 배출량을 ERP 데이터 기반으로 산출한다. **ERP 중심 탄소산정 엔진**으로 불리며, Green Ledger나 SCT에 탄소계산 결과를 제공한다.

- **Scope 1 / 2 / 3:** 온실가스 프로토콜에서 정한 **배출 범위** 구분.
  - Scope1: 기업이 직접 배출하는 온실가스(자사 소유/통제 시설, 차량 연소 등).
  - Scope2: 기업이 소비한 구매에너지(전기, 열 등) 생산 시 발생한 간접 배출.
  - Scope3: 그 외 기업 가치사슬에서 발생하는 모든 간접 배출(원자재 공급, 물류, 제품 사용/폐기 등). 일반적으로 Scope3가 기업 총 배출량의 대다수를 차지하므로 관리가 중요.

- **CBAM(Carbon Border Adjustment Mechanism):** EU가 도입한 **탄소국경조정제도**로, 역외국가에서 탄소집약 제품을 수입할 때 EU ETS(탄소가격)에 준하는 비용을 부과하는 제도. 수입업자는 제품의 **내재탄소량**을 신고하고, 이에 상응하는 **CBAM 인증서**(탄소권)를 구매·제출해야 한다. 2026년부터 본격 시행되며, 철강·알루미늄 등 일부 업종 시작으로 확대 예정. **탄소누출 방지** 및 EU 산업 보호 목적.

- **ESG Taxonomy(EU Taxonomy):** EU **지속가능 금융분류체계**를 지칭. EU에서 환경적으로 지속가능한 경제활동의 기준을 정한 것으로, 기업의 사업/매출 중 어느 부분이 **녹색활동**인지 판단하는 데 쓰인다. 6대 환경목표(기후완화·적응, 물, 순환, 오염, 생물다양성)에 부합하는 활동이면 Taxonomy-aligned로 간주. CSRD 공시에서 **녹색 매출비중, 녹색 CapEx/Opex 비중** 공시에 활용됨. 기업과 투자자 간 **녹색분류 공통언어** 역할.

SAP Global Roadmap 부록 A & B: 의사결정 체크리스트와 비교 분석

[부록 A] 의사결정 체크리스트

SAP S/4HANA로의 전환이나 신규 도입을 앞둔 조직은 기술 및 비즈니스 전략 측면에서 다양한 선택지를 고려해야 한다. 아래 체크리스트는 **SAP 도입/전환 시 핵심적으로 검토해야 할 네 가지 분야**(비즈니스 모델, 산업 전략, 기술 선택, 지속가능성)에 대한 의사결정 가이드를 제공한다. 각 항목마다 고려해야 할 조건, 적용 시 기대 효과, 유의할 점 등을 해설 형태로 정리하였다.

비즈니스 모델: RISE vs GROW 선택 기준

핵심 배경

SAP는 클라우드 ERP 도입을 위해 **RISE with SAP**과 **GROW with SAP** 두 가지 주요 패키지를 제공한다. **RISE**는 대규모 혁신을 위한 "비즈니스 트랜스포메이션 as a Service" 번들로, 기존 SAP 사용 기업이나 복잡한 요구사항을 가진 대기업에 맞춰진 **포괄적 맞춤형 구독 모델**이다. 반면 **GROW**는 SAP를 처음 도입하는 중견·중소 규모 기업을 위한 **정형화된 클라우드 ERP 패키지**로, 사전 구성된 베스트 프랙티스를 통해 **신속하고 예측 가능한 구축**을 목표로 한다. 양 옵션 모두 S/4HANA Cloud를 기반으로 하지만, 접근 방식과 유연성에서 큰 차이가 있다.

고려 조건

기업의 규모와 기존 시스템 현황이 가장 중요한 결정 요소이다. **대기업 또는 기존 SAP ECC 사용 기업**이라면 복잡한 현업 프로세스와 다국적 운영을 고려해 RISE 모델이 권장된다. RISE는 온프레미스에서 클라우드로의 포괄적 전환을 지원하므로, 현 시스템에 맞춘 유연한 조정이 가능하다. 예를 들어 **기존에 SAP를 사용 중인 경우** 또는 **자회사/해외법인 등 이중 구조(two-tier) 운영**이 필요한 경우, RISE의 하이브리드 배포와 확장성으로 대응할 수 있다. 반면 **SAP를 처음 도입하는 중견·중소기업**이거나 **표준화된 범위 내에서 빠른 ERP 도입**을 원한다면 GROW 패키지가 적합하다. GROW는 사전 정의된 범위와 단일 SaaS 구독으로 제공되어 **예산과 일정 제약이 있는 조직**에 유리하며, 수주 내지 몇 달 내 핵심 모듈을 가동할 수 있는 속도감을 제공한다. **기업 자산 중심 산업 여부**도 고려해야 하는데, 제조업 gibi 자산 및 물류 프로세스가 복잡한 대기업은 RISE의 유연성을 통해 기존 맞춤 개발을 클라우드 환경으로 이행하고 통합할 수 있다. 반면 자사 규모가 작아 **표준 프로세스로도 업무 수행이 가능**한 기업은 GROW의 표준 기능으로 충분한 경우가 많다.

활용 시 장점

RISE를 선택하면 **일원화된 단일 계약**으로 인프라(하이퍼스케일러 클라우드), 소프트웨어, 지원 서비스가 모두 포함되어 관리 용이성이 높다. 또한 프로세스 마이닝/분석 도구(Signavio 등)와 BTP 크레딧, SAP 비즈니스 네트워크 스타터팩 등이 함께 제공되어 **대대적인 프로세스 혁신**을 추진하는 데 도움이 된다. RISE는 **Private Edition** 지원을 통해 업그레이드 일정이나 확장에 대한 통제력이 필요한 경우에도 대응할 수 있고, 고객별 요구에 따라 번들을 유연하게 구성할 수 있다. 한편 GROW를 도입하면 **신속한 가치 실현**이 가능하다는 장점이 크다. Activate 방법론 기반의 **사전 구성 베스트 프랙티스**로 구현하므로 구현 기간이 짧고, 복잡한 추가 개발 없이 운영을 시작해 몇 주~몇 달 내 Go-Live를 달성할 수 있다. 또한 GROW는 **예측 가능한 비용 구조**(에디션별 정해진 사용자 패키지)로 초기 투자 부담이 적고, SAP 커뮤니티와 학습 리소스 접근을 통해 IT 인력 최소화로도 클라우드 ERP를 활용할 수 있게 해준다. 요약하면 "SAP 신규 고객으로 빠른 SaaS ERP 도입이 목적이면 GROW, 기존 SAP 사용기업으로 유연한 전체 전환이 필요하면 RISE"라는 것이 SAP의 권고이다.

의사결정 유의점

자사 상황에 비해 과도하거나 부족한 옵션을 선택하지 않도록 주의해야 한다. 예를 들어 비교적 단순한 요구사항밖에 없는데도 RISE를 선택하면 불필요한 비용과 복잡도를 초래할 수 있고, 반대로 **복잡한 현업 프로세스를 가진 대기업이 GROW를 선택하면 표준 기능의 한계**에 부딪혀 추가 개발이나 확장이 어려울 수 있다. GROW 패키지는 확장성과 커스터마이징에 한계가 있으므로 장기적으로 비즈니스가 성장해 고급 기능이 필요해질 경우 추가 투자나 RISE로의 전환을 고려해야 한다. 반면 RISE 계약은 포괄적이지만 **계약 조건이 복잡**하고 각 기업별로 내용이 달라질 수 있어(예: 추가 클라우드 서비스 포함 여부) 면밀한 검토와 협상이 필요하다. 또한 RISE는 기업 규모에 맞게 **프로젝트 기간이 길어질 수 있음**을 염두에 둔다 - 대규모 전환은 1년 이상 걸릴 수도 있어 명확한 로드맵 수립이 중요하다. 마지막으로, 두 옵션 중 무엇을 선택하든 **조직의 규모, 복잡성, 예산, 일정, 기존 시스템 현황** 등을 종합적으로 고려해 결정해야 함을 명심해야 한다. 즉, **"턴키 방식의 신속성 vs 고도로 맞춤화된 접근"** 중 우리 조직에 어떤 전략이 부합하는지 판단하고, 필요시 전문가의 평가를 받아보는 것이 좋다.

산업 전략: Industry Cloud 및 BTP 기반 확장의 적합성

핵심 배경

SAP의 **Industry Cloud**는 산업별 특화 솔루션을 SAP BTP 상에서 **마이크로서비스 형태로** 제공하여, 핵심 ERP를 표준 프로세스 중심으로 유지(클린 코어)하면서 업계 특유의 요구사항을 충족하도록 한 전략이다. 과거에는 산업별 요구를 충족시키기 위해 ERP 코어 자체를 **많이 확장**(customizing) 했지만, 이는 업그레이드 난이도 증가와 기술 부채를 가져왔다. Industry Cloud는 이러한 접근을 탈피해 **표준화된 코어 + 확장 마이크로서비스** 구조를 지향하며, SAP 및 파트너들이 제공하는 클라우드 앱을 통해 업종별 기능을 보완한다. BTP는 이 Industry Cloud 솔루션들의 기반 플랫폼으로서, **필요한 경우 고객이 직접 확장 앱을 개발**하여 추가 요구사항을 구현할 수도 있다.

고려 조건

자사 운영이 표준 프로세스 중심으로 가능한지 여부가 첫 판단 기준이다. 새로운 클라우드 ERP에서는 SAP 권장 모범 프로세스에 업무를 맞추는 **Fit-to-Standard** 전략이 중요하며, 기본 S/4HANA 기능으로 대부분 커버된다면 코어를 수정하지 않고도 목표를 달성할 수 있다. 이 경우 남는 특수 요구만 Industry Cloud 솔루션으로 메꿀 수 있다. 예를 들어 **규모가 크지 않고 내부 프로세스가 일반적**인 회사는 굳이 개발을 하기보다는 SAP가 제공하는 표준 시나리오로 업무를 구성하고, 부족한 부분만 **파트너 애플리케이션 활용**이나 **간단한 BTP 확장**으로 보완하는 것이 적합하다. 반면 **업계 특유의 규제 준수나 독자 프로세스**가 많은 기업(예: 금융, 제약, 공공 등)은 표준 구성이 모든 니즈를 충족하지 못할 수 있다. 이때 1) SAP나 파트너가 제공하는 **Industry Cloud 앱** 중 해당 요구를 충족하는 것이 있는지 살펴보고, 2) 없을 경우 **SAP BTP를 통한 신규 확장 개발**로 해결할지를 결정해야 한다. **파트너 에코시스템 활용**도 고려할 요소인데, **SAP 스토어에 이미 검증된 업종 솔루션**이 많고 이를 활용하면 자체 개발을 줄일 수 있다. 따라서 **외부 솔루션 도입에 거부감이 없고 신뢰할 파트너가 있는지**도 판단해야 한다. 반대로 모든 것을 직접 개발/통제하려는 조직 문화라면 Industry Cloud의 공유 솔루션보다 BTP 상의 자체 개발을 선호할 수 있으나, 이 경우 유지보수 비용과 향후 업그레이드 영향 등을 면밀히 따져야 한다.

활용 시 장점

Industry Cloud 중심 전략을 취하면 ERP 코어를 손대지 않으면서 필요한 기능을 빠르게 확보할 수 있다는 장점이 있다. SAP나 파트너가 제공하는 **사전 구축된 클라우드 애플리케이션**을 활용하면 별도의 대규모 개발 없이도 업종 특화 기능을 곧바로 도입 가능하며, 그만큼 **구현 기간 단축과 비용 절감(TCO 감소)** 효과가 크다. 또한 마이크로 서비스 기반이라 각 산업솔루션이 **독립적 모듈**로 동작하고 API로 연계되므로, 한 솔루션의 변경이 코어 ERP에 영향을 주지 않아 **업그레이드가 용이**하고 혁신 주기를 빠르게 가져갈 수 있다. 예를 들어 Industry Cloud 솔루션을 도입하면 핵심 S/4HANA는 표준 형태로 최신 패치를 적용하고, 산업별 기능은 BTP상의 별도 서비스로 **유연하게 업데이트**할 수 있어 변화 대응력이 높아진다. 이는 결과적으로 **클린 코어 전략**을 실현하여 기술 부채를 줄이고, 시스템 안정성을 높이는 효과를 낸다. 파트너 생태계 활용 측면에서도 이점이 있는데, 다양한 SAP 파트너들이 검증된 산업별 솔루션을 지속 출시하고 있어 고객은 **폭넓은 선택지** 속에서 자사에 맞는 기능을 선택할 수 있다. 이는 "재발명"을 피하고 곧바로 **업계 모범 사례**를 흡수하는 길이기도 하다. 요약하면, **표준 프로세스를 최대한 수용하면서 부족한 부분은 외부 확장으로 채우는 것**이 최신 ERP 도입의 모범 전략이며, 이를 통해 민첩성, 낮은 유지비용, 빠른 혁신의 장점을 얻을 수 있다.

의사결정 유의점

Industry Cloud 및 BTP 확장 전략을 채택할 때는 **몇 가지 유의사항**이 따른다. 첫째, **기존 프로세스의 재설계 의지**가 필요하다. 클린 코어를 위해서는 현재 사용 중인 비표준 프로세스 중 일부를 SAP 표준에 맞게 변경하거나 불필요한 커스터마이징을 포기해야 하는데, 이를 위한 경영진/현업의 협력이 필수적이다. 조직이 변화를 수용하지 못하면 결국 또다시 기존 방식대로 코어를 수정하려는 유혹에 빠질 수 있으므로, 업무 프로세스 최적화 노력이 선행되어야 한다. 둘째, **Industry Cloud 솔루션의 성숙도**를 따져봐야 한다. 일부 업종의 경우 아직 완벽한 클라우드 대체재가 없거나 기능이 미흡할 수 있으므로, 도입 전에 해당 솔루션의 범위와 한계를 검증해야 한다. 그래도 **대부분의 기업이 필요한 특화 기능 중 상당 부분은 이미 SAP 표준 혹은 산업클라우드로 제공**된다는 점을 고려하면, 남는 갭은 BTP로 개발하더라도 과거처럼 전면적인 커스터마이징보다는 범위가 제한될 것이다. 셋째, 파트너 앱 도입 시 **지원 및 통합** 측면을 살펴야 한다. 공식 Industry Cloud 솔루션들은 SAP 인증을 거쳤지만, 실제 우리 S/4 시스템과의 **통합(Integration)** 작업, 데이터 모델 매핑 등이 필요할 수 있다. SAP Integration Suite나 API 관리 도구를 통해 연계를 표준화하고, 이벤트 Mesh 등을 활용해 실시간 통신을 구현하는 방안을 함께 고려해야 한다. 마지막으로, **불가피한 경우에만 코어 커스터마이징을 선택**하도록 원칙을 세워야 한다. 혹여 규제 대응 등으로 ERP 내부 커스터마이징이 필요하다면, 그 변경이 향후 업그레이드에 미칠 영향과 지속 유지보수 비용을 면밀히 평가해야 한다. 가능하다면 이러한 경우도 일시적 조치로 두고, 장기적으로는 SAP의 로드맵(예: 향후 나올 표준 기능 또는 Industry Cloud 앱) 상에서 해결될 수 있도록 피드백을 전달하며 **표준 수용성을 높이는 방향**을 지향하는 것이 바람직하다.

기술 선택: Joule, Integration Suite, Event Mesh 적용 우선순위

핵심 배경

SAP의 최신 기술 스택에는 **생성형 AI 기반의 Joule**(Generative AI Copilot), **클라우드 통합 플랫폼**(Integration Suite), **이벤트 중심 아키텍처**(Event Mesh) 등이 포함되어 있다. 이들은 각각 **업무 자동화·지능화, 이기종 시스템 통합, 실시간 이벤트 처리**를 지원함으로써 SAP 활용 가치를 높이는 도구들이다. 그러나 기업 여건상 모든 신기술을 한꺼번에 도입하기는 어려우므로, **업무에 미칠 영향도와 필요성에 따라 우선순위를 판단**해야 한다.

고려 조건

먼저 **AI 적용 가능 업무 범위**를 평가해야 한다. 조직 내 반복적이거나 데이터 패턴 인식이 필요한 업무, 다량의 데이터 분석·보고 작업이 존재한다면 SAP Joule과 같은 AI 도구 도입이 유의미하다. 예컨대 재무 부서의 대량 거래 검증, 이상치 탐지, 현업 사용자의 질의응답 등에 AI를 활용하면 효율이 크게 높아질 수 있다. 또한 임직원들이 **자연어로 SAP 데이터를 조회하거나 업무 트리거**를 하고자 하는 요구가 있는지도 살펴본다. 이러한 니즈가 크다면 Joule의 **대화형 업무 처리** 기능이 도움될 것이다. 둘째, **통합 난이도**를 따져본다. S/4HANA를 중심으로 주변에 여러 위성 시스템(SaaS 애플리케이션, 타 벤더 ERP, 온프레미스 유산 시스템 등)이 존재하여 **데이터 연계가 다방향으로 필요한 경우,** SAP Integration Suite와 같은 전문 통합 플랫폼을 우선 도입하는 것이 바람직하다. 예를 들어, 기존에 SAP PI/PO, 타사 ESB 등으로 통합을 운영해왔거나 B2B 거래, EDI, 다수의 API 연동이 필요한 경우 Integration Suite를 통해 **클라우드 기반 통합 허브**를 구축해야 전체 시스템이 원활히 작동한다. 셋째, **이벤트 기반 처리 요구도**를 고려한다. 비즈니스에서 **실시간 반응**이 중요하거나, 느슨하게 결합된 마이크로서비스 아키텍처를 지향한다면 Event Mesh를 도입해 이벤트 주고받는 체계를 마련하는 것이 필요하다. 특히 재고 실시간 반영, IoT 센서 이벤트 처리, 다른 애플리케이션의 상태 변화를 즉각 SAP에 반영 등의 시나리오가 있다면 이벤트 주도형 통합이 필수적이다. 반대로 **Batch 기반으로도 충분한 업무**에는 꼭 초기부터 이벤트 메커니즘을 갖출 필요는 없다. 또한 현재는 필요 없더라도 **미래 확장 방향이 실시간 데이터 공유**를 요구할 가능성(예: 향후 e커머스 연계 등)이 있다면 아키텍처 설계 시 Event Mesh를 염두에 두고 두는 것이 좋다.

활용 시 장점

Joule과 AI 기술 도입의 가장 큰 효과는 **업무 생산성 및 사용자 경험 향상**이다. Joule은 SAP 전반에 내장된 AI 비서로서 사용자의 자연어 요청에 따라 **데이터 조회, 인사이트 제공, 업무 자동화**를 수행한다. 예컨대 사용자는 대화하듯이 "지난달 매출 상위 5개 제품을 보여줘"라고 질의하고, Joule은 관련 보고서를 즉각 제공하거나, "고객 불만이 많은 주문 건 추적"과 같은 지시에 따라 여러 모듈을 가로지르는 처리를 자동화할 수 있다. 이는 과거에 별도 UI 개발이나 수작업이 필요했던 부분을 AI가 대신함으로써 **개발 필요성 감소 및 업무 효율화**를 이끌어낸다. 실제 사례로, SAP Joule 도입 시 사용자가 일상적으로 커스터마이징했던 검색 화면이나 분석 리포트 상당수를 자연어 질의로 대체 가능하며, **AI 에이전트들이 금융, 영업, 고객서비스 등 각 분야에 특화되어** 결재 승인 처리, 이슈 감지 등의 다단계 프로세스도 자동화할 수 있다. 요약하면 AI 활용은 **업무 속도와 품질을 높이고, 사람은 보다 부가가치 높은 일에 집중하게** 해주는 장점을 지닌다. **Integration Suite**를 도입하면 **이질적인 시스템 간 통합을 표준화**하고 중앙 관리할 수 있어 장기적으로 통합 유지보수가 쉬워진다. 기존에 개별적으로 이루어지던 point-to-point 인터페이스를 Integration Suite 상의 **통합 시나리오**로 구성하면 변경이나 확장 시 한 곳에서 조정할 수 있어 **민첩성**이 향상된다. 또한 SAP가 제공하는 다수의 **표준 커넥터와 어댑터**를 활용하면 은행, 세무, 거래처 시스템 연계 등을 신뢰성 있게 구현할 수 있으며, 클라우드 기반으로 확장성이 높아 **대용량 트랜잭션 처리나 신규 시스템 편입에도 유연**하게 대처할 수 있다. Integration Suite 도입 기업들은 **통합 구현 속도가 빨라지고** 시스템 추가 시 걸리는 시간을 단축하는 등 효과를 보고 있으며, 결과적으로 **IT 환경을 단순화**하면서 새로운 디지털 이니셔티브에 신속히 대응하게 된다. **Event Mesh**의 경우, 이벤트 구독/발행 모델을 도입함으로써 **실시간 데이터 흐름과 시스템 반응성**을 극대화하는 이점이 있다. 전통적으로 주기 배치나 API 호출로 이루어지던 통신을 이벤트로 대체하면 **지연을 최소화**하고, 중요한 비즈니스 이벤트(예: "재고 임계치 도달" 이벤트 등)가 발생하는 즉시 관련 시스템들이 이를 받아 필요한 조치를 시행하게 된다. 이는 **API 풀링이나 배치 처리로 인한 부하와 지연을 줄여주어, 리소스 효율성과 데이터 신선도를 높이는 효과**가 있다. 또한 Event Mesh를 통해 **SAP S/4HANA의 비즈니스 이벤트를 손쉽게 외부로 전달**할 수 있는데, S/4HANA는 표준적으로 중요 이벤트(예: 판매주문 생성, 입고 완료 등)를 발생시킬 수 있는 프레임워크를 제공하며 Event Mesh와 연결해 **실시간 이벤트 통합**을 구현할 수 있다. 이런 구조를 갖추면 새로운 애플리케이션이 추가되더라도 해당 이벤트를 구독하는 방식으로 참여시킬 수 있으므로 **아키텍처의 모듈화와 확장성** 측면에서도 큰 장점이 된다. 결국 Integration Suite와 Event Mesh를 병행하면 **동기식 API 통합 + 비동기 이벤트 처리**를 조합한 **하이브리드 통합** 아키텍처를 구축할 수 있고, 기업은 상황에 따라 최적의 통신 방식으로 시스템들을 연결하여 **최상의 성능과 유연성**을 확보하게 된다.

의사결정 유의점

새로운 기술 도입에는 **성숙도와 운영 관리 능력**에 대한 고려가 필요하다. **Joule 및 AI 도구**의 경우 현재 발전하는 중인 기술로서, **모델의 정확성, 데이터 품질, 보안** 측면을 유념해야 한다. AI가 제공하는 인사이트는 **학습된 데이터에 기반**하므로 편향이나 오탐지 가능성이 있으며, 민감한 기업 데이터가 AI 모델에 입력될 때 **정보 유출 방지와 거버넌스**가 필요하다. SAP Joule은 인간 담당자가 **"최종 결정권"**을 갖는 보조자로 설계되어 있기에, 완전 자동화보다는 인간과의 협업 체계(Human-in-the-loop)를 전제로 활용해야 한다. 예를 들어 Joule이 제안한 조치에 대해 담당자가 검토·승인하는 절차를 유지함으로써 AI 오작동으로 인한 리스크를 통제할 수 있다. **Integration Suite**를 도입할 때는 **기존 인터페이스 자산을 어떻게 마이그레이션할지** 계획이 필요하다. 또한 초기 설정 시 각 통합 시나리오별로 최적의 통합 방식(API 연계, 메시지 브로커, ETL 등)을 설계해야 하며, 이에 대한 전문성 없이 도구만 들여오면 오히려 복잡성이 증가할 수 있다. 따라서 Integration Suite 활용을 위해서는 **통합 아키텍트의 설계와 모니터링 체계** 마련이 선행되어야 한다. **Event Mesh** 역시 이벤트 남용이나 관리 문제를 경계해야 한다. 이벤트 기반 시스템은 잘 설계하면 유용하지만, **필요하지 않은 이벤트까지 남발**하면 네트워크 부하와 데이터 정합성 문제가 생길 수 있다. 따라서 어떤 이벤트를 퍼블리시할지, **이벤트 모델링**을 신중히 하고 리스너 시스템의 부하 대비, 장애 시 이벤트 재처리 방안 등을 설계해야 안정적인 운영이 가능하다. 추가로, 이벤트를 도입한다고 **모든 통합 시나리오가 실시간이어야 하는 것은 아니므로**, 비즈니스 가치 대비 과도한 실시간화는 지양하고 적합한 사용처에만 Event Mesh를 사용해야 한다. 끝으로, 세 기술 모두 **면밀한 우선순위 로드맵** 하에 순차 도입하는 것이 좋다. 예를 들어, 이미 시스템 통합이 큰 과제인 회사는 Integration Suite를 1순위로 두고 안정화한 후 AI나 이벤트를 도입하는 식이다. 반대로 시스템 경계가 단순하고 SAP 단독으로 운영되는 회사라면 AI로 **업무 자동화 혁신**을 먼저 추진하고, 향후 시스템이 늘어날 때 통합/이벤트 플랫폼을 갖추는 접근도 가능하다. 요컨대 **자사 현재의 Pain Point가 무엇인지**를 기준으로 기술 우선순위를 정하고 투자해야, 제한된 리소스로 최대한의 효과를 거둘 수 있다.

지속가능성: Green Ledger 및 SCT 도입 타이밍과 컴플라이언스 적용

핵심 배경

ESG 경영 및 **지속가능성 보고**의 중요성이 커지면서 SAP도 이를 지원하는 신규 솔루션을 선보였다. **SAP Green Ledger**는 재무 데이터와 환경 데이터를 직접 연결하여 **탄소회계를 ERP 코어에 내재화**한 혁신적인 시스템이고, SAP Sustainability Control Tower(SCT)는 기업 전반의 ESG 데이터를 수집·관리하고 국제 보고 프레임워크(CSRD/ESRS, GRI 등)에 맞춰 **통합 공시를 지원**하는 솔루션이다. 특히 유럽의 **CSRD**(기업 지속가능성 보고 지침) 발효로 2024년부터 대기업의 ESG 공시가 의무화됨에 따라, 관련 시스템 도입 타이밍과 전략이 화두에 올랐다. Green Ledger와 SCT는 상호 보완적 관계로, **Green Ledger는 트랜잭션 수준의 탄소데이터를 재무에 녹여내는 운영 측면, SCT는 그러한 데이터를 포함해 ESG 전반을 관리·리포팅하는 거시적 측면**을 담당한다.

고려 조건

자사에 적용되는 규제 일정이 가장 중요한 결정 요소다. 우선 **유럽 연합 내 공익법인 기업**(직원 500명 이상 등) 또는 그 **공급망에 속한 기업**이라면 2024년 회계연도부터 ESG 성과를 CSRD 기준으로 공개해야 하므로(2025년 보고) 시간이 촉박하다. 이러한 기업은 **즉각적인 데이터 수집 및 보고 체계 구축**이 필요하므로 SCT와 같은 툴을 조속히 도입해 **감사 대응이 가능한 보고 프로세스**를 갖춰야 한다. 반면 아직 규제 의무가 없는 중견 기업이라도, **머지않아 규제 대상에 포함**될 수 있고(향후 단계적 적용) 주요 거래처로부터 **탄소배출 정보 제공 요구**를 받을 가능성이 높다. 예컨대 글로벌 완성차 업체의 부품 공급사는 이미 Scope 3 배출량 산정과 보고를 요구받는 추세다. 따라서 **공급망에서 탄소추적 요구 여부**도 고려해, 선제적으로 시스템을 구축할지 결정해야 한다. 또한 **자체적인 지속가능성 목표**를 세운 기업(넷제로 선언 등)은 규제와 무관하게 이러한 도구를 도입해 내부 관리에 활용하는 편이 바람직하다. **도입 순서** 측면에서는, 현재 회계 시스템과 데이터 환경을 살펴 **Green Ledger를 바로 적용할 준비가 되었는지** 판단해야 한다. Green Ledger는 S/4HANA 중심으로 재무 트랜잭션에 탄소 데이터를 연결하므로, 그룹 차원에서 중앙 재무 운영(예: Central Finance)을 하고 있거나 단일 ERP로 통합되어 있는 경우 효과적이다. 만약 아직 데이터 통합이 안되어 있다면, 우선 SCT를 통해 여러 출처의 지속가능성 데이터를 모으고 검증하는 체계를 만든 뒤 차차 Green Ledger를 도입하는 단계적 접근도 고려된다. 마지막으로 **조직의 데이터 성숙도**를 따져 봐야 한다. 탄소배출량 등의 ESG 데이터는 다양한 부서와 시스템에서 발생하므로, 현재 이를 수집/계산하는 프로세스(예: 수작업 Excel, LCA툴 등)가 있다면 SCT에 연결하는 작업이 필요하다. Green Ledger를 쓰려면 **제품별 배출계수, 프로세스별 에너지 사용량 등 세부 데이터**를 ERP 트랜잭션과 매핑해야 하므로 사전 준비가 필요하다.

활용 시 장점: **SAP Green Ledger**를 도입하면 획기적으로 **탄소 데이터의 정확도와 신뢰성**을 높일 수 있다. 기존에는 기업의 탄소발자국 계산이 재무 시스템 밖에서 평균 계수로 대략 이뤄지거나 별도 도구로 관리되었으나, Green Ledger는 매출, 생산, 물류 등의 각 거래에 탄소배출을 연결함으로써 **제품, 서비스, 조직 단위별 탄소발자국을 정교하게 산출**한다. 이는 마치 재무 장부에 환경 차원의 계정을 추가한 것과 같아, **탄소 데이터도 재무데이터와 동일한 수준의 내부통제와 감사 추적성**을 갖게 해준다. 결과적으로 기업은 **실제 데이터에 기반한 탄소 회계**를 구현하여, 규제 대응에 필요한 검증 가능 보고서를 생성할 수 있고 그 과정에서 그린워싱(greenwashing) 우려를 줄일 수 있다. 예를 들어 CSRD 등에서 요구하는 "합리적 보증수준(reasonable assurance)"을 맞추려면 정확한 활동별 탄소계산이 필수인데, SAP Green Ledger는 바로 이러한 **탄소 회계의 정밀화**를 가능케 한다. 뿐만 아니라 재무와 환경 데이터를 나란히 두는 **듀얼 레저(Dual Ledger)** 개념을 통해, 경영진은 투자 의사결정 시 **금융 성과와 탄소 영향을 함께 고려**할 수 있고, 부문별 탄소 효율을 비교하거나 **탄소 예산(carbon budgeting)** 개념을 도입하는 등 **지속가능경영을 의사결정 중심에 통합**할 수 있다. Sustainability Control Tower(SCT)를 활용하면 ESG 데이터 관리와 보고의 **종합적 허브**를 얻는 효과가

있다. SCT는 환경뿐 아니라 사회(S), 지배구조(G) 영역의 다양한 KPI를 수집/계산하여 중앙 저장하므로, **기업 전반의 지속가능성 현황을 한눈에 파악**할 수 있다. 또한 GRI, ESRS(CSRD), TCFD 등 글로벌 보고 프레임워크에 맞춰 미리 정의된 템플릿과 지표 맵핑을 제공하여, 별도 컨설팅 없이도 요구되는 공시 항목을 빠뜨리지 않고 준비할 수 있게 돕는다. 특히 CSRD 대응을 위해 SCT는 **EU 택소노미 분류체계에 따른 매출/CapEx/Opex 기여도 산출, ESRS 표준에 따른 공시 데이터 정리** 등을 지원하므로, 초기 도입 시부터 규정 준수를 상당 부분 자동화할 수 있다. 그리고 SAP ERP 및 기타 시스템과의 통합을 통해 **데이터 수작업을 최소화**하고, 워크플로우로 데이터 오너들의 입력/검증 프로세스를 관리함으로써 **데이터 품질과 감사추적성**을 높여준다. 그 결과 만들어진 ESG 리포트는 외부 감사인의 검증을 받기 용이하며, 기업은 **실시간에 가까운 ESG 성과 모니터링**으로 내부 개선활동을 추진할 수 있다. 또한 SCT는 **경영계획 및 시나리오 분석**에도 활용 가능하다 - 예컨대 특정 사업부의 탄소저감 투자 시나리오가 전체 ESG 지표에 미칠 영향을 가시화하여, **지속가능성 목표와 재무 목표의 균형**을 잡는 의사결정을 지원한다. 종합하면 Green Ledger와 SCT는 각각 "임베디드 탄소회계"와 "ESG 종합경영 대시보드"로 기능하며, 함께 활용 시 규제 준수, 투명성 제고, 지속가능경영 내재화라는 다각도의 성과를 얻을 수 있다.

의사결정 유의점

지속가능성 솔루션 도입에서는 **데이터 확보와 조직 체계**가 성공의 관건이다. Green Ledger를 도입하려면 우선 **정확한 배출계수 및 활동데이터 수집**이 전제되어야 한다. Scope 1,2는 자체 데이터로 산출한다 해도, **제품별 원재료나 공급망(Scope 3)의 탄소정보**는 공급업체로부터 받아야 하는데, 아직 업계 전반에 표준화된 실시간 데이터 교환이 부족한 실정이다. SAP은 2025년경 **공급망 탄소추적 기능**도 강화할 예정이므로, Green Ledger 도입 시 **자사 주요 공급업체들과의 협력**(데이터 공유 합의 등)이 필요하다. 또한 현재 SAP ERP가 없는 일부 사업장의 데이터도 포함해야 한다면, IoT 센서나 수동 입력 등의 방식을 통해 Green Ledger로 데이터를 끌어와야 하는데 이 과정에서 **추가 개발/통합 작업**이 발생할 수 있다. **SCT**의 경우, 광범위한 ESG 데이터를 다루므로 **조직 내 여러 부서**(환경안전, HR, 윤리준법 등)의 협업 체계가 필요하다. 초기 도입 시 각 지표에 대한 **Data Owner 지정**, 데이터 수집 빈도 결정, 기존 시스템(예: 안전사고 관리 시스템, 인사시스템 등)과의 인터페이스 구축 등을 체계화해야 효과를 볼 수 있다. 특히 CSRD 보고는 **재무 보고에 준하는 내부 통제와 감사가 요구**되므로, SCT 상에서 데이터 변경 이력 관리, 내부 검토 프로세스를 설계하는 등 **거버넌스 구축**을 놓치면 안 된다. 기술적 측면에서, Green Ledger는 현재(2024년 말 GA) 매우 새로운 솔루션이므로 **제품 안정성과 성능 검증**을 고려해야 한다. 대규모 트랜잭션에 실시간 탄소 할당이 성능 이슈를 일으키지 않는지, 사용자에게 제공될 리포트가 이해하기 쉽게 디자인되어 있는지 등을 파일럿을 통해 점검하는 것이 바람직하다. 아울러 Green Ledger는 **S/4HANA 시스템 업그레이드나 Central Finance 활용** 등 선행 조건이 있을 수 있어, 기존 ERP 환경을 최신으로 준비하는 선작업이 필요할 수 있다. 마지막으로 **시기별 로드맵**을 분명히 하는 것이 중요하다. 규제 시한이 임박했다면 SCT 기반 **빠른 보고체계 구축**에 먼저 집중하여 벌금을 회피하고, 중장기적으로 Green Ledger를 도입해 **운영 단계에서의 탈탄소 경영**을 지원하는 식의 단계적 접근이 현실적일 수 있다. 반대로 여력이 된다면 일찌감치 Green Ledger를 적용해 **탄소데이터를 경영에 내재화**하고, 그 데이터를 SCT로 집계·공시하는 **엔드투엔드 체계**를 구축하면 경쟁사 대비 선도적인 지속가능 경영 인프라를 확보하게 될 것이다. 결국 기업은 **자신의 규제 의무, 산업 특성, 내부 목표**를 종합 고려해 언제 어떤 솔루션을 도입할지 결정해야 하며, 도입 후에는 이를 단순 보고도구로만 볼 것이 아니라 **경영의 나침반으로 활용**하는 문화와 프로세스를 갖추는 것이 궁극적인 가치 실현을 좌우할 것이다.

[부록 B] 샘플 비교표

SAP 전략 요소별로 두 가지 옵션이나 접근방식을 비교하여 선택을 돕기 위한 **비교 표와 해설**을 제공한다. 각 테이블에서는 해당 요소에서의 대안들을 주요 측면별로 나란히 정리하고, 이어서 **적합한 상황, 도입 장점, 한계** 등을 서술형으로 설명한다. 이를 통해 독자는 자사 상황에 맞는 방향을 빠르게 가늠하고, 중요 포인트를 이해할 수 있다.

계약 모델: RISE vs GROW

둘 중 어떤 SAP 도입 모델을 선택할지 비교할 때, **계약 구조, 대상 고객, 제공 범위** 등의 측면에서 차이가 명확하다. 아래 표는 RISE와 GROW의 주요 특성을 정리한 것이다.

구분	RISE with SAP(일괄 번들 계약)	GROW with SAP(퍼블릭 클라우드 패키지)
대상 고객	기존 SAP 사용 중이거나 대규모·복잡한 요건의 기업(중견~대기업, 다국적 운영)	SAP 신규 도입하는 중소~중견 기업(첫 ERP 도입, 단순 프로세스)
제공 범위	S/4HANA Cloud + **인프라(클라우드)** + 전환 도구 + 지원 서비스 → 원스톱 **"트랜스포메이션 as a Service"**	S/4HANA Cloud **퍼블릭 에디션** + 핵심 모듈 + 기본 툴 → 간소화된 **ERP 패키지**(베스트프랙티스 적용)
유연성	**높음**: 필요시 Private Edition 선택 가능, 확장/통합 자유 - 고객별 계약 구성(추가 서비스 포함 협상)	**제한적**: Public Cloud 표준에 따름, 범위 고정적 - 사전 정의된 SKU(Base/Premium 에디션)
커스터마이징	**허용**: (특히 Private인 경우) 코드 확장, 고객별 개발 가능 - 클린 코어 권장하나 필요시 광범위 확장 지원	**제한**: Fit-to-Standard 원칙, 제한적 확장 - 저비용 구조 유지 위해 표준 프로세스 준수

구분	RISE with SAP(일괄 번들 계약)	GROW with SAP(퍼블릭 클라우드 패키지)
운영 방식	**SAP 단일 책임 운영**: 인프라부터 애플리케이션까지 SAP가 관리 - SLA 및 지원 창구 일원화 (고객은 SAP와 직접 계약)	**SAP SaaS 구독**: S/4 소프트웨어는 SAP가 운영, 인프라는 포함 - 비교적 단순 계약(필요시 파트너 구현 참여)
도입 소요	**상대적으로 김**: 전환 범위 크고 신중한 계획 필요 - Months~1년+(기존 시스템 변환, 병행 운영 등)	**매우 빠름**: 표준 설정으로 신속 구현 - Weeks~몇 달(Activate 방법론 따라 즉시 구축)
비용 모델	**통합 구독**: 사용자수 외 인프라·서비스 포함 일괄 과금 - 초기 비용 높으나 TCO는 통합 계약으로 최적화	**저렴한 진입**: 사용자 기반 정액 요금제(FUE 기준) - 인프라 비용 내포, 규모 따라 단계별 과금

적합 조건

RISE와 GROW 각 옵션이 빛을 발하는 상황이 다르다. **RISE**는 "한 번에 대대적인 클라우드 전환"이 필요한 경우 적합하다. 예를 들어 다년간 SAP ECC를 사용하여 커스터마이징이 많은 기업이 **클린 코어로 S/4HANA 전환**을 고려한다면, 데이터 마이그레이션, 프로세스 리엔지니어링, 인프라 이전까지 포괄하는 RISE 패키지가 제격이다. 또한 글로벌 기업이 **계열사별 복합 시스템을 단일 클라우드 전략으로 통합**하려 할 때, RISE의 하이브리드 지원과 2계층(two-tier) 시나리오로 대응할 수 있다. 반대로 **GROW**는 빠른 도입을 원하는 **신규 SAP 고객**에게 딱 맞다. 기존에 대형 ERP가 없거나 낡은 경리 소프트웨어를 쓰던 중견기업이 **짧은 기간 내에 최신 SaaS ERP로 업그레이드**하려는 상황이 그러하다. GROW는 재무, 영업, 조달 등 기본 모듈 중심으로 구성돼 있고 업종별 best practice가 내장돼 있어 **IT인력이나 예산이 한정된 기업**도 부담 없이 도입할 수 있다. 요약하면 "대규모 기존 사용기업 = RISE, 중견 신규 도입 = GROW"라는 구도가 뚜렷하며, 기업은 자신의 **SAP 사용 이력, 조직 규모, 커스터마이징 요구 수준** 등을 토대로 적합한 모델을 선택해야 한다.

도입 시 장점

RISE를 채택하면 SAP와 **단일 SLA 계약**을 맺어 인프라부터 애플리케이션까지 일괄 관리받는 이점이 있다. 이를 통해 다중 벤더 조율 없이 문제 해결이 가능하고, 시스템 가용성이나 성능에 대해 SAP가 엔드투엔드로 책임지므로 **운영 복잡성이 낮아**진다. 또한 RISE 번들에는 **프로세스 마이닝 도구, BTP 크레딧, SAP Business Network 스타터 등**이 포함돼 단순한 ERP 도입을 넘어 **프로세스 혁신과 밸류체인 협업**을 동시에 추진할 수 있다. 고객 입장에서는 **전환에 필요한 요소들이 사전에 통합**되어 있어 개별 구매/조합할 필요 없이 **전체적인 TCO를 최적화**할 수 있다. GROW의 장점은 무엇보다 **간편함과 신속성**이다. 정형화된 패키지이므로 계약과정이 단순하고, SAP 공통의 Activate 방법론 따라 진행하면 **몇 주 내 Key User 교육 및 시스템 셋업**이 가능할 정도로 빠르다. 클라우드 SaaS의 특성상 **계속적인 자동 업그레이드**로 기능이 최신 유지되며, 고객은 별도 기술 업그레이드 노력을 들이지 않고도 혁신을 누릴 수 있다. GROW Premium Edition의 경우 **SAP Analytics Cloud, Concur 등** 일부 LoB 솔루션이 함께 포함돼 있어 **출범 단계의 기업이 필요한 기능을 조합해 활용**할 수 있다는 것도 이점이다. 전체적으로 GROW는 **낮은 초기 비용, 예측 가능한 구독료, 빠른 ROI**가 강점이며, RISE는 **맞춤형 구성, 유연성, 토탈케어 지원**이 강점이라고 할 수 있다.

한계

완벽한 솔루션은 없듯이 두 옵션 모두 한계를 가진다. **RISE**의 경우 **계약 구조가 복잡**하여 고객이 세부 내용을 명확히 이해해야 한다. 단일 책임이라고 하지만, 실제로는 SAP가 하이퍼스케일러 인프라를 빌려 제공하므로 장애 시 책임소재나 SLA 범위를 꼼꼼히 살펴야 한다. 또한 Private Edition으로 커스터마이징을 허용하지만 **과도한 커스터마이징은 여전히 향후 업그레이드에 부담**이 될 수 있어, 클린 코어 원칙을 유지하도록 주의해야 한다. **프로젝트 기간**도 짧지 않으므로, 빠른 성과를 원하는 경영진 기대와 차이가 생기지 않게 로드맵 소통이 필요하다. **GROW**의 한계는 유연성 부족에서 온다. "있는 그대로의 SAP"를 사용하는 철학이므로, 특수한 요구가 있으면 **표준 프로세스에 비즈니스를 맞추거나 추가 개발을 BTP에서 제한적으로 해야** 한다. 만약 GROW 범위를 벗어나는 요구사항이 많다면 GROW만으로는 한계가 드러나며, 이러한 경우 처음부터 RISE나 개별 솔루션 조합을 고려하는 편이 나을 수 있다. 또한 GROW는 **SAP가 제시한 모범 사례에 기업을 맞추는 접근**이기에, 변화관리 측면에서 임직원의 공감대 형성이 중요하다. 마지막으로 GROW 패키지는 **초기 진입은 저렴하지만 사용자 수 증가에 따라 비용이 체감상 급격히 늘 수 있다**(FUE 라이선스 추가 등), 이에 대해 중장기 IT 예산계획을 세울 때 고려해야 한다. 정리하면, RISE와 GROW 중 무엇을 선택하든 **자사 현재와 미래의 필요에 비춰 적절한 균형점을 찾는 것**이 중요하며, 필요시 SAP 파트너와 협의하여 최적 대안을 구성하는 유연함도 가져가는 것이 바람직하다.

산업 확장: Industry Cloud vs 기존 맞춤 개발

SAP 산업 확장의 양대 접근은 **Industry Cloud 활용**과 **전통적 커스터마이징**으로 구분할 수 있다. 아래 비교표는 "표준 확장(Industry Cloud 기반)"과 "기존 방식의 맞춤화"를 대비하였다.

구분	Industry Cloud 기반 확장(표준 프로세스 + 외부 확장)	기존 맞춤개발(온프레미스/코어 커스터마이징)
아키텍처 철학	**클린 코어**: ERP 코어 표준 유지, 확장은 분리 - BTP 상 **마이크로서비스/API**로 기능 추가	**코어 수정**: ERP 내부에 개발/추가- **일체형 모놀리식** 구조로 특화 기능 내장
대표 사례	SAP Industry Cloud 솔루션(SAP/파트너 개발 앱) + SAP BTP 확장 앱(고객 자체 개발 포함)	SAP ECC 시절 산업별 Add-on, Z* 커스터마이징 + S/4HANA Private에서의 Classic 확장(예: **ABAP Mod** 등)
프로세스 운영	**Fit-to-Standard**: 표준 프로세스로 운영, 부족분만 확장 - 선진사례 수용으로 **프로세스 효율화**	**Fit-to-Existing**: 기존 프로세스에 시스템을 맞춤 - 현업 요구 최우선, **현행 유지 중심**

구분	Industry Cloud 기반 확장(표준 프로세스 + 외부 확장)	기존 맞춤개발(온프레미스/코어 커스터마이징)
업그레이드/민첩성	**용이**: 코어-확장 분리로 영향 최소화 - 확장서비스 **독립 배포/업데이트**, 신기능 빠른 도입	**어려움**: 커스터마이징 많을수록 업그레이드 복잡 - 버전업 시 수정 필요, **혁신 주기 지연**
TCO/비용	**낮음**: 개발량 축소, 유지보수 비용 절감 - 표준 활용으로 **총소유비용(TCO)** 감소	**높음**: 초기에 많은 개발투자, 수정 누적 - 변경 대응, 장애 해결에 **상시 인력/비용** 소요
에코시스템	**개방형**: 다수 파트너 혁신 솔루션 사용 가능 - SAP 스토어 통해 검증 앱 활용(선택지 풍부)	**자체**: 사내 또는 특정 SI가 전담 개발 - **외부 솔루션 호환 어려움**, 종속 위험 존재

적합 조건

Industry Cloud 전략은 자사 프로세스를 어느 정도 SAP 표준에 맞출 용의가 있고, **부족한 기능은 시중 솔루션으로 충당 가능**한 기업에 적합하다. 예를 들어 여러 업종에서 공통으로 요구되는 기능(예: 제조 실행, 환경안전, 품질관리 특화 등)이 **SAP나 파트너 Industry Cloud 앱으로 나와 있는 경우**, 이를 활용하면 빠르게 공백을 메울 수 있다. 반면, **회사의 경쟁우위가 되는 독자 프로세스**가 있어서 표준 프로세스로 대체하기 어렵다면, 그 부분은 BTP 상의 고객 개발(Custom Extension)로 구현하거나 불가피할 경우 S/4HANA Private 환경에서 일부 커스터마이징을 검토해야 할 수 있다. **기존 ECC 시스템을 오랫동안 써와서 커스터마이징이 누적된 기업**은 일단 표준 대비 얼마나 추가 개발이 있는지 파악하여, 이 중 **표준 기능으로 대체 가능한지 분석**하는 단계가 필요하다. 그 결과 많은 부분이 기존 코드에 의존하고 표준으로 대체 불가하다면, 초기에는 Private로 전환 후 점진적으로 클린 코어로 가는 전략을 취할 수도 있다. 반대로 **현재 ERP를 거의 손대지 않고 사용하거나 Legacy 시스템 기능이 단순**한 기업은 Public + Industry Cloud 조합으로 바로 넘어가는 것이 이득이다. **파트너 솔루션 신뢰도**도 고려 사항인데, 각국의 SAP 파트너들이 자기 전문 분야 솔루션을 제공하므로, 우리 산업에 강한 파트너가 존재하고 그들의 제품이 검증되었다면 채택을 주저할 필요가 없다. 예컨대 정형화된 규제 보고, 지역 특화 인사규정 등은 이미 파트너 컨텐츠로 있는 경우가 많다. **전통적 맞춤개발**은 규제가 매우 특수하거나 자사 프로세스가 시장에서 유일

무이하여 **표준 소프트웨어로 구하기 어려운 경우**에 검토될 수 있다. 또는 **실시간 제어 시스템 연계** 등 특정 기술 스택을 써야 하는 경우(예: 공장 제어 시스템) 기존 방식을 병행하는 선택을 할 수도 있다. 하지만 이러한 상황에서도 가능하면 **SAP BTP로의 확장 개발**을 우선 검토하여, 코어를 수정하지 않는 형태로 풀 수 있는지 살펴보는 것이 바람직하다.

도입 시 장점

Industry Cloud/표준확장 접근의 장점은 위 표의 내용과 일맥상통한다. 핵심 ERP를 **최신 표준 모드로 유지**하므로, SAP의 지속적 혁신을 빠르게 흡수할 수 있고 업그레이드가 쉬워 **시스템이 오래도록 현대적 상태**를 유지한다. 또한 코어와 확장이 **API로 느슨하게 연결**되므로 한쪽 변경이 다른쪽에 최소 영향을 주어 **안정적인 운영**이 가능하다. 경영진 입장에서는 ERP에 변경을 가해 생길 잠재 문제를 걱정할 필요 없이 **신규 기능을 플러그인처럼 붙였다 뗄 수 있어** 요구에 대한 대응 속도가 빨라진다. 비용 측면에서는 초기 구축 비용이 낮고(개발 공수 대폭 절감), 클라우드 서비스들로 구성되어 사용한 만큼 지불(Pay-as-you-go)하거나 구독 모델로 예측 가능해져 **ROI를 명확히 산정**할 수 있다. 특히 여러 산업 클라우드 앱을 활용하면 **별도 개발에 들였을 비용과 시간을 절약**할 수 있는데, SAP 자료에 따르면 이러한 **사전 구축 솔루션 도입은 최대 30~50%의 구현 기간 단축과 그에 따른 비용 절감**을 가져온다고 한다. 한편 **전통 커스터마이징**의 장점도 분명하다. 자사 요구에 정확히 맞춘 기능을 구현하므로 업무 적합성이 100%이며, 필요한 경우 ERP 속에 완전히 녹아들게 만들 수 있다. 사용자에게 한 화면에 기존 기능과 신규 기능이 통합되어 보이는 등 **일체화된 UX**를 제공하는 것도 가능하다. 또한 지식자산이 모두 코드화돼 사내에 있으므로, 외부 솔루션 종속 없이 **자율적 통제가 가능**하다. 다만 이런 이점들은 **그만한 비용과 복잡성 대가**를 수반한다.

한계

표준 + 확장 모델의 한계는, 제공되는 표준 솔루션에 없는 기능의 경우 **직접 만들어야 한다**는 것이다. 원하는 기능이 Industry Cloud로도 없고 SAP 로드맵에도 없다면, BTP 상에서 개발팀이 처음부터 만들어야 하는데, 이 역시 적지 않은 시간/노력이 든다. 또한 **멀티벤더 통합**이 이루어지므로 각각의 Industry Cloud 앱이나 BTP 확장에 대한 **지원 책임이 분산**되는 면이 있다. 예컨대 코어는 SAP 지원을 받지만, 특정 파트너 앱 문제는 해당 파트너의 지원을 받아야 하며, 양쪽의 문제 구분이 모호할 때 해결에 시간이 걸릴 수 있다. 반면 **기존 맞춤개발의 한계**는 업계에서 누차 경험된 바와 같이 **업그레이드의 딜레마**다. ERP를 한 번 커스터마이징하기 시작하면 이후 패치나 업그레이드 시마다 그 코드의 적합성을 확인·수정해야 하고, 종종 호환성 문제로 최신 기능 도입을 포기하거나 업그레이드를 연기하게 된다. 이는 **기술 부채**로 축적되어 결국 몇 년 후에는 시스템을 새로 도입하는 수준의 노력(또는 막대한 외주비용)을 들여야 하는 상황을 만든다. 또한 자체 개발한 기능이 **표준 SAP 기능과 중복**되는 영역이 생길 수 있는데, 이때 어느 쪽을 유지할지 의사결정이 어렵고 조직 내 비효율이 발생한다. 마지막으로, 전통적 방식은 **초기에 사용자 요구를 다 들어줘서 만족도가 높을 수 있지만** 장기적으로 **디지털 혁신의 속도가 떨어지고 비용 구조가 비효율적**이 될 위험이 있다. 요즘 ERP 성공의 관건은 **변화하는 비즈니스에 신속히 대응**하는 능력인데, 커스터마이징이 많은 환경은 새로운 기능 도입에 시간이 오래 걸려 경쟁력을 저하시킬 수 있다. 결국 두 **접근법의 트레이드오프**를 인지하고, 가능한 한 **표준 중심으로 가되 정말 차별화되는 영역만 신중히 개발**하는 균형 전략이 요구된다.

기술 전략: Joule/AI vs API-first/EDA

SAP의 기술 전략 면에서는 **내장형 인공지능 활용**과 **개방형 통합 아키텍처 구성**이라는 두 축을 생각해볼 수 있다. 본 항목에서는 SAP의 **Joule/AI 에이전트 활용**과 **API 선호/이벤트 주도 아키텍처(EDA)** 채택을 비교한다.

구분	Joule 및 AI 에이전트(SAP 내장형 AI 활용)	API-first 및 EDA(유연 통합·이벤트 아키텍처)
개념	SAP 클라우드에 내장된 **AI Copilot** 활용 B.R. - 자연어 UX, 업무 자동화, 예측분석 등 제공	**API 우선 개발 + 이벤트 주도 설계** - 시스템 간 표준 API 연동 및 비동기 이벤트로 확장
적용 범위	사용자 **업무보조 및 프로세스 자동화** - 예: 챗봇 질의응답, 이상거래 감지, 다단계 프로세스 처리	시스템 **통합 및 확장 프레임워크** - 예: 신규 앱 연계, 실시간 데이터 동기, 마이크로서비스 확장
주요 구성 요소	SAP Joule(생성형 AI 비서), SAP AI Core + AI Business Services, AutoML 등	SAP Integration Suite(API Mgmt, Cloud Integration) + SAP Event Mesh(Advanced Event Mesh)
장점	**업무 자동화/인사이트** 강화 - 인간처럼 언어 소통, **업무 편의성 증대** - 반복업무 대행, 의사결정 지원(**생산성 향상**)	**유연한 확장성과 실시간성 확보** - 이기종 연계 표준화, 변경 용이(**통합 민첩성**) - 이벤트로 실시간 반응, **비동기 처리로 성능↑**
고려 사항	충분한 학습데이터 및 시나리오 정의 필요 - AI 출력 품질 편차, **검증 및 통제(frame-work) 필요**	초기 아키텍처 설계의 중요성 - **표준 API 정의**, 이벤트 모델링 - 모니터링/보안 등 **통합 거버넌스** 필요
예시 Use Case	Joule에게 "X 보고서 보여줘" → 즉시 생성 - AI 에이전트들이 송장 분쟁 자동해결 협업	신규 e커머스 주문 발생 이벤트 → SAP 자동처리 - 모바일 앱이 API로 SAP 서비스 호출(실시간 재고)

적합 조건

AI 활용 전략(Joule 등)은 조직이 **인지 업무 부담이 크거나, 방대한 데이터에서 통찰을 얻어야 하는 분야**가 있을 때 특히 유용하다. 예를 들어 수만 건의 거래에서 오류나 이상 패턴을 찾아내는 작업, 다양한 리포트를 사람이 일일이 실행하여 취합하는 작업 등이 있다면 AI 도입 효과가 크다. 또한 **사용자 경험 측면**에서, 현업 직원들이 보다 **직관적으로 시스템에 질의하고 안내받기**를 원한다면 AI Copilot이 도움이 된다. 반면

API/EDA 중심 전략은 시스템 간 연동이 복잡하거나 **새로운 디지털 채널/서비스 투입이 잦은 환경**에서 적합하다. 웹/모바일 애플리케이션, IoT 플랫폼 등과 SAP 간 **표준 API 연결**이 중요하고, 이벤트 발생 시 실시간 프로세싱해야 고객 서비스 수준을 높일 수 있는 비즈니스(예: 온라인 쇼핑 재고 반영, 실시간 배송 추적 등)라면 EDA 채택이 필수적이다. **기업 규모**도 고려 요소인데, 대규모 기업일수록 애플리케이션 랜드스케이프가 복잡하므로 API 주도 통합이 필요하며, 동시에 각종 이벤트(거래발생, 생산센서 등)를 활용한 데이터 동기화 요구가 높다. 한편 상대적으로 **소규모 기업**이나 SAP 단일 시스템 중심 환경에서는 복잡한 Integration 플랫폼 없이도 운영 가능하므로 AI부터 도입해 내부 효율을 높이고, 통합/이벤트 인프라는 나중 과제로 둘 수 있다. 이상적으로는 AI 와 API/EDA 모두 추구하는 것이 바람직하지만, **우선순위 결정은 현재 직면 과제**에 따라 해야 한다. 데이터 분석 및 입력오류 등이 문제라면 AI가 우선이고, 시스템 간 데이터 불일치나 연계 지연이 문제라면 통합/EDA가 우선일 것이다.

도입 시 장점

AI(Joule) 도입의 장점은 앞서 A.3에서도 다룬 바와 같이 **업무 혁신과 사용자 편의 향상**이다. 사람처럼 질의응답해주는 인터페이스는 **교육 부담을 줄여준다.** 사용자가 일일이 T-code나 메뉴를 찾을 필요 없이 "고객 X의 미수금 현황 알려줘"라고 묻고 AI가 답하면, 신규 사용자의 러닝커브가 줄어든다. 또한 **AI 에이전트들이 사전에 정의된 규칙 이상으로 지능적인 판단**을 해줄 수 있어, 예컨대 공급업체 리스크 점수를 AI가 계산하여 경고하거나 결재 문서의 이상징후를 탐지하는 등 **프로액티브(proactive)한 알림과 조치**가 가능해진다. **API-first 접근**의 장점은 기업이 IT자산을 **모듈화하고 재사용성 높게 관리**할 수 있다는 점이다. 모든 기능을 API화하면, 새로운 프로세스나 채널에서 그 API를 호출해 기능을 재활용할 수 있어 **개발 중복을 줄이고 일관성**을 유지한다. 또 파트너나 고객과의 **디지털 연계**(예: Open API 제공)를 용이하게 해 **비즈니스 확장**을 지원한다. **Event-driven 아키텍처**의 장점은 실시간 반응 외에도 **시스템 간 종속성을 낮춰**

준다는 것이다. 이벤트 생산자와 소비자가 분리돼 있어 한 시스템의 변경이 다른 시스템에 직접 영향주지 않고, **중앙 이벤트 버스**가 완충 역할을 하기 때문에 **전체 시스템 안정성**이 올라간다. 특히 이벤트 Mesh를 활용하면 SAP와 비SAP 간 **이종 시스템 이벤트 연동도 수월**해지므로, 과거에는 어려웠던 시나리오(예: 공장 IoT 센서 이벤트로 SAP 생산오더 자동 생성 등)도 구현할 수 있다. 이러한 유연성은 **클라우드 기반 마이크로서비스** 아키텍처로 전환하려는 기업에게 필수적이다. 결과적으로 AI 도입은 **사람 중심 생산성 향상**, API/EDA 도입은 **시스템 중심 유연성 향상**을 가져오며, 두 측면 모두 디지털 전환에서 중요한 가치라고 할 수 있다.

한계

AI 활용의 한계는 기술 및 문화 양쪽에 있다. 첫째, 현재 기업용 AI는 완벽하지 않아서, **오탐지나 부정확한 응답** 가능성이 존재한다. 예를 들어 Joule이 잘못된 데이터를 기반으로 부적절한 조언을 할 수도 있으므로, 이를 **맹신하지 않고 검증하는 프로세스**가 필요하다. 둘째, AI 도입에는 **사용자 수용도**가 관건인데, 현업이 AI를 신뢰하지 못하면 활용이 저조해져 유의미한 효과를 내기 어렵다. 따라서 충분한 교육과 변화관리(Change Management)로 AI를 적극 활용하는 문화를 만들어야 한다. **API/EDA 전략**의 한계 혹은 어려움은, **초기 투자와 복잡성 관리**에 있다. Integration Suite 도입이나 이벤트 기반 전환은 단순 기술 도입이 아니라 **아키텍처 재편**이다. 잘못 설계하면 기존보다 복잡해질 위험이 있다. 예를 들어 API를 너무 세분화하면 관리 포인트가 폭증하고, 이벤트를 남발하면 어떤 시스템이 어떤 이벤트를 구독하는지 통제가 어려워질 수 있다. 그러므로 **거버넌스 체계** 없이 진행하면 실패할 확률이 높다. 또한 실시간 이벤트 처리는 **모니터링과 장애 대응**이 중요하다. 이벤트 손실이나 중복 등 이슈에 대비한 설계(메시지 큐 안정화, 재처리 메커니즘 등)가 필요하며, 운영 인력은 기존 배치/동기 호출과 다른 **비동기 문제해결 역량**을 키워야 한다. 마지막으로 이러한 현대적 통합 전략은 **기존 레거시 시스템과의 공존**에도 신경써야 한다. 모든 시스템이 이벤트 지원이 되는 건 아니므로, 일부는 API통합+폴링을 병행하는 등 **혼합 운영**을 피할 수 없다. 이 과도기적 상황을 관리하는 것도 난점 중 하나다.

요약하면, **Joule/AI와 API-first/EDA는 대립되는 선택지가 아니라 상호보완적 기술 전략**이다. 다만, 기업 현실에 맞춰 **어느 영역에 먼저 집중 투자할지**를 결정해야 하고, 도입 시에는 각각에 맞는 **준비와 관리방안**을 마련해야 최대 효과를 거둘 수 있다.

ESG 경영: Green Ledger vs SCT + CSRD 대응

지속가능성 분야에서는 ERP 내재화된 탄소회계(Green Ledger)와 **독립적 ESG 데이터 관리 및 보고**(Sustainability Control Tower 기반) 접근을 비교해볼 수 있다. 다음 표는 **Green Ledger와 SCT 기반 CSRD 대응**을 대비하였다.

구분	Green Ledger 도입(탄소회계 ERP 내재화)	SCT + CSRD 대응(ESG 데이터 허브 및 보고)
초점	**환경 데이터의 재무 연계**: 탄소배출을 회계 시스템에 통합 - 거래별 탄소흔적 기록, 이중회계(금융+탄소)	**ESG 데이터 통합관리**: 전사 지속가능성 정보 수집/집계 - CSRD 보고 기준 충족, KPI 모니터링
구현 방식	S/4HANA 재무 모듈 확장(Green Ledger 컴포넌트) - **ERP 트랜잭션**마다 탄소배출량 할당, 원장기록	별도 클라우드 솔루션(SAP Sustainability Control Tower) - 다양한 시스템 데이터 **연결·모델링**, 보고서 생성
주요 목적	**정밀 탄소관리**: 제품/공정 단위까지 탄소원가 파악 - 결산에 탄소정보 포함, **탄소중립 경영 의사결정** 지원	**규제 보고 및 성과관리**: CSRD/GRI 등 공시 대응 - ESG 목표 추적, **이사회/투자자 투명성** 제고
강점	- **실제 데이터 기반 탄소회계**(감사 준비된 정확성) - 재무성과와 환경성과 **동시 분석**(통합 인사이트) - **탄소예산·가격** 등 선진개념 도입 용이	- **신속한 규제 대응**: CSRD 등 요구사항 내장 - **포괄적 ESG 관리**: E,S,G 영역 모두 커버 - **데이터 중앙화**로 감사·검증 용이(추적성)

구분	Green Ledger 도입(탄소회계 ERP 내재화)	SCT + CSRD 대응(ESG 데이터 허브 및 보고)
한계/과제	- 초기 데이터 준비 부담(배출계수, 공급망 데이터 확보) - S/4HANA 환경 필수, 신제품으로 성숙도 모니터 필요 - 조직 전반 **탄소관리를 위한 프로세스 재정비** 필요	- 재무 내재화 부족(운영에 직접 피드백 제한) - **데이터 수집 노력** 여전히 큼(여러 시스템 연동) - 보고 관점 초점으로 **실제 감축활동 연계 과제**

적합 조건

Green Ledger 중심 전략은 **탄소배출 관리가 경영에 매우 중요**하고 이를 정교하게 내재화하려는 기업에 적합하다. 제조업이나 에너지 기업처럼 **제품별 탄소발자국 산출이 핵심**인 산업, 또는 탄소세/배출권 등으로 **탄소량이 곧 비용**이 되는 환경에서는 Green Ledger의 도입이 경쟁력을 좌우할 수 있다. 또한 **유럽 등 엄격한 규제권역의 대기업**은 향후 회계 감사에 탄소 데이터가 포함될 가능성까지 고려해, 미리 내재화된 시스템을 갖춰두는 편이 낫다. 반면 **SCT + CSRD 대응** 접근은 우선 **규제 준수를 빠르게 달성해야 하는 기업**에 적합하다. 처음 CSR 보고를 도입하는 단계의 기업이라면, Green Ledger처럼 근본적 변화를 주기보다는 SCT로 **각 부문 데이터를 모아 보고서부터 만들어내는 것**이 현실적이다. 또한 **ESG 성과를 거시적으로 관리**하려는 경영진이 있는 기업(예: 지속가능성 KPI를 경영 목표로 연계)은 SCT를 통해 ESG 대시보드를 구축하는 것이 유용하다. **조직 규모**로 보아도, Green Ledger는 그룹 차원의 재무 시스템이 통합되어 있지 않으면 적용이 까다롭다. 따라서 다수 ERP를 운영 중인 글로벌 기업은 우선 SCT로 데이터를 취합한 후, 궁극적으로 Central Finance 통합이나 S/4 전환 후 Green Ledger를 고려할 수 있다. **데이터 성숙도**도 판단 기준인데, 이미 제품별 LCA(수명주기 분석)가 진행되고 있고 배출량 계산 로직이 있다면 Green Ledger로 옮기는 시도가 용이하나, 아직 그런 체계가 없다면 SCT 상에서 데이터 수집 체계부터 성립시켜야 할 것이다.

도입 시 장점

Green Ledger 도입 시 얻는 장점은 **탄소정보의 경영 중요도 격상**이다. 이제까지 탄소관리팀에서 별도로 계산해오던 데이터를 CFO 조직에서 다루게 되므로, **의사결정에 환경 비용이 내재화**된다. 예를 들어, 매출은 높지만 탄소배출이 과도한 제품은 Green Ledger 상에서 수익성 지표와 탄소지표를 함께 보게 되므로, 향후 **탄소규제 비용까지 감안한 가격 전략**을 세울 수 있다. 또한 **제품 Carbon Footprint 산정**을 ERP 트랜잭션과 동시에 수행하므로, 개별 제품 단위의 탄소효율 개선을 추적할 수 있다. 이는 고객에게 **탄소정보 투명 공개**(제품 라벨 등)나, 공급망 협업 시 **정확한 Scope3 데이터 제공** 등 새로운 비즈니스 요구에 대응하는 기반이 된다. SAP Green Ledger는 나아가 **탄소중립을 위한 투자 결정 지원**에도 기여한다. 예컨대 공정 개선으로 탄소를 줄이면 Green Ledger상 원가가 어떻게 변동할지 시뮬레이션해 **탄소감축 투자 ROI**를 분석하는 등, ESG를 **비용-편익 분석에 포함**시킬 수 있다. **SCT + CSRD 대응**의 장점은 단기간에 **글로벌 표준에 부합하는 ESG 보고 역량**을 확보한다는 것이다. SCT에는 **EU CSRD의 ESRS 표준 지표 구조**와 GRI, SASB 등 다양한 프레임워크가 내장되어 있어, 관련 지표를 빠짐없이 관리할 수 있다. 기업은 SCT의 **미리 마련된 데이터 모델과 템플릿**을 활용해 각 지표별 데이터를 입력/연결하기만 하면 되므로, 새로운 규정이 나와도 SCT 업데이트로 따라갈 수 있어 **규제변화 리스크를 줄여**준다. 또한 SCT는 **워크플로우**를 통해 여러 부서의 데이터를 취합·검증·승인하는 과정을 지원하고, **감사로그와 증빙 첨부**를 관리함으로써, ESG 데이터에 대한 내부통제 프로세스를 쉽게 구축하게 한다. 이는 CSRD 등에서 요구하는 **보증(Assurance)** 준비에 유리하며, 감사인이 신뢰할 수 있는 데이터 품질을 갖추게 된다. 그리고 SCT를 도입한 기업은 **48개 계열사를 하나의 ESG 플랫폼에서 관리**한 사례 등처럼, 복잡한 조직의 데이터를 중앙에서 가시화함으로써 **전사 차원의 지속가능성 추진력**을 얻는다. 마지막으로, SCT는 SAP의 다른 지속가능성 툴(Product Footprint Management, Responsible Design 등)과 연계되어 **ESG 성과→액션**으로 이어지는 **플랫폼의 허브** 역할을 하므로, 향후 Green Ledger 도입 시에도 그 데이터를 SCT로 끌어와 **보고 자동화**를 이어갈 수 있다.

한계

Green Ledger의 한계는 **실행/데이터 단계에서의 과제**다. 각 트랜잭션에 탄소를 할당하려면, 그에 대한 **정확한 데이터 소스**가 필요한데, 예를 들어 구매한 원자재의 탄소정보는 공급업체 제공이 전제된다. 아직까지 모든 공급업체가 이런 정보를 주지 않을 수 있으며, 이 경우 기업은 **산업 평균치나 보수적 추정치**로 메꿔야 하는데 이는 Green Ledger 취지인 정확한 Actuals에 부합하지 않는다. 따라서 Green Ledger를 최대한 활용하려면 **공급망 전체의 디지털 탄소 투명성**이라는 거시적 과제가 따른다. 또한 탄소 = 비용 개념이 강해지면, 내부 반발이나 정책적 이슈도 고려해야 한다. 일부 사업부는 탄소배출이 높아 비용이 증가하게 되므로, **내부 탄소 정산 메커니즘**(shadow price 책정 등)을 정의하지 않으면 자칫 왜곡된 인센티브가 작용할 수 있다. **SCT**의 한계는 Green Ledger에 비해 **운영 프로세스와 실시간 연계가 약하다**는 점이다. SCT는 레포팅 플랫폼이기에, 경영 의사결정은 여전히 ERP 데이터(재무성과) 위주로 이뤄지고 ESG는 사후 보고로 남을 위험이 있다. ESG 성과를 진짜 경영에 반영하려면 Green Ledger 같은 접근이 필요하지만, SCT만으로는 **재무 데이터와 ESG 데이터가 분리**된 채 관리될 수 있다. 또한 SCT 도입 후에도 **Data Input의 상당 부분이 수작업 또는 추산치**일 가능성이 있다. 시스템이 자동계산해주는 Green Ledger와 달리, SCT는 각종 데이터 소스를 연결해야 하는데 연결하지 못하면 수동 입력해야 한다. 예를 들어 사회분야 지표(교육시간, 사회공헌 등)는 ERP에 없으니 별도 관리 후 SCT에 주입해야 하는데, 이때 데이터 정확성을 담보하려면 추가 검증 노력이 필요하다. 끝으로 SCT로 보고는 했지만 **실제 탄소감축이나 ESG 개선으로 이어지지 않으면** 형식적 대응에 머무르게 된다. 이는 **경영진의 의지와 활용 방안**의 문제이지만, 기술 도구만 도입하면 저절로 지속가능경영이 되는 것은 아니라는 점을 인식해야 한다.

결론적으로, **Green Ledger vs SCT**는 선택이라기보다 **시기와 범위의 문제**다. 먼저 SCT로 ESG 정보 거버넌스를 세운 뒤 Green Ledger로 정밀 탄소회계를 접목하거나, 두 가지를 병행하여 **운영-보고 체계를 완성**할 수 있다. 중요한 것은 **우리 회사의 지속가능성 여정에서 현재 단계에 맞는 도구**를 도입하는 것이다. 규제 준수조차 미비한 단계라면 SCT로 기본을 닦고, 이미 ESG 경영이 어느 정도 실행되는 단계라면 Green Ledger로 한 단계 도약하는 식이다. 무엇보다 이러한 시스템을 통해 얻은 데이터를 **의사결정에 적극 활용**하여, 규제 대응을 넘어 **지속가능성을 경영 성과로 전환**하는 것이 최종 목표가 될 것이다.

3장

Public Cloud와
PCE 비교

3.1 아키텍처

- SAP Public Cloud 멀티테넌트 SaaS 아키텍처 vs SAP PCE 싱글테넌트 아키텍처
  비교

테넌트(Tenant)란 무엇인가?

테넌트란 원래 건물에서 세입자를 가리키는 말로, IT와 클라우드 컴퓨팅에서는 **하나의 시스템이나 소프트웨어를 사용하는 개별 사용자나 조직**을 뜻한다. 예를 들어 여러 회사가 하나의 소프트웨어 서비스를 함께 쓴다면, 각 회사를 그 서비스의 하나의 테넌트라고 부를 수 있다. 쉽게 말해, **한 건물에 여러 세입자가 사는 아파트**처럼 여러 사용자가 한 소프트웨어를 공유하면 멀티테넌트 환경이고, **각 세입자가 독채 주택에 사는 경우**처럼 각 사용자에게 전용 환경이 주어지면 싱글테넌트 환경이다. 이러한 맥락에서 테넌시(Tenancy)는 사용자가 시스템을 **어떻게 공유하거나 독점하는지에 대한 방식**을 의미한다.

멀티테넌트 vs 싱글테넌트 아키텍처(개념 비교)

멀티테넌트와 싱글테넌트의 핵심 차이는 **하나의 시스템 인스턴스를 여러 테넌트가 함께 쓰느냐**, 아니면 **각 테넌트마다 별도 인스턴스를 갖느냐**이다. 멀티테넌트 아키텍처에서는 **하나의 소프트웨어 인스턴스가 여러 사용자(테넌트)를 동시에 지원**하며, 각 사용자의 데이터와 설정은 논리적으로 분리된다. 반면 싱글테넌트 아키텍처에서는 **각 고**

객이 자신의 전용 소프트웨어 인스턴스를 가지므로, 물리적으로도 완전히 분리된 환경을 사용하게 된다.

멀티테넌트 아키텍처 개념도

여러 고객이 하나의 애플리케이션 인스턴스를 공유하지만, 각자의 데이터는 논리적으로 분리되어 있음. 한 건물에 여러 세입자가 사는 아파트에 비유할 수 있다.

싱글테넌트 아키텍처 개념도

각 고객이 독립적인 애플리케이션 인스턴스와 데이터베이스를 전용으로 사용함. 각 세입자가 자기만의 독립 주택에 사는 상황에 비유할 수 있다.

이 비유에서 볼 수 있듯이, **멀티테넌트** 구조에서는 서비스 제공자가 하나의 시스템을 운영하고 여러 고객이 이를 공동으로 사용하되, 각자의 데이터는 **논리적으로 격리**된다. 서비스 제공자는 건물의 전체 보안과 시설 관리를 맡고, 고객들은 자신의 '집(데이터 영역)'에 대한 열쇠와 권한만 갖는 형태이다. **싱글테넌트** 구조에서는 각 고객이 자기만의 건물을 가지고 모든 자원이 완전히 **물리적으로 격리**되며, 고객이 해당 환경의 관리에 더 큰 통제권을 갖는 대신 책임도 따른다.

SAP Public Cloud(S/4HANA Cloud Public Edition)의 멀티테넌트 SaaS 아키텍처

SAP S/4HANA Public Cloud는 **완전한 SaaS**(Software as a Service) 형태로 제공되는 멀티테넌트 클라우드 ERP이다. 이는 여러 고객사가 **SAP가 관리하는 하나의 클라우드**

인프라와 어플리케이션을 공유하여 사용하는 모델을 의미한다. 각 고객의 데이터는 엄격히 논리적으로 분리되어 있어 보안이 유지되지만, **기본 시스템 인프라와 애플리케이션 버전은 공통**으로 운영된다. SAP가 시스템을 표준화된 베스트 프랙티스에 따라 운영하고 주기적으로 업그레이드하며 관리까지 맡기 때문에, 사용 기업은 인프라 관리와 유지보수 부담을 크게 덜 수 있다. 다만 표준화된 환경인 만큼 고객별 **코드 수정이나 커스터마이징은 제한**되며, SAP가 제공하는 **사전 정의된 프로세스와 베스트 프랙티스에** 맞춰 업무를 운영하는 것이 전제된다. 새로운 기능이나 업그레이드는 SAP에서 **정기적으로 일괄 제공**하며, 모든 테넌트에 동시에 적용되기 때문에 기능 표준화와 최신 기술 활용 측면에서 유리하다(예: 1년에 두 번의 메이저 릴리스와 매월의 소규모 업데이트 제공).

SAP PCE(Private Cloud Edition)의 싱글테넌트 전용 아키텍처

SAP S/4HANA Private Cloud Edition(PCE)는 **각 고객을 위한 1대1 전용 시스템**을 클라우드 인프라에 제공하는 **싱글테넌트형** 모델이다. 쉽게 말해, **각 기업이 자신만을 위한 S/4HANA 인스턴스를 갖는** 것으로, 해당 시스템의 인프라 자원과 애플리케이션은 **오직 한 고객만을 위해 사용**된다. PCE는 RISE with SAP 프로그램의 일부로 제공되며, SAP 혹은 선정된 IaaS 파트너(AWS, Azure 등)가 인프라를 호스팅하지만, 시스템 운영과 관리에 대한 상당 부분의 책임은 고객(또는 고객이 고용한 파트너)에게 있다. 이 모델에서는 **온프레미스(On-Premise) 환경과 유사하게 높은 수준의 커스터마이징**이 가능하고, 고객이 SAP 소스코드 수정이나 추가 애드온을 설치하는 등 **폭넓은 확장과 통합**을 수행할 수 있다. 또한 업그레이드 일정이나 보안 통제에 있어서도 고객이 더 많은 선택권을 갖지만, 동시에 이를 **직접 계획하고 실행해야 하는 책임**이 수반된다. 예를 들어, PCE 환경의 업그레이드는 **온프레미스처럼 5년 내 메인 릴리스를 적용**하고, 기능 패키지(FPS)와 지원 패치(SPS)를 수동으로 적용하는 등 고객 주도의 유지보수가 필요하다. 요약하면, PCE는 **클라우드에서 제공되는 전용 SAP 시스템**으로서, **한 고객만의 요구에 맞춤 구성**할 수 있지만 그만큼 **운영상의 무게**를 고객이 일부 지게 되는 모델이다.

Public Cloud vs PCE: 보안, 확장성, 유지보수, 비용 비교

아키텍처 상의 차이는 **보안, 확장성, 유지보수, 비용** 측면에서 각 모델의 장단점으로 나타난다. 아래 표에는 SAP Public Cloud(멀티테넌트 SaaS)와 SAP PCE(싱글테넌트 전용)를 이 네 가지 요소로 비교한 내용이 요약되어 있다.

요소	Public Cloud(멀티테넌트 SaaS)	Private Cloud Edition(싱글테넌트 전용)
보안	**SAP 표준 보안 적용: SAP가 클라우드 인프라 보안과 규정 준수를 책임**지며, 검증된 보안 베스트 프랙티스가 적용됨. 각 테넌트의 데이터는 논리적으로 격리되어 있어 타 고객과 섞이지 않는다. 고객 보안커스터마이징 제한: 다만 개별 기업이 자체 보안 솔루션이나 특별한 통제 방식을 적용하는 데에는 제약이 있다(예: 금융업 등 규제가 엄격한 경우, 표준 이상으로 세분화된 보안 통제가 어려울 수 있음).	**전용 환경으로 높은 격리: 한 고객만의 시스템을 사용**하므로 데이터와 자원이 물리적으로 격리되어 보안 측면에서 타 테넌트와의 교차 위험이 없다. 규제 산업의 요구에 맞춰 **고객사별 보안 정책**을 세밀하게 적용할 수도 있다. 보안 관리 책임 증가: 하지만 인프라 및 애플리케이션 보안 설정을 **고객이 직접 설계/관리**해야 하므로, 보안 유지의 책임과 비용이 상승한다. 즉, 보안 수준은 전적으로 운영팀 역량에 좌우되며 추가적인 보안 투자(TCO 상승)가 필요할 수 있다.
확장성	**자동 확장 & 고성능 튜닝: SaaS로서 필요에 따라 자동으로 자원 확장**이 용이하고 탄력적이다. SAP가 전체 시스템을 최적화해 두었으므로 기본 성능이 뛰어나고, 이용자가 늘어나도 서비스가 안정적으로 확장된다(예: 새로운 테넌트를 추가하거나 사용자 수가 급증해도 SAP 클라우드가 이를 대응). 확장 제어권 제한: 개별 고객이 인프라 성능을 세부적으로 조정하거나 직접 최적화할 수는 없으며, **SAP의 표준 설정** 내에서만 동작한다.	**유연한 성능 튜닝: 고객이 인프라 사양을 지정**하고 성능을 최적화할 수 있어, 필요한 경우 SAP 시스템을 상세 조정(tuning)하여 사용 가능하다. 워크로드 특성에 맞춰 **서버 증설이나 확장**을 계획적으로 수행할 수 있다. 한계적인 탄력성: 그러나 **자동 탄력적 확장**은 기본적으로 제공되지 않으며, 수요 증가 시 **직접 인프라를 확장**해야 하므로 민첩성이 떨어질 수 있다. 잘못하면 자원 부족이나 과다 할당으로 **비용 비효율**이 발생할 수 있고, 확장에는 시간이 더 소요된다.

요소	Public Cloud(멀티테넌트 SaaS)	Private Cloud Edition(싱글테넌트 전용)
유지 보수 (운영 및 업 그레 이드)	**SAP 관리로 손쉬운 유지보수:** 시스템 백업, 패치, 업그레이드 등을 SAP가 중앙에서 수행하므로, 고객은 **기능 사용과 데이터 관리에만 집중**하면 된다. 새로운 기능도 정기적으로 자동 제공되어 별도 업그레이드 프로젝트 부담이 적다. **표준화된 환경:** 모든 고객이 동일한 표준 버전을 사용하므로, **업데이트 시 호환성 문제가 최소화되고 평균 가동률 및 안정성**이 높습니다. 다만 SAP가 정한 일정에 따라 업그레이드가 진행되므로, 고객이 이를 수동 연기하기 어렵다.	**고객 주도의 유지보수:** 인프라 설정부터 업그레이드 시기와 방식까지 고객이 결정한다. 필요하면 업그레이드를 미뤄서 안정성을 우선하거나, 커스터마이징에 맞춰 별도 테스트 후 적용할 수 있다. **운영 부담 및 전문성 요구:** 한편으로는 기술 인력(BASIS 등)이 시스템 패치, 모니터링, 장애 대응을 맡아야 하고, **버전 업그레이드도 자체 추진**해야 하므로 운영 및 유지보수 부담이 크다. SAP 표준 지원을 받더라도, **고객 측의 적극적인 관리와 검증 작업**이 필요하다.
비용	**구독 기반(OPEX)으로 초기 부담 낮음:** 퍼블릭 에디션은 사용한 만큼 지불(pay-as-you-go)하는 **운영 비용** 모델로, 초기 구축 비용이 적고 인프라 투자 없이 시작할 수 있다. 여러 테넌트가 자원을 공유하여 **규모의 경제** 효과로 개별 고객당 총소유비용(TCO)이 낮게 책정되는 경향이 있다. 일반적으로 **가장 낮은 TCO와 높은 ROI**를 기대할 수 있다. **지속 비용 및 제약:** 다만 매년 **구독료**를 내는 형태이므로 장기적으로 비용이 누적되고, 사용량 증가에 따라 비용이 변동할 수 있다. 또한 비용 측면에서 효율적이지만, **커스터마이징 제한으로 인한 추가 개발 필요시** BTP 등의 별도 서비스 비용이 추가될 수 있다.	**전용 환경 유지로 인한 높은 비용:** PCE는 초기 인프라 구축비와 라이선스 비용(클라우드 구독 + 전용 인스턴스 비용)을 크게 투입해야 하며, 이는 주로 자본 비용(CAPEX)에 해당한다. 한 고객을 위한 **전용 리소스를 유지**해야 하므로 인프라 및 운영 단가가 높아 총소유비용이 올라간다. **예측 가능한 비용 구조:** 반면 워크로드가 예측 가능하고 일정하다면, 과도한 유연성에 따른 비용(유휴 리소스에 대한 비용 등)을 피하고 **필요한 만큼만 인프라를 할당**하여 비용을 최적화할 수도 있다. 하지만 일반적으로는 **온프레미스 대비 큰 초기 투자와 지속적인 운영 인력 비용** 때문에, 중소 규모 기업에는 부담이 될 수 있다.

멀티테넌트 vs 싱글테넌트 - 무엇을 선택해야 할까?

정리하면, SAP Public Cloud의 멀티테넌트 모델은 낮은 초기 비용, 손쉬운 확장과 표준화된 유지보수로 빠른 도입과 운영 효율을 제공하지만, 고객별 특수한 요구에 대한 유연성은 제한된다. 반면 SAP PCE의 싱글테넌트 모델은 높은 수준의 보안 격리와 커스터마이징이 가능하여 기업별 요구사항을 충실히 반영할 수 있으나, 비용과 운영의 부담이 크고 민첩성은 떨어질 수 있다.

어느 옵션이 적합한지는 **기업의 우선순위**에 따라 달라진다. 예를 들어, "보안 및 규정 준수, 커스터마이징이 최우선"이라면 PCE가 적합할 수 있고, "비용 효율성과 신속한 확장, 표준 프로세스 활용"이 중요하다면 Public Cloud가 유리할 것이다. 기술적인 정확성을 담보하면서도 각 개념을 쉽게 설명하면, **Public Cloud는 여러 기업이 한 시스템을 함께 쓰는 아파트형 서비스, PCE는 내 기업만을 위한 맞춤 주택형 서비스**라고 비유할 수 있다. 각각 장단점이 있는 만큼, 도입을 검토할 때는 위의 요소들을 면밀히 고려하여 **자사 환경에 최적인 모델을 선택**하는 것이 중요하다.

3.2 배포 및 구현 방식

Public Cloud와 PCE의 지원 방식 비교

SAP S/4HANA Public Cloud(퍼블릭 클라우드)와 SAP S/4HANA Private Cloud Edition(PCE, 프라이빗 클라우드 에디션)는 지원하는 전환 방식에서 큰 차이가 있다. **Public Cloud 에디션은 오직 그린필드 방식의 신규 구현만을 지원**하며, 기존 시스템을 그 대로 변환하는 브라운필드 시나리오는 적용되지 않는다. 반면, Private Cloud Edition 은 온프레미스와 동일한 유연성을 가지므로 그린필드, 브라운필드, 선택적 데이터 전환까지 **모든 접근 방식을 지원**한다.

- SAP S/4HANA Public Cloud: 멀티테넌트 SaaS 형태로 제공되는 퍼블릭 클라우 드는 **초기 구축 시 새로운 시스템을 설정**하고 **기존 ERP로부터 필요한 데이터만 이관**하는 Greenfield 도입이 일반적이다. ECC에서 Public Cloud로의 **직접 시스 템 업그레이드 경로는 제공되지 않으며**, 회사별로 신규 S/4HANA Cloud 인스턴 스를 생성하여 **SAP 표준 프로세스를 채택**하는 형태다. 따라서 Public Cloud로 전환하려는 기업은 현재 프로세스를 표준에 맞게 재설계하고 **데이터 마이그레이 션 프로젝트**를 수행해야 한다. 이 접근은 Grow with SAP 프로그램의 일환으로, **비교적 신속한 구축과 온보딩**을 목표로 한다. 실제로 Public Cloud 프로젝트는 **SAP Best Practice 콘텐츠가 사전에 탑재**되어 있어 구현 기간이 단축될 수 있으 며, **분기별 업그레이드에 따른 지속 혁신**을 누릴 수 있다. 다만 **고객별 요구에 맞 춘 대폭적인 커스터마이징이 불가능**하므로(확장성은 있지만 제한적), **표준 프로세스**

수용에 대한 **조직적 준비**가 필요하다. **프로젝트 기간**은 보통 수개월 이내의 빠른 도입을 지향하지만, **업무 프로세스 갭 분석과 데이터 이전 작업에 따라 변동**된다. **기술적 리스크는 낮은 편**이며(새 시스템이므로), **조직적 리스크는 표준에 적응해야 하므로 존재**한다. Public Cloud는 **Greenfield에 최적화된 에디션**으로서, **간소한 비즈니스 모델이나 새로운 시작을 원하는 경우**에 적합하다.

- SAP S/4HANA Private Cloud Edition(PCE): RISE with SAP의 구성요소인 PCE는 **단일 테넌트 S/4HANA를 SAP 또는 하이퍼스케일러의 인프라 위에 제공**하는 모델이다. **온프레미스와 동일한 기능과 확장성을 가지므로 기존 ECC 시스템을 직접 변환하는 브라운필드나 선택적 데이터 이관도** 지원된다. 예를 들어, 다년간 ECC에 투자한 대기업은 PCE 환경에서 **시스템 컨버전**을 통해 그간 구축한 **커스터마이징과 데이터 자산을 그대로 S/4로 승계**받을 수 있다. 또한 복잡한 다중 시스템을 운영 중인 경우, PCE로 **Selective Data Transition**을 수행해 필요한 부분만 단계적으로 클라우드로 옮기는 전략도 가능하다. **프로젝트 기간**은 선택한 접근 방식에 따라 다르다. Greenfield로 PCE를 도입하면 완전 신규 구축이므로 기간이 길 수 있고, Brownfield로 하면 비교적 빠른 전환이 가능하다. **기술적 리스크와 조직적 리스크 수준도 접근 방식마다 상이**하다: Brownfield의 경우 **기술적 난이도는 있지만 조직 변화는 적고**, Greenfield의 경우 그 반대다. PCE는 **고객 요구에 맞춰 선택 가능**하므로, **복잡한 레거시 자산을 유지해야 하거나 산업별 특화 기능**이 필요한 기업에게 선호된다. **파트너의 역할** 역시 접근 방식에 따라 달라지는데, Greenfield라면 비즈니스 컨설팅 위주, Brownfield라면 기술 이행 위주, SDT라면 고도의 변환 전문성 요구 등으로 구분된다. 요약하면, PCE는 **온프레미스 수준의 유연성과 클라우드 이점을 모두 제공**하면서, 고객이 **Greenfield/Brownfield/Hybrid 중 최적 경로를 선택**해 S/4HANA로 전환할 수 있게 해주는 옵션이다.

3.3 업그레이드 정책

SAP Public Cloud와 PCE의 업그레이드, 확장성, 기능, 운영/비용 비교 분석

SAP S/4HANA Cloud의 Public 버전과 Private Cloud Edition(PCE)은 업그레이드 제공 방식에서 큰 차이가 있다. **Public Cloud**의 경우 SAP에서 연 2회의 정기 업그레이드를 자동으로 진행한다. 모든 Public Cloud 고객은 SAP가 정한 일정에 따라 최신 버전으로 시스템이 업데이트되며, 추가로 필요시 월간 단위의 개선 패치가 제공된다. 이러한 **반기 자동 업그레이드** 정책은 클라우드 솔루션의 연속적인 혁신을 보장하여, 고객이 별도의 업그레이드 프로젝트 없이도 최신 기능을 활용할 수 있게 한다. 다만 변경 주기가 빠르기 때문에 사용자 측에서는 새로운 기능에 대한 테스트와 조직 변화 관리가 빈번히 요구된다. 특히 Public 환경에서는 사용자가 코어 코드를 수정하지 못하므로 기술적으로 업그레이드 충돌이 적지만, 프로세스나 UI 변화에 사업부서가 적응하도록 하는 내부 준비가 중요하다. 반면, **PCE**는 **고객 주도 업그레이드** 방식을 취한다. 즉, SAP가 새로운 S/4HANA 버전을 출시하더라도 업그레이드 시점과 실행 여부는 고객이 결정할 수 있다. PCE는 온프레미스 버전과 동일한 코드를 기반으로 하기 때문에, 고객은 자신만의 업그레이드 주기와 계획을 수립하여 **유연하게 버전 업그레이드**를 실시한다. 이는 업그레이드로 인한 업무 영향도를 최소화하고 고객사가 자체 검증을 충분히 거친 후에 진행할 수 있는 장점이 있다. 예를 들어, **Public Cloud**에서는 1년에 두 차례 예정된 시점마다 모든 기능 개선이 일괄 적용되지만, **PCE** 환경에서는 고객이 필요에 따라 수년간 현 버전을 유지하거나 일정 지연을 선택할 수 있다. 이러한 유연성 덕분에 고객은 **자사 맞춤 페이스**로 혁신을 도입할 수 있지만, 동시에 **지나친 업그레이**

드 지연 시 지원 기간이 만료될 수 있으므로 일정 주기의 업그레이드는 결국 필요하다. 결국 Public Cloud의 자동 업그레이드는 **최신 혁신 기능을 빠르게 취하는 대가로 표준 프로세스 수용과 빈번한 변화 대응**을 요구하며, PCE의 고객 주도 업그레이드는 **변화 통제권과 안정성 확보**를 얻는 대신 **업그레이드 계획과 기술 부채 관리 책임**을 고객이 부담하는 형태다. 기업 규모 측면에서 살펴보면, 전담 IT인력이 적은 중견 기업은 빈번한 업그레이드를 **SAP에 일임함으로써 관리 부담을 줄이는 Public 모델**을 선호할 수 있으며, 자체 **IT 조직과 테스트 역량을 갖춘 대기업**은 PCE를 통해 업그레이드 타이밍을 사업 일정에 맞출 수 있는 장점을 활용한다.

3.4 확장성

확장성(Extensibility) 측면에서 Public과 PCE는 **시스템 커스터마이징 및 기능 확장에 대한 철학과 기술적 범위가 크게 다르다.** **Public Cloud**는 기본적으로 "**클린 코어**(Clean Core)" 원칙을 따른다. 즉, SAP 표준코드를 수정하지 않고도 업무 요구를 충족시키도록 권장하며, 고객이 직접 코어 모듈을 변경할 수 없도록 제한한다. Public 환경에서의 확장은 주로 **두 가지 방법**으로 이루어진다. 첫째, **인앱**(In-App) **확장**으로서 SAP에서 제공하는 **Fiori 기반 키유저 도구**를 활용하여 화면에 필드를 추가하거나 비즈니스 규칙을 설정하는 등 **제한적인 수준의 커스터마이징**만 허용된다. 둘째, **사이드 바이 사이드** (Side-by-Side) **확장**으로 SAP Business Technology Platform(BTP)을 이용해 별도 애플리케이션이나 인터페이스를 개발하여 본 시스템과 연동하는 방식이다. 이러한 BTP 기반의 확장 수단을 통해 Public Cloud도 외부 시스템 통합이나 사용자 정의 애플리케이션을 어느 정도 구현할 수 있지만, 이는 **SAP가 공개한 API와 이벤트**를 활용하는 범위 내에서만 가능하다. 다시 말해, Public Cloud는 **사전 정의된 표준 범위 내에서만 확장이 가능**하며, 고객이 임의로 새로운 ABAP 코드를 코어에 삽입하거나 서드파티 애드온을 직접 설치하는 것은 불가능하다. 이러한 제약은 **지나친 커스터마이징으로 인한 복잡성 증가를 방지**하고 시스템을 안정적으로 유지하는 데 유리하며, 결과적으로 **표준화와 모듈화로 비용과 복잡성을 낮추는 이점**을 준다.

반면 **PCE** 환경에서는 **광범위한 확장과 ABAP 커스터마이징**이 가능하다. PCE는 기본적으로 S/4HANA 온프레미스판과 동일한 환경을 제공하므로, Public에서 불가능했던 **고전적 확장 방식**까지 허용된다. 예를 들어 **ABAP 개발**을 통해 새로운 Z프로그램을 만들거나, 기존 표준 객체에 사용자 Exit이나 Enhancement를 추가할 수 있으며,

필요한 경우(권장되진 않지만) SAP 표준코드에 수정을 가하는 **모디피케이션도** 이론상 가능하다. 또한 **외부 파트너 애드온**을 설치하거나 업계별 솔루션을 추가하는 등 **다양한 서드파티 확장**을 적용할 수 있다. PCE 고객은 **SAP GUI와 프로그래밍 작업에 대한 백엔드 접근권한**을 가지므로, 온프레미스와 동일하게 IMG 설정과 SE80 등 **개발도구를 활용한 깊은 수준의 커스터마이징**이 가능하다. 요컨대 PCE는 **고객이 시스템을 자신의 필요에 맞게 구조적으로 변화**시킬 수 있는 자유도를 제공한다. 예를 들어, 표준 S/4HANA에 포함되지 않은 특수산업 기능이나 **고객만의 프로세스를 반영한 트랜잭션**을 구현해야 할 경우 PCE에서는 자체 개발로 해결할 수 있지만, Public Cloud에서는 이러한 요구를 **SAP 제공 범위 내에서 우회적으로 처리**하거나 **BTP 상의 별도 애플리케이션으로 개발**해야 한다.

　이러한 확장성 차이는 **기업의 IT 역량과 요구사항에 따른 선택 기준**이 된다. **표준화된 프로세스에 비교적 만족하고, 시스템 변경을 최소화하여 운영 간소화를 원하는 기업**은 Public Cloud의 제한적 확장이 오히려 적합하다. Public Cloud의 제한은 때때로 "불편함이자 동시에 장점"인데, 제한된 커스터마이징 덕에 **시스템이 단순해지고 유지보수 비용이 절감**되기 때문이다. 반면 **복잡한 비즈니스 로직, 업계 고유의 기능, 기존 SAP 커스터마이징 자산**을 유지하려는 기업은 PCE의 유연한 확장성을 통해 요구를 충족할 수 있다. 특히 제조업처럼 **복잡한 프로세스**나 금융같이 **규제가 많은 산업**에서는 표준 기능만으로 부족할 수 있는데, PCE에서는 **필요한 추가 기능을 직접 개발**하거나 전문 솔루션을 통합하여 사용할 수 있다. SAP도 이러한 격차를 줄이고자 **BTP를 통한 확장성 보완**을 강조하고 있다. BTP를 활용하면 Public Cloud 환경에서도 코어 수정 없이 부가 기능을 개발하거나 다양한 외부 시스템과 연계를 할 수 있어, **Private Edition의 유연성을 Public 환경에서 흉내** 내는 것이 가능해지고 있다. 그럼에도 불구하고 **궁극적인 커스터마이징 필요 수준이 높은 기업**이라면 여전히 PCE를 선택하는 편이 적합하며, **대부분의 일반 기업들은 Public Cloud + BTP 조합으로도 충분한 유연성을 확보**하면서 **심각한 커스터마이징에 따른 부담을 피하는 길**을 택할 수 있다.

3.5 기능 범위

SAP S/4HANA Cloud Public과 PCE는 **제공하는 기능 및 산업 범위**에서도 차이가 있다. **Public Cloud**는 흔히 **에센셜(Essentials) 버전**이라고 불렸듯이, **기업 경영에 필수적인 범용 기능들**을 중심으로 구성되어 있다. 이는 여러 산업에 공통되는 재무회계, 인사, 조달, 판매, 생산관리 등의 **핵심 프로세스**를 포괄하지만, **산업 특화 기능이나 매우 복잡한 시나리오**는 제한적으로 지원한다는 뜻이다. 예를 들어 Public Cloud에서도 제조, 유통, 서비스 등 **범용 산업군의 모듈**(생산계획, 구매, 프로젝트 관리 등)은 지원되지만, SAP가 제공하는 **25개 전 산업 분야의 모든 세부 기능**을 담고 있지는 않다. Spinnaker Support의 비교에 따르면 Public Edition은 **HR, 제조, 영업, 전문서비스, 조달, 금융서비스 등 일부 산업 영역의 지원에 집중**되어 있다. 이는 Public Cloud가 **표준화된 Best Practice 프로세스**를 제공하여 다양한 기업에 빠르게 적용될 수 있도록 설계되었기 때문이다. 반면 **PCE**는 온프레미스판 SAP S/4HANA의 **전체 기능을 클라우드 환경에 담은 것**으로 이해할 수 있다. 즉, **64개 국가, 25개 산업을 포괄하는 전체 로컬라이제이션과 산업별 솔루션**을 지원한다는 의미다. 결과적으로 **PCE는 산업별 세부 기능이나 특정 국가의 법규 대응 등이 모두 포함**되어, Public Cloud보다 **훨씬 넓은 기능적 커버리지**를 자랑한다. 예를 들어, **자동차 산업의 공급망 관리, 은행업을 위한 특별 회계처리, 유틸리티 산업의 과금 시스템** 등 특정 업종에 특화된 **SAP 모듈**들은 PCE 환경에서 이용 가능하지만, Public Cloud에는 현재 포함되어 있지 않다. 또한 국가별 세율/세법, 보고 요구사항 등 **글로벌 기업이 필요한 현지화 기능**도 PCE가 더 폭넓게 제공한다. 실제로 PCE는 SAP S/4HANA 온프레미스 2023 버전 기준으로 **64개국에 대한 내장형 로컬라이제이션**을 제공하여 다국적 기업의 법규 준수를 지원하는데, Public Cloud 역시 지속적으로 로컬 버전을 늘려가고 있으나 최근 자료에 따르면 약 50~60개국 수준으로 PCE에 비해 다소 제한적이다.

공급 모듈의 범위 차이는 **도입 기업의 산업군과 규모**에 직접적인 영향을 준다. **업무 프로세스가 비교적 단순하고 범용적인 기업**이나 **중견 규모 기업**의 경우 Public Cloud 의 에센셜 범위로도 충분한 경우가 많다. SAP도 이러한 고객을 위해 2023년 **GROW with SAP** 프로그램을 도입하여 **중견/중소 기업들이 필요로 하는 핵심 기능 위주의 Public Cloud**를 빠르게 적용하도록 지원하고 있다. 실제로 SAP는 대부분의 기업들이 굳이 PCE 수준의 복잡성과 기능을 필요로 하지 않는다고 보고, Public Edition만으로 도 거의 동등한 파워를 제공하려는 전략을 취하고 있다. 하지만 **대기업이나 특수 산업 분야**에서는 Public Cloud의 기능 한계로 인해 **PCE를 선택**하는 사례가 많다. 예를 들 어, **글로벌 제약회사나 정유회사**는 공통 ERP 기능 외에도 품질관리, 환경안전, 상세원 가관리 등 **산업 특화 모듈**이 중요한데, 이러한 모듈들은 PCE 상에서 **온프레미스와 동 일하게 사용할 수 있다.** 또한 **다국적 기업** 입장에서는 Public Cloud가 지원하지 않는 국가가 있다면 그 나라 법적 보고를 위해 PCE를 고려해야 할 수 있다. PCE는 필요한 경우 **추가 개발이나 서드파티 솔루션으로도 기능 보완이 가능**하므로, **범위를 확장하 는 데 제약이 거의 없는 풀스코프 ERP**라고 볼 수 있다.

다만 SAP도 Public Cloud의 기능 범위를 계속 확대하고 있다. 최신 Public Cloud 업 데이트에서는 과거에는 없던 **여러 산업용 시나리오**도 추가되는 추세이며, **BTP 기반의 확장 애플리케이션**으로 부족한 기능을 메우는 전략이 쓰이고 있다. 그럼에도 **현 시점 에서 산업 전반을 망라하는 완전한 커버리지가 필요하거나, SAP ECC에서 사용하던 특정 기능을 그대로 활용**하려는 경우에는 PCE가 사실상 유일한 대안이다. 따라서 **기 업의 산업군, 글로벌 진출도, 요구 기능 리스트**를 면밀히 검토하여 두 에디션 중 선택 해야 하며, **SAP 표준 기능으로 거의 충족되는지 vs 추가 개발이 불가피한지**가 중요한 판단 기준이 된다.

3.6 운영과 비용

클라우드 ERP의 **시스템 운영 방식과 비용 구조** 또한 Public과 PCE 간에 크게 다르다. **Public Cloud**는 전형적인 **소프트웨어 서비스(SaaS)** 모델로서, **시스템 인프라부터 애플리케이션까지 SAP가 전담 운영**한다. Public Cloud를 선택한 기업은 SAP가 제공하는 클라우드 상에서 애플리케이션을 사용하고 데이터만 투입하는 형태이며, **DB나 서버에 직접 접근하거나 시스템 백엔드 설정을 관리할 필요가 없다.** SAP가 멀티테넌트 환경으로 다수 고객을 한 플랫폼에 호스팅하기 때문에, **고객들은 자체 데이터와 애플리케이션 설정만 관리하고 나머지 보안, 백업, 장애 대응, 업그레이드 등의 기술 운영은 SAP가 일괄 담당**한다. 이는 **운영 인력과 비용 측면에서 고객에게 큰 이점**으로, 별도의 시스템 관리자 인력을 크게 줄일 수 있고 24/7 기반의 안정적인 운영 서비스를 받을 수 있음을 의미한다. 반면 **PCE는 Single-tenant 전용 환경**으로 제공되며, 운영 책임이 SAP와 고객 간에 공유(공동운영)되는 형태다. RISE with SAP 구독을 통해 PCE를 도입하는 경우 SAP가 기본 인프라(데이터센터 또는 하이퍼스케일러 클라우드 상의 시스템)와 베이시스 기술 관리(예: 시스템 패치 적용 등)를 제공하지만, **고객 역시 시스템 운영에 적극 참여**하게 된다. 예를 들어 고객은 **애플리케이션 레벨의 설정, 사용자 지원, 그리고 특히 자체 개발한 확장코드에 대한 운영**을 책임져야 한다. 또한 PCE 환경에서는 각 고객이 **독립적인 시스템 인스턴스**를 사용하므로, 시스템 **성능 모니터링이나 백업 정책의 상세 설정** 등을 고객 요구에 맞게 조율할 수 있지만 이에 따른 **추가적 운영 노력과 협의 작업**이 필요하다. 요약하면, Public Cloud는 **SAP의 Managed Service**를 받으며 고객은 사용자로서 이용만 하면 되는 **완전자동화된 운영**이고, PCE는 Managed Private Cloud로 SAP와 고객이 역할을 나누어 운영하며 **고객이 더 많은 통제권과 함께 책임**

도 가지는 운영이라고 볼 수 있다.

비용 측면에서도 두 모델은 **완전히 다른 지출 구조**를 지닌다. Public Cloud는 전형적인 **구독형 과금(Subscription) 모델**로, **필요 사용자 수 혹은 사용량에 따라 월별/연별 요금을 지불하는 운영비(OPEX)** 형태다. 초기 도입 시 하드웨어 구매나 영구 라이선스 투자 대신 **서비스 이용료만 내면 되므로 초기 투자비(CAPEX)가 매우 낮다**. 또한 사용 규모를 늘리거나 줄일 때 비교적 **유연하게 비용 조정**이 가능하다(예컨대 사용자 증감에 따른 라이선스 증감). 이러한 Pay-as-you-go 모델 덕분에 **시작 비용이 낮고 총소유비용(TCO)도 전통적 방식 대비 절감**되는 경향이 있다. 실제로 업계에서는 일반적으로 Public Cloud가 가장 낮은 TCO와 높은 ROI를 달성한다고 간주한다. SAP가 인프라를 공동으로 운영하면서 규모의 경제를 이루기 때문에, 개별 고객이 인프라를 단독 운영할 때보다 비용 효율적이라는 것이다. **PCE는 반대로 전용 인프라를 사용하는 대가로 더 높은 비용**이 드는 구조다. PCE를 도입하려면 보통 **상당한 선투자 또는 고정비 계약**이 필요하다. RISE with SAP의 경우에도 계약 기간 동안 **전용 리소스를 임대**하는 형태이므로 Public 대비 단가가 높고, 만일 고객이 자체 라이선스를 가지고 IaaS에 구축하는 방식이라면 **서버 장비 비용, 소프트웨어 라이선스 비용 등을 선지출**해야 한다. 요컨대 PCE는 **일시금 성격의 CAPEX 지출과 더불어 지속적인 운영비**가 함께 드는 모델로, 전통 온프레미스에 가까운 비용 패턴을 보인다. 결과적으로 **Public이 일반적으로는 낮은 TCO를 보이지만, 모든 경우에 해당하는 것은 아니다.** 예를 들어 **업무량 변동이 큰 기업**의 경우 Public의 종량제 모델이 유리하다 - 필요할 때만 자원을 쓰고 비용을 내면 되므로 **피크 외 시간에 비용 낭비가 없다.** 반면 **업무량이 일정하고 예측 가능한 대기업**의 경우, 오히려 PCE처럼 **초기부터 적정 규모로 인프라를 구축해두고 꾸준히 사용하는 편이 장기적으로 저렴**할 수 있다는 분석도 있다. 이러한 차이는 클라우드의 탄력적 자원 사용 비용이 장기간 보면 누적될 수 있기 때문인데, 만약 시스템 규모와 사용이 매우 안정적이라면 멀티테넌트 서비스의 이점(탄력성)을 덜 활용하게 되어 **전용 시스템과 비용 차이가 줄어들거나 역전**될 수 있다. 하지만 대다수 기업에게는 사용자 증가/감소나 사업 변화에 따른 시스템 규모 조정이 필요한 만큼, **Public Cloud의 높은 탄력**

성과 유연성이 가져오는 비용 효율 효과가 크게 작용하여 **더 낮은 TCO를 실현**하는 경우가 많다. 또한 PCE는 고객 주도의 커스터마이징과 공동 운영에 따른 추가 인건비용도 고려해야 한다. Public Cloud는 SAP에서 표준 기능을 제공하고 운영까지 해주므로, 고객 측 IT인력 투입이 최소화되지만, PCE는 앞서 언급했듯이 개발·운영에 있어 고객의 몫이 크다. **예를 들어, ABAP 개발자나 Basis 엔지니어를 자체 확보**해야 할 수도 있고, 이는 **숨겨진 비용 요소**로 작용한다. 한편 **계약 구조** 면에서도 Public은 **순수 클라우드 구독 계약**이며 PCE는 **라이선스+클라우드 호스팅 계약** 형태로 약정이 복잡해질 수 있다.

요약하면, 비용 관점에서 Public Cloud는 낮은 초기 비용과 사용량 기반 과금으로 진입장벽이 낮고 총비용이 절감되는 경향이 있으며, PCE는 높은 유연성과 성능을 제공하지만 그만큼 많은 비용과 투자가 필요한 모델이다. 기업은 **예산 규모, IT투자 여력, 비용에 대한 회계 선호도(OPEX vs CAPEX)** 등을 고려하여 두 옵션의 경제성을 평가해야 한다. 중견기업이나 **IT 예산이 제한적인 기업**은 Public Cloud의 경제성을 매력적으로 느낄 것이며, 규모가 크고 엄격한 성능/보안 요건을 가진 기업은 추가비용을 감수하고서라도 PCE를 선택하는 경향이 있다.

3.7 보안 및 규제 준수

보안(Security)과 규제 준수(Compliance) 측면에서도 Public Cloud와 PCE의 책임 분담과 유연성에 차이가 있다. **Public Cloud**에서는 **클라우드 보안의 상당 부분을 SAP가 책임**진다. SAP는 전 세계 수많은 클라우드 고객을 대상으로 최고 수준의 보안 표준을 적용하며, 데이터 암호화, 접근 통제, 네트워크 보안, 정기 취약점 패치 등 **포괄적인 보안 관리와 모니터링을 수행**한다. 또한 ISO 27001, SOC 2, GDPR 등 다양한 국제 인증과 규제를 준수하는 환경을 제공하여, 개별 고객이 이러한 인증을 직접 취득하는 부담을 덜어준다. **Public Cloud의 보안/컴플라이언스는 기본적으로 SAP의 표준 정책과 모범사례에 따라 유지**되므로, 일반적인 기업이라면 별도의 보안 설계 없이도 높은 수준의 보호를 받을 수 있다. 다만 이 접근 방식의 **단점은 고객이 자체적인 보안 통제 장치를 임의로 추가하기 어렵다**는 것이다. 다시 말해, Public Cloud에서는 **SAP가 제공하는 보안 체계 내에서 운영**해야 하므로, 만약 특정 산업 규제나 내부 정책상 추가적인 보안 구성(예: 자료 암호화 키의 직접 관리, 특수한 접근 승인 프로세스)이 필요하면 적용이 제한될 수 있다. 예를 들어 금융업의 경우 **분리된 데이터영역이나 맞춤형 로그 모니터링 체계** 등을 요구할 수 있는데, Public Cloud에서는 이러한 **고객 맞춤 보안 설정을 반영하기 어려울 수 있다.** 또한 Public은 멀티테넌트 환경이므로, 같은 서버 인스턴스에 다수의 고객 데이터베이스가 논리적으로 격리되어 존재한다. SAP가 엄격한 격리와 접근 통제를 제공하지만, **일부 엄격한 규제 기관이나 고객은 물리적 단일 임대 환경을 더 선호**하기도 한다.

PCE의 경우, **전용 환경에서 동작하기 때문에 보안 아키텍처와 규정 준수를 보다 세밀하게 통제**할 수 있다. 각 고객은 자신의 PCE 시스템에 대해 네트워크 영역을 설계하고 방화벽 규칙을 커스터마이징하는 등 **자체 보안 정책을 구현**할 수 있다. 또한 특정 규제 산업(의료, 국방, 금융 등)에서 요구하는 **추가 인증이나 감사 절차**를 수립하는 데에도 PCE가 유리하다. 예를 들어, PCE를 **고객의 지정 데이터 센터나 특별 인증된 클라우드 영역**(정부 전용 클라우드 등)에 구축하여 데이터 주권 요건을 충족할 수 있고, 시스템 수준에서 **고객사 전용 ID 관리, SIEM 로그 수집기 연동** 등을 구성할 수 있다. 실제로 PCE는 **언어 또는 지역에 대한 제한 없이** 구현 가능하며, 인프라 제공자도 고객이 선택할 수 있어서(SAP 데이터센터뿐 아니라 AWS, Azure, GCP 등 중 선택 가능) **데이터가 존재하는 물리적 위치를 고객 의사에 맞게 정할 수 있다.** 이는 데이터 주권이나 지역 규제가 엄격한 경우 큰 장점이다. 물론 **이러한 자유는 책임을 동반**한다. PCE 고객은 SAP의 기본 보안 조치 외에 자신들이 추가로 필요로 하는 컴플라이언스 통제사항(예: 개인 정보 마스킹, 추가적인 접근 로그 분석)을 직접 설계·유지해야 하고, 관련 인력과 비용도 투입해야 한다. 반면 Public Cloud에서는 **SAP가 표준 보안과 규제 준수를 보장**하므로 고객은 애플리케이션 레벨에서의 접근권한 관리 등 국소적인 부분에만 집중하면 된다.

요약하자면, Public Cloud는 SAP가 제공하는 글로벌 최고 수준의 보안 대비책을 즉시 활용할 수 있어 **보안 역량이 부족한 기업도 안심하고 사용할 수 있지만, 개별 기업의 독자적 보안 요구를 반영하는 데는 한계가 있다.** PCE는 기업이 원하는 대로 보안 설계를 커스터마이징하고 규제 요구에 대응할 수 있어 **강력한 통제가 가능**하지만, 그만큼 **고객의 보안 관리 역량과 노력**이 필요하다. 예를 들어, **엄격한 내부 통제와 커스텀 보안 기능이 필수인 금융기관**은 PCE의 유연성을 선호할 수 있고, **일반 제조업체나 서비스 기업**은 SAP 표준 보안으로 충분하므로 Public Cloud로 보안 부담을 이관하는 편이 나을 수 있다. 결국 기업은 **자사의 산업 규제 준수 요구사항, 내부 보안 팀의 역량, 데이터 위치에 대한 요구** 등을 고려하여, **SAP 표준 보안 vs 자체 보안 통제** 중 어느 쪽이 더 중요한지에 따라 적절한 에디션을 선택해야 한다.

3.8 성능 및 시스템 확장성

시스템 성능(Performance)과 **확장성(Scalability)** 측면에서, Public Cloud와 PCE는 **자원 관리 방식과 튜닝 책임**에서 차이를 보인다. **Public Cloud**는 SAP가 직접 인프라를 구성하고 여러 고객을 위해 최적화해 놓은 환경인 만큼, **애플리케이션 성능이 전반적으로 SAP에 의해 튜닝되어 제공**된다. SAP는 소프트웨어 제작사로서 각 애플리케이션 모듈과 HANA DB에 대한 깊은 지식을 바탕으로 멀티테넌트 환경을 **최상의 성능 상태로 운영**하려고 노력하며, 자동화된 모니터링과 성능 조정 메커니즘을 활용한다. 그 결과 일반적인 Public Cloud 고객은 **별도의 시스템 최적화 작업 없이도 양호한 응답성과 처리 속도**를 얻을 수 있다. 반대로 **PCE**에서는 **성능 관리의 주체가 고객 측으로** 많이 넘어온다. PCE는 단일 고객을 위한 전용 시스템이므로, 초기 구축 시에 **고객이 원하는 시스템 사양**(서버 크기, HANA 메모리 용량 등)**을 선정**하게 된다. 이때 만약 **적절한 용량 산정**이 이루어지지 않거나, 운영 중 **튜닝**(예: 인덱스 최적화, 메모리 파라미터 조정 등)이 미흡하면 **성능 저하의 책임은 고객에게 귀속**된다. 물론 고객은 필요시 SAP 또는 파트너의 도움을 받아 **성능 개선 조치를 직접 수행**할 수 있으며, 특정 시나리오에 맞게 **세밀한 최적화**를 할 수 있다는 이점이 있다(예: 대량 배치잡이 도는 시간대에 리소스를 집중 투입하는 식의 커스터마이징). 그러나 이는 "SAP보다 내가 우리 시스템을 더 잘 튜닝할 수 있는가?"의 질문으로도 이어진다. 많은 경우 SAP의 표준 튜닝이 충분하지만, 특수한 업무를 가진 기업은 자체 최적화를 통해 더 나은 성능을 이끌어낼 여지도 PCE에서 가질 수 있다.

확장성(Scalability) 측면에서, Public Cloud는 본질적으로 **높은 탄력성과 자동 확장**을 특징으로 한다. 클라우드 SaaS로서 SAP는 인프라 자원을 탄력적으로 운용하므로, 한 고객의 거래량이 증가하면 백그라운드에서 추가 리소스를 할당하거나 성능을 유지하도록 스케일 아웃/업을 적용한다. 고객은 이러한 **스케일 자동 조정**을 의식하지 않고도, 사용자가 증가하거나 데이터가 많아질 때 성능 저하 없이 서비스를 이용할 수 있다. 또한 필요시 글로벌 데이터센터를 활용한 **수평 확장** 등도 SAP 차원에서 제공되므로, Public Cloud는 **이론적으로 거의 무제한에 가까운 확장성**을 갖춘다. 반면 PCE는 확장이 **수동적이고 제한적**이다. 초기 도입 시 정해진 인프라 규모 내에서 운영되다가, 사용량이 대폭 늘면 **고객이 직접 인프라 증설을 요청**하거나 추가 노드를 설치해야 한다. 이는 시간과 비용이 수반되며, 멀티테넌트 SaaS처럼 즉각적인 자원 유연성이 있는 것은 아니다. 예를 들어 Public Cloud에서는 **연말결산 등 일시적 업무량 폭증에도 SAP가 미리 자원을 확보**해주지만, PCE에서는 고객이 이를 예상해 **미리 고사양을 투입**해 놓지 않았다면 병목이 발생할 수 있다. 물론 PCE 환경에서도 **클라우드 인프라**이므로 이전의 온프레미스보다는 확장이 용이하나, 그 책임이 SAP보다는 고객에게 있고 속도도 Public만큼 빠르지 않다.

요약하면, **Public Cloud는 SAP가 성능을 사전에 보장하고 필요시 자동으로 확장해주는 "관리형 성능/확장" 모델**이고, **PCE는 고객이 원하는 대로 성능을 조율하고 규모를 늘일 수 있지만 이를 직접 관리해야 하는 "자율 성능/확장" 모델**이다. 일반적으로 **중소/중견 기업**은 Public Cloud를 통해 별도 튜닝 없이도 충분한 성능을 얻고, 추후 사업 성장에도 **자동으로 시스템이 따라와 주는 이점**을 누릴 수 있다. **대기업의 경우** 초기에 대규모 시스템을 구축하여 안정적인 성능을 확보하길 원할 수 있는데, PCE를 통해 **예측 가능한 성능 환경**을 마련하고 **필요한 경우 직접 최적화**하는 길을 선택하기도 한다. 다만 이는 전문인력과 비용 투자가 전제되어야 하므로, **IT 역량이 뛰어난 조직**에 적합하다. 또한 **비즈니스의 계절성 변동**이 큰 경우 Public의 탄력성이 유리하며, **항상 일정하게 24/7 풀로드로 돌아가는 생산 시스템**이라면 PCE 전용 인프라를 100% 활용하여 가성비를 높이는 방안도 고려될 수 있다. 결국 기업은 **자사의 성능 요구사항과 부하 패턴, IT관리 능력**을 감안해 **SAP의 관리형 성능 vs 고객의 자율 최적화** 중 어느 쪽이 맞을지 판단해야 한다.

3.9 구현 접근 방식

Public Cloud와 PCE는 **초기 도입이나 전환 시 적용 가능한 구현 전략**에도 차이가 있다. **Public Cloud는 그린필드(greenfield) 방식 전용**으로 설계되었다고 볼 수 있다. 즉, **새로 SAP S/4HANA를 도입**하여 SAP가 정의한 **모범 프로세스대로 시스템을 구성**하는 시나리오에 적합하다. 현재 사용 중인 레거시 ERP(특히 SAP ECC)를 **Public Cloud로 업그레이드 마이그레이션**하는 개념은 존재하지 않는다. 기존 시스템의 자료를 불러오고 회사 구조를 반영할 수는 있지만, **과거의 커스터마이징이나 Z코드를 Public 환경에 그대로 이전할 수는 없기** 때문이다. 따라서 Public Cloud 프로젝트는 보통 **SAP 모델 회사(Model Company) 기반의 모범 프로세스를 참고하여 새롭게 설정**하고, **필요시 데이터 마이그레이션을 수행**하는 식으로 진행된다. 많은 경우 Public Cloud 도입은 **기업의 프로세스 표준화와 재설계를 수반하는 "디지털 트랜스포메이션" 프로젝트**의 성격을 띤다. 이는 현재 업무 방식이 비효율적이거나 시스템이 산재되어 있는 **중견 기업이 새로운 글로벌 표준 시스템을 수립**하는 데 매우 유용하다. 그러나 동시에 **기존에 SAP를 오래 사용하며 축적해온 개발 자산이나 특정 프로세스 강점이 있는 기업**에게는 Public Cloud로의 전환이 **사실상 처음부터 다시 구축하는 것과 같아 부담**일 수 있다. 예를 들어 20년간 SAP ECC를 맞춤 개발해 사용해온 기업이라면, Public Cloud로 옮길 경우 그동안의 개발 기능 대부분을 포기하거나 BTP로 재개발해야 하며, 이는 **커다란 변화 관리 노력**을 요구한다. 실제로 Public Cloud는 **현재 ERP 환경이 비교적 단순하거나 기본에 충실한 기업**, 혹은 **새로 ERP를 도입하는 기업**에 적합하고, **현 시스템으로부터의 영향은 최소화**된 채 **새 출발**하는 접근법이다.

이에 비해 **PCE는 다양한 전환 경로**를 지원한다. 우선, **브라운필드(brownfield) 방식**,

즉 시스템 컨버전(System Conversion)을 통해 기존 SAP ECC 시스템을 업그레이드하는 형태의 도입이 가능하다. 이 경우 현재 운영 중인 ERP의 데이터와 설정, 그리고(호환되는 범위 내의) ABAP 커스터마이징 코드가 최대한 유지되며 S/4HANA로 기술 업그레이드가 이뤄진다. 기존 프로세스와 확장 기능을 계속 활용하면서 **데이터베이스를 HANA로 전환하고 어플리케이션을 S/4 버전으로 끌어올리는** 접근이므로, **대규모 재구현 없이 클라우드로 이행**할 수 있다는 장점이 있다. 특히 생산 중단을 최소화해야 하거나, 수년간 검증된 프로세스를 버리지 않으려는 **보수적 성향의 대기업**에서 PCE 브라운필드 전환을 선호한다. 둘째, **셀렉티브 데이터 트랜지션(선별적 전환)** 방식도 고려할 수 있다. 이는 일부 법인이나 프로세스는 새로 구현(그린필드)하고, 일부는 기존 것을 이관(브라운필드)하는 **혼합 접근**으로, 복잡한 기업 구조를 가진 곳에서 유용하다. PCE 환경은 고객이 전체 시스템을 통제할 수 있으므로, 필요한 데이터만 옮기거나 여러 개의 기존 시스템을 하나로 합치는 등 **유연한 마이그레이션 전략**이 가능하다. 셋째, **물론 PCE도 그린필드 방식 구현**이 가능하다. 이 경우 Public Cloud처럼 새롭게 설계하지만, 이후의 확장성과 기능을 고려해 처음부터 PCE로 구축하는 시나리오다. 예를 들어, 향후 복잡한 사용자 정의가 예상되나 초기엔 표준으로 시작하고 싶은 경우, PCE를 그린필드로 도입한 뒤 점차 확장해가는 방법도 있을 수 있다.

정리하면, Public Cloud는 "초기구축"이나 "새출발"에 초점을 맞춘 접근만 가능하고, PCE는 "시스템 이전 + 업그레이드"를 포함한 다양한 시나리오를 포괄한다. **기존 SAP 사용자**에게 이 차이는 매우 중요하다. **현재 ECC 시스템을 1:1로 S/4HANA로 옮기고 싶은 경우 Public Cloud로는 불가능**하며, PCE를 통해서만 **기존 투자 보존이 가능**하다. 예컨대, 오랜 기간 구축해온 자체개발 프로그램들을 유지하려면 PCE로 컨버전한 뒤 그 코드를 S/4 호환 형태로 일부 리팩토링하여 활용할 수 있지만, Public Cloud로는 아예 가져갈 수 없다. 반대로, **현행 시스템이 노후화되었거나 표준에서 많이 벗어나 있어 오히려 걸림돌이 되는 경우**에는, Public Cloud를 통해 **SAP가 제공하는 선진 프로세스를 수용하며 깨끗이 재도입**하는 편이 나을 수 있다. 이는 기업의 **IT 전략과 변혁 의지**에 따라 결정될 사항이다. 또한 **프로젝트 기간** 측면에서도 Public vs PCE 구현 방식 차이가 나타난다. Public Cloud 그린필드는 **구현 범위가 명확하고 SAP Best Practice 기반으로 진행되므로 비교적 단기간에 구축**되는 반면, PCE 브라운필드는 **기존 시스템 정밀 분석과 호환성 검증, 데이터 변환 작업** 등으로 상당한 노력이 들어가지만 **익숙한 기능을 이어받아 리스크를 줄이는 장점**이 있다. **성장 지향의 중견기업**은 빠른 Time-to-Value를 중시하여 Public Cloud 그린필드를 택하는 경우가 많고, **복잡한 전사적 시스템을 운영 중인 대기업**은 리스크 완화를 위해 PCE 브라운필드를 선호하는 경향이 있다. 결국 **기업의 현재 IT자산 상태와 향후 지향점**에 따라 구현 경로 선택이 달라지며, Public Cloud와 PCE는 이러한 선택지 측면에서도 확연히 구별된다.

3.10 선택 고려 사항 및 대상

앞서 다양한 측면에서 살펴본 바와 같이, SAP S/4HANA Cloud Public과 PCE는 **각각 뚜렷한 장단점과 적합한 환경**이 있다. 이를 종합해보면 **기업 규모, 산업 특성, IT 역량, 그리고 전략적 지향**에 따라 두 에디션 중 어느 쪽이 더 적합한지 가늠해볼 수 있다.

먼저 **Public Cloud**는 "간소화와 민첩성"으로 요약된다. **표준화된 프로세스를 수용할 수 있고, IT인프라 관리보다는 비즈니스 운영에 집중**하길 원하는 기업에 이상적이다. 일반적으로 **성장 단계의 중견 기업이나 비교적 규모가 작지만 글로벌 진출을 도모하는 기업**에게 잘 맞는다. 이러한 기업은 복잡한 맞춤 개발 없이 **SAP의 최신 기능을 빠르게 활용**하여 경쟁력을 높이는 데 주안점을 둔다. 예를 들어, **종업원 수 500명 규모의 제조업체**가 처음 ERP를 도입한다면 Public Cloud의 모듈 구성과 비용 구조가 매력적일 수 있다 - 필요한 핵심 기능만 취사선택하고, **짧은 구현기간**으로 업무를 개선할 수 있기 때문이다. 또한 **IT 인력이 제한적**인 기업은 Public Cloud 도입 시 **SAP가 알아서 시스템을 운영**해주므로 내부 부담이 적다. 업종 측면에서 보면, **프로페셔널 서비스, 표준 제조, 도소매 등 프로세스가 비교적 범용적인 산업군**에서 Public Cloud 채택이 활발하다. 이러한 산업의 기업들은 SAP가 제공하는 Best Practice에 크게 벗어나지 않는 업무를 가지고 있어, 굳이 PCE의 모든 유연성이 없어도 핵심 역량을 강화하는 데 문제가 없다. 실제 사례로, 글로벌 컨설팅 기업인 **Bain & Company**도 재무 시스템 표준화를 위해 Public Cloud를 선택하여 **40개국에 걸쳐 핵심 재무 프로세스를 클라우드상에 통일**하는 성과를 거두었다. Bain 사례는 **규모가 큰 기업도 의지가 있다면 Public Cloud로 전환하여 프로세스를 표준화**하고 혁신을 추구할 수 있음을 보여준다. 다만 이 경우에도 **재무회계 같은 공통 영역부터 적용**하고 점차 범위를 늘리는 식으로 접근

했으며, **획기적인 경영진의 변화 관리 노력**이 수반되었다고 알려져 있다. 결국 Public Cloud는 "우리 회사가 SAP 표준 프로세스에 얼마나 맞출 수 있는가"를 자문해보고, **대부분 수용 가능하다면 얻을 이점이 매우 큰 옵션이다.** 더 낮은 TCO, 신속한 혁신 주기, 단순한 운영으로 비즈니스에 민첩성을 부여해줄 수 있기 때문이다.

반면 PCE는 "유연성 및 통제력"으로 대표된다. **대규모 조직이나 복잡한 운영 구조를 가진 기업,** 그리고 **IT를 전략적 자산으로 간주하여 세밀히 통제하려는 기업**에 어울린다. **전사적으로 수만 명의 사용자가 있고 사업 부문마다 고유한 요구사항이 있는 대기업**이라면, PCE의 유연성이 필수적일 수 있다. 이들은 과거 수십 년간 ERP를 자기식대로 customizing 해왔고, 이를 일거에 포기하기 어렵거나 포기하는 것이 위험할 수 있다. PCE라면 **기존 시스템 자산(코드, 프로세스)을 상당 부분 유지하면서 클라우드로 전환**할 수 있어 **리스크를 줄이고 변화 충격을 완화**한다. 산업적으로 보면, **자동차, 화학, 유틸리티, 공공부문, 금융** 등 **규제와 복잡도가 높은 산업**에서 PCE 수요가 높다. 예를 들어 **자동차 제조사**는 공급망, 제조 실행, 품질 등에서 SAP 표준 이상의 세밀한 기능과 연계를 필요로 하는데, PCE에서 **파트너 솔루션과 커스터마이징**으로 이를 구현하며 SAP를 사용한다. 금융기관은 보안 통제와 보고 요건이 까다로워 Public Cloud의 제약이 걸림돌이 될 수 있으므로, PCE를 통해 **인프라를 전용으로 운영하며 규제 요구에 부합**시키곤 한다. 또한 **다양한 IT 시스템과 SAP의 밀접한 통합**이 중요한 기업(예: 대형 유통사의 POS 연계 등)도 PCE를 택하면 **SAP 코어에 직접 API나 어댑터를 설치**하는 등 Public 대비 **자유로운 통합 시나리오**를 구현할 수 있다. 무엇보다 PCE는 "한번 구축하면 우리가 원하는 대로 통제할 수 있는 ERP"이므로, **IT를 차별화 요소로 삼아 경쟁우위에 서고자 하는 기업**에게 적합하다. 반면 그만큼 **고비용 구조와 운영상의 복잡성**을 감당할 수 있는지 고려해야 한다. 일반적으로 **매출 규모가 크고 IT예산이 충분한 글로벌 기업**들이 이러한 투자를 정당화할 수 있다. PCE 고객은 **SAP를 골조로 하는 자체 맞춤형 ERP 플랫폼**을 갖추게 되는 셈인데, 이는 **장기적으로 해당 기업만의 프로세스 혁신과 역량을 내재화**하는 효과도 있지만 **벤더 표준에서 벗어남에 따른 책임**도 따른다. 따라서 조직 내에 **뛰어난 SAP 기술 인력과 파트너 네트워크**를 확보하고 있는지도 중요하다 - 그렇지 않다면 PCE의 유연성이 오히려 독이 되어 복잡성만 증가시킬 수 있기 때문이다.

궁극적으로, **Public Cloud vs PCE 선택은 기업이 ERP를 통해 달성하고자 하는 바와 조직 역량에 대한 냉정한 평가를 필요로 한다.** 간략히 비교하면 다음과 같다. **Public Cloud는 중견 규모, 표준 프로세스 지향, 낮은 비용, 빠른 도입**에 적합하고, **PCE는 대기업 규모, 커스터마이징 지향, 높은 투자 가능, 기존 자산 활용**에 적합하다. 물론 예외 사례도 존재하며, **SAP도 두 에디션의 격차를 지속적으로 줄여가는 중**이다. 예를 들어 SAP는 Public Cloud에도 AI, 최신 기술을 신속 도입하여 기능 면에서 뒤처지지 않도록 하고 있으며, Private 고객들에게도 클라우드 혁신의 혜택을 주기 위해 RISE 프로그램 등으로 관리형 서비스를 제공하고 있다. 그러나 현재 시점에서 **자신의 기업이 표준화된 효율을 우선할지, 맞춤화된 유연성을 우선할지**에 대한 결정은 피할 수 없다. 이 결정에는 경영진의 IT에 대한 철학, 사업 모델의 독자성, 경쟁 환경 등이 모두 영향을 미친다.

마지막으로, **기업의 장기 전략**도 고려해야 한다. **향후 10년 이상 ERP 운영 방향**을 내다봤을 때, **디지털 혁신 속도에 올라타기 위해 최대한 표준 플랫폼에 머물며 업데이트를 따라가는 전략**이라면 Public Cloud가 유리할 것이고, 자사 프로세스를 지속적으로 최적화하여 남들과 다른 경쟁력을 만들겠다면 PCE를 통해 그것을 추구할 수 있다. 두 에디션 모두 클라우드 기반이라는 공통점이 있어, 온프레미스를 대비하면 운영 효율성과 최신 기술 접근성 측면에서 유리하다. 따라서 **어느 쪽을 선택하든 클라우드 전환 자체는 긍정적인 효과를 가져올 가능성**이 크다. 중요한 것은 **자사의 현실에 부합하는 올바른 에디션을 선택**하여 투자 대비 최대의 가치를 얻는 것이다. SAP 파트너 및 전문가와 충분히 상의하고 **각 옵션의 장단점을 정량적·정성적으로 평가**함으로써, 기업은 **자신에게 맞는 SAP S/4HANA Cloud 여정을 결정**할 수 있을 것이다.

4장

마이그레이션 전략

4.1 Greenfield

- SAP S/4HANA로의 신규 구축 방식

Greenfield 접근 방식은 기존 시스템을 버리고 **SAP S/4HANA를 새로 구축**하는 방법이다. 말 그대로 백지 상태에서 새로운 시스템을 시작하며, 필요에 따라 SAP에서 제공하는 모델 컴퍼니(Model Company)와 같은 **베스트 프랙티스 템플릿**을 초기 설정에 활용할 수 있다. Greenfield 프로젝트에서는 현행 시스템의 프로세스를 Fit-to-Standard 워크숍 등을 통해 SAP 표준 프로세스에 맞춰 재설계하며, **추가 개발이나 커스터마이징을 최소화**하는 것이 목표이다. 기존 시스템의 데이터는 전부 옮기지 않고 정화 작업(Data Cleansing)을 거쳐 **핵심 정보만 이관**한다. 일반적으로 미결 항목(open items)과 **잔액(balance)** 등 필수 데이터만 새로운 S/4HANA로 이전하며, 과거의 완료된 트랜잭션 이력은 옮기지 않거나 별도 아카이빙한다. 예를 들어 기존 시스템에서 최근 몇 년 치의 핵심 거래만 선별 이관하고, 오래된 데이터는 별도 읽기전용 저장소에 보관하는 전략을 취할 수 있다. 이를 통해 새로운 S/4HANA 시스템의 **데이터 품질과 성능을 높이고**, 레거시 데이터로 인한 복잡성을 줄일 수 있다.

기술적/비즈니스적 특징 및 적용 조건

Greenfield 방식은 **현재 시스템이 매우 오래되었거나 커스터마이징이 과도하여** 표준 프로세스와 많이 괴리된 경우에 적합하다. 예를 들어, 기존 ERP 버전이 낮아서

S/4HANA로 직접 업그레이드하기 어렵거나, 다수의 **사용자 정의 프로그램과 확장 기능**으로 인해 시스템이 복잡해진 경우 새로 구축을 통해 "클린 스타트"를 하는 것이 유리하다. Greenfield는 **SAP 권장 모범 사례**에 따라 프로세스를 재설계할 수 있는 기회를 제공하므로, **비효율적인 오래된 업무 절차를 혁신**하고 **디지털 시대에 맞는 표준화된 프로세스**를 도입하려는 기업에 적합하다. 또한 **새로운 비즈니스 모델** 도입이나 **조직 구조 개편** 등 **대대적인 변화**를 계획 중인 경우에도 Greenfield가 효과적이다. 다만 **현업 사용자 입장에서는 시스템이 완전히 바뀌기 때문에** 변화 관리(Change Management) 부담이 크고, 초기 투자 비용과 **프로젝트 기간이 길어질 수 있다는 단점**이 있다. 아래는 Greenfield 접근 방식의 주요 장단점이다.

- 장점: 새로운 환경에서 출발함으로써 기존 기술 부채(legacy)를 청산하고 최신 SAP 기능과 **업계 모범 사례**를 최대한 활용할 수 있다. 불필요한 커스터마이징 없이 **단순화된 표준 프로세스**를 구현하고, **실시간 분석 및 AI/머신러닝** 등 S/4HANA의 혁신 기능을 통한 **미래 지향적 IT 기반**을 구축할 수 있다. 또한 복잡한 옛 시스템을 지역별/사업부별로 통합하여 **글로벌 통일 시스템**을 구축하기에도 유리하다. 새로운 시스템이므로 초기 **데이터 품질을 높게 유지**할 수 있고, **오래된 데이터나 커스텀 코드로 인한 제약 없이** 시스템을 슬림하게 가져갈 수 있다.

- 단점: **기존 시스템을 전면 재구축**하므로 프로젝트 범위가 크고 **기간이 길어질 수 있으며**, 그에 따른 **비용 증가**가 불가피하다. 또한 사용자 입장에서는 익숙한 프로세스가 모두 바뀌기 때문에 **변화 관리**에 대한 노력이 매우 많이 요구된다. 교육, 테스트, 조직 변경 등 **업무적 충격**을 흡수하는 과정이 필요하다. 모든 프로세스를 처음부터 재설계해야 하므로 **프로젝트 리스크**도 높을 수 있다. 아울러 기존 시스템의 **역사 데이터가 기본적으로 새 시스템에 포함되지 않기 때문에**, 과거 데이터 참조가 필요하면 별도 아카이빙 시스템이나 데이터웨어하우스가 필요하다. 즉, **전체 이력 데이터를 S/4HANA로 가져오지 않기 때문에** 데이터 보존 및 컴플

라이언스 측면에서 추가 대책이 요구된다.

Greenfield 접근에서는 **SAP Activate 방법론**의 **New Implementation** 경로를 따르게 된다. SAP Activate의 준비(Prepare) 단계에서 프로젝트 계획 수립과 시스템 접근성 확보를 시작하고, **탐색(Explore) 단계에서 Fit-to-Standard 워크숍을 진행**하여 SAP S/4HANA 베스트 프랙티스 시나리오를 기준으로 갭 분석(Fit-Gap)을 수행한다. 이때 기존 프로세스와 표준 간 차이를 식별하고 **가능한 표준에 맞추어 설계를 진행**하며, 불가피한 경우에만 확장개발을 설계한다. **실행(Realize) 단계에서는 구성 설정과 확장개발 구축**이 이루어지고, **통합 테스트와 사용자 테스트**를 거쳐 **배포(Deploy) 단계에서 최종 커트오버(cutover)와 Go-Live**를 진행한다. **런(Run) 단계에서는** 안정화 및 지속 개선을 수행하며, 필요한 경우 추가적인 최적화 작업을 이어간다. 특히 Greenfield에서는 **데이터 마이그레이션 작업**이 별도의 큰 흐름으로 관리된다. 마스터 데이터부터 거래 데이터까지 추출-변환-적재(ETL)하는 전 과정을 프로젝트의 하나의 트랙(track)으로 운영하여, **병행 테스트와 데이터 정합성 검증**을 철저히 수행해야 한다.

실무 단계별 고려사항 및 체크리스트

Greenfield 프로젝트 진행 시 초기에 **현재 시스템의 현황 분석과 목표 비전 수립**이 필수적이다. 주요 업무 프로세스를 재설계하기 전에 **현행 프로세스 목록화 및 문제점 분석, SAP S/4HANA 표준 프로세스에 대한 교육** 등이 선행되어야 한다. Fit-to-Standard 단계에서는 **각 업무 분야별 핵심 사용자**가 참여하여 표준 시나리오를 검토하고 **요구사항을 도출**해야 한다. 이때 **요구사항은 최대한 표준 프로세스 내에서 해결**하도록 가이드하며, **기존 커스터마이징에 대한 집착을 버리는 조직 문화적 준비**도 필요하다. 데이터 마이그레이션을 위해서는 **조기에 데이터 정제 계획을 수립**해야 한다. 예를 들어 제품, 고객, 공급업체 등의 **마스터 데이터 정합성 검사**와 **중복 제거**를 미리 수행하고, **코드 표준화** 작업(필요시 상품코드나 조직코드 등 코드 체계 변경)을 거친다. 프로젝트 후반부에는 **커트오버 계획** 수립이 중요한데, **운영 중인 시스템을 언제 중지하고 데이터 마이그레이션을 진행할지** 일정과 방안을 상세히 정해야 한다. 사전 리허설(모의 커트오버)을 통해 전체 마이그레이션 시나리오를 **테스트 환경에서 반복 검증**함으로써 예상 소요시간과 잠재 문제점을 파악해야 한다. 또한 **백업/백아웃 시나리오**도 마련하여, 만일의 경우 신규 시스템으로의 전환을 취소하고 기존 시스템으로 롤백(rollback)할 수 있는 계획을 준비해야 한다. 이는 최악의 상황에서 **비즈니스 연속성 보장**을 위한 안전망으로 매우 중요하다. 마지막으로 **교육 및 변경관리** 체크리스트를 마련하여, **신규 시스템 사용자 교육, 권한(role) 재정의, 업무 매뉴얼 업데이트** 등이 누락되지 않도록 한다.

관련 SAP 도구 및 파트너 활용

Greenfield 방식에서는 SAP S/4HANA 마이그레이션 콕핏(Migration Cockpit)을 핵심도구로 활용할 수 있다. 이 툴은 **사전 구성된 마이그레이션 오브젝트와 엑셀 템플릿**등을 제공하여 Legacy 데이터(예: 자재, 거래처 등)를 손쉽게 S/4HANA 구조에 적재하도록 도와준다. 표준 템플릿을 약간 수정하는 것만으로도 주요 마스터/트랜잭션 데이터를 업로드할 수 있어, 새로운 시스템 구축 시 **데이터 이관에 소요되는 시간을 단축**시킨다. 이와 함께 SAP 데이터 서비스(Data Services)나 **정보 관리 도구**를 쓰면, SAP 콕핏으로 커버되지 않는 복잡한 변환 로직이나 다량의 비정형 데이터도 처리할 수 있다. Data Services는 **타 시스템 데이터까지 통합, 프로파일링, 변환**하는 **전문 ETL 도구**로서, **중복 제거와 데이터 품질 향상**에 특히 유용하며 SAP **Information Steward**와 연계하면 데이터 품질 규칙 준수 여부를 시각화해볼 수도 있다. Greenfield 구현에 경험이 풍부한 SAP 파트너사의 조력을 받는 것도 좋다. SAP 모델 컴퍼니 템플릿을 보유한 컨설팅 파트너나, 해당 산업군에 특화된 베스트 프랙티스를 가진 파트너를 선정하면 **프로젝트 초반 설계 품질을 높일 수 있다.** 또한 글로벌 컨설팅사의 경우 유사 프로젝트에서 축적된 **마이그레이션 체크리스트, 데이터 변환 스크립트, 테스트 시나리오** 등을 제공받아 시행착오를 줄일 수 있다. 대규모 Greenfield 프로젝트에서는 SAP 본사의 MaxAttention 같은 서비스를 통해 **SAP Activate 전문가의 자문**을 구하거나, **전문화된 자동화 도구**(예: 테스트 자동화, 데이터 이관 자동화 도구)를 활용하면 프로젝트 위험을 줄이고 속도를 높일 수 있다.

적용 사례 및 전략적 시사점

국내외에서 **Greenfield** 접근을 선택한 기업들은 주로 **노후화된 다중 ERP를 하나의 S/4HANA로 통합**하거나, 프로세스 혁신(Digital Transformation)을 추진하며 ERP 재구축을 단행한 경우가 많다. 예를 들어 글로벌 제조사 A사는 지역별 서로 다른 SAP ERP를 모두 종료하고 **단일 S/4HANA 글로벌 인스턴스**를 신규 구축하는 Greenfield 전략을 택하여, **전 세계 공통의 표준 프로세스**를 정립하고 IT 운영비용을 크게 절감한 바 있다. 이 회사는 프로젝트 시작 전에 **수십명의 글로벌 프로세스 오너**를 임명하고 전사 프로세스를 설계하는 등, Greenfield의 이점을 살리기 위해 **업무 혁신 중심**으로 접근했다. 반면, **현재 사용 중인 SAP 시스템이 비교적 최신 상태이고 커스터마이징이 크지 않은 기업**이라면 굳이 리스크가 큰 Greenfield보다는 Conversion(브라운필드)을 고려하는 편이 일반적이다. 결국 Greenfield냐 Brownfield냐의 선택은 기업의 **시스템 현황, IT 투자 여력, 혁신 필요성**에 따라 달라진다. Greenfield는 **비용과 시간이 더 들지만 장기적으로 표준화와 혁신의 발판**을 마련한다는 전략적 가치가 있다. 따라서 경영진 차원에서 **현재의 ERP가 비즈니스 전략을 제대로 지원하지 못하고 있다고 판단되거나, 새로운 비즈니스 요구사항에 유연하게 대응하기 어려운 구조**라면 과감한 Greenfield 전환을 검토할 만하다. 다만 이 경우에도 **단계적 롤아웃** 전략을 함께 고려할 수 있다. 예를 들어 **사업 부문별로 순차적으로 Greenfield 구현을 진행**하여 **리스크를 분산**시키고, 부분별 성공을 축적하면서 전체 전환을 완수하는 방식이다. 실제로 일부 대기업들은 우선 일부 법인에 S/4HANA 신규 구축을 해 본 후 얻은 경험을 바탕으로 전사 확대를 꾀하기도 한다. 이러한 **Phase별 Greenfield 전략**은 **사용자 수용성 제고와 조직 변화 관리에 유리**하며, 첫 번째 롤아웃에서 문제점을 보완하여 다음 단계에 적용할 수 있다는 장점이 있다.

4.2 Brownfield

- 기존 SAP ECC 시스템의 기술적 전환(Conversion)

Brownfield 접근 방식은 **현재 운용 중인 SAP ECC 시스템을 기술적으로 업그레이드**하여 S/4HANA로 전환하는 방법이다. 즉, 새로운 시스템을 별도로 구축하지 않고 기존 시스템을 직접 변환(conversion)함으로써 **데이터와 프로세스 연속성**을 유지한다. 이 방식에서는 필수적인 기술 변경(예: 데이터베이스를 HANA로 변경, 어플리케이션 버전 업그레이드 등)과 S/4HANA에서 요구하는 프로세스상의 최소한의 변화만 적용되며, 기본적으로 기존의 모든 **마스터 및 트랜잭션 이력 데이터**와 설정(Configuration)이 **그대로 유지**된다. 다만 S/4HANA에서 **사용 불가능한 기능이나 데이터 구조**는 변환 과정에서 신규 구조로 자동 변경되거나, 사전에 정리해야 한다. 예를 들어 클래식 G/L을 사용하던 시스템은 새로운 단일 손익분석 구조인 유니버설 저널(Universal Journal)로 데이터가 전환되고, **고객/벤더 마스터**는 BP(Business Partner) 개체로 통합되는 등의 변화가 발생한다. Brownfield의 큰 특징은 **사용자에게 익숙한 화면과 프로세스 대부분을 유지하면서도** 백엔드에서는 최신 기술로 업그레이드된 환경을 제공한다는 점이다. 한마디로 "시스템의 심장은 바꾸되 겉모습은 유지"하는 접근이라고 볼 수 있다.

기술적/비즈니스적 특징 및 고려사항

Brownfield의 가장 큰 장점은 **현업 조직의 혼란을 최소화**할 수 있다는 것이다. 기존

SAP ERP와 **동일한 데이터와 프로세스**가 새로운 시스템에도 이어지므로 추가 교육이나 프로세스 변경 작업이 상대적으로 적다. 이로 인해 **변화 관리**(Change Management) 부담이 Greenfield에 비해 작고, 전환 후 **업무 연속성**이 높다. 또한 **모든 기존 이력 데이터**가 그대로 남기 때문에, 수십 년치 트랜잭션이나 마스터 기록을 새 시스템에서도 조회할 수 있으며, **과거 데이터 보존 및 규제 준칙 준수** 측면에서 유리하다. 프로젝트 기간도 신규 구축보다 **일반적으로 짧게 소요되는** 편이며, **비용도 절감**되는 경향이 있다.

그러나 Brownfield에도 단점과 도전 과제가 존재한다. **가장 먼저, S/4HANA 호환성 관점에서 기존 커스텀 코드와 기능 확장들을 면밀히 점검해야 한다.** 기존 ECC에서 개발된 ABAP 프로그램, User-Exit, Z프로그램 등이 S/4HANA 환경에서도 동일하게 동작하는지 확인하고, **동작하지 않는 경우 보완하거나 변환**해야 한다. 예를 들어 S/4HANA에서 제거된 테이블(예: 기존 재무 테이블인 BSEG 등 일부 클러스터 테이블)이나 변경된 필드 구조를 참조하는 커스텀 프로그램은 **ATC**(ABAP Test Cockpit) 등의 도구를 활용해 **사전에 수정**해야 한다. 또한 S/4HANA는 ECC와 데이터 모델 차이가 크기 때문에 **모든 모듈에 걸쳐 데이터 무결성**을 확인해야 한다. 재무 모듈의 경우 새 **손익계산서 계정계층**이나 **현금관리 구조**가 도입되어 과거 데이터와 접합해야 하고, **물류 모듈에서는** 기존 단순 물류 문서 흐름이 **Advanced ATP, 새로운 MRP 라이브** 등으로 강화되면서 **타 모듈과의 상호 영향도**를 검토해야 한다. **다운타임**(downtime) 역시 중요한 고려사항인데, Brownfield 전환은 **운영 중인 시스템을 정지하고 변환 작업을 해야 하므로** 가용한 **중단 시간 내에 마치지 못하면 업무에 심각한 차질**을 초래한다. 대량의 데이터가 있는 시스템일수록 DB 변환과 마이그레이션에 시간이 오래 걸리는데, 실례로 글로벌 기업 Vodafone은 10만여 사용자 규모의 ECC를 S/4로 변환하면서 첫 테스트 실행에 **22일이 소요되는** 문제가 있었다고 한다. 이는 기존 데이터가 방대하고 커스텀 코드가 많았기 때문인데, Vodafone 팀은 **8개월에 걸친 데이터 아카이빙과 시스템 정리**를 통해 전환 대상 데이터를 압축하고 사용되지 않는 프로그램과 보고서를 제거함으로써, 최종 다운타임을 **4일 수준으로 단축**하였다. 이 사례는 Brownfield에서도 사전 데이터 정리(Data Volume Management)와 **여러 차례의 리허설**을 통해 다운타임 최소화 전략을 세워야 함을 보여준다.

Brownfield를 선택한다고 해도 **Greenfield에 준하는 사전 준비**가 필요하다는 점도 특징적이다. Vodafone 사례의 프로젝트 책임자 발언에 따르면, "브라운필드를 택하더라도 그린필드처럼 더 이상 필요하지 않은 것을 분석하여 제거하는 시간이 반드시 필요하며, 이를 통해 큰 효과를 봤다"고 언급되었다. 실제로 이 회사는 **시스템 사용 현황 데이터를 면밀히 분석하여 거의 쓰이지 않는 코드와 보고서를 대거 삭제**했고, 아무도 그 제거에 불만을 제기하지 않을 정도로 불필요한 요소들이 많았음을 발견했다. 이처럼 Brownfield 전환 시에도 **기존 시스템 '정리 정돈'** 작업을 통해 새로운 S/4HANA 환경에서 문제를 일으킬 수 있는 요소들을 선제적으로 제거하는 것이 성공의 열쇠이다.

요약하면 Brownfield 접근의 **주요 이점**은 다음과 같다.

- 기존 투자와 연속성 유지: 현재 ERP에 설정된 **비즈니스 프로세스, 마스터/트랜잭션 데이터, 커스터마이징 자산**을 그대로 살려서 **업무 연속성**을 확보한다. 전환 후 사용자들은 익숙한 프로세스를 사용하면서도 백엔드의 **HANA 기반 실시간 처리, Fiori UX** 등의 **기술적 개선 혜택**을 얻는다.
- **짧은 전환 시간**: Greenfield보다 **프로젝트 기간이 단축**되는 경향이 있고, 완전 재구현보다 **비용 효율적**이다. 특히 지원 종료 시한이 임박한 상황에서 **신속히 S/4HANA로 업그레이드**해야 하는 경우 현실적인 대안이 된다.
- 리스크 분산: 새로운 시스템 도입에 따르는 프로세스 변경 리스크가 적어, **대규모 조직에서도 비교적 위험을 분산**하여 전환할 수 있다. 또한 **단일 Big Bang** 방식뿐만 아니라 **모듈별 또는 법인별 순차 변환** 등 단계적 전환전략도 고려 가능하다(하지만 Brownfield는 일반적으로 한 시스템을 통째로 변환하는 것이 원칙이므로, 복수 시스템의 순차적 Brownfield는 사실상 Selective Transition에 가까운 시나리오일 수 있다).

Brownfield의 단점/고려사항

- 기술 부채 지속: 기존 시스템의 **비효율이나 문제점까지 그대로 가지고 가게 될 우려**가 있다. 예컨대 다수의 사용자 정의 개발로 인해 복잡했던 프로세스는 전환 후에도 그대로 복잡할 수 있고, SAP 최신 모범 사례(Best Practice)를 충분히 채택하지 못하게 된다. 따라서 Brownfield 후 별도의 **프로세스 개선 프로젝트**가 추가로 필요할 수 있다.

- 표준화 기회 제한: Greenfield처럼 전사 프로세스를 **재설계할 기회가 제한**된다. 결과적으로 **S/4HANA 도입 효과**가 기술 업그레이드에 그치고 **업무 혁신으로 이어지지 못할 위험**이 있다. 이 때문에 일부 기업은 Brownfield로 먼저 전환한 뒤 Continuous Improvement 형태로 점진적 프로세스 개선을 도모하기도 한다.

- 커스텀 코드 대응: **모든 기존 Z 프로그램과 인터페이스에 대한 호환성 검토와 수정 작업이 필수적이다.** 프로젝트 초기에 **SAP Readiness Check** 등을 통해 Simplification Item(S/4HANA에서 변경된 사항 목록)을 분석하고, **ABAP 테스트**를 수행하여 수정이 필요한 부분을 식별해야 한다. 여기에는 **개발자와 테스터들의 상당한 노력**이 들며, 간혹 변경이 어려운 레거시 코드는 **기능 폐기 또는 대체 방안**을 마련해야 한다. 예를 들어 S/4HANA에서 구현 방식이 완전히 달라진 **신용관리, 물류 출력, 세금 계산** 등 영역에서 사용자 정의 기능을 대폭 손봐야 할 수 있다.

- 다운타임 관리: 앞서 언급한대로 **전환 작업 동안 시스템을 정지해야** 하므로, **비즈니스에 허용 가능한 다운타임 창을 확보**하는 것이 관건이다. 주로 **주말이나 연휴 기간**을 활용하지만, 글로벌 운영 기업은 24/7 업무로 인해 마땅한 윈도우를 찾기 어려울 수 있다. 이 경우 **Near-Zero Downtime** 기술을 활용한 전환을 검토한다. SAP의 표준 **SUM(Software Update Manager) 툴의 DMO 옵션**이나, SNP 등의 파트

너사가 제공하는 **ZDM(Zero Downtime Migration)** 도구를 활용하면 다운타임을 수 시간 수준으로 단축할 수 있다. 그러나 이러한 방법은 구현 복잡도가 높고 추가 비용이 발생하므로, **사업 임팩트와 비용을 저울질하여 선택**해야 한다.

SAP Activate와 Brownfield 전환

- SAP Activate 방법론에는 **System Conversion** 전환 경로가 정의되어 있다. Brownfield 프로젝트에서는 **Discover/Prepare 단계**에서 전환 준비 활동에 집중한다. 여기에는 **SAP S/4HANA 전환 사전점검(Readiness Check) 수행, 마스터 데이터 현황 분석, 인터페이스 목록 작성, 커스텀 개발 목록과 사용 현황 파악** 등이 포함된다. 또한 **Maintenance Planner**를 통해 현재 시스템에서 S/4HANA로의 업그레이드에 필요한 패키지와 호환 여부를 확인하고 전환 스택을 생성한다. **Explore 단계**에서는 실제 변환을 위한 세부 설계보다는, **필요한 사전 작업 식별**(예: 신 GL 미도입 기업의 신 GL 전환, Business Partner로 고객/벤더 데이터 통합 등)과 **전환 후 실행해야 할 Configuration 조정 사항**을 정리한다. **Realize 단계**에서는 샌드박스 환경에서 **테스트 변환을 1~2회 수행**하여 절차를 검증하고, 발견된 오류를 수정한다. 이 과정에서 **여러 번의 반복 테스트**를 거쳐 다운타임 단축과 데이터 정합성 확보 방법을 모색한다. 변환 프로그램 실행 중 발생하는 오류(예: 데이터 불일치로 인한 중단)를 조치하고 각 모듈별 후처리(task list)를 미리 연습한다. **Deploy 단계**에서는 실제 프로덕션 시스템을 대상으로 **최종 변환을 수행**한다. 보통은 **기존 ECC 생산 시스템을 백업**한 후 전환을 실행하며, 성공적으로 완료되면 S/4HANA 시스템으로 커틀오버하고 사용자 접속을 오픈한다. 실패 또는 큰 문제 발생 시 **백업에서 원상 복구**하는 백아웃 시나리오를 즉시 실행할 수 있도록 한다. 전환 후 초기 1~2개월은 안정화 단계(Run)로서, **Hypercare 팀**이 상주하면서 발생하는 이슈를

해결하고 추가 튜닝과 사용자 지원을 제공한다. Brownfield의 Activate 단계마다 **필요 인력과 체크리스트**를 체계적으로 운영하는 것이 중요하다. 가령 Prepare 단계에서는 Basis팀이 중심이 되어 호환성 체크, 패치 업그레이드 등을 실시하고, Explore 단계에서는 각 모듈 담당자들이 Simplification List에 나온 영향 항목들을 검토해 대응 방안을 마련하도록 한다. Realize 단계의 테스트 컨버전 결과는 전체 팀이 공유하여 **누락된 사전 작업이나 추가 변경 필요 사항**을 식별하고, 최종 Deploy 전에 모든 문제를 클로즈한다.

실무 고려사항 및 체크리스트

Brownfield 전환을 계획하는 조직은 사전에 다음 사항들을 면밀히 검토해야 한다.

- 시스템 사전 요구사항: S/4HANA로 컨버전하려면 기존 시스템이 **SAP ERP 6.0, EHP 수준, Unicode 적용, HANA DB 여부** 등의 최소 요건을 만족해야 한다. 만약 현재 버전이 너무 낮다면 단계적 업그레이드를 선행하거나 Greenfield를 고려해야 한다.

- 사용 안 하는 기능 청소: 현재 시스템에서 **사용되지 않는 모듈, 트랜잭션, 개발 프로그램** 등을 파악해 **정리 대상**을 선정한다. 예를 들어 더 이상 쓰이지 않는 옛 모듈(예: Classic TREX나 원래 설치되었으나 미사용 중인 컴포넌트)은 아예 제거하거나 전환 대상에서 제외시킨다. 데이터도 **오래되어 참조되지 않는 자료**는 **아카이브**하여 테이블 사이즈를 줄인다. 이러한 **Data Volume Management**를 통해 전환 속도를 높이고 오류 가능성을 줄인다.

- 인터페이스 영향도: SAP와 연계된 **주변 시스템 인터페이스 목록**을 작성하고, S/4HANA 전환 후 인터페이스 프로그램이나 포맷에 변경 필요가 있는지 검토한 다(예: 파일 인터페이스에 사용되는 특정 테이블 뷰가 S/4에서 사라졌다면 대체 방안 마련). 또한 **중단 기간 중 인터페이스 처리 방안**도 수립해야 한다. 실시간 인터페이스는 전환 기간 일시 중단하거나 버퍼링하고, 재가동 시 데이터를 동기화해야 한다.

- 권한 및 보안: 기존 시스템의 사용자 역할(Role)과 권한이 S/4HANA 구조에서도 유효한지 검토한다. S/4HANA에서 변경된 권한 객체나 신규 Fiori 권한 등에 맞추 어 **역할 재정의 작업**이 필요할 수 있다. 또한 전환 후 **보안 패치나 설정**이 초기화 되는 부분이 없는지 확인하고, **테스트 시스템에서 보안 테스트**를 수행한다.

- 프로젝트 팀 구성: Brownfield 프로젝트는 **Basis/기술팀, 각 모듈별 컨설턴트, ABAP 개발자, 인프라 담당자** 등 **다학제간 팀** 구성이 중요하다. 특히 **Basis팀의 역할이 크다.** 시스템 복제, 백업/복원, 업그레이드 툴 실행 등 기술 작업을 리드할 인력이 필요하며, 각 단계별로 **업무 팀과 기술 팀의 긴밀한 협업**이 요구된다. 또한 **변환 과정에서 발생하는 기능적 이슈를 즉시 판단할 현업 Key User**들의 참여도 필수적이다.

- 테스트 전략: Brownfield는 **기존 기능이 유지되는지 확인하는 것이 핵심**이므로, 회귀 테스트(regression test)에 중점을 둔 테스트 전략이 필요하다. 전환 전후 결과 를 비교하는 **데이터 밸리데이션** 시나리오를 만들고, 중요 비즈니스 프로세스별로 **Baseline 데이터를 미리 추출**해두었다가 전환 후 동일 보고서를 실행해 결과가 일치하는지 검증해야 한다. 또한 **성능 테스트**도 중요하다. HANA로 DB가 교체 되면 일반적으로 성능이 개선되지만, **커스텀 ABAP 중 최적화가 필요한 부분**이 드러날 수 있고, **인덱스 재구성** 등으로 쿼리 플랜이 달라지므로 주요 거래에 대한 응답시간 시험을 해야 한다.

- 커트오버 및 백아웃 플랜: 실제 전환 시 **세부 커트오버 계획**을 수립하고, 각 작업별 책임자와 예상 소요시간을 명시해야 한다. 중요한 단계로는 **마지막 증분 데이터 백업, 시스템 셧다운, DB 변환 및 업그레이드 실행, 후처리작업 실행, 핵심 비즈니스 시나리오 점검** 등이 있다. 각 단계마다 **Go/No-Go 체크포인트**를 설정하여 문제가 없을 경우 다음 단계로 진행하고, 문제가 있으면 **롤백 결정**을 내릴 수 있도록 한다. 백아웃 시나리오에서는 전환 전 백업으로 복원하고, 미처리된 거래를 어떻게 처리할지 계획해두어야 한다. 이러한 백업 플랜이 존재하면 프로젝트 팀과 경영진이 **전환 실패 위험을 통제**할 수 있어 심리적 안정성이 높아진다.

관련 SAP 도구 및 활용

Brownfield 전환을 위해 SAP는 전용 툴과 서비스를 제공한다. **SAP Readiness Check** 서비스는 프로젝트 착수 전에 **현재 시스템의 S/4HANA 전환 준비도를 자동 분석해주는 도구**로, 주요 **Simplification Item**별로 대응 필요 여부를 리포트한다. 이를 통해 어떤 영역에 노력이 많이 들지 미리 파악할 수 있다. **Maintenance Planner**는 SAP 사이트의 클라우드 서비스로, 현재 시스템 정보를 업로드하면 S/4HANA로 전환하는 데 필요한 패키지와 Add-on 호환 여부를 점검하고 **Stack XML**을 생성해준다. Software Update Manager(SUM)는 실질적으로 시스템을 변환하는 **메인 도구**이다. SUM의 Database Migration Option(DMO)을 사용하면 **ECC의 AnyDB(기존 DB)를 HANA DB로 옮기면서 동시에 S/4HANA로 업그레이드**할 수 있다. SUM 수행 중에 **다운타임 최소화 옵션**을 적용하면, 일부 데이터를 미리 옮겨두고 최종 전환 시 차분만 반영하는 등의 기법으로 중단 시간을 줄일 수 있다. **SPDD/SPAU 처리 툴**도 중요한데, 전환 과정에서 발생하는 데이터 사전 개체 변경 충돌(SPDD)과 프로그램 수정 충돌(SPAU)을 해결하는 표준 작업을 체계적으로 안내해준다. 이외에도 ABAP Test

Cockpit(ATC)을 S/4HANA용 체크 variant로 실행하면 호환성 문제가 있는 코드들을 식별하여 수정 가이드를 제공한다. 이러한 SAP 도구들을 잘 활용하면 수작업을 줄이고 전환 품질을 높일 수 있다. 필요하다면 **SAP Digital Business Services**의 **Selective Data Transition engagement** 팀이나 **SAP MaxAttention 서비스**로부터 전문 지원을 받아 특수 시나리오(예: 멀티 인스턴스 통합 Brownfield)에 대한 조언을 구할 수도 있다. 실제로 SAP는 대규모 고객의 복잡한 전환을 돕기 위해 **SDT(SAP S/4HANA Selective Data Transition) 협의체**를 운영하고 있으며, Brownfield와 유사하면서도 확장된 개념의 유연한 전환 시나리오도 일부 파트너와 함께 지원하고 있다.

적용 사례 및 시사점

Brownfield 접근은 **기존 SAP 투자**를 살리면서 **단기간에 S/4HANA로 전환**해야 하는 많은 기업들이 선택하고 있다. 특히 2027년 ECC 지원 종료(EoS)에 대응하기 위해, 근본적인 프로세스 혁신보다 **우선 시스템 지원을 연장**하려는 전략을 가진 기업들에게 현실적인 옵션이다. 예를 들어, 다국적 화학기업 B사는 현재 운영 중인 ECC 시스템이 비교적 표준에 가깝고 커스터마이징이 크지 않았기 때문에, 1년 남짓한 프로젝트로 **시스템 컨버전**을 완료하였다. 이 기업은 **재무제표와 주요 프로세스가 전환 후에도 동일하게 산출됨**을 목표로 삼고, 전환에 따른 영향이 적은 영역부터 부분적으로 S/4 기능을 활성화하는 **기술 업그레이드 우선 전략**을 취했다. 결과적으로 큰 혼란 없이 S/4HANA 환경으로 들어왔으나, **프로세스상 혁신 효과는 제한적**이어서 이후 **신규 기능(Fiori 도입, 그룹 리포팅 등)** 활용과 프로세스 개선을 위한 후속 프로젝트를 계획하고 있다. 이 사례는 Brownfield가 **"시간 벌기" 전략으로 적합하지만** 장기적으로 S/4HANA의 가치를 최대화하려면 **추가 혁신 노력이 필요함**을 보여준다. 한편, 앞서 소개한 Vodafone 사례처럼, **전 세계에 단일 SAP를 운영 중인 초대형 글로벌 기업도**

Brownfield를 택한 경우가 있다. Vodafone은 **22개국의 비즈니스를 하나의 ECC로 통합**해 운영 중이었기 때문에 Greenfield로 **처음부터 재시작하는 것이 불가능**했고, Brownfield로의 전환을 결정했다. 이들은 **파트너사(액센츄어)와 협력**하여 약 1년 이상의 사전 준비를 거친 끝에 성공적으로 전환했는데, 핵심 성공 요인으로 "데이터! 데이터에 100% 집중하라"는 CIO의 조언을 강조했다. 그만큼 Brownfield에서는 **데이터 정합성과 품질이 승패를 좌우**하며, 기존 시스템을 깊이 이해하고 있는 믿음직한 파트너와의 협업이 위험을 줄여준다. 한국의 대기업들도 초창기에는 Greenfield보다 Brownfield를 선호하는 경향이 있었다. 안정적인 전환을 중시하기 때문인데, 최근에는 **클린코어(Clean Core)** 전략 등으로 필요 최소한의 것만 가져가려는 움직임이 생기면서 Selective 접근도 부상하고 있다. **Brownfield vs Greenfield** 논쟁의 결론은 기업마다 다르지만, **만약 우리 회사의 현 시스템이 전략을 잘 지원하고 데이터 품질도 좋으며 굳이 크게 바꿀 필요가 없다**고 느낀다면 Brownfield가 합리적일 것이다. 반면 **현재 시스템이 회사의 미래 전략에 걸림돌**이 되거나 **데이터가 너무 지저분**하다면 Brownfield는 한계가 있고 Greenfield/Selective를 고민해야 한다. 결국 경영 목표와 IT 현황을 같이 고려한 **전략적 판단**이 요구된다.

4.3 Selective Data Transition

- 필요 데이터만 선택적 전환(Hybrid 접근)

Selective Data Transition(SDT) 또는 **Hybrid** 접근 방식은 Greenfield와 Brownfield 의 중간 지점에 있는 **유연한 마이그레이션 전략**이다. 흔히 **Bluefield** 또는 **Mix & Match**이라고도 불리며, 말 그대로 **기존 시스템으로부터 필요한 데이터만 선별적으로 추출하여 새로운 S/4HANA 시스템으로 옮기는 방법**이다. 이 방법은 **복수의 SAP 또는 비SAP 시스템을 통합**하거나, 한 개의 ECC 시스템을 **여러 개로 분할**하는 등 **복잡한 시 나리오에 대응**하는 데 적합하다. M&A 이후 여러 조직의 시스템을 하나로 합치거나, 한 회사 내 서로 다른 비즈니스 유닛의 ERP를 단계적으로 통합하는 경우, 혹은 글로벌 시스템 중 일부 국가만 우선 전환해야 하는 경우 등에 Selective 접근이 활용될 수 있 다. 또한 Greenfield처럼 **최신 모범 프로세스로 재설계**하고 싶지만 Brownfield처럼 **일부 기존 데이터와 설정도 유지**하고 싶을 때, 두 가지 목표를 모두 만족시키기 위한 절충안으로 SDT를 고려한다. 한마디로 "가져갈 것은 가져가고, 버릴 것은 버린다"는 전 략이다.

핵심 개념 및 정의

Selective Transition은 보통 **새로운 S/4HANA 타겟 시스템을 별도로 구축한 후**, 거 기에 **기존 시스템의 일부 데이터만 이관**하는 형태를 취한다. 구현 방식에 따라 다양하게 나뉘는데, 대표적인 접근법으로 셀 컨버전(Shell Conversion)과 **데이터 병합/분할** (Migration) 방식이 있다. **셀 컨버전**은 **기존 시스템의 설정과 개발(레포지토리)만을 복사**하고 데이터는 비워진 새로운 S/4HANA 시스템을 먼저 만든 뒤, 필요한 **마스터 및 트랜잭션 데이터만 골라서 로드**하는 방법이다. 이를 통해 **불필요한 역사 데이터는 가져오지 않음으로써** 전환 작업을 단순화하고 속도를 높일 수 있다. 다른 방법으로 클라이언트 단위 전환(Client transfer)이나 회사 코드 단위 전환(Company code transfer)도 있는데, 이는 한 시스템 내에서 특정 클라이언트의 데이터만 추출하거나, 혹은 특정 회사코드의 데이터만 선택적으로 변환하여 별도 시스템으로 이관하는 시나리오다. 복수 시스템을 병합(System Merge)하는 경우도 Selective 범주에 속한다. 예컨대 A시스템과 B시스템 두 개의 ECC에서 각각 필요한 일부 데이터를 추출하여, 하나의 새로운 S/4HANA에 합치는 것이다. 이처럼 SDT는 **기존 환경을 부분적으로 재설계하면서 동시에 일부 과거 데이터와 프로세스 연속성을 유지**하는 **맞춤형 접근**이라고 할 수 있다.

기술적/비즈니스적 특징

Selective Data Transition의 가장 큰 장점은 **유연성**에 있다. **프로젝트 범위와 데이터를 유연하게 정의**할 수 있으므로, 기업의 상황에 맞춰 **Big Bang부터 단계적 전환까지 자유롭게 전략 수립**이 가능하다. 예를 들어 **다운타임을 최소화**해야 하는 기업은 회사 코드별로 여러 번에 나눠 순차 전환을 함으로써 개별 다운타임 창을 줄일 수 있다. 또 **여러 시스템을 한 번에 합치는** 경우라도 SDT 기법을 잘 활용하면 **Near-Zero Downtime** 수준으로 비즈니스 중단을 줄일 수 있는데, 실제 SDT 전문가 그룹에서는 **기술적 다운타임을 몇 시간 이내로 제한**하는 사례들도 보고하고 있다. 비즈니스 관점에서, SDT는 **원하는 과거 데이터만 선별 이관**하기 때문에 **데이터 품질 관리와 법규 준수를 동시에 달성**할 수 있다. 즉, 오래되어 쓸모없거나 오류가 많은 데이터는 가져오지 않고 제거하면서, **재무제표 작성 등에 꼭 필요한 핵심 이력**은 남길 수 있다. 이런 식으로 **선택적으로 역사 데이터를 유지하면서도 시스템을 슬림화**할 수 있다는 것이 SDT의 매력이다. 또한 SDT는 **기존 투자의 보호와 혁신의 접목**을 가능하게 한다. 잘 동작하는 기존 프로세스나 유용한 커스터마이징(예: 특정 리포트나 확장 프로그램)은 살리고, 바꾸고 싶은 부분은 새로 설계하는 식으로 **리스크를 최소화하면서 혁신 요소를 접목시킬 수** 있다. 이러한 이유로 SDT를 흔히 **Greenfield와 Brownfield의 장점을 결합한 접근**이라고 부른다.

Selective Transition을 고려할 때 **적합한 시나리오**인지 판단하기 위해 몇 가지 조건을 따져봐야 한다. 예를 들어 **전사적으로 하나의 통합된 S/4 시스템을 목표로 하지만 현재 여러 개의 SAP 인스턴스를 운영 중인** 기업은 SDT 후보라 할 수 있다. Brownfield는 단일 시스템 전환에만 적용되므로, 둘 이상의 시스템을 합치려면 Greenfield 아니면 SDT인데, 이때 **각 시스템의 일부 데이터만 통합하거나 선택적으로 프로세스를 취사선택**하려면 SDT 외에 방법이 없다. 또 **조직 개편이나 사업부 매각/분할 등으로 특정 법인만 분리 또는 통합**해야 할 경우에도 SDT가 유용하다. M&A 이후 **이기종 ERP 통합** 상황에서도, 타사의 SAP 시스템 데이터를 우리 S/4로 이관하는 SDT 시나리오를 생각해볼 수 있다. 법규상의 이유로 **모든 과거 데이터를 새로운 환경에 보존할 수 없는 경우**에도, 예컨대 **유럽 GDPR 규제에 따라 필요한 최소 데이터만 옮기는** 식으로 SDT를 활용할 수 있다. 반면 다음과 같은 경우에는 SDT의 필요성이 낮을 수 있다: 현재 단일 SAP ECC를 사용 중이고, 전사 프로세스를 모두 표준으로 재설계하길 원하며, 데이터도 새로 시작해도 무방한 상황 – 이런 경우라면 굳이 복잡한 SDT보다는 Greenfield가 나을 수 있다. 또한 **현재 시스템이 매우 표준에 가깝고 데이터 품질도 우수하여 Brownfield해도 큰 문제 없는 경우**, SDT의 추가 유연성이 큰 가치가 없을 수 있다. 요컨대 **SDT는 추가 복잡성을 감수할 만한 충분한 비즈니스 필요성이 있을 때 채택**된다.

SAP Activate 등 방법론과의 연계

SDT 역시 SAP Activate의 기본 철학을 따르되, **프로젝트 구조가 다소 변형**될 수 있다. 프로젝트 단계(Prepare, Explore, Realize, Deploy 등)는 존재하지만, 진행 방식은 **병렬적인 트랙**으로 운영되는 경우가 많다. 예컨대 하나의 트랙은 **새로운 S/4HANA 시스템 구축**을 담당하고(Greenfield처럼), 다른 트랙은 **기존 시스템에서 데이터 추출/변환 준비**를 담당하며(Brownfield/ETL처럼), 마지막으로 **이 둘을 합치는 통합 테스트**를 수행하는 식이다. SAP Activate의 **레퍼런스 로드맵**에는 표준 System Conversion이나 New Implementation에는 상세 가이드가 있으나, Selective에 대해서는 구체적인 Best Practice가 한계가 있다. 다만 SAP도 최근 **Selective Data Transition 작업모델**에 대한 연구를 진행 중이며, SDT 프로젝트도 **Discover – Prepare – Explore – Realize – Deploy**의 큰 틀에서 진행된다고 안내하고 있다. 예컨대 **Discover 단계**에서는 어느 데이터와 프로세스를 가져갈지 **전략 수립 및 로드맵 수립**을 하고, **Prepare 단계**에서 양쪽 시스템(S/4 타겟과 소스 ECC)의 **분석 및 준비 작업**(예: 대상 시스템 초기 설치와 소스 시스템 아카이빙 등)을 진행한다. **Explore 단계**에서는 **선택적 데이터 매핑 설계**가 핵심인데, 어떤 법인의 어느 데이터 범위를 이관할지, 변환 규칙은 무엇인지 정의한다. 이때 SLO(SAP Landscape Optimization) 도구나 쿼리를 활용하여 시뮬레이션해보는 작업도 포함될 수 있다. **Realize 단계**에서는 실제 **데이터 변환 프로그램 개발 및 테스트, 시스템 세트업**을 병행한다. 필요시 기존 ECC에서 **Shell 복제**를 수행해 설정을 이관하고, 나머지 부족한 설정은 신규로 설정하거나 Harmonize한다. **테스트**는 여러 차례 반복되는데, **샘플 데이터로부터 시작하여 전체 데이터 이관**까지 난이도를 높여가며 수행한다. **Deploy 단계**에서는 최종 커트오버를 수행하는데, 이 역시 **단계적 커트오버나 Big Bang** 등 상황에 따라 다양하다. 흔히 SDT에서는 **병렬 가동 기간**(일부 업무는 구시스템, 일부는 신시스템)이 발생하기도 하는데, 이에 대한 운영 시나리오도 미리 정의해야 한다.

Selective 전환 프로젝트의 **실무적인 체크리스트**는 일반적인 전환의 모든 요소를 아우르면서도 추가 항목이 있다. 몇 가지 중요한 고려사항을 들면 다음과 같다.

- **데이터 범위 정의:** 어떤 **회사 코드, 사업 영역, 계정, 제품군** 등의 데이터를 어디까지 이관할지 결정한다. 예를 들어 **재무 데이터는 최근 3년치만, 판매 오더는 미결 건만** 등 **객체별 이관 기준**을 명확히 해야 한다. 이 단계에서 법무·컴플라이언스 팀과 협의하여 **규제상 반드시 보존해야 할 데이터와 굳이 신규 시스템에 안 옮겨도 될 데이터**를 분류한다.

- **목표 시스템 설계:** 완전히 새로운 S/4HANA를 설치할 경우 Greenfield와 유사하게 Best Practice 기반으로 설계하되, **기존 시스템에서 가져올 요소**를 고려하여 차이가 나는 설정을 맞춰준다. 만약 기존 설정을 일부 재활용한다면 **셸 컨버전** 기법으로 소스 시스템의 설정을 복제한 뒤 **불필요한 설정 삭제** 및 **신규 기능 관련 설정 추가** 작업을 한다. 이때 **조직구조 통합/분할 전략**도 중요하다. 예를 들어 여러 시스템의 **조직단위를 하나로 합칠지**, 별도 **컨버전 맵핑 룰**을 통해 새로운 조직 코드로 변환할지 등을 결정해야 한다.

- **SLO 툴 활용:** Selective는 **표준 SAP 툴만으로 수행하기 어려운 데이터 변환 작업**이 많다. 그래서 전문 **SLO 툴**을 활용하는데, 대표적으로 **SAP LT(랜드스케이프 트랜스포메이션) 소프트웨어**, SNP사의 **CrystalBridge**, EPI-USE Labs의 **Data Sync Manager**, Natuvion의 **DCS(Data Conversion Suite)** 등이 있다. 예를 들어 **SNP Bluefield** 방법론은 자체 툴로 여러 시스템 데이터를 추출해 변환/적재하는 기능을 제공하며, **Natuvion**은 CORA라는 커트오버 관리 툴과 함께 DCS로 데이터 이관을 수행한다. 이러한 툴들은 **DB 레벨에서 데이터 selection과 매핑**을 자동화해 주므로, 수작업 대비 오류를 줄이고 효율을 높여준다. 물론 도구만 있다고 되는 것은 아니고 **전문 파트너의 컨설팅**이 수반된다. **SAP 자체적으로는 SDT를 위한 표준 절차나 툴이 부족**하므로, 경험 많은 **전문가 파트너와 협력**이 성공의 필수 조건이다.

- **프로젝트 팀 구성:** SDT 프로젝트는 **복잡도**가 높기 때문에, 일반적인 SAP 프로젝트보다 더 폭넓은 스킬셋이 요구된다. **SAP 모듈 전문가**뿐 아니라, **데이터 사이언스/DB 전문가, ETL 개발자, 시스템 아키텍트** 등이 팀에 포함되어야 한다. 여러 소스 시스템을 다루는 경우 **각 시스템의 현업 담당자와 IT 담당자** 모두 참여해 데이터를 이해하고 검증해야 한다. 또한 SDT는 종종 **벤더 파트너사**와의 합동팀 형태로 진행되므로, 역할과 책임(RACI)를 명확히 하고 커뮤니케이션 계획을 세우는 것이 중요하다.

- **테스트와 검증:** Selective 전환의 테스트는 **데이터 중심**으로 이루어진다. **이관 대상 데이터의 정확성 검증**이 최우선 과제이다. 이를 위해 **시뮬레이션 환경**에서 여러 차례 **모의 이관 테스트**를 수행한다. 예컨대, 일부 샘플 회사코드를 대상으로 **Test Migration**을 해보고, 재무제표 숫자가 소스와 타겟에서 일치하는지, 영업문서 흐름이 끊기지 않고 이어지는지 확인한다. **모든 마이그레이션 과정 전체를 리허설**하여 잠재 이슈를 선제 발견하고 최적의 절차로 다듬는 것이 중요하다. **비즈니스 연속성 테스트**도 병행되는데, 이는 전환 이후 시스템이 의도한 대로 작동하는지 엔드투엔드 시나리오로 검증하는 것이다. SDT의 특성상 일부 데이터만 옮겨졌기 때문에, **옮겨진 데이터와 그렇지 않은 데이터 간 경계 조건**(예: 잘라낸 시점 전후의 거래 연결 등)을 특히 유념해야 한다.

- **컷오버 전략:** Selective의 cutover는 경우에 따라 매우 복잡하다. 만약 **Big Bang**으로 여러 시스템을 동시에 종료하고 합친다면 Brownfield보다 큰 이벤트가 될 수 있고, **단계적으로 회사별로 나눈다면** 각 단계별 cutover 계획과 **기존 시스템과 신규 시스템 간 인터페이스**를 임시로 운영하는 방안 등이 필요할 수 있다. 예를 들어 1단계로 유럽 법인들만 S/4로 옮기고 아시아 법인은 ECC에 남겨둔다면, 두 시스템 간 데이터 동기화 방법이나 그룹 공통 리포팅 방안을 정의해야 한다. 또한 **fallback 계획**도 이중으로 고민해야 하는데, 하나 실패시 영향 범위가 어디

까지인지, 다른 시스템들은 어떻게 유지할지 등을 정해야 한다. 전환 시나리오가 복잡할수록 **세밀한 커트오버 실행계획**과 **의사소통 체계**가 성공을 좌우한다.

관련 도구 및 파트너 활용 방안

앞서 언급한 SLO 전문툴과 파트너의 활용이 SDT의 핵심이다. SAP도 이를 위해 글로벌 **SDT 협의체**를 구성하여 선정된 파트너들과 Best Practice를 나누고 있다. 이 협의체에는 **CBS, SNP, Natuvion, Deloitte 등** SDT 경험이 많은 컨설팅사가 참여하고 있으며, 이들과 협력하여 고객사를 지원한다. 예컨대 독일의 한 제조기업은 SAP와 파트너의 공동 지원 하에 **Shell Conversion** 기법으로 S/4HANA로 이행했는데, 해당 기업은 기존 ECC에서 **필요한 두 개 사업부의 데이터만 추출하여** 새로운 S/4HANA로 6개월만에 전환하는 데 성공했다. 또 다른 사례로, 다국적 기업 C사는 **북미와 유럽의 SAP 시스템을 통합**하기 위해 SDT를 활용했다. 각 지역 시스템의 **설정과 주요 데이터만 합쳐서** S/4HANA를 구축함으로써, Greenfield 대비 30% 이상 기간을 단축하면서도 프로세스 표준화를 달성했다. 이런 사례들은 SDT가 가지는 **전략적 가치**를 보여준다. 즉 이전 투자 보호(현 시스템 활용)와 **비즈니스 혁신**을 동시에 추구해야 하는 상황에서 **타협점**을 제공한다는 것이다. 다만 SDT 프로젝트는 **성공 사례만큼 실패 또는 난항 사례도** 존재한다. 계획이 잘못되면 오히려 Brownfield보다 복잡해지고 **프로젝트가 지연**될 수 있다. 따라서 SDT를 선택했다면 **경험 많은 전문가의 참여, 명확한 목표 범위 설정, 충분한 테스트와 유연한 계획**이 필요하다. **중견기업**에서는 SDT가 흔하지 않지만, **특정 모듈만 S/4로 전환**하는 등 작은 범위에서는 응용 가능하다. 예컨대 ERP 전체를 바꾸지 않고 **중요한 한 개 모듈(FICO 등)만 새로운 시스템으로 이관**하고 나머지는 유지하는 방식도 검토되고 있다. 이는 점진적 modernize 전략으로서, 기존 환경과 신규 환경을 조합해 쓰는 **두 가지 속도의 IT(bi-modal IT)** 운영 사례라 볼 수 있다. 이러한 유연한 발상도 SDT를 통해 가능해진다. 종합하면 Selective Data Transition은 "맞춤 정장"과 같은 접근으로, 기업의 상황에 가장 적합한 형태로 S/4HANA 전환을 구현할 수 있지만 그만큼 **고객의 전략적 의사결정과 전문 역량이 요구**된다. 향후 SAP가 ECC 지원 종료 시한을 앞두고 **SDT를 공식 지원하는 도구나 방안**을 더 내놓을 가능성도 있으므로, 최신 동향을 주시하면서 우리의 전환 로드맵에 **Selective 옵션을 열어 두는 것**이 바람직하다.

4.4 데이터 마이그레이션

- 마스터 및 트랜잭션 데이터 이관 전략

데이터 마이그레이션(Data Migration)은 SAP ERP에서 SAP S/4HANA로 전환하는 모든 접근 방식에서 핵심적으로 수행되어야 하는 작업이다. Greenfield의 경우 **새 시스템에 필요한 데이터를 옮기는 일 자체**가 프로젝트의 큰 부분을 차지하고, Brownfield의 경우에는 **기존 데이터를 자동 변환**하지만 그 전에 **데이터 정제 작업**이 필수적으로 뒤따른다. Selective 전환에서는 말할 것도 없이 **어떤 데이터를 어떻게 이전할지**가 성공의 관건이다. 따라서 별도의 장으로 데이터 이관 전략을 상세히 다룰 필요가 있다.

마스터 데이터와 트랜잭션 데이터 이관

일반적으로 데이터 마이그레이션은 마스터 데이터(Master Data)와 거래 데이터(Transaction Data)로 구분하여 계획한다. **마스터 데이터**는 고객, 공급업체, 자재, 계정과목, 자산 등 **비교적 변동이 적은 기본 데이터**이며, **트랜잭션 데이터**는 판매주문, 구매오더, 재고 이동, 회계전표 등 **일일이 발생하는 업무 데이터**이다. S/4HANA 전환에서 마스터 데이터는 새로운 시스템의 기반을 형성하므로 **가장 먼저 이관 및 정비**된다. 마스터 데이터 이관 시 중요 포인트는 **코드 및 키 값 매핑**이다. 만약 Greenfield로 전환하면서 **코드 체계를 새로 정의**한다면(예: 품목코드 체계 변경), **옛 코드와 신코드의 매핑표**를 준비하여 변환 로직에 적용해야 한다. Brownfield의 경우 기존 코드가 유지되므로 이 문제는 적지만, **Business Partner 통합**처럼 개념 자체가 바뀌는 마스터는 있다. 예를 들어 ECC에서 별도였던 고객/벤더가 S/4에서 BP로 합쳐지므로, **이관 과정에서 BP번호 부여 및 중복 처리**를 해야 한다.

거래 데이터 이관은 더욱 신중한 접근이 필요하다. Greenfield 전환 시 **과거 거래 데이터를 얼마나 가져갈지**가 고민이 된다. 모든 과거 거래를 옮기는 것은 이상적일 수 있으나 현실적으로 **데이터 양이 방대하고 변환에 시간이 오래 걸릴 뿐 아니라,** 불필요한 오래된 데이터를 가져오면 **새 시스템이 비대해지고 성능에도 영향**을 줄 수 있다. 그래서 일반적으로는 **최근 일정 기간(예: 2~3년)의 핵심 트랜잭션 데이터만 선별 이관**하고, 그 이전 데이터는 아카이빙 하거나 별도 시스템(예: BW나 Data Lake)에 저장하여 참조하도록 권장된다. 반드시 필요한 역사 데이터(예: 5년치 매출데이터가 필요하다면)는 새로운 시스템에 적재하되, **회계 마감이 완료된 지난 연도 데이터** 등은 요약본(aggregation)만 이관하거나, 아예 이관하지 않고 **필요시 조회만 가능하도록 아카이브 시스템**을 제공할 수도 있다. 예컨대 SAP ILM(Information Lifecycle Management)을 활용하면 **과거 데이터에 대한 읽기 전용 아카이브**를 운영할 수 있다.

데이터 정제(Data Cleansing) 및 품질 관리: 이관 전에 데이터를 깨끗하게 만들라는 것은 아무리 강조해도 지나치지 않다. 데이터 품질이 낮으면 마이그레이션 자체도 오류가 많이 나고, 운 좋게 마쳐도 새로운 시스템에서 지속적인 문제를 일으킨다. 그래서 **프로젝트 초기에 Data Cleansing 팀을 별도로 운영**하여 체계적인 정비를 진행하는 것이 Best Practice이다. 정제 작업의 내용은 기업마다 다르지만 보편적인 것은 다음과 같다.

- **중복 제거:** 마스터 데이터의 경우 **중복된 항목 통합**이 큰 이슈다. 예를 들어 동일한 고객이 여러 번 코드가 따로 존재한다면 S/4로 옮길 때 하나로 합치거나, 적어도 관계를 맺어주어야 한다. 동일 제품이 코드만 두 개인 경우 등도 마찬가지다. **자동화 도구**를 통해 중복 후보를 식별하되, **업무 담당자 검증**을 거쳐 실제 통합

여부를 결정해야 한다.

- **오류 데이터 수정:** 누락된 값이나 잘못된 값이 있으면 변환 시 문제를 일으킬 수 있다. 예를 들어 거래처 마스터에 국가코드가 빠져 있다면 주소 이전에 문제 발생, 제품 마스터의 단위 오류 등. 이러한 **규칙 기반 오류**는 프로그램을 통해 한꺼번에 수정하거나, Excel 추출하여 수기 정정할 수 있다. 중요 마스터 필드(계산서 발행 여부, 계정 그룹 등)가 유효값을 갖고 있는지 **Validation**을 수행하고 정비한다.

- **표준화(Standardization):** 데이터 표준화도 품질을 높인다. 예를 들어 "㈜" 같은 회사명 접두사를 일관되게 처리하거나, 주소 포맷, 날짜 포맷 등을 통일한다. 제품 마스터의 단위나 규격 등의 표현도 회사 표준에 맞게 맞춘다. 이러한 표준화는 나중에 **데이터 변환 매핑**을 단순화하고 사용자 경험을 향상시킨다.

- **불필요 데이터 제거:** 오래된 거래 중에서 더 이상 참조될 일이 없는 데이터는 **아카이빙**하거나 삭제하여 볼륨을 줄인다. 예를 들어 10년 전 완료된 주문이나, 사용 종료된 자재 마스터 등은 미리 정리하면 좋다. SAP의 데이터 볼륨 관리 도구(DBM)나 **아카이빙 프로그램(SARA)** 등을 활용해 규칙적으로 삭제/아카이브 작업을 진행할 수 있다.

이러한 정제 작업은 **가능한 한 소스 시스템에서 미리 수행**하는 것이 바람직하다. 그래야 실제 이관 시 변환 로직을 단순화하고 오류를 예방할 수 있기 때문이다. 경우에 따라 이관 툴에서 변환 규칙으로 더러웠던 데이터를 클린하게 적재하기도 하지만, 이는 임시방편일 뿐 근본적 해결이 아니다. 따라서 **이관 시작 전부터 원본 데이터의 품질을 높이는 활동을 프로젝트에 병행**해야 한다.

데이터 이관 도구 및 기술

데이터 마이그레이션을 수행하려면 보통 **ETL**(Extract, Transform, Load) 도구나 스크립트가 필요하다. SAP는 앞서 언급한 **S/4HANA Migration Cockpit**을 제공하는데, 이는 기술 사용이 비교적 쉬워서 **비개발자도 Excel 기반 템플릿으로 데이터를 변환/적재**할 수 있도록 해준다. Migration Cockpit에는 **100여 개 이상의 Migration Object**(예: 고객 마스터, 구매오더, 물류 이체 등)에 대한 표준 매핑 규칙과 업로드 양식이 내장되어 있어, 이를 활용하면 많은 데이터 객체를 별도 개발 없이 옮길 수 있다. 최신 버전에서는 **구식 Legacy 시스템에서 직접 데이터 추출을 지원**하는 기능도 있어 편의성이 높아졌다. 그러나 복잡한 대량 데이터 변환에는 Cockpit만으로 한계가 있을 수 있다. 이때 **SAP Data Services**와 같은 전문 ETL 툴이나, 필요하면 **SQL 스크립트/ABAP 프로그램**을 병행 사용한다. Data Services는 SAP 뿐만 아니라 여러 DB, 파일 등 **이기종 데이터 소스 연결과 변환**에 강력하며, **대용량 배치 처리**에도 최적화되어 있다. 특히 **프로파일링 기능**으로 데이터 품질을 분석하고, **변환 규칙**을 시뮬레이션해볼 수 있어 유용하다. SAP Information Steward와 연계하면 **데이터 품질 지표**를 대시보드로 모니터링하며 정제 활동을 추적 가능하다. Brownfield에서는 SUM 툴이 자동으로 데이터를 변환하지만, 그 전에 **Legacy 데이터 분석용 도구**(예: SNP의 Transformation Backbone 등)를 써서 어떤 데이터가 전환에서 문제될지 미리 분석하기도 한다. 또한 최근에는 **AI/머신러닝 기술을 데이터 정제에 적용**하는 사례도 있다. 예컨대 AI를 사용해 **마스터 데이터 분류 작업**을 자동화하거나, **이상값 검출**로 오류 데이터를 찾아내는 것이다. 대기업에서는 방대한 마스터 데이터를 AI가 표준화/정제하도록 학습시키고 이를 Migration에 활용해 **수작업 노력을 줄이고 정확도를 높이기도** 한다.

커트오버(cutover) 전략 및 백아웃(back-out) 시나리오

데이터 이관의 하이라이트는 실제 **최종 생산 시스템 전환 시점**이다. 이 시점에 새로운 S/4HANA 시스템으로 **모든 필요한 데이터가 완벽히 이관되어 있어야 하며**, 남은 작업은 신규 시스템에서 계속 진행될 수 있어야 한다. 커트오버를 설계할 때는 **이관 순서와 일정**이 핵심이다. 일반적인 순서는 **마스터 데이터 → 기초 설정 데이터 → 오픈 트랜잭션 데이터 → 잔여 데이터** 순으로 진행된다. 먼저 **마스터 데이터**를 이관하고, 재무 초기잔액, 재고초기수량 등 기준값(initial load)들을 적재한다. 그리고 나서 **미결 상태의 트랜잭션들**(예: 미결주문, 미결송장, 진행 중인 생산오더 등)을 이전한다. 마지막으로 History 데이터 등 옵션 사항이 있다면 추가로 로드한다. 이 모든 것이 **신규 시스템 가동 전 주어진 다운타임 내에 완료**되어야 한다. 커트오버 단계별로 **담당자와 예상 소요 시간, 검증방법**을 정의한 Cutover Plan을 작성해두고 리허설 결과를 반영해 지속 업데이트해야 한다. 특히 사전에 여러 번 Mock Cutover(모의 이관)를 연습하여 **실제 걸리는 시간과 발생할 수 있는 오류 리스트**를 확보해야 한다.

커트오버 시 Blackout 기간(구시스템 가동 중단 기간)을 최소화하기 위해, 가능하다면 **이관 작업 일부를 사전에 수행**하는 방안도 쓴다. 예를 들어 Brownfield 전환의 경우, 메인 다운타임 전에 **데이터를 미리 복제해놓고** 최종 단계에서 증분만 반영하는 SAP의 Downtime-Optimized DMO 기능을 활용할 수 있다. Greenfield의 경우에도 주말 이전에 일부 마스터를 미리 로드해놓고, 주말 동안 변경분만 추가로 로드하는 식으로 나눌 수 있다. 중요한 것은 **마스터 데이터와 트랜잭션 데이터 간 일관성**이다. 마스터가 없는 트랜잭션이 로드되면 안되고, 선결조건을 지키며 순서를 정해야 한다. 예컨대 **고객마스터 → 판매오더 → 출고문서 → 송장** 순으로 적재하고 각 문서의 참조 관계가 유지되도록 해야 한다.

백아웃(back-out) 시나리오는 만일 커트오버 도중이나 이후에 심각한 문제가 발생했을 때 **이전 시스템으로 복귀하는 계획**이다. 이는 일종의 **비상 탈출구**로, 성공적인 전환을 위해 반드시 마련해야 할 뿐 아니라 실제로 테스트도 해보아야 한다. 백아웃을 위해서는 커트오버 전 **기존 ECC 시스템의 풀 백업**을 떠놓거나, 또는 **DB 스냅샷**을 보관한다. 전환 실패 선언 시 이 백업을 리스토어하여 ECC로 재가동한다. 하지만 백아웃 시나리오에는 **다운타임 동안 발생한 신규 거래**에 대한 처리 등 현실적인 문제들이 따른다. 그래서 중요한 거래는 커트오버 시작 전에 미리 완료하거나, 별도로 기록해뒀다가 복귀 시 수작업 반영하는 등의 준비가 필요할 수 있다. 예를 들어 커트오버 기간에 발생한 주문을 임시로 엑셀에 받아두었다가 백아웃 시 수동 입력하는 식이다. 이러한 상세 절차까지 포함해 **Fallback Plan**을 갖추는 것이 운영 안정성의 핵심이다.

운영 안정성 확보

시스템 전환 직후 운영 안정성을 높이기 위해 Hypercare라고 불리는 강화 지원 기간을 둔다. 이 기간 동안 **프로젝트 팀의 핵심 인력**이 유지보수 모드로 남아 사용자들의 문제를 실시간 해결하고 시스템 튜닝을 진행한다. 특히 데이터 마이그레이션과 관련하여 **전환 후 데이터 검증** 작업이 이어진다. 재무 재표, 재고 수불부, 미결잔액 리스트 등 **중요 보고서를 신규 시스템에서 뽑아서 이전 시스템 결과와 대조**한다. 차이가 있다면 Hypercare 팀이 그 원인을 찾아 수정하거나, 데이터 보정 작업을 한다. 이때 발견되는 차이는 대부분 **마이그레이션 과정의 누락이나 잘못 매핑된 데이터**이므로, 빠르게 보완하여 업무에 지장이 없게 해야 한다. 또한 **사용자들이 새 시스템에 잘 적응하도록** 지원하는 것도 안정화의 일부이다. UI가 바뀌거나 데이터 입력 방식이 조금이라도 달라진 부분에 대해 교육하고, 질문에 답하며, 필요하면 **추가 매뉴얼이나 FAQ**를 제공한다. **시스템 모니터링**도 강화해서 배치 잡들이 제대로 돌아가는지, 인터페이스 오류는 없는지 매일 점검한다.

데이터 마이그레이션의 성공 여부는 **한 번에 결정되지 않는다.** 오히려 **여러 차례의 테스트 이관 결과를 통해 끊임없이 데이터 품질을 높이고 이관 시나리오를 개선**하면서 확보되는 것이다. 실제 경험상 **테스트 이관을 많이 해볼수록** 본 실행 시 문제가 적게 발생하며, 전체 비용도 감소한다는 보고가 있다. 따라서 여유가 되는 한 **충분한 리허설과 사전 정제를 투자**하여 데이터 이관을 탄탄히 준비하는 것이, 전환 프로젝트의 **가장 비용 대비 효과적인 투자**일 수 있다.

4.5 테스트 전략

- 시스템 전환 리스크 최소화를 위한 테스트 체계

테스트 전략(Test Strategy)은 SAP ERP를 S/4HANA로 전환하는 프로젝트에서 **리스크를 최소화하고 품질을 확보하기 위한 필수 요소**이다. 전환 유형에 관계없이 **철저한 테스트**가 뒷받침되지 않은 프로젝트는 **일정 지연, 추가 비용, 심지어 업무 중단**이라는 대가를 치르게 된다. 특히 S/4HANA로의 이행은 단순한 업그레이드가 아니라 **기업의 프로세스와 데이터 환경, 기술 스택 전반에 걸친 변화**를 수반하기 때문에, **전사적 테스트 계획**이 요구된다. 여기서는 전환 프로젝트에서 수립해야 할 **전체 테스트 체계**와 각 테스트 단계별 **베스트 프랙티스 기반 시나리오 구성** 방법을 설명한다.

테스트 체계 전반

일반적으로 S/4HANA 전환 프로젝트의 테스트 체계는 **단위 테스트**(Unit Test) → **통합 테스트**(Integration Test) → **사용자 수용 테스트**(User Acceptance Test) → **절차 검증 및 회귀 테스트**(Regression Test) → **성능/부하 테스트**(Performance Test) → 보안 및 기타 특수 테스트(Security, UAT 등)의 흐름으로 구성된다. SAP Activate 방법론도 **Realize 단계**에서 **각종 테스트 수행**을 강조하고 있으며, Deploy 단계 직전에 포괄적인 최종 리허설(Production Simulation)을 권장한다. 각 단계의 목적을 간략히 정리해보자.

- **단위 테스트(UT):** 개별 구성이나 개발 요소가 제대로 동작하는지 담당자 수준에서 검증한다. 예를 들어 설정한 새 승인절차 커스터마이징이 의도대로 작동하는지, 변환된 ABAP 프로그램 하나가 오류 없이 실행되는지 확인하는 단계이다. 이는 주로 컨설턴트나 개발자가 수행한다.

- **통합 테스트(FIT = Functional Integration Test):** 여러 모듈이나 기능이 **연계되어 완결된 비즈니스 시나리오**를 정상 처리할 수 있는지 확인한다. 예컨대 **주문 → 출고 → 청구 → 수금**에 이르는 end-to-end 시나리오나, **구매 → 입고 → 지급** 시나리오 등이 대상이다. 이 단계에서는 모든 관련 팀(모듈)이 함께 참여하여 **프로세스 체결성**을 시험하고, 데이터가 모듈 간 제대로 전달되는지, S/4HANA에서 프로세스 흐름에 변화는 없는지 등을 본다. **Greenfield**라면 새로 설계한 프로세스가 원하는 결과를 내는지 검증하고, **Brownfield**라면 기존 프로세스가 동일하게 수행되는지 확인하는 목표가 있다. 통합 테스트는 일반적으로 **IT팀 주도하에 현업 Key User가 참여**하는 형태로 진행되며, 결함 발견 시 바로 수정 후 재확인(결함 조치 관리)을 반복한다.

- **시나리오 테스트/사용자 테스트(UAT):** **사용자 수용 테스트**(User Acceptance Test) 단계에서는 현업 업무 담당자들이 실제 업무 시나리오를 기반으로 시스템을 테스트한다. 이 단계의 중요 목표는 **시스템이 현업의 비즈니스 요구를 충족하는지**와 **사용자들이 새로운 시스템 사용에 익숙해졌는지** 확인하는 것이다. UAT에서는 **현실적인 데이터와 프로세스 시나리오**가 사용된다. 베스트 프랙티스로는 주요 **프로세스별 시나리오 시트**를 만들어, 예를 들어 "제품 출하 프로세스 – 주문부터 매출원가 계산까지" 등의 시나리오별로 입력값과 예상결과를 정의해 두는 것이다. 사용자들은 이를 따라 실제 처리해보면서 오류나 불편사항을 기록한다. S/4HANA 전환 프로젝트에서는 변경된 UI(Fiori 화면)나 **신규 프로세스 절차** 때문에 사용자가 혼란을 겪을 수 있으므로, UAT를 통해 사용자 경험을 점검하고 **추**

가 교육 필요성도 식별할 수 있다. 또한 **다국적 기업의 경우 현지 법규 시나리오나 특수 프로세스**도 UAT 범위에 포함하여, 빼놓은 요구사항이 없는지 최종 검증하는 것이 좋다.

- **회귀 테스트(Regression Test)**: 회귀 테스트는 전환으로 인해 **기존에 정상 작동하던 기능에 영향이 없는지** 검증하는 활동이다. Brownfield 프로젝트에서는 특히 중요하다. 왜냐하면 시스템은 업그레이드되었지만 **기존 비즈니스 프로세스는 그대로 유지**되는 것이 목표이므로, 전환 후에도 모든 기능이 원래대로 작동해야 한다. 예를 들어 **기존 ECC에서 쓰던 뱅크파일 인터페이스**가 S/4에서도 문제 없이 동작하는지, **사용자 정의 Z리포트**가 동일한 결과를 내는지 등을 테스트한다. Regression Test는 **이전 시스템의 테스트 케이스를 신규 시스템에서 다시 실행**해 보는 방식으로 이루어지며, 예상 결과는 과거 시스템의 결과값과 비교하여 검증한다. 최종 UAT와 병행하여 회귀 테스트를 수행하기도 한다. 회귀 테스트의 범위를 정할 때 **위험 기반 접근**을 사용하면 효율적이다. 즉 변경 영향이 큰 영역 위주로 집중 테스트하되, 영향이 거의 없는 부분(예: 전혀 수정 없던 모듈)은 표본만 테스트하는 식이다. 최근에는 **테스트 자동화 툴**(예: Tricentis Tosca, Worksoft 등)을 활용하여 표준 시나리오 회귀 테스트를 자동화하는 추세도 있는데, 대규모 반복 테스트가 필요할 경우 이러한 도구 도입을 검토하면 좋다.

- **성능 테스트(Performance Test)**: 새로운 S/4HANA 시스템이 **실제 운영 환경에서 요구되는 성능 수준**을 만족하는지 확인하는 단계이다. S/4HANA는 인메모리DB 덕분에 기본 성능은 향상되지만, 여전히 **대용량 데이터 처리 시나리오나 동시사용자 부하**에 대한 검증은 필요하다. 예를 들어 **월말 재무 마감 프로세스**가 S/4에서 예상 시간 내 완료되는지, **대량 배치잡**(예: MRP, 정산) 실행 시 시스템 응답이 원활한지, **동시 접속 1000명 이상**일 때 메모리나 CPU 병목이 없는지 등을 점검한다. 성능 테스트는 가능하면 **실제 운영과 유사한 조건**(동일한 데이터 량, 사용자 패턴)에

서 하도록 구성한다. 예를 들어 테스트 환경에 **운영 데이터의 풀 사이즈**를 옮겨놓고, 다수의 가상사용자가 동시에 주요 트랜잭션을 수행하도록 부하테스트 툴(JMeter 등)로 시뮬레이션한다. 성능 이슈가 발견되면 튜닝(인덱스 조정, 프로그램 최적화)을 하고, 필요시 **하드웨어 증설**이나 **HANA 메모리 파티셔닝 조정** 등을 검토한다. S/4HANA에서는 Fiori를 통한 접근 등이 늘어나 UI/네트워크 성능도 고려해야 한다. 웹 브라우저 렌더링 속도, OData 호출 빈도 등을 분석해 병목이 없도록 한다. 성능 테스트 결과는 **사전 정의한 KPI**(예: 보고서 A 실행 5초 이내) 충족 여부로 판단하며, 미달 시 원인과 해결책을 찾아내야 한다.

- **보안 테스트(Security Test):** 시스템 전환 시 **권한 체계와 보안 설정이 올바른지** 확인하는 단계이다. 특히 Brownfield의 경우 기존 권한을 마이그레이션해도 S/4에서 동작이 달라질 수 있으므로 사용자가 필요한 업무에 접근 가능하고 불필요한 권한은 배제되었는지 점검해야 한다. 또한 **개인정보 마스킹/암호화** 등 보안 기능이 의도대로 작동하는지, S/4HANA 추가 컴포넌트(예: Fiori Launchpad)가 보안 취약점 없이 구성되었는지 확인한다. 경우에 따라 모의 해킹(penetration test)이나 **취약점 스캔**을 통해 시스템 레벨 보안 검증을 하기도 한다. **SAP 권한 객체** 변화로 인해 발생하는 문제는 사용자 테스트 중 발견되는 경우가 많으므로, 발견 즉시 권한롤을 수정하고 재할당하여 문제를 해결한다. **사용자ID, 역할 매핑표**를 만들어 전환 전후 권한 변경 사항을 관리하고, **Go-Live 후 초기 며칠간은 권한 이슈를 실시간 모니터링**하며 대응하는 것이 좋다.

전체 테스트 계획 수립과 베스트 프랙티스

위에 열거된 각 테스트는 개별로 중요한 만큼, 이를 **어떻게 일정과 리소스 내에서 조**

율할지도 전략이 필요하다. 통상 전환 프로젝트는 **Realize 단계 중후반부터 테스트 사이클**에 돌입하며, 테스트 사이클은 **2~3회 반복**되기도 한다. 예를 들어 1차 통합테스트 후 개선사항 반영, 2차 통합테스트 진행, 그 후 UAT 등의 방식이다. 베스트 프랙티스에 따르면, **명확한 테스트 시나리오와 기준**을 미리 정해놓고 임한다. SAP에서 제공하는 **베스트 프랙티스 프로세스 시나리오** 문서들을 활용하면 프로세스 단위의 테스트 케이스를 도출하기 좋다. 또한 **과거 생산 시스템에서 자주 발생했던 오류 사례**나 **영업/구매에서 빈번히 쓰이는 거래** 등을 참고하여 **테스트 우선순위**를 정한다.

테스트 시나리오는 **업무 프로세스 흐름 단위로 구성**하는 것이 이해도도 높고 결함 추적에도 유용하다. 예를 들어 "고객주문 생성 → 출하 → 매출채권 생성 → 수금처리 → 회계전표 확인"을 하나의 통합 시나리오로 스크립트를 작성한다. 이 안에는 여러 모듈(SD, MM, FI)이 연계되므로, 자연스럽게 모듈 간 인터페이스가 검증된다. **시나리오 작성시 입력값과 예상 출력**을 명시하여 사용자가 쉽게 따라할 수 있게 한다. 그리고 각 시나리오별로 성공 기준(Success Criteria)를 정한다. 예를 들어 앞의 시나리오에서는 "매출채권 전표가 회계에 정확히 반영되고, 매출계정과 채권잔액이 기대대로 기록될 것" 등을 성공 기준으로 정의할 수 있다.

결함 관리도 체계적으로 해야 한다. 테스트 중 발견된 이슈는 **테스트 관리 도구**(예: JIRA, Micro Focus ALM 등)에 등록하여 고유 번호를 부여하고, 담당자가 원인 분석 후 해결하면 재테스트로 클로즈한다. 전환 프로젝트에서는 **데이터 변환 관련 이슈**나 **환경 설정 누락 이슈** 등이 자주 나오므로, **개발 이슈와는 별도로 분류**하여 관리하면 효과적이다. 또한 **일정이 촉박할 경우 위험 기반으로 테스트를 생략하거나 축소해야 할 부분**이 생길 수 있는데, 이때 **의사결정 기록**을 남겨두고 Go-Live 전에 반드시 짚고 넘어가야 한다. 예를 들어 "특정 국가 법인 관련 시나리오는 일정 상 UAT에서 축소되었으므로, Go-Live 후 해당 법인은 별도 집중 지원한다"는 식의 커뮤니케이션이 필요하다.

테스트 자동화와 도구 활용

S/4HANA 전환에서는 반복 테스트 작업이 많기 때문에, **테스트 자동화도** 고려할 만하다. 특히 **회귀 테스트**는 자동화 툴로 녹화/재생하여 수행하면 인적 오류 없이 신속히 실행할 수 있다. SAP는 솔루션 매니저의 CBTA(Component Based Test Automation)를 제공하고 있고, 서드파티 툴로는 **Tricentis**(SAP와 파트너십 체결) 등이 있다. 자동화 도구를 도입할 경우 **초기 스크립트 작성 비용**이 들지만, 2회 이상 반복되는 테스트라면 효율을 높일 수 있다. 또한 S/4HANA 업그레이드가 빈번해질 것을 대비해 **향후 regression test 자동화 자산**을 축적한다는 관점에서도 가치가 있다.

마지막으로 **성공적인 테스트 전략의 열쇠**는 현업의 참여와 커뮤니케이션이다. 기술적 전환 프로젝트라 할지라도, **비즈니스 사용자들이 충분히 테스트하고 시스템에 신뢰를 가질 때** 비로소 성공적인 Go-Live가 가능하다. 따라서 테스트 계획 수립 시부터 각 부서의 파워유저들을 선정하여 교육하고, 테스트에 대한 **동기 부여**를 해야 한다. 테스트 진행 중 정기적인 **상황 공유 미팅**을 통해 품질 상태를 투명하게 알리고, 위험 요소를 함께 논의해야 한다. 예컨대 "현금관리 보고서 결과에 차이가 있으니 재무팀 추가 검증 필요" 등을 공유하면 관련 사용자가 직접 확인해보고 원인을 찾는 데 도움을 준다. 이러한 **협업과 커뮤니케이션 문화**가 자리 잡으면, 추후 실제 운영 안정화 단계에서도 사용자들이 능동적으로 적응하고 문제를 해결해나가는 기반이 된다.

맺음말

SAP S/4HANA로의 전환은 단순한 기술 프로젝트가 아니라, **데이터, 프로세스, 시스템 전반의 혁신 여정**이다. Greenfield, Brownfield, Selective 각 접근법마다 장단과 난이도가 다르지만, 공통적으로 **철저한 준비와 테스트, 그리고 데이터 중심의 접근**이 성공을 결정한다는 점을 알 수 있다. 특히 실무자와 IT 전략 담당자는 이 전환이 **회사 경쟁력에 미칠 영향**을 충분히 인지하고, 단순히 "SAP를 업그레이드한다" 수준이 아닌 **디지털 트랜스포메이션의 일환**으로 접근해야 할 것이다. 그럴 때 비로소 S/4HANA 도입을 통해 얻을 수 있는 **프로세스 표준화, 실시간 인사이트, IT 비용 절감** 등의 효과를 최대화할 수 있을 것이다. 이번 장에서 다룬 마이그레이션 전략과 실무 고려사항들이 이러한 여정을 계획하고 실행하는 데 유용한 로드맵이 되기를 기대한다.

4.6 Fit-to-Standard 워크숍 절차

SAP S/4HANA 도입 프로젝트에서 Fit-to-Standard 워크숍은 현업 요구사항을 SAP Best Practice 표준 프로세스와 대조하여 해결방안을 모색하는 핵심 단계이다. SAP Activate 방법론 기준으로 이는 Explore 단계의 주요 활동이며, 새 시스템의 설계 방향을 결정짓는 워크숍이다. 이하에서는 Fit-to-Standard 워크숍의 전체 절차를 단계별로 상세히 설명한다. **사전 준비** 단계에서의 계획과 자료 준비, **본 세션 진행** 단계에서의 워크숍 구성과 수행 방법(데모, 갭 분석, 의사결정, 리스크 도출 등), 그리고 **세션 후속조치** 단계에서의 결과 정리와 추적까지 모두 다룬다. 각 단계별로 **사용되는 문서 양식, 참여자 역할, 전형적인 시간표 예시** 등을 포함하며, 기업 **규모나 산업군에 따라 워크숍 운영 시 유의해야 할 사항**도 함께 기술한다.

Fit-to-Standard 워크숍 개요 및 목적

Fit-to-Standard 워크숍은 SAP Activate 방법론의 Discover/Prepare 단계를 거쳐 Explore 단계에 수행되는 활동으로, **고객의 비즈니스 요구를 SAP S/4HANA의 사전 정의된 표준 프로세스에 맞춰보는 작업**이다. "As-Is(현행)" 중심의 요구사항 수집 방식이 아닌, "To-Be 표준 프로세스" 중심으로 시스템을 보여주고 그 격차를 분석하는 **역방향 접근**이 특징이다. 이를 통해 **솔루션이 고객 프로세스에 얼마나 fit 하는지 평가**하고, 표준으로 수용하기 어려운 gap에 대해서만 별도 대응책(확장, 개조 등) **결정**하게 된다.

결과적으로 워크숍 후에는 향후 구현할 프로세스 목록과 각 프로세스별 구성/개발이 필요한 사항(요구사항 backlog)이 정의되어 **Realize 단계의 구현 과제**로 이어진다.

이 워크숍의 **궁극적 목표**는 고객이 새로운 클라우드 솔루션을 최대한 표준에 가깝게 활용하도록 유도하면서, 반드시 필요한 차이(Delta)에 대해서만 솔루션을 설계하는 데 있다. 이를 위해 **파트너 컨설턴트**들은 사전에 준비된 SAP Best Practice 시나리오를 실제 시스템으로 시연하고, 업무 전문가들이 직접 새 시스템을 경험하게 한다. 그런 다음 **현행 프로세스**와 비교하여 부족한 점을 토론하고, **어떤 부분을 표준에 맞출지 vs 추가개발할지 판단**한다. 이 과정에서 참여자들은 클라우드 마인드셋(Cloud Mindset)을 학습하게 되며, **불필요한 맞춤개발을 지양**하고 표준 활용의 이점을 이해하게 된다.

요약하면, Fit-to-Standard 워크숍은 "새 시스템이 이렇게 동작하는데, 우리 업무에 어떻게 적용할지?"를 함께 고민하는 자리이다. 기존의 "요구사항 → 설계" 순서 대신 "**솔루션 제시 → 적합성 확인 → 격차 보완책 설계**" 순서로 진행된다는 점에서, 클라우드 시대의 **새로운 ERP 도입 문화**라고 할 수 있다.

사전 준비 단계

원활한 Fit-to-Standard 워크숍을 위해서는 **사전 준비 작업**이 중요하다. 준비 단계에서는 **프로젝트 팀과 현업 참여자들이 워크숍에 필요한 자료와 환경을 마련**하고, **일정 및 의제를 계획**한다. 주요 준비 작업은 다음과 같다.

워크숍 계획 수립

- **워크숍 일정 및 범위 계획**: 프로젝트 매니저(PM)와 솔루션 리드는 **어떤 프로세스 영역을 대상으로 몇 회의 워크숍을 언제 진행**할지 계획한다. 일반적으로

Workstream(업무 영역)별로 워크숍 세션을 **구분**한다. 예를 들어 **재무, 조달, 영업, 생산** 등으로 나눠 각각 1~2일씩 세션을 잡는다. **전형적인 일정 예시:** 대기업의 경우 Explore 단계에서 **4~6주에 걸쳐** 주제별 워크숍을 진행할 수 있다. 중견기업은 **2~3주 집중 세션**으로 압축하기도 한다. 각 세션은 **하루 4~8시간 내외**로 구성하며, 오전에는 표준 프로세스 데모, 오후에는 Fit-Gap 토론 및 결정으로 나누는 것이 일반적이다(다음 목차에서 상세 예시). 이러한 일정을 수립하여 **참여자들이 미리 시간을 확보**할 수 있도록 초대한다.

- **참여자 선정 및 역할 정의:** 각 프로세스 영역별 현업 대표(Key User)와 프로세스 오너를 지정한다. 이들은 **해당 업무에 전문지식이 있으며,** 워크숍에서 **프로세스 요구를 대변**할 수 있는 사람이어야 한다. 또한 **IT부서 전문가**(특히 현재 SAP 사용 기업의 경우 모듈 담당자)도 참여시켜 **기존 시스템의 기능/데이터를 참고할 수 있게** 한다. **컨설턴트** 측에서는 해당 모듈별 LoB 컨설턴트(예: 재무 컨설턴트, 생산 컨설턴트 등)와 **솔루션 아키텍트**가 참석한다. 가능하다면 **두 명 이상의 컨설턴트가 한 조**가 되어, **한 명은 시스템 데모에 집중**하고 **다른 한 명은 논의 내용을 실시간 기록**하도록 역할을 분담한다. 이렇게 하면 **데모와 문서화가 병행**되어 효율적이다. PM이나 Change Manager도 참석하여 **결정 사항을 추후 활동**(교육, 조직개편 등)에 연결할 수 있도록 한다.

- **사전 교육 및 기대치 설정:** 워크숍 전에 프로젝트 목표와 워크숍 방식에 대한 이해관계자 교육(Kick-off)을 진행한다. 특히 **현업 Key User들에게 클라우드 마인드셋**을 심어주어, 워크숍에서 "우리의 프로세스를 바꾸어서라도 표준을 최대한 수용한다"는 방향성을 공유해야 한다. 또한 **요구사항 수집 방식이 기존 폭포수 방식과 다름**을 설명하고, **솔루션을 보고 판단하는 접근에 마음가짐을 열도록** 한다.

- Tip: 컨설턴트는 워크숍마다 간략히 **Cloud ERP의 업그레이드 주기, 표준화 이점**

등을 상기시켜 **참여자들이 불필요한 커스터마이징 요구를 하지 않도록 유도**해야
한다.

자료 및 시스템 준비

• **SAP Best Practice 자료 확보:** 다루는 프로세스에 해당하는 SAP Best Practices
  시나리오의 프로세스 흐름도, 시나리오 설명서, 시험 시나리오(Script) 등을 사전
  에 준비한다. SAP에서는 **Best Practice 콘텐츠**를 Signavio Process Navigator(구
  Best Practice Explorer) **등으로 제공**하므로, **프로세스 플로우 차트**와 **데모 시나리
  오 시나리오별 테스트 스크립트**를 다운로드하여 참고한다. 이러한 자료는 워크숍
  중 **참여자들에게 프로세스 전반을 설명**하는 데 사용되고, **논의 결과를 기록**할
  때도 근거 자료로 활용된다.

• **Starter System/샌드박스 시스템 구성: 워크숍에서 실제로 시연할 SAP 시스템 환
  경을 사전에 준비**한다. 클라우드 Public Edition 프로젝트의 경우 **Starter System**
  이라고 불리는 **SAP가 미리 구성한 샘플 시스템**을 제공받는데, 이것을 워크숍 전
  에 셋업하여 **Best Practice 시나리오가 구동되는 상태**로 마련한다. Private Edi-
  tion이나 온프레미스의 경우 **별도의 샌드박스 환경**에 **Best Practice client를 구축**
  하거나 **Model Company**를 이용할 수 있다. 핵심은, **표준 프로세스를 직접 실행
  해볼 수 있는 시스템을 준비**하는 것이다. 또한 **필요한 마스터데이터나 조직구조**
  (예: 회사코드, 샘플 거래처 등)를 로드하고, **테스트 시나리오에 나오는 예시 데이터**
  (데모용 판매오더 등)를 입력해 둔다. Note: Starter system은 **프로비저닝에 2~3주
  걸릴 수 있으므로** 프로젝트 초기에 요청해야 하며, **컨설턴트 팀이 미리 접속해 시
  나리오별 기능 확인과 데모 연습**을 해야 한다.

• **기존 프로세스 자료 수집:** 고객이 현재 운영 중인 As-Is 프로세스 문서, 조직도,

마스터 데이터 목록, 주요 커스터마이징 목록 등을 확보한다. 워크숍은 As-Is 상세 분석이 주목적은 아니지만, **기존에 어떠한 기능을 어떻게 쓰고 있는지 알고 있어야 갭을 식별**할 수 있다. 특히 사전에 현업에 배포한 질문서(Questionnaire)가 있다면, 예컨대 "현재 수불부 관리를 어떻게 하는가?" 등의 사전 질문에 대한 답변을 미리 검토한다. 이러한 **사전 질의서 응답은 워크숍에서 표준기능으로 커버되는지 확인**하고 **추가 요구를 이끌어내는 가이드**로 쓰인다. 또한 **기존 시스템의 특이한 커스터마이징이나 확장 목록**을 받아 두면, 워크숍 때 "이 부분은 표준에 없는 기능인데 어떻게 할지" 논의하는 데 도움이 된다.

- **문서 템플릿 준비:** 워크숍에서 사용할 **회의 Agenda, 회의록 양식, Fit-Gap 분석 결과 정리 템플릿** 등을 준비한다. SAP Activate에서는 Explore 단계 산출물로 **Solution Backlog** 또는 **Delta Requirements List** 등을 제시하므로, Excel이나 SAP Cloud ALM의 **요구사항 관리 템플릿**을 활용할 수 있다. 기본적으로 **각 요구사항별로 고유 ID, 설명, 관련 프로세스, 해결방안(표준수용/확장개발 등), 우선순위, 책임자** 등을 기록할 구조를 갖추어야 한다. 또한 **결정된 솔루션의 추가 작업**(예: **추가개발은 누구 담당이고 언제까지 설계 완료**) 등의 메모 칼럼도 있으면 이후 추적에 용이하다. 만약 **Signavio나 ALM을 사용**한다면 해당 시스템에 **요구사항 항목을 생성**해놓거나, 최소한 Excel 등으로 관리 틀을 만든다.

위의 준비가 완료되면, **워크숍 agenda를 참석자들과 공유**하여 무엇을 다룰지 미리 알리고, 관련하여 **현업도 생각해올 점**이 있으면 숙지하도록 요청한다(예: 새로운 시스템에서 반드시 필요하다고 여기는 기능 목록 등).

Fit-to-Standard 본 세션 진행

이제 사전준비된 환경과 자료를 바탕으로, **본격적인 Fit-to-Standard 워크숍 세션**을 진행한다. 워크숍은 일반적으로 다음과 같은 순서와 구성 요소로 이루어진다.

- **세션 도입:** 당일 워크숍의 **목적과 범위 상기**, 참석자 소개와 **역할 확인**, 그리고 **클라우드 마인드셋 리마인드**를 한다. 예컨대 "오늘은 구매 프로세스 영역에 대해 Fit-to-Standard를 진행하며, 목표는 구매발주부터 검수까지 SAP 표준 프로세스를 확인하고 당사 요구를 비교하는 것입니다"라고 선언한다. 컨설턴트는 "표준 수용을 최대화하고 꼭 필요한 경우에만 커스터마이징을 고려한다"는 원칙을 재확인시킨다. 또한 세부 Agenda(예: 오전 - 프로세스 데모, 오후 - 요구사항 논의)를 공유하여 모두가 시간을 인지하게 한다.

- **표준 프로세스 데모(Show & Tell):** 컨설턴트가 준비된 시스템에서 SAP Best Practice 기반의 프로세스 시연(Demo)을 수행한다. 먼저 **Signavio Process Navigator** 등의 프로세스 다이어그램을 화면에 보여주며 업무 흐름을 개괄적으로 설명한다. 그리고 SAP 시스템(Starter/샌드박스)에 로그인하여, 해당 프로세스의 **구체적인 절차를 실제로 실행**해 보인다. 예를 들어 구매 프로세스라면 **구매요청 → 구매오더 발주 → 입고 → 공급업체 송장 처리 → 지불**까지 일련의 플로우를 Fiori 화면에서 차례로 데모한다. 이때 **테스트 스크립트 시나리오에 따라 미리 입력된 샘플 데이터를 사용**하여 현실감 있게 보여준다. **현업 참여자들은 실제 시스템 화면을 보며 새 프로세스의 동작 방식**을 직접 체험한다. 컨설턴트는 각 단계에서 **해당 기능이 어떤 비즈니스 룰로 동작하는지 설명**하고, **현업의 질문을 받으면서 진행**한다.

- **Tip:** 데모 중 중요한 설정이나 구성 옵션(예: 승인 Workflow가 기본 제공되는지, 세부 할인규칙은 어떻게 설정하는지 등)에 대해도 짚어준다. 이로써 **참여자들이 새로운 시**

스템을 이해하고 현재 프로세스와의 차이를 인식하게 된다.

- **Fit & Gap 분석 및 토론:** 데모가 끝나거나 중요한 단계마다 **현업의 피드백과 토론**을 진행한다. "Fit"이란 표준 프로세스가 요구사항을 충족하여 추가 개발 없이 **수용 가능함**을 뜻하고, "Gap"이란 표준으로 커버되지 못하는 요구를 의미한다. 컨설턴트는 **각 프로세스 단계별로 참여자들에게 질문**한다: "지금 보신 표준 프로세스로 업무가 처리 가능한가요? 현재 프로세스와 비교했을 때 달라서 문제되는 점이 있나요?" 현업은 이를 검토하여 **문제없이 수용되면 Fit으로 확인하고, 어려움이 있으면 Gap으로 식별**한다. Gap인 경우 **어떤 부분이 왜 충족이 안되는지**를 명확히 기술한다. 이때 **컨설턴트는 Gap이라 판단되는 사항에 대해 추가 질의를 통해 꼭 필요한 요구인지** 검증한다. 예컨대 "현재 프로세스에서 A단계를 자동화한 커스텀 모듈이 있는데, 이게 없어도 되나요?"라든지 "그 요구사항이 비즈니스에 주는 가치가 큰지, 안 하면 어떤 영향이 있는지" 등을 묻는다. 이를 통해 **단순한 선호사항인지, 비즈니스 필수사항인지 구분**한다. **필수적인 Gap으로 확인**되면 해결옵션(Solution Option)을 함께 논의한다. 설정값이나 프로세스 변경으로 해결될 수 있는지? 확장개발이 필요한지? 수작업 프로세스로 대체 가능할지? 등. SAP 표준 기능에 **대안이 존재하면 설정으로 해결**하도록 유도하고, 없다면 확장의 방향(In-App vs BTP 등)을 생각한다. 이러한 **토론 결과를 실시간으로 기록**하여 Fit/GAP 목록을 작성한다(문서화 담당 컨설턴트가 **SAP Cloud ALM 요구사항 항목에 바로 메모**하거나, 적어도 Excel에 기록하고 ID를 부여하라고 권장한다). 또한 **우선순위**도 표시하는데, "Go-Live 필수인지, 차후 개선인지" 등을 현업과 함께 매겨 둔다.

- **의사결정 사항 및 To-Be 디자인 논의:** Gap 항목 중 즉시 결정 가능한 사항은 이 자리에서 결정한다. 예를 들어 **"프로세스 X는 SAP 표준대로 따라가고, 기존 방식을 버린다"** 또는 **"기능 Y는 개발이 필요하므로 추가한다"** 등의 키 결정사항(Key Decision)을 도출한다. 이런 결정에는 업무 오너(결재권자)가 참여하여 승인을 내리

는 것이 중요하다. 또한 **향후 설계가 필요한 항목**(예: 확장개발을 어떻게 구현할지)은 **후속 Design 워크숍**을 잡기로 합의하거나 담당자를 지정한다. 이 단계에서는 단순히 요구를 수집하는 것을 넘어, **어떻게 해결할지에 대한 방향설정**까지 다루게 된다. 예컨대 "이 Gap은 BTP 상의 Workflow 앱으로 만들자" 또는 "새 시스템에서는 이 절차를 수작업 Excel로 대체하자" 같은 합의가 나온다. 또한 **프로세스 운영에 관련된 조직/마스터 데이터 결정사항**도 논의한다. 예를 들어 "**회계조직 개편이 필요하다**", "**신규 시스템에서 SKU 코드를 재정의한다**", "**권한 역할을 재편한다**" 등의 **To-Be 설계사항**이 있다면 워크숍 중에 방향성을 잡는다. 이러한 결정은 나중에 **설계 문서나 결정 로그**로 남겨서 공유한다.

- **리스크 및 제약 도출**: 논의 과정에서 **현실적으로 우려되는 부분이나 프로젝트 리스크**를 함께 적출한다. 예를 들어 "표준 프로세스로 바꾸면 특정 부서의 반발이 예상된다", "이 요구사항을 개발하려면 타 시스템도 수정해야 한다" 등의 사항이다. 이러한 리스크는 **프로젝트 리스크 레지스터**에도 기록하여, 이후 완화 대책 (mitigation plan)을 마련한다. Fit-to-Standard 워크숍은 이러한 **변화관리 이슈와 기술적 리스크를 표면화하는 기회**이기도 하다.

- **세션 마무리(Wrap-up)**: 해당 세션에서 다룬 **프로세스별 결과 요약**을 공유한다. 확인된 Fit 항목과 결정된 Gap 항목들을 빠르게 리뷰하면서 "우리가 오늘 합의한 내용"을 모두가 이해했는지 확인한다. 혹시 **결정 보류된 사항**이 있다면 **별도 플래그**를 표시하여 추후 추가 논의 일정을 정한다. 또한 **남은 절차**(예: 아직 다루지 않은 프로세스는 다음 워크숍에서 다룬다는 등)를 공지한다. 마지막으로 참여자들에게 **질문이나 추가 언급 기회**를 주고, 감사 인사와 함께 세션을 종료한다.

위의 순서를 각 업무 영역마다 반복하게 된다. 회사 규모에 따라 **세션 구성에 변형**이 있을 수 있다. 예를 들어 **대기업에서는 한 업무 영역도 범위가 넓어 여러 하위 프로세**

스별로 워크숍을 쪼개어 진행하기도 한다. 반면 **중소규모 프로젝트는 모든 영역을 2~3일 집중 워크숍으로 묶어서** 진행할 수도 있다. 중요한 것은 **각 프로세스에 대해 표준 시연 → 적합성 토론 → 결정/기록**이라는 흐름을 충실히 따르는 것이다.

워크숍 하루 진행 시간표 예시

아래는 **하루짜리 Fit-to-Standard 워크숍**(예: 판매(Order-to-Cash) **분야**)의 예시 일정이다.

- **09:00~09:30** - 워크숍 개요 소개, 목표 확인, 참가자 역할 및 클라우드 접근방식 강조
- **09:30~11:30** - SAP 표준 **판매 프로세스 데모**(견적 → 주문 → 출하 → 청구 전체 흐름 시연) 및 Q&A
- **11:30~12:00** - 데모 내용에 대한 **초기 피드백** 수집(주요 Fit/GAP 후보 메모)
- **12:00~13:00** - 점심 휴식
- **13:00~15:00** - **Fit-Gap 상세 토론:** 판매 프로세스 각 단계별로 요구사항 논의, Gap 목록 작성, 해결방안 구상 및 우선순위 지정. 필요한 경우 화이트보드로 프로세스 비교 설명.
- **15:00~15:30** - **주요 결정사항 확인:** 표준으로 갈 부분/개발할 부분 확정, 조직/데이터 관련 결정 논의.
- **15:30~16:00** - **리스크 도출:** 변경관리 이슈나 기술적 위험 식별 및 메모.
- **16:00~16:30** - **정리 및 다음 단계 안내:** 금일 논의 결과 요약, Action Item 확인(예: 추가 분석 필요 항목), 남은 워크숍 일정 공지, 질의응답 후 종료.

이 일정은 워크숍 주제와 참여자 수에 따라 유연하게 조정된다. 포인트는 **오전에는 새로운 것을 보고 듣는 시간, 오후에는 참여자들이 발언하고 결정하는 시간으로 구분**

하여 **에너지와 집중도를 관리**하는 것이다. 또한 **긴 세션의 경우 중간중간 휴식**을 제공하여 논의 효율을 높인다.

워크숍 후속 조치(Post-Workshop)

각 워크숍 세션이 끝나면, **도출된 결과를 명문화하고 다음 활동으로 연결**하는 후속 작업이 필요하다. 워크숍의 성과가 실제 구현으로 이어지도록 하기 위해, 다음 사항들을 수행한다.

- **회의록 및 결과 문서화**: 워크숍에서 기록한 Fit/Gap 리스트, **결정사항, 액션아이템** 등을 정리하여 **공식 회의록 or 결과 보고서**를 작성한다. 여기에는 **프로세스별 최종 결정사항**(예: "프로세스 A - 표준수용, 프로세스 B - 기능갭: 추가개발 필요")과 **추가 분석이 필요한 항목 리스트, 담당자 및 기한** 등을 포함한다. 이 문서는 **프로젝트 핵심 산출물**로서, 모든 스테이크홀더에게 공유하여 **합의된 내용에 대한 공통 이해**를 갖게 한다. 또한 이 결과는 **설계문서 작성의 기반**이 된다. 예를 들어 Gap으로 확인된 항목들은 후에 Functional Specification이나 User Story로 상세화될 것이므로, 현재 정리 단계에서 충분히 배경과 의도를 기록해둔다.

- **요구사항 Backlog 관리**: 도출된 요구사항(Delta 요구)을 **프로젝트 Backlog로 전환**한다. SAP Activate의 Agile 권장사항에 따라, Explore 단계에서 나온 요구사항들은 **Product Backlog**로서 이후 Sprint 계획의 입력이 된다. 만약 **SAP Cloud ALM이나 Solution Manager를 사용**한다면, 워크숍 중 기록된 요구사항 항목들을 해당 툴에 최종 등록하고 상태를 "Open"으로 설정한다. 각 요구사항에는 분류(Tag)를 달아(예: 프로세스 영역, 중요도, 유형-확장개발/설정 등) 관리하고, **담당 책임 컨설턴트나 개발자**를 연결한다. 이후 Realize 단계에서 이 Backlog 아이템들을 소

화하면서 **상태를 업데이트**하게 된다.

- **추가 Design 작업:** 워크숍 중 **해결방안이 즉시 명확하지 않았거나, 복잡하여 별도 설계가 필요한 요구**에 대해서는 **Design 워크숍이나 추가 미팅**을 계획한다. 예컨대 "타 시스템 연동 방식 결정"이나 "UI 화면 개선 설계" 같은 것은 개별 세션이 더 필요할 수 있다. 이러한 항목은 **전문가 소규모 모임**이나 별도 Solution Design **문서 작성 작업**으로 이어진다. 또한 **개발이 필요한 요구사항**은 개발팀과 Technical Design 세션을 가져서 기술적 솔루션을 구체화한다.

- **업무 규칙 및 설정값 수집 정리:** 워크숍에서 **확정된 To-Be 프로세스에 따른 업무 규칙이나 필요한 설정**(Configuration) **값**을 정리한다. 예를 들어 "신규 시스템에서 영업조직 구조는 A-B-C로 간다" 또는 "신용한도 체크는 사용 안 함으로 결정" 등의 설정 관련 결정들이 있을 것이다. 이러한 내용은 나중에 **시스템 설정 시 참조**되어야 하므로 **설정 목록(Configuration Workbook)** 등에 기록해둔다. SAP S/4HANA Public Cloud의 경우 BCQ(Business-Driven Configuration Questionnaire)라는 설문 형식으로 설정값을 수집하는데, 워크숍에서 이미 나온 답을 기반으로 BCQ를 채워나갈 수 있다. Private Cloud의 경우도 Best Practice Building Block의 **Configuration Guide** 체크리스트를 업데이트한다.

- **결과 승인 및 공유:** 워크숍 결과를 **프로세스 오너 및 프로젝트 의사결정자**에게 검토받고 공식 승인(sign-off)을 받는다. 이는 향후 범위 변경이나 추가 요구 방지를 위해 중요하다. "이 문서에 나와있지 않은 요구사항은 구현범위에 포함되지 않는다"는 인식을 심어야 프로젝트 통제가 가능하다. 승인된 결과는 **전체 프로젝트 팀과 현업 Key User들에게 배포**하여, **향후 구현 단계에서 모두가 동일한 방향을 향하도록** 한다. 경우에 따라 **경영진 대상 보고**도 수행하여, 이번 워크숍에서 결정된 주요 내용(표준수용으로 인한 프로세스 변화, 예상 개발 목록 등)을 투명하게 알린다. 이

는 Change Management 측면에서도, 사용자들이 "우리 요구가 어떻게 처리되었는지" 알게 하여 **수용도를 높이는 효과**가 있다.

- **워크플로우 트래킹:** Fit-to-Standard 이후의 구현 작업을 **프로젝트 계획에 반영**한다. 새로 식별된 Gap으로 인해 **추가 개발 작업**이 발생하면 그만큼 개발 워크플로우(예: Jira 티켓)를 만들고 일정에 넣는다. 또한 **Fit-to-Standard에서 결정된 조직/마스터 데이터 변경**은 **별도 Task로 분류**하여, 예컨대 Master Data 팀이 준비해야 할 일을 할당한다. 이처럼 **모든 결과물이 실행계획과 연결**되도록 PM이 관리해야 한다. SAP Activate Roadmap에 따르면 Explore 단계 종료 시 Solution Scope와 delta 요구사항에 대한 구현계획(Release Plan)이 산출되어야 한다고 명시되어 있다. 즉 Fit-to-Standard 워크숍 결과를 기반으로 **남은 프로젝트의 각 릴리즈/스프린트에 어떤 작업이 배치될지** 계획을 수립한다. 예를 들어 "월말까지 확장개발 설계 완료, 다음 달 스프린트에 개발 착수" 등으로 일정을 업데이트한다.

이러한 후속 조치들을 신속하게 수행함으로써, **Fit-to-Standard 워크숍의 인사이트가 실제 구현과정에 반영**된다. 일반적으로 Explore 단계 말에 **Explore Phase Closing 회의**를 열어, **모든 Fit-to-Standard 결과를 종합 리뷰**하고 "이 범위와 해법대로 Realize로 진행한다"는 합의를 다시 한번 거친다. 이로써 요구사항의 범위 동결(scope freeze)에 가까운 효과를 내며, 프로젝트는 Build 단계로 넘어간다.

문서 양식 및 도구 활용

Fit-to-Standard 워크숍에서는 **여러 산출물과 도구**가 활용된다. 앞서 언급한 것들을 정리하면 다음과 같다.

- **SAP Best Practice 자료:** 프로세스 Flow Diagram, Scope Item 설명 문서, Test Script(시연 시나리오) 등이 사용된다. Signavio Process Navigator(과거 SAP Best Practice Explorer)에서 **산업별/버전별 Best Practice 프로세스 도해와 설명서를 입수할 수 있다.** 워크숍에서는 **프로세스 플로우 차트를 빔프로젝터로 보여주거나 인쇄물로 배포**하여, 참여자들이 흐름을 따라가기 쉽게 한다. Test Script는 컨설턴트 참고용으로 주로 사용되어, 데모 진행 단계와 테스트 데이터 값을 참고한다.

- **회의 Agenda & 기록 템플릿:** 각 워크숍 세션마다 **Agenda**를 사전에 공유한다(주제, 세부 일정, 목표 명시). 기록용으로는 **Fit/Gap 분석표**를 사용하며, Excel 또는 Word 표 형태로 만들어진 이 템플릿에 **요구사항 ID, 설명, Gap 여부, 대응방안, 비고** 등을 적는다. 프로젝트마다 다른 양식을 쓰지만 핵심은 Fit/GAP를 구조화하여 정리하는 것이다. SAP 제공 가이드에는 **Solution Backlog Excel** 예시가 있으며, ALM 툴을 쓰면 거기에 입력해도 된다.

- **SAP Cloud ALM / 솔루션매니저:** 클라우드 프로젝트라면 **SAP Cloud ALM**의 **Requirements 및 Tasks 기능**을 사용 가능하다. 워크숍에서 식별된 요구를 ALM에 Requirements로 작성하면, 이후 이를 User Story로 전환하거나 작업 추적을 할 수 있다. 또한 Signavio와 Cloud ALM이 연계되어, **프로세스 모델과 요구사항을 링크**시키고 추적할 수 있는 기능이 있다. 온프레미스 솔루션매니저(솔맨)을 쓰는 경우 Requirement Management나 Custom Development Management(CDMC) 등을 활용 가능하다. 다만 중소 프로젝트에서는 굳이 툴을 쓰지 않고 Excel로 관리해도 무방하다.

- **Design 결정 문서:** Fit-to-Standard 결과 중 중요한 설계결정사항(Key Design Decision)은 별도 문서로 남기기도 한다. 예를 들어 "신규 시스템에서 대체할 프로세스 목록"이나 "Manual workaround로 합의한 항목 설명" 등을 **Design Deci-**

sion Log 형태로 정리한다. 이것은 나중에 **왜 그렇게 결정했는지 역사**를 남기는 의미도 있다. 일부 프로젝트에서는 **Solution Architect가 Delta Design Document**를 작성하여, Gap마다 To-Be 설계(어떤 확장개발/설정으로 해결)를 상세 기술한다. 이 문서는 Realize 단계의 각 개발 Functional Spec 작성과 연계된다.

- **서명된 확인서:** 중요 프로젝트의 경우 Explore 단계 산출물에 대해 **고객 서명을 받는 문서**를 만들기도 한다. 이를테면 **"Solution Scope & Fit-Gap Agreement"** 문서에 모든 Gap 리스트와 해결계획을 싣고, 고객 책임자에게 사인받아 **범위에 대한 공식 동의**를 확보한다. 이는 이후 요구사항 변경을 통제하고, 클라우드 표준 수용에 대한 고객 커밋을 문서화하는 장치다.

참여자 역할과 책임

Fit-to-Standard 워크숍에는 다양한 역할의 인력이 참여하며, 각자 맡은 책임이 있다.

- **현업 프로세스 오너/Key User:** 자신의 업무 분야에서 **프로세스 전문가**로서 참석한다. **표준 프로세스를 직접 확인**하고, **현재 업무와 비교하여 필요한 요구사항을 제기**하는 주된 역할을 한다. 또한 **결정 권한**을 가지고 있어, 워크숍에서 **프로세스를 바꿀지 말지, 요구사항 중요도는 어느 정도인지** 등의 판단을 내린다. 예를 들어 영업팀 키유저는 "우리 영업 프로세스에서 이 부분은 표준으로 가능하니 괜찮겠습니다" 또는 "이 기능이 없으면 업무가 안 돌아갑니다" 등을 적극적으로 피드백해야 한다. **현업의 솔직하고 구체적인 input** 없이는 Fit-to-Standard의 의미가 퇴색되므로, 이들의 참여가 가장 중요하다.

- **SAP 컨설턴트(Solution/Process Consultant):** 해당 모듈의 **SAP Best Practice 시나리오에 정통한 컨설턴트가 필요하다.** 이들은 **프로세스 데모를 리드하고, 고객 질문에 대한 솔루션 답변**을 제공한다. 또한 **Gap에 대한 해결방안을 제시**하는데, 표준 프로세스 내 **가능한 설정 조합이나 SAP 옵션**을 찾아주고, Extension 방향도 안내한다. 쉽게 말해 **"이건 SAP 표준으로 됩니다/안됩니다"를 명확히 짚어주고 대안을 조언**하는 역할이다. Public Cloud 프로젝트의 경우 클라우드 한계(예: 기능 불가 사항, 릴리즈 예정 여부)에 대한 지식도 공유한다. 컨설턴트는 또 **문서화 담당**으로서 결과 기록을 책임지며, **SAP Cloud ALM 등에 요구사항 입력**을 수행한다. 워크숍 중엔 **현업이 이해하기 어렵거나 놓친 부분을 재설명**하고, 클라우드 모범사례를 교육하는 역할도 겸한다.

- **솔루션 아키텍트:** 전체적인 **솔루션 관점에서 일관성을 검토**한다. 여러 영역에 걸친 요구사항이나 통합적 이슈(예: 모듈 간 프로세스 연결, 전사 마스터데이터 정책 등)에 대해 **큰 그림을 보고 조율**한다. 아키텍트는 **각 워크숍에서 나온 결정이 서로 충돌하지 않는지 확인**하고, 추가로 고려해야 할 점(예: 하나의 Gap 해결이 다른 영역에 미치는 영향)을 짚어준다. 또한 **기술적 제약**(예: Legacy 시스템과의 연계 한계)을 알려주고, **표준 권장에 어긋나는 요구가 나오면 경고**한다. 결과 승인 단계에서는 **전체 요구사항 목록이 프로젝트 비전과 합치되는지** 검토해 최종 승인에 참여한다.

- **프로젝트 매니저(PM):** 워크숍 진행의 **전반을 관리**한다. 일정을 잡고 참가자 일정 조율, 장소/온라인 회의 준비 등을 담당한다. 워크숍 중에는 **논의가 산만해지지 않도록 시간 관리**를 하고, **의사결정이 지연될 경우 적절히 중재**하여 다음 단계로 넘어가도록 한다. PM은 또한 **회의록 작성 퀄리티를 확인**하고, **후속 액션이 책임자에게 할당**되었는지 챙긴다. PM의 중요한 역할 중 하나는 **현업과 컨설턴트 사이의 의사소통을 돕는 것**인데, 혹시 요구사항의 비즈니스 맥락이 이해 안 될 때 추가 설명을 이끌어내거나, 컨설턴트 제안이 현업에게 쉽게 와닿도록 비유를 들어주

는 등 **촉진자**(facilitator) 역할을 수행한다.

- **Change Management 담당자:** Fit-to-Standard 결과는 **현업 업무변화와 직결**되므로, Change Manager가 있다면 참여하여 **변경 포인트를 파악**한다. 예를 들어 **어떤 부서가 기존 방식에서 크게 바뀌는지, 추가 교육이나 조직개편이 필요한지** 등을 워크숍에서 관찰한다. 그리고 워크숍 후 **변화영향분석**(Impact Analysis) 문서를 작성하거나 교육 계획에 반영한다. 특히 **Cloud Mindset을 정착**시키기 위해, Change Manager는 **현업 리더들에게 표준 수용의 필요성을 계속 설득**하고, 저항을 줄이는 커뮤니케이션 전략을 병행한다.

- **경영진 스폰서/의사결정자:** 모든 워크숍에 참석하지는 않지만, 주요 갈림길(예: **프로세스 혁신 vs 기존 유지 결정**)에서 의사결정자로 참여하도록 요청될 수 있다. 프로젝트 스폰서는 **워크숍에서 도출된 권고사항을 승인**해주고, 조직에 "이 방향으로 간다"는 메시지를 전달하는 역할을 한다. 예를 들어, 현업 팀이 결정을 망설이는 이슈(업무 규칙의 변경 등)에 대해 스폰서가 "표준으로 갑시다"라고 최종 판단을 내려주면 빠르게 합의될 수 있다. 따라서 PM은 **사전에 경영진에게 주요 이슈를 브리핑**하고, 필요시 특정 회의에 참석해줄 것을 조율해야 한다.

산업군/기업 규모별 유의사항

Fit-to-Standard 워크숍의 원칙은 동일하지만, **산업 특성이나 조직 규모에 따라 집중해야 할 부분**에 차이가 있을 수 있다. 몇 가지 사례별 유의사항을 살펴보면 아래와 같다.

- **대기업 글로벌 프로젝트:** 범위가 크고 국가별 차이가 있는 프로젝트에서는 **워크**

숍을 지역별/법인별로 추가 진행해야 할 수도 있다. 각 국가의 로컬 요구사항(세법, 언어 등)을 별도 세션으로 다루거나, 글로벌 표준 프로세스 수립 후 현지화 핏-갭을 다시 점검하는 2단계 접근이 필요하다. 또한 참여 인원이 많을 경우 **발언 기회를 조율하고 의사소통을 명확히** 하기 위해 브레이크아웃 그룹을 운영하기도 한다. 예를 들어 동일한 프로세스를 두 개 팀으로 나눠 동시에 논의하고 결과를 모아서 비교하는 식이다. 대기업은 **현업 사용자 수도 많아 이해관계 조율**이 어렵기 때문에, 사전에 경영 원칙(예: 글로벌 표준 우선 적용)을 정해두고 워크숍에서 일관되게 적용하도록 해야 한다.

- **중소기업/단일 로컬 프로젝트:** 조직이 작을 경우 **워크숍도 비교적 캐주얼하고 빠르게** 진행될 수 있다. 예를 들어 핵심 사용자가 3~4명에 불과하면, 모든 프로세스를 **하나의 공간에서 며칠간 연속 논의**하는 형태로도 가능하다. 이때 문서화나 절차가 대기업만큼 복잡할 필요는 없지만, **최소한의 공식기록은 남겨야** 추후 혼선을 막는다. 또한 규모가 작아도 **역할 충돌**에 주의한다. 한 사람이 여러 모듈을 맡으면 관점이 혼재될 수 있으므로, **시간대를 나눠 모듈별로 집중**하게 유도한다. 예컨대 한 사람이 재무와 영업 키유저를 겸하면 오전엔 영업, 오후엔 재무 세션으로 구분하여 진행한다.

- **제조업 vs 서비스업:** 제조업의 Fit-to-Standard에서는 **생산,공급망 시나리오의 복잡도**를 고려해야 한다. 제조업체는 **BOM, 라우팅, 공정관리, 설비통합** 등 Public Cloud에서 제약이 있을 수 있는 영역이 많으므로, **해당 부분을 상세히 검토**해야 한다. **실시간 현장통합**(MES) 요구 등은 클라우드 ERP 표준에 한계가 있어 BTP IoT 연계로 풀거나 해야 하므로, 워크숍에서 이러한 기술 대안을 논의할 전문가가 참석하면 좋다. **서비스 업종**(예: 컨설팅, 소프트웨어 기업 등)은 **인력 관리, 프로젝트 관리**에 중점이므로, **SAP의 Professional Services Best Practice**를 기반으로 **프로젝트 매입/매출, 타임시트, 경비정산** 프로세스를 확인한다. 서비스업은 비교적 표준 수용

이 높지만, **노무비율 계산, 특정 계약형태 관리** 같은 요소를 점검해야 한다.

- **유통/소비재 vs 금융/공공:** 유통/소비재 업계는 유연한 가격정책, 프로모션, 대리점 관리 등이 이슈다. 워크숍에서 **SAP 가격조건 기획, 리베이트 정산 기능** 등이 충분한지 확인하고, 부족하면 Add-on 검토(PCE)나 프로세스 변경을 논의한다. **금융/공공** 부문은 앞서 규제 섹션에서 다룬 바와 같이, **컴플라이언스와 감사 대응**에 초점을 맞춘다. 워크숍에서 **승인 프로세스, 보안 로그, 데이터 보존기간** 등을 표준으로 커버할 수 있는지 따져보고, 필요시 추가 개발 요구(Gap)로 식별한다. 또한 **공공부문**은 **예산관리, 복식부기** 등의 특수요건이 있어 SAP Public Cloud로는 충족 어려울 수 있는데, 이런 경우 애초에 PCE를 전제로 워크숍을 진행하며, **GAP 발생 시 정부회계 Add-on 도입 등 솔루션 아키텍처 결정**까지 다룬다.

- **다각화된 기업(복수 사업부):** 사업영역이 여러 개라 **각기 다른 요구사항**이 나올 경우, **공통 프로세스와 특수 프로세스를 구분**해서 진행한다. 예컨대 어떤 그룹사가 제조 부문과 유통 부문을 모두 갖고 있다면, **공통 재무회계 프로세스는 같이 워크숍**하고, 제조 전용 생산관리, 유통 전용 유통경로 프로세스는 별도로 워크숍을 연다. 이렇게 하면 **겹치는 논의를 줄이고** 전문성을 높일 수 있다. 다만 전체적으로 **하나의 시스템에 두 부문의 설계를 담아야** 하므로, 나중에 통합 검토 세션을 가져 **시스템 설정 충돌이 없는지** 확인하는 것이 필요하다.

마무리 및 참고 사항

Fit-to-Standard 워크숍은 SAP Activate 방법론의 핵심으로, **프로젝트의 성패를 좌우할 정도로 중요**하다. 여기서 **얼마나 표준을 활용하고, 얼마나 Gap을 줄이느냐에 따**

라 구현 난이도와 향후 유지보수 용이성이 결정된다. 그러므로 **프로젝트 팀은 워크숍 단계에 충분한 시간과 역량을 투입**해야 한다.

또한, Fit-to-Standard 접근은 **기존 ERP 구현 문화에 익숙한 조직**에는 생소할 수 있다. 과거에는 고객 요구를 모두 수집한 후 솔루션이 이를 충족하도록 만들었다면, 이제는 **솔루션이 제공하는 틀 안에서 고객이 타협점을 찾는 문화적 변화**가 요구된다. 이를 위해 **경영진의 강력한 지원과 명확한 비전 제시**(예: "우리는 클린코어로 가겠다", "Custom 은 최소화한다")가 선행되어야 하며, 워크숍 과정 내내 컨설턴트가 그 방향으로 이끌어야 한다.

마지막으로, 현재 SAP에서는 **Fit-to-Standard 워크숍을 지원하는 다양한 도구**를 제공하고 있다. **SAP Signavio와 SAP Cloud ALM의 통합**으로, Best Practice 프로세스 모델과 요구사항 관리가 연계되고, **워크숍 결과물이 실시간으로 프로젝트 관리에 연동**되는 환경이 마련되고 있다. 향후에는 AI 기반으로 최적 솔루션을 추천하는 기능 등도 나올 수 있다. 하지만 어떤 도구를 쓰더라도 핵심은 **사람들이 한자리에 모여 표준 프로세스를 이해하고 변화에 합의하는 과정**이다. 이 부록에서 제시한 절차와 팁을 통해, **실무 중심의 생산적인 Fit-to-Standard 워크숍**을 수행할 수 있기를 바란다.

5장

기술 심화 주제

5.1 CDS View와 ABAP RESTful

- SAP S/4HANA Public Cloud 및 BTP 환경 기술 심화 주제 심층 설명

개념 정의

SAP의 ABAP RESTful 응용 프로그래밍 모델(RAP)은 SAP S/4HANA Cloud(퍼블릭 에디션)와 SAP BTP ABAP 환경 등 ABAP Cloud 기반에서 클린 코어 원칙에 부합하는 현대적 비즈니스 애플리케이션 개발을 가능하게 하는 프레임워크이다. RAP는 **ABAP** 언어와 **Core Data Services(CDS)** 기반 데이터 모델링을 활용하여 OData 서비스 형태의 트랜잭션 앱과 확장을 효율적으로 구축할 수 있게 해준다. 특히 S/4HANA Cloud 퍼블릭 에디션에서는 과거 **키 유저 확장**(in-app extensibility)만 가능하던 것을 RAP 기반 **개발자 확장**(developer extensibility)을 통해 풀스택 개발이 가능해져, 업그레이드에 안전한 안정적인 확장이 구현된다. CDS View는 이러한 RAP의 기반이 되는 데이터 모델 계층을 정의하는 기술로, ABAP에서 SQL 구문처럼 정의되는 가상 데이터 뷰이다. CDS View는 데이터베이스 테이블을 추상화하고 여러 테이블을 조인하여 비즈니스적으로 의미있는 뷰를 제공하며, 나아가 UI 주석 등을 포함하여 Fiori UI나 외부 서비스로 직접 노출할 수 있는 모델을 형성한다.

SAP S/4HANA 환경에서 CDS View로 구성된 **가상 데이터 모델**(VDM) 계층은 재사용 가능 뷰와 소비 뷰로 나눠진다. 재사용 뷰는 다시 Basic(View)과 Composite(View)로 구분되며, 기본 테이블에 가까운 1차 뷰와 이를 조합한 중간 뷰를 의미한다. 그 상위에 특정 어플리케이션 용도로 필드 제한이나 UI 주석을 적용한 **Consumption View** 계층이 존재한다. 이러한 다층 구조로 CDS 뷰를 설계함으로써 데이터 액세스의 캡슐

화와 재사용성을 높이고, UI나 서비스에 특화된 표현과 데이터베이스 레벨의 복잡한 연산 처리를 분리할 수 있다. 한편 ABAP RAP에서는 이러한 CDS 기반 데이터 모델 위에 비즈니스 객체의 행위를 정의하는 **Behavior 정의**와 이를 구현하는 **Behavior Pool 클래스**를 통해 트랜잭션 동작을 모델링한다. 그리고 Service Definition/Binding 을 통하여 CDS 뷰와 행위를 OData API로 노출함으로써 Fiori UI나 외부 애플리케이션에서 호출 가능하도록 한다.

설계 원칙

CDS View와 ABAP RESTful(RAP)을 활용한 확장 개발 시에는 **클린 코어** 원칙을 준수하는 것이 최우선 설계 원칙이다. 즉, 표준 객체를 수정하지 않고 공개된 API와 확장 포인트만을 활용하여 개발하며, **화이트리스트**로 공개된 CDS View나 API만 사용해 업그레이드 호환성을 확보해야 한다. RAP 프레임워크는 이러한 원칙 하에 **모디피케이션 없이도 동작하는 확장성**을 제공하므로, 개발자는 표준 비즈니스 객체를 직접 수정하지 않고도 데이터 모델과 행위를 확장할 수 있다.

CDS View 설계 시에는 가능한 **VDM 계층 구조**를 따라 기본(Basic) 뷰, 복합(Composite) 뷰, 소비(Consumption) 뷰로 역할을 분리하는 것이 바람직하다. 기본 뷰는 단일 테이블 또는 1:1 조인으로 핵심 데이터 필드를 노출하고, 복합 뷰는 여러 기본 뷰를 조합하여 업무 개념에 맞는 엔티티(예: Sales Order 헤더+아이템)를 구성한다. 최종 소비 뷰에서는 UI나 보고 용도로 필요한 추가 계산 필드나 UI레이블 주석 등을 적용하고, 불필요한 내부 필드는 감추는 식으로 설계한다. 이런 **계층화된 뷰 모델링**을 통해 동일한 기본 데이터 정의를 여러 시나리오에서 재사용하고, 변경 영향도를 최소화할 수 있다.

RAP의 비즈니스 객체 설계에서는 **Managed 시나리오**와 **Unmanaged 시나리오**를 구분하여 선택하는 것이 원칙이다. **Managed BO**는 RAP 프레임워크가 표준적인

CRUD 트랜잭션 처리를 자동 제공하는 방식으로, 신규 개발(그린필드)에 적합하며 추가적인 트랜잭션 버퍼 관리, 번호 채번, 초안(Draft) 처리 등이 기본 제공된다. 반면 **Unmanaged BO**는 개발자가 트랜잭션 처리 로직을 자유롭게 구현할 수 있어, 기존 레거시 로직을 재사용하거나 복잡한 시나리오(브라운필드 통합)에 활용된다. 설계 시 가능하면 Managed 구현을 택해 표준 기능을 활용하고 개발 복잡도를 낮추며, 불가피할 때만 Unmanaged로 세밀한 제어를 한다.

CDS View 자체의 성능 및 유지보수 측면 설계 원칙으로는 **뷰 깊이를 최소화**하고 **필요한 데이터만 노출**하는 것이 있다. 너무 많은 테이블을 조인하여 하나의 CDS 뷰로 구성하면 SQL 실행 성능이 저하되고 이해도도 떨어지므로, 비즈니스 컨셉에 맞게 뷰를 적절히 분리하고 필요한 경우 소비 뷰 단계에서 조인을 수행한다. 또한 CDS 뷰에는 **성능 주석**(Performance Annotation)을 활용하여 사용 목적에 따라 최적화 힌트를 제공하는 것이 권장된다. 예를 들어 @Analytics.dataCategory: #CUBE 등으로 뷰 용도를 명시하거나, @ObjectModel.usageType.serviceQuality 등을 지정해 OData 서비스로 쓸 뷰는 너무 복잡하지 않게 설계하는 것이 좋다.

마지막으로, ABAP RESTful 설계에서는 **OData 서비스의 면밀한 설계**가 필요하다. 하나의 Service Definition에 너무 많은 엔티티를 노출하면 데이터 량이 커질 수 있으므로, UI 앱이나 API별로 적절히 서비스를 분리한다. 또한 RESTful API의 표준을 따르는 균일한 인터페이스를 위해 HTTP 메서드별 동작(조회, 생성, 업데이트)을 RAP의 Behavior에서 명확히 구현하거나 프레임워크 기본동작을 수용한다. UI 주석을 CDS 뷰에 작성할 때는 UI 독립성을 염두에 두고 필수적인 표시/레이아웃 정보만 포함하고, 나머지 UI 논리는 가능하면 Fiori Elements 템플릿이나 사용자 지정 UI에서 처리하도록 균형을 잡는다. 이는 **백엔드-프론트엔드의 역할 분리**를 유지하면서도 RAP가 제공하는 WYSIWYG 미리보기 등 개발 편의성을 활용하기 위함이다.

구현 절차

ABAP RAP 기반으로 CDS View와 비즈니스 객체를 구현하는 절차는 전형적으로 **데이터 모델 정의 → 행위 정의/구현 → 서비스 노출**의 흐름을 따른다. 먼저 **1) 데이터 베이스 테이블 준비** 단계에서는 신규로 필요 데이터에 대해 테이블(및 구조)을 생성하거나, 기존 SAP 표준 테이블을 활용할지를 결정한다. S/4HANA Cloud 퍼블릭 에디션에서는 새로운 커스텀 테이블도 개발자 확장으로 생성할 수 있으나, 가능하면 표준 테이블 및 공개된 인터페이스를 재사용하는 것이 바람직하다.

CDS 뷰(Data Model) 정의 단계에서는 RAP의 비즈니스 객체에 대응하는 뷰 엔티티를 설계한다. 단순한 객체는 하나의 CDS 뷰로 모든 필드를 표현하지만, 복잡한 객체(예: 주문 헤더-아이템)는 다중 CDS 뷰로 부모-자식 관계를 구성하고 composition 연관을 통해 계층을 형성한다. 이때 각 CDS 뷰 엔티티에 기본 키와 연관(association)을 정의하여 객체 간 참조무결성을 표현하고, @ObjectModel.composition 등의 어노테이션으로 부모-자식 관계임을 명시한다. 또한 ABAP 개발툴(ADT)을 통해 생성 마법사나 템플릿 (RAP Generator)을 활용하면 기본적인 CDS 뷰와 Behavior 스텁을 자동 생성할 수 있어 개발 효율을 높일 수 있다.

비헤이비어 정의 및 구현 단계에서는 트랜잭션 앱일 경우 CDS 뷰로 표현된 비즈니스 객체에 대해 어떠한 동작을 지원할지 정의한다. 이를 위해 CDS와 짝을 이루는 Behavior Definition(접미사 .behav)에서 CRUD와 액션(action) 등을 선언하고, Managed이면 추가 논리만 구현하고 나머지는 프레임워크에 맡기며 Unmanaged이면 모든 조작을 수동 처리한다. ABAP 클래스(Behavior Pool) 내에 선언된 각 메서드에 대해 실제 로직을 구현하는데, 예컨대 **검증(Validation)** 로직이나 **결정(Determination)** 로직을 구현하여 저장 전 데이터 일관성을 확보한다. Managed 시나리오의 경우 표준 Create/ Update/Delete 처리는 자동으로 제공되므로, 개발자는 필요한 추가 검증이나 트리거만 구현하면 된다. 또한 Draft 가능 객체의 경우 임시 저장(draft) 기능을 활성화하여 사용자 편의를 도모하며, 자동 채번이나 권한 검사 등의 공통 로직도 RAP 프레임워크 또는 **재사용 라이브러리**를 활용해 구현한다.

　프로젝션 및 서비스 노출 단계에서는 내부 데이터 모델을 외부에 노출할 형태로 투영한다. CDS **Projection View**를 만들어 필요한 필드만 선택하거나 이름을 사용자 친화적으로 변경하고, UI에 특화된 주석을 부여한다. 이렇게 프로젝션 뷰를 사용함으로써 원본 CDS 엔티티의 전체 필드를 노출하지 않고도 서비스별로 맞춤형 인터페이스를 제공할 수 있다. 이어 **Service Definition**을 생성하여 하나 이상의 프로젝션 뷰를 묶어 OData 서비스의 엔티티 세트를 구성한다. 마지막으로 **Service Binding**을 통해 해당 서비스를 OData V2/V4로 노출하고, Fiori Elements UI로 쓸지, Web API로 쓸지 등을 지정한다. SAP S/4HANA Cloud와 BTP ABAP에서는 Service Binding 생성 시 자동으로 Fiori 미리보기 기능을 제공하므로, 이를 통해 UI를 즉석에서 확인하고 테스트할 수 있다.

　이상의 과정을 통해 만들어진 OData 서비스는 SAP Fiori Launchpad에 타일로 등록하거나, 혹은 SAP Business Accelerator Hub에 API로 등록하여 외부 통합에 활용할 수 있다. 개발자가 작성한 CDS, Behavior, Class 등은 ABAP Git이나 SAP Cloud Transport Mechanism을 통해 품질 시스템에서 테스트한 후 프로덕션으로 이동시킨다. 운영 중 변경이 필요할 경우, 새로운 버전의 CDS 뷰(예: 뷰 이름에 _2 등을 추가)를 만들어 호환성을 유지하면서 배포하고, 소비측에서 전환하도록 유도하는 것이 안정적인 운영에 도움이 된다.

운영 팁

　S/4HANA Public Cloud 환경에서 CDS View와 RAP 기반 확장을 운영할 때는 **성능 모니터링**과 **업그레이드 영향 관리**에 주의를 기울여야 한다. CDS View는 사실상 데이터베이스의 뷰로 실행되므로 복잡한 뷰가 성능에 영향을 미칠 수 있다. SAP는

S/4HANA Cloud에 포함된 ABAP Runtime Trace(ST12)나 **SQL Monitor**를 통해 커스텀 CDS 뷰의 실행 빈도와 응답시간 등을 추적할 수 있도록 하고 있다. 정기적으로 이러한 도구나 **ADB Performance Dashboard** 등을 활용해 커스텀 쿼리의 효율을 점검하고, **Expensive Statement** 로그에 장시간 실행되는 SQL이 없는지 모니터링한다. 예를 들어 커스텀 CDS View에서 다중 테이블 조인이나 대량의 데이터 읽기로 인해 응답 지연이 발생하면, 뷰를 분할하거나 인덱스를 추가하는 등의 튜닝을 고려해야 한다. S/4HANA Cloud는 SaaS로 DB 인덱스 추가 등 직접적인 DB 변경 권한은 없으나, SAP에 **전문 서비스**나 **제품 지원**을 통해 인덱스 추가를 요청하는 것이 가능하다. 그러므로 운영 중 특정 조회가 병목이라면 SAP에 해당 개선을 문의하고, 임시 방편으로는 조회 조건을 추가하거나 데이터 범위를 제한하는 식으로 어플리케이션 단 수정으로 대응한다.

업그레이드 대응도 중요한 운영 과제이다. S/4HANA Cloud는 분기별로 업그레이드되므로, 그때마다 커스텀 확장이 호환되는지 점검해야 한다. SAP는 사전에 새로운 **Whitelisted API와 CDS 뷰 목록**을 공개하고, 사용 중인 객체의 변화 여부를 체크할 수 있는 도구를 제공한다. 운영자는 ATC(ABAP Test Cockpit)를 사용해 릴리즈 업그레이드 직전 커스텀 코드와 CDS에 호환성 오류가 없는지 검사하고, 금지된 객체 호출이 있다면 미리 수정해야 한다. 예를 들어 과거에 비화이트리스트 API를 사용했다면 해당 부분을 신버전의 공개 API로 전환해야 한다. 다행히 RAP 기반 개발에서는 SAP 표준이 아닌 API는 사용 자체가 컴파일 시 제약되므로 이러한 문제는 줄어든다. 그래도 **릴리스 정보 노트**를 통해 사용 중인 RAP 기능(예: 프레임워크 동작이나 어노테이션)이 변경되지는 않았는지 확인해야 한다.

문제 해결(troubleshooting) 측면에서는, ABAP RAP은 전통 ABAP 디버거와 크로스 트레이스 도구를 지원한다. 운영 중 오류가 발생하면 ADT의 **ABAP Debugger**로 BEP(BEhavior Pool) 클래스를 디버깅하거나, **ABAP Cross Trace**를 활성화해 OData 호출부터 ABAP 실행까지 추적할 수 있다. 또 **ABAP Profiling**으로 성능 프로파일을 분석하고, **CDS 분석기**로 CDS 뷰의 예상 실행 계획을 볼 수 있다. 이러한 도구들을 미리 숙지하고 운영 과정에 활용하면 문제 원인 파악과 해결에 큰 도움이 된다.

마지막으로 S/4HANA Cloud의 특성상 **다른 확장 옵션과의 조화**를 고려해야 한다. 즉 **키 유저**가 만든 Custom Field나 Logic이 RAP 확장에서 사용하는 CDS View에 영향을 줄 수 있으므로, 키 유저가 확장 필드를 추가했다면 해당 CDS View에 Expose 되었는지 확인하고 필요시 CDS를 조정한다. 또한 RAP 확장에서 SAP 표준 **비즈니스 이벤트**를 활용할 수 있는데, 이를 활성화하여 데이터 변경 시 Event Mesh로 이벤트를 발행하도록 설정할 수 있다. 운영자는 이러한 **이벤트 통합**이 제대로 작동하는지(예: 이벤트 큐 적체 여부) 모니터링하고, 문제 시엔 RAP BO에서 이벤트 노출 설정을 점검한다. 종합하면, CDS View와 RAP 기반 확장을 운영할 때는 **성능 모니터링, 업그레이드 호환성 관리, 문제 추적 도구 활용, 다른 확장과의 연계**에 중점을 두어 안정적인 운영을 유지해야 한다.

주요 함정과 우회 전략

CDS View의 복잡성 함정

CDS 뷰를 다층으로 중첩하여 작성하면 가독성과 유지보수가 떨어지고 SQL 성능도 악화될 수 있다. 예를 들어 10개 이상의 테이블을 조인하고 계산 컬럼을 다수 포함한 CDS 뷰는 예상치 못한 실행 계획을 유도하거나 인덱스를 타지 못해 성능 문제가 생길 수 있다. 이는 "CDS 뷰 성능 최적화의 典型적인 함정"으로 언급되며, 예방을 위해서는 **단순하고 명확한 뷰**를 지향하고 필요한 경우 **테이블 함수**나 **AMDP**로 복잡 로직을 위임하는 것이 좋다. 만약 이러한 복잡 뷰가 이미 존재해 문제를 일으킨다면, **우회 전략**으로는 해당 뷰를 **부분적으로 나누어** 중간 결과를 임시 테이블에 적재한 뒤 최종 조합하거나, **Indexed View**(HANA Calculation View)로 변환해 DB 레벨에서 최적화하는 방법이 있다. 하지만 S/4HANA Cloud 퍼블릭 에디션에서는 고객이 DB에 직접 개입할 수 없으므로, SAP에 성능 이슈로 제기하여 백엔드 개선을 요청하거나, 아니면 **데이터 볼륨을 줄이는 조건**(예: 최근 1년치만 조회)을 강제해서 사용하는 식으로 현상을 완화시킨다.

RAP 확장의 제약 함정

S/4HANA Cloud의 RAP 개발은 **여러 보안 제약과 한계**가 있다. 예를 들어 사용할 수 있는 API와 CDS 뷰가 한정되어 있고, 시스템 커맨드나 OS 접근이 불가능하다. 초급 개발자는 이를 간과하고 기존 on-premise ABAP처럼 개발하려다 **시스템 권한 오류**에 봉착할 수 있다. 따라서 **"허용되지 않은 호출"** 에러가 발생하면 해당 부분이 SaaS 환경에서 금지된 요소임을 인지하고, SAP에서 제공하는 대안(API 또는 whitelist 기능)을 찾아야 한다. 우회 전략으로는 S/4HANA Cloud 내에서 불가능한 작업(예: 특정 파일 I/O 나 장시간 배치)은 **BTP의 Kyma나 Cloud Foundry 환경의 마이크로서비스로 개발해 사이드카 확장**으로 구현하고, S/4와 API로 통신하는 방식을 취하는 것이다. 이렇게 하면 S/4 코어는 깨끗이 유지하면서 부가 기능을 실현할 수 있다.

업그레이드로 인한 비호환성 함정

간혹 RAP의 버전업으로 어노테이션 형식이 바뀌거나, 사용하던 whitelisted API가 폐기될 수 있다. 이를 무시하면 업그레이드 후 앱이 오류를 내어 비즈니스에 지장을 줄 위험이 있다. 예방적으로 **일정 주기의 코드 스캔**을 통해 Deprecation 경고를 확인하고, SAP 릴리스 노트를 숙지하여 대비해야 한다. 문제 발생 시에는 신속히 SAP 커뮤니티나 노트 검색을 통해 대응 방법을 찾고 코드를 수정한다. 임시로 앱 사용에 영향이 있다면, **우회책**으로 해당 기능만이라도 **키 유저 기능**(예: App, Custom Field)으로 대체 제공하거나, 수동 프로세스로 전환하여 업무 연속성을 유지하고 코드는 추후 수정하는 식으로 대응한다.

SoD(분리된 업무) 함정

데이터 접근 및 권한 함정

RAP 확장으로 만든 앱이라도 기본적으로 S/4HANA Cloud의 **비즈니스 롤**과 **카탈로그** 권한 체계를 따르므로, 권한이 없는 사용자는 접근할 수 없다. 초기 개발 시 권한 설정을 간과하면 사용자에게 타일이 보이지 않거나 데이터가 제한되는 현상이 발생할 수 있다. 따라서 설계 단계부터 어떤 **Business Catalog**에 앱이 속하고, 어떤 **Business Role**에 할당될지를 계획해야 한다. 문제 발생 시에는 **SAP Fiori Authorization Trace**를 통해 누락된 권한을 파악하고, 필요한 **Catalog/Group**을 롤에 추가하거나 별도 **커스텀 역할**을 만들어 할당하는 것으로 우회한다.

요약하면, CDS View와 ABAP RESTful 기반 개발에서는 **과도한 복잡성, 클라우드 제약 미인지, 업그레이드 변화 미대응, 권한누락** 등이 주요 함정이며, 이를 완화하기 위해 **뷰 단순화와 성능검증, 대체 아키텍처 활용, 사전 호환성 체크, 권한체계 설계** 등의 우회 전략을 마련해야 한다.

5.2 Event Mesh와 이벤트 통합

개념 정의

SAP Event Mesh는 **이벤트 주도 아키텍처(EDA)** 구현을 위한 **이벤트 브로커** 서비스로, 다양한 어플리케이션 간에 비동기 메시지/이벤트를 발행하고 구독하는 **클라우드 메시징 인프라**를 제공한다. 간단히 말해 **이벤트**란 엔터프라이즈 시스템 내 객체 상태의 중요한 변화(예: 신규 주문 생성)를 의미하며, **이벤트 소스**는 그 변화가 발생한 곳(S/4HANA 등), **이벤트 소비자**는 그 변화를 감지해 동작하는 곳(BTP상의 앱 등), 그리고 **이벤트 브로커**는 이벤트를 소스에서 소비자로 전달하는 미들웨어이다. SAP Event Mesh는 이러한 브로커 역할을 수행하며, 이벤트를 **주제(Topic)** 기반으로 분류하고, 큐(Queue)를 통해 수신자가 안정적으로 처리할 수 있게 **메시지를 버퍼링**하는 기능을 가진다. SAP의 이벤트 기반 생태계에서 S/4HANA, SuccessFactors 등 주요 SaaS들이 이벤트 소스가 되고, Event Mesh(또는 고급 Event Mesh)가 브로커 역할을 하며, BTP 확장 애플리케이션이나 통합 시나리오가 이벤트 소비자가 되어 실시간 통합을 수행하는 구조이다.

Event Mesh를 통해 이벤트 통합(event integration)을 구현하면 시스템 간 느슨한 연결(loose coupling)이 가능해진다. 전통적으로 하나의 시스템에서 변경이 발생하면 다른 시스템의 API를 동기 호출하여 데이터를 전달했지만, Event Mesh를 이용하면 변경 이벤트만 게시하고 구독자들이 비동기적으로 이를 처리한다. 예컨대 S/4HANA Cloud에서 영업 주문 생성 이벤트가 발생하면 Event Mesh에 해당 이벤트를 게시하고, 이를 구독한 재고관리 마이크로서비스가 이를 받아 재고를 조정하거나, SAP Build로 만든 승인 워크플로우가 즉시 트리거될 수 있다. 이런 아키텍처는 **실시간성** 측면에서 이점이 있을 뿐 아니라, 발행자와 구독자가 서로의 존재나 세부 구현을 몰라도 돼 **애플리케이션 간 결합도가 낮아** 개발 및 확장의 유연성이 증가한다. 또한 **피크 부하**(peak load) **처리**에 유리하여 이벤트 폭주 시에도 브로커가 큐잉하여 소비자가 처리할 수 있을 때 분산시킴으로써 시스템 안정성을 높인다.

SAP Event Mesh는 SAP BTP상의 **서비스**로 제공되며, 표준 Event Mesh(기본)와 **고급 Event Mesh(Advanced)** 두 가지 형태가 있다. Advanced Event Mesh는 Solace 기반 기술로 다중 Landscape/고가용성을 지원하고 더 강력한 관리 기능(Event Portal 등)을 제공한다. 하지만 원칙적으로 둘 다 클라우드 이벤트 표준(CloudEvents)을 따르는 메시징 서비스로, AMQP 프로토콜 등을 이용해 이벤트를 퍼블리시/섭스크라이브한다. S/4HANA Cloud는 엔터프라이즈 이벤트(Enterprise Event)라는 형태로 비즈니스 이벤트를 내보낼 수 있는데, 이를 **SAP Event Mesh**와 연결하여 클라우드 확장의 입력으로 사용할 수 있다. 다시 말해, S/4HANA Cloud Public Edition에서는 재무, 물류 등의 핵심 비즈니스 객체에 변경이 발생하면 사전 정의된 이벤트가 발생하며, 이것을 **커뮤니케이션 어레인지먼트** 설정을 통해 Event Mesh의 특정 토픽으로 출력하게끔 구성할 수 있다. 한편 SAP Integration Suite의 일부로 Event Mesh를 활용할 수도 있고, SAP Cloud Application Programming Model(CAP) 등에서도 Event Mesh 구독을 통해 이벤트 드리븐 애플리케이션을 개발할 수 있다.

설계 원칙

이벤트 Mesh 기반 통합을 설계할 때 핵심 원칙은 **이벤트 기반 설계 철학**을 준수하여 **분산 시스템 간 느슨한 연결과 비동기 처리**의 이점을 최대화하는 것이다. 우선 **이벤트 발행 범위**를 신중히 정의해야 한다. 너무 사소한 변화까지 이벤트로 발행하면 이벤트 홍수가 발생해 시스템 부담이 되므로, 업무적으로 의미 있는 상태 변화를 이벤트로 식별한다. 예를 들어 "주문 생성/변경", "배송 완료" 등은 이벤트로 적합하지만, 화면에서 입력 글자 하나 바뀌는 것은 이벤트로 부적합하다. 그리고 각 이벤트에는 **Notification 이벤트**와 **Data 이벤트**의 두 가지 스타일을 고려할 수 있다. **Notification 이벤트**는 최소한의 정보(키 등)만 담고 발생 사실만 알리는 것으로, 수신자가 별도 API 호출로 상세 데이터를 조회하게 하는 패턴이다. 반면 **Data 이벤트**는 이벤트 자체에 관련된 데이터를 모두 실어 보내 수신자가 추가 조회 없이 바로 활용하게 한다. 설계 시 보안을 고려하면 Notification 방식이 유리하다 - 이벤트 페이로드가 작고 민감정보 노출이 적기 때문이다. 그러나 수신 측에서 매번 이벤트마다 API를 호출해야 하므로 실시간성 측면에서는 약간 지연과 부하가 추가된다. Data 이벤트는 필요한 모든 데이터를 담아 보내므로 수신 측 로직이 단순해지고 즉시 처리가 가능하지만, 메시지 크기가 크고 민감한 데이터도 포함될 수 있어 통제에 주의해야 한다. 일반적으로 **핵심 트랜잭션 이벤트**는 Notification 형태로, **로그 성격의 이벤트**나 **타 시스템 연동에 꼭 필요한 세부 데이터**는 Data 형태로 하는 등 적절히 조합한다.

EDA의 또 다른 설계 원칙은 **구독자 다중화와 확장성**이다. 이벤트를 토픽(topic)으로 분류해 게시하면 해당 토픽을 여러 구독자가 Subscribe할 수 있는데, 이를 통해 **발행 1회로 N군데 소비**가 가능하다. 예를 들어 "주문생성" 토픽에 대해 재고 시스템, CRM 시스템, 데이터 웨어하우스 등 여러 시스템이 동시에 구독하여 각자 필요한 처리를 할 수 있다. 이때 발행자는 구독자가 몇 개인지 몰라도 되고 독립적으로 확장 가능하므로 시스템 전체의 민첩성이 높아진다. 반면, 한 이벤트를 처리하는 여러 구독자 사이의 **처리 순서**나 **트랜잭션 일관성**은 보장되지 않음을 인지해야 한다. 따라서 이벤트 소비자는 멱등성(idempotency)을 갖도록 구현하고, 이벤트 중복이나 순서 변경에 영향을 받지 않게 해야 한다. 또한 이벤트 발생 시점과 비즈니스 최종 일관성 확보 시점 사이의 시간 차이를 수용할 수 있도록 업무프로세스를 설계해야 한다. 예를 들어, 주문 생성 이벤트를 받아 재고를 감소시키는 과정이 약간 지연되더라도 전체 프로세스에 문제없게 설계하거나, **최종 일관성(final consistency)** 원칙에 따라 늦게라도 정합이 맞춰지도록 한다.

보안과 거버넌스도 이벤트 통합 설계의 중요한 원칙이다. 이벤트에는 종종 중요 데이터가 포함되므로 **전송 경로 암호화**와 **접근제어**를 갖춰야 한다. SAP Event Mesh는 TLS로 메시지를 전송하고, Subaccount 단위의 권한 제어를 거친다. 세부적으로 이벤트 토픽 레벨의 ACL을 설계해 필요한 소비자 그룹만 구독할 수 있게 하고, 외부 시스템 통합 시에는 OAuth 토큰이나 클라이언트 인증서를 사용하여 Event Mesh에 접근하도록 한다. 또한 이벤트 증가량과 저장 전략을 미리 고려해 **큐 용량과 보관 정책**을 설정해야 한다. 예컨대 Event Mesh의 Queue에 메시지가 쌓이는 최대 기간(시간/일 수)을 설정하고, 장기간 소비되지 못한 메시지는 **Dead-letter Queue**로 이동시켜 별도 처리하거나 폐기하는 정책이 필요하다. 이렇게 해야 메모리 누수나 영구 대기 메시지로 인한 문제를 막을 수 있다.

마지막으로, **모니터링 및 오류 처리**에 대한 설계 원칙으로 **관찰 가능성**(observability) 확보를 들 수 있다. 이벤트 통합에서는 동기식 호출과 달리 즉각적인 응답이 없어 추적이 어려울 수 있으므로, **분산 추적**과 **로그 집계**를 활용해 이벤트 흐름을 가시화해야 한다. SAP에서는 **SAP Cloud ALM**이나 **BTP Cockpit 모니터링**을 통해 Event Mesh의 메시지 통계와 오류를 모니터링할 수 있다. 중요한 이벤트의 end-to-end 경로를 추적하기 위해 각 이벤트에 트레이싱 ID를 부여하고, 소비자 측 로그에 이를 남겨두면 나중에 문제 발생 시 어떤 이벤트가 처리되었는지 추적 가능하다. 또한 이벤트 처리 실패 시 리트라이 전략(재시도 횟수, 간격)을 설계해 일시적 오류(예: 소비자 서비스 일시 다운)로 인한 메시지 손실을 방지하고, 재시도에도 실패한 이벤트는 별도 테이블에 기록하여 수동 개입으로 처리할 수 있게 설계한다.

구현 절차

Event Mesh를 이용한 이벤트 통합 구현 절차는 크게 S/4HANA 등 소스 시스템 설정, BTP의 Event Mesh 구성, 소비자 애플리케이션 구현 세 부분으로 나눌 수 있다. 먼저 1) S/4HANA Cloud의 이벤트 활성화이다. S/4HANA Cloud에서는 Communication Arrangement 설정을 통해 비즈니스 이벤트를 외부로 내보낼 수 있다. 예를 들어 "Business Event Enablement"라는 커뮤니케이션 시나리오를 활성화하고, 아웃바운드 토픽을 Event Mesh 서비스의 엔드포인트로 지정한다. 이 때 S/4HANA의 Communication System에 Event Mesh의 연결 정보(클라우드 커넥터나 HTTPS URL, OAuth 등)를 입력하고, 발행할 이벤트의 범위를 선택한다(SAP는 표준 비즈니스 객체별로 사전정의 이벤트를 제공하며, 필요한 이벤트만 활성화 가능). S/4HANA Cloud에서 이벤트를 내보내기 위해서는 관련 Outbound Service가 활성화되어 있어야 하며, 예컨대 비즈니스 파트너 변경 이벤트를 위해 Business Partner(A2X) API 및 그 이벤트 정의를 미리 확인하여 설정한다. S/4 측 설정 완료 후 테스트를 통해 실제 비즈니스 동작 시 이벤트가 발행되는지(예: S/4HANA에서 거래 생성 → Event Mesh에서 메시지 수신) 확인한다.

BTP 상의 Event Mesh 인스턴스 생성 및 설정 단계에서는, SAP BTP Cockpit에서 Event Mesh 서비스 인스턴스를 생성한다. 기본 또는 표준 플랜을 선택하고 할당량을 지정한 뒤, 해당 인스턴스에 서비스 키(Service Key)를 만들어 API 접속 정보를 획득한다. 또는 Cloud Foundry 환경의 경우 서비스 인스턴스를 바인딩하여 애플리케이션이 환경 변수로 인증 정보를 받을 수도 있다. Event Mesh 대시보드(UI)가 제공되는 경우 이를 통해 토픽 정의와 큐를 생성한다. 예를 들어 S4H/BO/BusinessPartner/Changed 같은 토픽을 만들고, 이를 구독할 큐를 생성하여 토픽-큐 맵핑을 설정한다. 고급 Event Mesh라면 Event Portal에서 이벤트 스키마와 토픽을 모델링하고, 미션 컨트롤에서 브로커 연결을 관리한다. 이렇게 설정한 큐는 영속성(Persistent) 여부, 메시지 보존 기간, 최대 메시지 크기 등을 세부 설정할 수 있다. 일반적으로 중요한 이벤트는 영구 큐에 보관하여 소비자가 다운되어도 나중에 처리할 수 있게 하고, 일시적 이벤트나 덜 중요한 이벤트는 **비영구(fan-out)** 방식으로 토픽 구독만 사용하기도 한다. Event Mesh의 역할 구조(Spaces & Queues)에 따라, 필요하면 각 소비자 그룹별로 별도 Queue를 만들어 같은 토픽이라도 분리 처리하거나, 하나의 Queue를 여러 컨슈머 인스턴스가 병렬 처리하도록 설정한다.

이벤트 소비자 애플리케이션 구현 단계가 마지막이다. 이는 SAP BTP의 다양한 런타임에서 가능하다. 예를 들어 **Cloud Foundry**의 Node.js 애플리케이션을 구현한다고 하면, 해당 앱에서 **@sap/xfabric** 등 Event Mesh 연결 SDK를 이용해 특정 Queue를 구독(listen)한다. 서비스 키에 담긴 인증 정보를 통해 메시지 브로커에 연결하여, 큐에서 메시지를 pull하거나 webhook으로 push 받는 방식을 설정한다. 이벤트를 수신하면 애플리케이션 로직에서 JSON payload를 파싱하여 필요한 조치를 수행한다. 예컨대 "BusinessPartner Changed" 이벤트를 받으면, 관련 정보를 ERP로부터 조회(API 호출)하여 CRM 시스템 DB를 업데이트하는 코드를 작성한다. CAP(Java/Node) 기반이라면 **MessagingService**를 사용해 토픽 구독을 선언적으로 처리할 수 있다. 또한 SAP Integration Suite의 Integration Flow(CPI)도 이벤트 소비자가 될 수 있는데, 수신 Adapter로 Event Mesh MQ를 설정하여 플로우를 시작할 수 있다. 이처럼 개발된 소비자들은 CF앱으로 Push, or CAP 또는 CPI 등 각자 형태로 배포하고, 이들이 제대로 이벤트를 수신하고 처리하는지 통합테스트를 거친다.

모든 구성 후에는 **엔드투엔드 시나리오 테스트**를 수행한다. S/4HANA Cloud에서 이벤트 트리거 동작을 수행하면(Event trigger 예: 비즈파트너 변경 저장) Event Mesh의 Queue에서 메시지 증가를 확인하고, 소비자 애플리케이션 로그에서 해당 이벤트를 받아 처리했는지 검증한다. 만약 이벤트가 전달되지 않으면 S/4 측 **Communications Arrangement 로그**나 Event Mesh DLQ(Dead Letter Queue)를 확인해 문제를 파악한다. 그리고 운영 환경에 이 설정을 이동시켜 동일하게 세팅한다(S/4HANA Cloud에서는 CBC 설정 또는 사본을 활용하고, BTP에서는 서비스 인스턴스/애플리케이션을 각각 프로덕션 공간에 배포).

운영 팁

Event Mesh 기반 이벤트 통합의 운영은 **실시간성 모니터링**과 **신뢰성 관리**가 핵심이다. 먼저 **모니터링 도구**를 적극 활용해야 한다. SAP BTP Cockpit에서는 Event Mesh 서비스의 **모니터링 페이지**를 제공하여 현재 큐에 쌓인 메시지 수, 소모율, 최근 에러 등을 보여준다. 운영 담당자는 이를 일일 또는 실시간으로 관찰하여, 특정 큐에 메시지가 계속 쌓여 증가한다면 구독자 애플리케이션이 느리거나 중지된 것은 아닌지 확인해야 한다. 또한 **SAP Cloud ALM**의 Integration Monitoring 기능을 활용하면 이벤트 메시지 플로우도 모니터링 가능하다. 예를 들어 Cloud ALM은 S/4HANA Cloud에서 발행된 비즈니스 이벤트가 Event Mesh를 거쳐 소비자에게 전달되었는지 상태를 추적할 수 있다. 이러한 E2E 모니터링 설정을 통해 이벤트 누락이나 지연 시점을 빠르게 탐지하고 대응하는 체계를 갖춘다.

성능 및 부하 관리 측면에서는, 이벤트 발생량이 급증할 때 대비책을 마련해야 한다. Event Mesh는 기본적으로 고가용성과 확장성을 갖추었지만 메시지 생산속도가 소비속도를 넘어서면 큐 적체로 이어진다. 따라서 예상치 못한 이벤트 폭주(예: 대량 일괄 작업)가 있을 경우를 가정해 **스케일링 플랜**을 세운다. 하나는 **소비자 애플리케이션을 수평 확장**하는 것이다. 예컨대 CF 앱으로 구동되는 소비자는 여러 인스턴스를 띄워 하나의 큐를 병렬로 처리하게 할 수 있다. 큐를 **멀티컨슈머** 모드로 설정하면 각 인스턴스가 다른 메시지를 동시에 처리하므로 처리량을 높일 수 있다. 두 번째는 **Event Mesh 용량** 자체를 늘리는 것으로, 서비스 플랜을 업그레이드하거나(예: standard → advanced) Partition을 추가하여 병렬 처리 채널을 늘린다. 또한, 소비자의 처리 로직을 최적화하여 이벤트당 처리시간을 단축하는 노력도 필요하다. 예를 들어 수신 시 불필요한 API 호출을 줄이고, 멱등 처리를 통해 중복 이벤트라도 빠르게 무시하거나, 또는 Batch 처리 가능한 이벤트는 모아 처리하여 부하를 줄인다.

오류 처리와 복원력(resilience)도 중요한 운영 포인트이다. 이벤트 통합에서는 일부 메시지 처리가 실패하더라도 전체 시스템은 동작을 계속해야 한다. 이를 위해 Dead-Letter Queue(DLQ)를 활용한다. 소비자 애플리케이션에서 특정 메시지를 처리하지 못했을 때(예: 데이터 형식 오류) 해당 메시지를 DLQ로 보내고 정상 메시지만 계속 처리하도록 하여 흐름을 막지 않는다. 그런 다음 운영자가 주기적으로 DLQ를 확인해 쌓인 메시지를 분석하고 원인을 파악한다. 만약 일회성 데이터 문제라면 해당 메시지를 수동으로 재처리(혹은 수동 처리)하고 폐기하면 되고, 애플리케이션 로직상의 문제라면 코드를 수정해야 한다. 또한 일시적인 외부 시스템 장애로 소비자가 장시간 다운될 경우, Event Mesh에 보존된 메시지의 TTL(time-to-live)을 충분히 길게 설정하여 장애 복구 후에도 메시지를 잃지 않도록 한다. 기본 TTL이 1일이라면, 주말 등을 고려해 3~7일 등으로 설정하면 주말 동안 소비자 정지 후 월요일 재기동 시 메시지를 수신할 수 있다.

보안 운영 측면에서는, Event Mesh에 발행/구독하는 **인증서나 키 관리**에 유의한다. 서비스 키에 포함된 credentials가 노출되지 않도록 애플리케이션 설정을 안전하게 관리하고, 필요시 토큰 재발급이나 키 회전을 수행한다. 또한 예상치 못한 이벤트 대량 발행은 혹시 **무한루프 버그**나 **외부 오용**으로 인한 것은 아닌지 검토한다. 이를 위해 이벤트 발생량에 임계치를 정하고, 갑자기 평소보다 이벤트가 폭증하면 알람을 발생시켜 개발팀이 원인을 찾도록 한다(예: 1시간에 1천 건이던 이벤트가 10만 건으로 증가한 경우 이상 징후로 간주).

장애 대응으로, Event Mesh 자체나 연결이 문제가 될 가능성도 고려해야 한다. S/4HANA Cloud와 Event Mesh 간 통신은 일반적으로 인터넷 통신이므로 네트워크 장애 시 이벤트 손실 위험이 있다. 운영자는 이런 상황에서 대비해 **재시도 정책**을 설정하거나, 최악의 경우 **대체 경로**를 마련한다. 예를 들어 이벤트 전달 실패 시 S/4HANA Cloud는(일부 한계 내에서) 자동 재시도를 하므로 재시도 횟수를 설정하고, 그래도 실패한 이벤트는 SAP 애플리케이션 로그에 남기 때문에 이를 모니터링하여 수동 재처리한다. 또는 아주 중요 핵심 프로세스의 경우 이벤트 대신 **동기 API 호출**을 보조로 구성해 이중화하는 방법도 있다. 예컨대 이벤트 누락이 치명적이면, 하루 한 번 배치로 동기화 점검을 하여 혹시 놓친 데이터가 있으면 보완하는 식이다.

주요 함정과 우회 전략

이벤트 남발의 함정

이벤트 기반 통합을 도입한 후 모든 것을 이벤트로 처리하려는 유혹이 있다. 그러나 불필요하거나 과도한 이벤트 발행은 시스템 과부하와 복잡성을 초래한다. 예를 들어, 작은 변경마다 이벤트를 발행하면 소비자에서 너무 잦은 호출로 부담이 되고 처리 순서 보장도 어려워진다. 이 함정을 피하려면 **업무적 중요도에 따른 이벤트 선정** 원칙을 세워야 한다. 핵심 트랜잭션에 국한하여 이벤트를 정의하고, 사소한 것은 굳이 이벤트로 풀지 않는다. 또한 이벤트 내용도 최소한으로 하여 "변경 발생"을 알리되 상세 데이터는 필요시에만 가져가도록 한다. 만약 이미 이벤트 남발로 문제가 생겼다면 **우회 전략**으로 **이벤트 필터링**을 도입한다. Event Mesh에서 지원하는 **구독 필터**나, 혹은 소비자 애플리케이션에서 중요하지 않은 이벤트는 무시하는 로직을 추가해 시스템 부하를 낮춘다. 궁극적으로는 이벤트 정의 자체를 조정하여 정말 필요한 이벤트만 나오도록 수정하는 것이 바람직하다.

순서와 일관성의 함정

이벤트는 비동기이다 보니, 발행 순서대로 소비되지 않을 수 있고 여러 시스템 간 데이터 일관성이 일시적으로 깨질 수 있다. 예를 들어, 주문 생성 이벤트보다 재고 감소 이벤트가 나중에 도착하면 일시적으로 재고가 안 맞을 수 있다. 많은 신입 개발자들이 이로 인해 "**데이터 불일치**" 문제에 봉착한다. 이 함정을 완화하기 위해, **소비자 측 로직을 멱등성 있게** 작성하고, 가능하면 **이벤트에 타임스탬프나 시퀀스**를 부여하여 구 버전 이벤트를 무시하는 방어책을 둔다. 또한 **최종 조정(batch 정산)** 단계를 프로세스에 추가한다. 예를 들어 하루에 한 번 전체 재고를 다시 계산/동기화하여 혹시 누락되었거나 순서 엇갈림으로 틀어진 데이터를 바로잡는다. 이러한 **보정 프로세스**는 비동기 통합 환경에서 데이터 정확도를 담보하기 위한 중요한 우회 전략이다.

이벤트 손실의 함정

네트워크 장애나 버그로 인해 이벤트가 손실되면, 발행자와 소비자가 서로 모른 채 데이터 차이가 발생할 수 있다. Event Mesh는 기본적으로 일회 전달(at least once)을 보장하지만, 만약 잘못된 구독 처리로 메시지를 잃어버리거나 TTL 만료로 삭제될 위험도 있다. 이 함정에 대비해, 중요한 이벤트의 경우 **Double Logging**을 고려한다. 발행 시스템에서 이벤트 내용을 별도 테이블에 로그로 기록해두고, 소비 시스템에서 주기적으로 그 로그를 조회하여 혹시 처리 안 된 이벤트가 있는지 대조한다. SAP S/4HANA의 경우 **Outbox 테이블** 패턴을 사용하여 이벤트 발행 내역을 보관하는 방법도 있다(퍼블릭 클라우드에선 표준 기능으로 내장됨). 이러한 추가 검증으로 이벤트 손실 상황을 파악해 대응할 수 있다. 그리고 Event Mesh의 **모니터링 알림**을 사용하여 특정 큐에 Consumer disconnect나 메시지 적체 발생 시 운영 팀에 알리도록 설정한다. 문제 발견 시에는 해당 큐 메시지를 백업하고(Export) 소비자 복구 후 재주입하는 등의 수작업으로도 데이터 손실을 막는다.

호환성과 표준의 함정

이벤트 스키마나 포맷이 변경되면 소비자 쪽에서 파싱 에러가 나거나 오동작할 수 있다. 예를 들어 SAP 측 이벤트에 필드가 추가되면 구 소비자 코드가 이를 처리 못해 죽을 수 있다. 이를 예방하기 위해 이벤트 버전 관리 원칙을 세운다. 새 필드 추가 등 호환 가능한 변경은 구버전 소비자가 무시하도록 설계하고, 호환 안되는 변경은 새 토픽 이름(버전2 등)으로 발행하여 구독자도 새로 전환하도록 한다. 만약 표준 이벤트 스키마 변경이 예고되었다면(예: SAP 릴리스에서 이벤트 페이로드 확장), 소비자 코드를 미리 업데이트하거나 임시 양쪽 모두 처리 가능하게 만들어둔다. 한편, 이종 시스템 간 이벤트 통합에서 표준 준수가 미흡하면 연결이 어려운 함정이 있다. SAP Event Mesh는 CloudEvents 표준을 따르는데, 외부 Non-SAP 시스템은 다른 포맷일 수 있다. 이 경우 중간 변환자(예: 서버리스 함수나 CPI)를 두어 이벤트 포맷을 상호 변환하는 우회 전략을 쓴다.

요약하면, Event Mesh와 이벤트 통합에서 흔히 겪는 함정으로는 이벤트의 남발 및 오남용, 비동기 특성으로 인한 데이터 일관성 문제, 이벤트 손실 가능성, 그리고 포맷 변경/비표준 문제 등이 있다. 이를 해결하기 위해 이벤트 발생을 엄격히 선별/제어하고, 멱등성과 보정 프로세스를 도입하며, 모니터링/로그로 손실을 방지하고, 스키마 버전 관리와 중간변환 등을 활용하는 전략이 요구된다.

5.3 BTP Integration Suite

개념 정의

SAP BTP Integration Suite는 기업의 다양한 애플리케이션과 데이터를 **연계 통합**하기 위한 **클라우드 통합 플랫폼**으로, SAP가 제공하는 통합 기능들을 하나로 묶은 서비스 제품군이다. Integration Suite에는 **애플리케이션 통합**(Cloud Integration), **B2B 메시지 통합**, **API 관리**(API Management), **이벤트 기반 통합**(Event Mesh), **Open Connectors** 등 통합 시나리오별 도구들이 포함되어 있어, 클라우드/온프레미스 애플리케이션 간 실시간 또는 배치 데이터를 중계하거나, API 게이트웨이를 통해 표준화된 인터페이스를 제공하고, 이벤트를 통한 비동기 연계를 가능하게 한다. 예를 들어 Cloud Integration(과거 CPI)은 애플리케이션-대-애플리케이션(A2A) 및 비즈니스-대-비즈니스(B2B) 메시지 중계를 담당하며, SAP 및 비SAP 시스템을 연결하는 다양한 어댑터(IDoc, OData, JDBC, SFTP 등)를 제공한다. API Management는 REST/SOAP API를 한 곳에서 **프로키시**로 관리하며 보안, 모니터링, 수명주기 관리 등을 도와준다. 이외에도 **Integration Advisor**를 통한 EDI 매핑 가이드 생성, **Trading Partner Management**, **이벤트 브로커**(Event Mesh) 등이 통합 패키지로 포함된다.

Integration Suite는 SAP BTP 상에서 서비스 형태로 구동되며, 통합 시나리오에 따라 **유연한 조합**이 가능하다. S/4HANA 클라우드와 타 SaaS를 연결하는 **프로세스 통합**, 기업 내 레거시와 신규 시스템 간 **데이터 통합**, 파트너사 간 **EDI 교환**, 모바일/웹앱을 위한 **API 제공**, IoT/이벤트 스트리밍 등 다양한 사례에 맞는 구성 요소를 활용할 수 있다. 특히 SAP 시스템간 통합은 SAP 제공 프리패키지 컨텐츠(Integration Content)

를 활용해 빠르게 구성할 수 있고, 표준화된 **SAP API Business Hub**의 API나 이벤트 카탈로그를 이용해 개발 시간을 단축할 수 있다. Integration Suite는 SAP의 지향점인 **하나의 통합 레이어**를 구현하여, 과거 PI/PO, Cloud Integration, Gateway, Event Broker 등 흩어진 기능을 단일 구독으로 제공함으로써 모듈식 통합(modular integration)의 편의성을 제공한다.

설계 원칙

Integration Suite 기반 통합을 설계할 때에는 **엔터프라이즈 통합 아키텍처 원칙**과 SAP 권장 베스트 프랙티스를 함께 고려해야 한다. 먼저 **통합 요구사항 분석**이 선행되어야 한다. 어떠한 시스템들이 연결되어야 하고 데이터 형식/프로토콜은 무엇이며, 실시간성이나 데이터 볼륨, 트랜잭션 관리가 어떻게 요구되는지 파악한다. 이를 토대로 **통합 방식 결정** 원칙을 적용한다. 예를 들어 **과정 통합**(Process Integration)이 필요한 경우 Cloud Integration의 메시지 기반 시나리오를 사용하고, **데이터 통합**(Data Integration)이 목적이라면 SAP Data Services나 Smart Data Integration을 고려하며, **사용자 경험 통합**은 Fiori/Work Zone 등으로 해결하고, **인프라 통합**(운영 모니터링)은 SAP Landscape Management 등을 활용하는 식이다. SAP는 이러한 분류를 ISA-M(Integration Solution Advisory Methodology)라는 지침으로 문서화하고 있는데, 통합 형태를 프로세스 중심, 데이터 중심, 사용자 중심, 장치(IoT) 중심 등으로 나누어 각각에 적합한 도구와 패턴을 권장한다. 통합 아키텍트는 ISA-M 등 방법론에 따라 각 시나리오에 최적인 Integration Suite 구성 요소(APIs, iFlow, events 등)를 조합하는 설계를 한다.

재사용성과 느슨한 결합은 중요한 설계 원칙이다. 동일한 데이터를 여러 인터페이스에서 사용할 경우 **중앙 API**를 만들고 각 소비자가 그 API를 호출하게 하여 일관성을 유지한다. Integration Suite의 API Management를 통해 공개한 API는 버전 관리와 수명주기 관리를 적용해 변화에 대응하고, 공통 로직은 API 계층에 두어 중복 구현을 피한다. 또한 통합 시나리오 설계 시 **포인트-투-포인트 연결을 최소화**하고 **허브 앤 스포크** 모델이나 **메시징 브로커**를 활용해 연결수를 줄이는 것이 확장성과 유지보수에 유리하다. 예를 들어 5개 시스템이 데이터를 주고받아야 한다면, 각자 모두 연결하려 하지 말고 중앙 Cloud Integration 흐름에 모아서 변환/분배하도록 설계한다. 이를 통해 향후 한 시스템이 변경되어도 중앙 시나리오만 수정하면 되도록 **느슨한 연계**를 달성한다.

표준 준수 및 최소 커스터마이징도 원칙으로 삼아야 한다. SAP는 다양한 **프리패키지 iFlow 템플릿**과 **API**를 제공하며, 가급적 이것을 활용하고 **커스터마이징을 최소화**하는 것을 권장한다. 예를 들어 SuccessFactors와 S/4HANA 통합 시 표준 패키지를 임포트하여 인증 정보만 설정하면 동작하게 되어 있는데, 이를 무시하고 처음부터 사용자 정의하면 유지보수 부담과 오류 가능성이 커진다. 따라서 먼저 **SAP API Business Hub**나 **Integration Content Advisor**에서 유사 시나리오가 있는지 확인하고, 가능하면 그 구성과 맵핑을 재사용하되 필요한 최소한만 수정하는 전략을 취한다. 불가피하게 커스터마이징할 때도 **명명 규칙과 모듈화**를 엄격히 해서, 어떤 부분이 표준이고 어떤 부분이 확장인지 명확히 구분짓는다. 예를 들어 표준 iFlow를 복사하여 수정했다면 이름에 _EXT를 붙이고, 로컬 변수나 매핑에 주석을 남겨 추후 업그레이드 시 비교할 수 있게 한다.

보안과 거버넌스는 통합 설계 전반에 걸쳐 적용된다. Integration Suite로 외부와 연결할 때는 반드시 **종단 간 보안**(예: SSL/TLS, 메시지 서명)을 적용하고, **API 게이트웨이 정책**으로 인증/인가를 처리한다. 하이브리드 통합(온프레미스-클라우드)일 경우 **SAP Cloud Connector**를 사용하여 안전한 터널로 데이터가 오가도록 설계한다. 또한 통합 프로세스 중 데이터 변조나 유출이 없도록 역할 기반 접근제어(RBAC)를 Integration Suite에도 적용하여, 개발자/운영자 권한을 세분화하고 감사 추적을 남긴다. SAP Integration Suite는 Cloud Foundry 조직/공간 개념을 이용하므로, 개발-테스트-운영 각 공간으로 분리하고 권한을 최소 권한 원칙에 따라 부여한다. **민감 데이터**(개인정보 등)가 포함된 메시지는 Integraton Suite 내 스토리지(예: 메시지 스토어)에 암호화 상태로 저장하거나, 아예 저장을 피하고 스트리밍 처리한다.

에러 처리 및 트랜잭션 보장도 중요한 설계 요소이다. Integration Suite의 Cloud Integration 흐름에서는 기본적으로 **일시적 오류에 대한 재시도** 메커니즘을 제공하므로, 각 어댑터의 재시도 횟수와 간격을 상황에 맞게 설정해야 한다. 또한 중간 변환이나 호출에서 오류가 발생하면 전체 흐름을 롤백할지, 부분 커밋할지 정책을 세워야 한다. 일반적인 A2A 통합에서는 완전 롤백이 어려우므로 **보상 트랜잭션 패턴**(Compensation)을 설계한다. 예를 들어 통합 흐름 후반부에 실패하면 앞서 성공한 시스템에 취소 명령을 보내는 추가 분기가 필요하다. 이런 로직을 iFlow에 구현할 때는 **Exception Subprocess**나 **글로벌 Exception 처리**를 사용해 예외를 잡고 별도 처리를 넣는다. 그리고 오류 상황을 모니터링할 수 있도록, 모든 예외 발생 시 **Alert**를 생성하거나 **이메일 통지**를 날리는 통합 콘텐츠를 추가해 운영상 가시성을 높인다.

구현 절차

Integration Suite를 활용한 통합 시나리오 구현은 보통 **설계 → 개발 → 테스트 → 배포** 단계로 진행된다. **1) 통합 시나리오 설계** 단계에서는 앞서 언급한 대로 요구사항을 정리하고 어떤 Integration Suite 구성요소를 사용할지 결정한다. 예를 들어 "S/4HANA Cloud 인보이스 → Third-party 세금 시스템" 연계라면 Cloud Integration의 메시지 흐름과 Open Connector(써드파티 API 연결)가 필요할 것이다. 이때 흐름 다이어그램과 데이터 매핑 정의를 문서화한다.

개발 단계에서는 SAP Integration Suite의 웹 UI나 Eclipse 플러그인을 사용하여 통합 콘텐츠를 작성한다. **Cloud Integration(iFlow) 개발**의 경우, Integration Suite 웹 화면의 **Integrations** 영역에서 새 **Integration Flow**를 생성하고, 시작점(트리거 어댑터)과 각종 처리 스텝(변환, 라우터, 호출) 및 종료(타겟 어댑터)를 구성한다. 예를 들어 S/4HANA

에서 발행한 IDoc을 받을 경우 **SAP Cloud Connector**를 통해 안전한 연결을 설정한 후, iFlow 시작에 **IDoc 어댑터**를 배치하고, 그 다음 **메시지 맵퍼**를 통해 IDoc XML을 외부 시스템 JSON으로 변환하며, 마지막에 **HTTP 어댑터**로 외부 API를 호출하는 식이다. Integration Suite는 그래픽 디자이너를 제공하므로, 드래그앤드롭으로 어댑터와 스텝을 연결하고, 매핑 편집기를 열어 소스-타겟 필드를 대응시킨다. 만약 표준 매핑 가이드가 있다면 **Integration Advisor**를 활용해 제시된 매핑을 가져온다. 복잡한 변환이나 조건이 필요하면 **Groovy 스크립트** 스텝을 삽입해 사용자 정의 로직을 구현할 수 있다. 개발 시 주의할 점은 **이름 규칙과 모듈화**이다. 각 iFlow, 데이터스토어, 변수명 등에 일관된 Prefix/Suffix를 부여하여 나중에 많은 통합 흐름을 구분하기 쉽도록 한다. 또한 공통으로 쓰이는 서브프로세스(예: 공통 오류 처리)를 **Integration Flow Fragment**로 만들어 재사용한다.

API Management 개발은 API 포털에서 **새 API Proxy**를 생성하고 백엔드 URL(S/4 OData나 REST API)을 등록한 후, 보안/정책을 적용한다. 예를 들어 개발자는 "매출주문 조회 API" 프록시를 생성하고, OAuth 인증 정책과 Rate Limit(초당 호출수 제한) 정책을 추가하여 배포한다. API 호출 테스트를 통해 응답을 확인하고, Developer Portal에 API를 게시해 문서화 및 키 발급이 가능하게 한다. **Open Connectors**를 쓸 경우, 해당 써드파티 서비스의 커넥터 인스턴스를 생성하고 필요한 인증(OAuth 토큰 등)을 설정한다. 그러면 Cloud Integration에서 표준 어댑터처럼 Open Connector를 불러와 사용할 수 있게 된다.

테스트 단계에서는, 개발한 Integration Flow나 API를 **직접 실행 및 시뮬레이션**해 본다. Cloud Integration은 **테스트 도구**로 수동으로 메시지를 투입해볼 수 있고, 또는 실제 소스 시스템(S/4HANA)에서 테스트 데이터를 보내 흐름이 끝까지 잘 실행되는지 본다. Execution 결과는 **Message Monitor**에서 확인 가능하며, 로그를 자세히 살펴보아 맵핑 오류나 인증 에러 등을 수정한다. 필요하다면 **Trace 모드**를 켜고 재실행하여 상세 변환 내용까지 검증한다. API의 경우 **API Portal 테스트 콘솔**이나 Postman 등을 이용해 호출해보고 응답이 올바른지, 정책이 의도대로 작동하는지 확인한다. B2B EDI

같은 시나리오는 파트너와 사전 협의하여 메시지 샘플을 교환 검증하기도 한다.

배포 및 운영 전환 단계에서는, 개발한 통합 콘텐츠를 품질/운영 환경으로 이동시킨다. Integration Suite는 공간 간 **Transport Management** 기능 또는 **CI/CD 파이프라인** 연계를 통해, 개발된 iFlow/API를 Export하여 다음 환경에 Import할 수 있다. 배포 시 각 환경별로 달라지는 변수(예: 시스템 호스트, 자격증명)는 **매개변수화**되어 있어야 하며, 이를 **엔바이로먼트 별 설정** 또는 **Credential 저장소**로 관리한다. 운영에 배포한 후에는 **스케줄러**가 필요한 경우(예: 매일 밤 배치 전송) **Timer 이벤트**를 iFlow에 걸어 활성화한다. 그리고 Integration Suite의 **Monitoring Dashboard**를 통해 실시간으로 인터페이스 동작을 살핀다. 모든 준비가 끝났다면, 관련된 비즈니스 사용자나 시스템 오너에게 통합 프로세스 가동을 알리고, 일정 기간 집중 모니터링하면서 안정화시킨다.

운영 팁

Integration Suite를 운영하면서 중요한 것은 **지속적인 모니터링**과 **신속한 문제 대응**이다. Cloud Integration의 Management 페이지에서 **메시지 모니터**를 열어보면 각 iFlow별로 성공/실패 건수가 표시되고, 에러 발생 시 어떤 단계에서 문제가 발생했는지 스택트레이스를 볼 수 있다. 운영자는 이 모니터링을 일상적으로 체크하고, 실패한 메시지는 가능한 즉시 재처리 또는 원인 분석한다. 만약 일시적 외부 시스템 장애로 실패한 경우, Cloud Integration이 기본 재시도를 다 썼다면 **수동 재처리**가 필요할 수 있다. 이때 대비책으로, 중요한 인터페이스는 **가동 중 메시지 재전송** 기능을 구현해 두는 것이 좋다. 예컨대 실패 메시지를 데이터 스토어에 보관하도록 iFlow를 설계하고, 별도의 iFlow에서 주기적으로 재처리하도록 만들면 수동 개입을 줄일 수 있다.

로그와 알림 관리도 필수이다. Integration Suite는 자체적으로 경고 알림을 이메일로 발송할 수 있게 설정 가능하므로, 예컨대 5건 이상 연속 실패 시 운영팀 이메일로 경보를 보낸다. Cloud ALM과 연계하면 더욱 체계적인 경고 관리가 가능해, 인터페이스별 KPI 대시보드와 알림 룰을 정의할 수 있다. 특히 **비업무시간 장애 대응**을 위해 알림을 모바일 푸시 등으로 받아볼 체계를 구축해 두면, 24x7 운영 요구를 만족시킬 수 있다. 추가로, 매일 정기 리포트를 만들어 전날 통합 메시지 처리 현황과 에러 내역을 팀에 공유하면 투명성을 높이고 사전 예방에 도움이 된다.

성능 및 부하관리 측면에서는, 통합 메시지 처리량과 시간당 트래픽을 추적하여 **용량 계획**을 세운다. Integration Suite의 플랜에 따라 동시 처리 수나 커넥션 제한이 있을 수 있으므로, 예상보다 데이터량이 증가하면 SAP와 상의하여 상위 플랜으로 늘리거나 **분산 처리 전략**을 고려한다. 예컨대 일정이 여유로운 인터페이스는 **비피크시간**으로 스케줄을 조정하고, 실시간이 필요 없는 대용량 데이터는 여러 청크로 나누어 순차적으로 전송하여 순간 부하를 완화한다.

환경별 분리와 배포 관리에도 신경써야 한다. 개발/QA/운영 각 환경 간 iFlow나 API 동기화를 체계적으로 하고, 수동 변경을 피하도록 **Transport** 기능이나 **CI/CD**를 활용한다. 예를 들어 Git에 통합 콘텐츠를 버전관리하고 Jenkins 파이프라인으로 운영에 배포하면 사람 오류를 줄일 수 있다. 운영 중 변경이 필요한 경우, **버전 업**을 해서 기존 인터페이스를 대체하는 식으로 점진적 릴리즈를 한다. API의 경우 새 버전을 병행 공개하고 구버전은 폐기 일정을 공지하여 소비자들이 순차적으로 마이그레이션하도록 유도한다.

통합 자산의 카탈로그화도 운영 팁 중 하나이다. Integration Suite에서 만들어진 iFlow, API, 커넥터 등이 많아지면, 이를 일목요연하게 정리한 **통합 아키텍처 카탈로그**를 유지하면 좋다. 어떤 시스템이 어떤 인터페이스로 연결되고 데이터는 무엇이 오가는지 기록해두면 신규 요구 발생 시 중복 개발을 피할 수 있고, 문제 발생 시 영향 범위도 빠르게 파악할 수 있다. SAP는 **Integration Architecture Guide**를 통해 이러한 거버넌스를 권장하고 있다.

마지막으로 **보안 유지**: 운영 시에도 보안은 계속 확인해야 한다. 주기적으로 API 키나 커넥터 토큰의 유효기간을 점검하고, 필요시 **API 인증 토큰 재발급** 일정을 캘린더에 반영해 끊기지 않도록 관리한다. 또한 **사용자 접근 감사**를 정기 실시해, Integration Suite 공간에 불필요하게 높은 권한을 가진 사용자가 없는지 살핀다. 하이브리드 시나리오에서는 Cloud Connector의 연결 상태와 인증서 만료 등을 확인하여, 갑작스런 통신두절이 없게 미리 조치한다.

주요 함정과 우회 전략

과도한 커스터마이징 함정

Integration Suite는 많은 템플릿과 표준 콘텐츠를 제공하지만, 이를 무시하고 처음부터 사용자 정의하면 **향후 유지보수 악몽**이 될 수 있다. 예컨대 표준 API를 약간 변형한 커스텀 API를 여기저기 만들면, SAP에서 표준 업데이트 시 일일이 대응하기 어렵고 문제 발생 시 SAP 지원도 어려워진다. 이 함정을 피하려면 가능하면 **SAP 표준 패키지 및 API 우선 사용** 원칙을 지킨다. 불가피하게 수정해 쓰더라도, 변경 내역을 잘 문서화하고 표준과 분리해두어 나중에 SAP 최신 콘텐츠와 비교할 수 있게 한다. 이미 커스터마이징돼 난맥인 경우 우회책으로 **통합 리팩토링 프로젝트**를 고려한다. 중요도가 높은 인터페이스부터 다시 표준 컨텐츠 기반으로 재구현하거나, 적어도 중복된 로직은 공통화하여 커스터마이징 지점을 줄여나간다.

통합 스프롤(sprawl) 함정

통합 시나리오가 늘어나면서 관리되지 않으면, 어느새 유사한 인터페이스가 난립하고 누구도 전체 그림을 모르는 상황이 벌어진다. 이는 데이터 불일치나 장애 대응 지연으로 이어질 수 있다. 이를 피하려면 **거버넌스 체계**를 일찍부터 세운다. 통합 아키텍트가 주기적으로 전체 인터페이스를 리뷰하고, 중복 또는 불필요한 것을 통폐합한다. 또한 새로운 요구가 들어오면 기존 것의 재사용 가능성을 항상 평가한다. 만약 이미 스프롤이 심각하다면, **통합 카탈로그 작업**을 통해 모든 흐름과 API를 문서화하고 중요도, 건강도를 평가한다. 그 후 전략적으로 표준화할 것들을 선정해 나간다. 툴로는 **SAP Solution Manager/Focused Integration** 또는 **Cloud ALM**를 활용하면 시각화와 문서화에 도움이 된다.

보안 소홀 함정

하이브리드 통합이나 대외 연계 시 보안 취약점이 생기기 쉽다. 예를 들어 API를 개발환경에선 인증 없이 테스트하다가 운영에 적용하는 것을 깜빡하면 노출 위험이 크다. 또, 여러 시스템 계정(ID/PW)이 iFlow 내에 평문으로 저장되면 유출될 수 있다. 이를 방지하려면 **보안 점검 체크리스트**를 만들어 배포 전 반드시 인증/인가 적용, 비밀정보 암호화 저장/마스킹, 불필요 엔드포인트 차단 등이 이행됐는지 확인한다. 이미 보안이 약한 인터페이스가 운영 중이면, 우선 게이트웨이 레벨에서 **방화벽 규칙**이나 **IP 제한** 등을 걸어 두고, 빠르게 해당 인터페이스를 개선한다. 예컨대 노출된 API에 토큰 인증을 추가하고, Credential을 Secure Store로 옮겨 암호화한다.

성능 병목 함정

통합 시나리오 중 특정 부분이 느려 전체 프로세스를 지연시키는 일이 발생할 수 있다. 예를 들어 대용량 데이터를 한 번에 처리하는 iFlow는 CPI 워커노드를 오래 점유하여 다른 흐름도 대기하게 한다. 이를 해결하려면 **파이프라이닝**이나 **병렬 처리**를 도입한다. 메시지를 청크로 나누어 여러 iFlow 인스턴스에서 병렬 전송하거나, Integration Suite **Runtime Scaling** 옵션을 활용해 처리 노드 수를 늘린다. 또한 **적시성 vs 리소스** 트레이드오프를 고려해, 반드시 실시간으로 보낼 필요 없는 것은 지연 전송(batch)으로 돌려 피크를 분산시킨다. 이미 병목이 발생한 경우, 임시 우회책으로 문제 구간만 **사전 추출**해두고 나머지 처리를 분리하는 방법이 있다. 예를 들어 S/4에서 10만 건을 API로 조회해 변환하느니, 아예 S/4 측에서 파일로 미리 내보내게 하고 Integration Suite는 그 파일을 받아 가볍게 전달만 하는 식으로 부하를 이전한다.

데이터 변환 오류 함정

통합 맵핑에서 필드 누락이나 잘못된 변환으로 데이터 오류가 발생할 수 있다. 이는 수작업 매핑 시 흔하며, 특히 EDI X12/EDIFACT 같은 복잡한 형식 변환 시 많다. 예방하려면 **Integration Advisor** 등 AI 기반 매핑 도구를 활용해 오류를 줄이고, 테스트 케이스를 다양하게 만들어 검증한다. 이미 오류가 운영 중 발견됐다면, **재처리 방안**이 필요하다. 잘못 처리된 데이터는 원본 시스템 기준으로 정정해야 하므로, 경우에 따라 **수동 정정 스크립트**를 준비하거나, 맵핑 수정 후 **재전송**할 방법을 마련한다. 예컨대 잘못 보낸 송장 데이터를 취소하고 다시 보낼 수 있도록 iFlow에 취소 기능을 넣어둘 수도 있다.

요약하면, Integration Suite 운영상의 흔한 함정은 **지나친 커스터마이징, 통합 난립, 보안 허점, 성능 병목, 데이터 오류** 등이다. 이러한 문제를 회피 또는 해결하기 위해 표준 **우선과 거버넌스 적용, 보안 가이드 준수, 성능 튜닝과 부하분산, 철저한 테스트와 신속한 수정 프로세스** 등의 대응 전략이 필수적이다.

5.4 SAP Build 거버넌스

개념 정의

SAP Build는 **노코드/로우코드(low-code)** 도구들을 모아 제공하는 SAP BTP의 제품군으로서, 업무 현장에서 **시민 개발자**(Citizen Developer)들도 손쉽게 애플리케이션, 자동화 프로세스, 비즈니스 사이트 등을 구축할 수 있게 해준다. SAP Build에는 **Build Apps**(앱 개발, 구 AppGyver 기반), **Build Process Automation**(워크플로/봇 자동화), **Build Work Zone**(업무 포털 사이트) 등이 포함된다. **SAP Build 거버넌스**는 이러한 시민 개발 활동이 **통제와 방향** 아래 성공적으로 이루어지도록 관리하는 체계를 말한다. 자유롭게 혁신을 추구하는 시민 개발의 장점과, 기업 IT 표준과 보안 준수의 필요 사이에서 균형을 잡는 것이 거버넌스의 목표이다.

시민 개발을 방치할 경우 그림자 IT(Shadow IT)로 인한 여러 위험이 발생할 수 있다. 직원들이 공식 채널을 우회해 무분별하게 앱을 만들면, **보안 위험**(검증되지 않은 앱에 민감데이터 처리), **컴플라이언스 위반**(규정에 맞지 않는 데이터 사용), **통합 부재**(개별 앱들이 서로 연결되지 않음), **리소스 낭비 및 중복**(유사한 앱이 난립), **지원 불가**(IT부서 모르게 만들어져 지원되지 않음), **통제 상실** 등의 문제가 생긴다. 그래서 "시작은 빠르지만 끝은 혼란"이 되는 사태를 막기 위해, IT 부서는 시민 개발의 자유로움을 유지하면서도 **명확한 정책과 가이드**를 수립해야 한다. SAP Build 거버넌스는 이를 달성하기 위한 사람, 프로세스, 기술의 **3대 요소**로 구성된다.

Governance Triad(거버넌스의 세 기둥)란 People(조직과 역할), Process(정책과 절차), Tools & Technology(도구와 기술적 통제) 세 측면에서 거버넌스를 마련하는 모델이다.

People 측면에서, 성공적인 Build 거버넌스를 위해 기업 내 센터 오브 엑셀런스(CoE)를 구성하는 것이 중요하다. 이 CoE에는 IT 전문가와 현업 부서의 파워 유저들이 함께 참여하여, 전체 로우코드 개발 프로그램을 주관하고 지침을 제공한다. CoE는 시민 개발자들을 지원하고 교육하며, 개발된 결과물의 품질을 검토/승인하는 등 핵심 거버넌스 역할을 맡는다. 또한 각 현업 부서에는 **Fusion Team**(혼합팀)을 구성하여 IT 담당자와 시민 개발자가 협업하도록 하는데, 이를 통해 비즈니스 맥락과 기술적 최적화가 조화를 이룬 솔루션이 나오게 한다.

　Process 측면에서는, 기업 차원의 **IT 신뢰 청사진**(IT Trust Blueprint) 또는 **정책 프레임 워크**를 수립해야 한다. 여기에는 어떤 로우코드 도구를 어떤 용도로 사용할 수 있는지, 데이터 보안과 규제 준수를 어떻게 할 것인지, 개발/테스트/배포 절차는 무엇인지 등을 명시한다. 예를 들어 "고객 개인정보 처리 앱은 승인된 데이터 소스만 사용해야 한다"거나 "업무 크리티컬 앱은 배포 전 CoE 코드 검토를 거쳐야 한다"와 같은 가이드라인을 정한다. 또한 **모범 사례 공유**와 **개발 표준**을 문서화하여, 시민 개발자들이 참고하도록 한다. 예를 들어 UI5 기반 Build Apps 개발 시 화면 디자인 표준이나 성능 베스트 프랙틱스를 제공하고, 프로세스 자동화 개발 시 예외 처리와 모니터링 방법을 교육하는 것이다. 프로세스 관점에서 **역할과 책임**을 정의하는 것도 중요하다 - 어떤 앱은 현업이 만들되 IT가 운영 책임을 질 것인지, 아니면 현업이 전체 라이프사이클 책임을 지는지 결정한다. 흔히 중요도에 따라 구분하여, 엔터프라이즈급 앱은 IT가 공동관리하고, 부서 내부 효율화 도구는 부서에서 관리하도록 정책을 세운다.

　Tools & Technology 측면에서는, Build 플랫폼 자체와 연계 도구들을 활용해 **기술적 통제와 지원**을 구현한다. SAP Build는 이미 **엔터프라이즈 DevOps**를 염두에 두고 여러 내장 기능을 제공한다. 예를 들어 **사전 구축된 API 카탈로그**를 통해 승인된 API만 사용할 수 있게 하고, **액션 프로젝트** 등을 통해 검증된 로직 블록을 시민 개발자가 가져다 쓰도록 할 수 있다. 또한 **권한 관리**를 통해 누가 Build 기능에서 무엇을 할 수 있는지 제어한다. 예를 들어 일부 사용자만 프로덕션에 배포할 수 있게 하거나, 중요 프로세스 자동화는 승인 워크플로우를 통과하도록 설정한다. **CI/CD 및 버전관리 통합**

도 기술 거버넌스 요소이다. SAP Build Apps의 경우 Git 연동을 통해 소스 버전을 관리하거나, Build Process Automation은 Transport Package를 사용하여 각 환경으로 이관하도록 지원한다. 거버넌스 팀은 이러한 도구를 활용해 **변경 관리 프로세스를** 자동화하고, 승인된 변경만 배포되도록 한다. 마지막으로 **모니터링과 테스팅** 도구를 적용한다. 예컨대 SAP BTP Monitor나 Application Logging을 통해 Build 애플리케이션의 로그와 성능을 모니터링하고, 이상 징후 시 IT에 통보되게 한다. 또, 중요한 프로세스 자동화는 정기적으로 이상 없는지 테스팅 스크립트를 돌려본다. 이러한 기술적 수단들은 Build 거버넌스를 **규칙에 기반한 자동 통제로** 보강해준다.

설계 원칙

SAP Build 거버넌스를 설계할 때 우선 **기업의 전체 디지털 전략과** 부합해야 한다. 시민 개발을 도입하는 목적(업무 민첩성 향상, IT 백로그 해소 등)을 명확히 하고, 그 목표 내에서 거버넌스 수위를 정한다. 예컨대 은행이나 제약처럼 규제산업은 강도 높은 거버넌스(중요 앱은 모두 IT 승인 필수 등)가 필요하고, 반면 소규모 조직은 상대적으로 느슨하게 운영할 수 있다. 기본 원칙은 "자율성을 주되, 가드레일(Guardrail)을 설치한다"는 것이다. 시민 개발자의 창의성을 억누르지 않으면서도, 보안/품질 상 안전선을 넘지 않도록 최소한의 필수 규칙을 정한다.

역할 정의 원칙: 거버넌스 설계에서 가장 먼저 할 일은 **사람 측면 역할과 책임을** 명확히 하는 것이다. 누가 시민 개발을 할 자격이 있는지, 누가 이를 검토하고 승인하는지 정한다. CoE를 중심으로 **역할 계층을** 만들 수 있다. 예를 들어 **Citizen Developer**는 저위험 영역에서 자유롭게 앱을 만들되, Product Owner(현업 책임자)의 검수를 받고, IT Mentor(또는 CoE 담당자)의 승인을 얻어 운영에 내보낸다. 또한 **IT Administrator**는 SAP Build 플랫폼을 관리하고 정책을 설정하며, **Security/Compliance Officer**는 민감

데이터 접근 시 통제 역할을 한다. 이러한 역할 간 상호작용과 워크플로우를 정의하여, 개발 → 승인 → 배포의 사이클이 흐르게 설계한다.

교육 및 지원 원칙: 시민 개발자들은 전문 프로그래머가 아니므로, 체계적인 교육과 지속 지원이 거버넌스의 중요한 축이다. 거버넌스 설계 시 **온보딩 프로그램**과 **학습 자료** 마련을 포함해야 한다. SAP Build에 익숙하지 않은 사용자도 쉽게 시작할 수 있도록, 기본 훈련(예: 앱 만들기 101, 자동화 베이직)을 CoE 주도로 실시한다. 또한 사용자 커뮤니티(Community of Practice)를 만들어 시민 개발자들끼리 모범 사례를 공유하고 질문/답변할 수 있게 한다. CoE는 이 커뮤니티를 운영하면서 정기 모임이나 뉴스레터를 통해 새로운 가이드, 우수 사례를 전파한다. 이렇게 **사람 중심 지원체계**를 구축하면, 거버넌스가 "감시"가 아니라 "협력과 향상"으로 인식되어 사용자들의 참여도가 높아진다.

분류와 단계별 통제 원칙: 모든 시민 개발 결과물이 동일한 수준의 통제를 필요로 하는 것은 아니다. 거버넌스 설계 시 애플리케이션/프로세스의 **Criticality Level**을 분류하고, 단계별로 다른 규정을 적용한다. 예를 들어 **Tier 1**(전사 중요/대외 영향) 솔루션은 IT와 공동 개발·운영하며 엄격 검토, **Tier 2**(부서 내부 중요) 솔루션은 현업이 만들되 IT가 최종 승인, **Tier 3**(개인/팀 효율화) 솔루션은 비교적 자유롭게 개발 허용하되 사후 모니터링 정도만 하는 방식이다. 이처럼 **위험 기반 접근**을 취하면 리소스를 효율적으로 배분하면서도 중요한 것은 놓치지 않게 된다. SAP Build 플랫폼 내에서 이러한 분류를 적용하려면, 예컨대 중요 애플리케이션은 별도의 **Deployment Space**에서 관리하고 자동 승인률을 다르게 설정하는 등의 방법을 쓴다.

Lifecycle 관리 원칙

시민 개발로 만들어진 결과물도 **전체 수명주기**(요구-개발-테스트-운영-폐기)를 가진다. 거버넌스 설계 시 이 라이프사이클을 지원하는 원칙을 수립해야 한다. 예를 들어, 개발 단계에서는 자유롭게 만들도록 허용하되, 운영환경에 배포 전 UAT(User Acceptance Test)를 필수로 거친다. 운영 중에는 **버전관리**를 해서 변경 시 과거 버전으로 롤백 가능하게 한다. 장기적으로 사용되지 않거나 중복된 앱은 **폐기 절차**를 마련하여 정리한다. 특히 사라진 시민 개발자(퇴사 등)가 만든 앱은 CoE가 인수하거나 제거해야 할 수도 있다. 그러므로 **주요 앱의 공동 소유자 지정**이나 **소스 백업** 등의 정책이 필요하다. SAP Build에는 사용자 계정과 앱이 연계되므로, 거버넌스 정책으로 **사용자 탈퇴 시 자산 이관** 프로세스를 정의해두는 것이 한 예다.

구현 절차

SAP Build 거버넌스 체계를 구현하는 절차는 크게 **거버넌스 정책 수립 → 플랫폼 설정 → 교육/적용 → 모니터링/개선** 단계로 볼 수 있다. **거버넌스 정책 수립 단계**에서는 앞서 설명한 원칙들을 바탕으로 구체적인 정책 문서를 작성한다. CoE 주도 아래, 보안팀·컴플라이언스팀·현업 대표들을 모아 워크샵을 진행하며, 시민 개발의 사용 범위, 금지/허용 사항, 승인 프로세스, 역할 책임, 지원 계획 등을 합의한다. 결과물로 **시민 개발 가이드라인 문서**를 만들고 경영진 승인을 받아 배포한다. 동시에 CoE 조직을 공식화하여 인력들을 지정하고, 필요시 추가 채용이나 부서간 협업 관계를 정립한다.

플랫폼 설정 단계에서는, SAP Build 도구 내에서 정책을 기술적으로 enforcement 할 설정을 한다. 우선 **SAP BTP Subaccount** 상에서 SAP Build 서비스들을 활성화하고, 사용자 계정을 적절히 프로비저닝한다. 거버넌스에 따라 권한을 부여하는데, 예를 들어 SAP Build 작품에 대한 관리자 역할(SAP Build Admin)은 CoE 소수가 갖고, 개발자 역할(SAP Build Developer)은 교육 이수자에 한해 할당한다. 또한 **디지털 CoE 킷**을 활용할 수 있는데, SAP에서 제공하는 **Pre-built CoE Toolkit**에는 시민 개발 활동 추적시트, 평가 템플릿 등이 포함되어 이를 참조하여 적용한다.

Build Apps의 경우 **통합된 프로젝트 공간 설정**을 한다. 예를 들어 Production Workspace와 Development Workspace를 분리하여, 개발 Workspace에서 만든 것

을 IT가 검증 후 Production Workspace로 deploy하도록 구분한다. **SAP Build Process Automation**에서는 **환경**(Environment)별로 프로젝트를 이송하는 Transport 세팅을 하고, 중요한 프로세스는 **Approval Workflow** 스텝을 추가해 승인을 요구하는 형태로 설계한다. 이러한 플랫폼 구성을 통해, 기술적으로 시민 개발 산출물이 거버넌스 프로세스를 거치도록 구축한다.

통합 및 API 관리 설정도 이 단계에 이루어진다. SAP Build Apps에서 사용할 **데이터 엔티티**나 **API 리소스**를 미리 구성한다. CoE는 SAP Build의 **Data Catalog**나 Integration 지원 연결(계정)을 준비하여, 승인된 시스템에만 연결 가능하게끔 한다. 예컨대 ERP의 OData 서비스 중 민감 정보 API는 노출하지 않고, 필요한 읽기 전용 API만 등록해둔다. SAP Build Apps의 **클라우드 빌드 설정**도 중앙 관리하여, 빌드된 앱이 배포될 때 표준 기업 서명서(certificate)를 사용하게 하거나, App Center와 통합할지를 결정해 세팅한다.

교육/적용 단계에서는, 최종 사용자(시민 개발자) 대상으로 거버넌스 정책을 전파하고 개발 활동을 시작하게 한다. 정식으로 **교육 세션**을 열어, SAP Build 사용법과 함께 거버넌스 **Do & Don't** 목록을 소개한다. 예를 들어 "허가되지 않은 개인용 클라우드 저장소에 데이터를 전송하는 앱은 금지", "개발한 모든 앱은 CoE에 등록" 등의 규칙을 강조한다. 교육 이수자는 **시민 개발자 인증**을 부여하여 그들만 개발 Role을 할당받게 하고, Build 플랫폼에 로그인하여 실제 프로젝트를 개시하도록 한다. 이 과정에서 CoE 멘토들은 초기 멘토링을 제공하여 프로젝트 구조 설정, UI 표준 적용 등을 도와준다.

구체적인 개발 요청이 올라오면, **요청 평가 프로세스**를 거친다. 현업 부서에서 "이런 앱/자동화가 필요하다" 제안하면 CoE가 **평가 양식**에 따라 위험 등급과 가치 등을 평가해 승인한다. 승인된 건은 시민 개발자가 개발 착수하고, CoE는 주기적으로 **스프린트 리뷰**나 **샘플 검토**를 하며 품질을 관리한다. 완성된 산출물은 **출시 전 검증** 단계를 거치는데, CoE의 IT 아키텍트나 시큐리티 담당자가 해당 앱의 구성을 리뷰한다. 여기서 **정책 위반 사항**(예: 금지 API 사용, UI에 로고 규칙 미준수 등)이 발견되면 수정 피드백을 준다. 합격이면 최종 운영 배포를 승인한다. 운영 배포는, Build Process Automation

의 경우 **Transport Package**를 내보내 운영 Workspace에 가져오고, Build Apps는 **클라우드 빌드**로 앱 패키지를 생성해 MDM(모바일 디바이스 관리)에 올리거나, Web 앱인 경우 Custom Domain에 배포하는 작업이 포함된다 - 이러한 배포는 일반적으로 IT CoE가 지원한다.

모니터링/개선 단계에서는 운영 중인 시민개발 솔루션들을 지속 관리한다. CoE는 **SAP Build Monitor 대시보드**나 **Usage Analytics**를 통해 어떤 앱이 몇 명에게 사용되고 있는지, 오류가 발생하는지 등을 추적한다. 중요 앱은 **에러 로그 알림**을 설정하여 문제가 생기면 CoE에 보고되도록 한다. 또한 정기적으로 시민 개발자 커뮤니티로부터 피드백을 수집하여 거버넌스 정책을 개선한다. 예컨대 너무 엄격한 승인 절차로 개발 지연이 심하다는 의견이 많으면, 일부 저위험 애플리케이션은 사후 보고만 하도록 완화할 수 있다. 반대로 데이터 유출 사례가 발생했다면, 정책을 강화하고 해당 교육을 다시 시킨다.

마지막으로, CoE는 **성공 사례 발표** 등을 통해 거버넌스 하에 이루어진 시민 개발의 가치를 널리 알린다. 예를 들어 한 부서에서 Build Apps로 유용한 솔루션을 만들어 업무효율을 30% 높였다면, 전사 공유하고 포상한다. 이는 다른 부서의 참여를 독려하고, 거버넌스 준수 동기를 부여하는 효과가 있다.

운영 팁

SAP Build 거버넌스를 운영하는 과정에서, **균형 잡기**와 **지속적인 커뮤니케이션**이 핵심이다. 우선 **지나치게 통제하지 않도록 주의**한다. 시민 개발의 장점은 신속성과 창의성인데, 거버넌스가 과도하면 사용자들이 의욕을 잃고 다시 비공식 경로(Shadow IT)로 돌아갈 수 있다. 따라서 정책을 주기적으로 점검하여, 꼭 필요한 통제인지 판단하고 불필요하게 엄격한 부분은 완화한다. 예를 들어 처음에는 모든 앱에 CoE 승인 요구했지만, 운영 경험상 문제없고 소규모인 Tier 3 앱들은 승인 없이 배포 후 보고로 변경할 수 있다.

지속적 교육과 홍보

운영 중에도 사용자 교육은 계속되어야 한다. Build 플랫폼 업데이트나 새 베스트 프랙티스가 나오면 CoE에서 가이드 문서를 업데이트하고 교육세션을 연다. 또한 새롭게 시민 개발자가 되고자 하는 직원들을 발굴해 **온보딩 프로그램**을 수시로 시행한다. 많은 조직에서 핵심 시민 개발자가 한두 명에 치우치다가 그들이 이동하면 지식 공백이 생기는 문제가 있으므로, **인력 풀을 확장**하는 것이 중요하다. 이를 위해 사내 해커톤이나 앱 경진대회를 열어 관심있는 직원을 참여시키고, 우수 성과자를 선발해 CoE에 합류시키는 등 **동기 부여 행사**를 기획한다.

모니터링 도구 활용

SAP Build는 아직 성숙 단계이므로, 모니터링 기능이 제한적일 수 있다. 운영자는 BTP의 **Audit Log**나 **Activity Log**를 통해 누가 언제 무엇을 배포했고 변경했는지 기록을 남긴다. 현재 Build Process Automation은 중앙 모니터링 콘솔을 제공하므로, 프로세스 성공/실패율, 봇 작업 시간 등을 CoE가 주기적으로 체크해 효율을 최적화한다. 만약 반복적으로 실패하는 자동화가 있다면 현업과 협의해 프로세스 개선이나 예외 케이스 처리를 추가한다. Build Apps의 경우 사용자 수와 사용 빈도를 추적해, 거의 쓰이지 않는 앱은 유지 필요성을 재평가한다. 앱 가용성(Availability)도 모니터링 포인트이다 - 중요한 앱은 BTP 앱 상태를 Ping 모니터링하고, 다운 시 CoE에 알람이 가도록 설정한다.

보안 점검

운영 중 배포된 시민 개발 앱들에 대한 **보안 감사**를 정기적으로 실시한다. 예컨대 6개월마다 CoE 보안 담당자가 앱 소스를 스캔하거나 설정을 점검해, 민감 데이터 노출이나 권한 문제를 찾아낸다. Process Automation의 경우 자동화 로봇이 지나치게 넓은 시스템 권한을 쓰고 있지는 않은지 확인한다. 이러한 점검 결과는 해당 시민 개발자와 공유하여 개선을 요청하고, 향후 정책 업데이트에 반영한다. 또한 IT 보안사고 대응 프로세스에 시민 개발 솔루션도 포함시켜, 만약 관련 사고가 나면 CoE가 대응팀에 즉시 정보를 제공할 수 있게 한다.

피드백 루프

거버넌스는 고정된 것이 아니라, **계속 개선되는 프로세스**임을 명심한다. 운영하면서 현업 사용자들의 불편사항, IT측 어려움 등을 수렴하여 거버넌스 절차를 다듬는다. 이를 위해 **정기 거버넌스 평가 회의**를 연다. CoE와 주요 시민 개발자들이 모여 지난 분기 무엇이 잘 되었고 무엇이 문제였는지 토론한다. 예컨대 "승인 절차에서 평균 2주 지연 발생"이라는 데이터가 있다면 CoE 인원 확충이나 승인 기준 완화를 검토한다. 혹은 "개발된 50개 앱 중 5개만 적극 사용, 나머지는 활용 저조"라면, 왜 그런지 원인을 찾아 교육을 강화하거나, 정말 쓸모없는 것은 폐기하도록 지도한다. 이런 **Feedback Loop**를 통하여 거버넌스 체계도 조직 변화와 성숙도 향상에 따라 함께 진화한다.

문화 정착

무엇보다 중요한 운영 팁은, 거버넌스를 **규제의 틀**이 아니라 **성공 지원 프레임워크**로 인식시키는 것이다. CoE는 "심판"이 아니라 "코치"의 역할을 자처해야 한다. 시민 개발자들과 친밀한 관계를 유지하고 그들의 목표 달성을 도와주는 파트너로 행동하면, 자연스럽게 거버넌스 준수가 따라온다. 이를 위해 CoE 멤버들은 현업 부서와 긴밀히 소통하고 그들의 비즈니스 목표를 이해하며, 기술적 한계를 설명할 때도 일방적 금지가 아니라 대안을 제시하는 접근이 필요하다. 예를 들어 어떤 부서에서 보안상 민감한 요구를 했다면 "이건 안 됩니다"로 끝내지 말고 "대신 이렇게 하면 목적을 달성할 수 있습니다"라고 안내하는 것이다. 이러한 문화가 정착되면 시민 개발자들이 스스로 거버넌스의 가치를 이해하고 지키려 하게 되어, 궁극적으로 성공적인 저변 확대와 혁신 창출이 이루어진다.

주요 함정과 우회 전략

그림자 IT로 회귀하는 함정

거버넌스가 너무 엄격하거나 지원이 부족하면, 현업은 다시 비인가 도구나 엑셀 매크로 등 Shadow IT로 문제를 해결하려 할 수 있다. 이는 거버넌스 도입 취지를 무색하게 하고 보안 리스크를 높인다. 이 함정을 피하려면 앞서 언급한 **균형**이 핵심이다. 정책 수립 시 현업의 목소리를 충분히 반영하고, 최소한의 규칙으로 시작해서 필요시 강화하는 접근을 취한다. 이미 시민 개발자들이 불만이 쌓여 Shadow IT로 돌아서는 조짐이 보인다면, **우회 전략**으로 거버넌스 정책 일부를 한시적으로 완화해 빠른 성과를 내게 유도한 후 점진적으로 규칙을 재도입하는 방법도 있다. 또한 Shadow IT 사례가 발견되면, 처벌보다는 **포용과 전환** 전략을 쓴다. 해당 부서와 협의하여 그 솔루션을 SAP Build로 이관하도록 돕고, 대신 그들의 요구를 더 잘 만족시키도록 커스터마이징 지원을 해준다.

품질 저하 및 난잡한 앱 현황 함정

시민 개발 산출물이 많아지면, 품질 편차가 심해지고 유사 앱이 난립할 위험이 있다.

이 함정은 초기 CoE 리소스가 부족하면 발생하기 쉽다. 우회 전략으로는 **모델 앱/템플 릿 제공**이 있다. CoE가 잘 만든 참고용 앱과 프로세스 자동화 템플릿을 내놓으면, 시민 개발자들이 그것을 기반으로 만들어 품질 편차를 줄일 수 있다. 또한 **설계 표준**(디자인 시스템)을 정의하고, 린트 도구나 수동 체크리스트로 앱 릴리즈 전에 검사하여 필수 요건(UI 일관성, 접근성 등)을 통과한 것만 배포한다. 만약 이미 난잡하게 앱이 많은 상태라면, CoE가 **애플리케이션 포트폴리오 분석**을 한다. 모든 Build 산출물을 목록화해 중복을 찾고, 비슷한 기능은 통합을 권장한다. 예를 들어 부서마다 비슷한 승인 앱 5개가 있다면, 그중 제일 잘 만든 하나로 통합하고 나머지는 폐기토록 이끈다. 이러한 **정리 프로젝트**를 통해 향후 품질 유지와 관리 용이성을 확보한다.

보안/준법 위반의 함정

시민 개발자가 보안 인식을 못 하고 민감 데이터를 아무 곳이나 연동하거나, 적절치 않은 프로세스를 자동화하면 **컴플라이언스 문제**가 생길 수 있다. 예를 들어 고객 개인 정보를 무단으로 구글 시트에 Export하는 앱이 만들어졌다면 GDPR 등에 위배된다. 이를 예방하기 위해, **데이터 분류 및 접근 제한**을 거버넌스에 포함해야 한다. 즉, Build 에서 접근 가능한 데이터 소스 중 개인식별정보나 재무기밀 데이터는 특별 승인 없이는 못 쓰게 기술적으로 막아둔다. 우회 전략으로, 시민 개발이 꼭 필요하지만 보안상 민감한 경우는 **프록시 API**를 제공한다. 예를 들어 HR 정보를 필요로 하는 앱은 직접 SuccessFactors 연결 대신, 특정 필드만 준수 형식으로 제공하는 중개 API를 써서 개발하게 유도한다. 이미 위반 상황이 발생했다면, 즉시 해당 앱 사용을 중단시키고 사건의 영향을 파악한다. CoE와 보안팀이 함께 문제 앱을 수정하거나 폐기하고, 사용자들에게 재교육을 실시한다. 이때 너무 강한 제재만 하면 사기가 떨어지므로, 대신 "이러이러한 이유로 위험하니 우리가 다른 방식으로 지원하겠다"는 식으로 접근한다.

전문 IT와 시민 개발자 간 충돌 함정: 종종 IT 부서 일부에서는 시민 개발자가 만드는 것을 못마땅하게 여기고 견제하려는 분위기가 있을 수 있다. 이는 협업에 장애가

되고 거버넌스 시행을 어렵게 만드는 함정이다. 해결을 위해 **조직문화 개선**이 필요하다. 경영진 차원에서 시민 개발을 통한 혁신을 독려하고, IT 부서의 역할 변화를 인지시킨다. CoE는 전통 IT팀과 긴밀히 소통하며, 이들을 **멘토/코치**로 참여시켜 역할을 부여한다. 예를 들어 ABAP 개발자들을 Build CoE로 일부 전환시켜 새로운 역할을 주면, 위협으로 느끼기보다는 새로운 업무로 받아들일 수 있다. 또한 성공 사례를 공유할 때 IT 공로도 함께 치하하여 상생 분위기를 조성한다.

유지보수 공백 함정

시민 개발자는 직무 이동이나 퇴사 가능성이 높고, 개인 역량에 따라 산출물 품질이 좌우되기 때문에, 향후 유지보수에 공백이 생길 위험이 있다. 이는 거버넌스에서 반드시 고려해야 할 함정이다. 우회 전략으로 **공동 소유 및 지식 이전**을 정책화한다. 중요한 솔루션은 항상 2인 이상의 공동 소유자를 두고, 개발자 본인이 떠나기 전 CoE나 후임자에게 지식을 전수하도록 절차화한다. 그리고 정기적으로 CoE가 코드/구현을 리뷰해 문서화를 보완해둔다. 시민 개발자가 만든 것이라도 **중앙 저장소**(Git 등)에 버전을 관리하면, 누군가 떠나도 코드를 이어받아 볼 수 있다. 만약 예기치 않게 아무도 모르는 앱이 남았다면, CoE가 분석 작업을 해서 작동 원리를 파악하고 문서화한다. 최악의 경우 그 앱을 재구축하는 것도 검토하지만, 사전에 이런 일이 없도록 하는 것이 최선의 거버넌스다.

요약하면, SAP Build 거버넌스에서 유의할 함정으로는 **과도한 통제로 인한 우회, 품질 난립, 보안위협, IT-현업 알력, 유지보수 불안정** 등이 있다. 이를 극복하기 위해 **적정한 규칙과 자유의 균형, 중앙 지원과 표준화, 기술적 가드레일, 문화적 장려, 공동 책임 체계** 등의 전략을 병행해야 한다. 거버넌스를 단순 규제로 보지 않고 지속 개선하고 모두의 성공을 돕는 프레임으로 운영할 때, 비로소 시민 개발과 IT 거버넌스가 함께 조화를 이루게 될 것이다.

5.5 테스트 자동화 전략

개념 정의

테스트 자동화는 새로운 시스템 기능이나 변경 사항이 발생했을 때 **인간의 개입 없이 소프트웨어 도구로 테스트를 수행**하여 품질을 검증하는 방법론이다. SAP S/4HANA Public Cloud처럼 **업그레이드가 빈번한 클라우드 ERP**에서는 분기마다 기능 변경이 이루어지므로, 매 릴리스마다 핵심 비즈니스 프로세스가 제대로 동작하는지 테스트하는 것이 필수적이다. 테스트 자동화는 이러한 **회귀 테스트**(regression test) 작업을 효율화하고, 사람에 의존한 수작업 테스트의 누락이나 오류를 줄여준다. 특히 퍼블릭 클라우드 환경에서는 고객이 직접 코드를 수정할 수 없어도 **설정 변경, 확장 기능** 등을 적용한 상태에서 표준 프로세스가 잘 작동하는지 신속히 확인해야 하기 때문에 자동화된 테스트의 가치가 크다.

SAP S/4HANA Cloud Public Edition을 위한 대표적인 테스트 자동화 도구로 SAP S/4HANA Cloud Test Automation Tool(TAT)과 SAP와 파트너십을 맺은 Tricentis Test Automation for SAP(TTA)가 있다. **TAT**는 S/4HANA Cloud에 내장된 자동화 테스트 프레임워크로, 별도 설치 없이 **품질**(Q) **시스템**에 사전 제공된다. SAP에서 미리 작성한 **330여 개의 표준 테스트 스크립트**를 제공하며, 이를 활용해 주요 비즈니스 프로세스(예: 주문-출하-청구) 시나리오를 테스트할 수 있다. 사용자는 웹상의 **Manage Your Test Processes** Fiori 앱을 통해 테스트 계획을 수립하고 스크립트를 실행할 수 있는데, UI 상에서 녹화-재생 방식으로 자체 시나리오 스크립트를 수정/추가도 가능하다. 반면 **TTA**는 트리센티스(Tricentis)사의 상용 제품으로, SAP GUI, Web UI5, Fiori,

비SAP 등 **광범위한 기술 스택**에 대한 테스트 자동화를 지원한다. 설치형 솔루션으로 독립 실행되며, SAP Solution Manager나 Cloud ALM과 연계하여 테스트 관리가 가능하다.

핵심적으로, S/4HANA Cloud 환경에서의 테스트 자동화는 **빈번한 클라우드 업데이트에 대응한 신속 검증**과 **프로덕션 릴리즈 전 안전망 확보**를 목적으로 한다. SAP는 Cloud 고객들이 분기별 업그레이드에 대비할 수 있도록 업그레이드 전 **2주 가량의 테스트 기간**을 부여하는데, 이 기간 동안 품질시스템에서 새로운 릴리즈의 영향을 테스트해야 한다. 자동화된 테스트 스크립트가 있다면 수백 개의 시나리오를 단시간에 실행해볼 수 있어, 업데이트로 인한 문제를 운영 시스템에 반영되기 전에 발견/수정할 수 있다. 또한 신규 비즈니스 프로세스를 도입하거나, BTP 확장앱과 연계했을 때 통합된 프로세스가 잘 굴러가는지 정기적으로 테스트하는 데에도 자동화가 유용하다.

BTP 환경에서도 테스트 자동화는 중요하다. 예컨대 BTP의 ABAP 확장(랩)이나 CAP 애플리케이션은 각각 Unit Test 프레임워크(ABAP Unit, Jest 등)를 사용해 개발단계에서 자동화 테스트를 구축할 수 있다. 나아가 전체 비즈니스 플로우 측면에서는 S/4 본체와 BTP 확장앱, 그리고 Fiori/UI5 사용자 화면까지 포함한 **엔드 투 엔드 테스트**가 필요하며, 이러한 E2E 테스트를 자동화 스크립트로 돌려볼 수 있다.

결론적으로, SAP Public Cloud 도입/운영 시 **테스트 자동화 전략**은 "빈번한 변경 = 지속적 테스트"라는 전제 하에, 적절한 도구(TAT, TTA 등)와 기법(회귀 테스트, 성능 테스트 등)을 조합하여 **비즈니스 연속성 보장**과 **품질향상**을 도모하는 것이다.

설계 원칙

테스트 자동화 전략을 수립할 때는 먼저 **리스크 기반 접근**을 취해야 한다. 즉 시스템 내 모든 기능을 다 자동화하기보다는, **비즈니스에 미치는 영향이 큰 핵심 프로세스**

와 **변경 가능성이 높은 영역**을 우선적으로 자동화 대상에 포함한다. 예를 들어 재무결산, 주문-결제와 같은 핵심 프로세스나, 다수의 통합포인트가 있는 프로세스는 반드시 자동화 테스트를 작성한다. 반면 1년에 한두 번 쓰는 일부 관리 기능 등은 자동화 우선순위에서 밀릴 수 있다. 이처럼 **우선순위 원칙**에 따라 테스트 자산을 효율적으로 구성해야 유지보수 부담을 줄이고 효과를 극대화할 수 있다.

다음으로 **재사용성과 모듈화** 원칙을 적용한다. SAP 업무 프로세스는 유사한 단계(예: Fiori 앱 열기, 항목 입력, 저장 버튼 클릭)가 반복되므로, 테스트 스크립트 작성시 이러한 공통 동작을 **모듈**로 만들어 여러 시나리오에서 활용한다. TAT에서도 제공되는 표준 스크립트들은 모듈화되어 있어, 예를 들어 "Create Sales Order" 스크립트를 호출한 뒤 "Create Delivery", "Create Invoice" 스크립트를 순차 실행하여 O2C(주문→현금) 시나리오 전체를 구성할 수 있다. 자체 스크립트 개발 시에도 **Keyword-driven** 방법을 사용하여, "로그인", "메뉴 이동", "데이터 입력", "검증" 등의 키워드를 정의하고 조합함으로써 가독성과 유지보수를 높인다. 이렇게 해야 추후 UI 변경 등이 발생해도 모듈 하나만 고치면 관련 모든 테스트에 반영되므로, 자동화 자산의 **업그레이드 안정성**이 올라간다.

데이터 관리 원칙도 중요하다. 자동화 테스트는 반복 실행되므로 **안정적인 테스트 데이터 세트**가 필요하다. 설계 시 각 시나리오별로 독립된 테스트 데이터를 사용하도록 계획해야 한다. 예컨대 회계 전표 생성 테스트는 매번 새로운 전표번호를 생성하지만, 마스터 데이터(거래처, 계정 등)는 사전에 고정된 것을 쓰도록 셋업한다. 가능하면 **Given-When-Then** 패턴처럼, 사전조건(DB상 데이터 준비), 행동(트랜잭션 처리), 결과검증(테이블/화면 값 비교) 구조를 분리하고 사전조건을 충족시키기 위한 **마이그레이션 도구**나 **API** 활용도 고려한다. 또한 테스트 데이터는 **보안**도 유념하여, 실제 운영 데이터가 노출되지 않게 **익명화/마스킹**된 데이터를 사용하거나, 테스트 전용 dummy 데이터를 사용한다. S/4HANA Cloud에서는 영업/구매 등 각 영역에 **통합테스트용 표준 데이터**(예: 1010 고객 등)가 일부 제공되므로, 이를 적극 활용하고 부족한 부분은 Fabrication(스스로 생성)한다.

도구 적합성 원칙

SAP 환경에서 테스트 자동화 도구는 각각 강점이 다르므로 적재적소에 맞게 선택한다. **내장 도구 우선** 전략으로, S/4HANA Cloud TAT는 그 환경에 최적화되어 있으므로 S/4 전용 테스트에 활용하고, SAP GUI나 SuccessFactors 등 멀티앱 시나리오나 비SAP까지 포함하는 경우 TTA 같은 외부 도구를 병행한다. TAT는 S/4 UI 변경에 민감하지 않고(SAP가 유지보수), **업그레이드 후 기본 회귀테스트**에 적합하다. TTA는 폭넓은 기술 커버리지와 **API 테스트, 성능테스트**까지 포괄하므로, **엔드투엔드 통합 테스트**나 SAP 이외 시스템까지 포함한 시나리오에 쓰도록 설계한다. 또한 ABAP 유닛테스트나 JS 유닛테스트 등 개발단위 자동화는 개발자 자체의 표준으로 시행하고, 이를 **CI 파이프라인**에 넣어 코드 변경 시 자동 실행되도록 한다. 이러한 멀티 도구 전략에서도 일관성 있게 **테스트 관리**를 위해 SAP Cloud ALM 또는 SolMan의 **Test Suite**를 사용해 전체 테스트 시나리오를 카탈로그화하고 계획/결과를 추적한다.

통합과 커버리지 원칙

클라우드 ERP는 혼자 동작하지 않고, 여러 위성시스템(예: 전자세금계산, WMS 등)과 연결된다. 자동화 테스트 전략에서 **통합 포인트 검증**을 잊으면 안 된다. 예를 들어 S/4HANA Cloud에서 IDoc을 내보내 외부 물류시스템이 받는 프로세스라면, 자동화 시나리오에 IDoc 성공 여부 및 외부 시스템 인터페이스 로그 확인까지 포함해야 한다. 이를 위해 **API stub**이나 **모의(Mock) 서비스**를 활용해 외부시스템을 흉내내거나, 가능하면 테스트 환경에 실제 외부시스템이 연결된 상태로 E2E 테스트를 설계한다. 커버리지 면에서도, CRITICAL 20% 프로세스가 전체 리스크 80%를 차지한다는 원리에 따라 중요한 시나리오는 여러 변형케이스까지 커버하도록 스크립트를 작성한다. 예컨대 매출주문 테스트 시 정상 케이스 외에도 재고부족 에러케이스, 권한없음 시나리오 등 예외 시나리오까지 자동화한다. 이렇듯 **Positive + Negative 테스트**를 모두 포함시켜 신뢰성을 높인다.

마지막으로 **유지보수 용이성** 원칙: 테스트 자동화 스크립트는 일회용이 아니라 릴리스마다 계속 쓰이는 자산이다. 따라서 **코딩 표준과 문서화**를 적용하여 다른 사람이 봐도 이해할 수 있게 만든다. 변수명, 키워드명에 업무 의미를 담고, 각 스텝에 주석을 붙인다. 스크립트 관리 체계도 소스버전관리를 통해 변경이력 추적이 가능하게 하고, 새로운 릴리스에 맞춰 SAP가 제공하는 변경내역(예: Fiori 앱 ID 변경)을 체크리스트로 관리해 스크립트 수정 포인트를 빠르게 잡는다. 만약 UI 변경에 스크립트가 많이 영향을 받는다면, UI 요소식별자(anchor)를 더 견고하게 수정하거나, SAP Fiori의 Automation API가 있다면 활용하는 등 보완책을 찾는다. 이러한 원칙들을 종합하여, **테스트 자동화 마스터 플랜**을 수립해놓으면, 향후 인력 변경이나 환경 변화에도 일관된 접근으로 고품질의 자동화가 유지될 수 있다.

구현 절차

SAP 환경 테스트 자동화 구현 절차는 도구 선정 및 설치 → 테스트 케이스 작성 → 스크립트 개발 → 실행 및 검증 → 유지보수 단계로 요약된다. **1) 도구 준비 단계**에서 조직은 앞서의 전략에 따라 TAT vs TTA 혹은 둘 다 사용 여부를 결정한다. S/4HANA Cloud 고객의 경우 기본적으로 TAT 라이선스가 포함되어 있으므로, 우선 테스트 사용자(보통 TB300 핵심 사용자 권한)에 **SAP_BR_TEST_AUTOMATION** 등의 역할을 할당해 TAT 기능 접근을 활성화한다. 그리고 SAP Best Practices Explorer 등을 참고해 제공되는 표준 스크립트 목록을 확보한다. 한편 TTA를 사용할 경우, Tricentis 사의 Test Automation for SAP 설치를 진행해야 한다. 이 소프트웨어를 전용 서버나 사용 PC에 설치하고, S/4HANA Cloud와의 연계를 위해 **Tricentis Cloud Connect** 또는 OnPrem Agent를 설정한다. 또한 TTA를 SolMan이나 Cloud ALM과 연동할 계획이면 관련 커넥터/증분 설치도 수행한다. 이 단계에서 병행으로, ABAP 개발 영역에서는 ABAP Unit 프레임워크 사용을 위한 클래스/메서드 스켈레톤을 작성해두고, CAP 등 BTP 앱은 Mocha/Jest 환경을 설정해 CI 파이프라인에 통합한다(Jenkin, GitHub Actions 등).

테스트 케이스 식별 및 시나리오 설계 단계에서는, 수동 테스트 케이스를 분석하여 자동화 대상 케이스를 선별한다. 예를 들어 기존 UAT 시나리오 문서나 BPML(Business Process Master List)를 살펴 핵심 플로우를 뽑는다. 각 케이스에 대해 **Test Script 설계서**를 작성하는데, 절차(로그인 → 메뉴 → 입력 → 저장 → 검증) 순서를 기술하고, 필요한 테스트 데이터(예: 고객ID=100000, 제품=TG11, 수량=5), 예상 결과(메시지 "저장되었습니다") 등을 명시한다. 이때 예상 결과는 DB 테이블 값이나 UI 메시지 등을 기준으로 정한다. 또한 전제조건(사전에 만들어져 있어야 할 마스터 데이터 등)과 후처리(테스트 종료 후 데이터 롤백이나 삭제 필요 여부)도 기록한다. 이 설계서는 추후 자동화 스크립트 구현의 청사진 역할을 한다.

스크립트 개발 단계에서는, 선택한 도구로 실제 자동화 스크립트를 작성한다. TAT의 경우 **Manage Your Test Process** 앱에서 Test Process를 생성하고 표준 스크립트를 조합하거나, **Recording 기능**을 써서 신규 시나리오를 녹화한다. 예컨대 Fiori 화면에서 수동으로 하나의 거래를 수행하면서 Record를 켜두면 TAT가 클릭, 입력 동작들을 캡처하여 스크립트를 생성한다. 그런 다음 **Standard vs Custom Parameters**를 조정해, 변해야 할 값(예: 가격, 수량 등)은 변수로 일반화하고, 고정값(회사코드 등)은 그대로 둔다. 또한 Checkpoints(검증포인트)를 삽입하는데, 화면 상 특정 필드 값이 예상과 같은지 확인하는 단계이다. TAT는 UI 레이어 검증이 기본이므로, 필요한 경우 **OP**(Out-Point) 파일로 DB 덤프를 받아 값 비교도 할 수 있다.

TTA의 경우, **Tricentis Recorder** 또는 **Manual scripting** 방식을 이용한다. TTA Recorder를 실행해 S/4HANA Cloud 웹 화면 조작을 캡처하면, XScan 기술로 UI 요소를 인식하여 Module을 생성한다. 그런 다음 TTA 워크스페이스에서 **Test Case**를 만들어, Modules(로그인 모듈, 데이터입력 모듈 등) 끼워넣고, 각 모듈의 Input 값(테스트 데이터)를 바인딩한다. TTA는 SAP 표준 Fiori 이외에도 PDF, GUI 등도 캡처 가능하므로,

필요하면 GUI(예: FBL1N) 테스트도 추가한다. 그후 **Verification** 스텝을 설정해 특정 UI 값 또는 DB값(OBP through OData call) 검증을 추가한다. 작성한 스크립트는 **모델 기반 스크립팅**이라 코딩이 거의 필요 없지만, 복잡한 논리(예: Looping, 조건 분기)가 필요하면 TTA에서 제공하는 스크립팅 블록이나 파이썬/VB 등을 이용해 구현한다. BTP CAP 등 코드 단위 테스트는 개발자가 IDE에서 직접 작성(예: CAP Node에서는 Jest/Chai로 test/*.js 파일 작성)하고, 통합 테스트의 stub을 Node or JUnit으로 작성한다.

실행 및 결과 검증 단계에서, 구현된 스크립트를 시범 실행하여 동작을 확인한다. TAT에서는 **Test Plan**을 생성해 다양한 스크립트를 묶어 실행할 수 있고, 한 스크립트 내 반복 횟수나 데이터 변이(Data Combinations)를 지정할 수 있다. 실행 후 **Test Result**를 확인해 어떤 단계에서 실패했는지 로그/스크린샷을 검토한다. UI응답 지연 등으로 실패했다면 **Sync 설정**(동기화, 기다리는 시간)을 늘리거나, Element 식별이 안되면 XPaths 등 식별자를 조정하는 튜닝을 한다. TTA에서는 **Test Suite**를 만들고, 여러 Test Case를 순차/병렬로 실행한다. TTA Execution 로그에서 실패한 step, 오류 메시지를 분석한다. 예상과 다른 결과가 나왔을 경우, 테스트 시나리오나 데이터가 잘못된 건 아닌지 역으로 검증해보고, 필요하면 시나리오 설계서를 업데이트한다. 이 과정에서 S/4HANA Cloud **2-System Landscape**(Q → P) 구조를 고려해, 테스트는 Q환경에서 실행함을 확인한다. Cloud ALM/SolMan 연계를 했다면, Test Case와 Requirement Traceability가 연결되었는지, 결과가 Test Plan에 기록되는지도 검증한다.

유지보수 및 운영 단계에서는 주기적으로 자동화 스크립트를 관리한다. S/4HANA Cloud는 분기별 업그레이드 되므로, SAP가 사전에 발표하는 **What's New** 문서를 분석해 UI 변경(Fiori App ID 변경, 필드 추가/제거 등)을 파악한다. 이에 따라 자동화 스크립트에서 해당 부분을 수정한다. TAT의 표준 스크립트는 SAP가 업데이트하지만, 커스텀 스크립트는 고객이 수정해야 한다. TTA 스크립트는 UI스캔 모듈이 깨질 수 있으므로, **Rescan** 기능을 이용해 변경된 화면을 다시 인식시켜 업데이트하거나, XPaths를 수동 수정한다. 또한 새로운 기능 도입 시 그 부분에 대한 테스트 자동화를 추가한다. 예컨대 조직이 새 Country Rollout으로 회사코드가 늘었다면, 기존 테스트에 새 회사코드

케이스를 추가하거나, 혹은 나라별 분기를 스크립트에 넣는다.

운영 중에는 **테스트 일정관리**가 중요하다. 분기별 릴리스 전에 **정기 회귀 테스트 실행** 일정을 정하고, 자동화 스크립트를 실행한다. S/4HANA Cloud에서는 Q시스템에 업그레이드 미리 적용되는 시점(일반적으로 생산 2-3주 전)에 TAT/TTA로 전체 회귀스위트를 돌린다. 만약 이 때 이슈를 발견하면, 그 결과를 가지고 SAP에 Incidence를 제기하거나(표준 버그면), 내부 대응(확장앱 수정 또는 업무절차 변경)을 한다. 수정 후엔 스크립트를 재실행해 통과 여부를 확인한다. 또한 주기적이지 않더라도, 중요 패치나 설정 변경 후에도 Smoke Test 수준으로 관련 자동화 케이스를 돌려 이상 없는지 확인하는 운영 습관을 갖는다. TTA/Tricentis의 CI integration을 활용하면, Transport나 코드 푸시 이벤트 시 자동으로 관련 테스트를 수행하게 트리거할 수 있다. 예컨대 BTP CAP 애플리케이션을 새 버전 배포하면, GitOps 파이프라인에서 TTA API를 호출해 E2E 테스트를 실시하고 결과가 OK여야 최종 Prod 릴리스를 승인하도록 연계한다.

마지막으로 **테스트 자산 관리**: 작성된 스크립트는 일종의 자산이므로 문서화(어떤 시나리오가 어디에 구현되어 있는지)와 백업을 신경쓴다. TAT 스크립트는 S/4HANA Cloud Q 시스템 테넌트에 저장되므로, 혹시 테넌트 갱신 등의 이벤트에 대비해 Export/Download 받아 보관한다. TTA도 자체 프로젝트 파일로 저장되니 정기 Export 및 소스코드 백업(Tricentis qTest 등에 저장)한다. 이렇게 하면 추후 회귀테스트 패키지를 다른 시스템(예: 새 Q 갱신)에도 Import하여 재사용할 수 있다.

운영 팁

운영 측면에서 테스트 자동화를 성공적으로 활용하기 위해서는 몇 가지 팁이 있다.

첫째, **테스트 데이터 관리 도구화**: S/4HANA Cloud는 테스트 실행 후 데이터를 수동 정리해야 할 때도 있다(예: 생성된 문서를 지우는 취소 프로세스). 이를 일일이 수동하면 자동화 효용이 떨어지므로, 가능하면 **사전/사후 스크립트**로 데이터 준비와 정리를 자동화한다. 예를 들어 매 테스트 전에 필요한 마스터 데이터를 CDS 뷰 + OData로 조회해 없으면 생성하고, 테스트 종료 후 생성된 거래는 API 호출로 Reverse/취소하여 데이터 일관성을 유지한다. 이런 유틸리티 스크립트를 만들어 두면, 환경을 초기상태로 되돌리기 쉬워진다.

둘째, **병렬 실행과 일정 최적화**: 회귀 테스트 시나리오가 많을 경우 순차 실행하면 시간이 오래 걸릴 수 있다. TTA나 일부 프레임워크는 병렬 실행을 지원하므로, 테스트 시나리오를 병렬 가능한 단위로 나누어 여러 VM 또는 스레드에서 동시에 돌린다. 이때 서로 충돌하지 않도록, 케이스간 독립성을 보장하거나, 불가피하게 공유 자원을 쓸때 시리얼하게 실행하도록 태그를 붙인다. 또한 야간이나 주말 등 시스템 부하가 적은 시간을 활용해 자동화 테스트를 돌리도록 스케줄한다. Cloud 환경에서는 모든 테스트 실행이 온라인 transaction처럼 인식되어 지나친 부하를 줄 수 있으므로, 운영 사용에 영향 없게 시간대를 조정하고 과도한 빈도로 실행하지 않는다.

셋째, **결과 해석과 보고 자동화**: 테스트 자동화는 실행 자체도 중요하지만, 그 결과를 빠르게 분석해 조치하는 것이 핵심이다. 이를 위해 Cloud ALM이나 SolMan의 **Test Suite 보고서**를 사용하여 어떤 테스트가 통과/실패했는지 대시보드로 제공하고, 실패한 케이스에 대한 상세 로그를 첨부하여 관련 담당자에게 통보한다. 예컨대, 100개 케이스 중 5개 실패했으면, 그 5개만 추려 **결함 관리 프로세스**(SAP의 Jira나 SolMan Defect Management)에 자동으로 기록하고 담당자에게 이메일 알림이 가도록 한다. 이렇게 하면 운영자가 일일이 로그 뒤질 필요 없이 문제있는 부분을 신속히 인지하고 대응할 수 있다.

넷째, **테스트 자동화에 대한 지속적인 메인트넌스 리소스 확보**: 자동화 스크립트는 "코드"와 마찬가지로 관리 대상이다. 릴리스마다 수정작업이 필요한데, 이를 제때 할 인력이 없으면 스크립트가 구식이 되어 못쓰게 된다. 따라서 운영 단계에서 **전담 인력** 또는 **역할**을 명시한다. 예를 들어, IT QA팀 내에 S/4 테스트 자동화 담당자를 두어, 분기 릴리스 정보 파악 → 스크립트 수정 → 테스트 수행까지 책임지게 한다. 이들은

SAP Community나 노트에서 Test Automation Tool 관련 최신 정보(새 기능, 이슈)를 따라가며 활용도를 높인다.

다섯째, **테스트 자동화 환경 관리**: S/4HANA Cloud의 품질(Q) 환경은 테스트에 쓰이지만, 다른 용도로도 병행 사용될 수 있어 테스트 중 의외의 간섭(예: 실사용자가 Q에서 뭔가 바꿈) 가능성이 있다. 중요한 회귀 시험 기간에는 Q 환경을 **테스트 전용으로 Lock**하거나, 별도의 전용 테스트 Tenant를 신청하는 것도 고려한다. SAP Cloud에서는 필요시 추가 Test Tenant(선택사항)를 제공하기도 한다. BTP에서는 테스트용 서비스를 분리 deployment 하여 실제 운영 데이터와 격리된 상태에서 테스트를 돌린다.

마지막으로, **테스트 자동화 ROI 관리**: 자동화에도 비용과 시간이 투자되므로, 그 효과를 측정하고 피드백해야 한다. 운영에서 분기별로 "N건의 테스트 케이스 자동화로, 수작업 X시간 절감, 발견된 회귀 버그 Y건 조기 수정" 같은 KPI를 산출해 경영에 보고하면, 지속적인 지원을 이끌어낼 수 있다. 이를 위해 실패/성공률 추이, 실행 소요시간 추이 등을 기록하고 개선을 도모한다. 만약 어떤 케이스는 매번 flaky(간헐 실패)하다면, 해당 스크립트를 보완하거나 빼는 판단도 해야 한다(flaky test는 거짓 알람으로 효율을 떨어뜨리므로). 이런 지속적 조율로 테스트 자동화 품질 자체도 높여간다.

주요 함정과 우회 전략

테스트 스크립트 유지보수 과부하 함정

클라우드의 빈번한 UI/프로세스 변경으로 자동화 스크립트 수정이 많이 발생하면, 유지보수 작업량이 커져 혜택보다 비용이 높아질 수 있다. 이는 "자동화의 역설"로, 잘못 관리하면 자동화가 오히려 짐이 된다. 이를 완화하려면 **우회 전략**으로 **핵심 프로세스 중심의 스크립트 경량화**를 고려한다. 즉, UI 변동이 심한 상세단계까지 검증하는 스크립트보다는, 큰 흐름만 검증하는 스크립트를 유지하고 세부는 표준 변화에 맡기는 식이다. 예를 들어 5페이지짜리 복잡한 프로세스 중 페이지 레이아웃이 자주 바뀌면, 그 부분은 자동화 생략하거나 API 레벨 검증으로 대체한다. 또한 TAT 표준 스크립트는 SAP가 유지보수하므로, 가능하면 커스텀 대신 표준을 활용하고 커스텀은 최소화한다. 만약 이미 스크립트 유지보수가 벅차다면, **도구 변경**을 검토한다. 예컨대 TAT로 힘들면 TTA의 AI 기반 검사로 바꾸거나, 반대로 TTA 유지가 어려우면 TAT 표준 위주로 전략을 변경한다.

과도한 데이터 의존성 함정

자동화 테스트가 특정 데이터에 강하게 의존하면, 그 데이터 조금만 달라져도 스크립트가 실패한다. 예를 들어 고객 "C1000"이 있어야 하는데 누가 삭제하면 테스트 중단된다. 이 함정은 클라우드처럼 여러 팀이 같은 Q환경 쓰는 경우 흔하다. 우회책은 **테스트 데이터 독립성 확보**이다. 가능하면 스크립트가 필요한 데이터를 스스로 생성하게 한다(Pre-Step). 예: 고객 마스터 생성 API 호출 후 생성된 ID로 주문 생성. 또는 테스트 전 매번 필요한 데이터를 Migration Tool로 업로드한다. 이렇게 하면 외부 요인 영향이 줄어든다. 또한 환경을 분리(전용 테넌트)하여 다른 팀간 간섭 없게 하거나, 데이터 Refresh 정책을 명확히 해서 자동화팀이 항상 최신 데이터 상황을 알게 한다.

Flaky Test 함정

자동화 테스트 중 어떤 것은 간헐적으로 실패/성공을 반복하는 경우가 있다. 예를 들면 페이지 로딩 시간 이슈로 가끔 타임아웃되는 등. Flaky한 테스트는 결과 신뢰도를 떨어뜨리고 디버깅 리소스를 잡아먹는다. 대응으로는 **안정성 향상**: Wait 조건을 더 준다거나, 재시도 로직을 넣어 일시적 오류 시 한 번 더 시도하게 하는 방법이 있다. 또는 Flaky 원인을 기술적 제약으로 해결 어려우면, 해당 케이스를 자동화 대상에서 제외하고 수동으로 테스트하게 한다. 예: 매우 복잡한 UI Drag&Drop 동작이 자동화툴로 불안정하면, 그 부분은 정기수동검사로 남겨두는 pragmatic approach.

커버리지 과신 함정

자동화했다고 해서 100% 문제를 잡아낼 수 있다고 과신하면 위험하다. 특히 SAP 표준 변경 중 자동화 스크립트가 커버 못한 부분(예: 새로운 기능이 추가됐으나 자동화 시나리오엔 없음)은 발견 못할 수 있다. 그래서 자동화가 많이 되어도, **핵심 사용자에 의한 간이 검증**과 **탐색적 테스트**를 병행 권장한다. 우회전략으로는 릴리스마다 Key User들이 새 기능을 시험해보고 느낌을 공유하는 세션을 유지하여, 자동화 범위 밖 이슈를 잡는다. 또한 자동화 결과를 **현실 검증**: 스크립트 Pass했다고 해도 실제 사용자 UI 체감이 불편해졌거나 하는 건 자동화가 못 느끼니, 이런 부분은 여전히 사용자 피드백 루프가 필요하다.

성과 미흡으로 인한 지원 중단 함정

초기 자동화 투자 대비 단기 효과가 눈에 안 보이면 경영층이 관심을 잃고 리소스 투입을 줄일 수 있다. 자동화는 초기 구축에 시간이 걸리고, 첫 회 릴리스때는 수작업 줄이는 효과가 크지 않을 수 있는데, 이를 이해 못하면 "쓸모없네" 판단하기 쉽다. 이를 방지하려면 **작은 성공의 신속 실현**을 보여주는 전략이 필요하다. 중요 2~3개 프로세스만 먼저 자동화해 그 부분에서 "Zero-touch 테스트 통과"를 시연하고, 과거엔 3일 걸리던걸 3시간만에 끝냈다 등의 어필을 한다. 그리고 점진적으로 확대한다. 만약 이미 지원이 줄었다면, **ROI 분석 보고서**를 통해 지금까지 발견한 문제들(몇 건의 심각결함 발견 및 예방)을 강조하고, 향후 커버리지를 넓히면 얼마나 추가 절감될지 수치를 제시해 재투자를 이끌어낸다.

테스트 환경 차이 함정

Public Cloud의 제약상 테스트(Q)와 운영(P) 환경이 다를 수 있다(예: 일부 통합시스템 운영만 연결). Q에서 통과해도 P에서 문제날 수도 있는데, 자동화는 보통 Q 기준이라 놓치기 쉽다. 이 함정에 대응해, **Pre-Production 테스트**를 권장한다. SAP Cloud는 P 복제한 Sandbox를 일정기간 제공하기도 하니, 거기서 핵심자동화를 재실행한다. 또는 운영 릴리스 직후 Smoke Automation을 돌려 즉시 이상 감지한다. 예: 운영 릴리스 밤에 완료 후 자동화 Smoke Test 10개 케이스 돌리고, 1시간 내 결과 체크하여 문제가 있으면 rollback 결정에 활용.

요약하면, 테스트 자동화의 함정은 **유지보수 부담**, **데이터 의존**, **신뢰도 부족**(플레이키), **커버리지 맹신**, **조기실망** 등이 있고, 이를 완화하려면 **자동화 범위 관리**, **데이터 준비/정리 자동화**, **대안절차 병행**, **ROI 커뮤니케이션**, **운영환경 추가검증** 등의 전략이 중요하다. 테스트 자동화는 도입-안착까지 노력이 필요하지만, 일단 정착되면 클라우드 환경에서 품질과 속도를 동시에 확보하는 강력한 무기가 될 수 있다.

5.6 HANA 성능튜닝

개념 정의

SAP HANA는 인메모리 컬럼스토어 DB로 뛰어난 **실시간 트랜잭션 및 분석 처리 성능**을 제공한다. 하지만 "인메모리 DB라서 튜닝 불필요"한 것은 아니며, 잘못된 설계나 쿼리는 HANA에서도 성능 병목을 일으킨다. **HANA 성능튜닝**이란 HANA 데이터베이스의 **스키마 디자인, SQL 쿼리 최적화, DB 파라미터 조정, 모니터링/분석 기법** 등을 통해 시스템 반응속도와 처리량을 개선하는 작업을 말한다. 특히 SAP S/4HANA처럼 HANA를 사용하는 어플리케이션에서는, **ABAP 레이어와 HANA DB 레이어** 양쪽의 튜닝이 함께 고려되어야 한다. HANA는 전통 RDBMS와 구조가 달라 튜닝 관점도 일부 다르다. 기본적으로 **컬럼 기반 저장, 압축, 병렬처리, 퓨징된 계산 엔진** 등의 특징이 있어 특정 패턴에 강점이 있고, 반대로 비효율적 사용시 메모리 및 CPU를 과소비할 수 있다.

HANA 성능튜닝의 핵심 개념은 **"코드-투-데이터"**(Code-to-Data), 즉 데이터를 DB레벨에서 최대한 가공해 애플리케이션 레이어로 보내는 것이다. 전통 DBMS에서는 큰 테이블을 애플리케이션로 가져와 필터링/집계를 하는 경우가 많았지만, HANA에서는 **SQL 및 CDS, 계산뷰** 등을 이용해 DB가 그 작업을 처리하도록 하는 것이 원칙이다. 이를 통해 대량 데이터도 메모리 내에서 병렬 처리하여 빠르게 결과를 얻는다. 이 개념은 S/4HANA 개발 지침에서도 강조되며, ABAP CDS 뷰와 AMDP(ABAP Managed DB Procedure) 등이 모두 HANA DB에서 연산을 수행하기 위한 도구들이다. 따라서 HANA 튜닝에는 **애플리케이션 쿼리를 재구성**하여 DB로 푸시다운 하는 것도 포함된다.

구체적인 HANA 성능 요소를 살펴보면, **스키마 설계** 측면에서 **테이블 구조**(Row vs Column) 결정, **인덱스 최적화, 파티셔닝, 캐싱** 등이 있다. HANA는 대부분 컬럼 스토어를 사용하며, row 스토어는 소량/빈번 업데이트 테이블에만 쓴다. 잘 조회되는 컬럼에는 인덱스를 추가할 수 있는데, HANA 컬럼스토어는 기본키 인덱스 외에 보조 인덱스를 필요시 생성하여 특정 검색을 가속한다. 파티셔닝은 테이블을 여러 메모리 파티션에 분산 저장해 병렬 질의 성능을 높이거나, 큰 테이블의 특정 파티션만 조회하도록 I/O 줄이는 데 사용된다. 또한 HANA는 **Delta-메인 체인 구조**로 인서트 성능과 읽기 성능 균형을 맞추는데, Delta Merge 빈도 등을 튜닝 포인트로 본다. **Denormalization**(반정규화)도 성능기법 중 하나로, 조인 자주하는 테이블을 합치거나 중복값 저장을 통해 조인 줄여 읽기속도를 높인다. 이는 전통 DB에선 기피되나 HANA에서는 메모리 여유가 있다면 고려된다(단, 유지보수와 데이터 일관성 위험이 따른다).

SQL 최적화 측면에서는 HANA의 **SQL 옵티마이저**와 실행계획을 이해하는 것이 중요하다. HANA 옵티마이저는 규칙기반+코스트기반으로 작동하며, 통계정보를 활용해 조인順, 인덱스 사용 등을 결정한다. **EXPLAIN PLAN**과 **PLANVISUALIZER** 도구로 쿼리 실행계획을 분석해, Full table scan이 일어나진 않는지, 조인순서가 효율적인지 확인한다. 일반적인 SQL 튜닝 수칙: 불필요한 **암시적 형변환**이나 함수 사용 피하기(인덱스 못타는 상황 초래), LIKE '%keyword'와 같은 non-sargable한 조건 지양, **JOIN 조건 적절히**(키컬럼 사용, 넓은 범위 join 안하기), **EXISTS/IN 서브쿼리** 최적화 등. 또한 HANA 특화로, **병렬도 제어**가 있다 - HANA는 큰 쿼리를 여러 쓰레드로 분산 처리하지만, 너무 많은 쓰레드 사용은 컨텍스트스위칭 오버헤드 발생 가능. QUERY_MAX_PARALLELISM hint로 병렬도를 조절하거나, 필요시 **병렬 유발자**(LIKE, 계산컬럼) 사용을 유도한다.

SQLScript/Calculation View 튜닝

HANA의 프로시저(SQLScript)나 그래픽 계산뷰는 복잡로직을 DB에 구현하는 수단인데, 이들도 튜닝 필요하다. **SQLScript**는 자체 옵티마이저가 있어, 선언형으로 작성하면 많은 최적화가 자동되지만, 때론 강제 hint나 내장Plan operator 사용이 필요하다. 예컨대 커서 기반 루프는 피하고 set 기반으로 처리해야 한다(row by row = slow by slow). 또 SQLScript에서는 **NO_CONVERSION** hint로 불필요한 형변환 방지, **NO_INLINE** hint로 특정 구문이 병합되지 않도록 제어 등이 있다. **Calculation View**의 튜닝은 join 순서 강제(cardinality 설정으로 옵티마이저 힌트), 필요없는 연산 프루닝(안쓰는 칼럼 제거), dynamic join/union prune 활성화(필요 데이터만 처리), rank 계산 push-down 등 기법이 있다.

파라미터 튜닝

HANA 시스템 파라미터(예: join_algorithm, statement_memory_limit, preload_area) 등을 상황에 맞게 조정해 성능 안정화도 한다. 일반적으로 클라우드 환경(SAP HANA Cloud 등)에서는 파라미터 튜닝 범위가 제한되지만, on-prem에서는 DB관리자가 모니터링 데이터 보고 조정한다. 예컨대 statement_memory_limit을 너무 낮게 잡으면 큰 쿼리 fail, 너무 높으면 runaway query가 메모리 고갈 위험 - workload 기반으로 적정치 설정. **병렬쿼리 thread limit**도 조정 포인트로, CPU코어 수 대비 과도 병렬을 막는다.

모니터링과 분석

HANA는 풍부한 모니터링 툴을 제공한다. **HANA Cockpit/Studio**에서 **Performance Load**를 확인하고, **Expensive Statements Trace**로 느린 SQL을 캡처하여 튜닝 대상 식별한다. **SQL Plan Cache**를 조사해 어떤 SQL이 자주 실행되고 시간이 오래걸리는지 파악한다. **M_ACTIVE_STATEMENTS**나 **M_SERVICE_THREADS** 뷰로 실시간 실행상황을 봐 CPU대기등을 분석한다. **Thread dump**로 lock이나 대기 있는지 확

인. **Memory Usage**에서 어느 테이블이 메모리 많이 차지하는지, delta store size가 큰지 등을 살핀다. **Index Advisor** 툴은 특정쿼리에 필요한 인덱스 추천하기도 한다.

이처럼 HANA 성능튜닝은 DB설계부터 쿼리작성, 모니터링까지 다층적인 노력이 필요하다. S/4HANA Cloud 퍼블릭 에디션에서는 고객이 DB tuning에 직접 개입할 수 없지만, **CDS 뷰 최적화**나 **Custom Code SQL 튜닝** 형태로 간접 수행하고, 시스템 성능 저하는 SAP support 통해 DB레벨 분석/개선 조치를 받게 된다. 반면 BTP HANA Cloud나 on-prem HANA는 고객이 튜닝 책임도 지므로, 정기적인 모니터링과 인덱스 관리, 통계 업데이트 등을 수행한다.

설계 원칙

HANA 성능 튜닝의 설계 원칙 첫째는 "데이터는 메모리에, 연산은 병렬로"이다. 이는 HANA의 최대 강점을 활용하는 방향으로 설계를 하라는 뜻이다. 가능하면 자주 쓰는 업무 데이터는 HANA 메모리에 상주시켜 디스크 I/O를 없애고, 대량 데이터 연산은 HANA의 columnar partitioning과 multiple CPU core를 활용한 Massively Parallel Processing(MPP)으로 처리하도록 쿼리를 작성한다. 예를 들어 큰 집계 연산을 ABAP 루프로 돌리지 말고, 하나의 SQL GROUP BY로 표현하면 HANA가 알아서 병렬 처리해준다.

둘째, **"간단하게 유지하라(Keep it Simple)"** 원칙이다. 너무 복잡한 계산뷰 계층이나 중첩 SQL, 과도한 조인은 튜닝을 어렵게 만든다. 따라서 데이터 모델링을 단순화하고, 불필요한 중첩뷰를 피하며, 하나의 계산뷰에 너무 많은 기능(계산칼럼, 프레디케이트, join 10개 등)을 몰아넣지 않는다. CDS 뷰도 너무 깊게 뷰-on-뷰 쌓으면 성능이 떨어질 수 있으므로, **View Depth**를 관리한다. Simple한 설계는 옵티마이저가 최적화하기도 수월하고, 개발자도 튜닝포인트를 식별하기 쉽다.

셋째, **"Push-down 지향, Pull-적게"** 원칙. 데이터를 **필요한 만큼만 DB에서 가져오는** 전략이다. SELECT * 식으로 전컬럼 다 가져오지 말고, 필요한 컬럼만 선택해 네트워크 전송량을 줄인다. 또한 WHERE 조건으로 필터를 DB까지 최대한 넘겨 CPU소모를 DB로 분담한다. ABAP에서 SELECT 이후 LOOP로 필터링하는 건 지양해야 한다. HANA는 **인덱스**와 **Late materialization**기법으로 필요한 컬럼만 최종까지 가져오는 특징이 있으니, 업무상 필요 없는 컬럼은 쿼리에서 빼서 DB작업량도 줄인다.

넷째, **"인덱스는 선별적으로"** 원칙. 인덱스는 조회 성능 향상에 이롭지만, HANA는 column store 자체가 dictionary 인덱싱이라 기본키 외 추가인덱스가 크게 필요없을 때도 있다. 함부로 많이 만들면 메모리 차지와 유지오버헤드가 증가한다. 따라서 인덱스는 **문제가 있는 쿼리**에 한해 필요한 컬럼 조합으로 생성한다. 인덱스 설계 시 **선행 컬럼**(자주 필터링되는), **분포도**(선택도 높은) 등을 고려한다. 또한 다중 컬럼 인덱스가 WHERE 조건 순서와 맞도록(좌측 prefix) 설계한다. HANA는 부분 인덱싱(Filtered Index)를 지원 못하므로, 그것이 필요하면 Table Partition과 파티션 pruning으로 대체하는 전략을 쓴다.

다섯째, **"통계 최신화"** 원칙. HANA 옵티마이저는 통계정보가 중요한데, 가끔 특정 테이블에 대한 통계가 부정확하면 잘못된 플랜을 짤 수 있다. 특히 처음 로드후 통계 안만들었거나, 데이터 분포가 급변했는데 통계가 그대로면 문제가 된다. 통계를 자동 업데이트해야 하지만, Cloud 경우 SAP가 관리하고 on-prem 경우 관리자가 schedule 설정해야 한다. 원칙적으로 **Update Optimizer Statistics** 작업을 정기/필요시 수행하여 항상 최신 분포정보를 반영한다.

여섯째, **"병목을 찾아 집중 튜닝"** 원칙. 시스템 전체를 얇게 튜닝하기보다, 80/20 법칙에 따라 주요 병목 몇 개에 노력투자하는 것이 효과적이다. Expensive statements log를 분석하면 상위 5~10개 쿼리가 DB시간 대부분을 차지할 수 있다. 이를 식별하여 우선 튜닝하는 것이 전체성능 체감에 유리하다. 또한 DB 외부(네트워크, 앱서버) 병목이 아닌지 파악하여, DB튜닝보다는 어플 쪽 이슈면 거기에 주력한다. 이처럼 **Evidence 기반 튜닝**을 강조한다. 감(感)으로 이거 느릴 것 같아 index 만들고 이런 식이 아니라,

실제 모니터링 근거로 결정한다.

일곱째, **"부하 균형 및 자원 관리"** 원칙. HANA는 메모리 내연산이라 메모리 및 CPU 자원 한계 안에서 퍼포먼스가 난다. 설계 시 워크로드 패턴을 고려해, **동시성**과 **피크부하**를 견딜 수 있게 해야 한다. 예를 들어 대용량 배치 Job들이 낮 시간 업무랑 겹치지 않게 스케줄하거나, 겹칠 경우 **Workload Class**로 우선순위 차등을 줄 수 있다. HANA의 **Admission Control, Thread throttling** 설정도 활용 가능하지만, 애플리케이션 레벨에서 부하분산(큐잉, 래깅)도 고려한다. 또한 멀티테넌트 경우(HANA MDC), 한 tenant가 과점유 못하게 쿼리/메모리 제한을 설정할 수도 있다.

마지막으로, **"기능 활용"** 원칙. HANA가 제공하는 특수기능을 활용하면 손쉬운 튜닝이 된다.

- **Result Cache**: 자주 반복되는 동일 쿼리는 static cache 써서 응답을 즉시 낼 수 있다. HANA XS classic/Evolved 앱이라면, 애플단 caching 계층도 활용한다.
- **Full Text index**: 텍스트 검색에는 전용 FTI를 쓰면 Contains predicate 성능 향상.
- **Hierarchical Processing**: 계층적 데이터도 SQL로 CTE 재귀로 처리하되, 성능문제 시 Graph 엔진 쓰는 등. 즉 HANA 여러 엔진(Calc, Text, Graph, Geo, Machine Learning)을 필요따라 활용해 기본 SQL로 어려운 부분을 전문엔진에 맡긴다.

구현 절차

HANA 성능 튜닝의 구현 절차는 **식별 → 분석 → 조치 → 검증** 흐름으로 진행된다.

문제 식별 단계

시스템 모니터링을 통해 성능 이슈를 감지한다. 사용자들이 느린 트랜잭션을 보고하거나, Batch job SLA Miss 등이 신호일 수 있다. HANA Cockpit의 **Performance Warehouse**에서 장기간 통계를 보고, 평균 응답시간이 SLA 이상인 쿼리, CPU/Mem 사용치 등을 점검한다. 이때 특정시간대(예: 월말 18시)만 느리면 패턴에 주목한다. **Expensive Statement Trace**를 일정시간(예: 1시간) 실행하여 TOP SQL 리스트를 얻는다. 또한 ABAP 기반 S/4라면 **ST05 SQL Trace**로 ABAP → HANA 호출 중 느린 부분을 추출한다.

상세 분석 단계

상위 1개의 느린 SQL을 골라, **EXPLAIN PLAN**을 실행하여 실행계획을 확인한다. 이를 **Plan Visualizer**(HANA Studio PlanViz)로 열어, 각 단계(테이블 풀스캔, join, sort)별 코스트와 rows, expected vs actual cardinality 등을 분석한다. 만약 Join 연산에 'Nested Loop'로 표시되고 cardinality 예상이 부정확하면, 옵티마이저가 잘못된 방식으로 join하는 것일 수 있다. 또는 Filter pushdown이 안 되고 "Table Scan"이 보이면, 인덱스 미사용임을 의미한다. 이러한 정보를 토대로 가능 원인(인덱스없음, 통계부정확, SQL문 자체 비효율 등)을 추정한다.

이외에 **M_EXPENSIVE_STATEMENTS**에서 그 SQL의 recent metrics(CPU time, records scanned 등)를 확인하고, **M_SQL_PLAN_CACHE**에서 비슷한 SQL이 반복 수행되는지 찾는다. 또한 **M_TABLE_PERSISTENCE_STATISTICS**로 해당 테이블 사이즈와 컬럼 세부 통계(각 컬럼 고유값 수 distinct, min, max)등을 본다. 이것은 옵티마이저 cardinality 추정이 틀렸다면 disticnt count 갱신 필요성을 알려준다. **Host resource**도 체크 - 혹 CPU 스파이크나 메모리 스와핑이 있었는지.

튜닝 액션 설계 및 적용

분석 결과에 따라 적용할 수 있는 해결책은 다음과 같다.

- **인덱스 추가:** WHERE 절에서 자주 사용하는 컬럼에 **비고유(non-unique) 인덱스**를 생성한다. 다중 컬럼 조인이면 조인 키 조합으로 **복합 인덱스**를 고려한다. 예: CREATE INDEX idx1 ON Table1(ColA, ColB). 생성 후 UPDATE STATISTICS(자동 통계 갱신 포함)를 실행한다.

- **SQL 재작성:** SELECT에 불필요한 컬럼을 제거하고, WHERE 조건을 보강한다. 필요시 **INNER JOIN 순서**를 조정한다. 옵티마이저가 비효율적인 조인 순서를 선택할 때, CDS 뷰의 @JoinOrder 힌트나 SQL의 OPTION(Join fixed order) 등을 사용할 수 있으나, **기본 원칙은 통계 갱신/인덱스 최적화**로 해결하는 것이다.

- **힌트 사용:** **최후의 수단**으로만 사용한다. 예: 조인 시 **해시 조인** 강제(JOIN_HINT('HASH_JOIN')) 또는 **네스티드 루프** 강제(예: OLAP_PLAN 관련 힌트). OPTIMIZER_SEARCH_SPACE로 탐색 범위를 넓혀 더 나은 플랜을 찾게 하는 방법도 있다. 힌트는 릴리스마다 동작이 달라질 수 있으므로 **SAP 노트 확인 후 신중히 적용**한다.

- **데이터 분포/카디널리티 보정:** 카디널리티 불일치가 크면 ALTER TABLE ... UPDATE HISTOGRAM으로 통계를 재생성한다. 데이터 분포가 **심하게 치우친 (skew)** 경우엔 **범위 파티셔닝**으로 큰 구간을 분리한다.

- **파티셔닝:** 대용량 테이블 T를 월별로 자주 조회한다면 ALTER TABLE T PARTITION BY RANGE(Month)를 적용한다. 이후 특정 월을 조회하면 **파티션 프루닝**으로 I/O를 줄일 수 있다.

- **반정규화(Denormalize):** 항상 함께 조인되고 선택성이 1:1에 가까운 두 테이블은 **병합**을 고려한다. 단, 데이터 **중복 저장**이 발생하므로 주로 **읽기 전용 차원**에 신중히 적용한다.

- **스토어드 프로시저/푸시다운:** ABAP 루프 내에서 다수 DB 호출을 반복하는 패턴은 오버헤드가 크다. 로직을 **AMDP**나 **Calculation View**로 **단일 DB 라운드트립**에 통합하면 대폭 가속되는 경우가 많다.

- **메모리 파라미터:** 문장이 메모리 부족(OOM)으로 실패한다면(예: "SQL failed due to memory limit"), 해당 문장에 한해 **Workload Class** 또는 전역 파라미터를 통해 statement_memory_limit 상향을 검토한다.

- **델타 머지 스케줄링:** 삽입(Insert)이 많은 테이블에서 델타 적재로 성능이 떨어지면 **머지 빈도**를 높이거나 **머지 정책**을 조정한다. 예: MERGE DELTA OF table1. 단, 머지를 **너무 자주** 실행하면 오버헤드가 크므로 주의한다.

- **플랜 캐시 관련 파라미터:** 플랜 캐시가 자주 플러시된다면, **플랜 캐시 크기** 관련 파라미터가 적정한지 확인한다.

- **LOB 보조 스토어 활용:** 대형 BLOB/CLOB이 **ROW 스토어**에 있어 메모리를 압박한다면, 가능하면 **익스텐디드 스토어**로 옮겨 **주 메모리 부담**을 낮춘다.

- **미사용 인덱스 제거:** 보조 인덱스가 과도하면 **삽입/유지보수 성능**이 저하된다. M_INDEX_USAGE로 **실제 사용 빈도**를 확인해 거의 쓰지 않는 인덱스는 제거한다.

적용 방법은 HANA Cockpit(UI)에서 수행할 수 있는 것도 있고(DB Explorer로 인덱스 추가 등), **SQL CLI**로 실행할 수도 있다. **ABAP 관리 영역**(예: S/4에서 특정 필드 인덱스 추가)이라면, 화이트리스트 범위 내에서 **ABAP Data Definition/CDS 인덱스 정의**를 사용하고, 불가하면 **SAP 지원을 통해(클라우드 스크립트)** 요청할 수 있다.

결과 검증

튜닝 후에는 **동일 SQL/프로세스**를 재실행하여 성능 변화를 측정한다(예: **Before 10초 → 인덱스 적용 후 2초**)또는 PlanViz로 **실행 계획 변화**(예: 인덱스 사용 시작, 조인 방식 변경)를 확인한다.

추가로, **광범위 회귀 테스트**를 실행해 다른 쿼리에 부정적 영향(예: 새 인덱스로 인해 옵티마이저 선택 악화)이 없는지 확인한다. **ABAP 환경**에서는 **ATC**를 구동해 힌트 추가가 베스트 프랙티스 위반을 만들지 점검한다.

개선 효과가 기대에 못 미치면 다시 평가한다. 여러 요인이 **상호작용**했거나 힌트가 의도대로 **동작하지 않았을** 수 있다. 옵티마이저의 **제품 버그가 의심**되면 **SAP에 에스컬레이션**한다.

반복/상시 모니터링

실운영 워크로드는 계속 변한다. **성능 추세**를 항상 관찰한다.

- HANA Cockpit에 **장기 실행 쿼리/CPU 임계치** 알림을 설정한다.
- 중요 잡의 실행 시간이 **상승 추세**면 선제적으로 튜닝한다.
- **Workload Management** 규칙을 도입해 무거운 쿼리를 **저우선 큐**로 보내 짧은 쿼리가 굶주리지 않게 한다.
- S/4HANA 환경에서는 EWA(EarlyWatch Alert)가 느린 쿼리나 누락 인덱스를 자주 지적하므로 권고사항을 반영한다.

운영 팁

- **예방 튜닝 vs 사후 튜닝:** 개발 단계부터 튜닝을 **내재화**하는 것이 최선. 코드리뷰 때 **SQL 검토**를 포함해 N+1 쿼리(ABAP 루프 내 반복 DB 호출), SELECT * 남용, 인덱스 없이 WHERE로 범위 큰 검색 등 **초기에 적발**한다. 개발자를 위한 **HANA 가이드 체크리스트**를 유지한다("비인덱스 컬럼 조인 여부?" 등).

- **성능 트레이스 활용:** 운영 환경에서는 비용 때문에 무거운 트레이스를 제한할 수 있다. 유사 데이터 볼륨의 **테스트 환경에서 재현**해 심층 트레이스를 하거나, HANA의 **Capture and Replay**로 운영 워크로드를 캡처해 테스트 시스템에서 **안전하게 재생**하여 변경 영향 확인한다.

- **전체론적 접근:** 느림의 원인이 DB가 아닐 수 있다. 예: Fiori 화면이 **대량 렌더링** 때문에 느린 것일 수도 있으니 **페이지네이션**을 적용한다. 클라우드 네트워크 지연이면 **CDN/근접 리전** 고려.

- **적정 메모리:** 메모리가 부족해 스와핑이 발생하면 성능이 급락한다. 메모리 사용률을 지속 모니터링하고 **85%** 접근 시 스케일업/정리(아카이빙)를 계획한다. **핫 데이터**가 메모리에 상주하도록 하고, 콜드 데이터는 Data Tiering(NLS/Extension Node/디스크 스토어)로 내려 핫 영역을 보호한다.

- ABAP 측 튜닝: **SAT 프로파일링**으로 앱 vs DB 시간을 분해한다. DB가 최적이어도 ABAP 로직이 비효율적일 수 있다. 가능하면 로직을 DB로 푸시다운(SQLScript/테이블 함수)하거나, **ABAP 병렬화**를 검토한다.

- 배치/동시성 관리: 무거운 배치가 피크 시간에 돌지 않게 하거나, **동시 실행 수 제한**으로 스로틀링한다. 필요시 **Workload Class**로 사용자 작업 우선순위를 낮춰 OLTP를 보호한다.

- 통계 갱신: 핵심 테이블은 주간 주기(변동이 크면 일간)로 통계를 갱신하되, 과도한 빈도는 자원 낭비이므로 균형을 맞춘다.

- 신규 기능 활용 장려: 와일드카드 기반 텍스트 검색은 **Fulltext/Fuzzy**로 전환, 다

단계 처리 로직은 **Graph 엔진** 등 적합한 전용 엔진 고려.

- 파라미터 가이드라인: preload_aggregates, max_concurrency 등은 **SAP 노트 권고**를 따른다(클라우드는 자동 관리되는 경우 다수).
- 튜닝하지 말아야 할 때: **드물게 실행**되는 쿼리의 미세 최적화는 지양하고, **빈번/중량** 작업에 집중한다.
- 변경 이력 관리: 인덱스 추가, 힌트 사용 등 **DB 튜닝 변경과 사유**를 문서화한다. S/4HANA 업그레이드 등 환경 변화로 옵티마이저가 개선되면 **힌트 유지 필요성 재평가**.
- 사용자 교육: 파워 유저의 **무제한 조회**를 방지한다("전체 데이터 다 주세요" 같은 쿼리). **분석 권한(Analytic Privileges)** 등으로 제어하고, 올바른 사용법을 교육한다.
- SAP 활용: 중대 이슈는 **PlanViz, 트레이스** 등 증거와 함께 **SAP 지원**을 요청한다(필요시 커널 패치/권고 제공).

주요 함정과 우회 전략

- 과도한 인덱싱의 함정: 인덱스를 남발하면 **메모리 증가**와 **삽입/갱신 성능 저하**를 초래한다. "느리면 인덱스" 접근은 역효과가 날 수 있다.
  대응: M_INDEX_USAGE로 **사용 빈도**를 추적해 **거의 쓰지 않는 인덱스는 제거**한다. 복합 인덱스는 **리딩 컬럼**이 적절한지 점검한다. 기본키로 이미 커버되는 쿼리에 **중복 인덱스**를 만들지 않는다. 인덱스 1개로 일부 조회가 10% 빨라져도, 삽입이 90% 느려지면 **만들지 않는 편이 낫다**는 전체 균형 관점이 필요하다.
- 힌트 남용의 함정: 힌트로 일시 문제를 풀었더라도 데이터 패턴이 바뀌면 오히려 **비최적 플랜 강제**가 된다. 릴리스/업그레이드로 힌트 문법이나 플랜 동작이 변해 **성능 악화** 위험이 있다.

- 대응: 힌트는 **최후수단**으로, **정기 재검토**한다. 새 릴리스 후 **유효성 테스트**를 반복한다. 가능하면 힌트 대신 **통계 정비/모델 개선**으로 해결한다. ABAP CDS의 힌트 한계로 ABAP 프로그마를 쓰는 경우도 있으나, 패치로 사라질 수 있으니 **문서화 및 재적용 계획**을 둔다.

- 통계 갱신 누락의 함정: 자동 통계 휴리스틱이 항상 최선은 아니다. 특히 **대량 적재 직후** 즉시 질의하면 통계 부정확으로 **잘못된 카디널리티 추정**이 나올 수 있다.

  대응: PlanViz에서 **예상 vs 실제 행수** 괴리가 크면 해당 테이블에 **수동 통계 갱신**을 수행한다. 복제 시나리오라면 **대량 적재 후 타깃**에서 통계를 갱신한다.

- 병렬 경쟁의 함정: HANA는 병렬을 선호하지만, **모든 무거운 쿼리**가 동시에 최대 병렬로 돌면 **CPU 스래싱**으로 전체가 느려질 수 있다.

  대응: 일부 쿼리의 **병렬도 하향** 또는 전역 max_concurrency 조정, **WLM**으로 리소스 토큰을 분리해 OLAP이 OLTP를 **잠식하지 않게** 한다. 불가하면 **오프아워로** 스케줄한다. **하이퍼스레딩 과대평가**도 주의(헤비 연산은 실제 코어 수가 관건).

- 메모리 누수/커서 경로의 함정: 부적절한 SQLScript나 **커서 미종료**로 메모리 점유가 누적될 수 있다.

  대응: 커서를 명시적으로 **닫고**, 대형 중간 결과를 메모리에 쌓지 않도록 로직을 **스트리밍/세트 기반**으로 재구성한다. 누수가 의심되면 **힙 덤프**를 수집해 SAP에 문의한다.

- I/O 병목의 함정: 인메모리라 해도 메모리 부족, 언로드/세이브포인트, 델타 머지 플러시 등으로 **I/O 병목**이 생길 수 있다.

  대응: 고성능 **SSD**, 적절한 **로그 모드**, **데이터/로그 볼륨 분리**. 클라우드라면 **IOPS 등급**을 맞춘다. I/O가 포화면 **메모리 확장**, 세이브포인트 주기 튜닝, **압축**으로 쓰기량을 줄이는 방안 등을 검토한다.

- 동시성 테스트 간과의 함정: 단독 실행에선 빠른 쿼리가 **50 동시 사용자** 상황에선 락/CPU 경합으로 느려질 수 있다.

  대응: **부하 하에서 테스트**한다. 락 경합이면 **파티셔닝** 등으로 충돌을 줄이고, **큐**

잉/낙관적 동시성 등으로 임계구간을 회피한다.

- DB만 보고 애플 코드 무시하는 함정: 근본 원인이 앱 로직일 수 있다(예: ABAP의 과도한 변환, RFC 대기).

  대응: SAT/SQLM으로 **DB vs 앱 시간 비율**을 보고, 앱 병목이면 **앱 최적화/병렬화** 또는 **푸시다운**을 적용한다.

- 데이터 증가 간과의 함정: 100만 건에서 빠른 쿼리가 1억 건에서는 문제가 될 수 있다.

  대응: 초기에 **파티셔닝/아카이빙**을 설계하고, **데이터 에이징/NLS**로 핫셋을 작게 유지한다. 무시하면 메모리 증설 비용 급증 또는 성능 하락으로 이어진다.

- 일회성 vs 반복성의 함정: 연 1회 2시간 걸리는 잡을 과최적화하기보다는, **매일 10분** 걸려 일과에 영향을 주는 잡을 우선 튜닝한다.

결론

HANA 성능 튜닝은 **넓은 시야**, **지속 관찰**, **합리적 트레이드오프**가 필수다. 베스트 프랙티스를 따르고 관찰된 패턴에 맞춰 조정하면, HANA가 지향하는 **실시간 성능**을 안정적으로 유지할 수 있다.

참고문헌

- SAP SE. (2025). RISE with SAP. Retrieved September 25, 2025, from https://www.sap.com/products/rise.html

- SAP SE. (2025). GROW with SAP. Retrieved September 25, 2025, from https://www.sap.com/products/grow.html

- SAP SE. (2025). SAP Joule AI: Digital Assistant for S/4HANA. SAP Documentation.

- SAP SE. (2024). Green Ledger: Embedding Sustainability in Finance. SAP White Paper.

- SAP SE. (2024). SAP Industry Cloud Overview. White Paper.

- SAP SE. (2025). SAP Best Practices Explorer. Retrieved September 25, 2025, from https://rapid.sap.com/bp/

- SAP SE. (2025). SAP Help Portal. Retrieved September 25, 2025, from https://help.sap.com

- SAP SE. (2025). SAP Roadmap Explorer. Retrieved September 25, 2025, from https://roadmaps.sap.com

- European Union. (2023). Corporate Sustainability Reporting Directive(CSRD). Official Journal of the European Union.

- Deloitte. (2024). Sustainability Reporting with SAP Green Ledger. Deloitte Insights.
- Accenture. (2024). Intelligent Enterprise with SAP S/4HANA Cloud. Accenture Report.
- Gartner. (2024). Magic Quadrant for Cloud ERP for Product-Centric Enterprises. Stamford, CT: Gartner Inc.
- IDC. (2024). Worldwide ERP Applications Market Shares. IDC Research.
- ISO. (2023). ISO 14064: Greenhouse gases — Specification with guidance. International Organization for Standardization.
- United Nations. (2023). UN Sustainable Development Goals Report. United Nations.
- ERP 컨설팅 주변 이야기(2016), ERP 컨설팅 주변 이야기 외전(2021), 저자 출간본.
- ZDNet, TechCrunch, 전자신문, 이데일리, 매일경제, 한국경제, 조선일보 등.